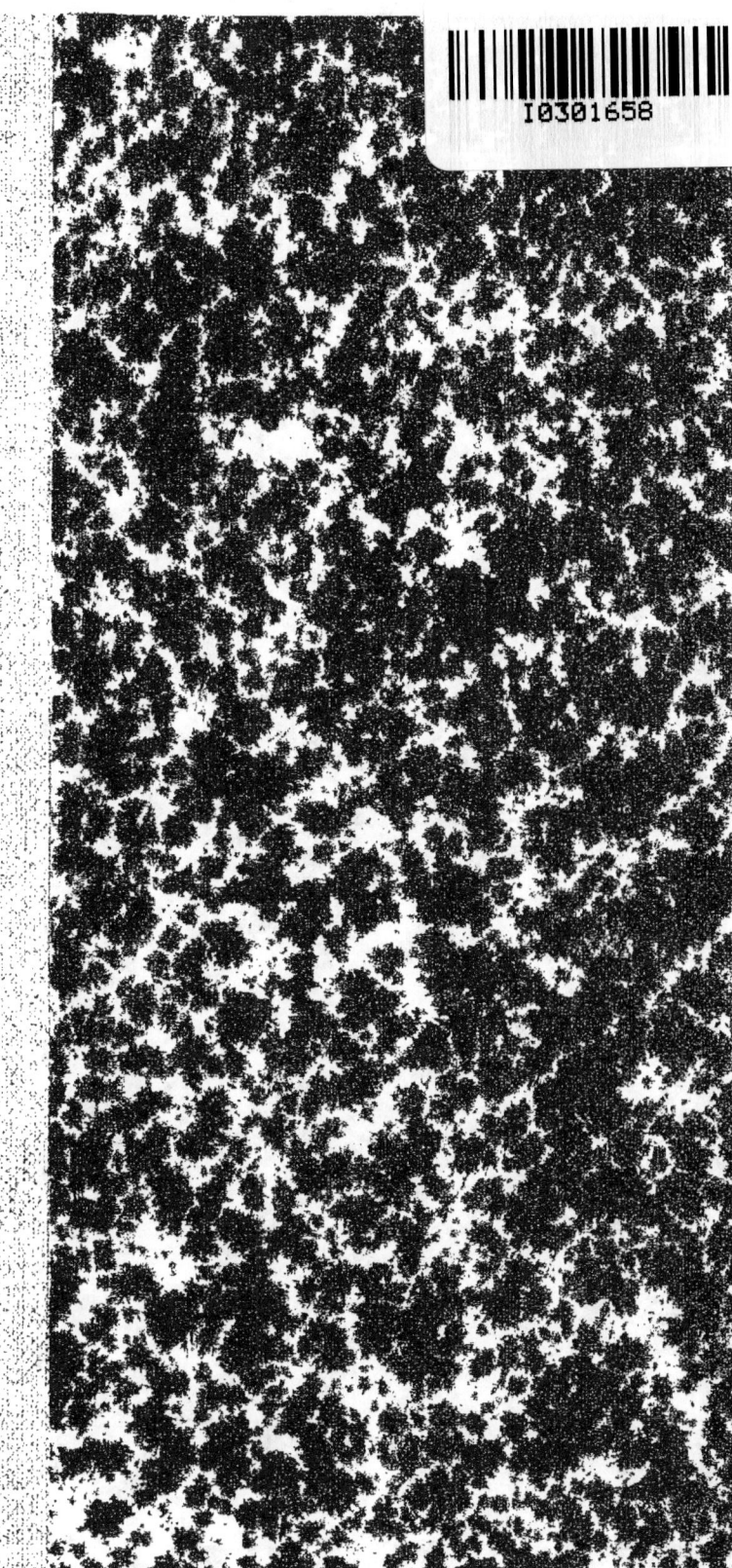

J. EBRARD

BIBLIOTHÈQUE NATIONALE

INVENTAIRE

DES

DESSINS, PHOTOGRAPHIES ET GRAVURES

RELATIFS A L'HISTOIRE GÉNÉRALE DE L'ART

Légués au département des estampes de la Bibliothèque Nationale

PAR

M. A. ARMAND

Rédigé par M. François COURBOIN,
Sous-Bibliothécaire au Département des Estampes.

TOME I.

LILLE,
IMPRIMERIE L. DANEL.

1895.

BIBLIOTHÈQUE NATIONALE

INVENTAIRE

DES

DESSINS, PHOTOGRAPHIES ET GRAVURES

RELATIFS A L'HISTOIRE GÉNÉRALE DE L'ART

Légués au département des estampes de la Bibliothèque Nationale

PAR

M. A. ARMAND

Rédigé par M. François COURBOIN,
Sous-Bibliothécaire au Département des Estampes.

TOME I.

LILLE,
IMPRIMERIE L. DANEL.

1895.

AVERTISSEMENT

La Bibliothèque Nationale, désireuse de témoigner sa reconnaissance aux amateurs qui lui donnent de leur vivant ou qui lui lèguent après eux les collections qu'ils ont rassemblées, s'empresse, aussitôt qu'elle est entrée en possession, de faire dresser l'inventaire de ces collections et dès que cet inventaire est terminé elle le fait imprimer pour permettre au public de jouir des libéralités qui lui sont faites. Pour ne parler que de legs récents faits au département des Estampes, elle a agi de la sorte lorsque M. Michel Hennin lui a donné sa riche collection de pièces historiques relatives à notre pays et lorsque M. Ed. Fleury a désigné le Cabinet des Estampes comme devant hériter de la série nombreuse d'estampes et de dessins sur le département de l'Aisne, qu'il avait réunie pendant de longues années.

Aujourd'hui nous mettons au jour l'inventaire d'une collection considérable de photographies, de dessins et de gravures formant pour ainsi dire une histoire générale de l'Art. L'amateur qui l'a formée, M. Alfred Armand, était un architecte renommé qui, pendant toute la première partie de son existence, dirigea de trop importants travaux pour pouvoir s'occuper, même accidentellement, de former cette collection; mais lorsqu'il se fut rendu libre en transmettant à un de ses amis sa nombreuse clientèle, il employa les loisirs qu'il avait si bien gagnés à faire ce qu'il n'avait pu faire jusque-là, c'est-à-dire à jouir en homme intelligent de l'indépendance qu'il avait péniblement acquise. Lui qui, jusque-là, n'avait guère quitté Paris que pour aller là où ses travaux l'appelaient, il se mit à voyager une grande partie de l'année; il parcourut presque toutes les contrées de l'Europe, relevant les monuments qui lui paraissaient offrir un intérêt particulier, visitant les églises, les musées et les palais, se faisant admettre dans les Collections privées et emportant dans sa valise les photographies des œuvres d'art de toute nature qui l'avaient particulièrement frappé : fresques, tableaux, dessins, vues de monuments et de villes, sculptures ou bustes célèbres, estampes, tout lui était bon pour se remémorer et pour faire passer sous les yeux de ses nombreux amis, au retour de ses excursions lointaines, ce qui l'avait intéressé à un point de vue quelconque. On comprendra aisément que lorsque l'on visite ainsi une partie de l'Europe et, lorsque, chaque fois, on rapporte avec soi une moisson aussi abondante, une collection prend vite des proportions considérables; si l'on ajoute que, même lorsqu'il ne quittait pas Paris, M. Armand se faisait adresser les reproductions les plus exactes qui se publiaient à l'étranger aussi bien qu'en France, on admettra facilement qu'une collection analogue serait presque impossible à réunir aujourd'hui et que l'intérêt qu'elle présente pour les habitués de la Bibliothèque Nationale est énorme. Reliée aujourd'hui en reliure fixe, elle ne comprend pas moins de 17.499 pièces réunies en 230 volumes in-folio.

Nous n'avons rien changé au classement adopté par M. Armand; ce sont ses propres notes que nous avons transcrites; les renseignements biographiques très sommaires que nous donnons ont été empruntés aux notices écrites par le possesseur au bas de chaque pièce. Nous n'ignorons pas qu'un certain nombre des objets signalés ont pu changer de mains depuis le jour où M. Armand a rédigé ces notes, que des documents récemment découverts ont pu modifier certaines dates et rectifier certaines attributions transcrites ici. Nous avons toutefois une telle confiance dans l'esprit critique de M. Armand que nous n'avons pas hésité à suivre scrupuleusement ses indications. Si nous avions voulu contrôler toutes les dates, rechercher ce que sont devenus actuellement les objets dont nous signalions les reproductions, il nous aurait été indispensable d'attendre plusieurs années encore avant de publier cet inventaire. Nous n'avons pas cru devoir exercer plus longtemps la patience des travailleurs qui ont intérêt à connaître cette collection et qui, lorsqu'ils en auront fait leur profit, auront, pour la mémoire de l'artiste éclairé qui l'a formée, le même respect et les mêmes sentiments que nous-mêmes.

M. François Courboin a apporté tous ses soins à la rédaction de cet inventaire; il a droit à la reconnaissance de tous ceux qui, grâce à son travail, pourront profiter amplement des richesses historiques contenues dans la collection de M. Armand.

GEORGES DUPLESSIS,
Conservateur du département des Estampes.

INVENTAIRE

DE LA

COLLECTION ARMAND.

PREMIÈRE PARTIE.

ANTIQUITÉ.

TOME I.

MONUMENTS ANTIQUES DE L'ÉGYPTE, DE L'ASSYRIE ET DE LA PALESTINE.

ÉGYPTE.

1. Spéos de Phré à Abou-Sembil (Nubie), vue extérieure, d'après le dessin de *E. Prisse*. Tiré de *Gailhabaud, Monuments anciens et modernes*, Paris 1850. Gravure. p. 1
2. Spéos de Phré, vue intérieure, d'après *E. Prisse*. Tiré de *Gailhabaud*. Id. 1
3. Spéos de Phré, plan et coupe, d'après *E. Prisse*. Tiré de *Gailhabaud*. Id. 1
4. Spéos d'Athôr à Ebsamboul (Nubie), vue extérieure. Photographie. 2
5. Spéos d'Athôr, vue extérieure, d'après le dessin d'*H. Horeau*. Tiré de *Gailhabaud*. Gravure. 3
6. Spéos d'Athôr, plan et coupes, d'après *H. Horeau*. Tiré de *Gailhabaud*. Id. 3
7. Temple d'Aroéris à Edfou (Haute-Egypte), ensemble, d'après *H. Horeau*. Tiré de *Gailhabaud*. Id. 4
8. Temple d'Aroéris, vue intérieure. Photographie. 4
9. Temple d'Aroéris, vue intérieure. Id. 5
10. Temple d'Aroéris, élévations des façades, d'après *H. Horeau*. Tiré de *Gailhabaud*. Gravure. 6
11. Temple d'Aroéris, plan et coupe, d'après *H. Horeau*. Tiré de *Gailhabaud*. Id. 6
12. Hémi-Spéos à Girché (Nubie), vue intérieure, d'après le dessin de *E. Prisse*. Tiré de *Gailhabaud*. Id. 7

[Tome 1.]

13. Hémi-Spéos à Girché, plan et coupe, d'après *E. Prisse*. Tiré de *Gailhabaud*. Gravure. 7
14. Pyramides de Gizeh (Égypte), vue d'ensemble, d'après le dessin de *Merindol*. Tiré de *Gailhabaud*. Id. 8
15. Pyramides de Gizeh, plans, coupes et détails, d'après le dessin d'*Amoudru*. Tiré de *Gailhabaud*. Id. 8
16. La petite Pyramide de Gizeh, vue extérieure. Photographie. 9
17. Karnak (Haute-Égypte), ensemble des ruines. Id. 10
18. Temple de Khons à Karnak, vue intérieure, d'après le dessin de *E. Prisse*. Tiré de *Gailhabaud*. Gravure. 11
19. Temple de Khons à Karnak, plan et coupe, d'après *E. Prisse*. Tiré de *Gailhabaud*. Id. 11
20. Grand temple de Karnak, vue intérieure. Photographie. 12
21. Temple de Karnak, vue d'un pylône. Id. 12
22. Salle hypostyle à Karnak. Id. 13
23. Palais de Menephtah Ier à Karnak, plans et coupe, d'après le dessin de *E. Prisse*. Tiré de *Gailhabaud*. Gravure. 13
24. Grand temple de Louqsor au Caire. Photographie. 14
25. L'Ile de Philaeh (Nubie). Id. 15
26. Temple de l'Ile de Philaeh, vue extérieure. Id. 15
27. Temple de l'Ile de Philaeh, vue intérieure. Id. 16
28. Tombeaux hypogéens à Thèbes et à Beni-Hassan (Égypte), plan, coupe et élévation, d'après le dessin de *J. A. Leveil*. Tiré de *Gailhabaud*. Gravure. 17
29. Temple de Khons à Thèbes, détails, d'après le dessin de *E. Prisse*. Tiré de *Gailhabaud*. Id. 17
30. Le Ramesseion à Thèbes et les deux colosses. Photographie. 18
31. Temple Égyptien, vue extérieure. Id. 19
32. Maisons Égyptiennes, plans et élévations. Tiré de *Gailhabaud*. Gravure. 19
33. Sphinx, Lions et Béliers égyptiens, d'après le dessin de *E. Prisse*. Tiré de *Gailhabaud*. Id. 20
34. Tête en granit rouge de Thothmes III. (XVIIIe dynastie, environ 1450 ans avant J.-C.), provenant du Sanctuaire de Karnak. British Museum. Photographie. 21
35. Statue en granit noir d'Amenophis III. (XVIIIe dynastie, environ 1380 ans avant J.-C.). British Museum. Id. 22
36. Tête d'une statue colossale d'Amenophis III, provenant de Thèbes. British Museum. Id. 23
37. Figures en bois d'un scribe, ou officier d'un rang élevé, de la XVIIIe dynastie, et de deux femmes (XVIIIe et XIXe dynasties). British Museum. Id. 24

MONUMENTS ANTIQUES D'ÉGYPTE, ASSYRIE ET PALESTINE.   3

[**Tome 1.**]

38. Partie supérieure d'une statue colossale de Ramsès II. (Sésostris?) XIXe dynastie. (Env. 1300 ans avant J.-C.), provenant du Memnonium à Thèbes. British Museum. Photographie.   25
39. Groupe en pierre calcaire d'un officier de haut rang assis auprès d'une femme. (Environ 1300 ans avant J.-C.). British Museum. Id.   26
40. Statue en grès de Seti II. (XXe dynastie, environ 1280 ans avant J.-C.), provenant de Thèbes. British Museum. Id.   27
41. Statue en grès de Hapi ou le Nil, dédiée par Shishak Ier (XXIIe dynastie. Environ 960 ans avant J.-C.), provenant de Karnak. British Museum. Id.   28
42. Quatre figures en bois appartenant à la XXIIe dynastie. British Museum. Id.   28
43. Perruque de femme et boîte à perruque trouvées dans un tombeau à Thèbes (1400 ans avant J.-C.). British Museum. Id.   29
44. Vases en verre de couleur provenant de Memphis. British Museum. Id.   29

ASSYRIE.

45. Palais à Persépolis (Perse), ensemble des ruines et plan, d'après le dessin de *Coste*. Tiré de *Gailhabaud*. Gravure.   30
46. Chapiteaux et Bases provenant des ruines de Persépolis, d'après le dessin de *J. Bouchet*. Tiré de *Gailhabaud*. Id.   30
47. Tombeau à Nakschi-Roustam (Perse), plan et élévation, d'après *J. Bouchet*. Tiré de *Gailhabaud*. Id.   31
48. Le roi Asshurnazirpal et le Dieu Ninip. (Environ 884 ans avant J.-C.), bas-relief du palais de Nimrud. British Museum. Photographie.   32
49. Le roi Asshurnazirpal et un de ses officiers, bas-relief en marbre provenant du palais de Nimrud. (Environ 884 ans avant J.-C.). British Museum. Id.   33
50. Le roi Asshurnazirpal revenant de la guerre, bas-relief en marbre provenant du palais N.-O. de Nimrud. (Environ 884 ans avant J.-C.). British Museum. Id.   33
51. Lion ailé à tête humaine, figure en marbre provenant du palais de Nimrud. (Environ 884 ans avant J.-C.), vu de 3/4. British Museum. Id.   34
52. La même statue vue de profil. Id.   35
53. Lion en marbre portant une inscription avec dédicace d'Asshurnazirpal, provenant du petit temple de Nimrud. (Environ 884 ans avant J.-C.). British Museum. Id.   36
54. La même statue reproduite en plus grand. Id.   37
55. Obélisque de Shalmaneser. (Environ 850 ans avant J.-C.), provenant du palais central de Nimrud. British Museum. Id.   38

56. Détail du même obélisque. Photographie. 39
57. Siège d'une ville sous le règne de Tiglath-Piléser. (Environ 745 ans avant J.-C.), bas-relief en marbre provenant du palais S.-O. de Nimrud. British Museum. Id. 40
58. Le roi, ses officiers et divinités ailées, panneau en ivoire provenant du palais de Nimrud. (Environ 745 ans avant J.-C.). British Museum. Id. 40
59. Taureau ailé à tête humaine et divinité ailée provenant de Khorsabad. (Environ 720 ans avant J.-C.). British Museum. Id. 41
60. Ouvriers employés à la construction du palais de Sennachérib, bas-relief en marbre provenant de Kouyunjik, Ninive. (Environ 705 ans avant J.-C.) British Museum. Id. 42
61. Attaque d'une ville par Sennachérib, bas-relief provenant du palais de Kouyunjik. (Environ 705 ans avant J.-C.). British Museum. Id. 43
62. Soldats de Sennachérib conduisant des prisonniers et portant les têtes des ennemis, bas-relief provenant du palais de Kouyunjik. (Environ 705 ans avant J.-C.). British Museum. Id. 44
63. Dalle de pavement en marbre provenant du palais de Kouyunjik. (Environ 705 ans avant J.-C.). British Museum. Id. 45
64. Le roi Asshurbanipal et la reine entourés de leurs officiers, bas relief en marbre du palais de Kouyunjik. (Environ 668 ans avant J.-C.). British Museum. Id. 46
65. Victoire remportée par Asshurbanipal sur Teummen roi de Suse, bas-relief en marbre du palais de Kouyunjik. (Environ 668 ans avant J.-C.). British Museum. Id. 47
66. Réception du roi Asshurbanipal à Suse après sa victoire sur Teummen, bas-relief en marbre du palais de Kouyunjik. (Environ 668 ans avant J.-C.). British Museum. Id. 48
67. Le roi Asshurbanipal chassant le lion, bas-relief en marbre du palais de Kouyunjik. (Environ 668 ans avant J.-C.). British Museum. Id. 49
68. Asshurbanipal frappant un lion d'un coup de lance, bas-relief en marbre du palais de Kouyunjik. (Environ 668 ans avant J.-C.). British Museum. Id. 50
69. Le roi Asshurbanipal à cheval, tirant de l'arc, détail d'un bas-relief en marbre du palais de Kouyunjik. (Environ 668 ans avant J.-C.). British Museum. Id. 50
70. Jardins d'Asshurbanipal. Piqueurs menant des chiens en laisse, bas-relief en marbre provenant du palais de Kouyunjik. (Environ 668 ans avant J.-C.). British Museum. Id. 51
71. Un char attelé de deux chevaux et trois personnages debout, bas-relief en marbre provenant de Persépolis. (Environ 500 ans avant J.-C.). British Museum. Id 52

[Tome 1.]

72. Objets en bronze provenant du palais N.-O. de Nimrud. British Museum. Photographie. 52

ARABIE ET PALESTINE.

73. Monuments sépulcraux de Petra (Arabie) creusés dans le roc. Id. 53
74. Jérusalem. Tombeaux d'Absalon, de Zacharie et de St Jacques dans la vallée de Josaphat. Id. 54
75. Jérusalem. Tombeau d'Absalon. Id. 54
76. Jérusalem. Tombeau de Zacharie. Id. 55
77. Jérusalem. La Porte d'or, vue de l'extérieur. Id. 55
78. Jérusalem. La Porte d'or, vue de l'intérieur de la ville. Id. 56
79. Jérusalem. Le mur des lamentations. Id. 56
80. Jérusalem. Le mur des lamentations. Id. 57
81. Jérusalem. Les 3 arcs romains dans le mur du sud de l'enclos du Haram. Id. 57
82. Jérusalem. Le tombeau des Juges. Id. 58
83. Jérusalem. Le tombeau des juges. Id. 58
84. Jérusalem. Le tombeau des rois. Id. 59
85. Samarie. La colonnade. Id. 60
86. Kefr-Birim. Ruines d'une grande synagogue, dite Le tombeau d'Esther. Id. 60

TOME II.

MONUMENTS ANTIQUES DE LA SYRIE ET DE L'ASIE-MINEURE.

SYRIE.

87. Baalbek. La grande pierre. Photographie. p. 1
88. Baalbek. Murailles de l'Acropole. Id. 2
89. Baalbek. Vue générale des temples. Id. 3
90. Baalbek. Vue générale des temples. Id. 3
91. Baalbek. Vue générale du temple de Jupiter prise du N.-E. Id. 4
92. Baalbek. Vue générale du temple de Jupiter prise du S.-O. Id. 4
93. Baalbek. Les trois grandes pierres de la plate-forme du temple. Id. 5
94. Baalbek. Colonnes à l'extrémité orientale du péristyle du temple de Jupiter. Id. 5
95. Baalbek. Colonnes à l'extrémité orientale du péristyle du temple de Jupiter, détail. Id. 6
96. Baalbek. Grande porte du temple de Jupiter. Id. 7
97. Baalbek. Grande porte du temple de Jupiter, détail. Id. 8

COLLECTION ARMAND. — PREMIÈRE PARTIE.

[Tome 2.]

98. Baalbek. Colonnes engagées dans le mur de la cella du temple de Jupiter. Photographie. 8
99. Baalbek. Intérieur de la cella du temple de Jupiter, détail. Id. 9
100. Baalbek. Intérieur de la cella du temple de Jupiter. Id. 10
101. Baalbek. Temple du Soleil. Id. 11
102. Baalbek. Plan des temples d'Héliopolis, d'après le dessin d'*Ach. Joyau*. Id. 12
103. Baalbek. Façade postérieure des temples, d'après le dessin d'*Ach. Joyau*. Id. 12
104. Baalbek. Vue intérieure des édifices attenant à cette façade, d'après le dessin d'*Ach. Joyau*. Id. 13
105. Baalbek. Façade latérale Nord des temples, d'après le dessin d'*Ach. Joyau*. Id. 13
106. Baalbek. Vue intérieure des édifices attenant à la façade latérale Nord, d'après le dessin d'*Ach. Joyau*. Id. 13
107. Baalbek. Porte du temple de Jupiter, d'après le dessin d'*Ach. Joyau*, détail. Id. 14
108. Baalbek. Porte du temple de Jupiter, d'après le dessin d'*Ach. Joyau*, détails. Id. 14
109. Palmyre. Vues des ruines à l'extrémité occidentale. Id. 15
110. Palmyre. Ruines à l'extrémité occidentale. Id. 15
111. Palmyre. Ruines d'un temple à l'extrémité occidentale. Id. 16
112. Palmyre. L'arc de triomphe. Façade regardant le temple du Soleil. Id. 16
113. Palmyre. L'arc de triomphe. Façade regardant le château. Id. 17
114. Palmyre. L'arc de triomphe, détail. Id. 17
115. Palmyre. Vue de la grande colonnade. Id. 18
116. Palmyre. Vue prise près de l'arc de triomphe et montrant les grands fûts de colonnes en granit rouge. Id. 18
117. Palmyre. Grande porte du temple du Soleil. Id. 19
118. Palmyre. Tombeaux en ruines. Id. 19
119. Palmyre. Tombeaux en ruines. Id. 20
120. Palmyre. Fragments antiques employés dans la construction d'un mur de mosquée. Photographie. 20

CHYPRE.

121. Statue en pierre calcaire d'un roi ou d'un prêtre (de style assyrien), provenant des fouilles du temple de Vénus à Golgoï (Ile de Chypre). Photographie. 21
122. Hercule et un prêtre de Vénus, statues colossales en pierre calcaire, id. Id. 21
123. Deux statues en pierre calcaire, id. Id. 22

[Tome 2.]
124. Deux statues en pierre calcaire, provenant des fouilles du temple de Vénus à Golgoï (Ile de Chypre). Photographie. 22
125. Statues d'Hercule, figures en pierre calcaire, id. Id. 23
126. Statue en pierre calcaire d'un roi ou d'un prêtre (style égyptien), id. Id. 23
127. Tête colossale ayant appartenu à une statue d'environ 40 pieds anglais de haut, id. Id. 24
128. Trois têtes en pierre calcaire de rois ou de prêtres, id. Id. 25
129. Trois têtes en pierre calcaire de rois ou de prêtres, id. Id. 25

ANGORA (ANCYRE).

130. Angora (Ancyre, Galatie). Façade extérieure de l'Augusteum. Photographie. 26
131. Ancyre. Temple de Rome et d'Auguste, plan. D'après le dessin de M. *Guillaume*. Id. 27
132. Ancyre. Temple de Rome et d'Auguste, élévation. D'après le dessin de M. *Guillaume*. Id. 27
133. Ancyre. Temple de Rome et d'Auguste, intérieur du temple. D'après le dessin de M. *Guillaume*. Id. 28
134. Ancyre. Temple de Rome et d'Auguste, détails de la porte. D'après le dessin de M. *Guillaume*. Id. 28
135. Ancyre. Temple de Rome et d'Auguste, détails des moulures. D'après le dessin de M. *Guillaume*. Id. 29

ASIE MINEURE.

136. Tombeau à Telmissus (Asie-Mineure), d'après le dessin de *J. Amoudru*. Tiré de *Gailhabaud*. Gravure. 30
137. Théâtre à Jassus (Asie-Mineure), d'après *J. Amoudru*. Tiré de *Gailhabaud*. Id. 30
138. Temple pélasgique dans l'Ile de Gozo, plan et détails, d'après le dessin de *L. Gaucherel*. Tiré de *Gailhabaud*. Id. 31
139. Temple pélasgique dans l'Ile de Gozo, coupe et élévation d'après *L. Gaucherel*. Tiré de *Gailhabaud*. Id. 31
140. Vue de la « Mausoleum-Gallery ». British-Museum. Photographie. 32
141. Détails du monument de Mausole (Carie. Halicarnasse). British Museum. Id. 33
142. Fragment d'un des chevaux du quadrige placé au sommet du Mausolée, ouvrage du sculpteur *Pytheus*. British Museum. Id. 34
143. Lion en marbre que l'on suppose être un de ceux qui entouraient le Mausolée. British Museum. Id. 35
144. Bas-relief en marbre faisant partie de la frise du Mausolée. Combat des Grecs et des Amazones. British Museum. Id. 36

COLLECTION ARMAND. — PREMIÈRE PARTIE.

[Tome 2.]

145. Bas-relief en marbre faisant partie de la frise du Mausolée. Combat des Grecs et des Amazones. British Museum. Photographie. 36
146. Bas-relief en marbre faisant partie de la frise du Mausolée. Combat des Grecs et des Amazones. British Museum. Id. 37
147. Bas-relief en marbre faisant partie de la frise du Mausolée. Combat des Grecs et des Amazones. British Museum. Id. 37
148. Bas-relief en marbre faisant partie de la frise du Mausolée. Combat des Grecs et des Amazones. British Museum. Id. 38
149. Détail de la frise précédente. British Museum. Id. 39
150. Bas-relief en marbre faisant partie de la frise du Mausolée. Combat des Grecs et des Amazones. British Museum. Id. 40
151. Détail de la frise précédente. British Museum. Id. 41
152. Statue en marbre d'Apollon avec dédicace par *Charès*, fils de *Kleisès*, provenant de la voie sacrée du temple d'Apollon, chez les Branchides. Carie. (Environ 550 ans avant J.-C.) British Museum. Id. 42
153. Lion dédié à Apollon, provenant de la voie sacrée du temple d'Apollon chez les Branchides (Carie). British Museum. Id. 43
154. Lion colossal en marbre provenant d'un « polyandrion » ou mausolée à Cnide (Carie) érigé vers 300 ans avant J.-C. British Museum. Id. 44
155. La même statue. British Museum. Id. 45
156. Prêtresse de Cérès de Cnide, statue en marbre. British Museum. Id. 46
157. Proserpine de Cnide, statue en marbre. British Museum. Id. 47
158. Frise du tombeau des Harpies à Xanthus (Lycie). British Museum. Id. 48
159. Détails du tombeau des Harpies à Xanthus (Lycie). British Museum. Id. 48
160. Colonnes, fronton et figures du monument d'Harpagus, (545 ans avant J.-C.), à Xanthus (Lycie). British Museum. Id. 49
161. Néréïdes, figures du monument d'Harpagus à Xanthus (Lycie). British Museum. Id. 49
162. Stèle du monument d'Harpagus à Xanthus (Lycie). British Museum. Id. 50
163. Bas-relief en marbre de Xanthus (Lycie). (Environ 400 ans avant J.-C.), British Museum. Id. 51
164. Vases en verre phénico-grecs. British Museum. Id. 51

CONSTANTINOPLE.

165. Constantinople. L'hippodrome (At-Meidan) et les deux obélisques. Id. 52
166. Constantinople. Bas-reliefs de l'obélisque relevé par Théodose dans l'Hippodrome. Tiré de *Seroux d'Agincourt*. Histoire de l'Art par les Monuments. Gravure. 53

[Tome 2.]
167. Constantinople. Piédestal de l'obélisque de Théodose, face Nord. Photographie. 54
168. Constantinople. Piédestal de l'obélisque de Théodose, face Sud. Id. 55
169. Constantinople. Piédestal de l'obélisque de Théodose, face Ouest. Id. 55
170. Constantinople. Piédestal de l'obélisque de Théodose, face Est. Id. 55
171. Constantinople. Piédestal de l'obélisque de Théodose, faces Nord et Est. Id. 56
172. Constantinople. Piédestal de l'obélisque de Théodose, faces Sud et Ouest. Id. 56
173. Constantinople. Colonne de porphyre dite la colonne brûlée, près de l'At-Meidan. Id. 57
174. Constantinople. Tombeau antique orné de bas-reliefs. Id. 58

TOME III.

MONUMENTS ANTIQUES DE LA GRÈCE.

175. Les ordres Grecs, d'après le dessin de *J. Bouchet*. Tiré de *Gailhabaud*. Gravure. 1
176. Corinthe. Temple de Minerve Chalinitis ou de Junon Bunéenne. Photographie. 1
177. Egine. Temple de Jupiter Panhellénius, plan. Dessin. 2
178. Egine. Temple de Jupiter Panhellénius, coupe et élévation. Id. 3
179. Egine. Temple de Jupiter Panhellénius, ensemble des ruines. Photographie. 3
180. Egine. Temple de Minerve, fronton occidental. British Museum. Id. 4
181. Egine. Temple de Minerve, figures du fronton occidental. Glyptothèque du roi de Bavière à Munich. Id. 4
182. Egine. Temple de Minerve, figures du fronton occidental. Glyptothèque du roi de Bavière. Id. 5
183. Egine. Temple de Minerve, figures du fronton occidental. Glyptothèque du roi de Bavière. Id. 5
184. Egine. Temple de Minerve, figure du fronton oriental. Glyptothèque du roi de Bavière. Id. 6
185. Egine. Temple de Minerve, figure du fronton oriental. Glyptothèque du roi de Bavière. Id. 6

[Tome 3.]

186. Egine. Temple de Minerve, figure du fronton oriental. Glyptothèque du roi de Bavière. Photographie. 7
187. Egine. Temple de Minerve, figure du fronton oriental. Glyptothèque du roi de Bavière. Id. 8
188. Egine. Temple de Minerve, figure du fronton oriental. Glyptothèque du roi de Bavière. Id. 8
189. Eleusis. Propylées, plan des premières propylées. Dessin. 9
190. Eleusis. Plan des deuxièmes Propylées. Id. 10
191. Eleusis. Ruines des Propylées. Photographie. 11
192. Eleusis. Chapiteau. Id. 11
193. Mycènes. Acropole, vue et plan, d'après le dessin de *Dodwell* et *Blouet*. Tiré de *Gailhabaud*. Gravure. 12
194. Mycènes. Trésorerie d'Atrée, vue et détails, d'après le dessin de *Ravoisié*. Tiré de *Gailhabaud*. Id. 12
195. Mycènes. Trésorerie d'Atrée, plan, coupe et détails, d'après *Ravoisié*. Tiré de *Gailhabaud*. Id. 12
196. Mycènes. Trésorerie d'Atrée, vue intérieure, d'après le dessin de *Jourdan*. Tiré de *Gailhabaud*. Id. 12
197. Mycènes. Porte du trésor d'Atrée. Photographie. 13
198. Mycènes. Porte des lions, vue et détails, d'après le dessin de *Jourdan*. Tiré de *Gailhabaud*. Gravure. 14
199. Mycènes. Porte des lions. Photographie. 14
200. Messène. Porte et murs, d'après le dessin d'*Amoudru*. Tiré de *Gailhabaud*. Gravure. 15
201. Némée. Temple de Jupiter Néméen. Photographie. 16
202. Ruines d'un monument près de Missolonghi, d'après le dessin de *Dodwell*. Tiré de *Gailhabaud*. Gravure. 17
203. Olympie. Temple de Jupiter, plan. Dessin. 18
204. Olympie. Temple de Jupiter, coupe. Id. 19
205. Olympie. Temple de Jupiter, élévation. Id. 20
206. Phigalée. Temple d'Apollon Epicurius, plan. Id. 21
207. Phigalée. Temple d'Apollon Epicurius, coupe et élévation. Id. 22
208. Phigalée. Temple d'Apollon Epicurius, coupe longitudinale. Id. 23
209. Phigalée. Temple d'Apollon Epicurius, partie de la frise de l'intérieur de la cella. Combat des Grecs et des Amazones. British Museum. Photographie. 24
210. Cap Sunium. Temple de Minerve, vue des ruines. Id. 25
211. Cap Sunium. Temple de Minerve, vue des ruines. Id. 25
212. Sunium. Acropole, plan dans l'état actuel, d'après le dessin de M. *Louvet*. Id. 26
213. Sunium. Acropole, plan restauré, d'après le dessin de M. *Louvet*. Id. 26

[Tome 3.]
214. Sunium. Propylées, état actuel, d'après le dessin de M. *Louvet*. Photographie. 27
215. Sunium. Temple de Minerve, façade latérale, état actuel, d'après le dessin de M. *Louvet*. Id. 27
216. Sunium. Temple de Minerve, façade latérale restaurée, d'après le dessin de M. *Louvet*. Id. 28
217. Sunium. Temple de Minerve, façade restaurée, d'après le dessin de M. *Louvet*. Id. 28
218. Sunium. Temple de Minerve, coupe transversale restaurée, d'après le dessin de M. *Louvet*. Id. 29
219. Tirynthe. Ruines de l'Acropole, vue et plan, d'après le dessin de *Jourdan*. Tiré de *Gailhabaud*. Gravure. 30
220. Tirynthe. Murs de l'Acropole. Photographie. 30
221. Palatitza (Macédoine), détails d'une colonne dorique et de l'entablement, d'après le dessin de M. *Daumet*. Id. 31
222. Palatitza. Détails de l'architrave et de l'ante, d'après le dessin de M. *Daumet*. Id. 31
223. Palatitza. Détails d'une colonne engagée, d'après le dessin de M. *Daumet*. Id. 31

ARCHITECTURE ANTIQUE. MONUMENTS D'ATHÈNES.

224. Plan d'Athènes antique. Calque. 32
225. Plan d'Athènes antique. Id. 32
226. Plan d'Athènes antique. Id. 33
227. Panorama d'Athènes vue de la colline du Pnyx. Croquis. 33
228. Temple de Thésée. Fronton à l'ouest et façade latérale au Sud, d'après le dessin de *E. Prestat*. Tiré de *Gailhabaud*. Gravure. 34
229. Temple de Thésée, vu sous le même angle. Photographie. 34
230. Temple de Thésée, vu sous le même angle. Id. 35
231. Temple de Thésée, fronton à l'Est et façade latérale au Nord. Id. 35
232. Temple de Thésée, perspective de la colonnade du Sud. Id. 36
233. Temple de Thésée, plan et détails, d'après le dessin de *E. Prestat*. Tiré de *Gailhabaud*. Gravure. 37
234. Temple de Thésée, plan (restauration). Dessin. 38
235. Temple de Thésée, coupes longitudinale et transversale, Id. 38
236. Temple de Thésée, façades latérales au Sud et au Nord. Id. 39
237. Temple de Thésée, façades de l'Est et de l'Ouest et coupe transversale. Id. 39
238. Temple de Jupiter Olympien, vue générale. Photographie. 40
239. Temple de Jupiter Olympien, vue générale. Id. 40
240. Temple de Jupiter Olympien. Id. 41
241. Temple de Jupiter Olympien. Id. 42

[Tome 3.]

242. Temple de Jupiter Olympien. Photographie. 43
243. Temple de Jupiter Olympien. Id. 43
244. Temple de Jupiter Olympien. Plan restauré de l'extrémité Sud. Dessin. 44
245. Temple de Jupiter Olympien, plan de l'extrémité vers l'Ouest. Id. 45
246. Temple de Jupiter Olympien, plan général restauré. Id. 46
247. Temple de Jupiter Olympien, façade regardant l'Est. Id. 47
248. Théâtre de Bacchus, vue de l'Hémicycle. Photographie. 48
249. Théâtre de Bacchus, vue de l'Hémicycle. Id. 48
250. Théâtre de Bacchus, vue de l'Hémicycle et du proscénium. Id. 49
251. Théâtre de Bacchus, bas-reliefs du proscénium. Id. 49
252. Théâtre de Bacchus, bas-reliefs du proscénium. Id. 50
253. Théâtre de Bacchus, (bas-reliefs provenant du) Danseuse Id. 51
254. Théâtre de Bacchus. Siège d'honneur. Id. 51
255. Théâtre de Bacchus. Siège du prêtre de Bacchus. Id. 52
256. Théâtre de Bacchus. Autel de Bacchus. Id. 52
257. Théâtre de Bacchus. Sièges autour de l'orchestre. Id. 53
258. Théâtre de Bacchus, (croquis indiquant l'emplacement du). Dessin. 54
259. Théâtre de Bacchus, plan restauré. Id. 55
260. Théâtre de Bacchus, plan restauré. Calque. 56
261. Théâtre de Bacchus, plan restauré avec les noms des spectateurs en titre inscrits à la place qu'ils occupaient. Dessin. 57
262. Théâtre de Bacchus, coupe longitudinale. Id. 58
263. Théâtre de Bacchus, coupe longitudinale. Calque. 59
264. Théâtre de Bacchus. l'Orchestre, détails du pavement. Dessin. 59
265. Théâtre de Bacchus, croquis de l'ensemble. Id. 59
266. Théâtre d'Hérode Atticus, vue des ruines. Photographie. 60
267. Théâtre d'Hérode Atticus, vue des ruines. Id. 61
268. Théâtre d'Hérode Atticus, plan restauré. Dessin. 62
269. Théâtre d'Hérode Atticus, coupe longitudinale. Id. 63
270. Théâtre d'Hérode Atticus, plan dans l'état actuel et plan restauré, d'après le dessin de M. *Daumet*. Photographie. 64
271. Théâtre d'Hérode Atticus, coupe transversale, état actuel, d'après le dessin de M. *Daumet*. Id. 64
272. Théâtre d'Hérode Atticus, élévation du proscénium, état actuel, d'après le dessin de M. *Daumet*. Id. 64
273. Théâtre d'Hérode Atticus, coupe transversale et élévation du proscénium, restauration, d'après les dessins de M. *Daumet*. Id. 65
274. Théâtre d'Hérode Atticus, élévation restaurée, d'après le dessin de M. *Daumet*. Id. 65

TOME IV.

MONUMENTS ANTIQUES D'ATHÈNES (suite).

275. Porte de la nouvelle Agora. Photographie.	1
276. Porte de la nouvelle Agora. Id.	2
277. Portique d'Adrien. Id.	3
278. Monument choragique de Lysicrate. Id.	4
279. Monument choragique de Lysicrate. Id.	5
280. Monument choragique de Lysicrate. Id.	6
281. Monument choragique de Lysicrate, restauration d'après le dessin de M. *de Mérindol*. Tiré de *Gailhabaud*. Gravure.	6
282. Tour des vents ou temple d'Eole. Photographie.	7
283. Tour des vents ou temple d'Eole. Id.	8
284. Tour des vents, restauration et détails. Dessin de M. *Amoudru*. Tiré de *Gailhabaud*. Gravure.	8
285. L'arc d'Adrien. Photographie.	9
286. L'arc d'Adrien. Id.	10
287. L'arc d'Adrien. Id.	10
288. Monument de Philopappus. Id.	11
289. Monument de Philopappus, détails de la base. Id.	11
290. Le Pnyx à Athènes, vue d'ensemble. Id.	12
291. Le Pnyx, détail. Id.	12
292. Le Pnyx, plan restauré. Dessin.	13
293. L'Acropole, vue prise du rond point à l'origine de la rue d'Hermès. Photographie.	14
294. L'Acropole, vue prise du bord de l'Ilissus. Id.	14
295. L'Acropole, vue prise du bord de l'Ilissus. Id.	15
296. L'Acropole, vue prise au-dessus de la fontaine de Callirhoé. Id.	15
297. L'Acropole, vue prise au-dessus de la fontaine de Callirhoé. Id.	16
298. L'Acropole, vue prise de la Colline de Musée. Id.	16
299. L'Acropole, vue prise de la colline des Nymphes. Id.	17
300. L'Acropole, vue prise de la colline du Pnyx. Id.	17
301. L'Acropole, plan en 1753. Calque.	18
302. L'Acropole, plan. Id.	19
303. L'Acropole, plan à l'état actuel, d'après le dessin de M. *Marcel Lambert*. Photogravure.	20
304. L'Acropole, plan restauré, d'après le dessin de M. *Marcel Lambert*. Id	20
305. L'Acropole, façade Ouest, état actuel, d'après le dessin de M. *Marcel Lambert*. Id.	21

COLLECTION ARMAND. — PREMIÈRE PARTIE.

[Tome 4.]

306. L'Acropole, façade Ouest, restauration. D'après le dessin de M. *Marcel Lambert*. Photogravure. 21
307. Les Propylées, vue prise du rocher de l'Aréopage. Photographie. 22
308. Les Propylées, vue de l'escalier. Id. 23
399. Les Propylées. Id. 24
310. Les Propylées. Id. 24
311. Les Propylées. Id. 25
312. Les Propylées. Id. 25
313. Les Propylées. Id 26
314. Les Propylées, vue prise à l'intérieur de l'acropole. Id. 26
315. Les Propylées, plan, état actuel, d'après le dessin de M. *Boitte*.Id. 27
316. Les Propylées, plan restauré, d'après le dessin de M. *Boitte*. Id. 27
317. Les Propylées, coupe longitudinale, état actuel. Dessin de M. *Boitte*. Id. 28
318. Les Propylées, coupe longitudinale restaurée. Dessin de M. *Boitte*. Id. 28
319. Les Propylées, coupe longitudinale, état actuel. Dessin de M. *Boitte*. Id. 29
320. Les Propylées, coupe longitudinale restaurée. Dessin de M. *Boitte*. Id. 29
321. Les Propylées, façade, état actuel. Dessin de M. *Boitte*. Id. 30
322. Les Propylées, façade restaurée. Dessin de M. *Boitte*. Id. 30
323. Les Propylées, façade Nord et coupe sur la Pinacothèque, état actuel. Dessin de M. *Boitte*. Id. 31
324. Les Propylées, façade Nord et coupe sur la Pinacothèque, restauration. Dessin de M. *Boitte*. Id. 31
325. Les Propylées, façade Est, état actuel. Dessin de M. *Boitte*. Id. 32
326. Les Propylées, détails restaurés. Dessin de M. *Boitte*. Id. 32
327. Les Propylées, détails restaurés. Dessin de M. *Boitte*. Id. 33
328. Les Propylées, plan restauré. D'après le dessin de M.*Em. Ulmann*.Id. 33
329. Les Propylées, façade restaurée. D'après le dessin de M. *Em. Ulmann*. Id. 34
330. Les Propylées, coupe restaurée. D'après le dessin de M. *Em. Ulmann* Id. 34
331. Les Propylées, détails, entablement de la Pinacothèque. D'après le dessin de M. *Em. Ulmann*. Id. 35
332. Les Propylées, détails, coupe sur l'entablement et l'ante. D'après le dessin de M. *Em. Ulmann*. Id. 35
333. Les Propylées, ordre ionique, détails. D'après le dessin de M. *Em. Ulmann*. Id. 35
334. Les Propylées, ordre ionique, détails. D'après le dessin de M. *Guadet*. Id. 35

[Tome 4.]
335. Les Propylées, plan restauré. Dessin. 36
336. Les Propylées, coupe des assises. Id. 37
337. Les Propylées, coupe longitudinale, suivant l'axe en regardant le temple de la Victoire aptère. Id. 38
338. Les Propylées, coupe transversale sur la Pinacothèque. Id. 39
339. Les Propylées, coupe longitudinale suivant l'axe des Propylées. Id. 39
340. Les Propylées, coupe transversale de l'intérieur. Id. 40
341. Les Propylées, façade qui regarde l'extrémité de l'Acropole. Id. 40
342. Les Propylées, façade qui regarde l'Est. Id. 41
343. Les Propylées, croquis des piliers. Id. 41
344. Temple de la Victoire aptère. Photographie. 42
345. Temple de la Victoire aptère. Id. 42
346. Temple de la Victoire aptère. Id. 43
347. Bas-reliefs du temple de la Victoire aptère. Id. 43
348. Bas-reliefs du temple de la Victoire aptère. Id. 44
349. Bas-relief du temple de la Victoire aptère. Id. 45
350. Temple de la Victoire aptère, plan restauré. D'après le dessin de M. *Boitte*. Id. 45
351. Temple de la Victoire aptère, façade restaurée. D'après le dessin de M. *Boitte*. Id. 46
352. Temple de la Victoire aptère, façade longitudinale restaurée. D'après le dessin de M. *Boitte*. Id. 46
353. Temple de la Victoire aptère, coupe transversale restaurée. D'après le dessin de M. *Boitte*. Id. 47
354. Temple de la Victoire aptère, coupe longitudinale restaurée. D'après le dessin de M. *Boitte*. Id. 47
355. Temple de la Victoire aptère, détails restaurés. D'après le dessin de M. *Boitte*. Id. 47
356. L'Erechtheum. Essai sur l'emplacement de l'Erechtheum ou discussion sur la place vraie de ce temple, sous les auspices du congrès archéologique du 4 août 1853. Athènes, J. Angelopoulos, 1853, texte grec suivi d'une explication des figures. 48
357. Plans de l'Erechtheum, planche 1 de l'ouvrage précédent. Lithographie. 49
358. Plan et coupe des substructions de l'Erechtheum, planche 2 de l'ouvrage précédent. Id. 50
359. Élévation de l'Érechtheum sur les quatre faces, planches 3, 4, 5, 6 de l'ouvrage précédent. Id. 51-54
360. Fac-simile de deux inscriptions provenant de l'Erechtheum, planches 7 et 8 de l'ouvrage précédent. Id. 55
361. L'Erechtheum, portique du temple de Pandrose, angle N.-O. Photographie. 56

[Tome 4.]

362. Erechtheum, portique du temple de Pandrose, angle N.-O. Photographie. — 57
363. Erechtheum, portique du temple de Pandrose, angle N.-E. Id. — 58
364. Erechtheum, façade du temple de Minerve Poliade, façade Est. Id. — 58
365. Erechtheum, façade du temple de Minerve Poliade, façade Est. Id. — 59
366. Erechtheum, façades regardant l'Est et le Midi. Id. — 59
367. Erechtheum, façades regardant l'Est et le Midi. Id. — 60
368. Erechtheum, façades regardant l'Est et le Midi. Id. — 60
369. Erechtheum, façade regardant l'Ouest. Id. — 61
370. Erechtheum, portique des Caryatides, façade Sud. Id. — 61
371. Erechtheum, portique des Caryatides, façade Sud. Id. — 62
372. Erechtheum, portique des Caryatides, façade Sud. Id. — 62
373. Erechtheum, portique des Caryatides, façade Sud. Id. — 63
374. Erechtheum, plan restauré. Dessin. — 64
375. Erechtheum, coupe longituninale suivant l'axe du temple de Minerve Poliade. Id. — 64
376. Erechtheum, coupe longitudinale suivant l'axe du temple de Pandrose. Id. — 65
377. Erechtheum, façade regardant le Nord. Id. — 65
378. Erechtheum, façade regardant l'Est. Id. — 66
379. Erechtheum, façade regardant l'Ouest. Id. — 66
380. Erechtheum, façade regardant le Midi. Id. — 67
381. Erechtheum, façade regardant l'Est, restauration. D'après M. *Amoudru*. Tiré de *Gailhabaud*. Gravure. — 68
382. Erechtheum, détails restaurés. D'après M. *Amoudru*. Tiré de *Gailhabaud*. Id. — 68
383. Erechtheum, détails de la tribune des Caryatides. D'après le dessin de M. *Boitte*. Photographie. — 69
384. Erechtheum, détails d'un chapiteau du portique Nord. D'après le dessin de M. *Boitte*. Id. — 69
385. Erechtheum, détails du portique. D'après le dessin de M. *Ginain*. Id. — 69
386. Erechtheum, détails du portique des Caryatides. D'après le dessin de M. *Ginain*. Id. — 70
387. Erechtheum, détails de la porte du temple de Pandrose. D'après le dessin de M. *Ginain*. Id. — 70
388. Erechtheum, détails de l'ante du temple d'Erechthée. D'après le dessin de M. *Titeux*. Id. — 70
389. Erechtheum, console de la porte, profil. D'après le dessin de *Paccard*. Id. — 71

[Tome 4.]
390. Erechtheum, console de la porte, face. D'après le dessin de M. *Paccard*. Photographie. 71
391. Erechtheum, détails de la porte. D'après le dessin de M. *Paccard*. Id. 71
392. Erechtheum, détails de la porte. D'après le dessin de M. *Paccard*. Id. 72
393. Erechtheum, détails de la porte. D'après le dessin de M. *Paccard*. Id 72

TOME V.

MONUMENTS ANTIQUES D'ATHÈNES (*suite*).

394. Le Parthénon et l'Erechtheum, vus des Propylées. Photographie. 1
395. Le Parthénon, angle N.-E., vue extérieure. Id. 2
396. Le Parthénon, angle N.-E., vue intérieure. Id. 3
397. Le Parthénon, façade Est. Id. 4
398. Le Parthénon, façade Est. Id. 4
399. Le Parthénon, façade Est. Id. 5
400. Le Parthénon, façades Sud et Est. Id. 5
401. Le Parthénon, façades Ouest et Nord. Id. 6
402. Le Parthénon, façades Ouest et Nord. Id. 6
403. Le Parthénon, façades Ouest et Nord. Id. 7
404. Le Parthénon, façade Ouest, d'après le dessin d'*Alb. Lenoir*. Tiré de *Gailhabaud*. Gravure. 7
405. Le Parthénon, vue intérieure prise en regardant vers l'Est. Photographie. 8
406. Le Parthénon, angle N. O., intérieur de la cella. Id. 8
407. Le Parthénon, plan restauré. Dessin. 9
408. Le Parthénon, plan restauré. Id. 10
409. Le Parthénon, coupe longitudinale suivant l'axe du temple Id. 11
410. Le Parthénon, coupe longitudinale suivant l'axe du portique Nord. Id. 11
411. Le Parthénon, coupe transversale. Id. 12
412. Le Parthénon, coupe transversale sous le portique de l'Ouest. Id. 12
413. Le Parthénon, coupe transversale sous le portique de l'Ouest. Id. 13
414. Le Parthénon, coupe transversale sur l'opisthodome et la cella. D'après la restauration de M. *Paccard*. Id. 14
415. Le Parthénon, façade regardant l'Ouest, élévation. Id. 14
416. Le Parthénon, façade regardant l'Ouest, élévation. Id. 15

[Tome 5.]
417. Le Parthénon, façade latérale Nord, élévation. Dessin. 15
418. Le Parthénon, élévations latérales, façade du Nord, mur de la Cella et coupe longitudinale suivant l'axe. Id. 16
419. Le Parthénon, plan restauré et détails. D'après le dessin de M. *Bury*. Tiré de *Gailhabaud*. Gravure. 17
420. Le Parthénon, détails de l'entablement. D'après le dessin de M. *Moyaux*. Photographie. 17
421. Le Parthénon, détails de la toiture, restauration. Photogravure. 18
422. Métopes du Parthénon, face méridionale N° 1. British Museum. Photographie. 19
423. Métopes du Parthénon, face méridionale N° 2. British Museum. Id. 19
424. Métopes du Parthénon, face méridionale N° 3. British Museum. Id. 20
425. Métopes du Parthénon, face méridionale N° 4. British Museum. Id. 20
426. Métopes du Parthénon, face méridionale N° 5. British Museum. Id. 21
427. Métopes du Parthénon, face méridionale N° 6. British Museum. Id. 21
428. Métopes du Parthénon, face méridionale N° 7. British Museum. Id. 22
429. Métopes du Parthénon, face méridionale N° 8. British Museum. Id. 22
430. Métopes du Parthénon, face méridionale N° 9. British Museum. Id. 23
431. Métopes du Parthénon, face méridionale N° 10. British Museum. Id. 23
432. Métopes du Parthénon, face méridionale N° 11. British Museum. Id. 24
433. Métopes du Parthénon, face méridionale N° 12. British Museum. Id. 24
434. Métopes du Parthénon, face méridionale N° 13. British Museum. Id. 25
435. Métopes du Parthénon, face méridionale N° 14. British Museum. Id. 25
436. Métopes du Parthénon, face méridionale N° 15. British Museum. Id. 26
437. Métopes du Parthénon, face méridionale N° 16. British Museum. Id. 26
438. Métope du Parthénon, figure tirée de l'ouvrage de *Stuart*. The antiquities of Athens, Londres, 1762-1816. T. II, pl. X. Gravure. 27
439. Métope du Parthénon, figure tirée de l'ouvrage de *Stuart*. T. IV, pl. 29. Id. 27
440. Frontons du Parthénon. D'après le dessin de *J. Carrey* (1674). Calques. 28
441. Fronton oriental du Parthénon, quatre figures de la partie Sud de ce fronton : Thésée, Cérès, Proserpine, Iris. British Museum. Photogr. 29
442. Fronton oriental du Parthénon, Cérès et Proserpine. British Museum. Id. 30
443. Fronton oriental du Parthénon, Iris. British Museum. Id. 31
444. Fronton oriental du Parthénon, Thésée, vu de face. British Museum. Id. 32
445. Fronton oriental du Parthénon, Thésée, vu de dos. British Museum. Id. 33
446. Fronton oriental du Parthénon, chevaux du char d'Ypérion. British Museum. Id. 34

[Tome 5.]
447. Fronton oriental du Parthénon, cinq figures de la partie Nord : la Victoire, les Parques, la Nuit. British Museum. Photographie. 34
448. Fronton oriental du Parthénon, La Victoire. British Museum. Id. 35
449. Fronton oriental du Parthénon, groupe des Parques. British Museum. Id. 36
450. Fronton oriental du Parthénon, groupe des Parques. British Museum. Id. 37
451. Fronton oriental du Parthénon, cheval du char de la nuit. British Museum. Id. 38
452. Fronton occidental du Parthénon, trois figures : Ilissus, Cécrops et Aglaure. British Museum. Id. 39
453. Fronton occidental du Parthénon, Ilissus. British Museum. Id. 40
454. Fronton occidental du Parthénon, torse de Cécrops. British Museum. Id. 41
455. Fronton occidental du Parthénon, fragment du torse de Neptune. British Museum. Id. 42
456. Fronton occidental du Parthénon, torse de la Victoire aptère. British Museum. Id. 43
457. Fronton occidental du Parthénon, fragment du torse de Minerve. British Museum. Id. 44
458. Fronton occidental du Parthénon, fragment de la statue de Latone. British Museum. Id. 45

TOME VI.

MONUMENTS D'ATHÈNES (suite). FRISES DU PARTHÉNON.

459. Frise occidentale. 24 pièces dont 15 photographies et 9 gravures tirées de *Stuart*. 1 à 15
460. Frise septentrionale, 40 pièces dont 36 photographies et 4 gravures tirées de *Stuart*. 16 à 35
461. Frise méridionale, 34 pièces dont 27 photographies et 7 gravures tirées de *Stuart*. 35 à 54
462. Frise orientale, 17 pièces. Photographies. 55 à 65

TOME VII.

MONUMENTS ANTIQUES DE LA SICILE. — PLANS DE ROME ANTIQUE.

463. Élévation et plan géométral des différents temples de la Sicile. Gravure. 1

[Tome 7.]

464. Agrigente, temple de Junon Lucine. Photographie. 2
465. Agrigente, temple de Junon Lucine. Id. 2
466. Agrigente, temple de Junon Lucine. Id. 3
467. Agrigente, temple de Junon Lucine. Id. 3
468. Agrigente, temple de la Concorde. Id. 4
469. Agrigente, temple de la Concorde. Id. 4
470. Agrigente, temple de la Concorde. Id. 5
471. Agrigente, temple de la Concorde. Id. 5
472. Agrigente, temple de Castor et Pollux. 6
473. Agrigente, temple de Jupiter Olympien. Id. 7
474. Agrigente, temple de Jupiter Olympien, plan restauré. Dessin. 8
475. Agrigente, temple de Jupiter Olympien, élévation de la façade orientale restaurée. Id. 9
476. Agrigente, temple de Jupiter Olympien, parties de la coupe transversale et de la coupe longitudinale restaurées. Id. 10
477. Segeste, le temple de Segeste, vu de Catalafuni. Photographie. 11
478. Segeste, vue du temple. Id. 11
479. Segeste, vue du temple. Id. 12
480. Segeste, vue du temple. Id. 12
481. Segeste, vue du temple. D'après le dessin de *Gaucherel*. Tiré de *Gailhabaud*. Gravure. 13
482. Segeste, plan et détails du temple restauré. D'après *Gaucherel*. Tiré de *Gailhabaud*. Id. 13
483. Selinunte, temple de Jupiter Olympien, vue, plan et détails. D'après *Courtepée*. Tiré de *Gailhabaud*. Id. 14
484. Selinunte, Jupiter et Sémélé (Bas-relief provenant du temple de). Musée de Palerme. Photographie 15
485. Selinunte, Minerve combattant le géant (Bas-relief provenant du temple de). Musée de Palerme. Id. 15
486. Selinunte, Diane et Actéon (Bas-relief provenant du temple de). Musée de Palerme. Id. 15
487. Sélinunte, Hercule combattant une Amazone (Bas-relief provenant du temple de). Musée de Palerme Id. 15
488. Syracuse, l'Amphithéâtre. Id. 16
489. Syracuse, le Théâtre. Id. 16
490. Syracuse, le Théâtre. Id. 17
491. Taormine, le Théâtre. Id. 18
492. Taormine, le Théâtre. Id. 19
493. Taormine, le Théâtre. Id. 20
494. Santa-Maria Amphithéâtre. Id. 21
495. Rome. Fragments du plan antique de Rome gravé sur des tables de pierre du temps de Septime-Sévère et retrouvé dans le temple de

[Tome 7.]

Romulus. (Musée du Capitole) Voyez *Bellori* : Fragmenta vestigii veteris Romæ. 20 pièces. Gravures. 22 à 26
496. Rome, plan cavalier de Rome antique par *Pirro Ligorio*, 1561. 12 planches. Id. 27 à 38
497. Rome. Plan de Rome antique par *Canina*, 1832. 8 planches. Id. 39 à 46
498. Rome. Plan de Rome antique par *Canina*, 1847. 16 planches. Id. 47 à 62

TOME VIII.

MONUMENTS ANTIQUES DE ROME.

499. Rome. Le Colysée, vue extérieure. Photographie. 1
500. Rome. Le Colysée, vue extérieure. Id. 2
501. Rome. Le Colysée, vue extérieure. D'après le dessin de *J. A. Leveil*. Tiré de *Gailhabaud*. Gravure. 3
502. Rome. Le Colysée, vue intérieure. Photographie. 3
503. Rome. Un corridor du Colysée. Id. 4
504. Rome. Corridors du Colysée. D'après *J. A. Leveil*. Tiré de *Gailhabaud*. Gravure. 4
505. Rome. Amphithéâtre Flavien, plan et détails. D'après *Leveil*. Tiré de *Gailhabaud*. Id. 5
506. Rome. Amphithéâtre Flavien, coupe. Velarium, Vomitoire, restauration. D'après *Leveil*. Tiré de *Gailhabaud*. Id. 5
507. Rome. Amphithéâtre Flavien, élévation restaurée. D'après *Leveil*. Tiré de *Gailhabaud*. Id. 6
508. Rome. Amphithéâtre Flavien, ordres extérieurs restaurés. D'après *Leveil*. Tiré de *Gailhabaud*. Id. 6
509. Rome. Amphithéâtre Flavien, élévation restaurée. D'après M. *Chabrol*. Photographie. 6
510. Rome. Arc de Titus. Id. 7
511. Rome. Arc de Titus. Id. 7
512. Rome. Triomphe de Titus, bas-relief intérieur de l'arc de Titus. Id. 8
513. Rome. Les dépouilles de Jérusalem, bas-relief intérieur de l'arc de Titus. Id. 9
514. Rome. Les dépouilles de Jérusalem, bas-relief de l'arc de Titus. Id. 10
515. Rome. Arc de Titus, détails restaurés. D'après le dessin de M. *Dutert*. Id. 11

[Tome 8.]

516. Rome. Arc de Titus, détails de la clef, restauration. D'après le dessin de M. *Vaudremer*. Photographie. 11
517. Rome. Arc de Titus, détails, soffite et dessous des modillons. D'après le dessin de M. *Vaudremer*. Id. 12
518. Rome. Arc de Titus, détails de l'imposte et des caissons. D'après le dessin de M. *Vaudremer*. Id. 12
519. Rome. Arc de Titus, entablement et chapiteau. D'après le dessin de M. *Vaudremer*. Id. 13
520. Rome. Arc de Constantin. Id. 14
521. Rome. Arc de Constantin. Id. 14
522. Rome. Arc de Septime-Sévère. Id. 15
523. Rome. Arc de Septime-Sévère. D'après *Leveil*. Tiré de *Gailhabaud*. Gravure. 16
524. Rome. Détails de l'Arc de Septime-Sévère. D'après *Leveil*. Tiré de *Gailhabaud*. Id. 16
525. Rome. Arc des Orfèvres. Photographie. 17
526. Rome. Arc des Orfèvres. Id. 17
527. Rome. Arc des Orfèvres. Aquarelle. 18
528. Rome. Arc de Drusus. Photographie. 19
529. Rome. Arc de Janus quadrifrons. Id. 19
530. Rome. Piédestal de la colonne Antonine, apothéose d'Antonin. Id. 20
531. Rome. Piédestal de la colonne Antonine. L'armée de l'empereur. Id. 20
532. Rome. Cirque de Caracalla, vue et plan. D'après *J. A. Leveil*. Tiré de *Gailhabaud*. Gravure. 21
533. Le Forum romain, vue d'ensemble. Photographie. 22
534. Le Forum romain, vue d'ensemble en trois pièces, N° 1. Id. 23
535. Le Forum romain, N° 2. Id. 24
536. Le Forum romain, N° 3. Id. 25
537. Le Forum romain, vue d'ensemble avant les fouilles. Id. 26
538. Le Forum romain, vue des fouilles. Id. 26
539. Le Forum, plan et coupe avec indication des fouilles faites de 1809 à 1819, par *Caristie*, 1821, en cinq feuilles. Gravures. 27-31
540. Le Forum romain, plan à l'état actuel. D'après le dessin de M. *Dutert*. Photographie. 32
541. Le Forum romain, plan général restauré. D'après le dessin de M. *Dutert*. Id. 32
542. Le Forum romain, plan sous les derniers Antonins. D'après le dessin de M. *Dutert*. Id. 33
543. Le Forum romain, coupe dans l'état actuel. D'après le dessin de M. *Dutert*. Id. 33
544. Le Forum romain sous les derniers Antonins, coupe longitudinale restaurée. D'après le dessin de M. *Dutert*. Id. 33

[Tome 8.]
545. Détail de la restauration précédente. D'après le dessin de M. *Dutert*. Photographie. 34
546. Détail de la restauration précédente. D'après le dessin de M. *Dutert*. Id. 34
547. Détail de la restauration précédente. D'après le dessin de M. *Dutert*. Id. 34
548. Forum de Nerva, vue extérieure. Id. 35
549. Forum de Nerva, vue extérieure. Id. 36
550. Forum de Nerva, restauration d'après le dessin de M. *Noguet*. Id. 36
551. Forum de Trajan, vue d'ensemble, par *G. B. Cipriani* (1820). Gravure. 37
552. Forum de Trajan, vue d'ensemble. Photographie. 37
553. Forum de Trajan, vue d'ensemble. Id. 38
554. Forum de Trajan, base de la colonne Trajane. Id. 39
555. Forum de Trajan, base de la colonne Trajane, restauration. D'après le dessin de M. *Boitte*. Id. 40
556. Forum de Trajan, détail de la base de la colonne. D'après le dessin de M. *Ginain*. Id. 40
557. Forum de Trajan, détails de la basilique. D'après le dessin de M. *Bonnet*. Id. 40
558. Forum de Trajan, détails d'une corniche de la Basilique. D'après le dessin de M. *Bonnet*. Id. 41
559. Le même dessin reproduit en plus grand. D'après le dessin de M. *Bonnet*. Id. 41
560. Forum de Trajan, détails des moulures de la Basilique. D'après le dessin de M. *Bonnet*. Id. 41
561. Forum de Trajan, le dessin précédent reproduit en plus grand. Photogravure. 42
562. Forum de Trajan, entablement de la Basilique Ulpia. D'après le dessin de M. *Ulmann*. Id. 42
563. Forum de Trajan, entablement de la Basilique Ulpia. D'après le dessin de M. *Bonnet*. Id. 42
564. Mausolée d'Adrien (Château St-Ange), plan à l'état actuel. D'après le dessin de M. *Vaudremer*. Id. 43
565. Mausolée d'Adrien, plan restauré. D'après le dessin de M. *Vaudremer*. Id. 43
566. Mausolée d'Adrien (Château St-Ange), coupe à l'état actuel. D'après le dessin de M. *Vaudremer*. Id. 43
567. Mausolée d'Adrien, coupe restaurée. D'après le dessin de M. *Vaudremer*. Id. 44
568. Mausolée d'Adrien (Château St-Ange), élévation, état actuel. D'après le dessin de M. *Vaudremer*. Id. 44

[Tome 8.]

569. Mausolée d'Adrien, élévation restaurée. D'après le dessin de M. *Vaudremer*. Id. 44

570. Palais des Césars, plan, élévation et détails, restauration. D'après *Pirro Ligorio*. Gravure. 45

571. La Porte Ste-Marie majeure. Photographie. 46

572. La Porte Ste-Marie majeure. Id. 46

573. Porte et murs de Rome. Id. 47

574. Porte et murs de Rome. Id. 47

575. Porte et murs de Rome. Id. 48

576. Portique d'Octavie, chapiteau et base d'un pilastre. D'après le dessin de M. *Ginain*. Id. 49

577. Tabularium, vue extérieure. Id. 50

578. Tabularium, plan à l'état actuel. D'après le dessin de M. *Moyaux*. Id. 50

579. Tabularium, plan restauré. D'après le dessin de M. *Moyaux*. Id. 51

580. Tabularium, coupe restaurée. D'après le dessin de M. *Moyaux*. Id. 51

581. Tabularium, élévation, état actuel. D'après le dessin de M. *Moyaux*. Id. 52

582. Tabularium, élévation restaurée. D'après le dessin de M. *Moyaux*. Id. 52

583. Tabularium, façade du côté du Forum, restaurée. D'après le dessin de M. *Moyaux*. Id. 53

584. Tabularium, détails de l'entablement. D'après le dessin de M. *Moyaux*. Id. 53

TOME IX.

MONUMENTS ANTIQUES DE ROME (suite).

585. Le Panthéon, vue extérieure. Photographie. p. 1

586. Le Panthéon, vue intérieure. D'après le dessin de M. *Brune*. Id. 1

587. Le Panthéon, détail de l'intérieur. D'après le dessin de M. *Brune*. Id. 1

588. Le Panthéon, ordres et entablement. D'après le dessin de M. *Brune*. Id. 2

589. Le Panthéon, chapiteau et base. D'après le dessin de M. *Daumet*. Id. 2

590. Le Panthéon, détail du Portique. D'après le dessin de M. *Moyaux*. Id. 2

591. Le Panthéon, détail du Portique. D'après le dessin de M. *Moyaux*. Id. 2

592. Sarcophage provenant des Thermes d'Agrippa. D'après le dessin de M. *Daumet*. Id. 3

[Tome 9.]

593. Le Panthéon et les Thermes d'Agrippa, plans, coupes, élévations et détails dans l'état actuel et restaurés, travail exécuté dans l'atelier d'*Achille Leclerc*, par MM. *Layrix, Châtenet, Morey, Tourié, Corbin, Goury, Châtelain, Secretan, Roux* et *Eberhard*. 18 pièces. Lithogr. 4-21
594. Le Panthéon, plan. Dessin. 22
595. Le Panthéon, plan d'une moitié de l'édifice. Id. 23
596. Le Panthéon, élévation de la façade. Id. 24
597. Le Panthéon, détail d'un chapiteau du portique. Id. 25
598. Le Panthéon, détail d'un chapiteau du portique. Id. 26
599. Le Panthéon, détail d'un chapiteau du portique. Id. 27
600. Le Panthéon, détail d'un chapiteau intérieur. Id. 28
601. Le Panthéon, détail d'un chapiteau de l'ordre extérieur. Id. 29
602. Le Panthéon, détail d'un chapiteau intérieur. Id. 30
603. Le Panthéon, détail d'un chapiteau intérieur. Id. 31
604. Le Panthéon, ordre extérieur et entablement. Id 32
605. Le Panthéon, détail d'une base de colonne. Calque. 33
606. Le Panthéon, détail d'un chapiteau. Id. 34
607. Temple d'Antonin et de Faustine, vue extérieure. Photographie. 35
608. Temple d'Antonin et de Faustine, vue extérieure, face latérale du portique. Id. 35
609. Temple d'Antonin et de Faustine, vue extérieure, face latérale du portique. Id. 36
610. Temple d'Antonin et de Faustine, entablement. D'après le dessin de M. *Ginain*. Id. 37
611. Temple d'Antonin et de Faustine, base et chapiteau. D'après le dessin de M. *Ginain*. Id. 37
612. Temple d'Antonin et de Faustine, détails d'une frise. D'après le dessin de M. *Ginain*. Id. 37
613. Temple d'Antonin et de Faustine, détail d'un chapiteau, par M. *Joyau*. Calque. 38
614. Temple de la Concorde, vue des ruines. Photographie. 39
615. Temple de la Concorde, vue des ruines. Id. 39
616. Temple de la Concorde, entablement restauré. D'après le dessin de M. *Moyaux*. Id. 40
617. Temple de la Concorde, entablement restauré. D'après le dessin de M. *Pascal*. Id. 40
618. Temple de la Concorde, détails d'un modillon. D'après le dessin de M. *Pascal*. Id. 41
619. Temple de la Concorde, détails de la cimaise. D'après le dessin de M. *Pascal*. Id. 41
620. Temple de la Concorde, détails divers. D'après le dessin de M. *Pascal*. Id. 41

[Tome 9.]

621. Temple de la Fortune virile. Photographie. 42
622. Temple de la Fortune virile, par *Piranesi*. Gravure. 42
623. Temple de Jupiter Stator, vue des ruines. Photographie. 42
624. Temple de Jupiter Stator, entablement. D'après le dessin de M. *Ancelet*. Id. 43
625. Temple de Jupiter Stator, base et chapiteau. D'après le dessin de M. *Ancelet*. Id. 44
626. Temple de Jupiter Stator, détails des moulures. D'après le dessin de M. *Ancelet*. Id. 44
627. Temple de Jupiter Stator, entablement et détails. Dessin. 45
628. Temple de Jupiter Tonnant ou de Vespasien, vue des ruines. Photographie. 46
629. Temple de Vespasien, entablement. D'après le dessin de M. *Coquart*. Id. 46
630. Temple de Vespasien, détails de l'architrave. D'après le dessin de M. *Coquart*. Id. 47
631. Temple de Vespasien, détails de la frise. D'après le dessin de M. *Coquart*. Id. 47
632. Temple de Vespasien, plans d'un chapiteau, 2 pièces. Dessins. 48-49
633. Détails du même chapiteau, 10 pièces. Id. 50-56
634. Temple de Mars vengeur, vue des ruines. Photographie. 57
635. Temple de Mars vengeur, vue des ruines. Id. 57
636. Temple de Mars vengeur, détails restaurés. D'après le dessin de M. *Dutert*. Id. 58
637. Temple de Mars vengeur, chapiteau restauré. D'après le dessin de M. *Coquart*. Id. 58
638. Temple de Mars vengeur, détails du caisson, restauration. D'après le dessin de M. *Vaudremer*. Id. 59
639. Temple de Mars vengeur, détails de l'architrave, restauration. D'après le dessin de M. *Vaudremer*. Id. 59
640. Temple de Mars vengeur, Base et chapiteau, restauration. D'après le dessin de M. *Vaudremer*. Id. 59
641. Temple de la Paix, vue des ruines. Id. 60
642. Temple de la Piété, entablement et ordre extérieur restaurés. D'après le dessin de M. *Guadet*. Id. 61
643. Temple du Soleil, entablement restauré. D'après le dessin de M. *Bonnet*. Id. 62
644. Temple du Soleil, détails des frises restaurées. D'après le dessin de M. *Bonnet*. Id. 62
645. Temple du Soleil, détail des frises restaurées. D'après le dessin de M. *Bonnet*. Id. 62

[Tome 9.]
646. Temple du Soleil, détails des frises restaurées. D'après le dessin de M. *Bonnet*. Id. 63
647. Temple du Soleil, entablement restauré. D'après le dessin de M. *Dutert*. Id. 63

TOME X.

MONUMENTS ANTIQUES DE ROME (suite) ET DE LA CAMPAGNE ROMAINE.

648. Temple de Vénus et de Rome, vue des ruines. Photographie. 1
649. Temple de Vénus et de Rome, ensemble des ruines. Id. 1
650. Temple de Vénus, la même vue, épreuve de plus grandes dimensions. Id. 2
651. Temple de Vesta, vue extérieure. Id. 3
652. Temple de Vesta, vue extérieure. Id. 3
653. Temple de Vesta, restauration. D'après le dessin de M. *Thomas*. Id. 4
654. Temple de Vesta, détails restaurés. D'après le dessin de M. *Thomas*. Id. 4
655. Temple de Vesta, base et chapiteau restaurés. D'après le dessin de M. *Bonnet*. Id. 5
656. Temple de Vesta, texte et suite de cinq planches gravées. D'après les dessins de M. *Provost*. Gravures. 6-11
657. Temple de Vesta, restauration, suite de six pièces. Dessins. 11-17
658. Théâtre de Marcellus, élévation restaurée. D'après le dessin de M. *Guillaume*. Phot. 18
659. Théâtre de Marcellus, ordre supérieur restauré. D'après le dessin de M. *Guillaume*. Id. 18
660. Théâtre de Marcellus, ordre supérieur, détails restaurés. D'après le dessin de M. *Guillaume*. Id. 18
661. Théâtre de Marcellus, ordre inférieur, détails restaurés. D'après le dessin de M. *Guillaume*. Id. 18
662. Théâtre de Marcellus, ordre dorique restauré. Dessin. 19
663. Théâtre de Marcellus, entablement dorique restauré. Id. 20
664. Théâtre de Marcellus, ordre ionique restauré. Id. 21
665. Thermes de Caracalla, vue d'ensemble des ruines. Photographie. 22
666. Thermes de Caracalla, vue des ruines. Id. 22
667. Thermes de Caracalla, vue des ruines. Id. 23
668. Thermes de Caracalla, vue et plan restauré. D'après *Blouet*. Tiré de *Gailhabaud*. Gravure. 24
669. Thermes de Caracalla, restauration par *Blouet*. Suite de 15 pièces. Id. 25-39

[Tome 10.]

670. Thermes de Caracalla, fragment d'un chapiteau. Croquis. 40
671. Thermes de Caracalla (Mosaïque provenant des) Musée de Saint Jean de Latran. Trois croquis. 40
672. Thermes de Caracalla, de Dioclétien, et temple de la Paix, plan, état actuel. Dessin. 41
673. Thermes de Dioclétien, plan restauré. Id. 42
674. Tombeau de Caïus Cestius, vue extérieure. Photographie. 43
675. Tombeau de Caïus Cestius, vue extérieure. D'après le dessin de M. *Leveil*. Tiré de *Gailhabaud*. Gravure. 43
676. Tombeau de Caïus Cestius, coupe et détails. D'après *Leveil*. Tiré de *Gailhabaud*. Gravure. 43
677. Église Ste-Marie in Transtevere, chapiteau. Dessin. 44
678. Église Ste-Marie in Transtevere, le même chapiteau par *Joyau*. Id. 45
679. Église Ste-Marie in Transtevere, côtés et dessous du même chapiteau. Id. 46

CAMPAGNE DE ROME.

680. Aqueducs à Tor di Mezzavia. Photographie. 47
681. Aqueducs al Tavolato. Id. 47
682. Via Appia. Id. 48
683. Fragment de la voie Appia, plan restauré. D'après le dessin de M. *Ancelet*. Id. 49
684. Fragment de la voie Appia, élévation, état actuel et restauration. D'après le dessin de M. *Ancelet*. Id. 49
685. Fragment de la voie Appia, élévation, état actuel et restauration. D'après le dessin de M. *Ancelet*. Id. 49
686. Tombeau de la famille Plautia près de Rome, plan, coupe et élévation. D'après *Leveil*. Tiré de *Gailhabaud*. Gravure. 50
687. Tombeau de Cecilia Metella, près de Rome, vue extérieure. Photographie. 51
688. Tombeau de Cecilia Metella, vue extérieure. Id. 51
689. Tombeau de Cecilia Metella, vue extérieure. D'après *Leveil*. Tiré de *Gailhabaud*. Gravure. 52
690. Tombeau de Cecilia Metella, coupe et détails. D'après *Leveil*. Tiré de *Gailhabaud*. Id. 52
691. Tombeau de Cecilia Metella, détails restaurés. D'après *Leveil*. Tiré de *Gailhabaud*. Id. 53
692. Tombeau de Cecilia Metella, détails restaurés. D'après M. *Ancelet*. Photographie. 53
693. Tombeau de Cecilia Metella, sarcophage restauré. D'après le dessin de M. *Boitte*. Id. 53
694. Tombeau de Messala Corvinus, via Appia. Id. 54

[Tome 10.]

695. Nymphée d'Egérie près de Rome, plan, coupe et élévation. D'après *Leveil*. Tiré de *Gailhabaud*. Gravure. 54
696. Temple de l'Honneur et de la Vertu près de Rome, vue extérieure. D'après *Leveil*. Tiré de *Gailhabaud*. Id. 55
697. Temple de l'Honneur et de la Vertu, coupes longitudinale et transversale. D'après *Leveil*. Tiré de *Gailhabaud*. Id. 55
698. Temple de l'Honneur et de la Vertu, détails restaurés. D'après *Leveil*. Tiré de *Gailhabaud*. Id. 56
699. Nymphée à Albano, élévation. D'après *Leveil*. Tiré de *Gailhabaud*. Id. 57
700. Nymphée à Albano, plan, coupe et détails. D'après *Leveil*. Tiré de *Gailhabaud*. Id. 57
701. Temple de la Sibylle à Tivoli. Photographie. 58
702. Temple de Vesta à Tivoli, vue extérieure. D'après *Leveil*. Tiré de *Gailhabaud*. Gravure. 58
703. Temple de Vesta, coupe et élévation restaurées. D'après *Leveil*. Tiré de *Gailhabaud*. Id. 59
704. Temple de Vesta, détails restaurés. D'après *Leveil*. Tiré de *Gailhabaud*. Id. 59
705. Temple de Vesta, plan et coupe restaurés. D'après le dessin de M. *Thomas*. Photographie. 60
706. Temple de Vesta, élévation restaurée. D'après le dessin de M. *Thomas*. Id. 60
707. Temple de Vesta, détails restaurés. D'après le dessin de M. *Thomas*. Id. 61
708. Temple de Vesta, détails restaurés. D'après le dessin de M. *Ancelet*. Id. 61
709. Villa Tiburtine de l'Empereur Adrien. Tivoli, plan à l'état actuel. D'après le dessin de M. *Daumet*. Id. 62
710. Villa Tiburtine, plan restauré. D'après le dessin de M. *Daumet*. Id. 62
711. Villa Tiburtine, coupes longitudinales, état actuel et restauration. D'après le dessin de M. *Daumet*. Id. 62
712. Villa Tiburtine, coupes transversales, état actuel et restauration. D'après le dessin de M. *Daumet*. Id. 63
713. Villa Tiburtine, élévation sur la vallée de Tempe, état actuel. D'après le dessin de M. *Daumet*. Id. 63
714. Villa Tiburtine, élévation sur la vallée de Tempe, restauration. D'après le dessin de M. *Daumet*. Id. 63
715. Villa Tiburtine, élévation, état actuel. D'après le dessin de M. *Daumet*. Id. 63
716. Villa Tiburtine, élévation restauration. D'après le dessin de M. *Daumet*. Id. 63

[Tome 10.]

717. Temple d'Hercule vainqueur. Tivoli, plan de l'état actuel. D'après le dessin de M. *Thierry*. Photographie. 64
718. Temple d'Hercule vainqueur, plan, restauration. D'après le dessin de M. *Thierry*. Id. 64
719. Temple d'Hercule vainqueur, coupe longitudinale, état actuel. D'après le dessin de M. *Thierry*. Photographie. 65
720. Temple d'Hercule vainqueur, coupe longitudinale, restauration. D'après le dessin de M. *Thierry*. Id. 65
721. Temple d'Hercule vainqueur, coupe transversale, état actuel. D'après le dessin de M. *Thierry*. Id. 65
722. Temple d'Hercule vainqueur, façade latérale, élévation, état actuel. D'après le dessin de M. *Thierry*. Id. 66
723. Temple d'Hercule vainqueur, façade principale, élévation, état actuel. D'après le dessin de M. *Thierry*. Id. 66
724. Temple d'Hercule vainqueur, façade principale, élévation, restauration. D'après le dessin de M. *Thierry*. Id. 66
725. Théâtre de Tusculum. Id. 67

TOME XI.

MONUMENTS ANTIQUES DE L'ITALIE.

726. Ancône. Arc de Trajan, édifié par *Apollodore* en 113. Photographie. 1
727. Assise. Temple de Minerve. Id. 2
728. Baïa. Temple de Vénus. Id. 3
729. Bénévent. Arc de Trajan, vue et plan. D'après *Bouchet*. Tiré de *Gailhabaud*. Gravure. 4
730. Bénévent. Arc de Trajan. Photographie. 4
731. Bénévent. Arc de Trajan, détail. Id. 5
732. Brescia. Temple de Vespasien, plan d'un portique. Gravure. 6
733. Cervetri. Tombeau dit des deux sièges, plan, coupes, élévation. D'après *Leveil*. Tiré de *Gailhabaud*. Id. 6
734. Cervetri. Tombeau des Tarquins, détail par *Joyau*. Dessin. 7
735. Cori. Temple d'Hercule, par *Joyau*. Id. 8
736. Cori. Temple d'Hercule, détails de l'entablement, restauration. D'après le dessin de M. *Brune*. Photographie. 9
737. Cori. Temple d'Hercule, base et chapiteau restaurés. D'après le dessin de M. *Brune*. Id. 9

[Tome 11.]

738. Cori. Temple d'Hercule, fragments divers restaurés. D'après le dessin de M. *Brune*. Photographie. 10
739. Corneto. Tombeaux superposés, plan, coupes, élévation. D'après *Leveil*. Tiré de *Gailhabaud*. Gravure. 11
740. Falérie. Porte et murs d'enceinte, plan, coupes, élévation. D'après *Ed. Prestat*. Tiré de *Gailhabaud*. 11
741. Fano. Porte antique restaurée. D'après le dessin de M. *Guadet*. Photographie. 12
742. Fiesole. Amphithéâtre. Id. 12
743. Milan. Colonnes antiques devant l'église San-Lorenzo, restes des Thermes de Maximilien Hercule. Id. 13
744. Milan. Les mêmes ruines. Id. 13
745. Milan. Plan des Thermes de Maximilien Hercule. Gravure. 14
746. Orvieto. Tombeaux étrusques découverts en 1863, par Domenico Golini, près d'Orvieto. Photographie. 15
747. Orvieto. Les mêmes ruines. Id. 15
748. Naples. Église San Paolo bâtie sur l'emplacement du temple antique de Castor et Pollux. Id. 16
749. Ostie. Plan du port d'Ostie par *Julius de Musi*, d'après *Pirro Ligorio*. 1554. Gravure. 17
750. Palestrina. Basilique, façade à l'état actuel et plan des deux salles et de l'Atrium. D'après le dessin de M. *Tétar*. Photographie. 18
751. Palestrina. Basilique, plan, coupe, et élévation restaurés. D'après le dessin de M. *Tétar*. Id. 18
752. Palestrina. Cour de la Basilique, élévation restaurée. D'après le dessin de M. *Tétar*. Id. 18
753. Palestrina. Intérieur de la Basilique, détails restaurés. D'après le dessin de M. *Tétar*. Id. 19
754. Palestrina. Intérieur de la Basilique, stylobate intérieur restauré. D'après le dessin de M. *Tétar*. Id. 19
755. Palestrina. Bas-relief des jardins Barberini, par *A. Joyau*. Dessin. 19
756. Pérouse. Arc d'Auguste et restes des murs étrusques. Photographie. 20
757. Pérouse. Arc d'Auguste et restes des murs étrusques. Id. 21
758. Pérouse (?) Porte antique. Id. 22
759. Pérouse. Tombeau des Volumni, vue extérieure. Id. 23
760. Pérouse. Tombeau des Volumni, vue intérieure. Id. 23
761. Pérouse. Tombeau des Volumni, tombe étrusque. Id. 24
762. Pérouse. Tombeau des Volumni, tombe étrusque. Id. 24
763. Pérouse. Tombeau des Volumni, tombe étrusco-romaine, face antérieure. Id. 25
764. Pérouse. Tombeau des Volumni, la même tombe, face latérale. Id. 25

[Tome 11.]

765. Pérouse. Tombeau des Volumni, la même tombe, face postérieure. Photographie. 26
766. Pœstum. Basilique. Id. 27
767. Pœstum. Basilique. Id. 27
768. Pœstum. Basilique et temple de Neptune. Id. 28
769. Pœstum. Temple de Neptune. Id. 28
770. Pœstum. Temple de Neptune. Id. 29
771. Pœstum. Temple de Neptune, vue intérieure. D'après le dessin de *Viollet-le-Duc*. Tiré de *Gailhabaud*. Gravure. 29
772. Pœstum. Temple de Neptune, plan et coupe. D'après le dessin de *Viollet-le-Duc*. Tiré de *Gailhabaud*. Id. 30
773. Pœstum. Temple de Neptune, élévation restaurée. D'après le dessin de *Viollet-le-Duc*. Tiré de *Guilhabaud*. Id. 30
774. Pœstum. Temple de Neptune, détails restaurés. D'après le dessin de *Viollet-le-Duc*. Tiré de *Gailhabaud*. Id. 31
775. Pœstum. Temple de Neptune, plan restauré. Dessin. 31
776. Pœstum. Temple de Neptune, coupe longitudinale. Id. 32
777. Pœstum. Temple de Neptune, coupes transversales. Id. 32
778. Pœstum. Temple de Neptune, élévation d'une façade. Id. 33
779. Pœstum. Temple de Neptune, plan, coupes et élévation. Aquarelle. 34
780. Pœstum. Temple de Neptune, détails de l'ordre. Id. 35
781. Pœstum. Temple de Cérès. Photographie. 36
782. Pœstum. Temple de Cérès. Id. 36
783. Pouzzoles. Temple de Jupiter Serapis. Id. 37
784. Pouzzoles. Temple de Jupiter Serapis. Id. 37
785. Pouzzoles. Détails de la corniche du temple de Jupiter Serapis, par *Joyau*. Calque. 38
786. Pouzzoles. Amphithéâtre. Photographie. 38
787. Rimini. Arc d'Auguste. (27 ans après J. C.). Id. 39
788. Rimini. Le Pont d'Auguste. Id. 40
789. Vérone. Amphithéâtre. Gravure. 41
790. Vérone. Le théâtre restauré. Id. 41
791. Vérone. Pourtour de l'amphithéâtre. Photographie. 41
792. Vérone. Théâtre, plan à l'état actuel. D'après le dessin de M. *Guillaume*. Id. 42
793. Vérone. Théâtre, plan inférieur restauré. D'après le dessin de M. *Guillaume*. Id. 42
794. Vérone. Théâtre, plan supérieur restauré. D'après le dessin de M. *Guillaume*. Id. 43
795. Vérone. Théâtre, coupe générale, état actuel. D'après le dessin de M. *Guillaume*. Id. 43

[Tome 11.]
796. Vérone. Théâtre, coupe générale restaurée. D'après le dessin de M. *Guillaume*. Photographie. 44
797. Vérone. Théâtre, coupes partielles restaurées. D'après le dessin de M. *Guillaume*. Id. 44
798. Vérone. Théâtre, élévation, état actuel. D'après le dessin de M. *Guillaume*. Id. 45
799. Vérone. Théâtre, élévation restaurée. D'après le dessin de M. *Guillaume*. Id. 45
800. Vérone. Théâtre, détails restaurés. D'après le dessin de M. *Guillaume*. Id. 46
801. Vérone. Théâtre, détails restaurés. D'après le dessin de M. *Guillaume*. Id. 46
802. Vérone. Arc antique dit Porta de Borsari. Id. 47
803. Viterbe. Tombeau à Castel d'Asso, près Viterbe. D'après *Leveil*. Tiré de *Gailhabaud*. Gravure. 48
804. Viterbe. Tombeaux à Castel d'Asso, coupes et détails. D'après *Leveil*. Tiré de *Gailhabaud*. Id. 48
805. Viterbe. Tombeaux à Castel d'Asso, coupes et détails. D'après *Leveil*. Tiré de *Gailhabaud*. Id. 48
806. Vulcia. Tombeau antique, plan, coupe et élévation. D'après *Leveil*. Tiré de *Gailhabaud*. Id. 49
807. Spalatro (Dalmatie). Palais de Dioclétien, vue et plan. D'après *Berty*. Tiré de *Gailhabaud*. Id. 50
808. Pola (Istrie). Amphithéâtre, vue des ruines. D'après *Prestat*. Tiré de *Gailhabaud*. Id. 50
809. Pola. Amphithéâtre, plan et élévation. D'après *Prestat*. Tiré de *Gailhabaud*. Id. 50

TOME XII.

MONUMENTS ANTIQUES DE FRANCE, D'ESPAGNE, DE PORTUGAL ET DU NORD. PEINTURES ET VASES ANTIQUES.

810. Monuments celtiques de France. D'après *Ern. Breton*. Tiré de *Gailhabaud*. Gravure. 1
811. Monuments celtiques de France. D'après *Ern. Breton*. Tiré de *Gailhabaud*. Id. 1
812. Monuments celtiques de France, La grotte aux fées près Saumur, plan, coupe et élévation. D'après *Ern. Breton*. Tiré de *Gailhabaud*. Id. 2

[Tome 12.]

813. Monuments celtiques de France. Grotte aux fées près de Tours, Grotte d'Essé, Pierres de Locmariaker. D'après *Ern. Breton*. Tiré de *Gailhabaud*. Gravure. 2
814. Monuments celtiques, pierres de Carnac. D'après *Ern. Breton*. Tiré de *Gailhabaud*. Id. 2
815. Arles. Amphithéâtre, vue extérieure. Photographie. 3
816. Arles. Amphithéâtre, vue intérieure. Id. 3
817. Arles. Amphithéâtre, plans restaurés. D'après *Questel*. Tiré des *Archives de la Commission des monuments historiques*. Gravure. 4
818. Arles. Amphithéâtre, coupes restaurés. D'après *Questel*. Tiré des *Archives de la Commission des monuments historiques*. Id. 5
819. Arles. Amphithéâtre, coupe et façade restaurées. D'après *Questel*. Tiré des *Archives de la Commission des monuments historiques*. Id. 6
820. Arles. Amphithéâtre, élévation, vues intérieure et extérieure. D'après *Questel*. Tiré des *Archives de la Commission des monuments historiques*. Id. 7
821. Arles. Théâtre, ruines vues de l'extérieur. Photographie. 8
822. Arles. Théâtre, ruines vues de l'intérieur. Id. 8
823. Arles. Théâtre, ruines vues de l'intérieur. Id. 9
824. Montdore. Temple antique, plan. Dessin. 10
825. Montdore. Temple antique, coupe, état actuel. Id. 11
826. Nîmes. Amphithéâtre, vue extérieure. Photographie. 12
827. Nîmes. Amphithéâtre, vue extérieure. D'après *Alb. Lenoir*. Tiré de *Gailhabaud*. Gravure. 12
828. Nîmes. Amphithéâtre, vue intérieure. Photographie. 13
829. Nîmes. Amphithéâtre, podium et galeries. D'après *Alb. Lenoir*. Tiré de *Gailhabaud*. Gravure. 13
830. Nîmes. Amphithéâtre, plan et coupes restaurés. D'après *J. Jourdan*. Tiré de *Gailhabaud*. Id. 14
831. Nîmes. Amphithéâtre, plan général. D'après le dessin de *Simil*. Photographie. 14
832. Nîmes. Amphithéâtre, coupe et élévation d'une travée. D'après le dessin de *Simil*. Id. 15
833. Nîmes. Amphithéâtre, étude générale de la construction. D'après le dessin de *Simil*. Id. 15
834. Nîmes. Porte d'Auguste. Id. 16
835. Nîmes. Maison carrée. Id. 16
836. Nîmes. Maison carrée. Id. 17
837. Nîmes. Maison carrée, plan, élévations et détails. D'après *Ribault*. Tiré de *Gailhabaud*. Gravure. 17
838. Nîmes. Temple de Diane. Photographie. 18
839. Nîmes. Temple de Diane, vue de l'intérieur par *Réville*. Gravure. 19

MONUMENTS ANTIQUES, FRANCE, ESPAGNE, PORTUGAL, ETC. 35

[Tome 12.]
840. Nîmes. Temple de Diane (Statues antiques dans l'intérieur du) Photographie. 20
841. Nîmes. La Tour Magne. Id. 20
842. Nîmes (Environs de). Le Pont du Gard. Id. 21
843. Nîmes (Environs de). Le Pont du Gard. D'après *Leveil*. Tiré de *Gailhabaud*. Gravure. 21
844. Nîmes (Environs de). Le Pont du Gard, plans et élévation. D'après *Questel*. Tiré des Archives de la Commission des monuments historiques. Id. 22
845. Nîmes (Environs de). Le Pont du Gard, coupes. D'après *Questel*. Tiré des Archives de la Commission des monuments historiques. Id. 23
846. Orange. Arc antique. Photographie. 24
847. Orange. Théâtre. Id. 24
848. Paris. Statistique monumentale par *Alb. Lenoir*. Frontispice. Grav. 25
849. Paris. Plan à l'époque romaine. Tiré de la Statistique monumentale de Paris, par *Albert Lenoir*. Id. 26
850. Paris. Palais des Thermes, plans. Tiré de la Statistique monumentale de Paris, par *Albert Lenoir*. Id. 27
851. Paris. Palais des Thermes, coupes. Tiré de la Statistique monumentale de Paris, par *Albert Lenoir*. Id. 28
852. Paris. Palais des Thermes, ensemble et détails. Tiré de la Statistique monumentale de Paris, par *Albert Lenoir*. Id. 29
853. Paris. Palais des Thermes, aqueduc à l'état actuel et restauré. Tiré de la Statistique monumentale de Paris, par *Albert Lenoir*. Id. 30
854. Paris. Palais des Thermes, cours de l'aqueduc romain. Tiré de la Statistique monumentale de Paris, par *Albert Lenoir*. Id. 31
855. Paris. Tombeau en marbre découvert rue Vivienne en 1806. Tiré de la Statistique monumentale de Paris, par *Albert Lenoir*. Id. 32
856. Paris. Fragments romains trouvés à Montmartre et mur d'enceinte trouvé à St-Landry. Tiré de la Statistique monumentale de Paris, par *Alb. Lenoir*. Gravure. 32
857. Paris. Autel et fragments découverts dans la Cité, à St-Landry, en 1829. Tiré de la Statistique monumentale de Paris, par *Alb. Lenoir*. Id. 33
858. Paris. Monument découvert dans la Cité en 1784 (Palais de Justice). Tiré de la Statistique monumentale de Paris, par *Alb. Lenoir*. Id. 33
859. Paris. Fragments romains trouvés au Palais de Justice, 1847. Tiré de la Statistique monumentale de Paris, par *Alb. Lenoir*. Id. 34
860. Paris. Édifice découvert dans la Cité (1844), plan, coupe et élévation. Tiré de la Statistique monumentale de Paris, par *Alb. Lenoir*. Id. 35
861. Paris. Édifice, voie, fragments, découverts sous la rue de la Vieille Draperie. Tiré de la Statistique monumentale de Paris, par *Alb. Lenoir*. Id. 36

[Tome 12.]

862. Paris. Fouilles exécutées sur le parvis Notre-Dame, plan. Tiré de la Statistique monumentale de Paris, par *Alb. Lenoir*. Gravure. 37
863. Paris. Fouilles exécutées sur le parvis Notre-Dame, coupes. Tiré de la Statistique monumentale de Paris, par *Alb. Lenoir*. Id. 38
864. Paris. Fouilles exécutées sur le parvis Notre-Dame, détails. Tiré de la Statistique monumentale de Paris, par *Alb. Lenoir*. Id. 39
865. Paris. Fouilles exécutées sur le parvis Notre-Dame, fragments de mosaïque. Tiré de la Statistique monumentale de Paris, par *Alb. Lenoir*. Chromolithographie. 40
866. Paris. Autel découvert à Notre-Dame. Tiré de la Statistique monumentale de Paris, par *Alb. Lenoir*. Gravure. 41
867. Paris. Fragments d'autels découverts à Notre-Dame. Tiré de la Statistique monumentale de Paris, par *Alb. Lenoir*. Id. 41
868. Paris. Fragments découverts à Notre-Dame, à l'église St-Jacques la Boucherie et au Palais de Justice. Tiré de la Statistique monumentale de Paris, par *Alb. Lenoir*. Id. 42
869. Paris. Fragments découverts rue Vivienne. Tiré de la Statistique monumentale de Paris, par *Alb. Lenoir*. Id. 42
870. Paris. Fragments de sculpture. Tiré de la Statistique monumentale de Paris, par *Alb. Lenoir*. Id. 43
871. Paris. Fragments de sculpture. Tiré de la Statistique monumentale de Paris, par *Alb. Lenoir*. Id. 43
872. Saint-Rémy. Arc de Triomphe. Photographie. 44
873. Saint-Rémy. Mausolée. Id. 44

MONUMENTS ANTIQUES D'ESPAGNE.

874. Alcantara. Pont romain. D'après *Leveil*. Tiré de *Gailhabaud*. Gravure. 45
875. Alcantara. Pont romain. Photographie. 45
876. Alcantara. Pont romain. Id. 46
877. Alcantara. Arc de triomphe du pont. Id. 47
878. Alcantara. Temple et aute romains à l'entrée du pont. Id. 48
879. Italica (près de Séville). Ruines de l'amphithéâtre romain. Id. 49
880. Mérida. Arc de Trajan. Id. 50
881. Mérida. Ruines du théâtre romain. Id. 50
882. Mérida. Aqueduc romain. Id. 51
883. Mérida. Aqueduc romain. Id. 51
884. Sagunte. Ruines du théâtre romain. Id. 52
885. Sagunte. Ruines du théâtre romain. Id. 52
886. Ségovie. Aqueduc romain. Id. 53
887. Ségovie. Aqueduc romain. Id. 54
888. Tarragone. Arc de triomphe. Id. 55

MONUMENTS ANTIQUES, FRANCE, ESPAGNE, PORTUGAL, ETC. 37

[Tome 12.]
889. Tarragone. Le tombeau de Scipion. Photographie. 56
890. Tarragone. Muraille cyclopéenne. Id. 57
891. Tarragone. Aqueduc romain. Id. 58
892. Tarragone. Aqueduc romain. Id. 58

PORTUGAL. MONUMENTS ANTIQUES.

893. Evora. Temple de Diane. Id. 59

MONUMENTS ANTIQUES DANS LE NORD.

894. Camp romain près de Hombourg. Dessin. 60
895. Monuments celtiques. France et Angleterre. D'après les dessins d'*Ern. Breton.* Tiré de *Gailhabaud.* Gravure. 61
896. Monuments celtiques. France et Angleterre. D'après les dessins d'*Ern. Breton.* Tiré de *Gailhabaud.* Id. 61
897. Monuments celtiques. France, Angleterre et Belgique. D'après les dessins d'*Ern. Breton.* Tiré de *Gailhabaud.* Id. 62
898. Monuments celtiques, Angleterre. Tiré de *Gailhabaud.* Id. 62
899. Monuments celtiques, Angleterre. Tiré de *Gailhabaud.* Id. 62

PEINTURES ANTIQUES.

900. Tête de femme, peinture égyptienne sur papyrus. Musée Egyptien de Florence. Photographie. 63
901. Sarcophage décoré de peintures trouvé à Corneto. Musée étrusque de Florence. Id. 64
902. Fresque antique donnée par le prince Torlonia (1re partie). Musée Kircher, Rome. Id. 64
903. La même fresque (2e partie). Id. 65
904. Cassandre au pied de la statue de Minerve (?), fresque. Palais des Césars à Rome. Id. 65
905. Frise peinte provenant de Pœstum. Musée de Naples. Dessin de M. *Denuelle.* Id. 66
906. Tête de Muse, fragment de peinture antique. Musée de Cortone. Id. 66
907. La même tête en plus grand. Id. 67
908. Un fleuve (?), mosaïque du musée de Naples. Id. 68
909. Une perdrix, mosaïque du musée de Naples. Id. 68
910. Les Perroquets, mosaïque du musée de Naples, provenant de Capoue. Id. 68

VASES ANTIQUES.

911. Vases en terre vernie, provenant de Camiros, Combat d'Hector et de Ménélas, (600 ans avant J.-C.). British Museum. Photographie. 69

[Tome 12.]

912. Vases en terre vernie, figures noires. (500 à 600 ans avant J.-C.). British Museum. Photographie. 69
913. Vase en terre cuite, Hercule et Alcmène, Mercure et Minerve (450 ans avant J.-C.). British Museum. Id. 70
914. Vases athéniens à figures rouges, (400 ans avant J.-C.). British Museum. Id. 70
915. Vase en terre cuite vernissée, tête d'un roi d'Asie, (300 ans avant J.-C.). British Museum. Id. 71
916. Rhytons en terre cuite vernissée, (300 ans avant J.-C.). British Museum. Id. 71
917. Vase en terre cuite vernissée. (300 ans avant J.-C.). British Museum. Id. 72
918. Cinq vases en terre cuite, peints au trait et en couleur. British Museum. Id. 72
919. « Calpis » en terre cuite vernissée, femme exécutant le Kybistêma. British Museum. Id. 73
920. Amphore en terre cuite de Cnide (200 ans avant J.-C.). British Museum. Id. 73
921. Cinq vases étrusques. Musée étrusque de Florence. Id. 74
922. Cinq vases étrusques. Musée étrusque de Florence. Id. 74
923. Huit vases et deux lampes étrusques. Musée étrusque de Florence. Id. 75
924. Dix vases étrusques. Musée étrusque de Florence. Id. 75
925. Cinq vases étrusques. Musée étrusque de Florence. Id. 76
926. Quatre vases et deux lampes étrusques. Musée étrusque de Florence. Id. 76
927. Vase étrusque. Musée étrusque de Florence. Id. 77
928. Vase de Ruvo, Ajax enlevant Cassandre. Musée de Naples. Id. 77
929. Vase de Ruvo, sacrifice sur la tombe de Patrocle. Musée de Naples. Id. 77
930. Vase de Ruvo, Darius occupé de la guerre contre les Grecs. Musée de Naples. Id. 77
931. Vase de Ruvo, une muse lit la sentence de Marsyas. Musée de Naples. Id. 78
932. Vase de Ruvo, Apollon retire à Cassandre le don de prophétie. Musée de Naples. Id. 78
933. Vase de Cumes. Musée de Naples. Id. 78
934. Vase de Cumes. Musée de Naples. Id. 78
935. Vase de Cumes. Musée de Naples. Id. 79
936. Vase de Cumes. Musée de Naples. Id 79
937. Vase de Cumes. Musée de Naples. Id. 79
938. Vase. Musée de Naples. Id. 79

MONUMENTS ANTIQUES, FRANCE, ESPAGNE, PORTUGAL, ETC. 39

[Tome 12.]
939. Urne funéraire provenant de Pompéi. Musée de Naples. Photographie. 80
940. Vase de Naples. Musée de Capoue. Id. 80
941. Bacchus barbu, figure provenant d'un vase antique. Campo-Santo de Pise. Gravure. 81
942. La mort de Troïlus, figures d'un vase du musée Campana. Id. 81
943. Euxithée et Oltus, figures d'une coupe antique. Id. 82
944. Verreries romaines. British Museum. Photographie. 83
945. Poteries et bijoux antiques. Gravure. 84

TOME XIII.
PLANS DE POMPÉI.

946. Carte de la Campanie, par *H. Roux* (*Choix d'édifices de Pompéi, 1840*). Lithographie. 1
947. Plan de Pompéi, par *H. Roux*. Id. 1
948. Plan des fouilles 1831, en deux feuilles, par *H. Roux*. Id. 2-3
949. Plan des fouilles 1837, par *H. Roux*. Id. 4
950. Plan des fouilles 184... (Dessiné et gravé pour l'État-Major italien). Gravure. 5
951. Plan des fouilles de 1848-1865. D'après le plan de *Fiorelli*. Lithog. 6
952. Plan des fouilles 1868 (Journal des fouilles de Pompéi). Id. 7
953. Plan des fouilles par *Ern. Breton*, 1869. Id. 7
954. Plan des fouilles, 1872. (Journal des fouilles de Pompéi). Pl. I. Lithographie. 8
955. Plan des fouilles. Pl. II. Id. 8
956. Plan des fouilles. Pl. III. Id. 9
957. Plan des fouilles. Pl. IV. Chromolithographie. 9
958. Plan de Pompéi avec l'indication des altitudes. Id. 10
959. Plan des fouilles. 1875. Lithographie. 11
960. Plan des fouilles par *Jac. Tascone*. Id. 12
961. Plan d'ensemble d'après l'ouvrage de *W. Helbig*. Calque. 13
962. Plan de Pompéi par *J. Fiorelli, 1859*. (Tiré de *Niccolini Monumenti di Pompéi, 1854*). 42 feuilles. Lithographies. 14-52

PLANS PARTIELS COMPLÉMENTAIRES DU PLAN DE FIORELLI.

963. *Regio I^a*. Insulæ. I^a, II^a et V^a. Dessin. 53
964. *Regio I^a*. Insulæ III^a et IV^a. Lithographie. 54

COLLECTION ARMAND. — PREMIÈRE PARTIE.

[Tome 13.]

965. *Regio I*^{a}. Insulæ III^a et IV^a et *Regio IX*^{a} insulæ I^a, II^a, III^a. Dessin. 55
966. *Regio I*^{a}. Insulæ III^a et IV^a et *Regio IX*^{a} insulæ I^a, II^a, III^a. Calque. 56
967. *Regio I*^{a}. Insulæ III^a et IV^a et *Regio IX*^{a} insulæ I^a, II^a, III^a, IV^a. Dessin. 57
968. *Regio V*^{a}. Insula I^a et *Regio VI*^{a} insulæ XIII^a et XIV^a. Id. 58
969. *Regio VII*^{a}. Insula I^a. Lithographie. 59
970. *Regio VII*^{a}. Insula II^a. Id. 59
971. *Regio VII*^{a}. Insula II^a. Dessin. 60
972. *Regio VII*^{a}. Insula II^a. Calque. 61
973. *Regio VII*^{a}. Insulæ II^a et III^a. Lithographie. 62
974. *Regio VII*^{a}. Insulæ VII^a et XV^a. Id. 63
975. *Regio VII*^{a}. Insulæ X^a et XI^a. Id. 63
976. *Regio VII*^{a}. Insula XII^a. Id. 64
977. *Regio VIII*^{a}. Insula IV^a. Id. 64
978. *Regio IX*^{a}. Insulæ I^a, II^a, III^a. Id. 65

TOME XIV.
TOPOGRAPHIE ET DESCRIPTION GÉNÉRALE DE POMPÉI.

979. Topographie de Pompéi par *Niccolini*, en 11 planches. Chromolithographie. 1-11
980. Détails de construction des murs, six planches tirées du Journal des fouilles. Lithographie. 12-14
981. Porte d'Herculanum, vue intérieure, par *H. Roux*. Id. 15
982. Porte d'Herculanum, vue extérieure, par *H. Roux*. Id. 15
983. Porte d'Herculanum, vue extérieure restaurée, par *H. Roux*. Id. 15
984. Vue de la Porte du Sarnus, par *H. Roux*. Id. 15
985. Vue de la Porte du Sarnus. Tiré de *Mazois*. Gravure. 16
986. Murs d'enceinte, par *H. Roux*. Lithographie. 17
987. Vue d'une tour des murs d'enceinte, par *H. Roux*. Id. 17
988. Porte et murs d'enceinte de Pompéi, d'après *Leveil*. Tiré de *Gailhabaud*. Gravure. 17
989. Tombeau de Cerrinus et porte d'Herculanum. Tiré de *Mazois*. Id. 18
990. Remparts de Pompéi, détails des créneaux. Tiré de *Mazois*. Id. 19
991. Remparts de Pompéi, restauration. Tiré de *Mazois*. Id. 20
992. Porte de Nola. Photographie. 21
993. Porte de Nola, plan. Tiré de *Mazois*. Gravure. 22
994. Porte de Nola, vue et coupe des assises. Tiré de *Mazois*. Id. 23

[Tome 14.]
995. Autels des « Lares Compitales ». Tiré de *Mazois*. Id.   24
996. Autel. Tiré de *Mazois*. Gravure.   25
997. Porte de l'Edifice d'Eumachia et fontaine de l'Abondance. Photographie.   26
998. Fontaine publique à l'angle de la Strada Consolare et du Vicolo di Modesto. Tiré de *Mazois*. Gravure.   27
999. Fontaines, dont une au camp des soldats. Tiré de *Mazois*. Id.   28
1000. Fontaine à l'entrée du forum triangulaire. Tiré de *Mazois*. Id.   29
1001. Fontaine et vases. Tiré de *Mazois*. Id.   30
1002. Vue d'un égout. Tiré de *Mazois*. Id.   31

DESCRIPTION GÉNÉRALE DE POMPÉI.

Peintures, mosaïques, statues et objets usuels trouvés à Pompéi et représentés sous la rubrique, *Description générale* dans l'ouvrage de *Niccolini*.

1003. Suite de 34 pièces portant les N°ˢ 1, 2, 3, 4, 9, 12, 14, 15, 17, 21, 22, 23, 27, 28, 30, 32, 34, 36, 37, 38, 40, 41, 42, 43, 44, 45, 47, 49, 50, 51, 52, 53, 54, 55. Chromolithographies.   32-65

TOME XV.

DESCRIPTION GÉNÉRALE DE POMPÉI (*suite*).

1004. 62 Planches tirées de l'ouvrage de *Niccolini*, et portant les N°ˢ 56, 57, 58, 59, 61, 62, 63, 64, 65, 66, 67, 68, 69, 70, 71, 72, 73, 74, 75, 76, 77, 78, 79, 80, 81, 82, 83, 84, 85, 86, 87, 88, 89, 90, 91, 92, 93, 94, 95, 96. Chromolithographies.
Supplément : Titre et N°ˢ 1, 2, 3, 4, 6, 7, 8, 9, 10, 11, 12, 13, 14, 15, 16, 17, 18, 19, 20, 21, 22, 23. Id.   1-63
1005. Deux décorations murales, dont une tirée de la maison de M. Lucretius. Par *Ach. Joyau*. Aquarelles.   64
1006. Deux décorations murales, dont une provenant de Stabies. Musée de Naples. Par *Ach. Joyau*. Id.   65
1007. Deux décorations murales. Par *Ach. Joyau*. Id.   66
1008. Cinq fragments de décorations murales provenant du musée de Naples. Par *Ach. Joyau*. Id.   67
1009. Trois fragments de décorations murales représentant des Pygmées luttant contre des grues. Par *Ach. Joyau*. Id.   68
1010. Deux décorations murales dont une provenant de la maison de la reine d'Angleterre. Par *Ach. Joyau*. Id.   69
1011. Deux décorations murales. Par *Ach. Joyau*. Id.   70

TOME XVI.

POMPÉI. VOIE DES TOMBEAUX, VILLA DE DIOMÈDE.

1012. Plan de la voie des tombeaux. Tiré de *Mazois*. Gravure. 1
1013. Plan de la voie des tombeaux, détail I. Tiré de *Mazois*. Id. 2
1014. Plan de la voie des tombeaux, détail II. Tiré de *Mazois*. Id. 3
1015. Voie des tombeaux, élévation des monuments situés sur la rive droite, en se dirigeant vers la ville. Tiré de *Mazois*. Id. 4
1016. Voie des tombeaux, élévation des monuments situés sur la rive droite, en se dirigeant vers la ville. Tiré de *Mazois*. Id. 5
1017. Vue de la voie des tombeaux. Photographie. 6
1018. Arcades de l'Hôtellerie sur la voie des tombeaux. Id. 6
1019. Vue de la voie des tombeaux, prise de la 2e des 12 arcades de l'Hôtellerie. Id. 7
1020. Vue de la voie des tombeaux. Id. 7
1021. Vue de la voie des tombeaux, par *H. Roux*. Lith. 8
1022. Vue de la voie des tombeaux. Tiré de *Niccolini*. Chromolithographie. 8
1023. Vue de la voie des tombeaux. Tiré de *Niccolini*. 9
1024. Vue de la voie des tombeaux. Tiré de *Mazois*. Gravure. 9
1025. Vue de la voie des tombeaux, près de la porte de la ville. Tiré de *Mazois*. Id. 10
1026. Tombeau de Mamia (N° 4, à gauche en sortant de la ville). Tiré de *Mazois*. Id. 11
1027. Tombeau de Mamia, coupe et élévation à l'état actuel. Tiré de *Mazois*. Id. 12
1028. Tombeau de Mamia. Coupe et élévation; restauration. Tiré de *Mazois*. Id. 13
1029. Villa de Cicéron (N°s 5 à 15 à gauche en sortant de la ville). Scène de théâtre. (Mosaïque actuellement au musée de Naples). Photographie. 14
1030. Tombeau d'Umbricius Scaurus (N° 17, à gauche en sortant de la ville). Vue extérieure par H. *Roux*. Lithographie. 15
1031. Tombeau de Scaurus, coupe et élévation. Tiré de *Mazois*. Gravure. 16
1032. Tombeau de Scaurus, détails. Tiré de *Mazois*. Id. 17
1033. Tombeau de Scaurus, bas-reliefs. Tiré de *Mazois*. Id. 18
1034. Tombeau de Scaurus, bas-reliefs, par *Roux*. Lithographie. 19
1035. Tombeau de Scaurus, plan, coupe, élévation et détails. Tiré de *Niccolini*. Chromolith. 19
1036. Tombeau de Scaurus et tombeau rond sans inscription (N°s 17 et 18 à gauche en sortant). Plans et coupes par *H. Roux*. Lithographie. 20

POMPÉI, VOIE DES TOMBEAUX, VILLA DE DIOMÈDE. 43

[Tome 16.]

1037. Ces deux tombeaux vus de la voie des tombeaux, par *H. Roux*. Lithographie. 20
1038. Ces deux tombeaux vus par leur face postérieure, par *H. Roux*. Id. 20
1039. Tombeau rond (N° 18, à gauche en sortant), coupe et élévation. Tiré de *Mazois*. Gravure. 21
1040. Tombeau rond, détails. Tiré de *Mazois*. Id. 22
1041. Tombeau de Calventius Quietus. (N° 20 à gauche en sortant), vue, par *H. Roux*. Lithographie. 23
1042. Tombeau de Calventius Quietus, coupe et élévation, par *H. Roux*. Id. 23
1043. Tombeau de Calventius Quietus, détails, par *H. Roux*. Id. 23
1044. Tombeau de Calventius Quietus, élévation et détail. Tiré de *Mazois*. Gravure. 24
1045. Tombeau de Calventius Quietus, détails. Tiré de *Mazois*. Id. 25
1046. Tombeau de Calventius Quietus, détails. Tiré de *Mazois*. Id. 26
1047. Tombeau de Calventius Quietus, détails. Tiré de *Mazois*. Id. 27
1048. Tombeau de Calventius Quietus, plan, coupe, élévation et détails. Tiré de *Niccolini*. Lithographie. 28
1049. Tombeau d'Istacidius. (N° 21, à gauche en sortant de la ville). Tiré de *Mazois*. Gravure. 29
1050. Tombeau de Nævoleia Tyché. (N° 22, à gauche en sortant de la ville). Photographie. 30
1051. Tombeau de Nævoleia Tyché, et voie des tombeaux. Id. 31
1052. Tombeau de Nævoleia Tyché, et voie des tombeaux. Id. 31
1053. Tombeau de Nævoleia Tyché, par *H. Roux*, vue extérieure. Lithographie. 32
1054. Tombeau de Nævoleia Tyché, par *H. Roux*, vue intérieure. Id. 32
1055. Tombeau de Nævoleia Tyché, par *H. Roux*, élévation et détails. Id. 32
1056. Tombeau de Nævoleia Tyché, élévation et détails. Tiré de *Mazois*. Gravure. 33
1057. Tombeau de Nævoleia Tyché, coupe et détails. Tiré de *Mazois*. Id. 34
1058. Tombeau de Nævoleia Tyché, plan, coupe, élévation et détails. Tiré de *Niccolini*. Chromolithographie. 35
1059. Triclinium funèbre, par *H. Roux*. (N° 23, à gauche en sortant). Lithographie. 36
1060. Triclinium funèbre, vue et détails. Tiré de *Mazois*. Gravure. 37
1061. Villa de Diomède. (N° 24 à gauche en sortant). Photographie. 38
1062. Villa de Diomède. Id. 39
1063. Villa de Diomède, vue. Tiré de *Mazois*. Gravure. 40

[Tome 16.]

1064. Villa de Diomède, plan. Dessin. 40
1065. Villa de Diomède, plan. Tiré de *Mazois*. Gravure. 41
1066. Villa de Diomède, coupe. Tiré de *Mazois*. Id. 42
1067. Villa de Diomède, entrée. Tiré de *Mazois*. Id. 43
1068. Villa de Diomède, détails. Tiré de *Mazois*. Id. 44
1069. Villa de Diomède, détails. Tiré de *Mazois*. Id. 44
1070. Villa de Diomède, coupe et détails de la décoration de la cour des bains. Tiré de *Mazois*. Id. 45
1071. Coupe partielle d'une salle d'étuve de la villa de Diomède. Tiré de *Mazois*. Id. 45
1072. Villa de Diomède. (Peintures provenant de la). Musée de Naples. Croquis. 46
1073. Villa de Diomède. Tiré de *Niccolini*. Planche I, plan. Lithographie. 46
1074. Villa de Diomède. Tiré de *Niccolini*. Planche II, plafond. Chromolithographie. 47
1075. Villa de Diomède. Tiré de *Niccolini*. Planche III, quatre fresques. Id. 47
1076. Villa de Diomède. Tiré de *Niccolini*. Planche IV, deux danseuses, fresques. Id. 48
1077. Villa de Diomède. Tiré de *Niccolini*. Planche IV bis, décoration d'une paroi. Id. 48
1078. Villa de Diomède. Tiré de *Niccolini*. Planche VI, décoration d'une paroi. Id. 49
1079. Villa de Diomède. Tiré de *Niccolini*. Planche VII, vue d'ensemble. Id. 49
1080. Villa de Diomède, par *H. Roux*, vue générale. Lithographie. 50
1081. Villa de Diomède, par *H. Roux*, plan. Id. 50
1082. Villa de Diomède, par *H. Roux*, coupes. Id. 51
1083. Villa de Diomède, par *H. Roux*, salle de bain triangulaire. Id. 51
1084. Villa de Diomède, par *H. Roux*, salle de bain triangulaire restaurée. Id. 52
1085. Villa de Diomède, par *H. Roux*, plafond d'une salle. Id. 52
1086. Villa de Diomède, par *H. Roux*, plafond d'une salle. Id. 52
1087. Villa de Diomède, par *H. Roux*, détails. Id. 53
1088. Villa de Diomède par *H. Roux*, vue d'une salle restaurée. Id. 53
1089. Villa de Diomède. Fresques de la 1re chambre, deux danseuses. Tiré de : Le Pitture antiche... Naples, 1767. Gravure. 54
1090. Villa de Diomède. Fresques de la 1re chambre, danseuse. Tiré de : Le Pitture antiche... Id. 54
1091. Villa de Diomède. Fresques de la 1re chambre, danseuse. Tiré de : Le Pitture antiche... Id. 55

POMPÉI, VOIE DES TOMBEAUX, VILLA DE DIOMÈDE. 45

[Tome 16.]

1092. Villa de Diomède. Fresques de la 1re chambre, danseuse. Tiré de : Le Pitture antiche... Gravure. 55
1093. Villa de Diomède. Fresques de la 1re chambre, danseuse. Tiré de : Le Pitture antiche... Id. 56
1094. Villa de Diomède. Fresques de la 1re chambre, danseuse. Tiré de : Le Pitture antiche... Id. 56
1095. Villa de Diomède. Fresques de la 1re chambre, danseuse. Tiré de : Le Pitture antiche... Id. 57
1096. Villa de Diomède. Fresques de la 1re chambre, danseuse. Tiré de : Le Pitture antiche... Id. 57
1097. Villa de Diomède. Fresques de la 1re chambre, Centauresse et Bacchante. Tiré de : Le Pitture antiche... Id. 58
1098. Villa de Diomède. Fresques de la 1re chambre, Centauresse et jeune Bacchant. Tiré de : Le Pitture antiche... Id. 58
1099. Villa de Diomède. Fresques de la 1re chambre, Centaure et jeune Bacchant. Tiré de : Le Pitture antiche... Id. 59
1100. Villa de Diomède. Fresques de la 1re chambre, Centaure et jeune Bacchante. Tiré de : Le Pitture antiche... Id. 59
1101. Villa de Diomède. Fresques de la 1re chambre, douze danseurs de corde. Tiré de : Le Pitture antiche... Id. 60
1102. Villa de Diomède. Fresques de la 1re chambre, quatre génies portant les attributs de Bacchus. Tiré de : Le Pitture antiche... Id. 61
1103. Villa de Diomède. Fresques de la 1re chambre, quatre génies portant les attributs de Bacchus. Tiré de : Le Pitture antiche... Id. 61
1104. Villa de Diomède. Fresques de la 2e chambre, danseuse. Tiré de : Le Pitture antiche... Id. 62
1105. Villa de Diomède. Fresques de la 2e chambre, deux danseurs de corde. Tiré de : Le Pitture antiche... Id. 63
1106. Villa de Diomède. Fresques de la 2e chambre, danseuse. Tiré de : Le Pitture antiche... Id. 64
1107. Villa de Diomède. Fresques de la 2e chambre, danseuse. Tiré de : Le Pitture antiche... Id. 64
1108. Villa de Diomède. Fresques de la 2e chambre, danseuse. Tiré de : Le Pitture antiche... Id. 65
1109. Tombeau dit des Guirlandes (N°s 6 et 7 à droite en sortant de la ville), vue et coupes partielles. Tiré de *Mazois*. Id. 66
1110. Vase en verre bleu émaillé trouvé dans le tombeau N° 8, à droite en sortant de la ville. Tiré de *Niccolini*. Chromolithographie. 67

TOME XVII.

POMPÉI. VOIE DES TOMBEAUX. REGIONES I A VI.

1111. Hémicycle (N° 9, à droite en sortant de la ville). Photographie.   1
1112. Vue de l'Hémicycle, par *H. Roux*. Lithographie.   1
1113. Vue restaurée de l'Hémicycle, par *H. Roux*. Id.   2
1114. Hémicycle, détails de l'arc et des pilastres. Croquis.   2
1115. Hémicycle, élévation. Tiré de *Mazois*. Gravure.   3
1116. Hémicycle, plan, coupe et élévation. Tiré de *Mazois*. Id.   4
1117. Hémicycle, plan, élévation et détails. Tiré de *Niccolini*. Chromolithographie.   5
1118. Maison des colonnes de mosaïque (N°s 10 à 15, à droite en sortant de la ville), plan. Calque.   6
1119. Détails des colonnes conservées au musée de Naples. Deux croquis.   6
1120. Maison des colonnes de mosaïque. Peintures relatives au culte des Pénates. Lithographie.   7
1121. Tombeau de la porte de marbre (N° 34, à droite en sortant de la la ville), plan. Calque.   8
1122. Tombeau de la porte de marbre, plan, coupe et élévation, par *Roux*. Lithographie.   8
1123. Tombeau de la porte de marbre, coupe, élévation et détails. Tiré de *Mazois*. Gravure.   9
1124. Monumentum Alleiorum. Tombeau de Lucius Alleius Libella (N° 37 à droite en sortant de la ville), élévation et détails. Tiré de *Mazois*. Id.   10
1125. Tombeaux de Lucius Ceius et de Lucius Labeon (N°s 38 et 39 à droite en sortant de la ville). Tiré de *Mazois*. Id.   11
1126. Sepulcrum gentis Arriæ. Tombeau de Diomède. (N° 42 à droite en sortant de la ville), élévation, coupe et détails. Tiré de *Mazois*. Id.   12
1127. Fragments trouvés sur la voie des tombeaux. Tiré de *Mazois*. Id.   13

POMPÉI. REGIO I.

1128. Plaques en ivoire sculptées sur deux faces et provenant d'une maison de Pompéi. Regio I, insula II. Musée de Naples. Lithographie.   14
1129. Maison sur la voie Stabiana. Regio I, insula II, plan, détails et vue restaurée. Tiré de *Mazois*. Gravure.   15
1130. L'Enlèvement du Palladium, fresque d'une maison de Pompéi. Regio I, insula II, N° 6. Lithographie.   16
1131. La Prophétie de Cassandre, fresque d'une maison de Pompéi. Regio I, insula II, N° 28. Id.   17

[Tome 17.]
1132. Regio I, Insula III. Ilot du canal Fontana. Plan. Calque. 18
1133. Maison A de l'îlot du canal Fontana. Regio I, insula III, N° 8. Détail. Croquis. 18
1134. Maison G de l'îlot du canal Fontana. Regio I, insula III, N° 20. Détail. Id. 18
1135. Maison H de l'îlot du canal Fontana. Regio I, insula III, N° 23. L'amphithéâtre de Pompéi avec la querelle des Pompéiens et des Nucériens (fresque). Lithographie. 19
1136. Maison H. Combat de gladiateurs (fresque). Croquis. 19
1137. Maison K de l'îlot du canal Fontana. Regio I, insula III, N° 25, plan. Dessin. 20
1138. Regio I, insula IV. Vue d'une rue (Strada Stabiana). Photographie. 21
1139. Ilot de la maison du Cithariste, plan. Dessin. 21
1140. Pilier hydraulique situé « Strada Stabiana ». Regio I, insula IV. Croquis. 22
1141. Puteal en marbre blanc. Ilot de la maison du Cithariste. Maison G. Id. 22
1142. Regio I, insula IV. Maison N°s 5 et 28 « Domus L. Popidi Secundi Augustani ». Maison du Cithariste, plan. Calque. 23
1143. Maison du Cithariste. Bustes en marbre de Brutus et de Pompée. Lithographie. 24
1144. Maison du Cithariste. Leçon de musique. Un roi de Phrygie et un jeune homme, fresques. Id. 24
1145. Maison du Cithariste. Leçon de musique ou Citharistes, fresque. Photographie. 25
1146. Maison du Cithariste. Un roi de Phrygie et un jeune homme. Apollon chez Admète? fresque. Id. 25
1147. Maison du Cithariste, Le Jugement de Pâris, fresque. Id. 26
1148. Maison du Cithariste. Méléagre et Atalante, fresque. Id. 26
1149. Maison du Cithariste. Méléagre et Atalante, fresque. Id. 27
1150. Maison du Cithariste. Hermaphrodite, fresque. Id. 27
1151. Maison du Cithariste. Prêtresse de Vénus, fresque. Lithographie. 28
1152. Maison du Cithariste. Prêtresse de Vénus, fresque. Photographie. 28
1153. Maison du Cithariste. Prêtresse de Vénus, fresque. Id. 29
1154. Maison du Cithariste. Mars et Vénus, fresque. Id. 29
1155. Regio Iª Insula V N° 2. Officina coriariorum. Tête de mort et emblèmes funèbres, mosaïque actuellement au musée de Naples. Lithographie. 30
1156. La même mosaïque. Photographie. 30
1157. La même mosaïque. Tirée de *Niccolini*. Chromolithographie. 31

POMPÉI. REGIO II.

1158. Amphithéâtre. Photographie. 32
1159. Amphithéâtre, vue extérieure. Croquis. 32
1160. Amphithéâtre, vue extérieure. Tiré de *Mazois*. Gravure. 33
1161. Amphithéâtre, vue intérieure. Tiré de *Mazois*. Id. 33
1162. Amphithéâtre, plan. Tiré de *Mazois*. Id. 34
1163. Amphithéâtre, coupes et restauration. Tiré de *Mazois*. Id. 35
1164. Amphithéâtre, détails. Tiré de *Mazois*. Id. 36
1165. Amphithéâtre, détails des peintures, gladiateurs. Tiré de *Mazois*. Id. 37
1166. Amphithéâtre, plan. Tiré de *Niccolini*. Lithographie. 38
1167. Amphithéâtre, vue intérieure et extérieure. Tiré de *Niccolini*. Chromolithographie. 38
1168. Amphithéâtre, détail des peintures. Tiré de *Niccolini*. Id. 39
1169. Amphithéâtre, détail d'une peinture, par *H. Roux*. Lithographie. 39

POMPÉI. REGIO V.

1170. Regio V, insula I, N° 18. Détail de la décoration. Croquis. 40
1171. Regio V, insula I, N° 26. Maison de Jul. Jucundus, plan et détails. Tiré de *Niccolini*. Lithographie. 41
1172. Regio V, insula I, N° 26, Maison de L. Cecilius Jucundus, détail de la décoration. Tiré de *Niccolini*. Chromolithographie. 41
1173. Regio V, insula I. Tablettes provenant de la maison N° 26. Tiré de *Niccolini*. Id. 42
1174. Regio V, insula I, N° 26. Frise d'un autel en marbre. Croquis. 42

POMPÉI. REGIO VI

1175. Vue d'un atrium corinthien. Tiré de *Mazois*. Gravure. 43
1176. Regio VI, insula occidentalis, N° 10. Maison à trois étages, plan. Tiré de *Mazois*. Id. 44
1177. Regio VI. Coupe de la même maison. Tiré de *Mazois*. Id. 45
1178. Regio VI, insula occidentalis, N°s 23-25. Maison à trois étages, plan. Tiré de *Mazois*. Id. 46
1179. Regio VI, insula occidentalis, N°s 23-25, coupe. Tiré de *Mazois*. Id. 47
1180. Regio VI, Insula occidentalis, N°s 32-36. Maison de Polybius, plan. Tiré de *Mazois*. Grav. 48
1181. Regio VI. Insula I. Maison I, plans et coupes. Tiré de *Mazois*. Id. 49
1182. Regio VI. Maison I. Laraire. Tiré de *Mazois*. Id. 50
1183. Regio VI. Maison N° 7. Maison des Vestales, plan et coupes, par *Roux*. Lithog. 51

[Tome 17.]
1184. Regio VI. Maison N° 7. Maison des Vestales, plan et coupes. Tiré de *Mazois*. Gravure. 52
1185. Regio VI. Maison N° 7. Maison des Vestales, détails de l'Atrium. Tiré de *Mazois*. Id. 53
1186. Regio VI. Maison N° 7. Maison des Vestales, Vénus et Adonis, fresque. Tiré de *Niccolini*. Lithographie. 54
1187. Regio VI. Maison N° 10. Maison du chirurgien, plan. Tiré de *Mazois*. Gravure. 55
1188. Regio VI. Maison N° 25. Maison du Triclinium, plan, par *Roux*. Lithographie. 56
1189. Regio VI. Maison N° 25. Maison du Triclinium, vue d'ensemble, par *Roux*. Id. 56
1190. Regio VI. Insula. II, N°4. Maison de Salluste, vue. Photographie. 57
1191. Regio VI. Maison N° 4. Maison de Salluste, plan. Tiré de *Mazois*. Gravure. 57
1192. Regio VI. Maison N° 4. Maison de Salluste, coupe et détails restaurés. Tiré de *Mazois*. Id. 58
1193. Regio VI. Maison N° 4. Maison de Salluste, coupe et détails restaurés. Tiré de *Mazois*. Id. 59
1194. Regio VI. Maison N° 4. Maison de Salluste, Xyste et Triclinium, restauration. Tiré de *Mazois*. Id. 60
1195. Regio VI. Maison N° 4. Maison de Salluste, détails de la décoration. Tiré de *Mazois*. Id. 60
1196. Regio VI. Maison N° 4. Maison de Salluste, combat de coqs, mosaïque. Photographie. 61
1197. Regio VI. Maison N° 4. Maison de Salluste, plan, par *H. Roux*. Lithographie. 61
1198. Regio VI. Maison N° 4. Maison de Salluste, coupe et détails, par *H. Roux*. Id. 61
1199. Regio VI. Maison N° 4. Maison de Salluste, vue de l'Atrium, par *H. Roux*. Id. 62
1200. Regio VI. Maison N° 4. Maison de Salluste, vue restaurée de l'Atrium, par *H. Roux*. Id. 62
1201. Regio VI. Maison N° 4. Maison de Salluste, vue du Triclinium, par *H. Roux*. Id. 62
1202. Regio VI. Maison N° 4. Maison de Salluste, vue restaurée du Triclinium, par *H. Roux*. Id. 63
1203. Regio VI. Maison N° 4. Maison de Salluste, coupe du Triclinium, peinture du Venereum, par *H. Roux*. Id. 63
1204. Regio VI. Insula II. N°4. Maison de Salluste, peinture, par *H. Roux*. Id. 63
1205. Regio VI. Insula II. Maison N° 4. Maison de Salluste, peinture, par *H. Roux*. 63

[Tome 17.]

1206. Regio VI. Insula II. Maison Nº4. Maison de Salluste, plan. Dessin. 64
1207. Regio VI. Insula II. Maison N° 4. Maison de Salluste, coupes et détails. Id. 64
1208. Regio VI. Insula II. Maison N° 4. Maison de Salluste, détails de construction. Id. 65

TOME XVIII.

REGIO VI. — INSULÆ II A XII.

1209. Regio VI. Insula II. N° 22. Maison des danseuses, vue d'ensemble, par *H. Roux*. Lithographie. 1
1210. Regio VI. Insula II. Maison N° 22. Maison des danseuses, plan par *H. Roux*. Id. 1
1211. Regio VI. Insula II. Maison N° 22. Maison des danseuses, plan. Tiré de *Mazois*. Gravure. 1
1212. Regio VI. Insula II. Maison N° 22. Maison des danseuses, Méléagre et Atalante, fresque. Lithographie. 1
1213. Regio VI. Insula III. Maison N° 3. Boulangerie, vue d'ensemble. Photographie. 2
1214. Regio VI. Insula III. Maison N° 3. Boulangerie, vue d'ensemble. Tiré de *Mazois*. Gravure. 3
1215. Regio VI. Insula III. Maison N° 3. Boulangerie, plan, coupes et détails. Tiré de *Mazois*. Id. 4
1216. Regio VI. Insula III. N° 20. Vue d'un carrefour, par *Roux*. Lithographie. 5
1217. Regio VI. Insula V. N° 13. Maison de Modestus. Ulysse chez Circé et Achille à Scyros, fresques. Tiré de *Mazois*. Gravure. 6
1218. Regio VI. Insula VI. N° 1. Maison de Pansa, vue de l'entrée. Photographie. 7
1219. Regio VI. Insula VI. Maison N° 1. Maison de Pansa, vue de l'entrée. Tiré de *Mazois*. Gravure. 8
1220. Regio VI. Insula VI. Maison N° 1. Maison de Pansa, vue d'ensemble. Photographie. 8
1221. Regio VI. Insula VI. Maison N° 1. Maison de Pansa, vue et plan, d'après *Leveil*. Tiré de *Gailhabaud*. Gravure. 9
1222. Regio VI. Insula VI. Maison N° 1. Maison de Pansa, plan. Tiré de *Mazois*. Id. 10
1223. Regio VI. Insula VI. Maison N° 1. Maison de Pansa, coupe. Tiré de *Mazois*. Id. 11

[Tome 18.]

1224. Regio VI. Insula VI. Maison N° 1. Maison de Pansa, détails. Tiré de *Mazois*. Gravure. 12

1225. Regio VI. Insula VI. Maison N° 1. Maison de Pansa, vue de la porte d'entrée, par *Roux*. Lithographie. 13

1226. Regio VI. Insula VI. Maison N° 1. Maison de Pansa, vue du péristyle, par *Roux*. Id. 13

1227. Regio VI. Insula VI. N° 1. Maison de Pansa, vue de la boulangerie, par *Roux*. Id. 13

1228. Regio VI. Insula VI. Maison N° 1. Maison de Pansa, plan, par *Roux*. Id. 14

1229. Regio VI. Insula VI. Maison N° 1. Maison de Pansa, restauration de l'Atrium, par *Roux*. Id. 14

1230. Regio VI. Insula VII. Maison N° 18. Maison de l'Adonis blessé. (Domus M. Asellini), plan. Calque. 15

1231. Regio VI. Insula VII. Maison N° 18. Maison de l'Adonis blessé. Adonis blessé, fresque. Photographie. 15

1232. Regio VI. Insula VII. Maison N° 18. Maison de l'Adonis blessé. Adonis blessé, fresque, par *Roux*. Chromolithographie. 16

1233. Regio VI. Insula VII. Maison N° 18. Maison de l'Adonis blessé. La toilette d'Hermaphrodite, fresque. Photographie. 17

1234. Regio VI. Insula VII. Maison N° 18. Maison de l'Adonis blessé. La toilette d'Hermaphrodite, par *Roux*, fresque. Chromolithographie. 17

1235. Regio VI. Insula VII. Maison N° 23. Maison d'Apollon (Domus A. Herculei), plan. Calque. 18

1236. Regio VI. Insula VII. Maison N° 23. Maison d'Apollon, fontaine. Photographie. 18

1237. Regio VI. Insula VII. Maison N° 23. Maison d'Apollon. Achille à Scyros, mosaïque, par *Roux*. Chromolithographie. 19

1238. Regio VI. Insula VII. Maison N° 23. Maison d'Apollon. Apollon, fresque. Croquis. 20

1239. Regio VI. Insula VII. Maison N° 23. Maison d'Apollon. Apollon, fresque. Photographie. 20

1240. Regio VI. Insula VII. Maison N° 23. Maison d'Apollon. Apollon, fresque. Tiré de *Niccolini*. Chromolithographie. 21

1241. Regio VI. Insula VIII. Maison N° 5. Maison du poète tragique. Photographie. 22

1242. Regio VI. Insula VIII. Maison N° 5. Maison du poète tragique. Id. 22

1243. Regio VI. Insula VIII. Maison N° 5. Maison du poète tragique. Plan et détails. Tiré de *Niccolini*. Chromolithographie. 23

1244. Regio VI. Insula VIII. Maison N° 5. Maison du poète tragique. Chien de garde, mosaïque. Photographie. 23

[Tome 18.]

1245. Regio VI. Insula VIII. Maison N° 5. Maison du poète tragique. Scène de théâtre, mosaïque. Photographie. 24

1246. Regio VI. Insula VIII. Maison N° 5. Maison du poète tragique. Scène de théâtre, mosaïque et bijoux en or. Tiré de *Niccolini*. Chromolithographie. 25

1247. Regio VI. Insula VIII. Maison N° 5. Maison du poète tragique. Jupiter et Junon sur l'Ida, par *Roux*. Id. 26

1248. Regio VI. Insula VIII. Maison N° 5. Maison du poète tragique. Jupiter et Junon sur l'Ida. Tiré de *Niccolini*. Id. 27

1249. Regio VI. Insula VIII. Maison N° 5. Maison du poète tragique. Sacrifice d'Iphigénie. Photographie. 28

1250. Regio VI. Insula VIII. Maison N° 5. Maison du poète tragique. Sacrifice d'Iphigénie. Id. 28

1251. Regio VI. Insula VIII. Maison N° 5. Maison du poète tragique. Le Sacrifice d'Iphigénie. Tiré de *Niccolini*. Lithographie. 29

1252. Regio VI. Insula VIII. Maison N° 5. Maison du poète tragique. Achille livrant Briséis. Photographie. 30

1253. Regio VI. Insula VIII. Maison N° 5. Maison du poète tragique. Achille livrant Briséis. Tiré de *Niccolini*. Lithographie. 30

1254. Regio VI. Insula VIII. Maison N° 5. Maison du poète tragique. Léda montrant à Tyndare Castor, Pollux et Hélène sortis de l'œuf. Photographie. 31

1255. Regio VI. Insula VIII. Maison N° 5. Maison du poète tragique. Léda montrant à Tyndare Castor, Pollux et Hélène. Tiré de *Niccolini*. Chromolithographie. 32

1256. Regio VI. Insula VIII. Maison N° 21. Porte, clef et poignée de porte. Tiré de *Mazois*. Gravure. 33

1257. Regio VI. Insula VIII. Maison N° 22. Maison de la grande fontaine de mosaïque, plan. Calque. 34

1258. Regio VI. Insula VIII. Maison N° 22. Maison de la grande fontaine de mosaïque, fontaine de mosaïque. Photographie. 34

1259. Regio VI. Insula VIII. Maison N° 23. Maison de la petite fontaine de mosaïque, plan et détail. Tiré de *Niccolini*. Chromolithographie. 35

1260. Regio VI. Insula VIII. Maison N° 23. Maison de la petite fontaine de mosaïque. Faune et Bacchante. Tiré de *Niccolini*. Lithographie. 35

1261. Regio VI. Insula VIII. Maison N° 23. Maison de la petite fontaine de mosaïque. Fontaine de mosaïque. Tiré de *Niccolini*. Chromolithographie. 36

1262. Regio VI. Insula VIII. Maison N° 23. Maison de la petite fontaine de mosaïque. Paysage et figures. Tiré de *Niccolini*. Id. 36

1263. Regio VI. Insula VIII. Maison N° 23. Maison de la petite fontaine de mosaïque. Faune et Bacchante. Tiré de *Niccolini*. Lithographie. 37

REGIO VI. — INSULÆ II A XII.   53

[Tome 18.]
1264. Regio VI. Insula VIII. Maison N° 23. Maison de la petite fontaine de mosaïque. Deux candélabres. Tiré de *Niccolini*. Chromolithographie. 37
1265. Regio VI. Insula IX. Maison N° 2. Maison de Méléagre, plan. Calque. 38
1266. Regio VI. Insula IX, Maison N° 2. Maison de Méléagre, plan. Dessin. 38
1267. Regio VI. Insula IX. Maison N° 2. Maison de Méléagre. Intérieur de la maison et table de marbre. Photographie. 38
1268. Regio VI. Insula IX. Maison N° 2. Maison de Méléagre. Intérieur de la maison et table de marbre. Id. 39
1269. Regio VI. Insula IX. Maison N° 2. Maison de Méléagre. Hermaphrodite et satyre, fresque. Lithographie. 39
1270. Regio VI. Insula IX. Maison N° 2. Maison de Méléagre. Jugement de Pâris, fresque, par *Roux*. Chromolithographie. 40
1271. Regio VI. Insula IX. Maison N° 2. Maison de Méléagre. Mars et Vénus, fresque, par *Roux*. Id. 41
1272. Regio VI. Insula IX. Maison N° 2. Maison de Méléagre. L'Europe, l'Asie et l'Afrique, par *Roux*. Id. 42
1273. Regio VI. Insula IX. Maison N° 6. Maison de Castor et Pollux, plan. Calque. 43
1274. Regio VI. Insula IX. Maison N° 6. Maison de Castor et Pollux, vue de l'intérieur. Photographie. 43
1275. Regio VI. Insula IX. Maison N° 6. Maison de Castor et Pollux, détails de construction du mur de face. Deux croquis. 44
1276. Regio VI. Insula IX. Maison N° 6. Maison de Castor et Pollux. Persée et Andromède. Fresque. Photographie. 44
1277. Regio VI. Insula IX. Maison N° 6. Maison de Castor et Pollux. Persée et Andromède. Fresque. Id. 45
1278. Regio VI. Insula IX. Maison N° 6. Maison de Castor et Pollux. Achille à Scyros. Fresque. Id. 45
1279. Regio VI. Insula IX. Maison N° 6. Maison de Castor et Pollux. Médée méditant le meurtre de ses enfants. Fresque. Id. 45
1280. Regio VI. Insula IX. Maison N° 6. Maison de Castor et Pollux. Décoration d'une paroi, d'après *Denuelle*. Id. 46
1281. Regio VI. Insula IX. Maison N° 6. Maison de Castor et Pollux, plan et détails. Tiré de *Niccolini*. Chromolithographie. 46
1282. Regio VI. Insula IX. Maison N° 6. Maison de Castor et Pollux. La Fortune, Mercure, Apollon, Jupiter, l'Enfance de Bacchus. Fresques. Tiré de *Niccolini*. Lithographie. 47
1283. Regio VI. Insula IX. Maison N° 6. Maison de Castor et Pollux. Panneaux décorés, scènes de théâtre. Tiré de *Niccolini*. Chromolithographie. 47

[Tome 18.]

1284. Regio VI. Insula IX. Maison N° 6. Maison de Castor et Pollux. Achille à Scyros. Fresque. Tiré de *Niccolini*. Chromolithographie. 48

1285. Regio VI. Insula IX. Maison N° 6. Maison de Castor et Pollux. Cérès. Fresque. Tiré de *Niccolini*. Lithographie. 48

1286. Regio VI. Insula IX. Maison N° 6. Maison de Castor et Pollux, détails de la décoration. Tiré de *Niccolini*. Chromolithographie. 49

1287. Regio VI. Insula IX. Maison N° 6. Maison de Castor et Pollux. Cinq scènes mythologiques. Tiré de *Niccolini*. Lithographie. 49

1288. Regio VI. Insula IX. Maison N° 6. Maison de Castor et Pollux. Médée, Persée et Andromède, et deux autres scènes mythologiques. Tiré de *Niccolini*. Id. 50

1289. Regio VI. Insula IX. Maison N° 6. Maison de Castor et Pollux. Quatre figures. Tiré de *Niccolini*. Id. 50

1290. Regio VI. Insula IX. Maison N° 6. Maison de Castor et Pollux. Décoration d'un panneau. Tiré de *Niccolini*. Chromolithographie. 51

1291. Regio VI. Insula IX. Maison N° 6. Maison de Castor et Pollux. Narcisse. Tiré de *Niccolini*. Lithographie. 51

1292. Regio VI. Insula IX. Maison N° 6. Maison de Castor et Pollux. Coffret avec ornements de bronze. Chromolithographie. 52

1293. Regio VI. Insula IX. Maison N° 6. Maison de Castor et Pollux. Vue d'une salle. Tiré de *Niccolini*. Id. 52

1294. Regio VI. Insula IX. Maison N° 6. Maison de Castor et Pollux. Apollon et Daphné. Fresque. par *Roux*. Id. 53

1295. Regio VI. Insula IX. Maison N° 6. Maison de Castor et Pollux. Achille à Scyros, par *Roux*. Id. 53

1296. Regio VI. Insula IX. Maison N° 6. Maison de Castor et Pollux. Médée et ses enfants. par *Roux*. Id. 54

1297. Regio VI. Insula IX. Maison N° 6. Maison de Castor et Pollux. Persée et Andromède, par *Roux*. Id. 54

1298. Regio VI. Insula IX. Maison N° 6. Maison de Castor et Pollux. La dispute d'Achille et d'Agamemnon. Lithographie. 55

1299. Regio VI. Insula X. Maison N° 7. Maison de l'Ancre, plan. Calque. 56

1300. Regio VI. Insula X. Maison N° 7. Maison de l'Ancre. Neptune et Amymone. Fresque, par *Roux*. Chromolithographie. 56

1301. Regio VI. Insula X. Maison N° 11. Maison du Navire, plan. Calque. 57

1302. Regio VI. Insula X. Maison N° 11. Maison du Navire. Cassandre et Priam, par *Roux*. Chromolithographie. 58

1303. Regio VI. Insula XI. Maison N° 10. Maison du Labyrinthe, plan. Calque. 59

1304. Regio VI. Insula XI. Maison N° 10. Maison du Labyrinthe. Tête peinte en camaïeu rouge. Croquis. 59

[Tome 18.]
1305. Regio VI. Insula XI. Maison N° 10. Maison du Labyrinthe. Tête d'amour ailé peinte en camaïeu jaune. Croquis. 59
1306. Regio VI. Insula XI. Maison N° 10. Maison du Labyrinthe. Détails de la décoration. Id. 60
1307. Regio VI. Insula XI. Maison N° 10. Maison du Labyrinthe. Détails de la décoration. Id. 61
1308. Regio VI. Insula XI. Maison N° 10. Maison du Labyrinthe. Détails de la décoration. Id. 61

TOME XIX.

POMPÉI. REGIONES VI (INSULA XII) A VIII (INSULA IV).

1309. Regio VI. Insula XII. Maison du Faune, plan. Dessin. 1
1310. Regio VI. Insula XII. Maison du Faune, vue d'ensemble. Photographie. 1
1311. Regio VI. Insula XII. Maison du Faune, vue de l'Atrium. Id. 2
1312. Regio VI. Insula XII. Maison du Faune. Amphores. Id. 2
1313. Regio VI. Insula XII. Maison du Faune. Génie de Bacchus à cheval sur un lion, mosaïque. Id. 3
1314. Regio VI. Insula XII. Maison du Faune. Chat dévorant une caille, canards, mosaïque. Id. 3
1315. Regio VI. Insula XII. Maison du Faune. Frise, masques, fleurs et fruits, mosaïque. Id. 4
1316. Regio VI. Insula XII. Maison du Faune. La même frise, d'après le dessin de M. *Dutert*. Id. 4
1317. Regio VI. Insula XII. Maison du Faune. Candélabre, d'après le dessin de *Paccard*. Id. 4
1318. Regio VI. Insula XII. Maison du Faune, plan et détails. Tiré de *Niccolini*. Lithographie. 5
1319. Regio VI. Insula XII. Maison du Faune. Les mosaïques. Tiré de *Niccolini*. Id. 5
1320. Regio VI. Insula XII. Maison du Faune. Génie de Bacchus monté sur un lion. Tiré de *Niccolini*. Chromolithographie. 6
1321. Regio VI. Insula XII. Maison du Faune. Bijoux. Tiré de *Niccolini*. Id. 6
1322. Regio VI. Insula XII. Maison du Faune. Le Faune dansant, statuette. Tiré de *Niccolini*. Id. 7
1323. Regio VI. Insula XII. Maison du Faune. Bataille de Darius, mosaïque. Tiré de *Niccolini*. Id. 8

1324. Regio VI. Insula XII. Maison du Faune. Détail du sujet précédent. Tiré de *Niccolini*. Lithographie. 8
1325. Regio VI. Insula XII. Maison du Faune. Bataille de Darius, mosaïque. Tiré de *Mazois*. Gravure. 9
1326. Regio VI. Insula XII. Maison du Faune. Détails du sujet précédent. Tiré de *Mazois*. Id. 10
1327. Regio VI. Insula XII. Maison du Faune. Porte et objets divers. Tiré de *Niccolini*. Chromolithographie. 11
1328. Regio VI. Insula XII. Maison du Faune, vue de l'entrée et de l'Atrium. Tiré de *Niccolini*. Id. 11
1329. Regio VI. Insula XIII. N°s 5-7. Maison du fourneau de fer. (Domus M. Terentii Eudoxi). Hercule chez Omphale, par *Roux*. Chromolithographie. 12
1330. Regio VI. Insula XIV. Maison N° 20. Orphée charmant les animaux. Fresque. Photographie. 13
1331. Regio VI. Insula XIV. Maison N° 22. Fullonica. Fresque. Lithographie. 14
1332. Regio VI. Insula XIV. Boutique N° 28. Vénus et l'Amour pêchant à la ligne. Photographie. 15
1333. Regio VI. Insula XIV. Maison G? Deux serpents de chaque côté d'un autel. Fresque. Id. 16
1334. Regio VI. Insula XIV. Maison K. Maison de l'Impératrice de Russie. Une femme peintre. Fresque. Lithographie. 17
1335. Regio VI. Insula XIV. Maison L. Détails de la décoration. Croquis. 18

POMPÉI. RÉGIO VII.

1336. Regio VII. Insula I. Maison N° 8. Thermes de Stabies, plan. Croquis 19
1337. Regio VII. Insula I. Maison N° 8. Thermes de Stabies, plan. Id. 19
1338. Regio VII. Insula I. Maison N° 8. Thermes de Stabies, vue. Photographie. 20
1339. Regio VII. Insula I. Maison N° 8. Thermes de Stabies, vue intérieure. Id. 20
1340. Regio VII. Insula I. Maison N° 8. Thermes de Stabies. Décoration d'un mur. Croquis. 21
1341. Regio VII. Insula I. Maison N° 8. Thermes de Stabies. Spoliarium, vue intérieure. Photographie. 21
1342. Regio VII. Insula I. Maison N° 8. Thermes de Stabies. Spoliarium, autre vue intérieure. Id. 21
1343. Regio VII. Insula I. Maison N° 8. Thermes de Stabies. Détails de la décoration. Croquis. 22
1344. Regio VII. Insula I. Maison N° 8. Thermes de Stabies. Plan et brasier en bronze. Tiré de *Niccolini*. Chromolithographie. 23

[Tome 19.]
1345. Regio VII. Insula I. Maison N° 8. Thermes de Stabies. Détails de la décoration Tiré de *Niccolini*. Chromolithographie. 23
1346. Regio VII. Insula I. Maison N° 8. Thermes de Stabies. Détails de la décoration. Tiré de *Niccolini*. Id. 24
1347. Regio VII. Insula I. Maison N° 8. Thermes de Stabies. Détails de la construction et de la décoration. Tiré de *Niccolini*. Id. 24
1348. Regio VII. Insula I. Maison N° 8. Thermes de Stabies. Deux coupes partielles. Tiré de *Niccolini*. Id. 25
1349. Regio VII. Insula I. Maison N° 8. Thermes de Stabies. Décoration d'un panneau, restauration. Tiré de *Niccolini*. Id. 25
1350. Regio VII. Insula I. Maison N° 8. Thermes de Stabies. Décoration d'un panneau, restauration. Tiré de *Niccolini*. Id. 26
1351. Regio VII. Insula I. Maison N° 8. Thermes de Stabies. Décoration d'un panneau, restauration. Tiré de *Niccolini*. Id. 26
1352. Regio VII. Insula I. Maison N° 25. Maison des princes de Russie. (Domus Vedi Nummiani). Cette maison est aussi désignée sous le nom de maison 57, Strada Stabiana. Table de marbre. Photographie. 27
1353. Regio VII. Insula I. Maison N° 25. Maison des princes de Russie, plan et détails. Croquis. 27
1354. Regio VII. Insula I. Maison N° 25. Maison des princes de Russie, plan et détails. Tiré de *Niccolini*. Chromolithographie. 28
1355. Regio VII. Insula I. Maison N° 25. Maison des princes de Russie. La Victoire, fresque. Tiré de *Niccolini*. Id. 28
1356. Regio VII. Insula I. Maison N° 25. Maison des princes de Russie. Détails de la décoration. Tiré de *Niccolini*. Id. 29
1357. Regio VII. Insula I. Maison N° 40. Mars et Vénus, Hector et Andromaque ou Hippolyte et Phèdre. Croquis. 30
1358. Regio VII. Insula I. Maison N° 47. Maison de Siricus (Domus Vedi Sirici), plan. Croquis. 31
1359. Regio VII. Insula I. Maison N° 47. Maison de Siricus. Hercule ivre. Fresque. Photographie. 31
1360. Regio VII. Insula I. Maison N° 47. Maison de Siricus. Hercule ivre. Fresque. Id. 32
1361. Regio VII. Insula I. Maison N° 47. Maison de Siricus. Hercule ivre. Fresque. Id. 32
1362. Regio VII. Insula I. Maison N° 47. Maison de Siricus. Apollon et Neptune à Troie. Fresque. Id. 33
1363. Regio VII. Insula I. Maison N° 47. Maison de Siricus. Vulcain présentant à Thétis les armes d'Achille. Fresque. Id. 34
1364. Regio VII. Insula I. Maison N° 47. Maison de Siricus. Même sujet. Id. 34
1365. Regio VII. Insula I. Maison N° 47. Maison de Siricus. Énée blessé. Fresque. Id. 35

[Tome 19.]

1366. Regio VII. Insula I. Maison N° 47. Maison de Siricus, plan et détails. Tiré de *Niccolini*. Chromolithographie. 36

1367. Regio VII. Insula I. Maison N° 47. Maison de Siricus. Décoration du panneau qui renferme l'Énée blessé. Tiré de *Niccolini*. Id. 36

1368. Regio VII. Insula II. Maison N° 6. (Domus Paquii Proculi), plan. Calque. 37

1369. Regio VII. Insula II. Maison N° 6. Portraits de Proculus et de sa femme. Lithographie. 37

1370. Regio VII. Insula II. Maison N° 6. Portraits de Proculus et de sa femme. Photographie. 37

1371. Regio VII. Insula II. Maison N° 14, Dieux lares aux côtés d'un autel. Lithographie. 38

1372. Regio VII. Insula II. Maison N° 14. Le jugement de Pâris. Id. 38

1373. Regio VII. Insula II. Maison N° 16. Domus Gavii Rufi, plan. Calque. 39

1374. Regio VII. Insula II. Maison N° 16. Centaures apportant des présents. Fresque. Photographie. 39

1375. Regio VII. Insula II. Maison N° 16. Thésée, vainqueur du Minotaure. Fresque. Id. 39

1376. Regio VII. Insula II. Maison N° 18. (Domus C. Vibi Itali), plan. Calque. 40

1377. Regio VII. Insula II. Maison N° 18. Lit en bronze. Tiré de *Niccolini*. Chromolithographie. 40

1378. Regio VII. Insula II. Maison N° 20. (Domus M. Popidi Prisci), plan. Calque. 41

1379. Regio VII. Insula II. Maison N° 20. Silène, lampadaire en bronze. Tiré de *Niccolini*. Chromolithographie. 41

1380. Regio VII. Insula II. Maison N° 23. Maison de « l'Amour puni ». Mars et Vénus. Fresque. Photographie. 42

1381. Regio VII. Insula II. Maison N° 25. Maison des quadriges. L'atelier de Vulcain. Fresque. Lithographie. 43

1382. Regio VII. Insula II. Maison N° 45. Maison de la fontaine de mosaïque, dite aussi de l'Ours et de Narcisse, plan. Calque. 44

1383. Regio VII. Insula II. Maison N° 45. Fontaine de mosaïque. Photographie. 44

1384. Regio VII. Insula IV. N° 1. Temple de la Fortune. Id. 45

1385. Regio VII. Insula IV. N° 1. Temple de la Fortune, plan et vue. Tiré de *Mazois*. Gravure. 46

1386. Regio VII. Insula IV. N° 1. Temple de la Fortune, coupes. Tiré de *Mazois*. Id. 47

1387. Regio VII. Insula IV. N° 1. Temple de la Fortune, chapiteau. Photographie. 48

POMPÉI. REGIONES VI (INSULA XII) A VIII (INSULA IV). 59

[Tome 19.]

1388. Regio VII. Insula IV. N° 1. Temple de la Fortune, décoration d'un mur. Tiré de *Mazois*. Gravure. 48
1389. Regio VII. Insula IV. N° 1. Temple de la Fortune, vue de l'escalier. Tiré de *Niccolini*. Chromolithographie. 49
1390. Regio VII. Insula IV. N° 1. Temple de la Fortune, plan et détails. Tiré de *Niccolini*. Lithographie. 49
1391. Regio VII. Insula IV. N° 1. Temple de la Fortune (Statues trouvées dans le). Tiré de *Niccolini*. Chromolithographie. 50
1392. Regio VII. Insula IV. N°s 24, 25. Hercule, ivre, emmène Auge, fille d'Aleo. Lithographie. 51
1393. Regio VII. Insula IV. N° 26. Hercule auprès d'un autel. Id. 52
1394. Regio VII. Insula IV. Maison N° 31. Maison des chapiteaux coloriés, plan. Calque. 53
1395. Regio VII. Insula IV. Maison N° 31. Maison des chapiteaux coloriés, vue. Photographie. 53
1396. Regio VII. Insula IV. Maison N° 31. Maison des chapiteaux coloriés, vue. Id. 54
1397. Regio VII. Insula IV. Maison N° 31. Maison des chapiteaux coloriés, vue. Tiré de *Niccolini*. Chromolithographie. 55
1398. Regio VII. Insula IV. Maison N° 31. Maison des chapiteaux coloriés, plan et détails. Tiré de *Niccolini*. Id. 55
1399. Regio VII. Insula IV. Maison N° 31. Maison des chapiteaux coloriés. Apollon, Apollon et Cyparisse, Apollon et Daphné, Thésée abandonnant Ariane. Fresques. Tiré de *Niccolini*. Lithographie. 56
1400. Regio VII. Insula IV. Maison N° 31. Maison des chapiteaux coloriés. Amphitrite. Fresque. Tiré de *Niccolini*. Chromolithographie. 57
1401. Regio VII. Insula IV. Maison N° 31. Maison des chapiteaux coloriés. Bacchus et Ariane à Naxos, par *Roux*. Id. 57
1402. Regio VII. Insula IV. Maison N° 31. Maison des chapiteaux coloriés. Bacchus et Ariane. Fresque, par *Roux*. Id. 58
1403. Regio VII. Insula IV. Maison N° 48. Maison de la chasse, plan. Calque. 59
1404. Regio VII. Insula IV. Maison N° 48. Maison de la chasse. Galathée et Polyphème. Fresque. Lithographie. 59
1405. Regio VII. Insula IV. Maison N° 48. Maison de la chasse. La chasse. Fresque, par *Roux*. Chromolithographie. 60
1406. Regio VII. Insula IV. Maison N° 48. Maison de la chasse. Paroi de la maison de la chasse. Fresque, par *Roux*. Id. 61
1407. Regio VII. Insula IV. Maison N° 48. Maison de la chasse. Thésée et Ariane. Fresque, par *Roux*. Id. 62
1408. Regio VII. Insula IV. Maison N° 48. Maison de la chasse. Dédale et Pasiphaé. Fresque, par *Roux*. Id. 63

TOME XX.

POMPÉI. REGIO VII (INSULÆ IV A VIII).

1409. Regio VII. Insula IV. Maison N° 56. Maison du Grand-Duc de Toscane. Dircé, fresque, par *H. Roux*. Chromolithographie. 1
1410. Regio VII. Insula IV. Maison N° 57. Maison des chapiteaux à figures, plans et détails. Tiré de *Niccolini*. Lithographie. 2
1411. Regio VII. Insula IV. Maison N° 57. Maison des chapiteaux à figures, vue d'ensemble. Tiré de *Niccolini*. Chromolithographie. 2
1412. Regio VII. Insula IV. Maison N° 57. Maison des chapiteaux à figures. Détails d'un coffret en bronze ciselé. Tiré de *Niccolini*. Lithographie. 3
1413. Regio VII. Insula IV. Maison N° 57. Maison de la muraille noire, plan. Calque. 4
1414. Regio VII. Insula IV. Maison N° 57. Maison de la muraille noire. La muraille noire, d'après le dessin de M. *Moyaux*. Photographie. 4
1415. Regio VII. Insula IV. Maison N° 57. Maison de la muraille noire. La muraille noire. Tiré de *Niccolini*. Chromolithographie. 4
1416. Regio VII. Insula IV. Maison N° 57. Maison de la muraille noire. La muraille noire, par *H. Roux*. Id. 5
1417. Regio VII. Insula IV. Maison N° 62. Maison des moules en terre cuite. Hylas ravi par les Nymphes, par *Roux*. Id. 6
1418. Regio VII. Insula V. N° 12. Bains publics, plan. Tiré de *Niccolini*. Id. 7
1419. Regio VII. Insula V. N° 12. Bains publics, coupes. Tiré de *Niccolini*. Id. 7
1420. Regio VII. Insula V. N° 12. Bains publics, détails. Tiré de *Niccolini*. Lithographie. 8
1421. Regio VII. Insula V. N° 12. Bains publics, plan. Croquis. 8
1422. Regio VII. Insula V. N° 12. Bains publics, détails d'un plafond. Id. 9
1423. Regio VII. Insula V. N° 12. Bains publics, détails d'une fresque. Id. 10
1424. Regio VII. Insula V. N° 12. Bains publics, détails d'une fresque. Id. 10
1425. Regio VII. Insula V. N° 12. Bains publics, détails de la voûte. D'après le dessin de M. *Denuelle*. Photographie. 11
1426. Regio VII. Insula V. N° 12. Bains publics, plan. Tiré de *Mazois*. Gravure. 12
1427. Regio VII. Insula V. N° 12. Bains publics, coupes. Tiré de *Mazois*. Id. 13

[Tome 20.]
1428. Regio VII. Insula V. N° 12. Bains publics, détails du tepidarium. Tiré de *Mazois*. Id. 14
1429. Regio VII. Insula V. N° 12. Bains publics, détails de la voûte. Tiré de *Mazois*. Id. 15
1430. Regio VII. Insula VII. Temple de Vénus Pompéienne, vue. Photographie. 16
1431. Regio VII. Insula VII. Temple de Vénus, vue postérieure. Id. 16
1432. Regio VII. Insula VII. Temple de Vénus, plan. Tiré de *Mazois*. Gravure. 17
1433. Regio VII. Insula VII. Temple de Vénus, vue. Tiré de *Mazois*. Id. 18
1434. Regio VII. Insula VII. Temple de Vénus, coupe restaurée. Tiré de *Mazois*. Id. 19
1435. Regio VII. Insula VII. Temple de Vénus, coupe longitudinale. Tiré de *Mazois*. Id. 20
1436. Regio VII. Insula VII. Temple de Vénus, détail d'une statue. Tiré de *Mazois*. Id. 21
1437. Regio VII. Insula VII. Temple de Vénus, détails de l'ordre. Tiré de *Mazois*. Id. 22
1438. Regio VII. Insula VII. Temple de Vénus, décoration d'une paroi. Tiré de *Mazois*. Id. 23
1439. Regio VII. Insula VII. Temple de Vénus, détails. Tiré de *Mazois*. Id. 24
1440. Regio VII. Insula VII. Temple de Vénus, décoration d'une paroi, par *Roux*. Chromolithographie. 25
1441. Regio VII. Insula VII. Temple de Vénus, décoration d'une paroi. Tiré de *Mazois*. Lithographie. 26
1442. Regio VII. Insula VII. Temple de Bacchus, plan, par *Roux*. Id. 27
1443. Regio VII. Insula VII. Temple de Bacchus, élévation latérale et détails, par *Roux*. Id. 27
1444. Regio VII. Insula VII. Temple de Bacchus, vue, par *Roux*. Id. 28
1445. Regio VII. Insula VII. Temple de Bacchus, vue, par *Roux*. Id. 28
1446. Regio VII. Insula VII. Temple de Bacchus, peintures, par *Roux*. Id. 28
1447. Regio VII. Insula VII. Temple de Bacchus, peintures, par *Roux*. Id. 29
1448. Regio VII. Insula VII. Temple de Bacchus, peintures, par *Roux*. Id. 29
1449. Regio VII. Insula VII. Temple de Bacchus, peintures, par *Roux*. Id. 29
1450. Regio VII. Insula VII. Temple de Bacchus, vue restaurée, par *Roux*. Id. 30
1451. Regio VII. Insula VII. Temple de Bacchus, mosaïques, par *Roux*. Id. 30
1452. Regio VII. Insula VII. N° 5. Vénus, Triton et l'Amour, fresque. Id. 31
1453. Regio VII. Insula VII. Maison N° 10, fresque représentant un jardin orné de statues. Photographie. 32

[Tome 20.]

1454. Regio VII. Insula VII. Maison N° 10, fresque représentant divers animaux. Id. 32
1455. Regio VII. Insula VIII. Forum, vue d'ensemble. Photographie. 33
1456. Regio VII. Insula VIII. Forum, vue d'ensemble. Id. 33
1457. Regio VII. Insula VIII. Forum, vue d'ensemble, par *Roux*. Lithographie. 34
1458. Regio VII. Insula VIII. Forum, vue d'ensemble, par *Roux*. Id. 34
1459. Regio VII. Insula VIII. Forum, vue restaurée, par *Roux*. Id. 34
1460. Regio VII. Insula VIII. Forum, plan. D'après le dessin de Mérindol. Tiré de *Gailhabaud*. Gravure. 35
1461. Regio VII. Insula VIII. Forum, plan. Tiré de *Mazois*. Id. 36
1462. Regio VII. Insula VIII. Forum, ordres. Tiré de *Mazois*. Id. 37
1463. Regio VII. Insula VIII. Forum, ordres. Tiré de *Mazois*. Id. 38
1464. Regio VII. Insula VIII. Forum, vue. Tiré de *Mazois*. Id. 39
1465. Regio VII. Insula VIII. Forum, vue d'ensemble. Tiré de *Mazois*. Id. 40
1466. Regio VII. Insula VIII. Forum, vue tirée de *Niccolini*. Chromolithographie. 41
1467. Regio VII. Insula VIII. Forum, vue d'un portique à droite en regardant le Vésuve. Photographie. 41
1468. Regio VII. Insula VIII. Forum, vue d'un portique à gauche en regardant le Vésuve. Id. 42
1469. Regio VII. Insula VIII. Forum, vue d'un portique. Id. 42
1470. Regio VII. Insula VIII. Forum, détails. Tiré de *Mazois*. Gravure. 43
1471. Regio VII. Insula VIII. Forum, arc de triomphe et détails. Tiré de *Mazois*. Id. 44
1472. Regio VII. Insula VIII. Forum, mesures publiques. Lithographie. 45
1473. Regio VII. Insula VIII. Forum, mesures publiques. Tiré de *Mazois*. Gravure. 46
1474. Regio VII. Insula VIII. Temple de Jupiter, plan, par *Roux*. Lithographie. 47
1475. Regio VII. Insula VIII. Temple de Jupiter, coupe et détails, par *Roux*. Id. 47
1476. Regio VII. Insula VIII. Temple de Jupiter, vue extérieure, par *Roux*. Id. 48
1477. Regio VII. Insula VIII. Temple de Jupiter, vue intérieure, par *Roux*. Id. 48
1478. Regio VII. Insula VIII. Temple de Jupiter, vue restaurée, par *Roux*. Id. 48
1479. Regio VII. Insula VIII. Temple de Jupiter, plan. Croquis. 49
1480. Regio VII. Insula VIII. Temple de Jupiter, plan. Tiré de *Mazois*. Gravure. 49

[Tome 20.]
1481. Regio VII. Insula VIII. Temple de Jupiter, élévation. Tiré de *Mazois*. Gravure. 50
1482. Regio VII. Insula VIII. Temple de Jupiter, élévation restaurée. Tiré de *Mazois*. Id. 51
1483. Regio VII. Insula VIII. Temple de Jupiter, coupe restaurée. Tiré de *Mazois*. Id. 52
1484. Regio VII. Insula VIII. Temple de Jupiter, façade restaurée. Tiré de *Mazois*. Id. 53
1485. Regio VII. Insula VIII. Temple de Jupiter, détails de l'ordre. Tiré de *Mazois*. Id. 54
1486. Regio VII. Insula VIII. Temple de Jupiter, décoration d'une paroi. Tiré de *Mazois*. Id. 55
1487. Regio VII. Insula VIII. Temple de Jupiter, vue prise du Forum. Photographie. 56
1488. Regio VII. Insula VIII. Temple de Jupiter, vue prise du Forum. Id. 56
1489. Regio VII. Insula VIII. Temple de Jupiter, vue de l'escalier prise du Forum. Id. 57
1490. Regio VII. Insula VIII. Temple de Jupiter, vue de l'escalier. Id. 57
1491. Regio VII. Insula VIII. Temple de Jupiter, vue latérale. Id. 58
1492. Regio VII. Insula VIII. Temple de Jupiter, vue d'ensemble. Tiré de *Niccolini*. Chromolithographie. 58

TOME XXI.

REGIO VII (INSULA IX) A REGIO VIII (INSULA II).

1493. Regio VII. Insula IX. Édifice d'Eumachia, vue de la rue de l'Abondance. Photographie. 1
1494. Regio VII. Insula IX. Édifice d'Eumachia, plan. Croquis. 1
1495. Regio VII. Insula IX. Édifice d'Eumachia, plan. Tiré de *Mazois*. Gravure. 2
1496. Regio VII. Insula IX. Édifice d'Eumachia, coupe longitudinale. Tiré de *Mazois*. Id. 3
1497. Regio VII. Insula IX. Édifice d'Eumachia, coupe. Tiré de *Mazois*. Id. 4
1498. Regio VII. Insula IX. Edifice d'Eumachia, détails de l'ordre. Tiré de *Mazois*. Id. 5
1499. Regio VII. Insula IX. Édifice d'Eumachia, porte et paroi. Tiré de *Mazois*. Id. 6

1500. Regio VII. Insula IX. Édifice d'Eumachia, décoration d'une paroi. Tiré de *Mazois*. Gravure. 7
1501. Regio VII. Insula IX. Edifice d'Eumachia, détails de la corniche et du fronton. Tiré de *Mazois*. Id. 8
1502. Regio VII. Insula IX. Édifice d'Eumachia, détails de l'album où l'on affichait les actes publics. Tiré de *Mazois*. Id. 9
1503. Regio VII. Insula IX. N° 2. Temple de Mercure ou de Quirinus. (Ædes Genii Augusti), vue de l'intérieur. Photographie. 10
1504. Regio VII. Insula IX. N° 2. Temple de Mercure ou de Quirinus. (Ædes Genii Augusti), vue de l'intérieur. Id. 10
1505. Regio VII. Insula IX. N° 2. Temple de Mercure ou de Quirinus. (Ædes Genii Augusti), plan, par *Roux*. Lithographie. 11
1506. Regio VII. Insula IX. N° 2. Temple de Mercure ou de Quirinus. (Ædes Genii Augusti), vue, par *Roux*. Id. 11
1507. Regio VII. Insula IX. N° 2. Temple de Mercure ou de Quirinus. (Ædes Genii Augusti), plan. Tiré de *Mazois*. Gravure. 12
1508. Regio VII. Insula IX. N° 2. Temple de Mercure ou de Quirinus. (Ædes Genii Augusti), vue. Tiré de *Mazois*. Id. 13
1509. Regio VII. Insula IX. N° 2. Temple de Mercure ou de Quirinus. (Ædes Genii Augusti), coupes et élévation. Tiré de *Mazois*. Id. 14
1510. Regio VII. Insula IX. N° 2. Temple de Mercure ou de Quirinus. (Ædes Genii Augusti), détails de l'autel. Tiré de *Mazois*. Id. 15
1511. Regio VII. Insula IX. N° 2. Temple de Mercure ou de Quirinus. (Ædes Genii Augusti), plan, vue, détails. Tiré de *Niccolini*. Lithographie. 16
1512. Regio VII. Insula IX. N° 3. Curie ou Senaculum, plan et élévation. Tiré de *Mazois*. Gravure. 17
1513. Regio VII. Insula IX. N°s 7 et 8. Augusteum ou Panthéon. Photographie. 18
1514. Regio VII. Insula IX. N°s 7 et 8. Augusteum ou Panthéon, plan. Tiré de *Mazois*. Gravure. 19
1515. Regio VII. Insula IX. N°s 7 et 8. Augusteum ou Panthéon, vue. Tiré de *Mazois*. Id. 20
1516. Regio VII. Insula IX. N°s 7 et 8. Augusteum ou Panthéon, coupes. Tiré de *Mazois*. Id. 21
1517. Regio VII. Insula IX. N°s 7 et 8. Augusteum ou Panthéon, détails de la décoration. Tiré de *Mazois*. Id. 22
1518. Regio VII. Insula IX. N°s 7 et 8. Augusteum ou Panthéon, plan. Tiré de *Niccolini*. Lithographie. 23
1519. Regio VII. Insula IX. N°s 7 et 8. Augusteum ou Panthéon, détail d'un mur. Croquis. 23
1520. Regio VII. Insula IX. N°s 7 et 8. Augusteum ou Panthéon, détail d'un mur. Id. 24

[Tome 21.]
1521. Regio VII. Insula IX. N°s 7 et 8. Augusteum ou Panthéon, détails de la décoration. D'après le dessin de *Denuelle*. Photographie. 24
1522. Regio VII. Insula IX. N°s 7 et 8. Augusteum ou Panthéon, une femme peintre. Fresque. Id. 25
1523. Regio VII. Insula IX. N°s 7 et 8. Augusteum ou Panthéon, une femme peintre. Fresque. Id. 25
1524. Regio VII. Insula IX. N°s 7 et 8. Augusteum ou Panthéon, un prêtre. Fresque. Id. 26
1525. Regio VII. Insula IX. N°s 7 et 8. Augusteum ou Panthéon, décoration d'une paroi ; au centre Argus et Io, par *Roux*. Chromolithographie. 27
1526. Regio VII. Insula IX. N°s 7 et 8. Augusteum ou Panthéon, décoration d'une paroi. Tiré de *Mazois*. Gravure. 28
1527. Regio VII. Insula IX. N°s 7 et 8. Augusteum ou Panthéon, décoration d'une paroi. Tiré de *Niccolini*. Chromolithographie. 29
1528. Regio VII. Insula IX. N°s 7 et 8. Augusteum ou Panthéon, sujets d'amours. Tiré de *Niccolini*. Lithographie. 30
1529. Regio VII. Insula IX. N°s 7 et 8. Augusteum ou Panthéon, deux figures de prêtresses. Tiré de *Niccolini*. Id. 30
1530. Regio VII. Insula IX. N°s 7 et 8. Augusteum ou Panthéon, décoration d'une muraille. Tiré de *Niccolini*. Id. 31
1531. Regio VII. Insula IX. N°s 7 et 8. Augusteum ou Panthéon, Drusus et Livia, statues. Tiré de *Niccolini*. Id. 31
1532. Regio VII. Insula IX. N° 33. Maison du roi de Prusse, Mars et Vénus. Fresque. Id. 32
1533. Regio VII. Insula IX. N° 38. Danaë dans l'île de Sériphe. Par *Roux*. Chromolithographie. 33
1534. Regio VII. Insula IX. N° 47. Maison de Mars et Vénus, plan. Croquis. 34
1535. Regio VII. Insula IX. N° 47. Maison de Mars et Vénus, plan. Calque. 34
1536. Regio VII. Insula IX. N° 47. Maison de Mars et Vénus, Mars et Vénus. Fresque. Photographie. 34
1537. Regio VII. Insula IX. N° 47. Maison de Mars et Vénus. Le mariage d'Hercule et d'Hébé. Lithographie. 35
1538. Regio VII. Insula X. N° 3. Maison de la chasse nouvelle, plan. Calque. 36
1539. Regio VII. Insula X. N° 3. Maison de la chasse nouvelle. Bacchus trouvant Ariane. Fresque. Photographie. 36
1540. Regio VII. Insula X. N° 3. Maison de la chasse nouvelle. Bacchus trouvant Ariane. Fresque. Id. 37
1541. Regio VII. Insula X. N° 3. Maison de la chasse nouvelle. Têtes de Bacchus et d'Ariane. Fresque. Id. 37

[Tome 21.]

1542. Regio VII. Insula XI. N° 11. Jupiter et le génie familier. Fresque. Lithographie. 38
1543. Regio VII. Insula XII. N° 18. Lupanar, plan. Calque. 39
1544. Regio VII. Insula XII. N° 18. Lupanar, vue de l'intérieur. Photog. 39
1545. Regio VII. Insula XII. N° 23. Maison du Camille. Apollon et Daphné. Fresque. Photographie. 40
1546. Regio VII. Insula XII. N° 23. Maison du Camille. Apollon et Daphné. Fresque. Lithographie. 40
1547. Regio VII. Insula XII. N° 26. Maison d'Hélène et de Pâris. Ariane abandonnée. Fresque. Photographie. 41
1548. Regio VII. Insula XII. N° 26. Maison d'Hélène et de Pâris. Ariane abandonnée. Fresque. Lithographie. 41
1549. Regio VII. Insula XII. N° 26. Maison d'Hélène et de Pâris. Diane et Endymion. Fresque. Photographie. 42
1550. Regio VII. Insula XII. N° 26. Maison d'Hélène et de Pâris. Faune jouant de la flûte de Pan. Fresque. Id. 42
1551. Regio VII. Insula XII. N° 26. Maison d'Hélène et de Pâris. Sujet inexpliqué du Mythe de Diane. Fresque. Lithographie. 43
1552. Regio VII. Insula XII. N° 26. Maison d'Hélène et de Pâris. Le nid d'amours. Fresque. Id. 43
1553. Regio VII. Insula XII. N° 26. Maison du Balcon, plan. Calque. 44
1554. Regio VII. Insula XII. N° 26. Fontaine. Photographie. 44
1555. Regio VII. Insula XV. N° 2. Niobé et ses fils, fragment de fresque. Chromolithographie. 45
1556. Regio VIII. Insula I. Pompéien moulé par la cendre. Photographie. 46
1557. Regio VIII. Insula I. Pompéien moulé par la cendre. Id. 46
1558. Regio VIII. Insula I. Pompéienne moulée par la cendre. Id. 47
1559. Regio VIII. Insula I. Pompéiens moulés par la cendre. Id. 47
1560. Regio VIII. Insula I. Pompéiens moulés par la cendre. Tiré de *Niccolini*. Chromolithographie. 48
1561. Regio VIII. Insula I. Chien mort trouvé à Pompéi. Photographie. 48
1562. Regio VIII. Insula I. Basilique, vue. Id. 49
1563. Regio VIII. Insula I. Basilique, vue. Id. 49
1564. Regio VIII. Insula I. Basilique, vue d'ensemble. Id. 50
1565. Regio VIII. Insula I. Basilique, plan, par *Roux*. Lithographie. 50
1566. Regio VIII. Insula I. Basilique, vue, par *Roux*. Id. 51
1567. Regio VIII. Insula I. Basilique, coupe et détails, par *Roux*. Id. 51
1568. Regio VIII. Insula I. Basilique, plan. Dessin. 52
1569. Regio VIII. Insula I. Basilique de Pompéi et autres basiliques, plans comparés. D'après le dessin de *Vaudoyer*. Tiré de *Gailhabaud*. Gravure. 52
1570. Regio VIII. Insula I. Basilique, plan. Tiré de *Mazois*. Id. 53
1571. Regio VIII. Insula I. Basilique, vue. Tiré de *Mazois*. Id. 54

[Tome 21.]

1572. Regio VIII. Insula I. Basilique, coupe transversale, restauration. Tiré de *Mazois*. Gravure. 55
1573. Regio VIII. Insula I. Basilique, coupe longitudinale. Tiré de *Mazois*. Id. 56
1574. Regio VIII. Insula I. Basilique, détails. Tiré de *Mazois*. Id. 57
1575. Regio VIII. Insula I. Basilique, détails. Tiré de *Mazois*. Id. 58
1576. Regio VIII. Insula I. Basilique, détails de la décoration murale. Tiré de *Mazois*. Id. 59
1577. Regio VIII. Insula I. Basilique, détails d'une travée. Calque. 60
1578. Regio VIII. Insula I. Basilique, chapiteaux. Photographie. 60
1579. Regio VIII. Insula I. Basilique, chapiteau et entablement restaurés. D'après le dessin de M. *Bonnet*. Id. 61
1580. Regio VIII. Insula I. Basilique, base de la tribune. D'après le dessin de M. *Bonnet*. Id. 61
1581. Regio VIII. Insula I. Basilique, détails, par *Roux*. Lithographie. 61
1582. Regio VIII. Insula I. Basilique, détails d'un chapiteau. Calque. 62
1583. Regio VIII. Insula II. N°s 1 et 3. Maisons de Championnet, plan. Tiré de *Mazois*. Gravure 63
1584. Regio VIII. Insula II. N°s 1 et 3. Maisons de Championnet, vue et détails. Tiré de *Mazois*. Id. 64
1585. Regio VIII. Insula II. N°s 1 et 3. Maisons de Championnet, coupe. Tiré de *Mazois*. Id. 65
1586. Regio VIII. Insula II. N°s 1 et 3. Maisons de Championnet, détails de la décoration. Tiré de *Mazois*. Id. 66
1587. Regio VIII. Insula II. N°s 1 et 3. Maisons de Championnet, plan, par *Roux*. Lithographie. 67
1588. Regio VIII. Insula II. N°s 1 et 3. Maisons de Championnet, vue de l'Atrium, par *Roux*. Id. 67
1589. Regio VIII. Insula II. N°s 1 et 3. Maisons de Championnet, coupe générale et détails, par *Roux*. Id. 67
1590. Regio VIII. Insula II. N°s 1 et 3. Maisons de Championnet, vue restaurée de l'Atrium, par *Roux*. Id. 68
1591. Regio VIII. Insula II. N°s 1 et 3. Maisons de Championnet, décoration d'une paroi, par *Roux*. Id. 68
1592. Regio VIII. Insula II. N°s 1 et 3. Maisons de Championnet, décoration d'une paroi, par *Roux*. Id. 68

TOME XXII
POMPÉI. REGIO VIII (INSULÆ II-VIII).

1593. Regio VIII. Insula II. N°s 6 et 10. Curies ; plans, coupes et élévations. Tiré de *Mazois*. Gravure. 1

[Tome 22.]

1594. Regio VIII. Insula II. N° 38. Maison de Joseph II ou de Fuscus, plan. Tiré de *Mazois*. Gravure. 2

1595. Regio VIII. Insula II. N° 38. Plans et coupes. Tiré de *Mazois*. Id. 3

1596. Regio VIII. Insula II. N° 1. Maison d'Hercule et d'Augias. Hercule et Iole. Fresque, par *Roux*. Chromolithographie. 4

1597. Regio VIII. Insula III. N° 8. Maison du sanglier, plan. Dessin. 5

1598. Regio VIII. Insula III. N° 8. Maison du sanglier, mosaïque. Tiré de *Niccolini*. Lithographie. 6

1599. Regio VIII. Insula III. N°ˢ 11-12. Maison des grâces, plan. Calque. 7

1600. Regio VIII. Insula III. N° 14. Maison d'Adonis, plan et vue. Tiré de *Mazois*. Gravure. 8

1601. Regio VIII. Insula III. N° 14. Maison d'Adonis. Diane et Endymion, par *Roux*. Lithographie. 9

1602. Regio VIII. Insula III. N° 14. Maison d'Adonis. Persée et Andromède, par *Roux*. Id. 9

1603. Regio VIII. Insula III. N° 24. Maison d'Apollon et Coronis. Apollon et Coronis. Fresque. Id. 10

1604. Regio VIII. Insula IV. N° 4. Maison d'Holconius, plan. Calque. 11

1605. Regio VIII. Insula IV. N° 4. Maison d'Holconius. Le Jugement de Pâris. Fresque. Photographie. 12

1606. Regio VIII. Insula IV. N° 4. Maison d'Holconius. Le Jugement de Pâris. Fresque. Id. 12

1607. Regio VIII. Insula IV. N° 4. Maison d'Holconius. Achille à Scyros. Fresque. Id. 13

1608. Regio VIII. Insula IV. N° 4. Maison d'Holconius. Bacchus et Ariane. Fresque. Id. 13

1609. Regio VIII. Insula IV. N° 4. Maison d'Holconius. Bacchus et Ariane. Fresque. Id. 13

1610. Regio VIII. Insula IV. N° 4. Maison d'Holconius. Hermaphrodite. Fresque. Id. 14

1611. Regio VIII. Insula IV. N° 4. Maison d'Holconius. Hermaphrodite. Fresque. Id. 14

1612. Regio VIII. Insula IV. N° 4. Maison d'Holconius. Statue de l'amour, intérieur de la maison d'Holconius. Id. 15

1613. Regio VIII. Insula IV. N° 4. Maison d'Holconius. Statue d'Holconius. Tirée de *Niccolini*. Chromolithographie. 16

1614. Regio VIII. Insula IV. N° 4. Maison d'Holconius. Achille à Scyros et 2 autres fresques. Tiré de *Niccolini*. Lithographie. 16

1615. Regio VIII. Insula IV. N° 14. Maison de Cornelius Rufus. (Domus Cornelia), plan. Calque. 17

1616. Regio VIII. Insula IV. N° 14. Maison de Cornelius Rufus. Table trouvée dans la maison de Cornelius Rufus. Photographie. 17

[Tome 22.]

1617. Regio VIII. Insula IV. N° 14. Maison de Cornelius Rufus. Table trouvée dans la maison de Cornelius Rufus, restauration. D'après le dessin de *Moyaux*. Photographie. 18

1618. Regio VIII. Insula IV. N° 14. Maison de Cornelius Rufus. Table et bassin. Calque. 18

1619. Regio VIII. Insula IV. N° 14. Maison de Cornelius Rufus. Divinités des eaux de Pompéi. Lithographie. 19

1620. Regio VIII. Insula IV. N° 14. Maison de Cornelius Rufus. Divinités des eaux de Pompéi. Id. 19

1621. Regio VIII. Insula IV. N° 14. Maison de Cornelius Drufus, vue de l'intérieur. Tiré de *Niccolini*.. Chomolithographie. 19

1622. Regio VIII. Insula VIII. Quartier des Théâtres, plan à l'état actuel. D'après le dessin de *Bonnet*. Photographie. 20

1623. Regio VIII. Insula VIII. Quartier des Théâtres, plan restauré. D'après le dessin de *Bonnet*. Id. 20

1624. Regio VIII. Insula VIII. Quartier des Théâtres, coupe à l'état actuel. D'après le dessin de *Bonnet*. Id. 21

1625. Regio VIII. Insula VIII. Quartier des Théâtres, coupe restaurée. D'après le dessin de *Bonnet*. Id. 21

1626. Regio VIII. Insula VIII. Quartier des Théâtres, élévation à l'état actuel. D'après le dessin de *Bonnet*. Id. 21

1627. Regio VIII. Insula VIII. Quartier des Théâtres, élévation restaurée. D'après le dessin de *Bonnet*. Id. 21

1628. Regio VIII. Insula VIII. N° 10. Camp des soldats. Caserne des Gladiateurs. Ludus Gladiatorius. Id. 22

1629. Regio VIII. Insula VIII. N° 10. Camp des soldats. Id. 22

1630. Regio VIII. Insula VIII. N° 10. Camp des soldats, plan, par *Roux*. Lithographie. 23

1631. Regio VIII. Insula VIII. N° 10. Camp des soldats, coupe et détails, par *Roux*. Id. 23

1632. Regio VIII. Insula VIII. N° 10. Camp des soldats, vue prise sous le portique, restauration, par *Roux*. Id. 23

1633. Regio VIII. Insula VIII. N° 10. Camp des soldats, vue restaurée, par *Roux*. Id. 23

1634. Regio VIII. Insula VIII. N° 10. Camp des soldats, plan. Tiré de *Mazois*. Gravure. 24

1635. Regio VIII. Insula VIII. N° 10. Camp des soldats, coupe et détails. Tiré de *Mazois*. Id. 25

1636. Regio VIII. Insula VIII. N° 10. Camp des soldats, coupe et détails. Tiré de *Mazois*. Id. 26

1637. Regio VIII. Insula VIII. N° 10. Camp des soldats, élévation, état actuel. Tiré de *Mazois*. Id. 27

[Tome 22.]

1638. Regio VIII. Insula VIII. N° 10. Camp des soldats, vue et candélabre en bronze. Tiré de *Mazois*. Gravure. 28
1639. Regio VIII. Insula VIII. N° 10. Camp des soldats. Moulin à huile. Photographie. 29
1640. Regio VIII. Insula VIII. N° 10. Camp des soldats, plan et détails. Tiré de *Niccolini*. Chromolithographie. 29
1641. Regio VIII. Insula VIII. N° 10. Camp des soldats, huit casques. Tiré de *Niccolini*. Id. 30
1642. Regio VIII. Insula VIII. N° 10. Camp des soldats, frises. Tiré de *Niccolini*. Id. 30
1643. Regio VIII. Insula VIII. N° 10. Camp des soldats, détails d'armures. Tiré de *Niccolini*. Id. 31
1644. Regio VIII. Insula VIII. N° 10. Camp des Soldats, détails d'ornements. Tiré de *Niccolini*. Lithographie. 31
1645. Regio VIII. Insula VIII. N° 17. Petit Théâtre ou Odéon. Photographie. 32
1646. Regio VIII. Insula VIII. N° 17. Odéon, plan, par *Roux*. Lithographie. 32
1647. Regio VIII. Insula VIII. N° 17. Odéon, coupe générale et détails, par *Roux*. Id. 33
1648. Regio VIII. Insula VIII. N° 17. Odéon, élévation, coupe et détails, par *Roux*. Id. 33
1649. Regio VIII. Insula VIII. N° 17. Odéon, vue, par *Roux*. Id. 34
1650. Regio VIII. Insula VIII. N° 17. Odéon, vue restaurée, par *Roux*. Id. 34
1651. Regio VIII. Insula VIII. N° 17. Odéon, plan. Tiré de *Mazois*. Grav. 35
1652. Regio VIII. Insula VIII. N° 17. Odéon, coupe et détails. Tiré de *Mazois*. Id. 36
1653. Regio VIII. Insula VIII. N° 17. Odéon, vue intérieure. Tiré de *Mazois*. Id. 37
1654. Regio VIII. Insula VIII. N° 17. Odéon, vue intérieure. Tiré de *Niccolini*. Chromolithographie. 37
1655. Regio VIII. Insula VIII. N° 17. Odéon, détails. Tiré de *Niccolini*. Lithographie. 38
1656. Regio VIII. Insula VIII. N° 20. Theatrum ou Grand Théâtre. Photographie. 38
1657. Regio VIII. Insula VIII. N° 20. Grand Théâtre, vue générale, par *Roux*. Lithographie. 39
1658. Regio VIII. Insula VIII. N° 20. Grand Théâtre, vue intérieure, par *Roux*. Id. 39
1659. Regio VIII. Insula VIII. N° 20. Grand Théâtre, vue générale. Tiré de *Mazois*. Gravure. 40

[Tome 22.]
1660. Regio VIII. Insula VIII. N° 20. Grand Théâtre, plan, coupe et élévation, par *Leveil*. Tiré de *Gailhabaud*. Gravure. 41
1661. Regio VIII. Insula VIII. N° 20. Grand Théâtre, coupe et détails. D'après le dessin de *Bonnet*. Photographie. 41
1662. Regio VIII. Insula VIII. N° 20. Grand Théâtre, plan. Tiré de *Mazois*. Gravure. 42
1663. Regio VIII. Insula VIII. N° 20. Grand Théâtre, coupe et élévation. Tiré de *Mazois*. Id. 43
1664. Regio VIII. Insula VIII. N° 20. Grand Théâtre, coupe intérieure. Tiré de *Mazois*. Gravure. 44
1665. Regio VIII. Insula VIII. N° 20. Grand Théâtre, détails. Tiré de *Mazois*. Id. 45
1666. Regio VIII. Insula VIII. N° 20. Théâtres de Pompéi, plans et coupes. Tiré de *Niccolini*. Chromolithographie. 46
1667. Regio VIII. Insula VIII. N° 24. Atelier du sculpteur, plan. Tiré de *Mazois*. Gravure. 47
1668. Regio VIII. Insula VIII. N° 24. Atelier du sculpteur, coupes. Tiré de *Mazois*. Id. 48
1669. Regio VIII. Insula VIII. N° 25. Temple d'Esculape, (appelé aussi Temple de Jupiter et de Junon), plan, par *Roux*. Lithographie. 49
1670. Regio VIII. Insula VIII. N° 25. Temple d'Esculape, détails, par *Roux*. Id. 49
1671. Regio VIII. Insula VIII. N° 25. Temple d'Esculape, vue restaurée, par *Roux*. Id. 49
1672. Regio VIII. Insula VIII. N° 25. Temple d'Esculape, plan et détails. Croquis. 49
1673. Regio VIII. Insula VIII. N° 25. Temple d'Esculape, vue. Tiré de *Mazois*. Gravure. 50
1674. Regio VIII. Insula VIII. N° 25. Temple d'Esculape, plan, coupe et élévation restaurés. Tiré de *Mazois*. Id. 51
1675. Regio VIII. Insula VIII. N° 25. Temple d'Esculape, détails de l'ordre. Tiré de *Mazois*. Id. 52
1676. Regio VIII. Insula VIII. N° 28. Temple d'Isis, vue. Photographie. 53
1677. Regio VIII. Insula VIII. N° 28. Temple d'Isis, vue. Id. 53
1678. Regio VIII. Insula VIII. N° 28. Temple d'Isis, partie réservée aux sacrifices. Id. 54
1679. Regio VIII. Insula VIII. N° 28. Temple d'Isis, partie réservée aux sacrifices. Id. 55
1680. Regio VIII. Insula VIII. N° 28. Temple d'Isis, plan. Dessin. 56
1681. Regio VIII. Insula VIII. N° 28. Temple d'Isis, plan, par *Roux*. Lithographie. 56
1682. Regio VIII. Insula VIII. N° 28. Temple d'Isis, vue, par *Roux*. Id. 56

[Tome 22.]

1683. Regio VIII. Insula VIII. N° 28. Temple d'Isis, vue et plan. Tiré de *Mazois*. Gravure. 57

1684. Regio VIII. Insula VIII. N° 28. Temple d'Isis, coupes. Tiré de *Mazois*. Id. 58

1685. Regio VIII. Insula VIII. N° 28. Temple d'Isis, détails. Tiré de *Mazois*. Id. 59

1686. Regio VIII. Insula VIII. N° 28. Temple d'Isis, détails de la décoration. Tiré de *Mazois*. Id. 60

1687. Regio VIII. Insula VIII. N° 28. Temple d'Isis, vue intérieure. Tiré de *Mazois*. Id. 61

1688. Regio VIII. Insula VIII. N° 28. Temple d'Isis, vue. Tirée de *Niccolini*. Chromolithographie. 62

1689. Regio VIII. Insula VIII. N° 28. Temple d'Isis, plan et détails. Tiré de *Niccolini*. Lithographie. 62

1690. Regio VIII. Insula VIII. N° 28. Temple d'Isis, coupes. Tiré de *Niccolini*. Chromolithographie. 63

1691. Regio VIII. Insula VIII. N° 28. Temple d'Isis. Combat naval. Fresque. Tiré de *Niccolini*. Id. 63

1692. Regio VIII. Insula VIII. N° 28. Temple d'Isis, détails d'une porte. Tiré de *Niccolini*. Lithographie. 64

1693. Regio VIII. Insula VIII. N° 28. Temple d'Isis, statue d'Isis. Tirée de *Niccolini*. Chromolithographie. 64

1694. Regio VIII. Insula VIII. N° 28. Temple d'Isis, détails de la décoration. Tirée de *Niccolini*. Id. 65

1695. Regio VIII. Insula VIII. N° 28. Temple d'Isis, statue de Vénus. Tirée de *Niccolini*. Id. 66

1696. Regio VIII. Insula VIII. N° 28. Temple d'Isis, lieu réservé aux sacrifices, détails. Tirée de *Niccolini*. Lithographie. 66

1697. Regio VIII. Insula VIII. N° 28. Temple d'Isis, détails des ordres. Tiré de *Niccolini*. Id. 67

1698. Regio VIII. Insula VIII. N° 28. Temple d'Isis, décoration d'une paroi. Tirée de *Niccolini*. Chromolithographie. 67

1699. Regio VIII. Insula VIII. N° 28. Temple d'Isis, Io en Égypte. Fresque. Tiré de *Niccolini*. Lithographie. 68

1700. Regio VIII. Insula VIII. N° 28. Temple d'Isis, Io en Égypte. Fresque, par *Roux*. Chromolithographie. 69

TOME XXIII.

POMPÉI. REGIONES VIII (INSULÆ VIII ET IX) ET IX.

1701. Regio VIII. Insula VIII. N° 29. Curia Isiaca ou Tribunal, plan. Calque. 1
1702. Regio VIII. Insula VIII. N° 29. Tribunal, plan, par *Roux*. Lithographie. 1
1703. Regio VIII. Insula VIII. N° 29. Tribunal, vue, par *Roux*. Id. 2
1704. Regio VIII. Insula VIII. N° 29. Tribunal, vue restaurée, par *Roux*. Id. 2
1705. Regio VIII. Insula VIII. N° 29. Tribunal, détails de l'ordre, par *Roux*. Id. 2
1706. Regio VIII. Insula VIII. N° 29. Tribunal, plan et coupe. Tiré de *Mazois*. Gravure. 3
1707. Regio VIII. Insula VIII. N° 29. Tribunal, vue (et vue du Forum). Tiré de *Mazois*. Id. 4
1708. Regio VIII. Insula VIII. N°s 30, 31, 32. Forum triangulaire. Photographie. 5
1709. Regio VIII. Insula VIII. N°s 30, 31, 32. Forum triangulaire et Théâtre tragique. Id. 5
1710. Regio VIII. Insula VIII. N°s 30, 31, 32. Forum triangulaire. Propylée du grand Portique, plan et élévation par *Roux*. Lithographie. 6
1711. Regio VIII. Insula VIII. N°s 30, 31, 32. Forum triangulaire. Propylée du grand Portique, vue, par *Roux*. Id. 6
1712. Regio VIII. Insula VIII. N°s 30, 31, 32. Forum triangulaire. Propylée du grand Portique, détails de l'ordre, par *Roux*. Id. 6
1713. Regio VIII. Insula VIII. N°s 30, 31, 32. Forum triangulaire. Temple grec, plan, par *Roux*. Id. 7
1714. Regio VIII. Insula VIII. N°s 30, 31, 32. Forum triangulaire. Temple grec, vue, par *Roux*. Id. 7
1715. Regio VIII. Insula VIII. N°s 30, 31, 32. Forum triangulaire. Grand Portique des Théâtres, vue, par *Roux*. Id. 7
1716. Regio VIII. Insula VIII. N°s 30, 31, 32. Forum triangulaire. Grand Portique des Théâtres, vue restaurée, par *Roux*. Id. 8
1717. Regio VIII. Insula VIII. N°s 30, 31, 32. Forum triangulaire. Portique du grand théâtre, détails de l'ordre, par *Roux*. Id. 8
1718. Regio VIII. Insula VIII. N°s 30, 31, 32. Forum triangulaire. Propylée et détails. Tiré de *Mazois*. Gravure. 9
1719. Regio VIII. Insula VIII. N°s 30, 31, 32. Forum triangulaire, plan. Tiré de *Mazois*. Id. 10

[Tome 23.]

1720. Regio VIII. Insula VIII. N°s 30, 31, 32. Forum triangulaire. Propylée du grand portique. Tiré de *Mazois*. Gravure. 11

1721. Regio VIII. Insula VIII. N°s 30, 31, 32. Forum triangulaire, détails du Propylée. Tiré de *Mazois*. Id. 12

1722. Regio VIII. Insula VIII. N°s 30, 31, 32. Forum triangulaire. Temple, Bidental et Hémicycle. Tiré de *Mazois*. Id. 13

1723. Regio VIII. Insula VIII. N°s 30, 31, 32. Forum triangulaire. Temple, Bidental et Hémicycle, détails. Tiré de *Mazois*. Id. 14

1724. Regio VIII. Insula VIII. N°s 30, 31, 32. Forum triangulaire, détails. D'après le dessin de *Dutert*. Photographie. 15

1725. Regio VIII. Insula VIII. N°s 30, 31, 32. Forum triangulaire, détail d'un entablement. D'après le dessin de *Bonnet*. Id. 15

1726. Regio VIII. Insula VIII. N°s 30, 31, 32. Forum triangulaire, détails d'une base. D'après le dessin de *Bonnet*. Id. 15

1727. Regio VIII. Insula VIII. N°s 30, 31, 32. Forum triangulaire, coupe et détails du grand portique. Tiré de *Mazois*. Gravure. 16

1728. Regio VIII. Insula VIII. N°s 30, 31, 32. Forum triangulaire. Portique à l'entrée du Forum triangulaire, plan et ordre restaurés. Calque. 17

1729. Regio VIII. Insula VIII. N°s 30, 31, 32. Forum triangulaire, détails d'un chapiteau. Id. 18

1730. Regio. VIII. Insula VIII. N°s 30, 31, 32. Forum triangulaire, détails d'un ordre. Id. 19

1731. Regio IX. Insula I. Ilot de la maison d'Epidius Sabinus, plan. Dessin. 20

1732. Regio IX. Insula I. N° 7. Maison d'Epidius Scaurus. Vulcain présente à Thétis les armes d'Achille. Fresque. Photographie. 21

1733. Regio IX. Insula I. N° 7. Maison d'Epidius Scaurus. Vulcain présente à Thétis les armes d'Achille. Fresque. Lithographie. 21

1734. Regio IX. Insula I. N° 20. Maison d'Epidius Sabinus ou des Diadumènes, plan. Calque. 22

1735. Regio IX. Insula I. N° 20. Maison d'Epidius Sabinus, détails d'architecture. Deux croquis. 22

1736. Regio IX. Insula I. N° 20. Maison d'Epidius Sabinus. Sujet mythologique inexpliqué appartenant au mythe des divinités de la lumière et représentant un amour qui tient un miroir entre une femme nue assise et Apollon debout. Lithographie. 23

1737. Regio IX. Insula I. N°s 22 et 29. Maison F. de l'Ilot d'Epidius Sabinus, plan. Calque. 24

1738. Regio IX. Insula I. N°s 22 et 29. Maison F. de l'Ilot d'Epidius Sabinus, détail d'une porte figurée en peinture. Croquis. 24

1739. Regio IX. Insula I. N°s 22 et 29. Maison F, détail d'une porte figurée en peinture. Dessin. 24

POMPÉI. REGIONES VIII (INSULÆ VIII ET IX) ET IX.   75

[Tome 23.]

1740. Regio IX. Insula I. N°s 22 et 29. Maison F. Hésione détachée du rocher. Fresque. Lithographie.   25
1741. Regio IX. Insula I. N°s 22 et 29. Maison I. Diane et Actéon. Id. 25
1742. Regio IX. Insula I. N°s 22 et 29. Orphée, Hercule et les Muses. Id. 26
1743. Regio IX. Insula I. N° 26. Maisons des trois lits, plan. Calque. 27
1744. Regio IX. Insula I. Bellérophon s'emparant de Pégase. Lithographie.   28
1745. Regio IX. Insula II. Ilot de la loge en avant-corps sur l'angle, plan. Dessin.   29
1746. Regio IX. Insula II. Maison N° 5. La charité romaine ou Cimon et Pera. Fresque. Lithographie.   30
1747. Regio IX. Insula II. Maison N° 10. Apollon et une jeune fille, Fresque. Id.   31
1748. Reg. IX. Insula II. Maison N° 10. Décoration d'une paroi. Tiré de *Niccolini*. Chromolithographie.   31
1749. Regio IX. Insula II. Maisons N°s 16 et 15. (Domus T. D. Pantheræ). Bellérophon poursuit la Chimère, et se présente devant Sténobée. Fresque. Lithographie.   32
1750. Regio IX. Insula II. Maisons N°s 16 et 15. Départ de Bellérophon. Fresque. Id.   32
1751. Regio IX. Insula II. Maisons N°s 16 et 15. Diane et Actéon. Fresque. Id.   32
1752. Regio IX. Insula II. Maisons N°s 16 et 15. Les trois Grâces. Fresque. Id.   33
1753. Regio IX. Insula II. Maisons N°s 16 et 15. Médée et Pélias, et quatre peintures inexpliquées. Fresque. Id.   34
1754. Regio IX. Insula II. Maison N° 17. Sacrifice à la déesse Fornax et serpents sacrés. Croquis.   35
1755. Regio IX. Insula II. Maison N° 18. Junon, Taos et Argus. Fresque. Lithographie.   35
1756. Regio IX. Insula II. Maison N° 17. Neptune et Amphitrite, mosaïque. Photographie.   36
1757. Regio IX. Insula II. Maison N° 27. Neptune et Amphitrite, mosaïque. Lithographie.   36
1758. Regio IX. Insula III. Ilot de la Maison de Marcus Lucretius, plan. Dessin.   37
1759. Regio IX. Insula III. N° 3. Maison de Marcus Lucretius, plan. Calque.   38
1760. Regio IX. Insula III. Maison N° 3. Vue. Photographie.   38
1761. Regio IX. Insula III. Maison N° 3. Vue. Id.   39
1762. Regio IX. Insula III. Maison N° 3 Plan et détails. Tiré de *Niccolini*. Chromolithographie.   39

[Tome 23.]

1763. Regio IX. Insula III. Maison N° 3. L'Enfance de Bacchus. Tiré de *Niccolini*. Lithographie. 40

1764. Regio IX. Insula III. Maison N° 3. Décoration d'une paroi. Tiré de *Niccolini*. Chromolithographie. 40

1765. Regio IX. Insula III. Maison N° 3. Vue de la maison et objets trouvés dans les fouilles. Tiré de *Niccolini*. Id. 41

1766. Regio IX. Insula III. Maison N° 3. Les trophées de Bacchus. Tiré de *Niccolini*. Lithographie. 41

1767. Regio IX. Insula III. Maison N° 3. Décoration d'une paroi. Tirée de *Niccolini*. Chromolithographie. 42

1768. Regio IX. Insula III. Maison N° 3. Fragments de décoration. Tiré de *Niccolini*. Id. 42

1769. Regio IX. Insula III. Maison N° 3. Hercule et Omphale. Tiré de *Niccolini*. Lithographie. 43

1770. Regio IX. Insula III. Maison N° 3. Six sujets de l'Histoire de l'Amour et de Psyché. Tiré de *Niccolini*. Chromolithographie. 43

1771. Regio IX. Insula III. Maison N° 3. Apollon et Daphné. Lithographie. 44

1772. Regio IX. Insula III. Maisons N°s 19 et 20, plan. Calque. 45

1773. Regio IX. Insula III. Maisons N°s 19 et 20. Une meule. Croquis. 45

1774. Regio IX. Insula III. Maisons N°s 19 et 20. Triptolème. Fresque. Lithographie. 46

1775. Regio IX. Insula III. Maisons N°s 19 et 20. Serpent sacré. Fresque. Id. 46

1776. Regio IX. Insula V. Décoration d'une paroi. Tirée de *Niccolini*. Chromolithographie. 47

1777. Regio IX. Insula VII. Maison découverte en 1880, vue et plan. Tiré de *Niccolini*. Id. 47

1778. Regio IX. Insula VII. Maison découverte en 1880. Dieux lares en bronze. Tiré de *Niccolini*. Id. 48

1779. Regio IX. Maison dite du Centenaire, plan. Tiré de *Niccolini*. Id. 48

1780. Regio IX. Maison dite du Centenaire. Serpent sacré. Fresque. Tiré de *Niccolini*. Id. 49

1781. Regio IX. Maison dite du Centenaire. Décoration d'une paroi. Fresque. Tiré de *Niccolini*. Id. 50

1782. Regio IX. Maison dite du Centenaire. décoration d'une paroi. Fresque. Tiré de *Niccolini*. Chromolithographie. 50

1783. Regio IX. Maison dite du Centenaire. Deux scènes de Pygmées. Tiré de *Niccolini*. Id. 51

PEINTURES DE POMPÉI.   77

TOME XXIV.

PEINTURES DE POMPÉI.

1784. Narcisse, fresque. Musée de Naples. Lithographie. 1
1785. Bacchus, Apollon et Vénus, fresque. Musée de Naples. Photographie. 1
1786. Achille et Briséis, fresque. Musée de Naples. Id 2
1787. Médée, fresque. Musée de Naples. Id. 2
1788. Femme à sa toilette, fresque. Musée de Naples. Id. 3
1789. Un concert, fresque. Musée de Naples. Id. 3
1790. Citharistes, fresque. Musée de Naples. Id. 3
1791. Une femme peintre, fresque. Musée de Naples. Id. 4
1792. Lycurgue furieux, mosaïque. Musée de Naples. Id. 4
1793. La Vendange, fresque. Tiré de *Mazois*. Gravure. 5
1794. Serpents sacrés, fresque. Tiré de *Mazois*. Id. 6
1795. Décoration d'une paroi, fresque, par *Roux*. Musée de Naples. Lithographie. 6
1796. Décoration d'une paroi, fresque, par *Roux*. Musée de Naples. Id. 6
1797. Décoration d'une paroi, fresque, par *Roux*. Id. 6
1798. Décorations intérieures, fresques. Tiré de *Mazois*. Gravure. 7
1799. Décoration intérieure, fresque. Tiré de *Mazois*. Id. 8
1800. Décoration intérieure, fresque. Tiré de *Mazois*. Id. 9
1801. Décoration intérieure, fresque. D'après le dessin de M. *Vaudremer*. Photographie. 10
1802. Décoration intérieure, fresque. D'après le dessin de M. *Denuelle*. Id. 10
1803. Enseigne de boutiques en terre cuite et mosaïques. Tiré de *Mazois*. Gravure. 11
1804. Mosaïques. Tiré de *Mazois*. Id. 12
1805. Mosaïques. Tiré de *Mazois*. Id. 13
1806. Mosaïques. Tiré de *Mazois*. Id. 14
1807. Mosaïques, par *Roux*. Lithographie. 15
1808. Herculanum et Pompéi, fragments divers. D'après le dessin de *Normand*. Photographie. 15
1809. Chasse au sanglier, groupe en bronze. Musée de Naples. Id. 16

PLANCHES TIRÉES DE L'OUVRAGE INTITULÉ : *LE PITTURE ANTICHE D'ERCOLANO*.
NAPLES, 1757.

1810. L'Abondance, peinture trouvée à Pompéi. Gravure. 17
1811. Amazones, peinture trouvée à Pompéi. d. 18
1812. L'Amour, peinture trouvée à Pompéi. Id. 19

[Tome 24.]
1813. Apollon, peinture trouvée à Pompéi. Gravure. 19
1814. Apollon (Trois figures d'), peinture trouvée à Pompéi. Id. 20
1815. Ariane abandonnée, avec l'Amour pleurant, peinture trouvée à Pompéi. Id. 21
1816. Ariane abandonnée, avec l'Amour pleurant, peinture trouvée à Pompéi. Id. 21
1817. Athlètes nus armés du ceste, peinture trouvée à Pompéi. Id. 22
1818. Bacchant et Bacchante, peinture trouvée à Pompéi. Id. 23
1819. Bacchante et Faune, peinture trouvée à Pompéi. Id. 24
1820. Bacchante et Satyre, peinture trouvée à Pompéi. Id. 25
1821. Bacchante et Satyre, peinture trouvée à Pompéi. Id. 25
1822. Bacchante et Satyre, peinture trouvée à Pompéi. Id. 26
1823. Bacchante et Faune, peinture de Pompéi. Id. 26
1824. Bacchante et Faune, peinture de Pompéi. Id. 27
1825. Bacchante, peinture de Pompéi. Id. 28
1826. Bacchante, peinture de Pompéi. Id. 28
1827. Bacchante, peinture de Pompéi. Id. 29
1828. Bacchantes, peinture de Pompéi. Id. 29
1829. Bacchant et Prêtresse, peinture de Pompéi. Id. 30
1830. Bacchus ?, peinture de Pompéi. Id. 30
1831. Bacchus donnant à boire à une panthère, peinture de Pompéi. Id. 31
1832. Cavaliers, peinture de Pompéi. Id. 31
1833. Centaure, peinture de Pompéi. Id. 32
1834. Cithariste, peinture de Pompéi. Id. 32
1835. Danseuse, peinture de Pompéi. Id. 33
1836. Danseuse dans le mouvement de Vénus Callipige, peinture de Pompéi. Id. 33
1837. Danseuse ou Bacchante, peinture de Pompéi. Id. 34
1838. Décoration murale architecturale, peinture de Pompéi. Id. 35
1839. Décoration murale architecturale, peinture de Pompéi. Id. 35
1840. Décoration murale architecturale, peinture de Pompéi. Id. 36
1841. Décoration murale architecturale, peinture de Pompéi. Id. 36
1842. Décoration murale architecturale, peinture de Pompéi. Id. 37
1843. Décoration murale architecturale, peinture de Pompéi. Id. 37
1844. Décoration murale architecturale. Liseuse, peinture de Pompéi. Id. 38
1845. Décoration murale architecturale, peinture de Pompéi. Id. 38
1846. Décoration murale architecturale, peinture de Pompéi. Id. 39
1847. Décoration murale. Architecture et arabesques, peinture de Pompéi. Id. 39
1848. Décoration murale. Architecture et arabesques, peinture de Pompéi. Id. 40

PEINTURES DE POMPÉI. 79

[Tome 24.]
1849. Décoration murale d'arabesques, peinture de Pompéi. Gravure. 40
1850. Décoration murale architecturale, peinture de Pompéi. Id. 41
1851. Décoration murale architecturale, peinture de Pompéi. Id. 41
1852. Décoration murale architecturale, peinture de Pompéi. Id. 42
1853. Décoration murale architecturale, peinture de Pompéi. Id. 42
1854. Décoration murale architecturale, peinture de Pompéi. Id. 43
1855. Décoration murale. Arabesques, peinture de Pompéi. Id. 43
1856. Décoration murale. Arabesques, peinture de Pompéi. Id. 44
1857. Décoration murale. Arabesques, peinture de Pompéi. Id. 44
1858. Décoration murale architecturale et arabesques, peinture de Pompéi. Id. 45
1859. Décoration murale architecturale et arabesques, peinture de Pompéi. Id. 45
1860. Décoration murale architecturale et arabesques, peinture de Pompéi. Id. 46
1861. Décoration murale architecturale et arabesques, peinture de Pompéi. Id. 47
1862. Décoration murale architecturale et arabesques, peinture de Pompéi. Id. 48
1863. Dédale et Icare, peinture de Pompéi. Id. 49
1864. Diane et Apollon, peinture de Pompéi. Id. 49
1865. Endymion, peinture de Pompéi. Id. 50
1866. Faune et Bacchante, peinture de Pompéi. Id. 50
1867. Faune buvant, peinture de Pompéi. Id. 51
1868. Fornax (Sacrifice à la déesse). Serpents sacrés, peinture de Pompéi. Id. 51
1869. Forum, peinture de Pompéi. Id. 52
1870. Forum, peinture de Pompéi. Id. 52
1871. Forum, peinture de Pompéi. Id. 53
1872. Fruits, peinture de Pompéi. Id. 54
1873. Fruits et volaille, peinture de Pompéi. Id. 54
1874. Un garde-manger, peinture de Pompéi. Id. 55
1875. Génies se livrant à la chasse, peinture de Pompéi. Id. 56
1876. Génies se livrant à la chasse, peinture de Pompéi. Id. 56
1877. Génies (Six groupes de deux), peinture de Pompéi. Id. 57
1878. Génie portant une urne, peinture de Pompéi. Id. 57
1879. Génies portant une lyre (Deux), peinture de Pompéi. Id. 58
1880. Génie adolescent tenant un bouclier, peinture de Pompéi. Id. 59
1881. Génie adolescent portant une palme, peinture de Pompéi. Id. 59
1882. Génie adolescent debout sur un candélabre, peinture de Pompéi. Id. 60
1883. Génie donnant à boire à une biche, peinture de Pompéi. Id. 60

TOME XXV.

PEINTURES DE POMPÉI ET D'HERCULANUM.

PLANCHES DE L'OUVRAGE INTITULÉ : *PITTURE D'ERCOLANO* (suite).

1884. Les trois Grâces, peinture de Pompéi. Musée de Naples. Photographie. 1
1885. Les trois Grâces, peinture de Pompéi. Gravure. 1
1886. Hercule et Hésione, peinture de Pompéi. Id. 2
1887. Iris ou l'Aube, peinture de Pompéi. Id. 2
1888. Iris (ou l'Aurore) et Adonis (ou Endymion), peinture de Pompéi. Id. 3
1889. Liseur, peinture de Pompéi. Id. 3
1890. Liseur, peinture de Pompéi. Id. 4
1891. Liseuse, peinture de Pompéi. Id. 4
1892. Marine avec Trirèmes et poissons, peinture de Pompéi. Id. 5
1893. Marine et port de mer, peinture de Pompéi. Id. 6
1894. Marine, peinture de Pompéi. Id. 7
1895. Mars (Statue de), peinture de Pompéi. Id. 7
1896. Marsyas et le jeune Olympe, peinture de Pompéi. Id. 8
1897. Médecine (Les trois inventeurs de la). Apollon, le centaure Chiron et Esculape, peinture de Pompéi. Id. 8
1898. Méditation ?, peinture de Pompéi. Id. 9
1899. Mercure, peinture de Pompéi. Id. 9
1900. Mercure, peinture de Pompéi. Id. 10
1901. Minerve avec l'égide, le bouclier et la lance, peinture de Pompéi. Id. 11
1902. Minerve et la Muse Uranie, peinture de Pompéi. Id. 11
1903. La Muse Calliope, peinture de Pompéi. Id. 12
1904. La Muse Clio, peinture de Pompéi. Id. 12
1905. La Muse Erato, peinture de Pompéi. Id. 13
1906. La Muse Melpomène, peinture de Pompéi. Id. 13
1907. La Muse Polymnie, peinture de Pompéi. Id. 14
1908. La Muse Thalie, peinture de Pompéi. Id. 14
1909. La Muse Terpsichore, peinture de Pompéi. Id 15
1910. La Muse Uranie, peinture de Pompéi. Id. 15
1911. Narcisse, peinture de Pompéi. Id. 16
1912. Narcisse, peinture de Pompéi. Id. 16
1913. Narcisse, peinture de Pompéi. Id. 17
1914. Narcisse, peinture de Pompéi. Id. 18

[Tome 25.]
1915. Néréide sur un taureau marin, peinture de Pompéi. Gravure. 18
1916. Nil (Pygmée et animaux du), peinture de Pompéi. Id. 19
1917. Paysage, peinture de Pompéi. Id. 20
1918. Paysage, peinture de Pompéi. Id. 20
1919. Peintre femme, peinture de Pompéi. Id. 21
1920. Persée et Andromède, peinture de Pompéi. Id. 21
1921. Persée et Andromède, peinture de Pompéi. Id. 22
1922. Phèdre, peinture de Pompéi. Id. 22
1923. Philosophe, peinture de Pompéi. Id. 23
1924. Philosophe et Rhéteur, peinture de Pompéi. Id. 23
1925. Phryxus et Hellé, peinture de Pompéi. Id. 24
1926. Planètes et Saisons, peinture de Pompéi. Id. 25
1927. Priapes, peinture de Pompéi. Id. 26
1928. Psychés et Amours, peinture de Pompéi. Id. 26
1929. Psychés (Deux), peinture de Pompéi. Id. 27
1930. Psyché, peinture de Pompéi. Id. 27
1931. Pygmées, peinture de Pompéi. Id. 28
1932. Pygmées, peinture de Pompéi. Id. 28
1933. Sacrifices (Instruments des), peinture de Pompéi. Id. 29
1934. Sacrifice à Bacchus, peinture de Pompéi. Id. 30
1935. Sacrifices (Ministres des), peinture de Pompéi. Id. 31
1936. Sacrifice, peinture de Pompéi. Id. 31
1937. Sacrifice à Bacchus, Cérès et Proserpine, peinture de Pompéi. Id. 32
1938. Sacrifices (Ministres et assistants), peinture de Pompéi. Id. 33
1939. Saisons. Le Printemps et l'Été, peinture de Pompéi. Id. 33
1940. Sambucistria, peinture de Pompéi. Id. 34
1941. Sapho, peinture de Pompéi. Photographie. 34
1942. Sapho et jeune poète, peinture de Pompéi. Gravure. 35
1943. Termes (Deux), peinture de Pompéi. Id. 35
1944. Théâtre. (Préparatifs d'une représentation), peinture de Pompéi. Id. 36
1945. Tragédie (ou Melpomène et Polymnie), peinture de Pompéi. Id. 36
1946. La Tragédie, peinture de Pompéi. Id. 37
1947. La Tragédie, peinture de Pompéi. Id. 37
1948. Troie (Le cheval de), peinture de Pompéi. Id. 38
1949. Tritons et Hippocampe, peinture de Pompéi. Id. 38
1950. Vénus, peinture de Pompéi. Id. 39
1951. Vénus rustica, peinture de Pompéi. Id. 40
1952. Vénus vêtue (Trois figures de), peinture de Pompéi. Id. 41
1953. La Victoire sacrifiant sur l'autel de Minerve, peinture de Pompéi. Id. 42
1954. Victoire ailée portant un trophée, peinture de Pompéi. Id. 42

[Tome 25.]

1955. Victoire ailée érigeant un trophée, peinture de Pompéi. Gravure. 43
1956. Victoire. Une Psyché, peinture de Pompéi. Id. 43

PEINTURES D'HERCULANUM, DE STABIES, D'ORVIETO.

1957. Herculanum, vue d'ensemble des ruines. Photographie. 44
1958. Herculanum. Maison d'Argus. Id. 44
1959. Herculanum. Théâtre, plan. Tiré de *Mazois*. Gravure. 45
1960. Herculanum. Théâtre, coupe selon l'axe. Tiré de *Mazois*. Id. 46
1961. Herculanum. Théâtre, coupe transversale et restauration de l'hémicycle. Tiré de *Mazois*. Id. 47
1962. Herculanum. Théâtre, coupe transversale et restauration de la scène. Tiré de *Mazois*. Id. 48
1963. Herculanum. Théâtre, détails. Tiré de *Mazois*. Id. 49
1964. Herculanum. Théâtre, détails. Tiré de *Mazois*. Id. 50
1965. Herculanum. Théâtre, détails de la décoration. Tiré de *Mazois*. Id. 51
1966. Herculanum. Théâtre, restauration de l'ensemble. Photographie. 51

PEINTURES D'HERCULANUM.

Les gravures sont tirées de l'ouvrage intitulé : « La Pitture antiche d'Ercolano ». Naples, 1757.

1967. Achille apprenant à jouer de la lyre, fresque. Gravure. 52
1968. Course de deux amours, fresque. Id. 52
1969. Apollon, Diane et Calisto, fresque. Id. 53
1970. Apollon, fresque. Id. 54
1971. Apollon, fresque. Id. 54
1972. Ariane abandonnée, fresque. 55
1973. Athlète, mosaïque. Photographie. 56
1974. Bacchantes, fresque. Gravure. 57
1975. Bacchants et Bacchantes, fresque. Id. 57
1976. Bacchants et Bacchantes, fresque. Id. 58
1977. Bacchants et Bacchantes, fresque. Id. 58
1978. Bacchants et Bacchantes, fresque. Id 59
1979. Bacchants et Bacchantes, fresque. Id. 59
1980. Bacchants et Bacchantes ? fresque. Id. 60
1981. Bacchants et Bacchantes ? fresque. Id. 60
1982. Bacchants et Bacchantes, quatre bustes, fresque. Id. 61
1983. Bacchante portant le thyrse, fresque. Id. 61
1984. Bacchus (Éducation de), fresque. Id. 62
1985. Bacchus trouvant Ariane endormie, fresque. Id. 62
1986. Bacchus (Sacrifice à), fresque. Id. 63

PEINTURES DE POMPÉI ET D'HERCULANUM. 83

[Tome 25.]
1987. Bacchus, fresque. Gravure. 64
1988. Bacchus versant à boire à un satyre, fresque. Id. 64
1989. Bacchus. Statue et attributs, fresque. Id. 65
1990. Bacchus et Ariane, fresque. Id. 65
1991. Cassandre et Apollon, fresque. Id. 66
1992. Cithariste, fresque. Id. 67
1993. Cithariste et masque, fresque. Id. 67
1994. Comus ? fresque. Id. 68
1995. Concert de trois personnes, fresque. Id. 68

TOME XXVI.

PEINTURES D'HERCULANUM (suite).

Planches tirées de l'ouvrage : Pitture antiche d'Ercolano.

1996. Décoration murale architecturale. fresque. Gravure. 1
1997. Décoration murale architecturale, fresque. Id. 2
1998. Décoration murale architecturale, fresque. Id. 3
1999. Décoration murale architecturale, fresque. Id. 3
2000. Décoration murale architecturale, fresque. Id. 4
2001. Décoration murale architecturale, fresque. Id. 4
2002. Décoration murale architecturale, fresque. Id. 5
2003. Décoration murale architecturale, fresque. Id. 5
2004. Décoration murale architecturale, fresque. Id. 6
2005. Décoration murale architecturale, fresque. Id. 6
2006. Décoration murale architecturale, fresque. Id. 7
2007. Décoration murale architecturale, fresque. Id. 7
2008. Décoration murale architecturale, fresque. Id. 8
2009. Décoration murale architecturale, fresque. Id. 8
2010. Décoration murale architecturale, fresque. Id. 9
2011. Diane et Endymion, fresque. Id. 10
2012. Égypte (Paysage et dieux de l'), fresque. Id. 11
2013. Égypte (Décoration murale avec dieux de l'). fresque. Id. 11
2014. Égypte (Décoration murale avec dieux de l'). fresque. Id. 12
2015. Étéocle et Polynice, fresque. Id. 13
2016. Faune et Bacchante, fresque. Id. 14
2017. Faune et Nymphe, fresque. Id. 14
2018. Faune et Nymphe, fresque. Id. 15
2019. Faune, génies, fresque. Id. 15

84 COLLECTION ARMAND. — PREMIÈRE PARTIE.

[Tome 26.]

2020. Garde-Manger. Volailles, gibier, poisson, etc., fresque. Gravure. 16
2021. Garde-Manger (Diverses provisions de), fresque. Id. 16
2022. Génies et sièges consacrés à Vénus et à Mars, fresque. Id. 17
2023. Génies, fresque. Id. 17
2024. Génies, fresque. Id. 18
2025. Génies, fresque. Id. 18
2026. Génies, fresque. Id. 19
2027. Génies traînant un char et jouant à cache-cache, fresque. Id. 19
2028. Génies jouant au masque ; génies menuisiers, fresque. Id. 20
2029. Génies autour d'un pressoir ; génies cordonniers, fresque. Id. 20
2030. Génies tisserands ; génies pêcheurs à la ligne, fresque. Id. 21
2031. Génies avec un char attelé de griffons ; génie domestique, fresque. Id. 21
2032. Génies se disputant un thyrse, fresque. Id. 22
2033. Hébé, fresque. Id. 23
2034. Hercule et Télèphe, fresque. Photographie. 24
2035. Hercule et Télèphe, fresque. Id. 24
2036. Hercule et Télèphe, fresque. Gravure. 25
2037. Hercule enfant, fresque. Id. 25
2038. Hercule et Eurysthée, fresque. Id. 26
2039. Hercule combattant le lion de Némée, fresque. Id. 27
2040. Hercule jeune. Vénus, fresque. Id. 27
2041. Hercule tuant les oiseaux du lac Stymphale, fresque. Id. 28
2042. Hylas ravi par les Nymphes, fresque. Id. 28
2043. Jardin avec treilles, fresque. Id. 29
2044. Jupiter (Ministres des Sacrifices), fresque. Id. 30
2045. Léda, fresque. Id. 31
2046. Léda, Bacchante, Cithariste, fresque. Id. 31
2047. Mars et Vénus, fresque. Id. 32
2048. Marsyas et Olympe, fresque. Id. 33
2049. Marsyas (Supplice de), fresque. Id. 34
2050. Marsyas, fresque. Id. 35
2051. Masques, fresque. Id. 35
2052. Masques, fresque. Id. 36
2053. Masques, fresque. Id. 36
2054. Médée, fresque. Photographie. 37
2055. Médée, fresque. Gravure. 37
2056. Minerve. Bellérophon. fresque. Id. 38
2057. Nains luttant, fresque. Id. 39
2058. Œnée et le sanglier de Calydon, fresque. Id. 39
2059. Oreste reconnu par Iphigénie, fresque. Id. 40
2060. Oreste devant Iphigénie, fresque. Id. 41

[Tome 26.]

2061. Osselets (Joueuses d'), fresque. Gravure. 42
2062. Pan luttant avec l'Amour, fresque. Id. 43
2063. Paysage, fresque. Id. 44
2064. Paysage, fresque. Id. 44
2065. Perroquet et sauterelle, fresque. Id. 45
2066. Phèdre et Hippolyte, fresque. Id. 46
2067. Poète tragique ; femme écrivant, fresque. Id. 46
2068. Poétesse et ministre des sacrifices, fresque. Id. 47
2069. Polyphème et l'Amour, fresque. Id. 48
2070. Pomone, fresque. Id. 49
2071. Repas, fresque. Id. 49
2072. Sacrifices (Ministres ou assistants), fresque. Id. 50
2073. Sacrifices (Hermaphrodite et assistant des), fresque. Id. 50
2074. Sacrifices (Trois jeunes hommes avec les attributs des), fresque. Id. 51
2075. Sacrifices (Femme portant les attributs des), fresque. Id. 52
2076. Sacrifices (Homme portant les attributs des), fresque. Id. 52
2077. Sacrifices (Homme portant les attributs des), fresque. Id. 53
2078. Sacrifice à Isis, fresque. Id. 54
2079. Sacrifice à Isis, fresque. Id. 54
2080. Sacrifices (Ministre ou assistant des), fresque. Id. 55
2081. Sacrifices (Ministre ou assistante des), fresque. Id. 55
2082. Sacrifices (Assistantes des). Danseurs de Pyrrique, Amazone, fresque. Id. 56
2083. Satyres luttant contre des boucs, fresque. Id. 57
2084. Silène et une Nymphe, fresque. Id. 57
2085. Tagès, devin Étrusque, Psyché, fresque. Id. 58
2086. Tégée, fresque. Id. 59
2087. Théâtre (Scène de), fresque. Id. 59
2088. Théâtre (Scène de), Masques tragiques, fresque. Id. 60
2089. Théâtre (Scène de), Masques, fresque. Id. 60
2090. Théâtre (Acteurs), fresque. Id. 61
2091. Thésée, Euritus, Hippodamie, fresque. Id. 62
2092. Thésée, vainqueur du Minotaure, fresque. Id. 63
2093. Toilette (Femme à sa), fresque. Id. 64
2094. Vénus, Junon et Minerve, fresque. Id. 64
2095. Vénus marine, fresque. Id. 65
2096. Vénus (Borne de), fresque. Id. 65
2097. Victoire tenant une couronne de lauriers et un bouclier, fresque. Id. 66
2098. Victoire tenant une palme, fresque. Id. 66
2099. Mars et Vénus, ou Pâris et Hélène, ou le roi Candaule et Tudo, sa femme, fresque. Lithographie. 67

TOME XXVII.

PEINTURES DE STABIES ET D'ORVIETO. ICONOGRAPHIE ANTIQUE.

PEINTURES PROVENANT DE STABIES. PLANCHES TIRÉES DE L'OUVRAGE :
PITTURE D'ERCOLANO. — PEINTURES D'ORVIETO.

2100.	Amours (La Marchande d'), fresque. Gravure.	1
2101.	Apollon et une Nymphe. fresque. Id.	2
2102.	Bacchantes, fresque. Id.	2
2103.	Trois Bacchantes, fresque. Id.	3
2104.	Bacchante tenant un tambourin, fresque. Id.	3
2105.	Bacchus et Ariane, fresque. Id.	4
2106.	Canéphores, fresque. Id.	5
2107.	Danseuse. Pélée? fresque. Id.	5
2108.	Décoration murale et arabesques, fresque. Id.	6
2109.	Décoration murale architecturale, fresque. Id.	6
2110.	Décoration murale architecturale, fresque. Id.	7
2111.	Décoration murale architecturale, fresque. Id.	7
2112.	Diane, fresque. Id.	8
2113.	Discobole, fresque. Id.	8
2114.	Flore, fresque. Id.	9
2115.	Génies (Deux), fresque. Id.	10
2116.	Hylas, fresque. Id.	11
2117.	Léda, fresque. Id.	12
2118.	Marines, fresque. Id.	13
2119.	Marines, fresque. Id.	13
2120.	Marines, fresque. Id.	14
2121.	Marines, fresque. Id.	14
2122.	Marines, fresque. Id.	15
2123.	Némésis, fresque. Id.	15
2124.	Néréide, fresque. Id.	16
2125.	Néréide, fresque. Id.	16
2126.	Nymphe en statue, fresque. Id.	17
2127.	Pénates. Deux figures, fresque. Id.	18
2128.	Pénate. Une figure, fresque. Id.	18
2129.	Ministres ou assistants des sacrifices (cinq feuilles). Id.	19-22
2130.	Sacrifice à Priape. Id.	23
2131.	Sacrifices (Assistante des). Id.	24
2132.	Sacrifices (Assistante des). Id.	24
2133.	Sacrifices (Ministres des). (Deux femmes assises). Id.	25

PEINTURE DE STABIES ET D'ORVIETO. ICONOGRAPHIE ANTIQUE. 87

[Tome 27.]

2134.	Scylla. Gravure.	26
2135.	Silène. Femme et Génie ailé. Id.	27
2136.	Ulysse devant Pénélope. Id.	28
2137.	Vénus et Vulcain. Id.	29
2138.	Treize photographies des plans, coupes, fresques et détails des tombeaux d'Orvieto. (Voyez ci-dessus N°^{os} 746-747).	30

ICONOGRAPHIE HISTORIQUE DE L'ANTIQUITÉ.

2139. Quarante-neuf bustes du Musée de Naples. Photographie. 31
2140. Trente-quatre bustes du Musée de Naples. Id. 31
2141. Agrippa (Marcus), buste en marbre. Musée des Offices, Florence. Id. 32
2142. Agrippine, femme de Germanicus, buste en marbre. Musée des Offices, Florence. Id. 33
2143. La même, buste en bronze. Musée de Naples. Id. 33
2144. La même assise, statue en marbre. Musée de Naples. Id. 33
2145. La même debout, statue en marbre. Glyptothèque de Munich. Id. 33
2146. Agrippine, mère de Néron. Julie fille d'Auguste, bustes en marbre. Musée de Naples. Id. 34
2147. Agrippine, mère de Néron, statue en marbre. Musée du Vatican. Id. 34
2148. Alexandre Le Grand, buste en marbre. Musée des Offices, Florence. Id. 35
2149. Le même assis, statue en marbre. Glyptothèque de Munich. Id. 35
2150. Le même à cheval, combattant, figure en bronze. Musée de Naples. Id. 35
2151. Annibal, buste en marbre. Musée de Naples. Id. 36
2152. Antinoüs, statue en marbre. Musée du Vatican. Id. 36
2153. Le même. Musée du Vatican. Id. 37
2154. Le même, statue en marbre. Musée de Naples. Id. 38
2155. Le même. Musée de Naples. Id. 38
2156. Le même, appuyé sur un thyrse, statue en marbre. Musée du Vatican. Id. 39
2157. Le même tenant des fleurs, statue en marbre. Musée du Vatican. Id. 40
2158. Antonia, fille de Marc-Antoine et d'Octavie, buste en marbre. Galerie des Offices, Florence. Id. 41
2159. Antonia, belle-sœur de Tibère, buste en marbre. British Museum. Id. 41
2160. Antonin le Pieux, buste en marbre. Musée de Naples. Id. 42

[Tome 27.]

2161. Antonin le Pieux, buste en marbre. Musée de Naples. Photographie. 42

2162. Antonin le Pieux, buste en marbre, provenant de l'Augusteum de Cyrène. British Museum. Id. 42

2163. Le même, statue en marbre. Musée du Vatican. Id. 42

2164. Le même. Musée du Vatican. Id. 43

2165. Archytas, buste en bronze provenant d'Herculanum. Musée de Naples. Id. 44

2166. Le même. Musée de Naples. Id. 44

2167. Aristide, statue en marbre. Musée de Naples. Id. 45

2168. Le même. Musée de Naples. Id. 46

2169. Le même. Musée de Naples. Id. 46

2170. Aristomène ou Phocion, statue en marbre. Musée du Vatican. Id. 47

2171. Artémise, statue qui ornait le Mausolée. British Museum. Id. 47

2172. Auguste, camée de Vienne. Cabinet des Médailles de Vienne. Id. 48

2173. Le même. D'après un moulage du British Museum. Id. 48

2174. La famille des Césars, camée du Cabinet des médailles de Paris. D'après un moulage du British Museum. Id. 49

2175. Auguste jeune, buste en marbre. Musée du Vatican. Id. 50

2176. Le même. Musée du Vatican. Id. 51

2177. Le même, tête colossale en marbre. Musée du Vatican. Id. 51

2178. Le même, buste en marbre. Glyptothèque de Munich. Id. 51

2179. Le même, buste en marbre. Galerie des Offices. Id. 51

2180. Le même assis, statue en marbre. Musée de Naples. Id. 52

2181. Le même. Musée de Naples. Id. 52

2182. Le même en Jupiter, statue en bronze. Musée de Naples. Id. 52

2183. Le même, statue en marbre. Musée du Vatican. Id. 53

2184. Le même. Musée du Vatican. Id. 54

2185. Auguste debout, en costume de sacrificateur, statue en marbre. Musée du Vatican. Id. 55

TOME XXVIII.

ICONOGRAPHIE ANTIQUE (suite).

2186. Balbus le père, statue équestre en marbre provenant d'Herculanum. Musée de Naples. Photographie. 1

2187. Balbus le fils, statue équestre en marbre, provenant d'Herculanum. Musée de Naples. Id. 1

ICONOGRAPHIE ANTIQUE. 89

[Tome 28.]

2188. Viciria, mère de Balbus, statue en marbre, provenant d'Herculanum. Musée de Naples. Photographie. 1
2189. La fille de Balbus, statue en marbre, provenant d'Herculanum. Musée de Naples. Id. 1
2190. Bérénice, buste en bronze, provenant d'Herculanum. Musée de Naples. Id. 2
2191. La même. Musée de Naples. Id. 2
2192. Britannicus, fils de Claude et de Messaline, buste en marbre. Musée des Offices, Florence. Id. 3
2193. Britannicus, statuette en bronze. British Museum. Id. 3
2194. Brutus, buste en marbre. Musée de Naples. Id. 4
2195. Marcus Brutus, buste en marbre provenant de Pompéi. Musée de Naples. Id. 4
2196. Caligula, buste en marbre. Musée des Offices, Florence. Id. 5
2197. Caligula, statue en marbre. Musée de Naples. Id. 5
2198. Caracalla, buste en marbre. Musée de Naples. Id. 6
2199. Le même. Musée de Naples. Id. 6
2200. Le même, buste en marbre. British Museum. Id. 6
2201. Carin (Marc-Aurèle), buste en marbre. Musée de Naples. Id. 7
2202. Caton, buste en marbre. Musée du Vatican. Id. 8
2203. Caton et Porcia, bustes en marbre. Musée du Vatican. Id. 8
2204. Jules-César, buste en marbre. Musée de Naples. Id. 9
2205. Le même, buste en marbre. Galerie des Offices, Florence. Id. 9
2206. Le même, buste en marbre. British Museum. Id. 9
2207. Le même, statue en marbre. Musée de Naples. Id. 10
2208. Le même. Musée de Naples. Id. 10
2209. Jules-César, en costume de sacrificateur, statue en marbre. Musée du Vatican. Id. 10
2210. Cicéron, buste en marbre. Glyptothèque de Munich. Id. 11
2211. Le même, buste en marbre. Galerie des Offices, Florence. Id. 11
2212. Le même, buste en marbre. Musée du Capitole. Id. 11
2213. Le même, statue en marbre. Musée de Naples. Id. 11
2214. Claude, buste en marbre. Galerie des Offices. Florence. Id. 12
2215. Le même. Galerie des Offices, Florence. Id. 12
2216. Le même, buste en bronze ayant servi de poids pour une romaine. British Museum. Id. 13
2217. Le même assis, statue en marbre. Musée de Naples. Id. 13
2218. Le même, en Jupiter, statue en marbre. Musée du Vatican. Id. 13
2219. Claude, Agrippine, Livie et Tibère, camée. Cabinet des antiques, Vienne. Id. 13
2220. Commode, buste en marbre. British Museum. Id. 14
2221. Démocrite, buste en bronze. Musée de Naples. Id. 14

2222. Démosthène, buste en marbre. Musée de Naples. Photographie. 15
2223. Le même, buste en marbre. Musée du Vatican. Id. 15
2224. Le même, statue en marbre. Musée du Vatican. Id. 15
2225. Le même, statue en marbre. Musée du Vatican. Id. 16
2226. Didius Julianus, statue en marbre. Musée de Cassel. Id. 17
2227. Domitia Longina, femme de Lucius-Elius Lamia, buste en marbre. Musée des Offices, Florence. Id. 17
2228. La même, buste en marbre. Musée des Offices, Florence. Id. 17
2229. Domitien, tête colossale en marbre. Musée du Capitole. Id. 18
2230. Drusus, frère de Tibère, buste en marbre. Musée des Offices. Id. 19
2231. Drusus, fils de Tibère, buste en marbre. Musée des Offices. Id. 19
2232. Drusus, en costume de sacrificateur, statue en bronze. Musée de Naples. Id. 20
2233. Elius César, adopté par Hadrien, buste en marbre. Musée des Offices. Id. 20
2234. Eumachia, statue en marbre. Musée de Naples. Id. 21
2235. Euripide, buste en marbre provenant d'Herculanum. Musée de Naples. Id. 22
2236. Euripide et Lyseus, bustes en marbre du musée de Naples. Id. 22
2237. Euripide, tenant un masque tragique, statue en marbre. Musée du Vatican. Id. 22
2238. Le même. Musée du Vatican. Id. 22
2239. Le même. Musée du Vatican. Id. 23
2240. Faustine, femme d'Antonin le Pieux, buste en marbre. Musée de Naples. Id. 24
2241. La même. Musée de Naples. Id. 24
2242. Faustine la mère, buste en marbre. Musée des Offices, Florence. Id. 24
2243. Galère, fils d'Antonin, buste en marbre. Musée des Offices, Florence. Id. 24
2244. Hadrien, buste en marbre. British Museum. Id. 25
2245. Le même, buste en marbre provenant de la villa de Tivoli. British Museum. Id. 25
2246. Le même, tête en bronze trouvée dans la Tamise. British Museum. Id. 26
2247. Le même, statue en marbre. British Museum. Id. 26
2248. Le même? ou un roi barbare. Musée de Naples. Id. 27
2249. Héliogabale, Probus et Pupien, bustes en marbre. Musée de Naples. Id. 28
2250. Héraclite, buste en bronze. Musée de Naples. Id. 28
2251. Homère, buste en marbre. Musée de Naples. Id. 29
2252. Le même. Musée de Naples. Id. 29
2253. Le même, buste en marbre. Musée du Capitole. Id. 29
2254. Le même, buste en marbre. British Museum. Id. 30

ICONOGRAPHIE ANTIQUE. 91

[Tome 28.]

2255. Homère (Apothéose d'), bas-relief en marbre signé du sculpteur **Archelaüs** de Priène. Provient de Bovilla sur la voie Appienne et a appartenu à la Galerie du Palais Colonna à Rome. British Museum. Photographie.   30
2256. Julie, fille d'Auguste et femme d'Agrippa, buste en marbre. Musée des Offices, Florence. Id.   31
2257. Julie, fille de Titus, buste en marbre. Musée des Offices, Florence. Id.   31
2258. La même, buste en marbre. Musée des Offices, Florence. Id.   32
2259. Julie, fille de Titus, statue en marbre. Musée du Vatican. Id.   32
2260. La même. Musée du Vatican. Id.   33
2261. Julien II, en Ammon, et l'Egypte en Cérès, camée. British Museum. Id.   33
2262. Livie, femme d'Auguste, buste en marbre. Musée des Offices, Florence. Id.   34
2263. La même, buste en bronze. Musée de Naples. Id.   34
2264. La même, statue en marbre. Musée de Naples. Id.   35
2265. La même, statue en marbre. Glyptothèque de Munich. Id.   35
2266. Lucius Vérus, statue en marbre. Musée de Naples. Id.   36
2267. Lycurgue, buste en marbre. Musée de Naples. Id.   36
2268. Marc-Aurèle, buste en marbre. Galerie des Offices. Id.   37
2269. Marc-Aurèle, buste en marbre provenant de l'Augusteum de Cyrène. British Museum. Id.   37
2270. Le même, statue équestre en bronze. Place du Capitole, Rome. Id. 38
2271. Le même. Place du Capitole, Rome. Id.   39
2272. Marcus Claudius Marcellus, buste en bronze, provenant d'Herculanum. Musée de Naples. Id.   40
2273. Marius, buste en marbre. Musée du Vatican. Id.   40
2274. Matidie, fille de Marciane, buste en marbre. Musée des Offices. Id. 40
2275. Ménandre, statue en marbre. Musée du Vatican. Id.   41
2276. Messaline, femme de Claude, buste en marbre. Musée des Offices, Florence. Id.   42
2277. Néron enfant, buste en marbre. Musée des Offices, Florence. Id. 43
2278. Néron, buste en marbre. Musée des Offices, Florence. Id.   43
2279. Le même, buste en marbre. Musée des Offices, Florence. Id.   44
2280. Le même, buste en marbre provenant d'Athènes. British Museum. Id.   44
2281. Le même, statue équestre en bronze provenant d'Herculanum. Musée de Naples. Id.   45
2282. Nerva, buste en marbre. Musée des Offices. Florence. Id.   46
2283. Le même, statue en marbre. Musée du Vatican. Id.   47
2284. Marcus Olconius, statue en marbre provenant de Pompéi. Musée de Naples. Id.   48

[Tome 28.]

2285. Marcus Olconius, statue en marbre. Musée de Naples. Photographie. 48
2286. Othon, buste en marbre. Musée des Offices, Florence. Id. 49
2287. Périclès, buste en marbre. Musée du Vatican. Id. 49
2288. Phocion, statue en marbre. Musée du Vatican. Photographie. 50

TOME XXIX.
ICONOGRAPHIE ANTIQUE (suite).

2289. Platon, buste en bronze. Musée de Naples. Photographie. 1
2290. Le même (ou Bacchus), buste en marbre. Musée du Vatican. Id. 1
2291. Plotine, femme de Trajan, buste en marbre. Musée des Offices. Florence. Id. 2
2292. Pompée le Grand, buste en marbre. Musée de Naples. Id. 2
2293. Poppée, femme de Néron, buste en marbre. Musée des Offices, Florence. Id. 2
2294. Posidippe, statue en marbre. (Musée du Vatican ?) Id. 3
2295. Le même. (Musée du Vatican ?). Id. 3
2296. Ptolémée Alexandre, buste en bronze. Musée de Naples. Id. 4
2297. Ptolémée Alexandre, buste en bronze. Musée de Naples. Id. 4
2298. Ptolémée Philadelphe, buste en bronze. Musée de Naples. Id.
2299. Ptolémée Philadelphe et Arsinoé, camée. Cabinet des antiques, Vienne. Id. 4
2300. Ptolémée Appion, buste en bronze. Musée de Naples. Id. 5
2301. Le même. Musée de Naples. Id. 5
2302. Ptolémée Philométor, buste en bronze provenant d'Herculanum. Musée de Naples. Id. 5
2303. Le même. Musée de Naples. Id. 5
2304. Sabine en prêtresse de Romulus, statue en marbre. Loggia dei Lanzi, Florence. Id. 6
2305. La même, en prêtresse de Romulus. Loggia dei Lanzi, Florence. Id. 6
2306. La même, en prêtresse de Romulus. Loggia dei Lanzi, Florence. Id. 7
2307. Sapho, buste en bronze. Musée de Naples. Id. 7
2308. Scipion l'Africain, buste en marbre. Musée du Vatican. Id. 8
2309. Le même, buste en bronze. Musée de Naples. Id. 8
2310. Sénèque, buste en marbre. Galerie des Offices, Florence. Id. 9
2311. Le même, buste en bronze provenant d'Herculanum. Musée de Naples. Id. 9

ICONOGRAPHIE ANTIQUE. 93

[Tome 29.]
2312. Sénèque, buste en bronze. Musée de Naples. Photographie. 9
2313. Septime-Sévère, buste en marbre provenant du mont Palatin à Rome. British Museum. Id. 10
2314. Le même, buste en marbre et bustes de Mantia Scantilla et de Julia Pia, femme de Septime-Sévère. Musée de Naples. Id. 10
2315. Sextus, statue en marbre. Musée du Vatican. Id. 11
2316. Socrate, buste en marbre. Musée de Naples. Id. 12
2317. Le même. Musée de Naples. Id. 12
2318. Le même, buste en marbre. Musée du Capitole. Id. 12
2319. Sophocle, statue en marbre. Musée de Latran. Id. 13
2320. Speusippe, philosophe grec, buste en bronze provenant d'Herculanum. Musée de Naples. Id. 14
2321. Sylla, buste en marbre. Musée du Vatican. Id. 14
2322. Tibère, buste en marbre. Musée des Offices, Florence. Id. 15
2323. Le même, buste en marbre. British Museum. Id. 15
2324. Le même, camée. Cabinet des antiques de Vienne. Id. 16
2325. Le même assis, statue en marbre. Musée du Vatican. Id. 16
2326. Le même. Musée du Vatican. Id. 17
2327. Titus, buste en marbre. Musée des Offices, Florence. Id. 18
2328. Le même, buste en marbre. Musée de Naples. Id. 18
2329. Trajan, buste en marbre. British Museum. Id. 19
2330. Le même, statue en marbre. Musée de Naples. Id. 19
2331. Annius Verus, fils de Marc-Aurèle, buste en marbre. Musée des Offices, Florence. Id. 20
2332. Lucius Verus, buste en marbre provenant du Mont Palatin à Rome. British Museum. Id. 21
2333. Le même, buste en bronze. British Museum. Id. 21
2334. Le même, statue en marbre. Musée de Naples. Id. 22
2335. Le même, statue en marbre. Musée du Vatican. Id. 22
2336. Le même, tenant une statue de la Victoire, statue en marbre. Musée du Vatican. Id. 23
2337. Vespasien, buste en marbre. Musée des Offices. Id. 24
2338. Vitellius, buste en marbre. Musée des Offices. Id. 24
2339. Zénon, statue en marbre. Musée du Capitole. Id. 25
2340. Statue en marbre d'un empereur ou d'un orateur romain. British Museum. Id. 26
2341. Tête en bronze provenant de Cyrène. British Museum. Id. 27
2342. Buste en bronze de Dorvhorus? Musée de Naples. Id 27
2343. Buste d'homme, en bronze. Musée de Naples. Id. 27
2344. L'orateur, statue antique en bronze trouvée à Sanguinetto près du lac Trasimène. Musée étrusque de Florence. Id. 28
2345. La même statue de face. Musée étrusque de Florence. Id. 28

[Tome 29.]

2346. Statue de femme inconnue, en marbre pentélique. Glyptothèque de Munich. Photographie. 29
2347. Buste de femme inconnue, en marbre pentélique. Glyptothèque de Munich. 29
2348. Musée du Vatican, salle des bustes, niche du fond. Id. 30
2349. Musée du Vatican, salle des bustes. Id. 31
2350. Musée du Vatican, galerie des candélabres. Id. 31
2351. Musée du Vatican, galerie des animaux. Id. 32
2352. Musée du Vatican, Braccio Nuovo. Id. 33
2353. Musée du Vatican, galerie Chiaramonti. Id. 34
2354. Musée du Vatican, galerie des statues. Id. 35
2355. Galerie des Offices, Florence, vue de la tribune. Id. 36
2356. Palais Ducal à Venise. Musée archéologique. Id. 37

FIGURES MYTHOLOGIQUES.

2357. L'Abondance, statue en marbre. Musée du Vatican. Id. 38
2358. Achille (Mars, dit), statue en marbre. Musée du Louvre. Id. 39
2359. Actéon dévoré par ses chiens, groupe en marbre, provenant de Cita Lavinia et Hermaphrodite du lac de Nemi. British Museum. Id. 39
2360. Adonis, statue en marbre. Musée de Naples. Id. 40
2361. Adonis (Apollon, dit). Musée du Vatican. Id. 40
2362. Ajax, buste en marbre provenant de la Villa Adriana, Tivoli. British Museum. Id. 41
2363. Amazone, statue en marbre. Musée du Vatican. Id. 42
2364. Amazone blessée, statue équestre en marbre. Musée de Pompéi. Id. 42
2365. Amazone combattant, statue équestre en bronze. Musée de Naples. Id. 42
2366. L'Amour et Psyché, groupe en marbre. Musée du Capitole. Id. 43
2367. L'Amour, statue en marbre. Musée de Naples. Id. 43
2368. L'Amour tenant une oie, statuette en argent, provenant d'Alexandrie, copie de l'ouvrage de Boethus. British Museum. Id. 43
2369. L'Amour, ou génie, demi-figure en marbre. Musée du Vatican. Id. 44
2370. Amour et Dauphin, groupe en marbre. Id. 44
2371. Amour ou génie, tête en bronze. British Museum. Id. 45
2372. L'Amour, statue en marbre, trouvée dans une amphore à Castello di Guido, près de Rome, copie de l'ouvrage de **Praxitèle**? British Museum. Id. 45
2373. L'Amour, statue en marbre. Musée du Vatican. Id. 46
2374. L'Apollon du Belvédère. Musée du Vatican. 47
2375. Le même. Id. 48

[Tome 29.]
2376. L'Apollon du Belvédère. Musée du Vatican. Photographie. 49
2377. Le même. Id. 49
2378. Apollon lançant un trait, statue en bronze provenant de Pompéi. Musée de Naples. Id. 50
2379. Apollon, statue en marbre. Tribune des Offices. Florence. Id. 50
2380. Apollon, statue en marbre de style archaïque trouvée à Athiki. Glyptothèque de Munich. Id. 51
2381. Apollon tenant le plectre, statue en bronze provenant de Pompéi. Musée de Naples. Id. 51
2382. Le même. Id. 51
2383. Le même, vu de dos. Id. 51
2384. Apollon et jeune faune, groupe en bronze. Musée de Naples. Id. 52
2385. Apollon, statue en marbre. Musée de Cassel. Id. 52

TOME XXX.

SCULPTURE ANTIQUE.

Figures mythologiques (suite).

2386. Apollon, tête en marbre provenant de la collection Pourtalès. British Museum. Photographie. 1
2387. Le même. British Museum. Id. 2
2388. Apollon, statue en marbre. British Museum. Id. 2
2389. Apollon Citharède, statue en marbre. British Museum. Id. 3
2390. Apollon jouant de la lyre, statue en marbre. Musée de Naples. Id. 3
2391. Apollon Citharède, statue en marbre. Musée du Vatican. Id. 4
2392. Apollon Citharède, statue en porphyre. Musée de Naples. Id. 5
2393. Apollon Sauroctone, statue en marbre. Musée du Vatican. Id. 5
2394. Le même. Musée du Vatican. Id. 6
2395. Apollon Sauroctone. Musée du Louvre. Id. 7
2396. Apollon au temple de Thésée, statue en marbre. Id. 7
2397. Apollon bandant son arc, statuette en bronze de Paramythia, Epire. Id. 8
2398. Deux statuettes en bronze représentant Apollon. British Museum. Id. 8
2399. Apollon et les Grâces, bas-relief. Musée de Naples. Id. 8
2400. Ariane endormie, statue en marbre. Musée du Vatican. Id. 9
2401. Ariane endormie, statue en marbre. Musée du Vatican. Id. 9
2402. La même. Id. 10

96   COLLECTION ARMAND. — PREMIÈRE PARTIE.

[Tome 30.]

2403. Ariane, statue en marbre. Musée des Offices, Florence. Photographie. 11
2404. Ariane et Poetus, groupe en marbre. Galerie Ludovisi, Rome. Id. 11
2405. Athlète, statue en marbre. Musée des Offices. Id. 12
2406. Athlète, statue en marbre. Musée de Naples. Id. 12
2407. Athlète, statue en marbre. Musée de Naples. Id. 12
2408. Athlète, statue en marbre. Musée de Naples. Id. 12
2409. Athlète, statue en marbre. Musée du Vatican. Id. 13
2410. Le même. Id. 14
2411. Athlète, statue en marbre. Musée du Louvre. Id. 15
2412. Athlète, statue en marbre pentélique provenant de la collection Farnèse, à Rome. British Museum. Id. 15
2413. Athlète, statue en marbre. Musée des Offices, Florence. Id. 16
2414. Athlète se frottant d'huile, statue en marbre. Musée du Louvre. Id. 17
2415. Athlète, buste en bronze provenant de la villa Albani, à Rome. Glyptothèque de Munich. Id. 18
2416. Atlas, statue en marbre. Musée de Naples. Id. 19
2417. Le même. Id. 19
2418. Attys, figure en bronze d'après l'antique (attribuée à **Donatello**). Musée du Bargello, Florence. Id. 20
2419. Aurigue, statue en marbre. Musée du Vatican. Id. 21
2420. Bacchus, statue en marbre. Musée de Naples. Id. 22
2421. Bacchus et l'Amour, groupe en marbre. Musée de Naples. Id. 22
2422. Le même groupe. Id. 22
2423. Torse de Bacchus, en marbre. Musée de Naples. Id. 22
2424. Bacchus Farnèse. Musée de Naples. Id. 23
2425. Bacchus Farnèse, statue en marbre. Musée de Naples. Id. 23
2426. Le même. Id. 23
2427. Bacchus indien, buste en marbre. Musée de Naples. Id. 23
2428. Bacchus avec la panthère, statue en marbre pentélique. Glypothèque de Munich. Id. 24
2429. Bacchus, statuette en bronze. British Museum. Id. 24
2430. Bacchus enfant, statuette en bronze provenant de Pompéi. British Museum. Id. 24
2431. Bacchus jeune, statue en marbre provenant de la villa d'Antonin-le-Pieux, à Lanuvium. British Museum. Id. 25
2432. Statue d'un satyre, probablement Oinos, ouvrage de **M. Cossutius Cerdo**, affranchi. Provient de Civita Lavinia (Lanuvium). British Museum. Id. 25
2433. Bacchus et Faune, torse grec restauré au XVe siècle. Galerie des Offices. Id. 26
2434. Bacchus barbu, buste. British Museum. Id. 26

[Tome 30.]

2435. Bacchus, statue en marbre. Musée du Louvre. Photographie. 27
2436. Bacchus et Ampelus, groupe en marbre. Musée des Offices, Florence. Id. 28
2437. Bacchus, statue en marbre. Musée du Louvre. Id. 29
2438. Triomphe de Bacchus, bas-relief provenant d'un sarcophage antique. Musée de Naples. Id. 30
2439. Bacchanale, bas-relief antique. Musée de Naples. Id. 30
2440. Bacchante, statue en marbre. Musée du Vatican. Id. 31
2441. Bacchante, bas-relief en marbre. Musée du Louvre. Id. 31
2442. Guerrier barbare, Mars, Alexandre sur Bucéphale, statuettes en bronze. British Museum. Id. 32
2443. Barbare. Buste en marbre d'un captif. British Museum. Id. 32
2444. Barbare. Roi Dace. Musée de Naples. Id. 33
2445. Canéphore employée en cariatide, statue en marbre provenant de la villa Strozzi. British Museum. Id. 34
2446. Cariatide, statue en marbre. Musée du Vatican. Id. 35
2447. Cérès, statue en marbre pentélique. Glyptothèque de Munich. Id. 36
2448. Cérès, statue en marbre de Paros. Glyptothèque de Munich. Id. 36
2449. Cérès, statue en marbre. Musée du Vatican. Id. 36
2450. Cérès, statue en marbre. Musée du Vatican. Id. 36
2451. Cérès, statue en marbre provenant de Cnide. British Museum. Id. 37
2452. Cérès, quatre statues. Musée de Naples. Id. 37
2453. Cérès, deux statues. Musée de Naples. Id. 38
2454. Cérès, trois statues. Musée de Naples. Id. 38
2455. Cérès, trois statues. Musée de Naples. Id. 39
2456. Danaïde, statue en marbre. Musée du Vatican. Id. 40
2457. Danseuses ou actrices, trois statues en bronze provenant d'Herculanum. Musée de Naples. Id. 41
2458. Danseuses ou actrices, trois statues en bronze provenant d'Herculanum. Musée de Naples. Id. 41
2459. Danseuse, statue en marbre. Musée du Vatican. Id. 42
2460. Diane, buste en bronze. Musée de Naples. Id. 43
2461. La même. Id. 43
2462. Diane, statue en marbre. Musée de Naples. Id. 43
2463. Diane, statue en marbre. Musée du Vatican. Id. 44
2464. Diane, statue en marbre. Musée du Vatican. Id. 44
2465. Diane chasseresse. Musée de Naples. Id. 45
2466. Diane, Pâris, statues en marbre. Musée de Naples. Id. 45
2467. Diane, statue en marbre. Glyptothèque de Munich. Id. 45
2468. Diane tenant un flambeau, statue en marbre. Musée du Vatican. Id. 45
2469. La Diane d'Éphèse, statue en albâtre et en bronze. Musée de Naples. Id. 46

[Tome 30.]

2470. Diane, statue en marbre. Musée du Louvre. Photographie. 47
2471. Dioscures, Castor et Pollux, groupes antiques en marbre, sur la place Monte-Cavallo, Rome. Id. 48
2472. Les mêmes. Id. 48
2473. Les Dioscures et les trophées de Marius. Place du Capitole, Rome. Id. 49
2474. Castor, statuette en bronze provenant de Paramythia (Epire). British Museum. Id. 50
2475. Castor et Pollux, groupe en marbre. Musée du Prado, Madrid. Id. 50
2476. Discobole, statue en bronze. Musée de Naples. Id. 51
2477. Le même. Id. 51
2478. Le même. Id. 51
2479. Le même. Id. 52
2480. Le même. Id. 52
2481. Discobole, statue en marbre. Musée du Vatican. Id. 53
2482. Discobole, statue en marbre. British Museum. Id. 53
2483. Le même. Id. 54
2484. Discobole, statue en marbre. Galerie des Offices. Id. 55
2485. Discobole, statue en marbre. Musée du Vatican. Id. 55
2486. Doryphore, statue en marbre. Musée de Naples. Id. 56
2487. Doryphore, statue en marbre. Musée de Cassel. Id. 56

TOME XXXI.

SCULPTURE ANTIQUE.

FIGURES MYTHOLOGIQUES (suite).

2488. Enfant tenant un oiseau, statuette en bronze. Musée de Cassel. Photographie. 1
2489. Esculape, statue en marbre. Musée de Naples. Id. 2
2490. Esculape, statue en marbre. Musée du Vatican. Id. 2
2491. Esculape?, tête en marbre, provenant de la collection Blacas. British Museum. Id. 3
2492. Le même. Id. 3
2493. Faune dansant, statuette en bronze provenant de Pompéi. Musée de Naples. Id. 4
494. Le même. Id. 4
2495. Le même. Id. 4

SCULPTURE ANTIQUE.   99

[Tome 31.]
2496. Faune dansant. Photographie. 4
2497. Faune ivre, statue en bronze. Musée de Naples. Id. 5
2498. Le même. Id. 5
2499. Faune dormant, statue en bronze. Musée de Naples. Id. 6
2500. Le même. Id. 6
2501. Faune ivre, statue en marbre. Musée du Vatican. Id. 6
2502. Faune ivre et sarcophage représentant les noces de Bacchus et d'Ariane. Glyptothèque de Munich. Id. 7
2503. Faune endormi, dit le Faune Barberini, statue en marbre trouvée au Fort St.-Ange. Glyptothèque de Munich. Id. 7
2504. Faune dansant, statue en marbre. Galerie Borghèse, Rome. Id. 8
2505. Faune, statue en rouge antique. Musée du Capitole. Id. 8
2506. Faune, buste en bronze, provenant de la villa Albani. Glyptothèque de Munich. Id. 9
2507. Faune dansant, statue en marbre. Musée du Louvre. Id. 9
2508. Faune emportant un chevreau, statue en marbre. Musée du Prado. Id. 10
2509. Faune et Bacchus, groupe en marbre. Musée de Naples. Id. 10
2510. Le même groupe. Id. 11
2511. Faune, statue en marbre provenant de Pompéi. Musée de Palerme. Id. 11
2512. Faune nommé Periboetos, provenant du Palais Ruspoli. Glyptothèque de Munich. Id. 12
2513. Faune tenant une flûte. Musée du Capitole, Rome. Id. 12
2514. Faune, dit le Faune à la tache, buste en marbre trouvé près du tombeau de Cécilia Metella, à Rome. Glyptothèque de Munich. Id. 12
2515. Jeune Faune, dit le Faune de Winckelmann, buste en marbre provenant de la villa Albani, Rome. Glyptothèque de Munich. Id. 12
2516. Faune de Praxitèle, statue en marbre. Musée du Capitole. Id. 13
2517. Faune tenant une palme(?) et portant sur les épaules une peau de lion. Musée du Vatican. Id. 14
2518. Faune dansant, statue en marbre. Musée des Offices, Florence. Id. 15
2519. Faune jouant des cymbales, dit le Faune Rondini, statue en marbre. British Museum. Id. 16
2520. Le même. Id. 17
2521. Pan jeune, provenant du palais Maccaroni, statue en marbre. British Museum. Id. 18
2522. Satyre couché, statue en marbre faisant partie d'un groupe et restaurée en satyre ivre. British Museum. Id. 18
2523. Satyre jouant avec Bacchus jeune, groupe en marbre. British Museum. Id. 19

2524. Faune apprenant à un jeune homme à jouer de la flûte, groupe en marbre. Photographie. 19
2525. La Fortune (ou la Victoire?), statuette en bronze. Musée de Naples. Id. 20
2526. La Fortune. statue en bronze. Musée de Naples. Id. 20
2527. La Fortune, statue en marbre. Musée du Vatican. Id. 20
2528. La Flore Farnèse, statue en marbre. Musée de Naples. Id. 21
2529. Ganymède, statue en marbre. Musée de Naples. Id. 22
2530. Ganymède, statue en marbre. Musée du Vatican. Id. 22
2531. Ganymède, statue en marbre, restaurée par **Benvenuto Cellini**. Musée des Offices, Florence. Id. 22
2532. Génie de la Mort, ou le Sommeil, statue en marbre. Musée des Offices, Florence. Id. 23
2533. Génie d'Auguste, statue en marbre. Musée du Vatican. Id. 23
2534. Gladiateur blessé, statue en marbre. Musée de Naples. Id. 24
2535. Le même. Id. 24
2536. Le même. Id. 24
2537. Gladiateur mourant, vu de dos, statue en marbre. Musée du Vatican. Id. 25
2538. Le même, vu de face. Id. 25
2539. Tête du gladiateur mourant. Id. 26
2540. Les trois Grâces, groupe en marbre. Musée de Sienne. Id. 26
2541. Les trois Grâces, bas-relief en marbre. Campo-Santo de Pise. Id. 27
2542. Les trois Grâces, groupe en marbre. Musée du Louvre. Id. 28
2543. Hercule Farnèse, statue en marbre. Musée de Naples. Id. 29
2544. Le même. Id. 29
2545. Le même. Id. 30
2546. Hercule et Iole, groupe en marbre. Musée de Naples. Id. 31
3547. Hercule, statuette en bronze provenant de Bavay (France). British Museum. Id. 31
2548. Hercule assis, statue en marbre. British Museum. Id. 31
2549. Hercule domptant les chevaux de Diomède, groupe en bronze d'un ciste provenant de Palestrina. British Museum. Id. 31
2550. Hercule, statue en bronze. Musée du Vatican. Id. 32
2551. Hercule domptant un cerf, groupe en bronze provenant de Pompéi. Musée de Palerme. Id. 33
2552. Hercule, statuette en bronze provenant du lac de Falterona. British Museum. Id. 33
2553. Hercule jeune, tête en marbre trouvée à Gensano. British Museum. Id. 34
2554. Hercule, buste en marbre, copie de la statue de **Glycon**, provenant de la collection Blacas. British Museum. Id. 34

[Tome 31.]

2555. Hermaphrodite, statue en marbre. Musée des Offices, Florence. Photographie. 35
2556. L'Idolino, statue en bronze. Musée des Offices, Florence. Id. 36
2557. Le même. Musée des Offices, Florence. Id. 37
2558. Le même. Musée des Offices, Florence. Id. 38
2559. Isis et Harpocrate, groupe en marbre provenant du palais Barberini, à Rome. Glyptothèque de Munich. Id. 39
2560. Isis, statue, et buste de Brutus, marbres. Musée de Naples. Id. 39
2561. Isis, statuette en bronze, provenant de Paramythia (Epire). British Museum. Id. 40
2562. Jason, statue en marbre. Musée du Louvre. Id. 41
2563. Joueuse d'osselets (amazone mourante, restaurée?) provenant de la villa Verospi, Rome. British Museum. Id. 41
2564. Junon, tête colossale en marbre. Galerie Ludovisi, à Rome. Id. 42
2565. Junon, statue en marbre. Galerie Barberini, à Rome. Id. 43
2566. Junon Sospita ou Lanuvina, statue en marbre, musée du Vatican. Id. 43
2567. Junon, statue en marbre. Musée de Naples. Id. 43
2569. La même. Bustes de Socrate et d'Homère. Musée de Naples. Id. 43
2568. Junon, statue en marbre. Musée de Naples. Id. 44
2570. Junon, buste en marbre. Musée de Naples. Id. 44
2571. Junon, buste en marbre. Musée de Naples. Id. 44
2572. Jupiter entre Junon et Vénus, bas-relief en marbre. Musée du Louvre. Id. 45
2573. Jupiter, statuette en bronze trouvée en Hongrie. British Museum. Id. 45
2574. Jupiter, statuette. Id. 45
2575. Jupiter, buste en marbre. Musée de Naples. Id. 45
2576. Jupiter, statue en marbre. Musée du Vatican. Id. 46
2577. Le Laocoon, groupe en marbre. Musée du Vatican. Id. 47
2578. Le même. Id. 48
2579. Léda, statue en marbre. Musée archéologique, palais Ducal, Venise. Id. 49
2580. Leucothea, statue en marbre. Glyptothèque de Munich. Id. 50

TOME XXXII.

SCULPTURE ANTIQUE.

FIGURES MYTHOLOGIQUES (suite).

2581. Mariage romain, bas-relief en marbre. Musée de Naples. Photographie. 1

2582. Mars au repos, statue en marbre. Galerie Ludovisi. Photographie. 2
2583. Mars, statue étrusque en bronze, trouvée au lac de Falterona. British Museum. Id. 3
2584. Marsyas (Comus ou Satyre?), statue en marbre provenant de Civita Lavinia (Lanuvium). British Museum. Id. 4
2585. Le même. Id. 5
2586. Marsyas, figure antique, restaurée par le Verrochio, statue en marbre. Musée des Offices. Id. 6
2587. Marsyas, figure antique, restaurée par Donatello, statue en marbre. Musée des Offices. Id. 6
2588. Marsyas et Apollon, groupe en marbre. Musée de Naples. Id. 7
2589. Méduse, tête de Méduse, dite la Méduse Rondanini, marbre. Glyptothèque de Munich. Id. 8
2590. La même. Id. 8
2591. Quatre masques archaïques en terre cuite. Musée de Capoue. Id. 9
2592. Méléagre, statue en marbre. Musée du Vatican. Id. 10
2593. Le même. Id. 10
2594. Le même. Id. 11
2595. Le même. Id. 12
2596. Méléagre, statue en marbre. Musée du Prado. Id. 13
2597. Ménélas, buste en marbre. Musée du Vatican. Id. 14
2598. Mercure, statue en marbre. Musée du Louvre. Id. 15
2599. Mercure assis, statue en bronze provenant d'Herculanum. Musée de Naples. Id. 15
2600. Le même. Id. 15
2601. Mercure, statuette en bronze avec collier d'or, trouvée près de Lyon. British Museum. Id. 16
2602. Mercure Farnèse, statue en marbre. British Museum. Id. 16
2603. Le même. Id. 17
2604. Le même, de face. Id. 17
2605. Mercure ou Antinoüs du Belvédère, statue en marbre. Musée du Vatican. Id. 18
2606. Mercure, statue en marbre. Musée des Offices. Id. 19
2607. Minerve, statue en bronze trouvée à Stradella, 1829. Musée de Turin. Id. 20
2608. Minerve, statue en bronze. Musée Etrusque de Florence. Id. 20
2609. Minerve d'Herculanum, statue en marbre. Musée de Naples. Id. 21
2610. La même. Id. 22
2611. Minerve, statue en marbre provenant de la villa Albani, à Rome. Glyptothèque de Munich. Id. 22

[Tome 32.]

2612. Minerve, buste en marbre pentélique provenant de la villa Albani. Glyptothèque de Munich. Photographie. 22
2613. Minerve, statue en marbre d'ancien style grec. Musée des Offices. Id. 23
2614. Minerva medica, statue en marbre. Musée du Vatican. Id. 23
2615. La même, de face. Id. 24
2616. Minerve, statue en marbre. Musée de Naples. Id. 25
2617. Minerve, Pallas de Velletri. Musée du Louvre. Id. 25
2618. Minerve, statue en marbre. Musée de Cassel. Id. 26
2619. Minerve, statue étrusque en marbre. Musée du Prado. Id. 26
2620. Minerve?, masque en bronze. British Museum. Id. 27
2621. Une Muse, Clio? statue en marbre. Musée du Louvre. Id. 28
2622. Erato, statue en marbre. Musée du Vatican. Id. 28
2623. Uranie, statue en marbre. Musée du Vatican. Id. 29
2624. Polymnie, statue en marbre. Musée de Naples. Id. 29
2625. Thalie, statue en marbre. Musée de Naples. Id. 30
2626. Calliope, statue en marbre. Musée de Naples. Id. 30
2627. Euterpe, statue en marbre. Musée de Naples. Id. 31
2628. Melpomène, statue en marbre. Musée du Vatican. Id. 31
2629. Une Muse, statue en marbre. Glyptothèque de Munich. Id. 32
2630. Thalie, statue en marbre, provenant des bains de Claude à Ostie. British Museum. Id. 32
2631. La même. Id. 33
2632. La même. Id. 34
2633. Terpsichore, Apollon et Calliope, statues en marbre. Musée du Vatican. Id. 35
2634. Clio, Uranie, Euterpe, statues en marbre. Musée du Vatican. Id. 36
2635. Groupe Mythriaque, marbre. Musée du Vatican. Id. 37
2636. Narcisse, figure en bronze. Musée de Naples. Id. 38
2637. Le même. Id. 38
2638. Le même, vu de dos. Id. 39
2639. Le même, de profil. Id. 39
2640. Le même, de face. Id. 40
2641. Le même, de face. Id. 40
2642. Neptune, statue en marbre. Musée de Naples. Id. 41
2643. Le Nil, groupe en marbre. Musée du Vatican. Id. 42
2644. Niobé, statue en marbre. Musée de Naples. Id. 43
2645. Niobé, statue en marbre, mutilée. Musée du Vatican. Id. 44
2646. Niobide, buste en marbre. British Museum. Id. 45
2647. Niobé et une de ses filles, groupe en marbre. Musée des Offices. Id. 46
2648. Olympe, statue en marbre. Musée des Offices. Id. 47

104   COLLECTION ARMAND. — PREMIÈRE PARTIE.

[Tome 32.]

2649. Oie (Enfant à l'), statue en marbre. Musée du Louvre. Photographie. 47
2650. Oreste et Electre, groupe en marbre. Musée de Naples. Id. 48
2651. Oreste et Electre, groupe en marbre. Galerie Ludovisi. Id. 49
2652. Orphée, Eurydice et Mercure, bas-relief en marbre. Musée de Naples. Id. 50
2653. Pâris, statue en marbre. Musée du Vatican. Id. 50
2654. Pâris, statue en marbre. British Museum. Id. 51
2655. Pénélope, statue en marbre. Musée du Vatican. Id. 51
2656. La même. Id. 52
2657. Le Pêcheur, de Pompéi, statue en bronze. Musée de Naples. Id. 53
2658. Pomone (ou Flore), statuette en bronze. British Museum. Id. 53
2659. Prêtre de Bacchus, statue en marbre, provenant du palais Braschi, à Rome. Glyptothèque de Munich. Id. 54
2660. Prométhée créant l'homme. Bas-relief. Musée de Naples. Id. 54
2661. Psyché, torse en marbre. Musée de Naples. Id. 54
2662. La même. Id. 55
2663. La même. Id. 55

TOME XXXIII.
SCULPTURE ANTIQUE.
FIGURES MYTHOLOGIQUES (*suite*).

2664. Pudicitia, statue en marbre. Musée du Vatican. Photographie. 1
2665. La même. Id. 2
2666. Sacrifice à Cérès, groupe en marbre. Musée de Naples. Id. 3
2667. Rome, buste colossal en marbre provenant de la collection du cardinal Fesch. Glyptothèque de Munich. Id. 3
2668. Silène et Bacchus enfant, groupe en marbre. Musée du Louvre. Id. 4
2669. Silène et Bacchus enfant, groupe en marbre. Musée du Vatican. Id. 4
2670. Silène et Bacchus enfant, groupe en marbre provenant du palais Ruspoli, à Rome. Glyptothèque de Munich. Id. 5
2671. Silène, statue en marbre provenant du palais Barberini, à Rome. Glyptothèque de Munich. Id. 5
2672. Silène, figure en bronze provenant de Pompéi. Musée de Naples. Id. 6
2673. Le même. Id. 6

SCULPTURE ANTIQUE. 105

[Tome 33.]

2674. Silène. Photographie. 6
2675. Le même. Id. 7
2676. Le même, vu de dos. Id. 7
2677. Tête de sphynx rapportée de Baalbeck par *M. Joyau*. (Photographie avant le montage). 8
2678. La même, de profil à gauche. (Photographie avant le montage). 8
2679. La même, de face, montée sur un piédestal. Photographie. 9
2680. La même, de profil à droite, montée sur un piédestal. Id. 9
2681. Groupe auquel appartenait la tête de sphynx précédente. Id. 10
2682. Le même groupe, avec cotes par *A. Joyau*. Dessin. 10
2683. Sphynx en terre cuite. British Museum. Photographie. 11
2684. Sphynx de Pompéi en marbre. Musée de Naples. Id. 11
2685. Taureau Farnèse, groupe en marbre. Musée de Naples. Id. 12
2686. Thésée tenant le peloton d'Ariane (Torse antique restauré en). Musée de Cassel. Id. 12
2687. Le Tibre, statue en marbre. Musée du Louvre. Id. 13
2688. Le même. Id. 14
2689. Torse de jeune homme, marbre. Glyptothèque de Munich. Id. 15
2690. Torse du Belvédère, marbre. Musée du Vatican. Id. 15
2691. Torse antique de Faune. Musée des Offices, Florence. Id. 16
2692. Triton enlevant une Nymphe, groupe en marbre. Musée du Vatican. Id. 17
2693. Triton, demi-figure en marbre. Musée du Vatican. Id. 17
2694. Vénus, statuette en bronze. Id. 18
2695. Vénus de Médicis, statue en marbre. Musée des Offices, Florence. Id. 19
2696. La même. Id. 20
2697. La même, de trois quarts. Id. 21
2698. La même, de dos. Id. 22
2699. Vénus sortant du bain, statue en marbre. Galerie des statues, musée du Vatican. Id. 23
2700. La même. Id. 24
2701. Vénus de Cnide, copie antique de la Vénus de Praxitèle, statue en marbre. Musée Pio Clementino. Musée du Vatican. Id. 25
2702. Vénus, statue en marbre. Musée de Naples. Id. 26
2703. Vénus Anadyomène, statue en marbre provenant de Pouzzoles. Musée de Naples. Id. 26
2704. Vénus Anadyomène, statue en marbre. Musée du Vatican. Id. 27
2705. Vénus Callipyge, statue en marbre. Musée de Naples. Id. 28
2706. La même. Id. 28
2707. La même. Id. 28
2708. Vénus génitrice, statue en marbre. Musée des Offices, Florence. Id. 29

COLLECTION ARMAND. — PREMIÈRE PARTIE.

[Tome 33.]

2709. Vénus de Nocera, entre Alexandre et une Amazone, bronzes. Musée de Naples. Photographie. 30
2710. Vénus de Nocera, statue en bronze. Musée de Naples. Id. 30
2711. La même. Id. 30
2712. Vénus de Milo, statue en marbre. Musée du Louvre. Id. 31
2713. La même. Id. 32
2714. Vénus et l'Amour, statues en marbre provenant de Capoue. Musée de Naples. Id. 33
2715. Les mêmes. Id. 33
2716. Vénus avec le Dauphin, statue en marbre provenant du palais Bevilaqua de Vérone. Glyptothèque de Munich. Id. 34
2717. Vénus, statue en marbre, mutilée. Musée de Syracuse. Id. 34
2718. Vénus accroupie, statue en marbre. Musée du Louvre. Id. 35
2719. La même. Id. 35
2720. Vénus avec un dauphin portant un petit amour. Glyptothèque de Munich. Id. 36
2721. Vénus, dite la Vénus de Townley, statue en marbre provenant des bains de Claude, à Ostie. British Museum. Id. 36
2722. La même. Id. 37
2723. Vénus, statue en marbre provenant des bains de Claude, à Ostie. British Museum. Id. 37
2724. Vénus? Musée du Vatican. Id. 38
2725. Vénus mettant ou ôtant sa chaussure, statuette en bronze provenant d'Athènes. British Museum. Id. 38
2726. Vénus Anadyomène, statuette en bronze. British Museum. Id. 39
2727. Vénus, statue en marbre. Musée de Naples. Id. 39
2728. Vénus, torse en marbre. Musée de Naples. Id. 40
2729. Vénus du Capitole, vue de face, statue en marbre. Musée du Capitole. Id. 41
2730. La même, de profil. Id. 41
2731. La même, de dos. Id. 41
2732. La même, de dos. Id. 41
2733. La même, de dos. Id. 42
2734. La même, de face. Id. 43
2735. La même, de face. Id. 44
2736. Vénus Anadyomène, statue en marbre. Musée du Vatican. Id. 45
2737. Vénus, statue en marbre. Musée du Vatican. Id. 46
2738. Vénus d'Arles, statue en marbre. Musée du Louvre. Id. 47
2739. Vestale, buste en marbre. Musée de Naples. Id. 48
2740. La Victoire, statue en bronze. Musée de Brescia. Id. 49
2741. La Victoire, statuette en bronze. Musée de Naples. Id. 50
2742. La même, entre Alexandre-le-Grand et un cavalier combattant. Bronzes du Musée de Naples. Id. 50

[Tome 33.]
2743. La Victoire, statuette en bronze. Musée de Cassel. Photographie. 51
2744. Statuette équestre, bronze antique. Id. 52
2745. Statue de marbre, mutilée, trouvée à Egine. Id. 52
2746. Buste d'une femme coiffée d'un casque, sur lequel est figurée la louve allaitant Romulus. (Tête de Rome?). Id. 53
2747. Terre cuite du Musée de Naples. Amphore formée d'une tête à laquelle est superposée une statuette. Croquis. 54
2748. Masque de femme égyptienne. Musée égyptien, Florence. Photographie. 55

TOME XXXIV.

SCULPTURE ANTIQUE.

BAS-RELIEFS. — SARCOPHAGES. — AUTELS.

2749. Tombeau trouvé à Athènes, près de la chapelle d'Agia Trias, sur la voie sacrée conduisant à l'Eleusis. Monument conservé dans le temple de Thésée, Athènes. Photographie. 1
2750. Tombeau trouvé à Athènes, près de la chapelle d'Agia Trias, sur la voie Sacrée conduisant à Eleusis, bas-relief en marbre conservé dans le temple de Thésée. Id. 2
2751. Tombeau trouvé à Athènes, près de la chapelle d'Agia Trias, sur la voie Sacrée conduisant à Eleusis, bas-relief en marbre conservé dans le temple de Thésée. Id. 3
2752. Monument de Dexilios, bas-relief en marbre trouvé près de la chapelle d'Agia Trias, sur la voie Sacrée allant à Eleusis, conservé dans le temple de Thésée, Athènes. Id. 4
2753. Figure de femme assise, fragment d'un bas-relief antique, Athènes. Dessin. 5
2754. Tombeau, bas-relief antique, Athènes. Photographie. 6
2755. Victoires sacrifiant, bas-relief en marbre blanc provenant du palais della Valle, à Rome. Glyptothèque de Munich. Id. 7
2756. Les Noces de Neptune et d'Amphitrite, bas-relief en marbre de Paros, provenant de la collection du cardinal Fesch. Glyptothèque de Munich. Id. 7
2757. Le peuple romain apportant, pour les brûler, les livres des dettes publiques, bas-relief ornant la face extérieure d'une des deux dalles d'appui en marbre trouvées dans les dernières fouilles du Forum Romain. Id. 8
2758. Le Sénat haranguant le peuple?, bas relief ornant la face extérieure d'une des deux dalles d'appui en marbre, trouvées dans les dernières fouilles du Forum Romain. Id. 8

[Tome 34.]

2759. Animaux destinés aux sacrifices (Suovetaurilia), bas-relief ornant la face intérieure d'une des deux dalles d'appui trouvées dans les dernières fouilles du Forum Romain. Photographie. 9
2760. Apothéose d'Auguste, bas-relief en marbre dans le temple de S. Vital, à Ravenne. Id. 9
2761. Le trône de Neptune, bas-relief antique, dans le temple de S. Vital, à Ravenne. Id. 10
2762. Fragment de bas-relief en marbre, détail d'un sacrifice, dans le temple de S. Vital, à Ravenne. Id. 10
2763. Bacchus, bas-relief en marbre. Musée de Naples. Id. 11
2764. Bacchanale, bas-relief en marbre. Musée de Naples. Id. 11
2765. Bacchanale, bas-relief en marbre. British Museum. Id. 12
2766. Le Festin d'Icare, bas-relief. Musée de Naples. Id. 12
2767. Bacchus et sa suite reçus par Icare, bas-relief en marbre. British Museum. Id. 13
2768. Combat naval, bas-relief en marbre. Musée archéologique, Palais ducal de Venise. Id. 13
2769. Jeune Faune embrassant une Nymphe, bas-relief en marbre. Musée archéologique, Palais ducal de Venise. Id. 14
2770. Apollon et les Grâces, bas-relief en marbre. Musée du Vatican. Id. 15
2771. Méduse, bas-relief en marbre. Musée du Vatican. Id. 15
2772. Orphée, Eurydice et Mercure, bas-relief en marbre. Musée de Naples. Id. 16
2773. Trirème, fragment de bas-relief antique conservé à l'Erechtheum, Athènes. Id. 17
2774. Le même sujet. Id. 17
2775. Esculape, bas-relief conservé au temple de Thésée, Athènes. Id. 18
2776. Course d'amours montés sur des chars. Musée de Naples. Id. 18
2777. Terres cuites. Pelée et Thétis; Persée et Méduse; Thésée et Skiron; Alcée et Sapho. British Museum. Id. 19
2778. Six bas-reliefs antiques. Musée du Vatican. Id. 19
2779. Jason et Médée, bas-relief en marbre. Musée de Latran. Id. 20
2780. Nymphe se défendant contre un Faune. Musée de Naples. Id. 20
2781. Un sacrifice, bas-relief trouvé à Pompéi et conservé dans le temple de Mercure. Id. 21
2782. Les Cariatides, trophée élevé à la Grèce après la victoire sur les Cariens, bas-relief en marbre. Musée de Naples. Id. 21
2783. Huit bas-reliefs du Musée de Naples, au bas une bacchanale. Id. 22
2784. Six bas-reliefs et deux masques du Musée de Naples. Id. 22
2785. Cinq bas-reliefs du Musée de Naples. Id. 23

SCULPTURE ANTIQUE. 109

[Tome 34.]
2786. Trois bas-reliefs du Musée de Naples. Photographie. 23
2787. Persée tenant la tête de Méduse, et prisonniers Daces, bas-reliefs, British Museum. Id. 24
2788. Deux masques. Musée du Vatican. Id. 24
2789. Deux masques. Musée du Vatican. Id. 25
2790. Guerrier phrygien et Griffon, bas-relief en terre cuite. Musée du Louvre. Id. 25
2791. Persée tenant la tête de Méduse, bas-relief en terre cuite. Musée du Louvre. Id. 25
2792. Scène tirée des Mystères de Bacchus, bas-relief en terre cuite. Musée du Louvre. Id. 25
2793. Bouclier en marbre représentant le combat des Grecs et des Amazones. British Museum. Id. 26
2794. Autel dédié aux lares d'Auguste et orné de bas-reliefs en marbre. Musée des Offices. Florence. Id. 26
2795. Bas-relief en marbre représentant divers objets de la toilette d'une femme, dédié par Arethusa, fille de Damainetos (100 ans avant J.-C.). British Museum. Id. 27
2796. Gladiateurs combattant un taureau, bas-relief en marbre. British Museum. Id. 27
2797. Jupiter enfant et les Corybantes, bas-relief en marbre. Musée du Capitole. Id. 28
2798. Sarcophage représentant diverses époques de la vie d'un héros. Musée des Offices. Florence. Id. 28
2799. Frise représentant des divinités marines, bas-relief. Musée du Vatican. Id. 29
2800. Sarcophage orné d'un bas-relief antique représentant le combat des Centaures et des Lapithes. Cathédrale de Cortone. Id. 30
2801. Ornements, bas-relief provenant de l'édifice d'Eumachia à Pompéi. Musée de Naples. Id. 31
2802. Guirlande de fleurs et de fruits soutenue par deux amours et entourant un petit bas-relief représentant l'enlèvement de Proserpine, bas-relief placé au-dessus de l'escalier des Géants. Palais ducal de Venise. Id. 31
2803. Rinceaux d'ornements surmontés d'une figure de Minerve. Musée du Vatican. Id. 32
2804. Deux amours se terminant en rinceaux aux côtés d'un vase d'ornement. Musée de Latran. Id. 32
2805. Femme vue de dos et tenant un chevreau, fragment d'un bas-relief du palais des Césars. Rome. Id. 33
2806. Mariage romain, bas-relief antique. Id. 33
2807. L'Olympe, bas-relief antique. Id. 33

[Tome 34.]

2808. Rhéa présente à Saturne une pierre enveloppée de langes, bas-relief antique. Musée du Capitole. Photographie. 34
2809. Jupiter, Junon et Mars enfant ?, bas-relief antique. Id. 34
2810. Entellus et Darès (?), deux combattants armés du ceste, bas-relief antique. Id. 35
2811. Cinq bustes de Sénateurs romains. Id. 35

SARCOPHAGES ET AUTELS.

2812. Histoire d'Hippolyte et de Phèdre, sarcophage de la comtesse Béatrice, bas-relief en marbre. Campo-Santo, Pise. Id. 36
2813. Le même sarcophage. Id. 37
2814. Combat des Amazones, bas-relief en marbre, ornant un sarcophage. Musée du Vatican. Id. 37
2815. Triomphe d'un proconsul, bas-relief en marbre, ornant un sarcophage. Musée du Vatican. Id. 38
2816. Détail du même sarcophage. Id. 38
2817. Faunes et Bacchantes, bas-relief en marbre ornant un sarcophage. Musée du Vatican. Id. 39
2818. Détails du même sarcophage. Id. 39
2819. Sarcophage d'Oreste (bas-relief antique). Musée du Vatican. Id. 40
2820. Sarcophage orné de masques et d'amours tenant des guirlandes. Musée du Vatican. Id. 40
2821. Mariage romain, bas-relief en marbre ornant un sarcophage. Musée de Naples. Id. 41
2822. Prométhée formant l'homme, bas-relief en marbre ornant un sarcophage. Musée de Naples. Id. 41
2823. Les muses, bas-relief en marbre ornant un sarcophage. Glyptothèque de Munich. Id. 42
2824. Mort des Niobides, bas-relief en marbre ornant un sarcophage. Glyptothèque de Munich. Id. 42
2825. Oreste, bas-relief en marbre ornant un sarcophage. Glyptothèque de Munich. Id. 43
2826. Mars et Rhea Sylvia. Diane et Endymion, bas-reliefs ornant un sarcophage. Musée de Latran. Id. 43
2827. Masques entourés de guirlandes tenues par des amours, bas-relief ornant un sarcophage. Musée de Latran. Id. 43
2828. Triomphe de Bacchus, bas-relief ornant un sarcophage. Musée de Naples. Id. 44
2829. Bacchanale, bas-relief ornant un sarcophage. Musée de Naples. Id. 44
2830. Course d'amours en chars, bas-relief. Musée de Naples. Id. 44

[Tome 34.]
2831. Bas-relief ornant un sarcophage chrétien. Musée de St-Jean de Latran. Photographie. 45
2832. Tombeau de Corn. L. Scipion. Musée du Vatican, élévation. D'après le dessin de M. *Boitte*. Id. 45
2833. Le même tombeau, élévation d'une face (antérieure ou postérieure). D'après le dessin de M. *Ulmann*. Id. 46
2834. Autel à sacrifices, probablement consacré à Mercure. Glyptothèque de Munich. Id. 46
2835. Autel dédié aux mânes de Claud. Quir. Alexandre. Palais Monserrato, Rome. Id. 47
2836. Autel dédié aux mânes de Lappa, fragments d'une statue et d'un chapiteau. Musée de Latran. Id. 47
2837. Autel dédié aux mânes de Julia et fragments antiques. Musée de Latran. Id. 48
2838. Autel antique formant le piédestal d'une colonne au Duomo de Sienne. Id. 48
2839. Autel antique formant le piédestal d'une colonne. Musée du Vatican. Id. 49
2840. Autel antique servant de piédestal à un vase. Id. 49
2841. Fragments antiques. Palais Farnèse Rome. Id. 50
2842. Ciste en pierre orné de bas-reliefs provenant de Chiusi (Environ 400 ans avant J.-C.). British Museum. Id. 50
2843. Ciste en pierre orné de bas-reliefs provenant de Chiusi (Environ 400 ans avant J.-C.). British Museum. Id. 51
2844. Autel des douze dieux, au musée du Louvre. Vesta, Mercure, Vénus, Mars. Phototypie. 52
2845. Autel des douze dieux. Cérès, Neptune, Junon, Jupiter. Id. 52
2846. Autel des douze dieux. Minerve, Vulcain, Diane et Apollon. Id. 53
2847. Autel des douze dieux. Les Ilithyes, Déesses qui président à la naissance des hommes. Id. 53
2848. Autel des douze dieux. Les saisons, Printemps, Automne, Hiver. Id. 54
2849. Autel des douze dieux. Les trois Grâces. Id. 54

TOME XXXV.
SCULPTURE ANTIQUE.
ANIMAUX. — VASES. — USTENSILES.

ANIMAUX.

2850. Un aigle au repos. Photographie. 1
2851. Un aigle les ailes éployées, bas-relief. Id. 1

2852. Bélier en bronze de Syracuse. Musée de Palerme. Photographie. 2
2853. Les quatre chevaux en bronze doré de la basilique de St-Marc à Venise. Id. 2
2854. Cheval antique en marbre. Musée des Offices, Florence. Id. 3
2855. Tête de cheval antique, bronze trouvé près de Civita-Vecchia. Musée des Offices. Id. 4
2856. Bige en marbre. Musée du Vatican. Id. 4
2857. Bucéphale, statuette en bronze. Musée de Naples. Id. 5
2858. Statuette équestre d'Alexandre-le-Grand, bronze. Musée de Naples. Id. 5
2859. La Fortune, entre deux statuettes équestres d'Alexandre et d'une amazone, bronzes. Musée de Naples. Id. 6
2860. Chien accroupi, statue en marbre. Musée des Offices. Id. 6
2861. Le même. Id. 7
2862. Le même. Id. 8
2863. Chimère, bronze. Musée étrusque de Florence. Id. 9
2864. La même. Id. 9
2865. Griffons, bas-reliefs. Musée du Vatican. Id. 10
2866. Griffon. Musée du Vatican. Id. 10
2867. Griffons, bas-reliefs en marbre. Musée du Vatican. Id. 11
2868. Griffons, pieds de table en marbre. Palais Doria. Id. 11
2869. Lion dompté par un amour, bas-relief. Musée du Vatican. Id. 11
2870. Masque de lion. Id. 12
2871. Oiseaux, bas-relief. Musée du Vatican. Id. 12
2872. Pélicans, bas-relief. Musée du Vatican. Id. 12
2873. Sanglier, statue en marbre. Florence. Id. 13
2874. Taureau Farnèse, groupe en marbre. Musée de Naples. Id. 14

VASES

2875. Vase grec en marbre : Mercure confiant Bacchus à la nymphe Leucothoé. Musée de Naples. Id. 15
2876. Vase en marbre trouvé à Pompéi. Musée de Naples. Id. 15
2877. Le même vase sous différents aspects. D'après le dessin de M. *Moyaux*. Id. 16
2878. Le même vase sous différents aspects. D'après le dessin de M. *Moyaux*. Id. 16
2879. Urne cinéraire en verre bleu avec reliefs en émail blanc, provenant d'un tombeau de Pompéi. Musée de Naples. Id. 17
2880. Vase en marbre provenant de Pompéi. Musée de Naples. Id. 17
2881. Vase de porphyre. Musée de Naples. Id. 18
2882. Coupe Farnèse en sardonyx oriental. Tête de Méduse gravée en relief, sur la face extérieure du fond. Musée de Naples. Id. 18

SCULPTURE ANTIQUE.

[Tome 35.]

2883. Coupe Farnèse. Ptolémée Philadelphe consacrant la fête de la moisson instituée par Alexandre-le-Grand. Sujet gravé en relief sur le fond. Photographie. 19
2884. Dix vases en marbre du Musée du Vatican, douze pièces. Id. 20-25
2885. Vasque soutenue par deux pygmées. Id. 26
2886. Vase antique de Warwick. Id. 27
2887. Candélabre antique en marbre. Galerie Barberini, Rome Id. 27
2888. Candélabre antique en marbre. Galerie Barberini, Rome. Id. 27
2889. Le même. Galerie Barberini, Rome. Id. 27
2890. Candélabre antique en marbre provenant de la collection Farnèse. Musée de Naples. Id. 28
2891. Candélabre antique en marbre. Musée du Vatican. Id. 28
2892. Panneau d'ornements, fleurs et oiseaux, provenant de l'édifice d'Eumachia à Pompéi. Musée de Naples. Id. 29
2893. Deux satyres buvant à une même coupe, bas-relief provenant de la collection Campana. Id. 29
2894. Six rosaces antiques. Id. 30
2895. Console ornée de feuillage et vue de face. Id. 30
2896. Fût de colonne décoré de feuillage. Id. 30
2897. Console ornée de feuillages. Id. 31
2898. Console ornée d'une chimère. Id. 31
2899. Quinze panneaux d'ornements sans désignation de provenance. Id. 32-37
2900. Sept chapiteaux sans désignation de provenance. Id. 38-41

Armes. — Meubles. — Ustensiles.

2901. Bisellium en bronze. Musée du Capitole, élévation et détails. Lithographie. 42
2902. Bisellium en bronze. Musée du Capitole, détails. Croquis. 43
2903. Bisellium en bronze. Musée du Capitole, détails du marchepied. Id. 44
2904. Bisellium en bronze. Musée Kircher à Rome. Id. 44
2905. Le même. Photographie. 45
2906. Ciste en bronze. Musée Kircher à Rome. Croquis. 46
2907. Le même. Photographie. 46
2908. Quatre ampoules en plomb. Id. 47
2909. Brasero, bouilloire et table en bronze, provenant de Pompéi. Musée de Naples. Id. 47
2910. Candélabres avec figures de Silène, bronzes provenant de Pompéi. Musée de Naples. Id. 48
2911. Candélabre étrusque. D'après le dessin de M. *Denuelle*. Id. 48

[Tome 35.]
2912. Casque et crâne de la sentinelle trouvée à la Porte d'Herculanum à Pompéi. Musée de Naples. Photographie. 49
2913. Deux casques ornés de sujets représentant la destruction de la famille de Priam. Musée de Naples. Id. 49
2914. Deux casques provenant de Pompéi, ornés de sujets représentant : La Victoire et un trophée; et Enée s'enfuyant de Troie. Musée de Naples. Id. 50
2915. Casques, cnémides, bouclier, provenant d'Herculanum. Piques et bouclier, provenant de Pœstum. Musée de Naples. Id. 50
2916. Candélabre en bronze de la maison de Diomède à Pompéi. Musée de Naples. Id. 51
2917. Char de guerre Scythe. Musée Étrusque de Florence. Id. 51
2918. Trois lampes en terre cuite. Id. 52
2919. Lampadaire étrusque en bronze trouvé à Cortone. Musée de Cortone. Dessous et profil. Lithographie. 53
2920. Le même, dessous, profil et coupe. Photographie et croquis. 53
2921. Le même, dessous. Photographie. 54
2922. Lit en bronze trouvé à Pompéi. Musée de Naples. Id. 55
2923. Huit bustes en bronze ayant servi de poids pour des romaines. British Museum. Id. 55
2924. Six poids en plomb, dont un à l'effigie d'Hercule. British Museum. Id. 56
2925. Table dont le pied est orné d'une figure de la Victoire en bronze, le dessus de la table est en marbre ; provenant de Pompéi. Musée de Naples. Id. 56
2926. Trépied antique en bronze. Musée de Turin. Id. 57
2927. Détails du même. Croquis. 57
2928. Autel en bronze du temple d'Isis à Pompéi. Musée de Naples. Photographie. 57
2929. Trépied en bronze surmoulé, légèrement modifié de celui qui est au Musée de Naples. Id. 58
2930. Vases en bronze d'Herculanum et coffre-fort de Pompéi. Musée de Naples. Id. 58
2931. Petits bronzes du Musée de Naples, dix planches. Lithographies. 59-73

TOME XXXVI.
SCULPTURE ANTIQUE.

PLANCHES EXTRAITES DE DIFFÉRENTS OUVRAGES DE PIRANESI.

2932. Fragments d'architecture antique, par *J.-B. Piranesi*, huit pièces. Gravure. 1-6

[Tome 36.]
2933. Autels antiques, par *J.-B. Piranesi*, quatre pièces. Gravure. 7-9
2934. Bas-reliefs antiques, par *J.-B. Piranesi*, trois pièces. Id. 10-11
2935. Candélabres antiques, par *J.-B. Piranesi*, onze pièces. Id. 12-22
2936. Chaises curules, par *J.-B. Piranesi*, cinq pièces. Id. 23-26
2937. Tombeaux antiques, par *J.-B. Piranesi*, huit pièces. Id. 27-33
2938. Trépieds antiques, par *J.-B. Piranesi*, huit pièces. Id. 34-40
2939. Trophées antiques, par *J.-B. Piranesi*, deux pièces. Id. 41-42
2940. Vases antiques, par *J.-B. Piranesi*, vingt-trois pièces. Id. 43-58

DEUXIÈME PARTIE.

ÉCOLES ITALIENNES DE PEINTURE.

TOME XXXVII.
ÉCOLE FLORENTINE (DU IXe SIÈCLE A 1337).

2941. **Anonyme**, IXe siècle. Saint Luc peignant une Madone, fac-similé de dessin pour l'ouvrage d'Ottley : *Italian School of design*. Gravure.   1

2942. **Anonyme grec** du IXe siècle. Le Crucifiement, miniature, aux archives de la « Primaziale » de Pise. Tiré de Rosini, *Storia della pittura italiana*. Id.   2

2943. **Anonyme**, Xe siècle. Miniature tirée d'un évangéliaire de Lucques et représentant saint Eusèbe (?) et un autre personnage assis. Tiré de *Rosini*. Id.   2

2944. **Guglielmo** (?). Crucifix du dôme de Sarzana. Tiré de *Rosini*. Id.   3

2945. **Anonyme**. Le Baiser de Judas, Jésus devant le Grand-Prêtre, peintures de Sainte-Marthe de Pise. Tiré de *Rosini*. Id.   4

2946. **Anonyme**. L'Ensevelissement de saint Pierre et de deux apôtres, peinture dans l'église St-Pierre in Grado. Tiré de *Rosini*. Id.   4

2947. **Anonyme**. Madone de San-Brixio (attribuée à saint Luc), gravure par *Hubert Vincent*.   5

2948. **Anonyme siennois**, XIIe siècle. La Vierge, l'Enfant Jésus, sainte Anne et saint Jean-Baptiste. Tiré de *Rosini*. Gravure.   6

2949. **Anonyme grec**, XIIe siècle. La Vierge, l'Enfant Jésus et saint Jean-Baptiste, peinture de la salle de l' « Opera del Duomo », Pise. Tiré de *Rosini*. Id.   6

2950. **Andrea Rico, di Candia**. La Madone, galerie des Offices, Florence. Photographie.   6

2951. **Anonymes**. XIIe et XIVe siècles. L'Annonciation, deux miniatures de la cathédrale et de St-Nicolas de Pise. Tiré des *Monuments de Pise au Moyen-Age*, par *G. Rohault de Fleury*. Gravure.   7

ÉCOLE FLORENTINE.

[Tome 37.]

2952. **Anonyme.** L'Annonciation et un saint prêtre accompagné de deux acolytes, à la « Primaziale » de Pise. Tiré de *Rosini*. Gravure. 8

2953. **Anonyme.** Les Vendanges, miniature grecque, et lettre ornée placée en tête du psaume « Exsultet ». Tiré de *Rosini*. Id. 9

2954. **Guido**, de Sienne, 1221. La Vierge et l'Enfant, peinture, à San-Domenico de Sienne. Tiré de *Rosini*. Id. 10

2955. Le même sujet et détail de la tête de l'Enfant. Tiré de *Seroux d'Agincourt : Histoire de l'art par les monuments*. Id. 10

2956. **Giunta Pisano**, peintre, travaillait de 1210 à 1236. Le Christ en croix, église San-Ranieri, Pise. Tiré de *Rosini*. Id. 11

2957. Le Christ en croix, entouré d'anges et de saints, église supérieure de Saint-François à Assise. Tiré d'*Ottley*. Id. 12

2958. Simon le magicien soutenu dans les airs par les démons, église supérieure de Saint-François à Assise. Tiré d'*Ottley*. Id. 13

2959. Les deux sujets précédents et le Couronnement de la Vierge. Tiré de *Seroux d'Agincourt*. Id. 14

2960. St François d'Assise. Tiré de *Rosini*. Id. 14

2961. **Anonyme**, 1242. Miniature renfermant une lettre ornée et datée de 1242. Commune de Pise. Tiré de *Rosini*. Id. 15

2962. **Anonyme.** Le Christ en croix et une frise représentant le Christ, la Vierge, St Jean-Baptiste, St Silvestre et Ste Catherine. Le Christ se trouve au palais Rossi, la fresque à l'Académie de Pise. Tiré de *Rosini*. Id. 15

2963. **Mino**, de Sienne. La Vierge et l'Enfant Jésus. Palais public, Sienne. Tiré de *Rosini*. Id. 16

2964. **Bonaventure Berlinghieri**, de Lucques. St François d'Assise, 1235. Modène. Tiré de *Rosini*. Id. 16

2965. **Anonyme.** La Vierge entourée d'Anges et de Saints. San Pierino, Pise. Tiré de *Rosini*. Id. 16

2966. **Anonyme**, 1230. La descente de Croix, le corps du Christ sur les genoux de sa mère. Deux sujets. Couvent de St-François de Pérouse. Tiré d'*Ottley*. Id. 17

2967. **Anonyme**, 1250. La Vierge et les disciples pleurant le corps du Christ, église inférieure d'Assise. Tiré d'*Ottley*. Id. 17

2968. **Margaritone** d'Arezzo (1216-1293). Crucifix, Santa Croce, Florence. Photographie. 18

2969. **Diotisalvi Petroni** (1264-1290). La Vierge et l'Enfant Jésus, couvent des Servites, Sienne. Tiré de *Rosini*. Gravure. 19

2970. **Anonyme.** La Vierge et l'Enfant. Tiré de *Rosini*. Id. 19

2971. **Cimabuë** (1240-1302 ?). Fresques de l'église supérieure d'Assise : La Nativité. Tiré d'*Ottley*. Id. 20

2972. — Le corps du Christ descendu de la croix et pleuré par les saintes femmes. Tiré d'*Ottley*. Id. 21

[Tome 37.]

2973. **Cimabuë.** Les deux sujets précédents, plus la Résurrection, la défaite du démon. Tiré de *Seroux d'Agincourt*. Gravure. 21

2974. — La Vierge, l'Enfant Jésus, quatre anges et St François d'Assise, fresque de l'église inférieure de St-François d'Assise. Photographie. 22

2975. — Fragment du même sujet, d'après une copie. Id. 23

2976. — Les trois anges. Tiré d'*Ottley*. Gravure. 23

2977. — Le même sujet. Tiré d'*Ottley*. Id. 24

2978. St Michel combattant le démon, peinture sur la porte de la Sacristie de Santa Croce, Florence. Photographie. 25

2979. La Vierge et l'Enfant. Tiré de *Rosini*. Gravure. 25

2980. La Vierge et l'Enfant entourés de six anges, Santa Maria Novella, Florence. Tiré de *Rosini*. Id. 25

2981. Le même sujet et étude partielle d'une tête d'Ange. Tiré de *Seroux d'Agincourt*. Id. 26

2982. La Vierge et l'Enfant, Galerie de l'Académie des Beaux-Arts, Florence. Photographie. 27

2983. Le même sujet. Id. 27

2984. La Vierge et l'Enfant Jésus entourés de dix anges. Id. 28

2985. St Barthélemy, musée des Offices, Florence. Id. 29

2986. Un saint Évêque administrant le Baptême, galerie royale, Florence. Tiré de *Rosini*. Gravure. 30

2987. La Vierge aux Anges, musée du Louvre. Photographie. 31

2988. **Cimabue** ou **Margaritone** d'Arezzo ? Crucifix, sacristie de Santa-Croce. Florence. Id. 32

2989. **Cimabuë** (?). St Jean l'Évangéliste, d'après un dessin. Id. 32

2990. **Cimabuë** (?). Ste Cécile, galerie des Offices, Florence. Id. 33

2991. **Filippo Russuti.** (Trav. 1288-1294) et **Taddeo Gaddi**, (né 1239, † 1312). Mosaïque de la Basilique Libérienne, le Christ et les Apôtres. Tiré de *Fontana. Chiese di Roma*. Gravure. 34

2992. **Jacopo da Turrita** ou **Torriti** (Trav. 1291-1295). Le Christ dans une gloire, mosaïque exécutée avec l'aide de **Jacopo da Camerino**, 1290. Abside de la Basilique de Latran. Tiré de *Fontana*. Id. 35

2993. **Jacopo da Torrita.** Le couronnement de la Vierge, mosaïque exécutée en 1295 ; on y voit le portrait du pape Nicolas IV. Abside de la Basilique Libérienne. Tiré de *Fontana*. Id. 35

2994. **Jacopo da Torrita.** Le Christ bénissant, mosaïque du dôme de Pise, 1290 ; le Christ en croix par **Apollonio** (milieu du XIIIe siècle); le Christ en croix par **Giunta Pisano** (1210). Tiré de *G. Rohault de Fleury*. Id. 36

2995. **Deodato d'Orlandi.** La Vierge entourée des SS. Pierre, Paul, Jacques et Dominique (1301), tableau à l'Académie de Pise. Tiré de *Rosini*. Id. 37

[Tome 37.]

2996. **Gaddo Gaddi.** Couronnement de la Vierge, mosaïque, cathédrale de Florence. Photographie. 37
2997. **Ugolino, da Siena** (?). Le couronnement de la Vierge, Académie des Beaux-Arts de Florence. Id. 37
2998. **Duccio, da Siena** (1282-1339)? La mort d'Absalon, partie du pavement de la cathédrale de Sienne. Tiré de *Rosini*. Gravure. 38
2999. Jésus devant le grand-prêtre. Dôme de Sienne. Tiré de *Rosini*. Id. 38
3000. La Vierge et l'Enfant, Pinacothèque de Pérouse. Photographie. 38
3001. **Meo, da Siena.** La Vierge et l'Enfant, tableau dans l'église du monastère de Monte l'Abbate près de Sienne. Tiré de *Rosini*. Gravure. 39
3002. **Segna di Bonaventura.** La Vierge, St Jean, St Paul et St Dominique, galerie des Beaux-Arts, Sienne. Tiré de *Rosini*. Id. 39

Giotto di Bondone, de Vespignano. — Peintre, sculpteur, architecte.
(1266-1337.)

3003. Campanile de la Cathédrale de Florence, commencé par **Giotto** en 1334. Tiré de *Cicognara. Histoire de la Sculpture*. Id. 39
3004. La Vierge et l'Enfant Jésus, et quatre têtes (fragments d'une peinture de **Giotto**?). Tiré de *Rosini*. Id. 39
3005. Portrait de Dante, fragment d'une fresque dans l'ancienne chapelle du Podesta, Florence. Tiré de *Rosini*. Id. 39
3006. Le même portrait. Photographie. 40
3007. Un ange, fragment d'une peinture de l'histoire de Job. Campo Santo de Pise. Tiré de *Rosini*. Gravure. 40
3008. La transfiguration, St François recevant les stigmates, St François en extase, la mort de la Vierge, le couronnement de la Vierge. Tiré de *Seroux d'Agincourt*. Id. 40

FRESQUES DANS L'ÉGLISE ST-FRANÇOIS, A ASSISE.

3009. — Vue intérieure de l'église inférieure. (**Giotto** et **Jacopo d'Alemania**). Photographie. 41
3010. — Vue intérieure de l'église supérieure. (**Giotto** et **Jacopo d'Alemania**). Id. 42
3011. — Porte de l'église (**Giotto**). Id. 43

FRESQUES DANS L'ÉGLISE INFÉRIEURE.

3012. — St François ressuscitant une jeune fille. Id. 44
3013. — St François épousant la pauvreté. Tiré d'*Ottley*. Gravure. 45
3014. — La même fresque. Photographie. 46
3015. — La même fresque. Id. 47
3016. — Apothéose de St François. Tiré d'*Ottley*. Gravure. 48

3017. — Apothéose de St François. Photographie. 49
3018. — La même fresque. Id. 50
3019. — La Prudence, l'Obéissance et l'Humilité, vertus de St François. Id. 51
3020. — La même fresque. Id. 52
3021. — Allégorie de la chasteté. Tiré de *Rosini*. Gravure. 53
3022. — La même fresque. Photographie. 53
3023. — La même fresque. Id. 54

Giotto. — FRESQUES DANS L'ÉGLISE SUPÉRIEURE.

3024. — St François apparaissant à St Antoine de Padoue, Mort du duc de Celano, St François donnant à une agonisante la force de se confesser. Ste Claire voyant le corps de St François, etc. Tiré de *Seroux d'Agincourt*. Gravure. 55
3025. — St François renonce à l'héritage paternel. Photographie. 56
3026. — Un fou étend son manteau sous les pieds de St François. Id. 56
3027. — St François ressuscitant un jeune garçon enseveli sous des ruines Id. 57
3028. — St François prêchant devant le pape Honorius III. Id. 57
3029. — Approbation de la règle des Frères Mineurs. Id. 58
3030. — Institution à Grecio des cérémonies del Presepio. Id. 59
3031. — St François en extase. Id. 59
3032. — Un évêque accusé d'hérésie est sauvé par l'intercession miraculeuse de St François. Id. 60
3033. — La même fresque. Tiré de *Rosini*. Gravure. 60
3034. — Mort du duc de Celano prédite par St François. Tiré d'*Ottley*. Id. 61
3035. — La même fresque. Photographie. 62
3036. — La même fresque. Id. 63
3037. — Ste Claire et ses religieuses vénérant le corps de St François. Tiré d'*Ottley*. Gravure. 64
3038. — La même fresque. Photographie. 65
3039. — Un gentilhomme incrédule, nommé Jérôme, examine les stigmates de St François. Id. 66
3040. — St François apparaît à St Antoine de Padoue et aux frères mineurs assemblés. Tiré d'*Ottley*. Gravure. 67
3041. — St François rappelle miraculeusement à la vie une agonisante et lui donne la force de se confesser. Tiré d'*Ottley*. Id. 68
3042. St François apparaît à un gentilhomme blessé mortellement et le guérit. Tiré d'*Ottley*. Id. 69
3043. — St François apparaît au pape. Id. 70

[Tome 37.]
3044. — La Vierge, l'Enfant Jésus et un Saint, fresque dans l'église St-François à Assise. Photographie.   71

TOME XXXVIII.
ÉCOLE FLORENTINE. — GIOTTO (suite).

3045. **Giotto di Bondone.** St François recevant les stigmates, fresque à Santa Croce de Florence. Photographie.   1
3046. Fresques de giotto dans la chapelle Peruzzi à Santa Croce, plan. Croquis.   2
3047. — L'histoire de St Jean-Baptiste ; l'Ange apparaissant à Zacharie. Photographie.   2
3048. — Ste Anne reposant ; Zacharie écrivant le nom de Jean sur ses tablettes. Id.   3
3049. — Hérodiade recevant la tête de St Jean-Baptiste. Id.   3
3050. — St Jean l'Évangéliste ravi en extase. Id.   4
3051. — St Jean l'Évangéliste guérissant une paralytique. Id.   4
3052. — St Jean l'Évangéliste dans l'Ile de Pathmos. Id.   5

Fresques dans la chapelle des bardi della liberta. Santa Croce.

3053. — St François renonce aux biens de ce monde. Id.   6
3054. — St François présente au pape Honorius III les règles de son ordre. Id.   7
3055. — St François prêt à tenter l'épreuve des flammes devant le Sultan. Id.   8
3056. — St François apparaissant à St Antoine de Padoue. Id.   9
3057. — La confession de St François. Id.   10
3058. — La mort de St François. Id.   11
3059. — St Louis, roi de France. Id.   12
3060. — St Louis, évêque de Toulouse. Id.   12
3061. — Ste Claire. Id.   13
3062. — Ste Élisabeth de Hongrie. Id.   13

Fresques dans le réfectoire du couvent de santa croce.

3063. — La Cène. Tiré de *Rosini*. Gravure.   14
3064. — La même fresque. Gravé par *C. Lasinio*. Id.   15
3065. — L'Arbre de la Croix ; La Cène ; Sujets de l'histoire de St François et de St Louis. Photographie.   16

PEINTURES DE GIOTTO A SANTA CROCE.

3066. — Crucifix, Sacristie de l'église de Santa Croce. Photographie. 17
3067. — La Madone sur un trône entourée de dix Saints, chapelle du Noviciat, église Santa Croce. Id. 17
3068. — Le même tableau. Id. 18
3069. — Le couronnement de la Vierge, tableau sur bois dans la chapelle Baroncelli, maintenant Guigni, Santa-Croce, Florence. Id. 19
3070. — Le même tableau, détail du dernier panneau de gauche. Id. 20
3071. — Le même tableau, détail de l'avant-dernier panneau de gauche. Id. 21
3072. — Le même tableau, détail du panneau central. Id. 22
3073. — Le même tableau, détail du panneau central. Id. 23
3074. — Le même tableau, détail de l'avant-dernier panneau de droite. Id. 24
3075. — Le même tableau, détail du dernier panneau de droite. Id. 25
3076. — La Transfiguration, tableau dans la sacristie de Santa-Croce de Florence. Tiré d'*Ottley*. Gravure. 26
3077. — La Transfiguration et la Cène, tableau dans la sacristie de Santa-Croce de Florence. Tiré d'*Ottley*. Id. 26
3078. — Les mêmes tableaux. Photographie. 27

TABLEAUX DE GIOTTO.

3079. Jésus-Christ au Jardin des Olives. Galerie des Offices, Florence. Photographie. 28
3080. La Madone et l'Enfant Jésus sur un trône entourés d'anges, de saints et de saintes, tableau d'autel provenant du couvent d'Ogni-Santi. Académie des Beaux-Arts. Florence. Id. 29
3081. La Cène. Église collégiale d'Empoli, province de Florence. Id. 30
3082. La Cène, tableau ayant figuré à l'exposition des Trésors de l'art en 1857, à Manchester, et appartenant à cette époque à Lord Ward. Id. 30
3083. La mort de la Vierge, tableau de la collection de M. Fred. Reiset, actuellement à Mgr. le duc d'Aumale. Id. 31
3084. L'Ensevelissement de la Vierge. Tiré de *Rosini*. Gravure. 32
3085. La Madone avec cinq autres personnages, dessin à la plume. Tiré d'*Ottley*. Id. 32
3086. La Descente de croix, fac-simile d'un dessin. Photographie. 33
3087. St Pierre marchant sur les eaux, mosaïque de St-Pierre de Rome. Tiré de *Fontana*. Gravure. 33

ÉCOLE FLORENTINE.

[Tome 38.]
3088. St Pierre marchant sur les eaux, fac-simile d'un dessin à la plume. Tiré d'*Ottley*. Photographie. 34
3089. Le Pape Boniface VIII publiant la bulle du Jubilé, fresque. St-Jean de Latran. Tiré de *Seroux d'Agincourt*. Id. 35
3090. Seize anges et trois personnages dont l'un tient un faucon, fac-simile d'un dessin à la plume. Id. 36
3091. Un prince recevant des courtisans, fac-simile d'un dessin à la plume. Id. 36
3092. Études pour le martyre d'un saint, fac-simile d'un dessin à la plume. Id. 37
3093. Le même dessin. Tiré d'*Ottley*. Gravure. 37
3094. FRESQUES DE **Giotto** DANS LA CHAPELLE DELL' ANNUNZIATA NELL' ARENA, Padoue. Plan. Croquis. 38
3095. — St Joachim chassé du temple. Photographie. 39
3096. — St Joachim rentre au bercail. Id. 39
3097. — Apparition de l'ange à Ste Anne. Id. 40
3098. — Sacrifice de St Joachim. Id. 40
3099. — La Vision de St Joachim. Id. 41
3100. — Rencontre de St Joachim et de Ste Anne. Id. 41
3101. — Naissance de la Vierge. Id. 42
3102. — Présentation de la Vierge au temple. Id. 42
3103. — Les Verges apportées au grand-prêtre. Id. 43
3104. — La Veillée des verges. Id. 43
3105. — Les Fiançailles de la Vierge. Id. 44
3106. — Le Retour de la Vierge à la maison. Id. 44
3107. — L'Ange de l'Annonciation. Id. 45
3108. — La Vierge de l'Annonciation. Id. 45
3109. — La Visitation. Id. 46
3110. — La Nativité. Id. 46
3111. — L'Adoration des Mages. Id. 47
3112. — Siméon recevant l'Enfant Jésus. Id. 47
3113. — La Fuite en Egypte. Id. 48
3114. — Le Massacre des Innocents. Id. 48
3115. — Jésus au milieu des docteurs. Id. 49
3116. — Le Baptême de Jésus-Christ. Id. 49
3117. — Les Noces de Cana. Id. 50
3118. — La Résurrection de Lazare. Id. 50
3119. — L'Entrée à Jérusalem. Id. 51
3120. — Jésus chassant les vendeurs du temple. Id. 51
3121. — Judas vendant Jésus-Christ. Id. 52
3122. — La Cène. Id. 52
3123. — Le Lavement des pieds. Id. 53

124   COLLECTION ARMAND. — DEUXIÈME PARTIE.

[Tome 38.]

3124. — Le Baiser de Judas. Photographie.   53
3125. — Jésus devant Caïphe. Id.   54
3126. — Jésus insulté dans le Prétoire. Id.   54
3127. — Jésus portant sa croix. Id.   55
3128. — Jésus en croix. Id.   55
3129. — La mise au tombeau. Id.   56
3130. — La Résurrection. Id.   56
3131. — L'Ascension. Id.   57
3132. — La descente du St-Esprit.   57

TOME XXXIX.
ÉCOLE FLORENTINE (1337-1345).

Giotto. FRESQUES DANS LA CHAPELLE DELL' ANNUNZIATA NELL' ARENA (*suite*).

3133. — Le Jugement dernier. Photographie.   1
3134. — Même sujet, détail : « les Bienheureux ». Id.   1
3135. — Même sujet, détail : « les Damnés ». Id.   2
3136. — Même sujet, détail du groupe des Bienheureux. Id.   3
3137. — Même sujet, détail du groupe des Bienheureux, par *E. Förster*. Lithographie.   4
3138. — La Vierge allaitant l'Enfant Jésus. Photographie.   5
3139. — Le Marquis Scrovegno donne l'église aux « Frati Gaudenti ». Id.   6
3140. — L'Espérance. Id.   7
3141. — Le Désespoir. Id.   7
3142. — La Charité. Id.   7
3143. — L'Envie. Id.   8
3144. — La Foi. Id.   8
3145. — L'Infidélité. Id.   8
3146. — La Modération. Id.   9
3147. — La Colère. Id.   9
3148. — La Fermeté. Id.   9
3149. — La Légèreté. Id.   10
3150. — La Justice. Id.   10
3151. — L'Injustice. Id.   10
1352. — La Sagesse. Id.   11
1353. — La Folie. Id.   11

ÉCOLE FLORENTINE. 125

[Tome 39.]

3154. — La présentation de Jésus-Christ au temple, la Foi, l'Infidélité, fresques de la chapelle dell' Annunziata nell' Arena, Padoue, par *E. Förster*. Gravure. 12

3155. **École de Giotto.** La Madone entre quatre Saints, sacristie de Santa-Croce, Florence. Photographie. 13

3156. **Lippo Memmi** († 1357). La Vierge assise sur un trône et tenant l'Enfant Jésus qui bénit. Elle est entourée de 28 saints ou anges, fresque exécutée en 1317 dans la Sala del Consiglio, Palais neuf du Podesta à San Giminiano. Photographie. 14

3157. La Vierge et l'Enfant Jésus. Cathédrale d'Orvieto. Id. 15

3158. **Lippo Memmi** et **Simone Memmi di Martino.** L'Annonciation (1333) provenant du Dôme de Sienne. Galerie des Offices, Florence. Id. 15

3159. **Simone Memmi** (Né en 1274, † 1344). St Martin s'offre pour combattre les Allemands, fresque dans l'église inférieure de St-François d'Assise. Id. 16

3160. L'Empereur Constance ceignant l'épée à St Martin, fresque dans l'église inférieure de St-François d'Assise. Id. 16

3161. Ste Claire et Ste Élisabeth, fresque dans l'église inférieure de St-François d'Assise. Id. 17

3162. Ste Catherine et Ste Marie Madeleine, fresque dans l'église inférieure de St François d'Assise. Id. 17

3163. Anges et Saints, fresque au Palais public de Sienne. Id. 18

3164. L'Assomption, fresque au Campo-Santo de Pise. Id. 19

3165. Les Bucoliques de Virgile. Bibliothèque Ambrosienne. Tiré de *Rosini*. Gravure. 20

3166. Le Christ portant sa croix. Musée du Louvre. Photographie. 21

3167. Fresques dans la Chapelle des Espagnols à Santa-Maria Novella, Florence, par **Simone Memmi**. (Vers 1333), plan. Dessin. 22

3168. — Jésus portant sa croix. Photographie. 23

3169. — Le Calvaire, fragment 1. Le bon larron. Id. 24

3170. — Le Calvaire, fragment 2. Le Christ en croix. Id. 25

3171. — Le Calvaire, fragment 3. Le mauvais larron. Id. 26

3172. — La descente aux Limbes. 27

3173. — L'Église militante et triomphante. Tiré de *Rosini*. Gravure. 28

3174. — Détail de la même fresque. Église militante. Photographie. 29

3175. — Autre détail de la même fresque : l'Eglise militante, partie gauche. Id. 29

3176. — Autre détail de la même fresque : l'Eglise militante, partie droite. Id. 30

3177. — Autre détail de la même fresque : l'Eglise militante, conversion des Infidèles. Id. 30

3178. — L'Église militante. Conversion des infidèles. Détail. Photographie.   31
3179. — Autre détail de la même fresque : l'Eglise militante, les Ermites et les séculiers. Id.   32
3180. — Autre détail de la même fresque : l'Eglise militante, les ordres réguliers. Id.   33
3181. — Autre détail : trois têtes d'hommes du groupe des fidèles séculiers. Id.   34
3182. — Autre détail : cinq têtes d'hommes du même groupe. Id.   35
3183. — Autre détail : quatre têtes de femmes du même groupe. Id.   36

FRESQUES DANS LA CHAPELLE DES ESPAGNOLS à Santa Maria Novella, Florence, par **Taddeo Gaddi** (vers 1345).

3184. — Les Vertus et les Sciences. Tiré de *Rosini*. Gravure.   37
3185. — Détail de la même fresque, les Vertus, les Sciences et les docteurs qui les personnifient. Photographie.   38
3186. — Détail de la même fresque : le droit civil, le droit écclésiastique, Justinien, Clément V. Id.   39
3187. — Détail de la même fresque : La Théologie spéculative, la Théologie pratique ; Pierre Lombard, Sévère Boèce. Id.   39
3188. — Détail de la même fresque : La Foi, l'Espérance, St Denys l'Aréopagite, St Jean Damascène. Id.   40
3189. — Détail de la même fresque : L'Amour, l'Arithmétique, St Augustin, Pythagore. Id.   40
3190. — Détail de la même fresque : La Géométrie, l'Astronomie, Euclide, Ptolémée. Id.   41
3191. — Détail de la même fresque : La Musique, la Dialectique, Tubalcaïn, Aristote. Id.   41
3192. — Détail de la même fresque : La Rhétorique, la Grammaire, Cicéron, Donato. Id.   42
3193. — Détail de la même fresque : Pierre Lombard, Boèce, St Denys l'Aréopagite, St Jean Damascène. Tiré d'*Ottley*. Gravure.   42

FRESQUES A LA VOUTE DE LA CHAPELLE DES ESPAGNOLS.

3194. — La Résurrection. Photographie.   43
3195. — L'Ascension. Id.   44
3196. — La Descente du St-Esprit. Id.   45
3197. — La Barque de St Pierre. Id.   46
3198. **Taddeo Gaddi.** Le Christ en croix, fresque, église inférieure de St-François à Assise. Id.   47
3199. **Taddeo Gaddi.** Le Massacre des Innocents, fresque, église inférieure de St-François à Assise. Id.   48

ÉCOLE FLORENTINE. 127

[Tome 39.]

3200. **Pietro Laurati** ou **Lorenzetti** (Petrus Laurentii), peintre siennois, travaillait vers 1335, † vers 1350, fresque au Campo Santo de Pise, plan. Dessin. 49
3201. Les Anachorètes de la Thébaïde, fresque au Campo-Santo de Pise, par *C. Lasinio*. Gravure. 50
3202. La même fresque. Photographie. 51
3203. Le Couronnement de la Vierge. Académie de Sienne. Tiré de *Rosini*. Gravure. 52
3204. La Thébaïde d'Égypte. Galerie des Offices, Florence. Photogr. 53
3205. La même fresque. Id. 53
3206. Détail de la même fresque : Enterrement d'un anachorète. Tiré de *Rosini*. Gravure. 54
3207. Un Crucifix, église St-Marc de Cortone. Photographie. 55
3208. **Ambrozio Lorenzetti** frère du précédent. (Trav. 1335-1341). Le Christ descendu de la croix et pleuré par les Saintes Femmes. Académie des Beaux-Arts de Sienne. Tiré de *Rosini*. Gravure. 56
3209. St Dominique en prières, fresque au musée royal de Berlin. Photographie. 57
3210. Ste Catherine guérissant une religieuse, fresque au musée royal de Berlin. Id. 57
3211. **Ugolino di Prete Ilario**, peintre, travaillait à Santa-Maria d'Orvieto en 1336-1337. Chœur d'anges. Dôme d'Orvieto. Tiré d'*Ottley*. Gravure. 58
3212. **Puccio Capanna**, peintre, élève de Giotto, travaillait à St-François à Assise vers 1337. La Madone entourée de huit saints et saintes. Tiré de *Seroux d'Agincourt*. Id. 59

FRESQUES DANS L'ÉGLISE INFÉRIEURE DE ST-FRANÇOIS, A ASSISE.

3213. — Entrée de Jésus-Christ à Jérusalem. Photographie. 60
3214. — Le Lavement des pieds. Id. 60
3215. — La Cène. Id. 61
3216. — L'Arrestation de Jésus-Christ au jardin des Oliviers. Id. 61
3217. — La Flagellation. Id. 62
3218. — Le Portement de croix. Id. 62
3219. — La Déposition de croix. Id. 63
3220. — La même fresque. Tiré d'*Ottley*. Gravure. 63
3221. — La mise au tombeau. Photographie. 64
3222. — La même fresque. Tiré de *Rosini*. Gravure. 64
3223. — Fragment de la même fresque. Tiré d'*Ottley*. Id. 65
3224. **Donato**, peintre et sculpteur. Un prophète, d'après un dessin. Photographie. 66

TOME XL.
ÉCOLE FLORENTINE (1345-1353).

Taddeo Gaddi (né vers 1300, † 1366). Fresques dans la chapelle des Espagnols à Santa-Maria de Florence, voir à la suite de : **Simone di Martino**. N°s 3184-3197.

3225. La Vierge et l'Enfant, peinture exécutée dans le cloître de San Francesco et transportée au Campo-Santo de Pise. Tiré de *Rosini*. Gravure. 1

FRESQUES DANS L'ÉGLISE INFÉRIEURE DE ST-FRANÇOIS A ASSISE.

3226.	— La Visitation. Photographie.	2
3227.	— La Nativité. Id.	2
3228.	— L'Adoration des Mages. Id.	3
3229.	— La Présentation au temple. Id.	3
3230.	— Le Massacre des Innocents. Id.	4
3231.	— La Fuite en Egypte. Id.	4
3232.	— Jésus au milieu des docteurs. Id.	5
3233.	— Le Retour à Nazareth. Id.	5
3234.	— Le Calvaire. Id.	6

FRESQUES DE **Taddeo Gaddi** à Santa Croce de Florence.

3235.	— St Joachim chassé du temple. Un ange lui apparait, fresque dans la chapelle Baroncelli (actuellement Guigni), par *C. Lasinio*. Gravure.	7
3236.	— La même fresque. Photographie.	8
3237.	— Rencontre de St Joachim et de Ste Anne. Id.	9
3238.	— Naissance de la Vierge. Id.	10
3239.	— Les deux fresques précédentes, par *C. Lasinio*. Gravure.	11
3240.	— La Présentation de la Vierge au temple. Photographie.	12
3241.	— Le Mariage de la Vierge. Id.	13
3242.	— Les deux fresques précédentes, par *C. Lasinio*. Gravure.	14
3243.	— St Joseph tenant la tige fleurie. Photographie.	15
3244.	— L'Annonciation, la Visitation. Id.	16
3245.	— La Nativité, l'Adoration des Bergers. Id.	17
3246.	— L'Ange annonçant aux bergers la naissance du Christ. Id.	18
3247.	— L'Étoile apparaissant aux Rois Mages. Id.	19
3248.	— L'Adoration des Mages. Id.	20
3249.	— Les quatre fresques précédentes, par *C. Lasinio*. Gravure.	21
3250.	— David vainqueur de Goliath. Photographie.	22

[Tome 40.]

3251. — Deux figures de vertus. Photographie. 23
3252. — Deux figures de vertus. Id. 23
3253. La Vierge et l'Enfant Jésus entre Ste Catherine et St Agnès ; sur les côtés six saints, au bas quatre petits sujets. Triptyque. Pinacothèque de Pérouse. Id. 24
3254. La Visitation. D'après un dessin. Id. 25
3255. **Taddeo Gaddi ?** Le Christ entre la Vierge et St Jean. Musée royal de Berlin. Id. 25
3256. **Anonyme de l'École siennoise.** La Vierge et l'Enfant Jésus, fresque. Église San-Francesco, Prato. Id. 26
3257. **Stefano Fiorentino** (trav. vers 1350). La Vierge et l'Enfant Jésus qui tient un oiseau. Tiré de *Rosini*. Gravure. 26
3258. **Paolo di Neri, de Sienne,** (trav. vers 1350). Couronnement d'un saint dans le ciel. Tiré de *Rosini*. Id. 26
3259. **Anonyme de l'école de Giotto.** Le Couronnement de la Vierge. Tiré de *Rosini*. Id. 27
3260. **Anonyme Florentin,** XIVe siècle. Le Couronnement de la Vierge. Santa Maria Novella, Florence. Photographie. 28
3261. **Anonyme Florentin,** XIVe siècle. Figure d'un archer. D'après un dessin d'Oxford. Christ-Church. Id. 29
3262. **Anonyme,** XIVe siècle. Le Christ en croix, collection Vallardi, Milan. Tiré de *Rosini*. Gravure. 30
3263. **Anonyme Siennois,** XIVe siècle. Un Saint Évêque sur un trône entouré de quatre anges, au bas six religieux en prières, miniature du livre de chœur de la Cathédrale de San Giminiano. Tiré de *Rosini*. Id. 31
3264. **Anonyme,** XIVe siècle. Le Père éternel tenant le Christ en croix. Hôpital de la Miséricorde, Pise. Tiré de *Rosini*. Id. 31
3265. **Jacopo da Pratovecchio ou da Casentino** (Trav. de 1351-1354. La Vierge tenant l'Enfant Jésus. Pinacothèque Bartolini, Arezzo. Photographie. 32
3266. La Vierge et l'Enfant Jésus. Pinacothèque Bartolini. Arezzo. Id. 32
3267. **Buffalmacco** (Buonamico), peintre, travaillait de 1351 à 1354. Fresques au Campo-Santo de Pise, plan. Dessin. 33
3268. — Le Christ en croix, par *C. Lasinio*. Gravure. 34
3269. — L'Évanouissement de la Vierge, détail de la fresque précédente. Photographie. 35
3270. — L'Ascension et la Résurrection. Calque. 36
3271. — L'Ascension. Tiré de *Rosini*. Gravure. 37
3272. La Vierge et deux personnages, fragments de peinture du Campanile, San Domenico à Pérouse. Tiré de *Rosini*. Id. 37

[Tome 40.]

3273. Santa Umilta de Faënza et 11 sujets de la vie de la Sainte. Académie des Beaux-Arts, Florence. Photographie. 37

3274. **Bruno**, peintre (vers 1351). La Vierge retirant une jeune femme de la mer du monde. Académie de Pise. Tiré de *Rosini*. Gravure. 38

3275. **Andrea Orcagna** (né vers 1308, mort vers 1368). St Zénobe. Cathédrale de Florence. Photographie. 39

3276. Fresques dans la chapelle Strozzi. Santa Maria Novella, Florence. 2 plans. Dessins. 40

3277. — Le Jugement dernier. Photographie. 41

3278. — Groupe des damnés dans la fresque du Jugement dernier. Id. 42

3279. — Le Paradis, ensemble de la fresque. Id. 43

3280. — Détails de la fresque du Paradis, treize pièces. Id. 44-56

3281. — L'Enfer. Tiré de *Seroux d'Agincourt*. Gravure. 57

3282. — L'Enfer. Photographie. 58

3283. Jésus sur un trône, entouré de Saints, tableau d'autel dans la même chapelle. Id. 59

TOME XLI.

ÉCOLE FLORENTINE (1353-1378).

3284. **Orcagna** (1308-1368), fresques au Campo-Santo de Pise, plan. Dessin. 1

3285. — Le Triomphe de la mort gravé, par *C. Lasinio*. Gravure. 2

3286. — La même fresque. Photographie. 3

3287. — Le Triomphe de la mort, détails, cinq pièces. Id. 4-6

3288. — Le Triomphe de la mort (détail) et vue de Pise, d'après **Benozzo Gozzoli**. Tiré de *Rohault de Fleury*. Gravure. 7

3289. — Le Triomphe de la mort, détail. Tiré de *Rosini*. Id. 7

3290. — Le Triomphe de la mort (détail) et le Jugement dernier (détail). Tiré de *Rohault de Fleury*. Id. 8

3291. — Le Jugement dernier et l'Enfer, par *C. Lasinio*. Id. 9

3292. — Les mêmes fresques. Photographies. 10

3293. — Le Jugement dernier. Id. 11

3294. — La même fresque. Id. 12

3295. — La même fresque. Id. 12

3296. — La même fresque. Tiré de *Rosini*. Gravure. 13

3297. — Détail de la même fresque, le Christ prononçant la sentence contre les damnés. Tiré d'*Ottley*. Id. 14

3298. — Détail de la même fresque, le Christ prononçant la sentence contre les damnés. Photographie. 15

ÉCOLE FLORENTINE 131

[Tome 41.]
3299. — Détail du jugement dernier, les Anges conduisant les ressuscités. Photographie. 16
3300. — Détail de la même fresque, groupe des bienheureux. Id. 17
3301. — Détail de la même fresque, groupe des damnés. Id. 18
3302. — Détail de la même fresque, un Ange conduisant par la main un Saint et une Sainte. Tiré de *Rosini*. Gravure. 19
3303. **Bernardo Daddi** (travaillait de 1349-1380). Martyre de St Laurent, fresque. Chapelle Pulci à Santa-Croce, Florence. Photographie. 20
3304. Martyre de St Etienne, fresque. Chapelle Pulci à Santa-Croce, Florence. Id. 21
3305. La Madone, tableau d'autel d'Or San Michele, Florence. Id. 22
3306. Le même tableau. Id. 23
3307. **Francesco da Volterra** (travaillait à Pise, 1346-1372). Histoire de Job, fresques au Campo-Santo, plan. Dessin. 24
3308. — Les malheurs de Job, par *C. Lasinio*. Gravure. 25
3309. — Détail de la même fresque. Tiré d'*Ottley*. Id. 26
3310. — Détail de la même fresque. Tiré de *Rohault de Fleury*. Id. 26
3311. — Les amis de Job, par *C. Lasinio*. Id. 27
3312. — Détail de la même fresque. Photographie. 28
3313. **Tommaso di Stefano**, dit **Giottino**. (Travaillait vers 1368). La Déposition de croix. Galerie des Offices, Florence. Id. 29
3314. La Vierge apparaissant à St Bernard. Académie des Beaux-Arts, Florence. Tiré de *Rosini*. Gravure. 30
3315. St Nicolas rend miraculeusement à sa famille une jeune fille emmenée en esclavage, fresque dans l'église inférieure de St-François à Assise. Tiré d'*Ottley*. Id. 30
3316. St Silvestre ressuscitant des morts. Chapelle « dei Conti Bardi », dite de St-Silvestre. Santa-Croce de Florence. Photographie. 31
3317. La mise au tombeau. Chapelle « dei Conti Bardi », dite de St-Silvestre. Santa Croce de Florence. Id. 32
3318. **Francesco Traini** (travaillait vers 1370). Triomphe de St Thomas d'Aquin. Église Ste-Catherine. Pise. Tiré de *Rosini*. Gravure. 33
3319. **Nicolo di Tommaso Fiorentino** (travaillait vers 1371). Un Saint Docteur et deux Anges. Tiré de *Seroux d'Agincourt*. Id. 34
3320. **Andrea di Vanni** (travaillait vers 1370). Ste Catherine de Sienne. Église San Domenico, Sienne. Tiré de *Rosini*. Id. 35
3321. **Andrea di Firenze** (travaillait au Campo-Santo de Pise en 1377). Fresques au Campo-Santo, plan. Dessin. 36
3322. — La Conversion de St Rainier, par *C. Lasinio*. Gravure. 37
3323. — La même fresque. Photographie. 38
3324. — St Rainier prend l'habit religieux, par *C. Lasinio*. Gravure. 39

132   COLLECTION ARMAND. — DEUXIÈME PARTIE.
[Tome 41.]

3325. — St Rainier prend l'habit religieux. Photographie.   40
3326. — Les miracles de St Rainier, par *C. Lasinio.* Gravure.   41
3327. — La même fresque. Photographie.   42
3328. **Agnolo Gaddi**, fils de Taddeo, peintre florentin, (né en 1333, mort en 1396). La Madone entre deux Saints, peinture à San Spirito, Florence. Tiré de *Rosini.* Gravure.   43

FRESQUES DANS LA CHAPELLE « DEL SACRO CINGOLO »
CATHÉDRALE DE PRATO.

3329. — St Joachim chassé du temple. Photographie.   43
3330. — La rencontre de St Joachim et de Ste Anne. Id.   44
3331. — La Présentation de la Vierge au temple. Id.   44
3332. — Le Mariage de la Vierge. Id.   45
3333. — L'Annonciation. Id.   45
3334. — La Nativité. Id.   46
3335. — Mort et Assomption de la Vierge. Id.   46
3336. — Le Couronnement de la Vierge. Id.   47
3337. — Michel dei Dragomari revient de Terre-Sainte rapportant la sainte ceinture. Id.   47
3338. — Le Rédempteur. Id.   48
3339. — La Vierge et l'Enfant Jésus. Id.   48
3340. — Les quatre docteurs de l'Église. Id.   49
3341. — St Antoine, ermite. Id.   49
3342. L'Annonciation. Galerie des Offices, Florence. Id.   50
3343. L'Adoration des Mages. Galerie des Offices, Florence. Id.   50

FRESQUES D'**Agnolo Gaddi** dans le chœur de l'église Sta Croce. Florence.

3344. — Quatre sujets de l'Histoire de la Ste Croix. Photographie.   51
3345. — Quatre autres sujets de l'Histoire de la Ste Croix. Id.   51
3346. — Seth plante dans le corps d'Adam le rameau de l'arbre de la science du bien et du mal qu'il a reçu de l'archange St Michel. Id.   52
3347. — Ce rameau étant devenu arbre, Salomon en fait faire un pont sur un torrent. La reine de Saba prédit sa destinée et l'adore, Salomon fait enfouir l'arbre profondément. Id.   52
3348. — Une piscine ayant été creusée à l'endroit où cet arbre était enfoui devient miraculeuse. Les Juifs en retirent l'arbre pour faire la Sainte Croix. Id.   53
3349. — Ste Hélène découvre la vraie croix dont la vertu ressuscite un cadavre. Id.   53
3350. — Ste Hélène portant la croix en triomphe rentre à Jérusalem. Id.   54

[Tome 41.]

3351. — Chosroès, roi de Perse, s'empare de Jérusalem et emporte la vraie croix. Photographie. 54
3352. — Héraclius, empereur d'Occident, averti miraculeusement par un ange, livre bataille à Chosroès et rentre en possession de la croix. Id. 55
3353. — Héraclius voulant rentrer triomphalement à Jérusalem trouve la porte miraculeusement murée, il quitte ses vêtements royaux et la porte s'ouvre. Id. 55
3354. — Détail de la fresque précédente. Tiré d'*Ottley*. Gravure. 56
3355. **Agnolo Gaddi** et **Nicolo di Tommaso Tioventino**. Tableau du grand autel de l'église Santa-Croce de Florence. La Vierge entourée de Saints. Photographie. 57
3356. **Agnolo Gaddi.** La Vierge et l'Enfant entourés de Saints. Académie des Beaux-Arts, Florence. Id. 58
3357. Le Sauveur assis bénissant. D'après un dessin. Id. 58
3358. **Giovanni Gaddi** (travaillait en 1381). La Résurrection de Lazare, fresque dans l'église inférieure de St-François à Assise. Tiré d'*Ottley*. Gravure. 59

TOME XLII.
ÉCOLE FLORENTINE (1378 A 1396).

3359. **Berna**, de Sienne (mort en 1381). Peintures à fresque sur le tabernacle de St-Jean de Latran. Tiré de *Seroux d'Agincourt*. Gravure. 1
3360. Le Christ en croix, fresque. Cathédrale d'Arezzo. Photographie. 1
3361. Le Calvaire, fresque. Eglise de San Giminiano. Id. 2
3362. **Pietro di Puccio** d'Orvieto (travaillait à Orvieto en 1370 et 1387, à Pise en 1390-1392). Fresques au Campo-Santo de Pise, plan. Dessin. 3
3363. — La Création. Photographie. 4
3364. — La même fresque, par *C. Lasinio*. Gravure. 5
3365. — La mort d'Abel. Photographie. 6
3366. — La même fresque, par *C. Lasinio*. Gravure. 7
3367. — L'Arche de Noé, par *C. Lasinio*. Id. 8
3368. — La même fresque. Tiré de *Rosini*. Id. 9

FRESQUES DU XIVe SIÈCLE à la villa San-Donato, près de Florence, attribuées par erreur à **Giotto**. L'une d'elles porte la date 1383.

3369. — La Naissance de Saint Jean-Baptiste. Photographie. 10

3370. — L'Annonciation. Photographie. 11
3371. — L'Adoration des Mages. Id. 12
3372. — St Georges et St Sébastien. Id. 13
3373. — Pazzino de Pazzi rendant grâce à St Donato au retour de la 1re croisade. Id. 14
3374. **Giovanni di Bartolommeo Cristiani.** L'Arbre de la croix. Eglise San-Francesco de Pistoie. Id. 15
3375. **Anonyme.** Le Christ dans une gloire. Evangéliaire de Johannes de Oppavia. (Hof-Bibliothek, Vienne). Id. 16
3376. Douze sujets de sainteté. Tiré du même manuscrit. Id. 16

Lorenzo di Bicci (né en 1350 ? mort en 1427). FRESQUES DANS LA CHAPELLE ST-JACQUES, CATHÉDRALE DE PRATO.

3377. — Les quatre Evangélistes. Photographie. 17
3378. — La Vocation de St Jacques-le-Majeur. Id. 17
3379. — St Jacques-le-Majeur baptise Hermogènes. Id. 18
3380. — Martyre de St Jacques-le-Majeur. Id. 18
3381. — L'arrestation de Ste Marguerite. Id. 19
3382. — Ste Marguerite menée au Préfet d'Antioche. Id. 19
3383. — Martyre de Ste Marguerite. Id. 20
3384. L'Annonciation. Santa Maria Novella, Florence. Id. 21
3385. La Vierge, l'Enfant Jésus et quatre Saints. Église St-Michel, Arezzo. Id. 22
3386. Jésus-Christ remettant les clefs de l'Église à St Pierre. Dessin. Musée de Florence. Id. 23
3387. **Spinello Aretino** (mort en 1410). St Jacques, St Philippe, quatre sujets tirés de la vie de ces Saints et deux sujets relatifs à la vie de Ste Catherine. Fresques. Église St-Dominique d'Arezzo. Id. 24
3388. L'Ange de l'Annonciation. Eglise St-Dominique d'Arezzo. Id. 25
3389. La Vierge de Bon-Secours. Église Ste-Marie des Grâces, Arezzo. Id. 26
3390. La Chute des anges rebelles. Église des Saints-Anges, Arezzo, par *C. Lasinio*. Gravure. 27
3391. Fresques de **Spinello Aretino** au Campo-Santo de Pise, plan. Dessin. 28
3392. — St Éphèse présenté à l'empereur Dioclétien, par *C. Lasinio*. Gravure. 29
3393. — Détail de la même fresque. Tiré de *Rosini*. Id. 30
3394. — Détail de la même fresque. Photographie. 30
3395. — St Éphèse combattant les païens de Sardaigne, par *C. Lasinio*. Gravure. 31

[Tome 42.]

3396. — St Éphèse combattant les païens de Sardaigne. Photographie. 32
3397. — Détail de la même fresque. Tiré de *G. Rohault de Fleury*. Gravure. 32
3398. — Martyre des Saints Éphèse et Politus, par *C. Lasinio*. Id. 33
3399. — La même fresque. Photographie. 34
3400. — La translation du corps des deux saints, détail d'une fresque aujourd'hui disparue. Calque. 35
3401. La Madone sur un trône entre quatre Saints. Académie des Beaux-Arts, Florence. Photographie. 36

FRESQUES DANS LA SACRISTIE DE L'ÉGLISE DE SAN MINIATO, hors Florence. Histoire de St Benoît.

3402. — St Benoît quitte la maison paternelle. Photographie. 37
3403. — St Benoît revêt l'habit religieux. Id. 37
3404. — Premier miracle de St Benoît. Il répare un plateau brisé. Id. 38
3405. — St Benoît dans le cloitre. Id. 38
3406. — St Benoît se roule au milieu des épines. Id. 39
3407. — St Benoît commence sa carrière d'enseignement. Id. 39
3408. — St Benoît quitte le couvent. Id. 40
3409. — St Benoît convertit et baptise les infidèles. Id. 40
3410. — St Benoît ressuscite un frère enseveli sous les débris d'une tour. Id. 41
3411. — St Benoît châtie un religieux qui avait quitté le couvent. Id. 41
3412. — St Benoît bénit la pêche d'un pauvre. Id. 42
3413. — St Benoît sauve un noyé. Id. 42
3414. — St Benoît poursuit le démon avec ses religieux. Id. 43
3415. — St Benoît fait des remontrances à l'Empereur. Id. 43
3416. — L'Empereur est touché des remontrances de St Benoît. Id. 44
3417. — Mort et glorification de St Benoît. Id. 44
3418. — Les seize fresques précédentes en quatre feuilles. Id. 45-46

FRESQUES A SANTA CATARINA ALL'ANTELLA, hors Florence.

3419. — Quatre sujets de la vie de Ste Catherine. Id. 47
3420. — Quatre sujets de la vie de Ste Catherine. Id. 47
3421. — Ste Catherine écoute les instructions d'un saint anachorète. Id. 48
3422. — Ste Catherine reçoit l'habit religieux des mains d'un saint anachorète. Id. 48
3423 — Ste Catherine reçoit des mains de l'enfant Jésus un anneau nuptial. Id. 49
3424. — Ste Catherine refuse d'adorer les idoles. Id. 49

136 COLLECTION ARMAND. — DEUXIÈME PARTIE.

[Tome 42.]

3425. — Maximin exhorte Ste Catherine à adorer les idoles. Photographie. 50
3426. — Ste Catherine convertit les serviteurs de Maximin. Id. 50
3427. — Ste Catherine assiste au supplice des chrétiens martyrisés. Id. 51
3428. — Ste Catherine, emprisonnée, convertit Porphyrius et la femme de Maximin. Id. 51
3429. — Ste Catherine conduite au supplice. Les anges transportent son corps sur le Sinaï. Id. 52
3430. — La Vierge et l'Enfant Jésus entre deux Saints. Id. 52
3431. — Ste Catherine. Id. 53
3432. — Saint anachorète. Id. 53
3433. Fresques de **Spinello Aretino** au palais ducal de Sienne, plan. Dessin. 54
3434. — Vue du tribunal de Balia. Tiré de *Bonnard* et *Mercuri*. Costumes des XIIIe, XIVe et XVe siècles. Gravure. 55
3435. — Alexandre III donnant l'épée au doge Zani. Photographie. 55
3436. — Détail de la même fresque. Tiré de *Bonnard*. Gravure. 56
3437. — Détail de la même fresque. Tiré de *Bonnard*. Id. 56
3438. — Frédéric Barberousse aux pieds d'Alexandre III. Photographie. 57
3439. — Un combat naval. Id. 57

TOME XLIII.

ÉCOLE FLORENTINE (1396-1432). — FRA ANGELICO.

3440. **Nicolo di Pietro Gerini** (travaillait de 1392-1401). FRESQUES DANS L'ÉGLISE SAN-FRANCESCO A PRATO. La vocation de St Mathieu. Photographie. 1
3441. — Miracle de St Mathieu. Id. 1
3442. — Martyre de St Mathieu. Id. 2
3443. — Sujets de la vie de St Antoine ermite. Id. 2
3444. — Vision de St Antoine abbé. Id. 3
3445. — Ste Claire, Ste Catherine, St Jean-Baptiste et St Barthélemy. Id. 3
3446. — Le Calvaire (fragment). Id. 4
3447. — La Vierge et l'Enfant Jésus. Id. 4
3448. — L'Évangéliste St Mathieu. Id. 5
3449. — L'Évangéliste St Marc. Id. 5

[Tome 43.]
3450. — L'Évangéliste St Luc. Photographie. 6
3451. — L'Évangéliste St Jean. Id. 6
3452. — La Pietà avec la Vierge et St François. Id. 6
3453. Jésus conduit au Calvaire. Sacristie de l'église de Santa-Croce, Florence. Id. 7
3454. Jésus en croix. Sacristie de l'église de Santa-Croce, Florence. Id. 7
3455. La Résurrection. Sacristie de l'église de Santa-Croce, Florence. Id. 8
3456. L'Ascension. Sacristie de l'église de Santa-Croce, Florence. Id. 8
3457. **Nicolo di Pietro Gerini, Spinello Aretino** et **Lorenzo di Nicolo Gerini.** Le Couronnement de la Vierge. Académie des Beaux-Arts, Florence. Id. 9
3458. **Nicolo di Pietro Gerini.** Crucifix. Chapelle del Sacramento, Santa-Croce. Id. 9
3459. La mise au tombeau. Académie des Beaux-Arts, Florence. Id. 10
3460. **Gherardo Starnina** (1354-1408 ?). Fresques dans la chapelle Bocchineri, cathédrale de Prato. La Foi, l'Espérance, la Charité et la Force, figures allégoriques décorant la voûte. Id. 11
3461. — La Naissance de la Vierge. Id. 11
3462. — La Présentation de la Vierge au temple. Id. 12
3463. — Le Mariage de la Vierge. Id. 12
3464. — St Étienne disputant avec les docteurs. Id. 13
3465. La Mort de St Jérôme. Église del Carmine, Florence. Tiré de *Seroux d'Agincourt*. Gravure. 13
3466. La Descente de croix. Tiré de *Rosini*. Id. 14
3467. **Giovanni di Niccolo, da Pisa** (1360). La Vierge et l'Enfant entourés de Saints et Saintes. Florence, Galerie Corsini. Photographie. 15
3468. Le même sujet. Tiré de *Seroux d'Agincourt*. Gravure. 16
3469. La Vierge et l'Enfant entre Ste Bonne, St Jean, Ste Marie-Madeleine et St Barthélemy. Tiré de *Rosini*. Id. 16
3470. **Antonio Vite** (1413-1427). La Lapidation de St Étienne. Chapelle Bocchineri, cathédrale de Prato. Photographie. 17
3471. L'Invention du tombeau de St Étienne. Chapelle Bocchineri, cathédrale de Prato. Id. 17
3472. **Anonyme italien,** XVe siècle. Le Christ aux Limbes. Musée provincial de Valence. Id. 18
3473. Le Christ en croix, le Baptême de Jésus-Christ et la Conversion de St Paul, triptyque. Musée de Valence. Id. 18
3474. **Taddeo Bartoli** (1353-1422). Les Apôtres agenouillés. Campo-Santo de Pise. Tiré de *Rosini*. Gravure. 19
3475. La Vierge et l'Enfant entourés de quatre Saints. Hôtel-Dieu de Pise. Tiré de *Rosini*. Id. 19

[Tome 43.]

3476. Fresques dans la chapelle del Palazzo Publico à Sienne, plan. Dessin. 20
3477. — La Vierge portée au tombeau. Photographie. 21
3478. — La Mort de la Vierge. Id. 21
3479. **Lorenzo, Monaco Camaldolense** (travaillait vers 1413, † 1429). L'Adoration des Mages. Santa-Trinita de Florence. Tiré de *Rosini*. Gravure. 22
3480. L'Annonciation. Académie des Beaux-Arts, Florence. Photographie. 23
3481. L'Adoration des Mages. Galerie des Offices. Id. 23
3482. Le Christ en croix. Galerie des Offices. Id. 24
3483. La Mère de douleurs. Galerie des Offices. Id. 25
3484. St Jean l'Évangéliste. Galerie des Offices. Id. 25
3485. Le Couronnement de la Vierge. Galerie des Offices. Id. 26
3486. **Lorenzo di Nicolo Gerini.** Le Couronnement de la Vierge. Église St-Dominique, Cortone. Id. 27
3487. **Pesello Giuliano** (1367-1457 ?). La Nativité. Bologne. Tiré de *Rosini*. Gravure. 28
3488. La Vierge et l'Enfant Jésus adorés par deux anges. National Gallery, Londres. Id. 28
3489. L'Adoration des Mages. Galerie des Offices. Photographie. 28
3490. Étude d'un personnage drapé, debout. Dessin du musée de Florence. Id. 29
3491. La Vierge, l'Enfant Jésus et St Jean-Baptiste, tableau ayant figuré à l'exposition des trésors de l'art à Manchester en 1857. Id. 29
3492. **Goro di Francesco, Senese** ou **Grégorio Cecchi.** La Vierge allaitant l'Enfant Jésus. Sacristie de la cathédrale de Sienne. Tiré de *Rosini*. Gravure. 30
3493. **Anonyme florentin.** Le Christ agenouillé. Dessin d'Oxford. Photographie. 30
3494. **Masolino da Panicale.** (Tommaso di Cristoforo di Tino) (1384-1447). Adam et Ève. Chapelle Brancacci, église del Carmine, Florence. Id. 31
3495. Vocation de St Pierre et de St André, église del Carmine, par *C. Lasinio*. Gravure. 32
3496. St Pierre guérissant les malades, par *C. Lasinio*. Id. 33
3497. La même fresque. Tiré de *Rosini*. Id. 34
3498. St Jean-Baptiste faisant des reproches à Hérode. Castiglione d'Olona. Photographie. 34
3499. Hérodiade recevant la tête de St Jean-Baptiste. Castiglione d'Olona. Id. 35
3500. Festin d'Hérode. Castiglione d'Olona. Id. 35

ÉCOLE FLORENTINE.

[Tome 43.]

3501. Le Christ au tombeau entre la Vierge et St Jean. Empoli. Photographie. 36
3502. Étude de deux figures vêtues. Dessin du musée de Florence. Id. 37
3503. **Fra Giovanni da Fiesole** († 1455). Monument de B. Angelico dans l'église della Minerva. Tiré de *Fontana*. Gravure. 38

FRESQUES DE FRA ANGELICO AU COUVENT DE ST-MARC A FLORENCE.

3504. — Plan. Dessin. 39
3505. — St Dominique agenouillé au pied de la croix (1er cloître). Photographie. 40
3506. — St Pierre martyr recommandant le silence. (1er cloître). Id. 40
3507. — Jésus-Christ en costume de pèlerin est accueilli par deux saints Dominicains. (1er cloître). Id. 41
3508. — St Thomas d'Aquin (1er cloître). Id. 41
3509. — L'Annonciation (corridor A). Id. 41
3510. — Le Calvaire (salle du Chapitre). Id. 42
3511. — Le Calvaire, détail : l'Evanouissement de la Vierge. Id. 42
3512. — Le Calvaire, détail : Les Saints agenouillés. Id. 43
3513. — Le Calvaire : St Dominique et trois saints Docteurs. Id. 43
3514. — St Dominique au pied de la croix. (Corridor A). Id. 44
3515. — Jésus-Christ aux Limbes. (Corridor A, cellule N° 1). Id. 44
3516. — La même fresque. Id. 44
3517. — Le Sermon sur la montagne. (Corridor A, cellule N° 2). 45
3518. — La Cène. (Corridor A. Cellule N° 5). 46
3519. — Le Christ au jardin des oliviers. (Corridor A, cellule N° 4). Id. 47
3520. — Le Baiser de Judas. (Corridor A, cellule N° 3). Id. 48
3521. — L'Adoration des Mages. (Cellule dite du Pape Eugène IV. Id). 49
3522. — La Madone sur un trône, entourée de huit Saints. (Corridor B.) Id. 50
3523. — Détail de la même fresque : La Vierge et l'Enfant. Id. 51
3524. — Le Christ apparaissant à la Madeleine. (Corridor B, cellule N° 1). Id. 52
3525. — La même fresque. Id. 53
3526. — L'Ensevelissement du Christ. (Corridor B. Cellule N° 2). Id. 53
3527. — La même fresque. Id. 54
3528. — L'Annonciation. (Corridor B, cellule N° 3). Id. 55
3529. — La même fresque. Id. 56
3530. — Le Christ en croix. (Corridor B, cellule N° 4). Id. 57
3531. — La Nativité. (Corridor B, cellule N° 5). Id. 58
3532. — La Transfiguration. (Corridor B, cellule N° 6). Id. 59
3533. — La même fresque. Id. 60

TOME XLIV.

ÉCOLE FLORENTINE. — FRA-ANGELICO (Suite).

FRESQUES AU COUVENT DE SAINT MARC A FLORENCE (suite).

3534. — Le Christ au prétoire. (Corridor B, cellule N° 7). Photographie. 1
3535. — La même fresque. Id. 2
3536. — Les Saintes Femmes arrivant au tombeau du Christ. (Corridor B, cellule N° 8). Id. 2
3537. — Le couronnement de la Vierge. (Corridor B, cellule N° 9). Id. 3
3538. — La même fresque. Id. 4
3539. — La même fresque. Id. 4
3540. — La Présentation au temple. (Corridor B, cellule N° 10). Id. 5
3541. — La Madone entre deux Saints. (Corridor B, cellule N° 11). Id. 6
3542. — La même fresque. Id. 6
3543. — Le Baptême du Christ. Id. 7

FRESQUES DE BEATO ANGELICO
DANS LA CHAPELLE DE NICOLAS V, AU VATICAN.

3544. — Plan. Dessin. 7
3545. — Ensemble des fresques. Tiré de *Seroux d'Agincourt*. Gravure. 8
3546. — Saint Laurent ordonné diacre par Sixte II. Photographie. 9
3547. — Sixte II donne à saint Laurent les trésors à distribuer aux pauvres. Id. 10
3548. — Saint Laurent distribue aux pauvres les trésors du Pape. Id. 11
3549. — La même fresque. Tiré d'*Ottley*. Gravure. 12
3550. — La même fresque. Tiré de *Rosini*. Id. 13
3551. — Saint Laurent comparaît devant l'Empereur (partie gauche de la même fresque). Photographie. 14
3552. — Saint Laurent comparaît devant l'Empereur (partie droite). Id. 15
3553. — Saint Étienne ordonné diacre. 16
3554. — La prédication de saint Étienne. Id. 17
3555. — La même fresque. Tiré d'*Ottley*. Gravure. 18
3556. — Saint Étienne comparaît devant le conseil. Photographie. 19
3557. — Saint Étienne est traîné au supplice. Id. 20
3558. — Lapidation de saint Étienne. Id. 21
3559. — Saint Bonaventure. Id. 22
3560. — L'Évangéliste saint Jean. Id. 23
3561. — L'Évangéliste saint Luc. Id. 24
3562. — L'Évangéliste saint Marc. Id. 25
3563. — L'Évangéliste saint Matthieu. Id. 26

ÉCOLE FLORENTINE. 141

[Tome 44.]
3564. **Fra Angelico**. La Déposition de croix. Académie des Beaux-Arts, Florence. Id. 27
3565. Le Jugement dernier. Académie des Beaux-Arts, Florence. Photographie. 28
3566. La même fresque. Id. 29
3567. Détail de la même fresque. Id. 30
3568. Détail de la même fresque. Tiré de *Rosini*. Gravure. 31
3569. La mise au tombeau. Académie des Beaux-Arts. Florence. Photographie. 32
3570. La Madone avec l'Enfant, entourée de deux anges et de six saints. Académie des Beaux-Arts, Florence. Id. 32
3571. La Madone avec l'Enfant, accompagnée de six saints. Académie des Beaux-Arts, Florence. Id. 33
3572. La Madone et l'Enfant Jésus, détail du tableau précédent. Académie des Beaux-Arts, Florence. Id. 33
3573. Six sujets de la vie des saints Cosme et Damien. Académie des Beaux-Arts, Florence. Id. 34
3574. La Fuite en Égypte. Académie des Beaux-Arts, Florence. Id. 34
3575. Le Massacre des Innocents. Académie des Beaux-Arts, Florence. Id. 35
3576. L'Entrée à Jérusalem. Académie des Beaux-Arts, Florence. Id. 36
3577. La Cène. Académie des Beaux-Arts, Florence. Id. 36
3578. L'Institution de l'Eucharistie. Académie des Beaux-Arts. Florence. Id. 37
3579. Jésus arrêté au Jardin des Oliviers. Académie des Beaux-Arts. Florence. Id. 37
3580. Jésus portant sa croix. Académie des Beaux-Arts. Florence. Id. 38
3581. L'Ascension. Académie des Beaux-Arts. Florence. Id. 38
3582. Le Jugement dernier. Académie des Beaux-Arts. Florence. Id. 39
3583. La Madone de Linajuoli. Galerie des Offices, Florence. Id. 40
3584. Le même tableau. Id. 41
3585. Détail du même tableau, quatre anges de la bordure. Id. 42
3586. Détail du même tableau, quatre anges de la bordure. Id. 43
3587. Détail du même tableau, quatre anges de la bordure. Id. 44
3588. Le Mariage de la Vierge. Galerie des Offices, Florence. Tiré de *Rosini*. Gravure. 45
3589. Le même tableau. Photographie. 45
3590. Le même tableau. Id. 46
3591. La mort de la Vierge. Galerie des Offices, Florence. Id. 47
3592. Le même tableau. Id. 48
3593. Le Couronnement de la Vierge. Galerie des Offices, Florence. Id. 49
3594. Le même tableau. Id. 50

142   COLLECTION ARMAND. — DEUXIÈME PARTIE.

[Tome 44.]

3595. La Naissance de Saint Jean-Baptiste. Galerie des Offices, Florence. Tiré de *Rosini*. Gravure.   51
3596. Le même tableau. Photographie.   51
3597. L'adoration des Mages. Galerie des Offices, Florence. Id.   52
3598. La Prédication de Saint Pierre. Galerie des Offices, Florence. Id.   53
3599. La Vierge à l'Étoile. Galerie des Offices, Florence. Id.   54
3600. L'Annonciation et l'adoration des Mages. Galerie des Offices, Florence. Id.   55
3601. L'assemblée des Prophètes dans le ciel. Dôme d'Orvieto. Tiré de *Rosini*. Gravure.   56
3602. L'Ange gardien. Tiré de *Rosini*. Id.   56

TOME XLV.

ÉCOLE FLORENTINE (1432-1446). — FRA ANGELICO (*suite*). — MASACCIO.

3603. **Fra Angelico.** La Madone et quatre Anges. Galerie de l'hôpital Santa-Maria Nuova, Florence. Photographie.   1
3604. La Vierge, l'Enfant Jésus et deux saints religieux. Église San Domenico, Fiesole. Id.   2
3605. La Vierge de Bon Secours. (Peinture de **Parri di Spinello** placée ici par erreur) (1444), Arezzo. Id.   3
3606. L'Annonciation. Eglise del Gesu. Cortone Id.   4
3607. Figure de la Vierge. Détail du même tableau. Eglise del Gesu, Cortone. Id.   5
2608. L'Ange de l'Annonciation. Détail du même tableau. Eglise du Gesu, Cortone. Id.   6
3609. La Vierge et l'Enfant Jesus entourés d'anges et de quatre saints. Église San Domenico, Cortone. Id.   7
3610. Histoire de Saint Nicolas. Pinacothèque de Pérouse. Id.   8
3611. La même fresque. Id.   9
3612. La Vierge et l'Enfant Jésus entourés de quatre anges. Pinacothèque de Pérouse. Id.   9
3613. La même fresque. Id.   10
3614. L'Annonciation (en deux tableaux). Pinacothèque de Pérouse. Id.   11
3615. Saint Dominique et saint Nicolas. Pinacothèque de Pérouse. Id.   11
3616. L'Ascension. Galerie Corsini, Rome. Id.   12

[Tome 45.]

3617. La Pentecôte. Galerie Corsini, Rome. Photographie. 12
3618. Le Jugement dernier. Galerie Corsini. Rome. Id. 13
3619. Le Couronnement de la Vierge. Musée du Louvre. Id. 14
3620. Six saints. Musée du Louvre. Id. 15
3621. Le même tableau. Id. 15
3622. Saints et Saintes de l'ordre de Saint-Dominique. National Gallery, Londres. Id. 15
3623. L'Ensevelissement de la Vierge, tableau ayant figuré à l'Exposition de Manchester, 1857. Id. 16
3624. Étude de saint dans une niche. Dessin du British Museum. Id. 16
3625. Étude d'archer. Dessin du British Museum. Id. 17
3626. La Vierge et l'Enfant Jésus entourés d'ange en adoration. Musée Städel, Francfort. Id. 18
3627. Etudes d'un ange et d'un enfant. Dessin du Musée de Dresde. Id. 18
3628. La Vierge et l'Enfant Jésus. Musée de Berlin. Id. 19
3629. Rencontre de saint Dominique et de saint François. Musée de Berlin. Id. 19
3630. Saint François, glorifié, bénit ses frères. Musée de Berlin. Id. 20
3631. **Fra Angelico?**. Trois études, dont une de saint Laurent (chapelle de Nicolas V). Dessin. Id. 21
3632. **Fra Angelico?**. Étude de tête, dessin. Id. 21
3633. **Fra Angelico?**. Trois études d'enfant, dessin. Id. 22
3634. **Fra Angelico**. Cinq études, dont une du Sauveur, pour le Jugement dernier, dessin. Photographie. 22
3635. **Masaccio** (1401 † 1428). Portrait de Masaccio. Galerie des Offices, Florence. Id. 23
3636. Le même portrait. Id. 23
3637. Le même portrait. Id. 23
3638. Le même portrait. Gravure. 24
3639. Portrait de Masaccio. Galerie Barberini, Rome. Photographie. 24
3640. Portrait de Masaccio, exposé à Manchester, 1857, à l'Exposition des Trésors de l'art. Id. 25
3641. La Vierge évanouie entre les bras des Maries, peinture à Saint-Clément de Rome. Gravure. 25

FRESQUES DANS LA CHAPELLE BRANCACCI. Église dei Carmine à Florence, par **Masaccio, Masolino da Panicale** et **Filippino Lippi**.

3642. 1. **Masaccio**. Adam et Ève chassés du Paradis terrestre. Photographie. 26
3643. — La même fresque. Id. 27

[Tome 45.]

3644. II. **Filippino Lippi**. Saint Paul visitant saint Pierre dans sa prison. Photographie. 28
3645. — La même fresque. Id. 29
3646. — La même fresque. Tiré d'*Ottley*. Gravure. 29
3647. — La même fresque. — Saint Pierre délivré de sa prison, par le même. — Adam et Ève, par **Masolino**. — Adam et Ève chassés du Paradis terrestre, par **Masaccio**. Gravure par *C. Lasinio*. Id. 30
3648. III. **Masaccio**. Le denier de Saint Pierre. Photographie. 31
3649. — La même fresque. Id. 31
3650. — La même fresque. Id. 32
3651. — La même fresque. Id. 33
3652. — La même fresque. Id. 34
3653. — La même fresque. Groupe de Jésus et des apôtres. Id. 35
3654. — La même fresque. Trois têtes d'apôtres. Id. 36
3655. — La même fresque. Saint Pierre payant le tribut. Id. 37
3656. IV. **Masaccio** et **Filippino Lippi**. La résurrection du fils de l'Empereur. — Saint Pierre en chaire, par *C. Lasinio*. Gravure. 37
3657. — La même fresque. Tiré de *Rosini*. Id. 38
3658. — La même fresque. Photographie. 38
3659. — La même fresque. Id. 39
3660. — La même fresque. Id. 40
3661. — La même fresque. — Saint Pierre en chaire (**Masaccio**). Id. 41
3662. — La même fresque. Résurrection du fils de l'empereur (**Masaccio** et **Filippino Lippi**. Id. 42
3663. — Détail de la même fresque. Groupe de cinq personnes (**Filippino Lippi**). Id. 43
3664. V. **Masolino da Panicale**. La Prédication de saint Pierre. Id. 44
3665. — La même fresque. Id. 44
3666. — La même fresque, par *C. Lasinio*. Gravure. 45
3667. VI. **Masaccio**. Saint Pierre et saint Jean guérissant les malades avec leur ombre. Photographie. 46
3668. — La même fresque. Id. 46
3669. — La même fresque, par *C. Lasinio*. Gravure. 47
3670. VII. **Masaccio**. Saint Pierre baptisant les idolâtres. Photographie. 48
3671. — La même fresque. Id. 49
3672. — La même fresque, par *C. Lasinio*. Gravure. 49
3673. VIII. **Masaccio**. Saint Pierre distribuant des aumônes. Photographie. 50
3674. — La même fresque. Id. 50
3675. — La même fresque, par *C. Lasinio*. Gravure. 51

[Tome 45.]
3676. IX. **Masolino da Panicale**. Saint Pierre guérissant un estropié et ressuscitant Tabitha. Photographie. 51
3677. — La même fresque. Id. 52
3678. — La même fresque. Id. 53
3679. — La même fresque. Saint Pierre guérissant un estropié. Id. 54
3680. — La même fresque. Résurrection de Tabitha. Id. 55

TOME XLVI.

ÉCOLE FLORENTINE (1446-1457).

FRESQUES DANS LA CHAPELLE BRANCACCI (*suite*).

3681. X. **Filippino Lippi**. Saint Pierre et saint Paul devant l'Empereur. Saint Pierre crucifié, par *C. Lasinio*. Gravure. 1
3682. — La même fresque. Photographie. 2
3683. — La même fresque. Id. 3
3684. — La même fresque. Id. 4
3685. — La même fresque. Saint Pierre et saint Paul devant l'Empereur. Tiré d'*Ottley*. Gravure. 5
3686. — La même fresque. Saint Pierre et saint Paul devant l'Empereur. Photographie. 6
3687. — La même fresque. Martyre de saint Pierre. Id. 7
3688. — La même fresque. Détail de deux têtes, dont l'une est le portrait de Filippino Lippi. Photographie. 8
3689. — La même fresque. Saint Pierre et saint Paul devant l'Empereur; Saint Pierre délivré par un ange, par **Filippino Lippi**; Adam et Ève chassés du paradis, par **Masaccio**. Tiré de *Rosini*. Gravure. 9
3690. XI. **Masolino da Panicale**. Adam et Ève dans le Paradis. Photographie. 10
3691. XII. **Filippino Lippi**. Saint Pierre délivré par un ange. Id. 11
3692. — La même fresque. Id. 12
3693. — Détail de la même fresque. Id. 13
3694. **Masaccio**. Quatre moines dans un jardin. Eglise dei Carmine, Florence. Id. 14

FRESQUES A ST-CLÉMENT DE ROME.

3695. **Masaccio**. Ensemble des fresques. Tiré de *Fontana*. Gravure. 15
3696. — Le Calvaire. Photographie. 16
3697. — La même fresque. Id. 17

[Tome 46.]

3698. — Jésus-Christ expliquant les préceptes de la loi. Photographie. 18
3699. — Naissance de sainte Catherine. Id. 19
3700. — Sainte Catherine refusant d'adorer les idoles. Id. 20
3701. — Sainte Catherine au milieu des docteurs. Id. 21
3702. — La même fresque. Tiré d'*Ottley*. Gravure. 22
3703. — Martyre de sainte Catherine. Photographie. 23
3704. — Décollation de sainte Catherine. Id. 24
3705. — Sainte Catherine conversant avec un ange. Id. 25
3706. **Masaccio.** Portrait d'un vieillard. Galerie des Offices. Id. 26
3707. Le même portrait. Id. 26
3708. Le même portrait, d'après le dessin de M. *Marucci*. Id. 27
3709. La Vierge, l'Enfant Jésus et Sainte Anne. Académie des Beaux-Arts de Florence. Id. 28
3710. Un Saint debout, dessin du Musée de Florence. Id. 29
3711. Un Saint debout. Dessin du Musée de Florence. Id. 29
3712. **Masaccio** (?). Portrait du poète Burchiello. Musée du Louvre. Id. 30
3713. **Dello,** peintre et sculpteur florentin (né en 1404, vivait encore en 1466). Madone sculptée au-dessus de la porte de l'église de l'hôpital de Santa-Maria Novella, Florence (sur la même planche, une Madone par **Fra Angelico**). Tiré de *Rosini*. Gravure. 31
3714. L'Annonciation, fresque au Chiostro verde. Santa-Maria Novella, Florence. Tiré de *Rosini*. Id. 31
3715. **Piero di Miniato.** Le miracle de Saint Dominique à table; le Crucifix et sept saints, fresque dans l'église Saint-Nicolas de Tolentino, Prato. Photographie. 32
3716. **Lorenzo di Pietro Vecchietta.** (Peintre, orfèvre, sculpteur et architecte siennois, né avant 1410, †1480). La Vierge et l'Enfant Jésus entourés de six saints. Galerie des Offices, Florence. Id. 33
3717. Le même tableau. Id. 33
3718. Sainte Catherine, fresque dans la « Sala del Mappamondo » ou « Palazzo Publico, » Sienne. Id. 34
3719. **Ansano** ou **Sano di Pietro,** peintre siennois, né en 1405, †1481. La Vierge et l'Enfant entourés de quatre anges. Tiré de *Rosini*. Gravure. 35
3720. La distribution des cierges, miniature d'un livre de chœur. Sienne. Tiré de *Rosini*. Id. 35
3721. Tribunal des marchands, miniature en tête d'un manuscrit des statuts des marchands. Bibliothèque de Sienne. Tiré des costumes de *Bonnard*. Id. 35
3722. Juif, costume emprunté à un tableau de l'Académie des Beaux-Arts de Sienne. Tiré de *Bonnard*. Id. 36

ÉCOLE FLORENTINE. 147

[Tome 46.]

3723. Saint Bernardin, fresque dans la « Sala del Mappamondo », Palazzo Publico, Sienne. Photographie. 36
3724. Saint François et les trois vertus de son ordre : la Pauvreté, la Chasteté, la Charité. Tableau appartenant à Mgr le duc d'Aumale. Tiré de *Rosini*. Gravure. 37
3725. Cinq anges, tableau appartenant à Mgr duc d'Aumale. Photographie. 37
3726. **Domenico Bartoli.** (Travaillait de 1438-1444). La Madone entre saint Benoît, saint Jean-Baptiste, sainte Julienne, saint Bernard. Tableau de la Pinacothèque de Pérouse. Id. 38
3727. La Madone entre saint Jean-Baptiste et saint Nicolas. Académie des Beaux-Arts de Sienne. Tiré de *Rosini*. Gravure. 38
3728. **Andrea del Castagno** (peintre florentin, 1396-1457). Le Calvaire, fresque à San Giuliano, Florence. Tiré de *Rosini*. Id. 39
3729. La Cène. Couvent de Santa Apolonia, Florence. Photographie. 39
3730. Sainte Madeleine, tableau provenant de la Badia Fiorentina. Académie des Beaux-Arts, Florence. Id. 40
3731. Saint Jean-Baptiste. Académie des Beaux-Arts, Florence. Id. 40
3732. Saint Jérôme. Académie des Beaux-Arts, Florence. Id. 40
3733. Saint Jérôme. Académie des Beaux-Arts, Florence. Id. 41
3734. Etudes pour une Descente de Croix, dessin du Musée de Florence. Id. 41
3735. Saint Jean-Baptiste et saint François, fresque à Santa-Croce, Florence. Id. 42
3736. Portrait de Nicolo da Tolentino, fresque. Cathédrale de Florence. Id. 42
3737. Portrait d'homme. Galerie Pitti. Id. 43
3738. Portrait d'homme, d'après un dessin. Galerie de Florence. Id. 43
3739. **Paolo Uccello** (peintre florentin, 1397-1475). Le Déluge, fresque à Santa Maria Novella, Florence. Tiré de *Rosini*. Gravure. 44
3740. Sacrifice de Noé après le déluge, fresque à Santa Maria Novella, Florence. Tiré d'*Ottley*. Id. 44
3741. La même fresque. Tiré de *Seroux d'Agincourt*. Id. 45
3742. Combat de cavaliers. Galerie des Offices, Florence. Photographie. 46
3743. Tête de saint. Galerie Pitti, Florence. Id. 47
3744. Portrait du cardinal Niccolo de Prato. Palais municipal de Prato. Id. 47
3745. **Anonyme florentin**, XVe siècle. Tête de vieillard, dessin provenant du legs Payne Knight. British Museum. Id. 48

148   COLLECTION ARMAND. — DEUXIÈME PARTIE.

[Tome 46.]

3746. **Anonymes florentins**, XVᵉ siècle. Quatre miniatures : La Nativité, le Christ embrassant sa mère, Saint Étienne, un saint Évangéliste. San-Giminiano. Tiré de *Rosini*. Gravure.   48

3747. **Giovanni di Paolo**, de Sienne. Jésus essuyant les larmes des Saints, miniature d'un livre de chœur. Bibliothèque de Sienne. Tiré de *Rosini*. Id.   49

3748. **Sassetta (Stefano di Giovanni, dit)**. Saint François d'Assise, 1444. Dans un village près de Sienne. Tiré de *Rosini*. Id.   49

3749. **Anonyme florentin**. Le Mariage de Boccaccio Adimari avec Luisa Ricasoli. Photographie.   49

TOME XLVII.

ECOLE FLORENTINE (1457-1465).

3750. **Fra Filippo Lippi** (né vers 1412 † 1469). Monument de Fra Filippo Lippi, élevé dans la cathédrale de Spolète, par ordre de Laurent de Médicis, le Magnifique. Photographie.   1

FRESQUES DANS LE CHŒUR DE LA CATHÉDRALE DE PRATO.

3751. — Naissance de saint Jean-Baptiste. Photographie.   2
3752. — Saint Jean-Baptiste quitte la maison paternelle. La prédication dans le désert. Id.   3
3753. — Détail de la même fresque. Tiré de *Rosini*. Gravure.   4
3754. — La Décollation de saint Jean-Baptiste. Photographie.   4
3755. — Le Festin d'Hérode. Id.   5
3756. — Détail de la même fresque. Id.   6
3757. — Naissance de saint Étienne. Id.   7
3758. — Sujets de la vie de saint Étienne. Id.   8
3759. — Martyre de saint Étienne. Id.   9
3760. — Funérailles de saint Étienne. Id.   10
3761. — Détail de la même fresque. Id   11
3762. — Les quatre Évangélistes, fresque de la voûte. Id.   12
3763. — Saint Albert, carme. Id.   13
3764. — Saint Jean Gualbert, abbé. Id.   13
3765. — La mort de saint Jérôme. Id.   14
3766. La Circoncision. Galerie municipale de Prato. Id.   15
3767. L'Adoration des Mages. Galerie municipale de Prato. Id.   15
3768. Le Massacre des Innocents. Galerie municipale de Prato. Id.   16

ÉCOLE FLORENTINE.

[Tome 47.]

3769. La Vierge, entourée d'anges et de saints, donne sa ceinture à saint Thomas. Galerie municipale de Prato. Photographie. 16
3770. La Vierge et l'Enfant Jésus entre deux saints. Au bas cinq portraits, parmi lesquels se trouve celui de Francesco di Marco Datini. Galerie municipale de Prato. Id. 17
3771. La Circoncision, tableau dans l'église Spirito-Santo. Prato. Id. 18
3772. Étude d'une tête d'homme, dessin. Id. 19
3773. Étude de deux personnages causant ensemble, dessin de la collection His de la Salle. Id. 20
3774. Etude de deux personnages causant ensemble, dessin. Id. 21

FRESQUES DANS LA CATHÉDRALE DE SPOLÈTE,
Commencées en 1464, terminées en 1470 par **Fra Diamante**.

3775. — Ensemble des fresques. Tiré de *Rosini*. Gravure. 22
3776. — L'Annonciation. Photographie. 23
3777. — La Nativité. Id. 23
3778. — La Mort de la Vierge. Id. 24
3779. — Le Couronnement de la Vierge. Id. 24
3780. — La même fresque. Id. 25
3781. La Nativité. Académie des Beaux-Arts de Florence. Id. 26
3782. Le couronnement de la Vierge. Académie des Beaux-Arts de Florence. Id. 27
3783. Le même tableau. Id. 28
3784. La Vierge, l'Enfant Jésus, saint François, saint Dominique, saint Cosme et saint Antoine de Padoue. Académie des Beaux-Arts de Florence. Id. 29
3785. Saint Antoine et saint Jean-Baptiste. Académie des Beaux-Arts de Florence. Id. 29
3786. La Vierge et l'Archange Gabriel. Académie des Beaux-Arts de Florence. Id. 29
3787. La Vierge et l'Enfant Jésus. Galerie Pitti, Florence. Id. 30
3788. La Vierge, l'Enfant Jésus et un ange. Galerie des Offices, Florence. Id. 30
3789. Le même tableau. Id. 30
3790. Le même tableau. Id. 31
3791. La Vierge, l'Enfant Jésus et trois anges. Galerie de l'hôpital de Santa Maria Nuova, Florence. Id. 32
3792. La Vierge et l'Enfant Jésus, sur un trône, entourés d'anges et de saints. Cathédrale de Volterra. Id. 33
3793. La Vierge, l'Enfant Jésus et un ange. National Gallery, Londres. Id. 34
3794. La Vierge adorant l'Enfant Jésus. Musée royal de Berlin. Id. 34

[Tome 47.]

3795. La Vierge adorant l'Enfant Jésus. Photographie. 35

3796. La Vierge et l'Enfant Jésus tenant un oiseau. Musée Royal de Berlin. Id. 35

3797. St Joachim et Ste Anne. Galerie de Christiansbourg. Photographie. 36

3798. La Vierge et l'Enfant Jésus sur un trône entourés d'Anges et de Saints, tableau exposé à Manchester. Exposition des Trésors de l'art. 1857. Id. 37

3799. St Pierre et St Paul guérissant un boiteux. Manchester. Exposition des Trésors de l'art. Id. 37

3800. Étude de sept figures à la plume, dessin du musée de Venise Id. 38

3801. Esquisse à la plume. Un Saint (?) devant un tribunal. Musée de Florence. Id. 38

3802. Étude de trois figures assises, dessin. Musée de Florence. Id. 39

3803. Etude de trois figures dont une agenouillée, dessin. Musée de Florence. Id. 39

3804. Etude d'une tête de jeune femme, dessin. Musée de Florence. Id. 40

3805. Étude d'une tête d'enfant, dessin. Musée de Florence. Id. 40

3806. La Vierge apparaissant à St Bernard, dessin du British Museum. Id. 41

3807. Groupe de personnages faisant partie d'une adoration des Mages. Tiré d'*Otley*. Gravure. 42

3808. **Neri di Bicci**, peintre florentin, né en 1419, † 1486. St Jean Gualbert et onze moines de Vallombreuse, cloître de St-Pancrace à Florence. Tiré de *Rosini*. Id. 43

3809. La même fresque. Photographie. 44

3810. La Vierge et l'Enfant Jésus sur un trône entre quatre Saints, St Roch, St Sébastien, St Dominique et St Léonard. Galerie municipale de Prato. Id. 45

3811. La Vierge et l'Enfant Jésus sur un trône entre quatre Saintes, Ste Catherine, Ste Agnès, Ste Lucie et Ste Marguerite. Académie des Beaux-Arts, Florence. Id. 45

3812. La Vierge adorant l'Enfant Jésus. Galerie des Offices, Florence. Id. 46

3813. **Pietro della Francesca (Pietro da Borgo San Sepolcro** dit) né vers 1420, † 1506. La mise au tombeau. Hôpital de Borgo San Sepolcro. Tiré de *Rosini*. Gravure. 47

3814. La Vierge de Bon-Secours. Hôpital de Borgo San Sepolcro. Tiré de *Rosini*. Id. 47

3815. Fresques a San Francesco d'Arezzo, plan. Dessin 48

[Tome 47.]

3816. — La mort d'Adam. Photographie. 49
3817. — La même fresque. Id. 50
3818. — La reine de Saba visite Salomon. Id. 51
3819. — La même fresque. Id. 52
3820. — Détail de la même fresque. Id. 53
3821. — Détail de la même fresque. Id. 53
3822. — Découverte de la vraie Croix. 54
3823. — La même fresque. Id. 55
3824. — Détail de la même fresque. Id. 56
3825. — Exaltation de la vraie Croix. Id. 56
3826. — La même fresque. Id. 57

TOME XLVIII.

ÉCOLE FLORENTINE (1485).

Pietro della Francesca (né vers 1420 † 1506).
FRESQUES A SAN FRANCESCO D'AREZZO (*suite*).

3827. — Défaite de Chosroës. Photographie. 1
3828. — Défaite de Maxence. Id. 2
3829. — Défaite de Chosroës. Id. 3
3830. — Défaite de Maxence. Id. 4
3831. — L'Annonciation. Id. 5
3832. — Le bois de la vraie Croix retiré de la piscine. Id. 6
3833. — Songe d'Héraclius. Id. 7
3834. — La même fresque. Tiré d'*Ottley*. Gravure. 8
3835. — Joseph retiré de la citerne. Photographie. 9
3836. — St Louis (évêque de Toulouse ?). Id. 10
3837. — L'Amour tenant une flèche. Id. 10
3838. — Figure d'un inconnu tenant une banderole. Id. 10
3839. — Figure d'un inconnu. Id. 10
3840. Triomphe de Frédéric de Montefeltro, duc d'Urbin. Galerie des Offices, Florence. Id. 11
3841. La même fresque. Tiré de *Rosini*. Gravure. 11
3842. Composition allégorique sur les vertus de Battista Sforza, duchesse d'Urbin. Galerie des Offices. Florence. Photographie. 11
3843. Portrait de Frédéric de Montefeltro, duc d'Urbin (de 1444 à 1482) et de Battista Sforza sa femme. Galerie des Offices. Id. 12
3844. Les mêmes portraits. Tiré de *Rosini*. Gravure. 12

[Tome 48.]

3845. Portrait de femme. Galerie des Offices. Florence. Photographie. 13
3846. Portrait de femme. Galerie Pitti, Florence. Id. 13
3847. Sigismond Malatesta prête serment à St Sigismond, roi de Bourgogne. Cathédrale de Rimini. Id. 14
3848. Portraits de Jean II Bentivoglio et de Ginevra Sforza, sa femme. Collection Dreyfus. Id. 15
3849. La Vierge adorant l'Enfant Jésus. Collection de Mme la Comtesse Duchâtel. Id. 16
3850. Portraits d'homme et de femme. Id. 17
3851. **Pietro della Francesca ?** Triomphe de la chasteté. Palais Schifanoja, Ferrare. Tiré de *Rosini*. Gravure. 17
3852. **Domenico di Michelino** (1465). Dante, tableau du dôme de Florence. Tiré de *Rosini*. Id. 18
3853. Le même tableau. Photographie. 18
3854. **Benozzo Gozzoli** (né en 1420, † 1498), FRESQUES DANS L'ÉGLISE SAN-AGOSTINO A SAN GIMINIANO, plan. Dessin. 19
3855. — St Augustin enfant mené à l'école de Tagaste. Photographie. 20
3856. — St Augustin admis à l'âge de 19 ans à l'université de Carthage. Id. 21
3857. — Ste Monique prie pour son fils et le bénit. Id. 22
3858. — St Augustin se rend d'Afrique en Italie. Id. 23
3859. — St Augustin en débarquant est accueilli par un personnage de distinction. Id. 24
3860. — St Augustin enseigne la Rhétorique et la Philosophie dans l'école grecque à Rome. Id. 25
3861. — St Augustin se rend de Rome à Milan où il est appelé par le préfet Symmaque. Id. 26
3862. — St Augustin rencontre St Ambroise, il est accueilli honorablement par l'Empereur Théodose. Id. 27
3863. — St Augustin assiste à l'homélie de St Ambroise et converse avec lui. Id. 28
3864. — St Augustin lit avec son ami Alippe les épîtres de St Paul. Id. 29
3865. — St Augustin converti et baptisé par St Ambroise. Id. 29
3866. — St Augustin visite les ermites de Monte-Pisano. Id. 30
3867. — La mort de Ste Monique. Id. 31
3868. — St Augustin élevé à l'Épiscopat bénit le peuple d'Hippone. Id. 32
3869. — St Augustin triomphe de l'hérétique Fortunatus. Id. 33
3870. — St Augustin en extase reçoit de St Jérome communication des joies célestes. Id. 34
3871. — Funérailles de St Augustin. Id. 35

[Tome 48.]
3872. — L'Évangéliste St Jean, fresque de la voûte. Photographie. 36
3873. — L'Évangéliste St Luc, fresque de la voûte. Id. 37
3874. — L'Évangéliste St Marc, fresque de la voûte. Id. 38
3875. — L'Évangéliste St Mathieu, fresque de la voûte. Id. 39
3876. — St Sébastien protège les fidèles de San Geminiano. Id. 40
3877. — Détail de la même fresque, porte supérieure. Id. 41
3878. — Détail de la même fresque, partie inférieure droite. Id. 42
3879. — Détail de la même fresque, partie inférieure gauche. Id. 43
3880. — Martyre de St Sébastien, fresque dans l'église collégiale de San Geminiano. Id. 44
3881. — Détail de la même fresque, partie supérieure. Id. 45
3882. — Détail de la même fresque, partie inférieure droite. Id. 46
3883. — Détail de la même fresque, partie inférieure gauche. Id. 47
3884. — Madone entourée de cinq anges. Id. 48
3885. — St Antoine abbé. Id. 48
3886. — La Vierge et l'Enfant Jésus entre St Jean Baptiste, Ste Madeleine, St Augustin et Ste Marthe. Id. 49

TOME XLIX.

ÉCOLE FLORENTINE (1465). — BENOZZO GOZZOLI.

3887. Fresques au Campo-Santo de Pise, plan. Dessin. 1
3888. — L'Ivresse de Noé, par *C. Lasinio*. Gravure. 2
3889. — La même fresque. Photographie. 3
3890. — La même fresque. Id. 4
3891. — Détail de la même fresque, la Vendange. Id. 5
3892. — Détail de la même fresque, Noé goûtant le vin. Id. 5
3893. — Noé goûtant le vin. Id. 6
3894. — La Vendange et Noé goûtant le vin. Tiré d'*Ottley*. Gravure. 7
3895. — Malédiction de Cham, par *C. Lasinio*. Id. 8
3896. — La même fresque. Photographie. 9
3897. — Partie droite de la même fresque. Id. 10
3898. — Détail de la même fresque. Id. 11
3899. — Détail de la même fresque. Tiré d'*Ottley*. Gravure. 11
3900. — La Tour de Babel, par *C. Lasinio*. Id. 12
3901. — La même fresque. Photographie. 13
3902. — Partie gauche de la même fresque. Id. 14
3903. — Partie gauche de la même fresque. Id. 44

[Tome 49.]

3904. — La Tour de Babel. Détail de la partie gauche. Gravure. 15
3905. — Le même détail. Id. 15
3906. — Détail de la même fresque, partie droite. Id. 16
3907. — Partie droite de la même fresque. Id. 16
3908. — Détail de la partie droite. Id. 17
3909. — Le même détail. Id. 17
3910. — L'Adoration des Mages (et fragment d'une des fresques de l'Histoire de Job), par *C. Lasinio*. Gravure. 18
3911. — La même fresque. Photographie. 19
3912. — La même fresque. Id. 20
3913. — Détail de la même fresque. Id. 20
3914. — L'Annonciation. Id. 21
3915. — L'Ange de l'Annonciation. Id. 22
3916. — L'Ange au-dessous de la figure de la Vierge dans la fresque de l'Annonciation. Id. 22
3917. — Abraham et les adorateurs de Bélus, par *C. Lasinio*. Gravure. 23
3918. — La même fresque. Photographie. 24
3919. — Abraham et Loth en Egypte, par *C. Lasinio*. Gravure. 25
3920. — La même fresque. Photographie. 26
3921. — Abraham victorieux, par *C. Lasinio*. Gravure. 27
3922. — La même fresque. Photographie. 28
3923. — Abraham renvoie Agar, par *C. Lasinio*. Gravure. 29
3924. — La même fresque. Photographie. 30
3925. — La même fresque. Id. 31
3926. — Détail de la même fresque : Les trois anges. Id. 31
3927. — Détail de la même fresque : Abraham renvoie Agar. Id. 32
3928. — Détail de la même fresque : Abraham attablé avec les anges. Id. 32
3929. — Le même détail. Tiré d'*Ottley*. Gravure. 33
3930. — Incendie de Sodome, par *C. Lasinio*. Id. 34
3931. — La même fresque. Tiré de *Rosini*. Id. 35
3932. — La même fresque. Photographie. 36
3933. — Le Sacrifice d'Abraham, par *C. Lasinio*. Gravure. 37
3934. — Détail de la même fresque. Photographie. 38
3935. — Mariage de Rebecca et d'Isaac, par *C. Lasinio*. Gravure. 39
3936. — La même fresque. Photographie. 40
3937. — Naissance de Jacob et d'Esaü, par *C. Lasinio*. Gravure. 41
3938. — La même fresque. Photographie. 42
3939. — Détail de la même fresque. Id. 43
3940. — Mariage de Jacob et de Rachel, par *C. Lasinio*. Gravure. 44
3941. — La même fresque. Photographie. 45
3942. — Détail de la même fresque. Tiré d'*Ottley*. Gravure. 46
3943. — Détail de la même fresque, par *G. Rohault*. Id. 46

[Tome 49.]
3944. — Rencontre de Jacob et d'Esaü, par *C. Lasinio*. Gravure. 47
3945. — La même fresque. Photographie. 48
3946. — Détail de la même fresque. Id. 49
3947. — Les Apôtres, fragment d'une fresque située près de la précédente. Id. 49
3948. — L'Innocence de Joseph, par *C. Lasinio*. Gravure. 50
3949. — La même fresque. Photographie. 51
3950. — Joseph se fait reconnaître de ses frères, par *C. Lasinio*. Gravure. 52
3951. — La même fresque. Photographie. 53
3952. — Détail de la même fresque. Id. 54

TOME L.

ÉCOLE FLORENTINE (1465-1478). — BENOZZO GOZZOLI (suite).

3953. — Enfance et premiers miracles de Moïse, par *C. Lasinio*. Gravure. 1
3954. — La même fresque. Photographie. 2
3955. — Détail de la même fresque. Id. 3
3956. — Passage de la mer Rouge, par *C. Lasinio*. Gravure. 4
3957. — Les Tables de la loi, par *C. Lasinio*. Id. 5
3958. — La même fresque. Photographie. 6
3959. — La verge d'Aaron et le serpent d'airain, par *C. Lasinio*. Gravure. 7
3960. — La même fresque. Photographie. 8
3961. — La chute de Jéricho et la mort de Goliath, par *C. Lasinio*. Gravure. 9
3962. — Fragment de la fresque de la reine de Saba. Photographie. 10
3963. Voyage de la reine de Saba. Académie des Beaux-Arts de Pise. Tiré de *Rosini*. Gravure. 10
3964. Fresques de **Benozzo Gozzoli** dans la chapelle du Palais Riccardi à Florence, plan. Dessin. 11
3965. — Chœurs d'Anges. Photographie. 12
3966. — Chœur d'Anges. Id. 13
3967. — Groupe d'Anges en adoration. Id. 14
3968. — Groupe d'Anges en adoration. Id. 15
3969. — Voyage des rois Mages. Id. 16
3970. — Voyage des rois Mages. Id. 17
3971. — Voyage des rois Mages. Id. 18
3972. — Voyage des rois Mages, détail. Id. 19
3973. — Voyage des rois Mages, scène où se voit Michel Paléologue. Id. 20

[Tome 50.]

3974. — Voyage des rois Mages. Photographie. 21
3975. — Portrait de Michel Paléologue tiré de la même fresque. Id. 21
3976. — Portrait de Laurent de Médicis le Magnifique, tiré du voyage des rois Mages. Id. 22
3977. — Le même portrait. Id. 22
3978. — Portraits de Cosme de Médicis et de Salviati, tirés du voyage des rois Mages. Id. 23
3979. — Portrait de Benozzo Gozzoli, tiré du voyage des rois Mages. Id. 23
3980. — Les portraits de Cosme de Médicis et de Salviati, dans un groupe de six têtes. Id. 24
3981. — Groupe d'Anges. Id. 25
3982. — Tête d'un roi Mage. Id. 25
3983. — Tête d'un valet. Id. 26
3984. — Bergers gardant leurs troupeaux, détail de la composition du voyage des Mages. 27
3985. — Bergers gardant leurs troupeaux, détail de la même composition. Id. 27
3986. Fragment d'une fresque du Campo Santo représentant deux femmes à une fenêtre. Tiré de *Rosini*. Gravure. 28
3987. Glorification de St Thomas d'Aquin. Musée du Louvre. Tiré de *Rosini*. Id. 28
3988. Le même tableau. Photographie. 29
3989. L'Annonciation. Musée de Berlin. Id. 30
3990. La Vierge et l'Enfant Jésus entre quatre Saints. Pinacothèque de Pérouse. Id. 30
3991. Étude de femme. Dessin du musée de Florence. Id. 31
3992. Étude de deux figures dont une représente un moine agenouillé. Dessin du musée de Florence. Id. 31
3993. Étude d'un groupe de trois anges faisant de la musique. Dessin du musée de Florence. Id. 32
3994. Étude de deux figures de la Vierge et de St Jean-Baptiste. Dessin du musée de Florence. Id. 32
3995. **Francesco Pesellino**, peintre florentin, né en 1422, † 1457. La Nativité. Académie des Beaux-Arts. Florence. Id. 33
3996. Martyre des Saints Côme et Damien. Académie des Beaux-Arts, Florence. Id. 33
3997. Miracle de St Antoine de Padoue. Académie des Beaux-Arts, Florence. Id. 34
3998. Le même tableau. Tiré de *Rosini*. Gravure. 34
3999. **Andrea di Giusto** (élève de Benozzo Gozzoli, travaillait vers 1470). La Vierge et l'Enfant Jésus entre quatre Saints. Galerie municipale de Prato. Photographie. 35

ÉCOLE FLORENTINE.

[Tome 50.]

4000. **Allesso Baldovinetti**, peintre florentin, né en 1427, † 1499. La Nativité. Tiré de *Rosini*. Gravure. 36
4001. Étude de deux figures en costume du XVe siècle. Dessin du Musée de Florence. Photographie. 36
4002. **Les Pollajuoli. — Antonio Pollajuolo**. Le martyre de St Sébastien. National Gallery, Londres. Tiré de *Rosini*. Gravure. 37
4003. Portrait d'homme. Galerie Corsini, Florence. Photographie. 38
4004. Portrait d'homme. Galerie des Offices, Florence. Id. 38
4005. St Eustache, St Jacques-le-Majeur, St Vincent. Galerie des Offices, Florence. Id. 38
4006. St Augustin et Ste Monique. Galerie des Offices, Florence. Id. 39
4007. La Justice. Galerie des Offices, Florence. Id. 39
4008. La Prudence. Galerie des Offices, Florence. Id. 39
4009. La Charité. Galerie des Offices, Florence. Id. 40
4010. La Foi. Galerie des Offices, Florence. Id. 40
4011. St Sébastien. Galerie Pitti, Florence. Id. 40
4012. **Pietro del Pollajuolo**. Le Couronnement de la Vierge, 1483, tableau dans le chœur de la Collégiale de San Giminiano. Id. 41
4013. **Pollajuolo (?)**. La Vierge, l'Enfant Jésus, St Jean-Baptiste et un ange. National Gallery, Londres. Id. 42
4014. L'Ange et le jeune Tobie. National Gallery, Londres. Id. 43
4015. Buste de femme provenant de la collection Reiset, collection de Mgr. le duc d'Aumale. Id. 44
4016. La Vierge et l'Enfant. Musée Städel, Francfort. Id. 45
4017. **Anonyme de l'ancienne école florentine**. Figure d'homme drapé. Dessin du musée d'Oxford. Id. 46
4018. Un Cavalier. Dessin du musée d'Oxford. Id. 46
4019. Un homme écrivant et un chien endormi. Dessin du musée d'Oxford. Id. 47
4020. Portrait de Francesco di Marco Datini. Galerie du palais municipal de Prato. Id. 48
4021. **Laurentino di Andrea**. La Vierge et l'Enfant Jésus entre deux Saints (1483). Pinacothèque Bartolini, à Arezzo. Id. 48
4022. **Laurentino d'Arezzo**. La Vierge et l'Enfant Jésus entre deux Saints (1483). Palais municipal d'Arezzo. Id. 49
4023. **Matteo di Giovanni**, peintre Siennois (mort en 1495). La Vierge et l'Enfant Jésus entourés d'anges et de saints. Académie de Sienne. Tiré de *Rosini*. Gravure. 50
4024. La Vierge et l'Enfant Jésus sur un trône, entourés d'anges, de saints et de saintes (1477). Église de la « Madonna della Neve », Sienne. Photographie. 51

[Tome 50.]

4025. La Vierge et l'Enfant Jésus entourés d'anges (1484), fresque au « Palazzo Publico », Sienne. Photographie. 51

4026. Le Massacre des Innocents. Église San Agostino, Sienne. Id. 52

4027. **Benvenuto di Giovanni,** de Sienne. La Vierge et l'Enfant entourés d'anges entre St Pierre et St Nicolas de Bari. Tiré de *Rosini*. Gravure. 53

4028. Miniature florentine anonyme du XVe siècle, renfermant le portrait de Mathias Corvin, roi de Hongrie. Hofbibliothek, Vienne. Photographie. 54

4029. Feuille des « Philostrati Heroica » manuscrit florentin du XVe siècle ayant appartenu à Mathias Corvin, roi de Hongrie. Hofbibliothek, Vienne. Id. 54

4030. Frontispice d'un livre de la traduction de l'ouvrage d'Ant. Avertini sur l'architecture, dédié à Pierre de Médicis. Bibliothèque de St-Marc, à Venise. Id. 55

4031. Frontispice d'un autre livre du même ouvrage dédié à Mathias Corvin, roi de Hongrie. Bibliothèque de St-Marc, à Venise. Id. 55

4032. **Don Bartolommeo della Gatta,** abbé de St Clément, miniaturiste (né en 1433, † 1491). Un roi à son balcon, fragment de miniature d'un antiphonaire actuellement à Novare. Tiré de *Rosini*. Gravure. 56

4033. L'Assomption de la Vierge. Église St-Dominique de Cortone. Photographie. 56

4034. Détail du même tableau, quatre têtes d'apôtres. Id. 57
4035. Détail du même tableau, deux têtes d'apôtres. Id. 57
4036. Détail du même tableau, trois têtes d'apôtres. Id. 58

TOME LI.

ÉCOLE FLORENTINE (1480-1486). — VERROCHIO. — COSIMO ROSSELLI. — LUCA SIGNORELLI.

4037. **Andrea del Verrocchio.** Peintre, sculpteur, architecte florentin, (né en 1435, † 1488). Portrait de Verrocchio par **Lorenzo di Credi,** gravé par *Miciol*. Gravure. 1

4038. La Vierge, l'Enfant Jésus, St Jean-Baptiste et deux anges. Musée de l'Ermitage. Photographie. 2

4039. Le Baptême du Christ. Académie des Beaux-Arts, Florence. Gravure. 2

[Tome 51.]
4040. Le Baptême du Christ. Photographie. 3
4041. Le même tableau. Id. 4
4042. Détail du même tableau, deux anges dont un attribué à Léonard de Vinci. Id. 5
4053. Un des chevaux de St-Marc de Venise. Dessin du musée du Louvre. Id. 6
4044. Huit croquis dont cinq d'enfants. Dessin du musée du Louvre. Id. 6
4045. Étude d'une tête d'ange. Dessin du musée de Florence. Id. 7
4046. Quatorze croquis, au milieu de la feuille un petit St Jean-Baptiste. Dessin du Musée de Florence. Id. 7
4047. Étude pour la statue en bronze de David, qui est au musée du Bargello. Dessin du musée de Florence. Id. 8
4048. Étude des proportions du corps humain, quatre figures d'enfants. dessin. Christ-Church, Oxford. Id. 9
4049. Étude des proportions du corps humain, quatre figures d'enfants et détails divers. Christ-Church, Oxford. Id. 9
4050. Étude des proportions du corps humain, deux figures de femmes. Christ-Church, Oxford. Id. 9
4051. Étude des proportions du corps humain, deux figures d'hommes. Christ-Church, Oxford. Id. 10
4052. Étude des proportions du corps humain, trois écorchés. Christ-Church, Oxford. Id. 10
4053. Étude des proportions du corps humain, deux figures d'hommes. Christ-Church, Oxford. Id. 10
4054. Huit croquis, au milieu un ange agenouillé, dessin exposé en 1879 à l'école des Beaux-Arts. Id. 11
4055. Un homme agenouillé soufflant le feu. Dessin exposé en 1879 à l'école des Beaux-Arts. Id. 11
4056. Onze croquis, au bas à gauche un St Jérôme. Dessin exposé en 1879 à l'école des Beaux-Arts. Id. 12
4057. Quinze croquis, la feuille porte la date de 1489. Dessin exposé en 1879 à l'école des Beaux-Arts. Id. 12
4058. Dix croquis, en haut un centaure enlève une femme. Dessin exposé en 1879 à l'école des Beaux-Arts. Id. 13
4059. Treize croquis, en haut un petit St Jean tenant une croix. Dessin exposé en 1879 à l'école des Beaux-Arts. Id. 13
4060. Cinq études d'enfants. Id. 14
4061. Deux croquis d'enfants, un bras et une tête. Id. 14
4062. Huit croquis, en haut deux amours tenant une guirlande. Id. 15
4063. Neuf croquis, au milieu un triton portant une femme en croupe. Id. 15

[Tome 51.]

4064. Deux études : étude pour le David et enfant debout sur un coussin. Photographie. 16
4065. Cinq croquis dont un du Sauveur bénissant, pour la Résurrection. Id. 16
4066. Six croquis, au milieu un enfant sur une boule. Id. 17
4067. Sept croquis, au bas une étude de Vierge. Id. 17
4068. Huit croquis, deux profils d'après des monnaies antiques. Id. 18
4069. Onze croquis, en haut trois études de bras d'enfants. Id. 18
4070. Trois croquis pour un martyre de St Sébastien. Id. 18
4071. Cinq croquis, en haut un enfant tenant un linge à peine indiqué. Id. 18
4072. Cinq études d'enfants. Id. 19
4073. Cinq croquis, en haut Hercule revêtu de la peau du lion. Id. 19
4074. Cinq croquis, en haut un petit St Jean-Baptiste. Id. 19
4075. Quatre croquis, en haut un enfant tenant une banderole. Id. 19
4076. Trois croquis, dont un d'un homme appuyé sur une épée. Id. 20
4077. Deux croquis dont un de l'Enfant Jésus sur les genoux de la Vierge. Id. 20
4078. Quatre croquis, en bas une Sainte Famille. Id. 20
4079. Treize croquis dont quatre études de chiens. Id. 21
4080. Quatre croquis d'enfants. Id. 21
4081. Dessin d'un tombeau orné de bas-reliefs. Id. 21
4082. **Andrea del Verrocchio** (?). Quatre croquis dont deux têtes d'enfants. Musée de Florence. Id. 22
4083. Judith tenant la tête d'Holopherne. (Bartsch. XIII, p. 147, N° 13). Photogravure. 23
4084. **Baccio Baldini**, graveur et orfèvre florentin (1480). Couvercle ou fond de coupe. (Bartsch. XIII, N° 23). Id. 23
4085. Couvercle ou fond de coupe. (Bartsch. XIII, N° 17). Id. 23
4086. **Cosimo Rosselli**, peintre florentin (né en 1438, † 1507). Le passage de la mer Rouge. Chapelle Sixtine. Photographie. 24
4087. La même fresque. Id. 25
4088. L'Adoration du veau d'or. Chapelle Sixtine. Id. 26
4089. La même fresque. Id. 27
4090. Le sermon sur la montagne. Chapelle Sixtine. Id. 28
4091. La même fresque. Id. 29
4092. La Cène. Chapelle Sixtine. Id. 30
4093. La même fresque. Id. 31
4094. Fresque à San-Ambrozio de Florence, plan. Croquis. 32
4095. Le Miracle du St-Sacrement, par *C. Lasinio*. Gravure. 33
4096. Groupe de trois femmes emprunté à la même fresque. Tiré de *Rosini*. Id. 34

ÉCOLE FLORENTINE.

[Tome 51.]
4097. Le Couronnement de la Vierge. Eglise Ste Madeleine. Florence. Tiré de *Rosini*. Gravure. 34
4098. Le Couronnement de la Vierge. Galerie des Offices. Florence. Photographie. 35
4099. La Vierge et l'Enfant Jésus entre deux Saints. Galerie des Offices. Florence. Id. 36
4100. Étude de figure drapée, dans un paysage. Dessin du Musée de Florence. Id. 37
4101. La Nativité. Dessin du musée de Venise. Id. 38
4102. **Anonyme florentin du XV° siècle.** siècle. La Présentation au temple. Miniature d'un livre de chœur avec le portrait de Laurent le magnifique. Église métropolitaine de Florence. Tiré de *Rosini*. Gravure. 39
4103. **Francesco di Giorgio.** Miracles de St Bernardin. Académie des Beaux-Arts de Sienne. Tiré de *Rosini*. Id. 39
4104. **Luca Signorelli** (né vers 1441, † 1523), FRESQUES DANS LA CHAPELLE DE LA MADONNA DI SAN BRIXIO, DANS LA CATHÉDRALE D'ORVIETO, plan. Dessin. 40
4105. — Chapelle de la Madonna di San Brixio. Photographie. 41
4106. — La même chapelle. Id. 42
4107. — La Prédication de l'Antechrist et la fin du monde, fresques à l'entrée de la chapelle « della Madonna di San Brixio ». Id. 43
4108. — La fin du monde. Tiré d'*Ottley*, fresque à l'entrée de la chapelle « della Madonna di San Brixio ». Gravure. 44
4109. — Détail de la même fresque. Tiré de *Rosini*. Id. 45
4110. — La Prédication de l'Antechrist. Photographie. 46
4111. — Les damnés. Id. 47
4112. — La Résurrection de la chair. Id. 48
4113. — Détail de la fresque des damnés ; les démons dans les airs. Tiré d'*Ottley*. Gravure. 49
4114. — Les Elus. Photographie. 50
4115. — Détail de la même fresque. Tiré d'*Ottley*. Gravure. 51
4116. — Détail de la même fresque. Gravé par *A. Mochetti*. Id. 52
4117. — Détail de la même fresque. Gravé par *A. Mochetti*. Id. 53

TOME LII.

ÉCOLE FLORENTINE (1486). — LUCA SIGNORELLI (*Suite*).

FRESQUES DANS LA CHAPELLE DE LA MADONNA DI SAN BRIXIO DANS LA CATHÉDRALE D'ORVIETO (*Suite*).

4118. — Peintures du soubassement. Détails du panneau d'Homère. Scène de meurtre et jugement de deux coupables. Photographies. 1

4119. — Peinture du soubassement. Panneau de Virgile. Photographie. 1
4120. — Détails du panneau de Virgile : 1° Dante cherche à se dégager de la foule des ombres et en reconnaît plusieurs ; 2° Sordello agenouillé devant Virgile ; 3° Sordello désigne aux deux poètes une multitude d'âmes dans la vallée ; 4° Dante reconnu pour un vivant par les ombres, ralentit sa marche. Id. 2
4121. — Peintures du soubassement. Détails du panneau d'Horace : 1° Énée conduit aux enfers par la Sibylle de Cumes ; 2° Eurydice ramenée aux enfers ; 3° Hercule descendu aux enfers en ramène Thésée ; 4° Arrivée d'Orphée aux enfers. Id. 2
4122. — Peintures du soubassement. Détails du panneau d'Ovide : 1° Diane, Pallas et Proserpine ; 2° Cérès à la recherche de Proserpine ; 3° Pluton enlevant Proserpine ; 4° Pluton regardant Tiphée couché au fond du cratère de l'Etna. Id. 3
4123. — Peintures du soubassement. Détails du panneau de Lucain : 1° Les légionnaires de César et de Pompée venant aux mains après la bataille de Pharsale sur les excitations de Pétreius ; 2° Mort de Pompée tué traitreusement par Achilla. Id. 3
4124. — Peintures du soubassement situées dans le renfoncement près du panneau de Lucain : 1° Le Christ porté au tombeau ; 2° le Martyre de St Pierre Parenzi ; 3° le Martyre de St Faustin. Id. 4
4125. — Peintures du soubassement. Panneau de Dante. Id. 5
4126. — Détails du panneau de Dante : 1° Dante et Virgile arrivant au pied de la montagne escarpée du Purgatoire ; 2° Dante et Virgile, près de cette montagne aperçoivent un ange ailé suspendu sur la mer ; 3° Dante et Virgile commençant à gravir la montagne ; 4° Dante fléchissant le genou devant Caton. Id. 5
4127. — Peintures du soubassement. Détails du 1er panneau à droite de l'autel : 1° Hercule tuant le Centaure ; 2° les fils d'Hippocoon tuant Œon. Id. 6
4128. — Peintures du soubassement. Détails du 2e panneau à droite de l'autel : 1° Supplice des Damnés aux enfers ; 2° Persée délivre Andromède ; 3° le banquet des noces de Thésée troublé par Phinée. Id. 6
4129. — Peintures du soubassement. Détails du 1er panneau à gauche de l'autel : 1° La Charité et l'Envie ; 2° Vénus paraissant devant Enée en costume de chasseresse. Id. 7
4130. — Peintures du soubassement. Détails du 2e panneau à gauche de l'autel : 1° Dante endormi et Virgile conversant avec Lucia ; 2° Dante et Virgile dans le cercle ou sont châtiés les orgueilleux ; 3° Dante et Virgile devant les trois hommes dont une grande pierre courbe la tête. Id. 7

[Tome 52.]

FRESQUES DE LUCA SIGNORELLI DANS LA CATHÉDRALE D'ORVIÉTO.

4131. — Chœur des docteurs. Photographie.		8
4132. — Chœur des martyrs. Id.		9
4133. — Chœur des patriarches. Id.		10
4134. — Chœur des apôtres. Id.		11
4135. — Chœur des Vierges. Id.		12
4136. — Les insignes du jugement. Id.		13
4137. — Le Christ jugeant les bons et les méchants, fresque exécutée par **Luca Signorelli** ou **Fra Angelico**. Id.		14
4138. — Le Chœur des prophètes, fresque exécutée en 1447 par **Fra Angelico** avec l'aide de **Benozzo Gozzoli**. Id.		15

FRESQUES DANS LA CHAPELLE SIXTINE AU VATICAN.

4139. — Moïse promulgue la loi. Photographie.	16
4140. — La même fresque. Id.	17
4141. — Détail de la même fresque. Id.	18
4142. — Détail de la même fresque. Id.	19
4143. — Détail de la même fresque. Id.	20
4144. — Voyage de Moïse en Égypte avec Sephora et ses fils. Id.	21
4145. — La même fresque. Id.	22
4146. Étude de deux lutteurs, dessin. Id.	23
4147. La Vierge et l'Enfant Jésus entourés de Saints. Palazzo dei Priori, Volterre. Id.	24
4148. L'Annonciation. Cathédrale de Volterre. Id.	25
4149. La mise au tombeau. Église St Nicolas de Cortone. Id.	26
4150. Détail du même tableau. Le corps du Christ. Id.	27
4151. L'Institution de l'Eucharistie. Cathédrale de Cortone. Id.	28
4152. L'Immaculée Conception entourée de Saints. Église du Gesu de Cortone. Id.	29
4153. La Nativité et l'Adoration des bergers. Église du Gesu de Cortone. Id.	30
4154. La Ste Famille. Galerie de Dresde. Id.	31
4155. La Ste Famille. Galerie des Offices, Florence. Id.	32
4156. Le même tableau. Id.	32
4157. Détail du même tableau, tête de Vierge. Id.	33
4158. La Ste Famille. Galerie Pitti, Florence. Id.	34
4159. La Ste Famille. Galerie des Offices, Florence. Id.	34
4160. La Vierge et l'Enfant Jésus entre St Jérôme et St Bernard. Galerie Corsini, Florence. Id.	35
4161. La Vierge et l'Enfant Jésus entre les Saints Michel, Gabriel, Anastase et Augustin. Académie des Beaux-Arts. Florence. Id.	36

[Tome 52.]

4162. St Michel vainqueur du dragon. Florence. Photographie. 37
4163. La Vierge et l'Enfant Jésus entourés d'anges et de saints. Pinacothèque Bartolini, Arezzo. Id. 38
4164. Le même tableau. Id. 39
4165. Énée s'enfuyant de Troie, fresque. Académie des Beaux-Arts Sienne. Id. 40
4166. La Délivrance des prisonniers, fresque. Académie des Beaux-Arts, Sienne. Id. 41
4167. Scène de la vie de St Benoît, fresque du cloître de Monte Maggiore, province de Sienne. Id. 42
4168. St Augustin, Ste Catherine et St Antoine de Padoue, volet d'un tableau d'autel. Musée de Berlin. Id. 43
4169. Ste Claire, Ste Madeleine et St Jérôme, volet d'un tableau d'autel. Musée de Berlin. Id. 44
4170. Les deux panneaux précédents réunis. Id. 45
4171. Étude de trois figures nues pour la fresque des Damnés à Orvieto. Dessin exposé en 1879 à l'école des Beaux-Arts. Id. 46
4172. Deux figures nues pour la même fresque. Dessin exposé en 1879 à l'école des Beaux-Arts. Id. 45
4173. Figure nue. Dessin exposé en 1879 à l'école des Beaux-Arts. Id. 47
4174. Groupe de trois cavaliers, tiré de la collection Ottley. Gravure. 48
4175. Étude de deux hommes nus, l'un portant l'autre. Musée du Louvre. Photographie. 49
4176. La descente de croix. Tiré de *Rosini*. Gravure. 50
4177. Un démon entraînant une femme, fragment d'une des fresques d'Orvieto. Tiré de *Rosini*. Id. 50
4178. **Anonyme.** Portrait de Pierre François de Médicis, fils de Laurent le Magnifique, tenant la médaille de Cosme de Médicis. Photographie. 51

TOME LIII.

ÉCOLE FLORENTINE (1492). — SANDRO BOTTICELLI.

4179. **Alessandro Filipepi** dit **Sandro Botticelli** (1447, † 1516). FRESQUES DANS LA CHAPELLE SIXTINE AU VATICAN. Moïse défend les filles de Jethro contre les Madianites. Photographie. 1
4180. — La même fresque. Id. 2
4181. — Détail de la même fresque. Id. 3

[Tome 53.]
4182. — Moïse défend les filles de Jethro contre les Madianites. Photogr. 4
4183. — Détail de la même fresque. Id. 5
4184. — Détail de la même fresque. Id. 6
4185. — Détail de la même fresque. Dieu apparaît à Moïse dans un buisson ardent, 1re partie. Id. 7
4186. — Le même détail, 2e partie. Id. 8
4187. — Tête de jeune femme tirée de la même fresque. Id. 9
4188. — Deux têtes d'hommes tirées de la même fresque. Id. 10
4189. — Le Châtiment de Coré, Dathan et Abiron. Id. 11
4190. — La même fresque. Id. 12
4191. — Détail de la même fresque. Tête de Moïse. Id. 13
4192. — Détail de la même fresque. Deux têtes d'hommes. Id. 14
4193. — Jésus tenté par le démon. Id. 15
4194. — La même fresque. Id. 16
4195. — St Eutichien. Id. 17
4196. — St Clément. Id. 17
4197. — St Félix. Id. 17
4198. — St Sixte. Id. 17
4199. Holopherne décapité. Tableau de la Galerie des Offices, Florence. Id. 18
4200. Judith rentrant avec la tête d'Holopherne. Tableau de la Galerie des Offices, Florence. Id. 18
4201. L'Annonciation. Tableau de la Galerie des Offices, Florence. Id. 19
4202. L'Adoration des Mages. Tableau de la Galerie des Offices, Florence. Id. 20
4203. Le même tableau. Id. 20
4204. Le même tableau. Id. 21
4205. Le Couronnement de la Vierge. Tableau de la Galerie des Offices, Florence. Id. 22
4206. Le même tableau. Id. 22
4207. Le même tableau. Id. 23
4208. La Vierge et l'Enfant Jésus entourés de six anges. Tableau de la Galerie des Offices, Florence. Id. 24
4209. La Calomnie d'Apelles. Tableau de la Galerie des Offices, Florence. Id. 25
4210. Le même tableau. Id. 25
4211. La Naissance de Vénus. Tableau de la Galerie des Offices, Florence. Tiré de *Rosini*. Gravure. 26
4212. Le même tableau. Photographie. 26
4213. Le même tableau. Id. 26
4214. Le même tableau. Id. 27
4215. La Vierge et l'Enfant Jésus entre trois anges. Galerie Pitti, Florence. Id. 28

COLLECTION ARMAND. — DEUXIÈME PARTIE.

[Tome 53.]

4216. La Vierge et l'Enfant Jésus entre trois anges. Photographie. 29
4217. La Vierge, l'Enfant Jésus et St Jean-Baptiste. Galerie Pitti, Florence. Id. 30
4218. Portrait de la belle Simonetta. Galerie Pitti, Florence. Id. 30
4219. Le Couronnement de la Vierge. Galerie Corsini, Florence. Id. 31
4220. St Augustin, fresque dans l'église d'Ogni Santi, Florence. Id. 32
4221. Le Couronnement de la Vierge. Académie des Beaux-Arts, Florence. Id. 33
4222. Partie supérieure du même tableau. Id. 34
4223. Voyage du jeune Tobie. Académie des Beaux-Arts, Florence. Id. 35
4224. Détail du même tableau. Id. 36
4225. Détail du même tableau. Id. 37
4226. Détail du même tableau. Id. 38
4227. Le Printemps. Académie des Beaux-Arts, Florence. Id. 39
4228. Le même tableau. Id. 40
4229. Détail du même tableau. Figure du Printemps. Id. 41
4230. Détail du même tableau. Figures des trois Grâces. Id. 42
4231. Détail du même tableau. Figure de Zéphyre et de la Terre (?). Id. 43
4232. Détail du même tableau. Id. 44
4233. La Madone et l'Enfant Jésus entourés de six saints. Académie des Beaux-Arts, Florence. Id. 45
4234. La Madone et l'Enfant Jésus sur un trône entre quatre anges et six saints. Académie des Beaux-Arts, Florence. Id. 46
4235. La Nativité. Dessin du Musée de Florence. Id. 47
4236. L'Adoration des Mages. Dessin du musée de Florence. Id. 47

TOME LIV.

ÉCOLE FLORENTINE (1492-1494). — BOTTICELLI (suite), GHIRLANDAJO.

4237. Fresque allégorique attribuée à **Botticelli** et provenant de la Villa Lemmi, Musée du Louvre. Photographie. 1
4238. Détail de la même fresque. Id. 2
4239. Détail de la même fresque. Id. 2
4240. Détail de la même fresque. Id. 3
4241. Fresque allégorique attribuée à **Botticelli** et provenant de la villa Lemmi. Musée du Louvre. Id. 4

ÉCOLE FLORENTINE. 167

[Tome 54.]
4242. Fresque provenant de la villa Lemmi. Détail. Photographie. 5
4243. Détail de la même fresque. Id. 5
4244. Détail de la même fresque. Id. 6
4245. Détail de la même fresque. Id. 6
4246. La Vierge, l'Enfant Jésus et deux anges. Florence. Id. 7
4247. Voyage du jeune Tobie. Galerie royale de Turin. Id. 7
4248. Le même tableau. Tiré de *Rosini*. Gravure. 8
4249. Sept anges dansant. Église collégiale d'Empoli, province de Florence. Photographie. 8
4250. La Vierge et l'Enfant Jésus. Galerie Poldi Pezzoli, Milan. Id. 9
4251. Ste Famille. Collection de M. de la Rozière. Id. 10
4252. La Vierge entourée d'anges. Musée de Berlin. Id. 11
4253. Détail du même tableau. Id. 11
4254. La Vierge et l'Enfant Jésus entre deux anges. Musée de Berlin. Id. 12
4255. La Ste Famille. Musée Städel, Francfort. Id. 12
4256. Portrait de femme. Musée Städel, Francfort. Id. 13
4257. Portrait d'une femme tenant des fleurs. Musée Städel, Francfort. Id. 13
4258. La Vierge et l'Enfant. National Gallery, Londres. Id. 14
4259. La Nativité. Tiré d'*Ottley*. Gravure. 14
4260. Figure allégorique de la force. Photographie. 15
4261. Étude d'une femme à demi-nue, d'une main et d'un pied. Dessin du musée de Florence. Id. 15
4262. Étude d'une tête de femme. Dessin du musée de Florence. Id. 16
4263. Étude d'une tête de femme. Dessin du musée de Florence. Id. 16
4264. Étude d'un groupe de trois anges chantant. Dessin du musée de Florence. Id. 16
4265. Étude d'une figure de St Jean-Baptiste. Dessin du musée de Florence. Id. 17
4266. Etude d'une figure de l'Abondance. Dessin exposé en 1879 à l'école des Beaux-Arts. Id. 18
4267. Le même dessin. Id. 18
4268. Étude d'une figure de femme ayant des ailes aux tempes. Id. 19
4269. L'Assomption, gravure attribuée à **Botticelli**. Id. 20 et 21
4270. **Petrus Franciscus**, Presbyter Florentinus, 1494. La Madone entourée de huit saints. Eglise San Agostino. San Giminiano. Id. 22
4271. **Domenico del Ghirlandajo** (né en 1449, † 1494), fresque dans la chapelle Sixtine. La Vocation des apôtres St Pierre et St André. Id. 23
4272. La même fresque. Id. 24

[Tome 54.]

4273. Détail de la même fresque. Figure du Sauveur. Photographie. 25

4274. Détail de la même fresque. Groupe d'assistants et figures des apôtres. Id. 26

4275. **Domenico del Ghirlandajo** et **Bastiano Mainardi**. FRESQUES DE LA CHAPELLE DE SANTA FINA DANS L'ÉGLISE COLLÉGIALE DE SAN GEMINIANO, plan. Dessin. 27

4276. — Le Pape St Grégoire apparaissant à Santa Fina sur son lit de mort. Photographie. 28

4277. — Funérailles de Santa Fina. Id. 29

4278. — La même fresque. Tiré de *Rosini*. Gravure. 30

4279. L'Annonciation, fresque dans l'église collégiale de St-Giminiano. Photographie. 31

4280. FRESQUES DANS LA CHAPELLE SASSETTI A SANTA TRINITA DE FLORENCE, plan. Dessin. 32

4281. — St François renonce à l'héritage paternel. Photographie. 32

4282. — La même fresque. Id. 33

4283. — L'Épreuve du feu devant le sultan. Id. 33

4284. — La même fresque. Id. 34

4285. — Les deux fresques précédentes, par *C. Lasinio*. Gravure. 35

4286. — Le Pape Honorius III approuve la règle de St François, par *C. Lasinio*. Id. 36

4287. — La même fresque. Photographie. 37

4288. — La même fresque. Id. 37

4289. — St François recevant les stigmates, par *C. Lasinio*. Gravure. 38

4290. — La même fresque. Photographie. 39

4291. — La même fresque. Id. 40

4292. — La mort de St François, par *C. Lasinio*. Gravure. 41

4293. — La même fresque. Photographie. 42

4294. — La même fresque. Id. 42

4295. — St François ressuscite un enfant tombé du haut d'une maison, par *C. Lasinio*. Gravure. 43

4296. — La même fresque. Photographie. 44

4297. — La même fresque. Id. 45

4298. — Portrait de Francesco Sassetti. Id. 46

4299. — La même fresque. Id. 47

4300. — Portrait de Nera Corsi, femme de Francesco Sassetti. Id. 48

4301. — La même fresque. Id. 49

4302. — Une Sibylle. Id. 50

4303. — La même fresque. Id. 51

4304. — Une Sibylle. Id. 51

4305. — La même fresque. Id. 52

ÉCOLE FLORENTINE.

[Tome 54.]
4306. — Une Sibylle. Photographie. 53
4307. — La même fresque. Id. 53
4308. — Une Sibylle. Id. 54
4309. — La même fresque. Id. 54

TOME LV.

ÉCOLE FLORENTINE (1494). — GHIRLANDAJO (suite).

4310. Fresques dans le chœur de Santa Maria Novella à Florence, plan. Dessin. 1
4311. — L'Histoire de la Vierge, ensemble des fresques. Photographie. 2
4312. — St Joachim chassé du temple, par *C. Lasinio*. Gravure. 3
4313. — La même fresque. Photographie. 4
4314. — Détail de la même fresque, figurés du grand prêtre et de St Joachim. Id. 5
4315. — Détail de la même fresque renfermant les portraits de Mainardi, beau-frère de Domenico Ghirlandajo ; d'Alesso Baldovinetti, maître du peintre ; de Domenico Ghirlandajo, et de Davide Ghirlandajo, son frère. Id. 6
4316. — Détail de la même fresque, portrait de Domenico Ghirlandajo. Id. 7
4317. — Naissance de la Vierge, par *C. Lasinio*. Gravure. 8
4318. — La même fresque. Photographie. 9
4319. — Détail de la même fresque. Id. 10
4320. — Détail de la même fresque. Id. 11
4321. — Détail de la même fresque. Id. 12
4322. — Présentation de la Vierge au temple, par *C. Lasinio*. Gravure. 13
4323. — La même fresque. Photographie. 14
4324. — Détail de la même fresque. Id. 15
4325. — Le Mariage de la Vierge, par *C. Lasinio*. Gravure. 16
4326. — La même fresque. Photographie. 17
4327. — L'Adoration des Mages, par *C. Lasinio*. Gravure. 18
4328. — La même fresque. Photographie. 19
4329. — Le Massacre des Innocents. Id. 20
4330. — La Mort de la Vierge. Calque. 21
4331. — La même fresque. Photographie. 22
4332. — Détail de la même fresque. Id. 23
4333. — Détail de la même fresque. Id. 24
4334. — Détail de la même fresque. Id. 25

[Tome 55.]

4335. — Histoire de St Jean, ensemble des fresques. Photographie. 26
4336. — L'Ange apparaît à Zacharie, par *C. Lasinio*. Gravure. 27
4337. — La même fresque. Photographie. 28
4338. — La Visitation, par *C. Lasinio*. Gravure. 29
4339. — La même fresque. Photographie. 30
4340. — Détail de la même fresque. Id. 31
4341. — Détail de la même fresque, figure de Ste Élisabeth. Id. 32
4342. — Naissance de St Jean-Baptiste, par *C. Lasinio*. Gravure. 33
4343. — La même fresque. Photographie. 34
4344. — Détail de la même fresque. Id. 35
4345. — Détail de la même fresque. Id. 36
4346. — Zacharie écrit le nom de son fils, par *C. Lasinio*. Gravure. 37
4347. — La même fresque. Photographie. 38
4348. — La Prédication dans le désert, par *C. Lasinio*. Gravure. 39
4349. — La même fresque. Photographie. 40
4350. — Le Baptême du Christ, par *C. Lasinio*. Gravure. 41
4351. — La même fresque. Photographie. 42
4352. — Le Festin d'Hérode, par *C. Lasinio*. Gravure. 43
4353. — La même fresque. Photographie. 44
4354. — Détail de la même fresque, partie droite. Id. 45
4355. — Détail de la même fresque, partie gauche. Id. 46

TOME LVI.

ÉCOLE FLORENTINE (1494). — GHIRLANDAJO (suite).

4356. Fresques dans le chœur de Santa Maria Novella à Florence (suite). L'Annonciation. Photographie. 1
4357. — St Jean dans le désert. Id. 2
4358. — Miracle de St Dominique. Id. 3
4359. — Mort de St Pierre martyr. 4
4360. — Portrait de Giovanni Tornabuoni. Id. 5
4361. — Portrait de la femme de Giovanni Tornabuoni. Id. 5
4362. — Le Couronnement de la Vierge. Id. 6
4363. Le Père éternel, fresque dans la chapelle du Noviciat ou des Médicis. Santa-Croce, Florence. Id. 7
4364. La Cène, fresque au couvent d'Ogni-Santi, Florence. Tiré de *Rosini*. Gravure. 8
4365. La même fresque. Photographie. 9

ÉCOLE FLORENTINE.

[Tome 56.]
4366. La Cène. Photographie. 10
4367. La même fresque. Id. 11
4368. St Jérôme, fresque dans l'église d'Ogni-Santi. Id. 12
4369. La Visitation. Musée du Louvre. Id. 13
4370. La Nativité. Académie des Beaux-Arts, Florence. Id. 14
4371. Détail du même tableau, tête d'un des bergers. Id. 15
4372. L'Adoration des Mages. 1487. Galerie des Offices, Florence. Tiré de *Rosini*. Gravure. 16
4373. Le même tableau. Photographie. 16
4374. L'Adoration des Mages, 1488. Ospedale degli Innocenti, Florence. Id. 17
4375. Détail du même tableau, La Vierge et l'Enfant. Id. 18
4376. Détail du même tableau, trois têtes d'hommes. Id. 19
4377. Détail du même tableau, trois têtes d'hommes. Id. 20
4378. Le Mariage de la Vierge, partie du gradin du même tableau. Id. 21
4379. La Circoncision, partie du gradin du même tableau. Id. 21
4380. Le Baptême du Christ, partie du gradin du même tableau. Id. 21
4381. La Déposition de croix, partie du gradin du même tableau. Id. 22
4382. Le Martyre de St Jean l'Évangéliste, partie du gradin du même tableau. Id. 22
4383. La Vierge et l'Enfant Jésus. Musée national, Florence. Id. 23
4384. La Vierge et l'Enfant entre Ste Madeleine et St Pierre martyr. Id. 23
4385. La Madone sur un trône entre St Thomas d'Aquin, St Denis l'Aréopagite, St Clément, St Dominique et deux anges. Académie des Beaux-Arts, Florence. Id. 24
4386. Le même tableau. Id. 25
4387. Détail du même tableau, tête de la Vierge. Id. 26
4388. Détail du même tableau, tête de St Denis l'Aréopagite. Id. 27
4389. Ste Famille. Galerie des Offices, Florence. 28
4390. La Madone entre St Zénobe, St Juste, St Michel et St Raphaël. Galerie des Offices, Florence. Id. 29
4391. La Madone entre Ste Apollonie et St Sébastien. Collection Giov. Batt. Manzi, Lucques. Id. 30
4392. St Vincent Ferrier, St Sébastien et St Roch. Pinacothèque communale de Rimini. Id. 31
4393. Le Sauveur bénissant quatre saints et saintes. Palazzo dei priori. Volterra, Id. 32
4394. La Vierge et l'Enfant. Musée de l'Ermitage, St-Pétersbourg. Id. 33
4395. Portrait de Ginevra Benci. Tiré de *Rosini*. Gravure. 34
4396. **Ghirlandajo?** Portrait de Ginevra Benci. Tiré de *Rosini*. Id. 34

[Tome 56.]

4397. Portraits d'un vieillard et d'un enfant. Musée du Louvre. Photographie. 34
4398. Apparition de l'Ange à Zacharie. Dessin. Galerie de l'archiduc Charles à Vienne. Id. 35
4399. La Vierge, l'Enfant et un ange. Dessin du musée de Florence. Id. 36
4400. Quatre études, au milieu un homme assis. Dessin du musée de Florence. Id. 37
4401. Étude de deux têtes. Dessin du musée de Florence. Id. 35
4402. Les mêmes têtes. Id. 35
4403. Étude pour tête de jeune homme. Dessin du musée de Florence. Id. 39
4404. La même tête. Dessin du musée de Florence. Id. 39
4405. Étude pour une tête de jeune femme. Dessin du musée de Florence. Id. 39
4406. Étude pour une tête de femme. Oxford, Christ-Church. Id. 40
4407. Étude pour une tête d'homme. Dessin. Id. 40
4408. **Bastiano Mainardi**, beau-frère de Dom. Ghirlandajo, (travaillait de 1487-1502). St Étienne entre St Pierre et St Jacques-le-Majeur. Galerie des Offices. Id. 41
4409. La Vierge montée au ciel laisse sa ceinture à St Thomas. Id. 42
4410. **Francesco Botticini** (fin du XVe siècle). Décollation de St Jean-Baptiste et festin d'Hérode, détail d'un devant d'autel à Empoli. Id. 43
4411. La Cène, détail d'un devant d'autel à Empoli. Id. 43
4412. Martyre de St André, détail d'un devant d'autel à Empoli. Id. 43
4413. **Anonyme florentin**, XVe siècle. Portrait de jeune homme. Musée de Vienne. Id. 44
4414. **Anonyme florentin**. St Antoine de Padoue. Musée de Berlin. Id. 44
4415. **Anonyme florentin**. Portrait de Pétrarque. Galerie des Offices. Id. 44
4416. **Domenico Pecori** (travaillait de 1470 à 1480). La Vierge et l'Enfant Jésus sur un trône, entre St Bernard et St Benoît. Église St-Bernard, Arezzo. Id. 45
4417. **Anonyme florentin**. La Vierge et l'Enfant Jésus sur un trône entre deux anges, St Jean-Baptiste, St Jérôme, St Ambroise et un autre saint. Académie de Pise. Tiré de *Rosini*. Gravure. 46
4418. **Anonyme florentin**. La Vierge, l'Enfant Jésus et St Jean. Photographie. 46
4419. **Anonyme**. Supplice de Savonarole, Beconvicini et Maruffi sur la place de la Seigneurie à Florence, le 23 mai 1498, tableau conservé dans la cellule de Savonarole au couvent de Saint Marc, Florence. Id. 47

TOME LVII.

ÉCOLE FLORENTINE (1502-1504). — FILIPPINO LIPPI. — LORENZO DI CREDI.

4420. **Filippino Lippi** (né en 1457, mort en 1504). Fresques dans la chapelle Strozzi à Santa Maria Novella, Florence, plan. Croquis. 1
4421. — St Philippe chasse le démon du corps d'une idole. Photographie. 2
4422. — Martyre de St Philippe. Id. 3
4423. — St Jean ressuscite Drusiana. Id. 4
4424. — Martyre de St Jean. Id. 5
4425. — Le Patriarche Adam. Id. 6
4426. — Le Patriarche Noé. Id. 6
4427. — Le Patriarche Abraham. Id. 7
4428. — Le Patriarche Jacob. Id. 7
4429. — L'Annonciation. Tiré de *Fontana*. Gravure. 8
4430. St Thomas défendant l'Église, fresque de l'église de la Minerva, Rome. Tiré de *Fontana*. Id. 8
4431. La même fresque. Tiré de *Rosini*. Id. 9
4432. La même fresque. Photographie. 10
4433. Fresques du Tabernacle « Sul canto al Mercatale » Prato. La Vierge et l'Enfant. Id. 11
4434. — St Antoine et Ste Marguerite. Id. 11
4435. — St Étienne et Ste Catherine. Id. 12
4436. Ste Lucie. Cathédrale de Prato. Id. 12
4437. La Vierge et l'Enfant Jésus entre St Jean l'Évangéliste et St Étienne. Galerie municipale de Prato. Id. 13
4438. La Vierge apparaissant à St Bernard. Église de la Badia, Florence. Tiré de *Rosini*. Gravure. 14
4439. Le même tableau. Photographie. 14
4440. Ste Famille. Galerie Pitti. Id. 15
4441. **Filippino Lippi** et le **Pérugin**. Descente de croix. Église des FF. della Nunziata, Florence. Id. 15
4442. Mariage mystique de Ste Catherine. Église St-Dominique, Bologne. Id. 16
4443. La Vierge et l'Enfant. Galerie Corsini, Florence. Id. 17
4444. La Vierge et l'Enfant servis par des anges. Galerie Corsini, Florence. Id. 18
4445. La Mort de Lucrèce. Galerie Pitti, Florence. Id. 19
4446. Deux muses. Santa Maria Novella, Florence. Tiré d'*Ottley*. Gravure. 19

4447. Étude pour une tête d'homme, dessin. Musée du Louvre. Photographie. 20
4448. Étude pour une figure de femme tenant des fleurs. British Museum. Id. 20
4449. Étude pour une figure de David, avec la tête de Goliath, dessin. Oxford, Christ-Church. Id. 21
4450. **Nicolusó Francisco Italiano,** peintre-émailleur, travaillait à Séville en 1504. La Visitation, autel en faïence peinte. Chapelle des rois catholiques. Alcazar de Séville. Id. 22
4451. Ensemble du même autel. Id. 22
4452. **Lorenzo di Credi** (né en 1459, † 1537). Anonyme, portrait de Lorenzo di Credi. Galerie de Florence. Id. 23
4453. La Vierge et l'Enfant sur un trône entre St-Jean-Baptiste et un St Évêque. Cathédrale de Pistoie. Id. 23
4454. La Vierge, l'Enfant Jésus et St Jean-Baptiste. Galerie de Dresde. Id. 24
4455. L'Annonciation. Galerie des Offices, Florence. Id. 25
4456. Le même tableau. Id. 26
4457. L'Annonciation. Galerie des Offices, Florence. Id. 26
4458. La Nativité. Académie des Beaux-Arts, Florence. Id. 27
4459. L'Adoration des bergers. Académie des Beaux-Arts, Florence. Tiré de *Rosini*. Gravure. 27
4460. Le même tableau. Photographie. 28
4461. Le même tableau. Id. 29
4462. Détail du même tableau. Tête d'un berger. Id. 30
4463. L'Archange St Michel. Sacristie de la Cathédrale de Florence. Id. 30
4464. La Vierge et l'Enfant Jésus entre St Julien et St Nicolas. Musée du Louvre. Id. 31
4465. Le même tableau. Id. 31
4466. La Vierge adorant l'Enfant Jésus. Galerie des Offices, Florence. Id. 32
4467. La Nativité. Galerie des Offices, Florence. Id. 33
4468. Le même tableau. Id. 34
4469. La Vierge et St Jean. Galerie des Offices, Florence. Id. 35
4470. Le Christ apparaissant à la Madeleine. Galerie des Offices, Florence. Id. 36
4471. Portrait d'Andrea del Verrocchio. Galerie des Offices, Florence. Id. 37
4472. Le même portrait. Id. 37
4473. Portrait d'Alessandro Bracchesi. Galerie des Offices, Florence. Id. 38

ÉCOLE FLORENTINE.

[Tome 57.]
4474. Portrait d'Alessandro Bracchesi. Photographie. 38
4475. Marie Madeleine. Musée de Berlin. Id. 39
4476. Le même tableau. Id. 39
4477. La Vierge adorant l'Enfant Jésus, médaillon rond. Musée de Berlin. Id. 40
4478. La Vierge adorant l'Enfant Jésus. Musée de Berlin. Id. 40
4479. Le Couronnement de la Vierge, tableau ayant figuré à l'Exposition des Trésors de l'Art, Manchester, 1857. Id. 41
4480. Ste Famille. Académie des Beaux-Arts de Venise. Id. 42
4481. La Nativité. Galerie Borghèse, Rome. Id. 42
4482. L'Enfant Jésus sur les genoux de la Vierge bénit le petit St Jean. Galerie Borghèse, Rome. Id. 42
4483. Étude pour une Ste-Famille, dessin à la plume. British Museum. Id. 43
4484. La Vierge et l'Enfant Jésus. Dessin du musée de Florence. Id. 44
4485. Le même dessin. Id. 45
4486. Le Baptême de Jésus-Christ. Id. 45
4487. Étude pour une tête de Vierge. Id. 45
4488. Tête de vieillard. Dessin du British Museum. Id. 46
4489. Tête de vieillard. Dessin du musée du Louvre. Id. 46
4490. Tête de jeune homme. Dessin du musée du Louvre. Id. 46
4491. La Vierge et l'Enfant. Dessin de l'Académie des Beaux-Arts de Florence. Id. 47
4492. Tête de jeune homme de face. Dessin. Christ-Church, Oxford. Id. 48
4493. Étude pour une tête de profil. Dessin. Christ-Church, Oxford. Id. 48
4494. Étude pour une tête de profil. Dessin. Christ-Church, Oxford. Id. 48
4495. Tête de vieillard. Dessin exposé en 1879 à l'école des Beaux-Arts. Id. 49
4496. Tête de jeune homme coiffé d'un bonnet. Dessin exposé en 1879 à l'école des Beaux-Arts. Id. 49
4497. Tête de jeune homme. Dessin exposé en 1879 à l'école des Beaux-Arts. Id. 49
4498. Tête de vieillard. Dessin de la collection His de la Salle, donné à l'école des Beaux-Arts. Id. 50
4499. Le même dessin. Id. 50
4500. Tête d'enfant, dessin. 51
4501. La Vierge et l'Enfant, dessin. Id. 51
4502. **Lorenzo di Credi** (?) Tête de vieillard. Id. 51

TOME LVIII.

ÉCOLE FLORENTINE (1505-1520).

4503. **Robetta** (travaillait de 1505 à 1511). Cérès (Bartsch, 16). Photogravure. 1
4504. **Bernardino Fungaï**, peintre siennois (né en 1460, † en 1516). L'Ange et le jeune Tobie. Tiré de *Rosini*. Gravure. 2
4505. L'Assomption de la Vierge. Institut des Beaux-Arts de Sienne. Photographie. 2
4506. **Piero di Cosimo**, peintre florentin (né en 1462, † en 1521 ?). Mort de Lucrèce. Palais Pitti. Tiré de *Rosini*. Gravure. 3
4507. La Madone et l'Enfant entourés de saints. Tableau de l'Ospedale degli Innocenti, Florence. Photographie. 3
4508. L'Annonciation, détail du gradin du même tableau. Id. 4
4509. Un Évêque bénissant, détail du gradin du même tableau. Id. 4
4510. Persée et Andromède. Galerie des Offices, Florence. Id. 5
4511. Étude pour une figure debout dans un paysage, dessin à la plume. Galerie de Florence. Id. 5
4512. Ste Famille. Dessin. Id. 5
4513. **Raffaellino del Garbo**, peintre florentin (né en 1466, † en 1524). La Résurrection. Académie des Beaux-Arts, Florence. Tiré de *Rosini*. Gravure. 6
4514. La Madone entre St François d'Assise, St Louis, évêque de Toulouse et deux figures de donateurs. Galerie de l'Ospedale de Santa Maria Nuova, Florence. Photographie. 7
4515. Le Couronnement de la Vierge. Musée du Louvre. Id. 8
4516. La Vierge et l'Enfant Jésus entre deux anges, St Sébastien et St André ? Musée de Berlin. Id. 9
4517. La Vierge et l'Enfant Jésus entre deux anges. Musée de Berlin, Id. 10
4518. Le même tableau. Id. 10
4519. Le même tableau. Id. 11
4520. Étude pour une figure du Sauveur dans le tableau de la Résurrection. Dessin du British Museum. Id. 12
4521. La Vierge, l'Enfant Jésus, Ste Catherine, Ste Madeleine. Dessin de Christ-Church, Oxford. Id. 13
4522. Ste Barbe, dessin du musée de Florence. Id. 14
4523. La Vierge et l'Enfant. Dessin du musée de Florence. Id. 14
4524. Un Évêque guérissant un malade. Dessin du musée de Florence. Id. 15

[Tome 58.]

4525. **Visino** (vivait à Florence vers 1500). La Descente de croix. Séminaire de Venise. Tiré de *Rosini*. Gravure. 16

4526. **Anonyme.** La Madeleine au pied de la croix. Photographie. 16

4527. **Francesco Granacci**, peintre florentin (né en 1496, † en 1543). L'Assomption de la Vierge. Palais Rucellai. Tiré de *Rosini*. Gravure. 17

4528. Anges portant des lys. Académie des Beaux-Arts, Florence. Photographie. 17

4529. **Gerino da Pistoja**, élève du Pérugin. (Trav. de 1502-1529). La Ste Famille. Musée royal de Madrid. Id. 18

4530. **Gerino da Pistoja** (?) La Cène. Fresque du couvent de St-Onuphre, Florence. Tiré de *Rosini*. Gravure. 19

4531. **Mariotto Albertinelli**, peintre florentin (né en 1474, † en 1515). La Visitation. Musée des Offices. Photographie. 20

4532. Le même tableau. Id. 20

4533. Le même tableau. Id. 20

4534. Le même tableau. Tiré de *Rosini*. Gravure. 20

4535. Esquisse pour le même tableau. Dessin du musée de Florence. Photographie. 21

4536. L'Annonciation. Partie du gradin du même tableau. Id. 21

4537. La Nativité. Partie du gradin du même tableau. Id. 22

4538. La Présentation au temple. Partie du gradin du même tableau. Id. 22

4539. Le Christ en croix. Chartreuse de Florence. Id. 23

4540. La Ste-Trinité. Tableau fait pour les religieuses de San Giuliano à Florence, actuellement Académie des Beaux-Arts, Florence. Id. 23

4541. Esquisse pour un tableau de la Ste-Trinité. Dessin du musée de Florence. Id. 24

4542. La Vierge entre St Jérôme et St Zénobe. Musée du Louvre. Id. 24

4543. La Ste Trinité. Musée de Berlin. Id. 25

4544. **Giacomo Pacchiarotti**, peintre siennois (né en 1474, † en 1540). La Naissance de la Vierge. Église St-Bernardin, Sienne. Tiré de *Rosini*. Gravure. 26

4545. La Visitation. Académie des Beaux-Arts, Florence. Photographie. 26

4546. L'Ascension. Institut des Beaux-Arts, Sienne. Id. 27

4547. **Vincenzo da Tamagni** dit **Vincenzo da San Geminiano**, (trav. de 1510 à 1529). Le Mariage mystique de Ste Catherine. Fresque exécutée en 1528 dans l'ancien couvent de Ste-Catherine, aujourd'hui palais Pratellesi. San Geminiano. Tiré de *Rosini*. Gravure. 28

4548. La même fresque. Photographie. 28

[Tome 58.]

4549. **Fra Bartolommeo della Porta**, peintre florentin (né en 1475, † en 1517). La Présentation au temple. Musée de Vienne. Photographie. 29
4550. La Madone sur un trône. Cathédrale de Lucques. Id. 30
4551. Ange jouant du luth, détail du tableau précédent. Id. 31
4552. L'Éternel bénissant la Madeleine et Ste Catherine en extase. Pinacothèque du palais ducal à Lucques. Id. 32
4553. St Vincent prêchant. Académie de Florence. Tiré de *Rosini*. Gravure. 33
4554. La Circoncision. Galerie Royale, Florence. Tiré de *Rosini*. Id. 33
4555. St Pierre. Palais de Montecavallo. Tiré de *Rosini*. Id. 33
4556. St Marc. Palais Pitti. Tiré de *Rosini*. Id. 33
4557. La Vierge et l'Enfant. Académie des Beaux-Arts, Florence. Photographie. 34
4558. La Vierge et l'Enfant. Académie des Beaux-Arts, Florence. Id. 34
4559. La Madeleine. Académie des Beaux-Arts, Florence. Id. 35
4560. Ste Catherine. Id. 35
4561. La Madone de la Miséricorde. Palais Ducal, Lucques. Tiré de *Rosini*. Gravure. 36
4562. Le même tableau. Photographie. 37
4563. Détail du même tableau. Id. 38
4564. Le Corps du Christ déposé de la croix, soutenu par la Vierge, la Madeleine et St Jean. Galerie Pitti, Florence. Photographie. 39
4565. Le même tableau. Id. 39
4566. Le même tableau. Tiré de *Rosini*. Gravure. 39
4567. Le même tableau. Photographie. 40
4568. Le même tableau. Id. 41
4569. La Vierge, Ste Catherine de Sienne et plusieurs autres saints, 1511. Musée du Louvre. Id. 42
4570. Le même tableau. Id. 43
4571. Le Christ et les quatre Évangélistes, 1505. Galerie Pitti, Florence. Id. 44
4572. La Ste Famille. Galerie Borghèse, Rome. Id. 45
4573. Ste Brigitte. Galerie de l'hôpital de Santa Maria Nuova, Florence. Id. 46
4574. Les Pèlerins d'Emmaüs. Couvent de Saint Marc, Florence. Id. 46
4575. La Vierge et l'Enfant Jésus. Couvent de Saint Marc, Florence. Id. 47
4576. Portrait de Savonarole. Académie des Beaux-Arts, Florence. Id. 48

[Tome 58.]
4577. La Vierge et St Joseph adorant l'Enfant Jésus. Dessin de la galerie de Florence. Photographie. 48
4578. Répétition modifiée du tableau dit la Vierge des Carondelet (Cathédrale de Besançon). La modification consiste en ce que la figure de Ferry Carondelet que l'on voit dans le tableau de Besançon est remplacée par une figure de la Madeleine. Tableau exposé au palais Bourbon au profit des Alsaciens-Lorrains. Id. 49
4579. Ste Famille ou Repos en Égypte. Tableau exposé en 1857, à l'exposition des Trésors de l'Art, Manchester. Id. 50
4580. L'Apôtre St Pierre. Dessin de la galerie de Florence. Id. 51
4581. L'Apôtre St Paul. Dessin de la galerie de Florence. Id. 51
4582. Deux esquisses pour l'Annonciation. Dessin de la galerie de Florence. Id. 52
4583. L'Ascension. Dessin de la galerie de Florence. Id. 52
4584. La Madone entourée de Saints. Dessin de la galerie de Florence. Id. 52
4585. Un homme relevant une femme agenouillée. Dessin de la galerie de Florence. Id. 53
4586. Deux études de femme nue tenant un enfant. Dessin de la galerie de Florence. Id. 53
4587. La Madone sur un trône entourée d'anges et de saints. Dessin de la galerie de Florence. Id. 53
4588. Ste Famille et anges. Dessin de la galerie de Florence. Id. 53
4589. L'Apôtre St Marc (Esquisse pour le tableau de la galerie Pitti. Dessin de la galerie de Florence. Id. 54
4590. Tête de jeune femme. Dessin de la galerie de Florence. Id. 54
4591. Une femme nue tenant un enfant et trois études d'enfants. Dessin de la galerie de Florence. Id. 54
4592. Tête d'ange. Dessin de la galerie de Florence. Id. 55
4593. Tête de Moine. Dessin de la galerie de Florence. Id. 55
4594. Étude de Madone et divers croquis. Dessin de la galerie de Florence. Id. 55
4595. Esquisse pour le tableau de la Madone de la Miséricorde. Dessin de la galerie de Florence. Id. 55

TOME LIX.

ÉCOLE FLORENTINE (1520-1525).

4596. **Fra Bartolommeo** (suite). Tête de vieillard. Dessin de la galerie de Turin. Photographie. 1

[Tome 59.]

4597. Le Triomphe du Christ. Dessin du musée de Venise. Photographie. 2

4598. Le Couronnement de la Vierge. Dessin du musée du Louvre. Id. 3

4599. La Vierge et l'Enfant entourés de saints. Photographie. 3

4600. Ste Famille. Dessin du musée du Louvre. Id. 3

4601. Le même dessin, fac-simile. Tiré d'*Ottley*. Gravure. 3

4602. Étude pour une figure de Judith. Dessin du musée de Weimar. Photographie. 4

4603. Esquisse pour une mise au tombeau. Dessin du musée de Weimar. Id. 4

4604. Quatre têtes. Dessin du musée de Weimar. Id. 5

4605. Cinq croquis, au bas une jeune femme tenant un enfant. Dessin du musée de Weimar. Id. 5

4606. Étude pour une tête de femme dans le tableau de la Madone de la Miséricorde. Dessin du musée de Weimar. Id. 6

4607. Étude pour une tête de vieille femme dans le même tableau. Dessin du musée de Weimar. Id. 6

4608. L'Annonciation. Dessin de la galerie de l'archiduc Charles. Vienne. Id. 7

4609. Croquis, au bas une esquisse pour une « Prédication de St Jean » Dessin du British Museum. Id. 8

4610. La Vierge, l'Enfant Jésus, St Jean-Baptiste et un ange. Dessin du British Museum. Id. 8

4611. La Vierge et l'Enfant sur un trône entourés de saints. Dessin du British Museum. Id. 9

4612. Étude pour une tête de profil. Id. 10

4613. La Vierge et l'Enfant. Dessin. Fac-simile. Tiré d'*Ottley*. Gravure. 10

4614. La Vierge et l'Enfant entourés de saints. Dessin de la collection His de la Salle. Fac-simile par *A. Leroy*. Gravure. 10

4615. Étude de deux figures drapées. Fac-simile. Tiré d'*Ottley*. Gravure. 11

4616. L'Annonciation. Dessin exposé en 1879 à l'École des Beaux-Arts. Photographie. 11

4617. Le même dessin. Id. 11

4618. Ste Famille. Dessin exposé en 1879 à l'École des Beaux-Arts. Id. 12

4619. La Vierge, l'Enfant Jésus et un Ange. Id. 12

4620. Le Sauveur bénissant. Dessin exposé en 1879 à l'École des Beaux-Arts. Id. 13

4621. **Girolamo del Pacchia**, peintre siennois, (né en 1474, † en 1535). L'Annonciation et la Visitation. Institut des Beaux-Arts, Sienne. Id. 14

[Tome 59.]

4622. La Naissance de la Vierge. Église St-Bernardin, Sienne. Photographie. 15
4623. L'Ange de l'Annonciation. Oratoire de St-Bernardin, Sienne. Id. 16
4624. La Vierge de l'Annonciation. Oratoire de St-Bernardin, Sienne. Id. 17
4625. St Bernardin. Oratoire de St-Bernardin, Sienne. Id. 18
4626. **Sodoma** (Giovanni Antonio **Bazzi** dit le), peintre, travaillait à Sienne, (né en 1477, † en 1549). Portrait de Sodoma. Galerie des Offices, Florence. Id. 19
4627. Le même portrait. Id. 19
4628. Fresques a San-Domenico de Sienne dans la chapelle de Ste Catherine de Sienne, plan. Dessin. 20
4629. — L'Évanouissement de Ste Catherine de Sienne. Tiré de *Rosini*. Gravure. 20
4630. — La même fresque. Photographie. 21
4631. — Un Ange apporte à Ste Catherine l'hostie consacrée. Id. 22
4632. — Ste Catherine voit monter au ciel l'âme d'un criminel décapité. Id. 23
4633. Fresques a la Farnesine. Noces d'Alexandre et de Roxane. Tiré de *Rosini*. Gravure. 24
4634. — Partie gauche de la même fresque. Photographie. 25
4635. — Partie droite de la même fresque. Id. 26
4636. — Alexandre accueillant la famille de Darius, (partie droite). Id. 27
4637. — La même fresque, (partie gauche). Id. 28
4638. — Détail de la même fresque, (partie gauche). **Id.** 29
4639. Fresques a Monte-Oliveto-Maggiore près Sienne. Portrait de Sodoma. Id. 30
4640. — Sujet de l'histoire de St Benoît. Id. 30
4641. — Sujet de l'histoire de St Benoît, intérieur d'une église. Id. 31
4642. — Sujet de l'histoire de St Benoît (fragment). Groupe de cinq paysans. Id. 31
4643. — La Mort de St Benoît. Id. 32
4644. Fresques dans le Palazzo publico a Sienne. Tête de Vierge. Id. 33
4645. — St Victor. Id. 33
4646. Fresques dans l'Oratorio di San Bernardino, Sienne. Présentation de la Vierge au Temple. Id. 34
4647. — La Visitation. Id. 35
4648. — Le Couronnement de la Vierge. Id. 36
4649. — L'Assomption. Id. 37

[Tome 59.]

4650. — St Louis, évêque de Toulouse. Photographie. 38
4651. — St Antoine. Id. 38
4652. — St François d'Assise. Id. 39
4653. La Nativité. Institut des Beaux-Arts, Sienne. Id. 40
4654. La Descente de Croix. Institut des Beaux-Arts, Sienne. Id. 41
4655. Le Sacrifice d'Abraham. Cathédrale de Pise. Id. 42
4656. St Yves rendant la justice, fresque dans le Stanza del Camerlingo au palais neuf du Podesta. San Geminiano. Id. 43
4657. Figure allégorique de la ville de Sienne. Tableau exposé au palais Bourbon, au profit des Alsaciens-Lorrains. Id. 44
4658. Apollon et une Muse. Théâtre de Vercelli. Tiré de *Rosini*. Gravure. 44
4659. St Sébastien. Galerie des Offices, Florence. Photographie. 45
4660. Fragment du même tableau. Torse de St Sébastien. Id. 46
4661. St-Sébastien. Galerie des Offices. Florence. Id. 47
4662. Sainte Famille. Galerie Borghèse, Rome. Photographie. 48
4663. La Vierge et l'Enfant Jésus. Id. 48
4664. Tête de jeune homme couronné de lauriers. Dessin du musée de Florence. Id. 49
4665. Léda. Dessin de la collection His de la Salle. Fac-simile par *P. Chenay*. Gravure. 49
4666. **Anonyme** de l'École de Fra Bartolommeo. La Vierge et l'Enfant. Tableau ayant figuré à l'exposition des Trésors de l'Art, Manchester, 1857. Photographie. 50
4667. **Andrea del Brescianino.** La Charité. Galerie du prince de Lichtenstein. Vienne. Id. 50
4668. **Giulio Buggiardini,** peintre florentin (né en 1475, † en 1554). Martyre de Ste Catherine. Santa Maria Novella, Florence. Tiré de *Rosini*. Gravure. 51
4669. **Niccolo Soggi,** (né en 1480, † en 1551). La Madone. Palais Pitti, Florence. Tiré de *Rosini*. Id. 51

TOME LX.

ÉCOLE FLORENTINE 1526. — ANDREA DEL SARTO.

4670. **Baldassare Peruzzi** (né en 1481, † en 1536). La Présentation de la Vierge au temple. Église della Pace, Rome. Tiré de *Rosini*. Gravure. 1

ÉCOLE FLORENTINE.   183

[Tome 60.]

4671. La Vierge et l'Enfant Jésus sur un trône entre Ste Catherine d'Alexandrie, Ste Catherine de Sienne et un donateur. Église della Pace, Rome. Tiré de *Rosini*. Gravure. 1
4672. Le même tableau. Tiré de *Fontana*. Id. 1
4673. La Sibylle annonce à Auguste la venue du Christ. Église de Fonte Giusta, Sienne. Tiré de *Rosini*. Id. 2
4674. Le même tableau. Photographie. 2
4675. La Ste Famille. Galerie Pitti, Florence. Id. 3
4676. La Charité. Musée de Berlin. Id. 3
4677. Vénus et l'Amour, dessin. Id. 3
4678. La Chute de Phaéton, le Jugement de Pâris, dessin pour un plafond. Musée de Florence. Id. 4
4679. Hercule appuyé sur sa massue, dessin du musée de Dresde. Id. 5
4680. **Franciabigio**, peintre florentin (né en 1483, † en 1561). La Calomnie d'Apelles. Palais Pitti, Florence. Tiré de *Rosini*. Gravure. 6
4681. **Zacchia il Vecchio**, peintre florentin (travaillait vers 1527). Le Mariage de la Vierge. Église des Augustins, Lucques. Tiré de *Rosini*. Id. 7
4682. **Ridolfo del Ghirlandajo**, peintre florentin (né en 1483, † en 1561). Portrait d'homme. Galerie Corsini, Florence. Photographie. 8
4683. Portrait de femme. Galerie Pitti, Florence. Id. 8
4684. Miracles de St Zénobe. Galerie des Offices, Florence. Id. 9
4685. Translation du corps de St Zénobe. Galerie des Offices, Florence. Id. 9
4686. L'Annonciation, fresque au Palazzo-Vecchio, Florence. Id. 10
4687. Le voile de Ste Véronique. Palais Antinori, Florence. Tiré de *Rosini*. Gravure. 11
4688. La Vierge montant au ciel laisse sa ceinture à St Thomas. Photographie. 12
4689. **Bachiacca** (Ubertino), peintre florentin, † 1557. L'histoire de Joseph. Tableau de la collection de Lord Sanford. Tiré de *Rosini*. Gravure. 13
4690. **Sogliani** (Giovanni Antonio), peintre florentin (travaillait vers 1530). Le Sacrifice de Noé. Cathédrale de Pise. Tiré de *Rosini*. Id. 13
4691. **Domenico Beccafumi** dit Mecarino, peintre et fondeur siennois (né en 1486, † en 1551). Le Mariage de la Vierge, fresque à San Bernardino, Sienne. Photographie. 14
4692. La Mort de la Vierge, fresque à San Bernardino, Sienne. Id. 15
4693. La Vierge et l'Enfant entourés de Saints, fresque à San Bernardino, Sienne. Id. 16
4694. La Vierge, l'Enfant Jésus, St Jean et une Sainte. Tableau de la collection *Rosini*. Gravure. 17

184 COLLECTION ARMAND. — DEUXIÈME PARTIE.

[Tome 60.]

4695. Ste Catherine de Sienne recevant les stigmates. Institut des Beaux-Arts, Sienne. Photographie. 18
4696. St Jean l'Évangéliste, fresque au Duomo de Sienne. Tiré de *Rosini*. Gravure. 19
4697. Ste Famille. Galerie Pitti, Florence. Photographie. 19
4698. La Vierge et l'Enfant. Dessin du musée de Florence. Id. 20
4699. St Pierre en prison. Dessin du musée de Florence. Id. 20
4700. Deux figures de prophètes. Dessin. Fac-simile tiré d'*Ottley*. Gravure. 21
4701. **Andrea del Sarto**, peintre florentin (né en 1487, † en 1531). Portrait d'Andrea del Sarto. Gravé par *St Ève*, 1844. Galerie des Offices. Id. 22
4702. Le même portrait. Photographie. 22
4703. Autre portrait d'Andrea del Sarto. Galerie des Offices. Florence. Id. 23
4704. Autre portrait du même. Galerie Pitti. Florence Id. 23
4705. Autre portrait du même. National Gallery, Londres. Id. 23
4706. Le même portrait. Id. 24
4707. Portrait de Lucrezia di Fede, femme d'Andrea del Sarto. Galerie des Offices. Florence. Id. 25
4708. Autre portrait de la même. Musée de Madrid. Id. 25
4709. Autre portrait de la même. « Madeleine » de la galerie Borghèse, Rome. Id. 26
4710. Portrait de la même, fac-simile par *A. Leroy*. Dessin du musée du Louvre. Gravure. 27
4711. Le même dessin. Photographie. 27
4712. Fresques d'**Andrea del Sarto** dans le cloître dell' Annunziata, Florence. Plan. Dessin. 28
4713. — La Naissance de la Vierge (1513). Photographie. 29
4714. — La même fresque. Id. 30
4715. — La même fresque (partie inférieure). Id. 31
4716. — La même fresque (partie gauche). Id. 32
4717. — La même fresque (partie droite). Id. 33
4718. — Le Voyage des rois mages. Id. 34
4719. — Esquisse de la même fresque. Dessin du musée de Florence. Id. 35
4720. — St Philippe Benizzi guérit une femme possédée du démon. Id. 36
4721. — Détail de la même fresque. Partie centrale. Id. 37
4722. — Étude pour une des figures de la même fresque. Dessin du musée du Louvre. Id. 38
4723. — Le miracle des enfants morts. Id. 39

ÉCOLE FLORENTINE. 185

[Tome 60.]
4724. — Le Baisement de la relique. Photographie. 40
4725. — Détail de la même fresque. Partie centrale. Id. 41
4726. — St Philippe Benizzi et le lépreux. Id. 42
4727. — St Philippe Benizzi fait descendre la foudre sur des joueurs. Id. 43
4728. — La Ste Famille dite la Madone del Sacco. Id. 44
4729. — La même fresque. Id. 44
4730. — La même fresque. Id. 45
4731. — La même fresque. Par *Raphael Morghen*. Gravure. 46
4732. — Détail de la même fresque. La Vierge et l'Enfant. Photographie. 47
4733. — Étude pour la figure de St Joseph. Dessin du musée du Louvre. Gravure. 48
4734. — Le même dessin. Photographie. 48

TOME LXI.

ÉCOLE FLORENTINE. — ANDREA DEL SARTO (*suite*).

4735. FRESQUES DANS LE CLOITRE DELLO SCALZO DE FLORENCE, plan. Dessin. 1
4736. — Vue du cloître. Photographie. 2
4737. — La Foi. Id. 3
4738. — Apparition de l'ange à Zacharie. Id. 4
4739. — La Visitation. Id. 5
4740. — Étude pour une des figures de la même fresque, dessin. Id. 6
4741. — Étude, pour la même fresque, d'une figure d'homme coiffé d'un bonnet, dessin, fac-simile ; tiré d'*Ottley*. Gravure. 7
4742. — Naissance de St Jean-Baptiste. Photographie. 8
4743. — Le Baptême du Christ. Id. 9
4744. — La Charité. Id. 10
4745. — La Prédication de St Jean dans le désert. Id. 11
4746. — Esquisse pour la même fresque, dessin du musée de Florence. Id. 12
4747. — St Jean baptisant la foule. Id. 13
4748. — St Jean devant Hérode. Id. 14
4749. — La danse d'Hérodiade. Id. 15
4750. — Décollation de St Jean-Baptiste. Id. 16
4751. — Hérodiade portant la tête de St Jean-Baptiste. Id. 17

[Tome 61.]

4752. — L'Espérance. Photographie. 18
4753. Scène de la vie monacale, fresque à l'académie des Beaux-Arts de Florence. Id. 19
4754. La Cène, fresque dans le réfectoire du cloître de San Salvi. Id. 20
4755. La même fresque. Id. 21
4756. Détail de la même fresque. Tête du Christ. Id. 22
4757. Détail de la même fresque. Tête de l'apôtre St Jean. Id. 23
4758. Groupe d'apôtres, étude pour une partie de la même fresque. Dessin du musée de Florence. Id. 24
4759. Le Sauveur. Tableau dans l'église della Santa-Annunziata. Id. 25
4760. La Vierge des grâces. Cathédrale de Pise. Id. 26
4761. La Madone « delle Arpie ». Galerie Pitti, Florence. Id. 27
4762. Le même tableau. Id. 28
4763. Détail du même tableau. Figure de la Vierge. Id. 29
4764. Le corps de Jésus-Christ déposé de la croix. Galerie Pitti, Florence. Id. 30
4765. Étude pour la figure du Christ dans le même tableau. Dessin du musée du Louvre, fac-similé par *A. Leroy*. Gravure. 31
4766. Étude pour une figure de femme dans le même tableau. Portrait de Lucrezia del Fède. Dessin de la collection His de la Salle. Photographie. 32
4767. Étude pour une figure de femme dans le même tableau. Dessin du musée de Florence. Id. 32
4768. La Madone glorieuse, au bas St Jean Gualbert, Ste Catherine, St Fidèle et St Bernard degli Uberti. Galerie Pitti. Id. 33
4769. Buste de St-Jean-Baptiste. Galerie Pitti. Id. 34
4770. Le même, retouché par *Luperini*. Id. 35
4771. L'Assomption de la Vierge. Galerie Pitti. Id. 36
4772. Autre Assomption. Galerie Pitti. Id. 37
4773. La Madone entourée de quatre Saints. Galerie Pitti. 38
4774. La Ste Famille. Galerie Pitti. Id. 39
4775. Le même tableau. Id. 40
4776. La Ste Famille. Galerie Pitti. Id. 41
4777. La Vierge et l'Enfant. Galerie Pitti. Id. 41
4778. L'Histoire de Joseph. Galerie Pitti. Tiré de *Rosini*. Id. 42
4779. La Dispute de la Ste-Trinité. Galerie Pitti. Tiré de *Rosini*. Gravure. 42
4780. St Jacques. Galerie Royale de Florence. Tiré de *Rosini*. Id. 43
4781. L'Impiccato. Galerie Royale de Florence. Tiré de *Rosini*. Id. 43
4782. Deux anges. Académie des Beaux-Arts, Florence. Photographie. 44
4783. Pieta, fresque. Académie des Beaux-Arts, Florence. Id. 45

[Tome 61.]
4784. Deux anges. Académie des Beaux-Arts, Florence. Photographie. 45
4785. St Michel, St Jean-Baptiste, St Jean Gualbert et St Bernard. Académie des Beaux-Arts, Florence. Id. 46
4786. Portrait de Machiavel. Collection Boutourlin, Florence. Id. 47
4787. Le Couronnement de la Vierge, St Roch et St Sébastien. Santa Croce, Florence. Id. 48
4788. Ste Famille. Galerie Barberini, Rome. Id. 49
4789. Le même tableau. Id. 50
4790. Ste Famille. Galerie Borghèse, Rome. Id. 51
4791. Ste Agnès. Cathédrale de Pise. Tiré de *Rosini*. Gravure. 52

TOME LXII.

ÉCOLE FLORENTINE (1526-1546). — ANDREA DEL SARTO (*Suite*).

4792. **Andrea del Sarto.** Ste Famille. Musée de Munich. Photographie. 1
4793. Répétition du même tableau. Musée de Vienne. Id. 2
4794. Le Christ descendu de la croix. Musée de Vienne. Id. 3
4795. La Ste Famille. Musée de Berlin. Id. 3
4796. Le Sacrifice d'Abraham. Musée de Madrid. Id. 4
4797. La Ste Famille. Musée de Madrid. Id. 4
4798. La Vierge et l'Enfant. Musée de Madrid. Id. 5
4799. Autre Ste Famille. Musée de Madrid. Id. 5
4800. La Vierge, l'Enfant Jésus, St Jean-Baptiste et un ange. Musée de Madrid. Id. 6
4801. Le même tableau. Gravé par *Giacomo Bossi*. Gravure. 7
4802. La Ste Famille. Musée du Louvre. Photographie. 8
4803. La Charité. Musée du Louvre. Id. 9
4804. Étude pour une tête d'enfant dans le même tableau. Dessin du musée du Louvre. Id. 10
4805. La Ste Famille. Dessin du musée du Louvre. Id. 11
4806. Femme assise tenant un livre. Dessin du musée de Florence. Id. 12
4807. Tête d'enfant. Dessin du musée de Florence. Id. 12
4808. Tête d'enfant de profil. Dessin du musée de Florence. Id. 13
4809. Tête d'enfant. Id. 13
4810. Étude pour une tête d'homme. Dessin du musée de Florence. Id. 13
4811. Étude pour une tête d'homme. Dessin du musée de Florence. Id. 13
4812. Tête d'enfant de trois quarts. Dessin du musée de Florence. Id. 14

COLLECTION ARMAND. — DEUXIÈME PARTIE.

[Tome 62.]

4813. Tête d'enfant. Dessin. Photographie. 14
4814. Tête d'enfant de profil. Id. 14
4815. Étude d'un ange pour l'Annonciation de la galerie Pitti. Dessin du musée de Florence. Id. 45
4816. Tête d'enfant riant. Dessin du musée de Florence. Id. 16
4817. Le même dessin. Id. 16
4818. Étude pour une main. Dessin du musée de Florence. Id. 17
4819. Tête de femme, vue de trois quarts. Dessin du musée de Florence. Id. 18
4820. Portrait de Lucrezia del Fede, étude pour « La mise au tombeau » Dessin du musée de Florence. Id. 18
4821. Tête d'homme coiffé d'un turban. Dessin du musée de Florence. Id. 18
4822. Tête de femme. Dessin du musée de Florence. Id. 18
4823. Le même dessin. Id. 19
4824. Étude pour un groupe dans la naissance de la Vierge. Dessin du musée de Florence. Id. 20
4825. Étude pour un groupe dans l'histoire de Joseph. Dessin du musée de Florence. Id. 20
4826. Le Baptême du Christ. Dessin du musée de Florence. Id. 20
4827. La Ste Famille. Dessin du musée de Florence. Id. 21
4828. Esquisse pour un groupe dans la Parabole des ouvriers de la vigne. Dessin du musée Brera à Milan. Id. 21
4829. Autre dessin du même groupe. Musée de l'archiduc Charles, Vienne. Id. 22
4830. Personnage tiré du même groupe et comptant de l'argent. Dessin du musée de Weimar. Id. 23
4831. Étude pour une figure d'homme coiffé d'un grand chapeau. Dessin du musée de Venise. Id. 24
4832. Étude pour un groupe de trois personnages debout. Dessin du British Museum. Id. 25
4833. Étude pour une figure de femme penchée en avant. Dessin du British Museum. Id. 26
4834. Amour portant une corbeille. Dessin exposé en 1879 à l'école des Beaux-Arts. Id. 27
4835. Femme assise tenant un livre. Dessin exposé en 1879 à l'école des Beaux-Arts. Id. 2'.
4836. Ste Famille. D'après l'original en grisaille appartenant à la galerie Panciatichi-Ximenes d'Aragona à Florence. Dessin de l'Académie des Beaux-Arts, Florence. Id. 28
4837. Le même dessin. Id. 28
4838. **Fra Paolino da Pistoia (Paolino Signoraccio)**, religieux du couvent de St-Marc (né vers 1490, † en 1547). L'Annonciation. Oratorio della SS. Annunziata. Vinci (province de Florence). Id. 29

ÉCOLE FLORENTINE.

[Tome 62.]

4839. La Vierge et l'Enfant Jésus sur un trône entourés de six saints. Musée de Vienne. Photographie. 30

4840. **Antonio Sogliani** (né en 1492, † 1544). St Dominique à table avec ses moines est servi par deux anges (1534). Fresque dans le réfectoire du couvent de Saint Marc, Florence. Id. 30

4841. **Mariano Graziadei** († en 1520). La Vierge, l'Enfant Jésus, Ste Anne, et St Jean-Baptiste. Musée de Florence. Id. 31

4842. **Andrea Squazzella**, élève d'Andrea del Sarto (travaillait en France de 1518 à 1537). La Vierge, l'Enfant Jésus, Ste Anne et St Jean-Baptiste. Académie des Beaux-Arts, Florence. Id. 31

4843. **Baccio Bandinelli** (né en 1487, † en 1559). Le Martyre de St Laurent. D'après la gravure de *Marc-Antoine Raimondi*. Tiré de *Rosini*. Gravure. 32

4844. **Pontormo** (Jacopo Carrucci, dit le) peintre florentin né en 1494, † 1557. Portrait d'Hippolyte de Médicis. Galerie Pitti, Florence. Photographie. 33

4845. Portrait de Cosme de Médicis l'ancien. Galerie Pitti, Florence. Tiré de *Rosini*. Gravure. 33

4846. Portrait de Julien de Médicis. Pinacothèque du palais Ducal, Lucques. Photographie. 34

4847. Portrait d'homme. Galerie Pitti. Id. 34

4848. Joseph vendu par ses frères. Musée de Florence. Tirée de *Rosini*. Gravure. 35

4849. La Sainte Famille. Musée de Madrid. Photographie. 36

4850. La Ste Famille. Dessin du musée de Dresde. Id. 37

4851. **Anonyme florentin** du XVIe Siècle. La Lapidation de St Étienne. Musée de Berlin. Id. 38

4852. **Rosso** (Giovan-Battista, dit Jacopo), peintre florentin (né en 1496? † en 1541). La Vierge et l'Enfant Jésus sur un trône, entourés de onze saints. Galerie Pitti, Florence. Tiré de *Rosini*. Gravure. 39

4853. L'Assomption de la Vierge, fresque du portique dell' Annunziata, Florence. Photographie. 40

4854. Portrait de Sébastien del Piombo? gravé par *Ad. Salmon*. Gravure. 41

4855. Mars et Vénus. Dessin du musée du Louvre. Photographie. 42

4856. **Fra Mariano da Pescia** (travaillait vers 1545). La Ste Famille. Musée de Florence. Tiré de *Rosini*. Gravure. 43

4857. **Agostino Marti** (travaillait vers le milieu du XVIe S.). Le Mariage de la Vierge. Église St-Michel de Lucques. Tiré de *Rosini*. Id. 43

4858. **Volterra** (Daniele Ricciarelli, dit de) né vers 1509, † avant 1566. La Descente de Croix. Ste-Trinité du mont, Rome. Tiré de *Rosini*. Gravure. 44

[Tome 62.]

4859. L'Assomption. Rome. Tiré de *Rosini*. Gravure. 45
4860. Le Christ descendu de la croix. Pinacothèque du Palais Ducal, Lucques. Photographie. 45
4861. **Francesco Rossi de Salviati**, peintre florentin (né en 1510, † en nov. 1563). La Vierge et l'Enfant entourés de six saints. Tableau à Ste-Christine de Bologne. Tiré de *Rosini*. Gravure. 46
4862. Vénus et l'Amour. Galerie Colonna, Rome. Photographie. 47
4863. **Giorgio Vasari**, peintre et architecte florentin (né en 1511, † en 1574). Repas de St-Grégoire. Académie de Bologne. Tiré de *Rosini*. Gravure. 48
4864. Portrait de Laurent le Magnifique. Galerie royale de Florence. Tiré de *Rosini*. Id. 48
4865. La Salutation angélique. Musée du Louvre. Photographie. 49

TOME LXIII.

ÉCOLE FLORENTINE (1547-1770).

4866. **Bronzino (Angiolo Allori, dit il)**, peintre florentin (né en 1502, † en 1572). Le Christ et la Samaritaine. Église Santa Maria Novella, Florence. Tiré de *Rosini*. Gravure. 1
4867. Le Christ aux Limbes. Musée de Florence. Tiré de *Rosini*. Id. 1
4868. Vénus et l'Amour. Galerie des Offices, Florence. Photographie. 2
4869. Allégorie du bonheur. Galerie des Offices, Florence. Id. 3
4870. Portrait de Cosme Ier de Médicis. Galerie Pitti, Florence. Id. 4
4871. Autre portrait du même. Galerie Pitti, Florence. Id. 4
4872. Portrait de François Ier de Médicis. Galerie Pitti, Florence. 5
4873. Portrait de don Garzia de Médicis. Galerie Pitti, Florence. Id. 5
4874. Autre portrait du même. Galerie des Offices. Id. 6
4875. Portrait de Marie, fille de Cosme Ier de Médicis. Galerie des Offices. Id. 6
4876. Portrait de Bianca Capello. Galerie des Offices. Id. 7
4877. Autre portrait de la même. Galerie des Offices. Id. 7
4878. Portrait d'un jeune homme inconnu. Galerie des Offices. Id. 8
4879. Le même portrait. Id. 9
4880. Portrait de Bartolomeo Panciatichi. Galerie des Offices. Id. 10
4881. Portrait de Lucrezia Pucci femme de Bartolommeo Panciatichi. Galerie des Offices. Id. 11
882. Le même portrait. Id. 12

ÉCOLE FLORENTINE. 191

[Tome 63.]

4883. Portrait d'Éléonore de Tolède, femme de Cosme Ier de Médicis. Galerie des Offices. Photographie. 13
4884. Portrait d'un enfant. Galerie Corsini, Florence. Id. 14
4885. Portrait de Bianca Capello. Pinacothèque du Palais ducal, Lucques. Id. 14
4886. Portrait d'une princesse de la famille des Médicis. Galerie des Offices. Tiré de *Rosini*. Gravure. 14
4887. La Descente aux Limbes. Dessin de l'Académie des Beaux-Arts, Florence. Photographie. 15
4888. Portrait d'une grande duchesse de Toscane (?) et de ses trois enfants. Musée de Madrid. Id. 16
4889. Portrait d'un jeune violoniste. Musée de Madrid. Id. 16
4890. La Ste Famille. Musée de Vienne. Id. 17
4891. La Flagellation. Galerie du prince de Lichtenstein. Vienne. Id. 18
4892. Portrait de Cosme Ier de Médicis. Exposé en 1857, exposition des Trésors de l'Art, Manchester. Id. 19
4893. Portrait de jeune homme. Exposé au Palais Bourbon, au profit des Alsaciens Lorrains. Collection de Madame la princesse de Sagan. Id. 19
4894. **Bronzino (Alessandro Allori, dit il)**, peintre florentin, né en 1535, † en 1607. Portrait d'Alessandro Allori, par lui-même. Galerie des Offices, Florence. Id. 20
4895. Portrait du Tasse. Tiré de *Rosini*. Gravure. 20
4896. Le même portrait. Photographie. 21
4897. Le même portrait. Id. 21
4898. Portrait de Bianca Capello. Galerie des Offices, Florence. Id. 22
4899. La Présentation au temple. Cathédrale de Lucques. Id. 23
4900. **Bronzino (Cristofano Allori, dit il)**, peintre florentin (né en 1577, † en 1621). Jésus dormant sur la croix. Musée de Florence. Tiré de *Rosini*. Gravure. 24
4901. St Julien. Palais Pitti. Tiré de *Rosini*. Id. 24
4902. Judith portant la tête d'Holopherne. Musée de Vienne. Photographie. 25
4903. Le même tableau. Id. 25
4904. **Battista Maldini** (né en 1537, † en 1590). La Vocation de St Mathieu. Couvent de St-Marc à Florence. Tiré de *Rosini*. Gravure. 26
4905. **Santi di Tito** (né en 1538. † 1603). Le Baptême du Christ. Galerie Corsini, Florence. Tiré de *Rosini*. Id. 26
4906. **Bernardino Barbatelli dit Poccetti** (né en 1542 ou 1548, † en 1612). St Antoine, évêque de Florence, entrant dans la cathédrale. Couvent de St-Marc à Florence. Photographie. 26
4907. Le Miracle « dell' Annegato ». Cloître des Servites, Florence. Tiré de *Rosini*. Gravure. 27

[Tome 63.]

4908. Dessin d'ornements et de figures mythologiques pour un plafond. Musée de Florence. Photographie. 28

4909. **Pomerancio** (travaillait vers 1591). La Madeleine. Galerie Barberini, Rome. Id. 29

4910. **Alessandro Casolani**, peintre siennois (né en 1552, † 1606). L'Adoration des bergers. Couvent des Servites de Sienne. Tiré de *Rosini*. Gravure. 30

4911. **Jacopo Chimenti d'Empoli**, peintre florentin (né en 1554, † en 1640). St Yves. Musée de Florence. Tiré de *Rosini*. Id. 30

4912. **Gregorio Pagani**, peintre florentin (né en 1558, † en 1605). Tobie guéri par son fils. Musée de Florence. Tiré de *Rosini*. Id. 31

4913. L'Invention de la vraie croix. Dessin qui a servi pour un tableau détruit en 1771 dans l'incendie du couvent dei Carmine à Florence. Tiré d'*Ottley*. Id. 32

4914. **Lodovico Cardi, da Cigoli**, peintre florentin (né en 1559, † en 1613). Ecce Homo. Palais Pitti, Florence. Tiré de *Rosini*. Id. 33

4915. Le Martyre de St Étienne. Musée de Florence. Tiré de *Rosini*. Id. 33

4916. Étude d'une tête de vieille femme. Dessin du musée du Louvre. Photographie. 34

4917. **Passignano (Domenico Crosti dit il)** peintre florentin (né en 1560, † en 1638). Loth et ses filles. Tiré de *Rosini*. Gravure. 35

4918. **Anonyme** du commencement du XVIIe siècle. Une femme agenouillée et un jeune homme devant un juge entouré de six personnages. Attribué à tort au **Pordenone**. Dessin du musée Städel, Francfort. Photographie. 35

4919. **Bartolomeo Carducci** (peintre florentin né en 1560, † en 1608). La Cène. Musée de Madrid. Id. 36

4920. La Descente de croix. Musée de Madrid. Id. 37

4921. **Orazio Gentileschi**, peintre florentin (né en 1563, † en 1646). St Valérien et Ste Cécile. Galerie Borghèse, Rome. Tiré de *Rosini*. Gravure. 38

4922. **Francesco Vanni**, peintre siennois (né en 1565, † en 1610). La Fuite en Égypte. Église de St-Quirico, Sienne. Tiré de *Rosini*. Id. 38

4923. **Matteo Rosselli**, peintre florentin (né en 1578, † en 1650). David vainqueur de Goliath. Palais Pitti. Tiré de *Rosini*. Id. 38

4924. **Rutilio Manetti**, peintre siennois (né en 1571, † en 1637). Loth et ses filles. Casa Sergardi, Sienne. Tiré de *Rosini*. Id. 38

4925. **Vicente Carducci**, peintre florentin (né en 1585, † en 1638). Prise de la ville de Rheinfeld par le duc de Feria, 1633. Musée de Madrid. Par *Jollivet*. Lithographie. 39

ÉCOLE FLORENTINE.

[Tome 63.]
4926. **Giovanni di S. Giovanni (Manozzi)**, peintre florentin (né en 1590, † en 1636). Le Repos en Égypte. Académie des Beaux-Arts, Florence. Tiré de *Rosini*. Gravure. 40
4927. Laurent le Magnifique protège les sciences et les arts. Palais Pitti, Florence. Tiré de *Rosini*. Id. 40
4928. **Artemisia Gentileschi**, peintre florentin (né en 1590, † en 1642). Judith. Musée de Florence. Tiré de *Rosini*. Id. 41
4929. **Orazio Riminaldi**, peintre pisan (né en 1598, † en 1631). Martyre de Ste Cécile. Palais Pitti. Id. 41
4930. **Furini** (Francesco), peintre florentin (né vers 1600, † en 1646 ou 1649). La Faute des premiers parents. Palais Pitti, Florence. Tiré de *Rosini*. Id. 42
4931. Loth et ses filles. Musée de Madrid. Photographie. 42
4932. Ste Madeleine. Galerie de Vienne. Id. 43
4933. **Alessandro Rosi** (travaillait vers 1650). Son portrait par lui-même. Musée de Florence. Tiré de *Rosini*. Gravure. 44
4934. **Della Bella** (Stefano), peintre florentin, né en 1610, † en 1664. Un cavalier. Dessin du musée du Louvre. Photographie. 44
4935. **Franceschini** (Baldassare) dit il Volterrano. Portrait d'un religieux que l'on croit être Fra Paolo Sarpi. Galerie de Florence. Tiré de *Rosini*. Gravure. 45
4936. **Carlo Dolci**, peintre florentin (né en 1616, † en 1686). Son portrait par lui-même, 1674. Galerie des Offices, Florence. Photographie. 46
4937. La Madone. Palais Pitti. Tiré de *Rosini*. Gravure. 47
4938. Glorification de St Dominique, 1656. Collection J.-B. Alberti, Florence. Tiré de *Rosini*. Id. 47
4939. L'Ange de l'Annonciation. Galerie des Offices, Florence. Photographie. 48
4940. Portrait de Claudia Felicia, archiduchesse d'Autriche. Galerie des Offices, Florence. Id. 49
4941. Ste Cécile. Galerie de Cassel. Id. 49
4942. **Benedetto Lutti** (1666, † 1724). La Vierge. Galerie de Cassel. Id. 50
4943. **Francesco Zuccherelli**, peintre florentin (né vers 1702, † 1788). Vénus et les Amours. Tiré de *Rosini*. Gravure. 51
4944. Scène pastorale. Tiré de *Rosini*. Id. 51
4945. **Pompeo Battoni**, peintre Lucquois (né en 1708, † 1787). Hercule enfant étouffant deux serpents. Palais Pitti, Florence. Tiré de *Rosini*. Id. 52
4946. Hercule entre le vice et la vertu. Palais Pitti, Florence. Tiré de *Rosini*. Id. 52
4947. **Giovanni Tempesti** (travaillait vers 1770). La Lumière divine de la sagesse. Archevêché de Pise. Tiré de *Rosini*. Id. 53

TOME LXIV.

ÉCOLE FLORENTINE. — MICHEL ANGE BUONAROTTI (1474-1563).

4948. Portrait de Michel-Ange. Bronze anonyme du Musée National, Florence. Photographie. 1
4949. Portrait de Michel-Ange, d'après lui-même, gravé par *C. V. Normand*, 1842. Gravure. 1

FRESQUES DE LA CHAPELLE SIXTINE.

4950. — Plans des fresques de la Chapelle Sixtine. Calque. 2
4951. — Plans des fresques de la Chapelle Sixtine. Dessin. 3
4952. — Ensemble des fresques de la voûte. Gravure au trait par *Ch. Normand*. Gravure. 4
4953. — Le Jugement dernier. Ensemble par *N. La Volpe*. Id. 5
4954. — Le Jugement dernier. Ensemble par *Rancini*. Tiré de *Rosini*. Id. 6
4955. — Le Jugement dernier. Ensemble. Photographie. 7
4956. — Le Jugement dernier. Partie inférieure. Id. 8
4957. — Le Jugement dernier. Partie supérieure. Id. 9
4958. — Le Jugement dernier. Groupe du Christ et des Apôtres. Id. 10
4959. — Le Jugement dernier. Figure du Christ. Id. 11
4960. — Le Jugement dernier. Groupe d'anges portant la croix. Id. 12
4961. — Le Jugement dernier. Groupe d'anges portant la colonne. Id. 13
4962. — Esquisse du groupe du Christ et des Apôtres. Dessin de la galerie *T. Lawrence*. Lithographie. 14
4963. — Esquisse pour un groupe d'élus. Dessin. Tiré d'*Ottley*. Gravure. 15
4964. — Dessin pour une figure d'un démon. Galerie de Florence. Photographie. 16
4965. — La Barque des damnés. D'après le dessin de *C. Bellay*. Id. 17
4966. — Étude d'homme couché pour une figure du Jugement dernier. Fac-simile d'un dessin de la collection *T. Lawrence*. Lithographie. 18
4967. — Étude pour trois figures de damnés. Dessin du musée de Milan. Photographie. 19
4968. — Étude pour une figure de damné. Dessin du musée de Milan. Id. 20
4969. — Étude pour un groupe de damnés. Dessin du musée de Florence. Id. 21
4970. — Tête de St Barthélemy. Étude pour une figure du Jugement dernier. Dessin. Tiré d'*Ottley*. Gravure. 22
4971. — Le même dessin. Photographie. 23
4972. — Croquis de têtes de démons. Dessin du British Museum. Id. 24

ÉCOLE FLORENTINE. 195

[Tome 64.]
4973. Le Jugement dernier, suite de dix-sept planches gravées par *Th. Piroli*. Paris, Bocchini 1808. Gravure. 25-41

PEINTURES DE LA VOUTE.

4974. — Le Chaos. Photographie. 42
4975. — Le Chaos et la création du monde. Id. 43
4976. — La Création d'Adam. Dieu planant sur les eaux. Id. 44
4977. — La Création d'Ève et le premier péché. Id. 45
4978. — Le Déluge et le Sacrifice de Noé. Id. 46
4979. — L'Ivresse de Noé. Id. 47
4980. — Le Chaos. Gravé par *Dom. Cunego*. Gravure. 48
4981. — La Création du monde, partie droite. Photographie. 49
4982. — La Création du monde, partie gauche. Id. 50
4983. — La Création du monde. Dessin de la galerie de Turin. Id. 51
4984. — Dieu planant sur les eaux. Id. 52
4985. — La même fresque, gravée par *D. Cunego*. Gravure. 53
4986. — La Création d'Adam. Tiré de *Rosini*. Id. 53
4987. — La Création d'Adam. D'après le dessin de *Ch. Bellay*. Photographie. 54
4988. — La Création d'Adam. D'après le dessin de *Soumy*. Id. 54
4989. — La Création d'Adam. Dieu le père et les anges. Id. 55
4990. — La Création d'Adam. Figure d'Adam. Id. 56
4991. — Étude pour la figure d'Adam. Dessin. Tiré d'*Ottley*. Gravure. 57

TOME LXV.

MICHEL-ANGE BUONAROTTI (1474-1563) (suite).

PEINTURES DE LA VOUTE (*suite*).

4992. — La Création d'Eve. Gravé par *Coiny*. Gravure. 1
4993. — La Création d'Ève. Photographie. 2
4994. — Étude pour la figure d'Adam endormi. Dessin du musée du Louvre. Id. 3
4995. — Le Premier péché. Id. 4
4996. — La même fresque, gravée par *D. Cunego*. Gravure. 5
4997. — Le Déluge, partie gauche. Photographie. 6
4998. — Le Déluge, partie centrale. Id. 7
4999. — Le Déluge, partie droite. Id. 8
5000. — Le Déluge, gravé par *Aloys Fabri*. Gravure. 9
5001. — Le Sacrifice de Noé. Photographie. 10

5002. — Le Sacrifice de Noé, gravé par *Jér. Carattoni*. Gravure. 11
5003. — L'Ivresse de Noé. Photographie. 12
5004. — La même fresque, gravée par *Jér. Carattoni*. Gravure. 13
5005. — Chapelle Sixtine, figures nues couronnant les Pilastres. Dix-sept pièces. Photographies. 14-30
5006. — Étude pour une des Cariatides de la voûte de la Chapelle Sixtine. Dessin de la galerie de Florence. Id. 31

VOUSSURES DE LA CHAPELLE SIXTINE.

5007. — Le Prophète Jonas. Photographie. 32
5008. — Dessin pour la figure du prophète Jonas. Musée de Turin. Id. 33
5009. — La Sibylle Lybique. Id. 34
5010. — La même fresque. Id. 35
5011. — Dessin pour la figure de la Sibylle Libyque. Musée de Milan. Id. 36
5012. — Dessin pour la même figure. Musée du Louvre. Id. 37
5013. — Dessin pour la même figure, fac-simile par *A. Leroy*. Musée du Louvre. Gravure. 38
5014. — Dessin pour la même figure. Musée de Florence. Photographie. 39
5015. — La Sibylle Lybique. D'après le dessin de *Sowny*. Id. 40
5016. — Le Prophète Daniel. Id. 41
5017. — La même fresque. Id. 42
5018. — La Sibylle de Cumes. Id. 43
5019. — La même fresque. Id. 44
5020. — Étude pour la tête de la Sibylle de Cumes. Dessin de la Galerie de Turin. Id. 45
5021. — Le Prophète Isaïe. Id. 46
5022. — La même fresque. Id. 47
5023. — Étude pour la figure du prophète Isaïe. Dessin du musée de Weimar. Id. 48
5024. — La Sibylle de Delphes, gravé par *Georges Ghisi*. Gravure. 49
5025. — La même fresque. Photographie. 50
5026. — La même fresque. Id. 51
5027. — Étude pour la figure de la Sibylle de Delphes. Dessin. Id. 52
5028. — Étude pour la même figure. Dessin du musée de Weimar. Id. 53
5029. — La même figure. Tiré de *Rosini*. Gravure. 54

TOME LXVI.

MICHEL-ANGE BUONAROTTI (1474-1563) (suite).

FRESQUES DE LA CHAPELLE SIXTINE (VOUSSURES) (suite).

5030. — Le Prophète Zacharie. Photographie.	1
5031. — Le Prophète Joël, gravé par *Georges Ghisi*. Gravure.	2
5032. — La même fresque. Photographie.	3
5033. — La même fresque. Id.	4
5034. — La Sibylle d'Erithrée, gravé par *Georges Ghisi*. Gravure.	5
5035. — La même fresque. Photographie.	6
5036. — La même fresque. Id.	7
5037. — Le Prophète Ezéchiel, gravé par *Georges Ghisi*. Gravure.	8
5038. — La même fresque. Photographie.	9
5039. — La même fresque. Id.	10
5040. — La Sibylle Persique, gravé par *Georges Ghisi*. Gravure.	11
5041. — La même fresque. Photographie.	12
5042. — La même fresque. Id.	13
5043. — Étude pour la figure de la Sibylle Persique. Dessin de la galerie de Turin. Id.	14
5044. — Le Prophète Jérémie. Tiré de *Rosini*. Gravure.	15
5045. — La même fresque, gravé par *Georges Ghisi*. Id.	16
5046. — La même fresque. Photographie.	17
5047. — La même fresque. Id.	18
5048. — Les Prophètes et les Sibylles. D'après les gravures de la suite publiée par la Chalcographie romaine. Les voussures de la Chapelle Sixtine. Six pièces. Id.	19-24
5049. — Le Serpent d'airain. Photographie d'après la gravure de *Fabri*. Id.	25
5050. — La même fresque. Photographie.	26
5051. — Étude pour la même fresque. Dessin du musée de Milan. Id.	27
5052. — Supplice d'Aman. Photographie d'après la gravure de *Cunego*.	28
5053. — La même fresque. Photographie.	29
5054. — Judith et Holopherne. Photographie d'après la gravure de *Fabri*. Id.	30
5055. — La même fresque. Photographie.	31
5056. — David vainqueur de Goliath. Photographie d'après la gravure de *Fabri*. Id.	32
5057. — La même fresque. Photographie.	33

[Tome 66.]

5058. — Esquisse pour la voûte de la Chapelle Sixtine. Dessin du musée de Florence. Photographie. 34

5059. — Voûte de la Chapelle Sixtine. Les Pénétrations. Six pièces. Id. 35-40

5060. — Voûte de la Chapelle Sixtine. Les Pénétrations. Suite de quatre pièces, gravées par *Leroux*. Gravure. 41

5061. — Archivoltes de la Chapelle Sixtine. Quatorze pièces. Photographies. 42-55

TOME LXVII.

ŒUVRE DE MICHEL-ANGE (1474-1563) (*suite*).

5062. — Archivoltes de la Chapelle Sixtine (suite). Treize pièces. Photographies. 1-13

5063. — Homme assis et lisant. Étude pour une archivolte de la Chapelle Sixtine. Dessin. Tiré d'*Ottley*. Gravure. 14

5064. — Femme faisant sauter un enfant sur ses genoux, étude pour une archivolte de la Chapelle Sixtine. Dessin. Tiré d'*Ottley*. Gravure. 15

5065. — Deux archivoltes de la Chapelle Sixtine. Tiré d'*Ottley*. Id. 16

5066. La Flagellation. Musée de Madrid. Photographie. 17

5067. Les Parques. Galerie Pitti, Florence. Id. 18

5068. Le même tableau. Id. 19

5069. Le même tableau. Id. 20

5070. Le même tableau. Id. 20

5071. Le même tableau. Id. 20

5072. L'Annonciation. Galerie Corsini, Rome. Id. 21

5073. Le même tableau. Id. 21

5074. La Ste Famille. Galerie des Offices. Id. 22

5075. Le même tableau. Id. 23

5076. Le même tableau. Id. 24

5077. Le même tableau. Tiré de *Rosini*. Gravure. 24

5078. La Ste Famille avec quatre anges. National Gallery, Londres. Photographie. 25

5079. Le même tableau. Id. 26

5080. Le même tableau. Id. 27

5081. Léda. Académie de Londres. Tiré de *Rosini*. Gravure. 28

5082. Carton de la guerre de Pise. Tiré de *Rosini*. Id. 29

ÉCOLE FLORENTINE.

[Tome 67.]

5083. Fragment du même carton, gravé par *C. Normand.* Gravure. 29
5084. Figure tirée du même groupe. D'après la gravure de *Marc-Antoine Raimondi.* Photographie. 30
5085. L'homme qui se chausse, figure tirée du même groupe. D'après la gravure de *Marc-Antoine Raimondi.* Id. 30
5086. Les Grimpeurs, trois figures tirées du même groupe. D'après la gravure de *Marc-Antoine Raimondi.* Id. 31
5087. Les Trois saintes femmes allant visiter le sépulcre. D'après la gravure attribuée à *Agostino Musi, Veneziano.* Id. 32
5088. Portrait de Vittoria Colonna. Rome. Tiré de *Rosini.* Gravure. 32
5089. Deux faunes luttant. Dessin de la galerie de Turin. Photographie. 33
5090. Deux femmes assises. Dessin de la galerie de Turin. Id. 33
5091. Étude pour le supplice d'Aman. Dessin du musée de Milan. Id. 34
5092. Groupe d'hommes armés de foudres. Dessin de la bibliothèque Ambroisienne, attribué à Michel-Ange. Id. 35
5093. Étude pour une Ste Famille. Dessin du musée de Venise. Id. 36
5094. Deux études de bras. Dessin du musée de Venise. Id. 37
5095. Étude pour un Christ mort. Dessin du musée de Venise. Id. 37
5096. Trois têtes de femmes. Dessin du musée de Venise. Id. 38
5097. Étude pour une figure drapée. Dessin du musée de Venise. Id. 39
5098. Tête de femme, vue de face. Dessin du musée de Venise. Id. 40
5099. Tête de femme de profil. (La même tête se trouve au musée d'Oxford). Dessin du musée de Venise. Id. 40
5100. La Fortune. Dessin de la galerie de Florence. Id. 41
5101. Études de nu. Au bas un groupe d'enfants jouant à la main chaude. Dessin de la galerie de Florence. Id. 42
5102. Tête de Furie. Dessin de la galerie de Florence. Id. 42
5103. Le même dessin, gravé par *C. Lasinio.* Gravure. 42
5104. Portrait de Vittoria Colonna. Dessin de la galerie de Florence. Photographie. 43
5105. La Prudence, gravé par *C. Lasinio.* Dessin de la galerie de Florence. Gravure. 44
5106. Une femme allaitant son enfant. Dessin du musée de Florence. Photographie. 44
5107. Étude pour quatre figures du groupe des grimpeurs. Dessin du musée de Florence. Id. 44
5108. Tête de femme de 3/4. Dessin du musée de Florence. Photographie. 44
5109. Étude pour une figure d'homme tirant une corde. Dessin du musée de Florence. Id. 45
5110. Étude pour deux figures de guerriers. Dessin du musée de Naples. Id. 45

[Tome 67.]

5111. La Vierge et l'Enfant. Étude pour le groupe de la chapelle St-Laurent à Florence. Dessin du musée du Louvre, fac-simile par *Alph. Leroy*. Gravure. 46

5112. Le même dessin, fac-simile tiré de la galerie *T. Lawrence*. Lithographie. 47

5113. Deux hommes portant un cadavre. Dessin du musée du Louvre. Photographie. 48

5114. Étude pour deux figures drapées. Dessin du musée du Louvre. Id. 48

5115. Esquisse pour une madone. Dessin du musée du Louvre. Id. 49

5116. Esquisse pour une résurrection. Dessin du musée du Louvre. Id. 49

5117. Figure assise à demi drapée. Dessin du musée du Louvre. Id. 50

5118. Esquisse pour une madone. Dessin du musée du Louvre. Id. 50

5119. Étude pour une figure drapée. Dessin du musée du Louvre. Id. 51

5120. Étude pour un homme nu les bras levés. Dessin du musée du Louvre. Id. 51

5121. Étude pour la figure de la sibylle Lybique. Dessin du musée du Louvre. Id. 52

5122. Étude pour une femme et d'un enfant. Dessin du musée du Louvre. Id. 52

5123. Esquisse d'un David vainqueur et étude de bras. Dessin du musée du Louvre. Id. 53

5124. Deux études de femmes drapées et croquis d'homme nu. Dessin du musée du Louvre. Id. 53

5125. Étude pour un homme nu ayant le bras droit tronqué. Dessin du musée du Louvre. Id. 54

5126. Étude pour un homme nu. Dessin du musée du Louvre. Id. 54

5127. Esquisse pour une figure d'Hérodiade. Dessin du musée du Louvre. Id. 55

5128. Croquis divers, à droite une madone et au centre un mascaron. Dessin du musée du Louvre. Id. 56

5129. Tête de faune, vue de profil. Dessin du musée du Louvre. Id. 57

5130. Croquis divers, au bas un enfant couché, à droite une femme de profil. Dessin du musée du Louvre. Id. 58

5131. Le même dessin. Id. 59

5132. Quatre croquis, au bas une étude de dos. Dessin du musée du Louvre. Id. 59

5133. Esquisse pour un Christ en croix. Dessin de la collection His de la Salle. Id. 60

5134. Deux esquisses pour une figure d'Atlas. Dessin de la collection His de la Salle, actuellement à l'École des Beaux-Arts. Id. 61

5135. Le même dessin. Id. 61

5136. Tête de faune riant. Dessin de la collection Gatteaux. Id. 62

[Tome 67.]
5137. Académie d'homme debout. Dessin de la collection Gatteaux. Photographie. 62
5138. Le même dessin. Id. 62
5139. Groupe de trois figures nues. Collection Gatteaux. Id. 63
5140. Étude d'une figure d'homme nu adossé à un pilier. Étude pour l'Esclave. Dessin. Id. 64
5141. Le même dessin. Id. 64
5142. L'Innocence effrayée par l'Hypocrisie se réfugie entre les genoux de la Vérité. Dessin de la collection de Mgr le duc d'Aumale, fac-simile par A. *Leroy*. Gravure. 65
5143. Partie gauche du même dessin. Photographie. 66

TOME LXVIII.

MICHEL-ANGE BUONAROTTI (1474-1563) (suite).

5144. Étude pour un torse d'homme couché. Dessin exposé en 1879 à l'École des Beaux-Arts. Photographie. 1
5145. Le Christ à la colonne, esquisse. Dessin exposé en 1879 à l'École des Beaux-Arts. Id. 2
5146. La Chute de Phaéton, esquisse. Dessin exposé en 1879 à l'École des Beaux-Arts. Id. 2
5147. Mars et Vénus ? Dessin exposé en 1879 à l'École des Beaux-Arts. Id. 3
5148. Trois figures nues et deux études de draperies. Dessin exposé en 1879 à l'École des Beaux-Arts. Id. 4
5149. Croquis de jambes et de bras. Dessin. Id. 4
5150. Crucifiement de St Pierre. Dessin du musée de Dresde. Id. 5
5151. Étude d'une figure du Jugement dernier. Dessin du musée de Weimar. Id. 6
5152. Allégorie sur la vie humaine. Dessin du musée de Weimar. Id. 7
5153. Deux têtes, une jambe et une oreille. Dessin du musée Städel, Francfort. Id. 8
5154. Étude pour la résurrection de Lazare, exécutée par Sébastien del Piombo. Dessin du British Museum. Id. 9
5155. Le même dessin. Id. 9
5156. Étude d'une figure assise et penchée en avant. Dessin du British Museum. Id. 10
5157. Deux croquis de madones. Dessin du British Museum. Id. 11

[Tome 68.]

5158. La Vierge, l'Enfant Jésus et St Jean. Dessin du British Museum. Photographie. 12

5159. Le même dessin. Fac-simile tiré de la galerie de *T. Lawrence*. Lithographie. 13

5160. Esquisse pour un Calvaire. Dessin du British Museum. Photographie. 14

5161. Le même dessin. Fac-simile tiré de la galerie *T. Lawrence*. Lithographie. 15

5162. Étude de nu et esquisses pour la figure de l'esclave. Dessin du musée d'Oxford. Photographie. 16

5163. Le même dessin. Id. 16

5164. Tête d'homme de profil à gauche. Dessin du musée d'Oxford. Tiré d'*Ottley*. Gravure. 17

5165. Tête de femme. Dessin du musée d'Oxford. Photographie. 17

5166. Tête d'homme de profil à droite. Dessin du musée d'Oxford. Tiré d'*Ottley*. Gravure. 18

5167. Une vieille femme et un enfant. Dessin du musée d'Oxford. Fac-simile tiré de la collection *Lawrence*. Lithographie. 19

5168. Michel-Ange et Antonio della Torre disséquant un cadavre. *Dessin*. Fac-simile tiré de la collection *Lawrence*. du musée d'Oxford. Id. 20

5169. Étude de mains. Dessin du Musée d'Oxford. Fac-simile tiré de la collection *Lawrence*. Id. 21

5170. Trois hommes causant ensemble. Dessin du musée d'Oxford. Tiré d'*Ottley*. Gravure. 22

5171. Tête de femme de profil. (Une répétition de la même tête est au musée de Florence). Dessin du musée d'Oxford. Photographie. 23

5172. Le même dessin. Fac-simile tiré de la collection *Lawrence*. Lithographie. 24

5173. Une Sibylle, étude pour une figure de la Chapelle Sixtine. Dessin du musée d'Oxford. Fac-simile tiré de la collection *Lawrence*. Id. 24

5174. Études de chevaux et croquis d'un combat. Dessin du musée d'Oxford. Fac-simile tiré de la collection *Lawrence*. Id. 25

5175. Le Christ en croix entre la Vierge et St Jean. Dessin du musée d'Oxford. Photographie. 26

5176. Étude pour trois figures d'hommes couchés. Dessin du musée d'Oxford. Id. 27

5177. La Ste Famille. Dessin du musée d'Oxford. Id. 27

5178. Croquis divers et étude anatomique d'une jambe gauche. Dessin du musée d'Oxford. Id. 28

5179. Deux études d'une jambe droite. Dessin du musée d'Oxford. Id. 28

5180. Torse d'un homme couché. Dessin du musée d'Oxford. Id. 29

5181. Esquisse d'une figure debout, la jambe gauche repliée. Dessin du musée d'Oxford. Id. 29

[Tome 68.]
5182. Études pour une tête et une jambe droite. Dessin du musée d'Oxford Id. 29
5183. Étude pour la figure du prophète Isaïe (Chapelle Sixtine). Dessin. Tiré d'*Ottley*. Gravure. 30
5184. Étude pour la tête d'une figure de la Chapelle Sixtine. Dessin. Tiré d'*Ottley*. Id. 31
5185. Hercule et Antée. Dessin. Tiré d'*Ottley*. Id. 31
5186. Deux figures drapées debout. Dessin. Tiré d'*Ottley*. Id. 32
5187. Cléopâtre. Dessin. Tiré d'*Ottley*. Id. 33
5188. Six croquis parmi lesquels une esquisse pour la Création de la lumière. Dessin. Tiré d'*Ottley*. Id. 34
5189. Trois études de femmes nues pour une Léda. Photographie. 34
5190. Étude d'une tête d'homme de profil à gauche. Id. 35
5191. Étude pour une figure de Christ dans la Résurrection. Dessin ayant appartenu à M. Robinson. Id. 36
5192. Le même dessin. Id. 37
5193. Étude pour le supplice d'Aman, de la Chapelle Sixtine. Dessin ayant appartenu à M. Robinson. Id. 38
5194. Le même dessin. Id. 38
5195. Le Christ en croix entre la Vierge et St Jean. Dessin ayant appartenu à M. Robinson. Id. 39
5196. Tête de guerrier. Dessin ayant appartenu à M. Robinson. Id. 40
5197. La même tête, dessin. Fac-simile tiré de la galerie *Lawrence*. Lithographie. 41
5198. La Ste Famille. Fac-simile tiré de la galerie *Lawrence*. Id. 42
5199. La Vierge, l'Enfant Jésus et Ste Élisabeth. Fac-simile tiré de la galerie *Lawrence*. Id. 43
5200. La Résurrection de Lazare. Fac-simile tiré de la galerie *Lawrence*. Id. 43
5201. Le Christ en croix. Fac-simile tiré de la galerie *Lawrence*. Id. 44
5202. La Vierge et les Maries. Fac-simile tiré de la galerie *Lawrence*. Id. 45
5203. La Résurrection. Fac-simile tiré de la galerie *Lawrence*. Id. 46
5204. Portrait de Michel-Ange. Fac-simile tiré de la galerie *Lawrence*. Id. 47
5205. La Chute de Phaéton. Fac-simile tiré de la galerie *Lawrence*. (Le même dessin a été exposé en 1879 à l'École des Beaux-Arts, voy. N° 5146). Id. 48
5206. La marquise de Pescaire. Fac-simile tiré de la galerie *Lawrence*. Id. 49
5207. Étude pour une des figures du groupe des grimpeurs. Carton de Pise. Fac-simile tiré de la galerie *Lawrence*. Id. 50
5208. Jésus chassant les vendeurs du temple. Fac-simile tiré de la galerie *Lawrence*. Id. 51

[Tome 68.]

5209. Satan. Fac-similé tiré de la galerie *Lawrence*. Lithographie. 52
5210. Tête d'homme de profil à gauche. Fac-similé tiré de la galerie *Lawrence*. Id. 52
5211. Une Chimère. Fac-similé tiré de la galerie *Lawrence*. Id. 53
5212. Étude de draperie. Fac-similé tiré de la galerie *Lawrence*. Id. 54
5213. L'Annonciation. Fac-similé tiré de la galerie *Lawrence*. Id. 55
5214. Fac-similé de l'écriture de Michel-Ange, tiré de la galerie *Lawrence*. Id. 56
5215. Esquisse d'une figure de David et étude de bras. Tiré de la galerie *Lawrence*. (Dessin du musée du Louvre, voy. N° 5123) Id. 57
5216. Deux figures du Christ en croix dont une d'après un dessin de la galerie *Lawrence*, par *C. Normand*. Gravure. 58
5217. Le Christ en croix, esquisse. Château de Windsor. Photographie. 59
5218. Le Christ en croix. Château de Windsor. Id. 59
5219. Le Christ en croix entre la Vierge et St Jean. Château de Windsor. Id. 60
5220. Étude de la figure du Christ pour la Résurrection. Château de Windsor. Id. 61
5221. La Résurrection, esquisse. Château de Windsor. Id. 62
5222. La Vierge, l'Enfant Jésus et St Jean, esquisse. Château de Windsor. Id. 63
5223. La Vierge et l'Enfant Jésus. Château de Windsor. Id. 63
5224. La Chute de Phaéton. Château de Windsor. Id. 64
5225. Hercule et Antée. Hercule et le lion de Némée. Hercule et l'Hydre. Château de Windsor. Id. 65
5226. Prométhée. Château de Windsor. Id. 65
5227. Bacchanale. Château de Windsor. Id. 66
5228. Les Vices tirant à la cible. Château de Windsor. Id. 66
5229. Faune dansant. Château de Windsor. Id. 67
5230. Étude pour une figure d'homme agenouillé. Château de Windsor. Id. 67
5231. Mascaron grotesque. Château de Windsor. Id. 68
5232. Tête de femme légèrement tournée à droite. Château de Windsor. Id. 68
5233. Homme nu debout, un bras derrière le dos. Château de Windsor. Id. 68
5234. Homme nu debout, les bras croisés. Château de Windsor. Id. 68
5235. Esquisse de deux figures nues et étude anatomique d'un bassin. Château de Windsor. Id. 69

ÉCOLE MILANAISE. 205

TOME LXIX.

ÉCOLE MILANAISE (XIVᵉ & XVᵉ SIÈCLES).

5236. **Anonyme Milanais**, XIVᵉ siècle. La Vierge adorant l'Enfant Jésus couché sur ses genoux. Collection Vallardi. Tiré de *Rosini*. Gravure. 1
5237. **Maitre Giuseppe**, XIVᵉ siècle. Deux fidèles en prières. Collection Vallardi. Tiré de *Rosini*. Id. 1
5238. **Polidoro Casella** (1345) (Attribué à). Jacob et Joseph. Peinture à la voûte de la cathédrale de Crémone. Tiré de *Rosini*. Id. 1
5239. **Giovanni da Milano** (trav. vers 1365). La Vierge et l'Enfant Jésus entre St Dominique et St Nicolas de Tolentino, fresque au-dessus de la porte de l'église de St-Nicolas de Tolentino. Prato. Photographie. 2
5240. Le Christ descendu de la croix (1365). Académie des Beaux-Arts, Florence. Id. 2
5241. Fresques dans la chapelle Rinuccini a Santa Croce, Florence. Sujets de l'histoire de la Vierge, ensemble. Id. 2
5242. — St Joachim chassé du temple. Id. 3
5243. — La même fresque. Id. 4
5244. — La même fresque. Tiré d'*Ottley*. Gravure. 5
5245. — Rencontre de St Joachim et de Ste Anne. Photographie. 6
5246. — La même fresque. Id. 7
5247. — La Naissance de la Vierge. Id. 8
5248. — La même fresque. Id. 9
5249. — La même fresque. Tiré de *Rosini*. Gravure. 9
5250. — La même fresque. Tiré d'*Ottley*. Id. 10
5251. — La Présentation de la Vierge au temple. Photographie. 11
5252. — La même fresque. Id. 12
5253. — Le Mariage de la Vierge. Id. 13
5254. — La même fresque. Id. 14
5255. — Sujets de l'Histoire de Ste Madeleine, ensemble. Id. 14
5256. — La Madeleine aux pieds de Jésus chez le Pharisien. Id. 15
5257. — La même fresque. Id. 16
5258. — Jésus chez Marthe et Marie. Id. 16
5259. — La même fresque. Id. 17
5260. — La Résurrection de Lazare. Id. 18
5261. — La même fresque. Id. 19
5262. — « Noli me tangere » et les Maries au tombeau. Id. 20
5263. — La même fresque. Id. 21

[Tome 69.]

5264. — Histoire du prince de Marseille. Photographie. 21
5265. — La même fresque. Id. 22
5266. La Vierge et l'Enfant Jésus entre six saints, fresque à l'église del Carmine (primo Chiostro), Florence. Id. 23
5267. La même fresque. Id. 24
5268. La Vierge et l'Enfant entourés d'apôtres et de saints. Tableau d'autel de Santa Croce, Florence. Id. 25
5269. **Cibo**, dit **Il Monaco dell' Isole d'Oro**. Moines au lutrin. Miniature d'un manuscrit du Vatican. Tiré de *Rosini*. Gravure. 26
5270. **Francesco di Oberto**, trav. en 1368. La Vierge et l'Enfant entre St Dominique et St Jean l'Évangéliste. Église San-Domenico, Gênes. Tiré de *Rosini*. Id. 26
5271. **Michelino da Besozzo**, peintre milanais, travaillait de 1420 à 1443, FRESQUES AU PALAIS BORROMEO A MILAN. Cinq femmes jouant aux cartes dans un jardin. Photographie. 27
5272. — La même fresque. Tiré de *Rosini*. Gravure. 27
5273. — Cinq femmes debout dans un jardin. Photographie. 28
5274. — Deux hommes et trois femmes. Id. 28
5275. **Anonyme génois**. Cinq juges siégeant. Tiré de *Rosini*. Gravure. 29
5276. **Stefano**. L'Adoration des mages (1435). Tableau de la galerie Brera, Milan. Tiré de *Rosini*. Id. 29
5277. **Vincenzo Foppa** de Brescia, peintre et architecte, travaillait en 1456, † en 1492. Martyre de St Sébastien. Musée Brera. Tiré de *Rosini*. Id. 30
5278. Le Calvaire (1456). Tableau à Bergame. Tiré de *Rosini*. Id. 30
5279. **Bernardo Bembo**, travaillait vers 1460. La Présentation au temple. Dôme de Crémone. Tiré de *Rosini*. Id. 31
5280. **Anonyme milanais**, 1462. St Pierre, martyr, parlant à un fidèle agenouillé. Tiré de *Rosini*. Id. 31
5281. **Anonyme milanais**. Couronnement d'un duc, fresque à St-Ambroise de Milan. Tiré de *Rosini*. Id. 31
5282. **Bernardino Butinone** de Treviglio (travaillait de 1454 à 1507). St Pierre délivrant une possédée, fresque à St-Pietro in Gessati à Milan. Tiré de *Rosini*. Id. 32
5283. Portrait d'homme. Palais Borromeo, Milan. Photographie. 32
5284. **Bernardino Zenale** de Treviglio (né en 1436, † en 1526). La Madone entourée de Saints. Tiré de *Rosini*. Gravure. 33
5285. **Trozo, da Monza** (trav. de 1477 à 1490). La Pentecôte. Dessin de la collection Vallardi, Milan. Tiré de *Rosini*. Id. 34
5286. **Giovanni Antonio Merli** (1488). Un Tribunal ecclésiastique. Tiré de *Rosini*. Id. 34

ÉCOLE MILANAISE. 207

[Tome 69.]
5287. **Maestro Gandolfino** (1493). Le Couronnement de la Vierge. Tiré de *Rosini*. Gravure. 34
5288. **Anonyme**. Vieillard en buste tenant une banderole. Peinture à Santa Maria di Castello, Gênes. Tiré de *Rosini*. Id. 34
5289. **Montorfano** (1495). La Vierge et les Maries (1495), fresque dans l'ancien réfectoire du couvent delle Grazie à Milan. Tiré de *Rosini*. Id. 34
5290. **Lodovico Brea**. Groupe de femmes en prières. Tiré de *Rosini*. Id. 34
5291. **Léonard de Vinci** (1452, † 1519). Portrait de Léonard de Vinci par lui-même. Galerie des Offices, Florence. Photographie. 35
5292. Le même portrait. Id. 36
5293. Autre portrait de Léonard de Vinci. Dessin du musée de Milan. Id. 37
5294. Le même portrait. Id. 37
5295. Répétition du même dessin. Château de Windsor. Id. 38
5296. Autre portrait de Léonard de Vinci. Musée de Turin. Id. 38
5297. Groupe de quatre cavaliers. Tiré du carton de la bataille d'Anghiari. Musée des Offices. Id. 39
5298. La même composition d'après une peinture, gravée par *Haussoullier*. Gravure. 39
5299. La même composition, gravée par *Armanino*. Tiré de *Rosini*. Id. 40
5300. Portrait de femme dite « la Monaca di Leonardo ». Galerie Pitti. Photographie. 41
5301. Le même portrait. Id. 42
5302. Le même portrait. Id. 43
5303. Le même portrait. Id. 43
5304. L'Adoration des mages. Musée de Florence. Tiré de *Rosini*. Gravure. 44
5305. La Vierge de l'Annonciation. Galerie des Offices. Photographie. 45
5306. Portrait de jeune homme. Galerie des Offices. Id. 46
5307. Portrait d'un orfèvre. Galerie Pitti. Id. 46
5308. Portrait d'une femme tenant les mains croisées. Dessin du musée de Florence. Id. 47
5309. Le même portrait. Id. 47
5310. La Vierge et l'Enfant. Dessin du musée de Florence. Id. 48
5311. Tête de la Madeleine. Dessin du musée de Florence. Tiré de *Rosini*. Gravure. 48
5312. Le même dessin. Photographie. 48
5313. Tête de femme. Dessin du musée de Florence. Id. 49
5314. La même tête. Id. 49
5315. Profil d'une jeune fille portant de longs cheveux. Dessin du musée de Florence. Id. 49

[Tome 69.]

5316. Tête de vieillard tournée de profil à gauche. Dessin du musée de Florence. Photographie. 50
5317. La même tête. Id. 50
5318. Tête de femme tournée de 3/4 à gauche et portant un voile. Dessin du musée de Florence. Id. 50
5319. Un profil de vieillard et un profil de jeune femme placés en regard. Dessin du musée de Florence. Id. 51
5320. Étude pour la Joconde (?) Dessin du musée de Florence. Id. 51
5321. Tête de jeune femme vue de face. Dessin du musée de Florence. Id. 51
5322. Tête de jeune femme tournée de 3/4 à gauche, le buste est de profil. Dessin du musée de Florence. Id. 51
5323. Tête couronnée de lauriers, tournée de profil à droite. Dessin du musée de Florence. Id. 52
5324. Tête de vieillard tournée de profil à gauche. Dessin du musée de Florence. Id. 52
5325. Portrait d'un homme coiffé d'un béret. Dessin du musée de Florence. Id. 52
5326. Le même portrait. Dessin du musée de Florence. Id. 52
5327. Tête de femme penchée en avant et tournée de 3/4 à gauche. Dessin du musée de Florence. Id 53
5328. Un lion luttant contre un dragon. Dessin du musée de Florence. Id. 53
5329. Tête de l'ange que Léonard a peint dans le baptême de Jésus-Christ, tableau de Verrocchio. Académie des Beaux-Arts, Florence. Id. 54
5330. La Vierge et l'Enfant (attribué à Léonard de Vinci). Dessin du musée de Florence. Id. 54
5331. Étude et mesures d'une tête et d'un œil, vus de face. Dessin du musée de Florence. Id 54
5332. Onze croquis : en haut et à droite étude anatomique d'un homme vu de dos à partir des épaules. Dessin du musée de Florence. Id. 54

TOME LXX.

LÉONARD DE VINCI (1452-1519) (suite).

5333. La Cène, fresque au couvent delle Grazie à Milan. Tiré de *Rosini*. Gravure. 1
5334. La même fresque. Photographie. 2
5335. La même fresque. Id. 3

[Tome 70.]

5336. La Cène. Photographie. 3
5337. La même fresque. Id. 4
5338. La Cène. (Partie gauche). Id. 5
5339. La Cène (Figure du Christ). Id. 6
5340. La Cène (Partie droite). Id. 7
5341. Esquisse de la Cène, croquis. Dessin. Château de Windsor. Id. 8
5342. Tête du Christ (Étude pour la Cène). Dessin du Musée Brera, Milan. Id. 9
5343. La même tête. Id. 9
5344. Étude pour la Cène. Bras droit de St Pierre. Dessin. Château de Windsor. Id. 10
5345. Étude pour la Cène. Tête de St Mathieu. Dessin. Château de Windsor. Id. 10
5346. Étude pour la Cène. Tête de St Philippe. Dessin. Château de Windsor. Id. 10
5347. Étude pour la Cène. Tête de Judas. Dessin. Château de Windsor. Id. 11
5348. Étude pour la Cène. Tête de St Simon. Dessin. Château de Windsor. Id. 11
5349. Étude pour la Cène. Tête de Judas. Dessin ayant appartenu en 1784 à Don Venanzio de Pagave. Tiré de *Gerli*. Gravure. 11
5350. Étude pour la Cène. Têtes de Judas et d'un autre Apôtre. Bibliothèque Ambroisienne, Milan. Photographie. 11
5351. Portrait de Béatrix d'Este, femme de Ludovic le More. Bibliothèque Ambroisienne, Milan. Id. 12
5352. Portrait d'un inconnu. Bibliothèque Ambroisienne, Milan. Id. 13
5353. Portrait du chancelier Morone. Casa Scotti Gallerati, Milan. Tiré de *Rosini*. Gravure. 13
5354. Portrait de Francesco Melzi. Milan. Tiré de *Rosini*. Id. 13
5355. Portrait de Beatrix d'Este. Dessin du musée de Milan. Photographie. 14
5356. Portrait de François Sforza. Dessin du musée de Milan. Id. 14
5357. Étude d'une tête de femme pour la Ste Famille du musée du Louvre. Dessin du musée de Milan. Id. 14
5358. Tête de femme légèrement tournée à gauche et portant des cheveux nattés. Dessin du musée de Milan. Id. 15
5359. La même tête. Dessin du musée de Milan. Id. 15
5360. Étude pour un homme nu assis. Dessin du musée de Milan. Id. 15
5361. Une tête d'enfant et un cavalier. Dessin du musée de Milan. Id. 16
5362. Tête de jeune homme. Dessin du musée de Milan. Id. 16
5363. Deux études d'une tête d'homme barbu, de profil. Dessin du musée de Milan. Id. 17

[Tome 70.]

5364. Une tête de vieillard et une tête d'enfant de profil à droite. Dessin du musée de Milan. Photographie. 17

5365. Une tête de femme et une tête d'enfant. Dessin du musée de Milan. Id. 18

5366. Le même dessin. Id. 18

5367. Tête d'homme et tête inachevée de jeune femme. Dessin du musée de Milan. Id. 18

5368. Tête de femme tournée de 3/4 à gauche. Dessin du musée de Milan. Id. 19

5369. Tête d'enfant et profil grotesque. Dessin du musée de Milan. Id. 19

5370. Buste d'un homme tourné de profil à droite et couronné de lauriers. Dessin du musée de Milan. Id. 19

5371. Deux têtes de jeunes femmes tournées l'une de profil à droite, l'autre de 3/4 à gauche. Dessin du musée de Milan. Id. 19

5372. Tête d'un homme complètement chauve tourné de profil à droite. Dessin du musée de Milan. Id. 20

5373. Tête de femme tournée de 3/4 à droite et portant un collier. Dessin du musée de Milan. Id. 20

5374. Quatre croquis, en haut deux études pour une tête de femme tournée de 3/4 à gauche. Dessin du musée de Milan. Id. 20

5375. Portrait d'une femme tournée de profil à gauche. Dessin du musée de Milan. Id. 20

5376. Cinq croquis, en bas un profil grotesque. Dessin du musée de Milan. Id. 21

5377. Huit croquis dont trois études de chevaux. Dessin du musée de Milan. Id. 21

5378. Tête d'un homme de face portant un chapeau à bords relevés. Dessin du musée de Milan. Id. 21

5379. Tête d'un homme tourné de profil à gauche et portant une espèce de béret. Dessin du musée de Milan. Id. 21

5380. Tête d'homme tourné de profil à droite et ayant les cheveux ébouriffés. Dessin du musée de Milan. Id. 22

5381. Tête d'un homme tourné de profil à gauche et se lamentant. Dessin du musée de Milan. Id. 22

5382. Tête de femme penchée en avant. Dessin de la bibliothèque Ambroisienne. Id. 22

5383. Le même dessin. Id. 23

5384. Étude d'une main droite. Dessin de la bibliothèque Ambroisienne. Id. 23

5385. Six croquis dont un d'un faune et d'un lion. Dessin de la bibliothèque Ambroisienne. Id. 23

ÉCOLE MILANAISE.

[Tome 70.]

5386. Étude d'un homme nu appuyé sur une perche. Dessin de la bibliothèque Ambroisienne. Photographie. 24
5387. Étude pour un St Jérôme. Dessin de la bibliothèque Ambroisienne. Id. 24
5388. Le même dessin. Tiré de *Gerli*. Gravure. 24
5389. Portrait d'homme. Dessin de la bibliothèque Ambroisienne. Photographie. 25
5390. Portrait de femme. Dessin de la bibliothèque Ambroisienne. Id. 26
5391. Tête de Vierge. Galerie de Parme. Id. 27
5392. Léda. Galerie Borghèse, Rome. Id. 28
5393. Léda (réplique avec variantes du même tableau) exposé au Palais Bourbon en 1874. Id. 28
5394. Esquisse à la plume du même tableau. Cabinet royal d'Angleterre. Id. 29
5395. Madone. Galerie Rospigliosi, Rome. Id. 30
5396. La Vierge, l'Enfant Jésus et un donateur. Couvent de San-Onofrio, Rome. Id. 31
5397. La Vierge et l'Enfant, détail de la même fresque. Id. 32
5398. Tête de jeune femme. Dessin de la galerie Borghèse, Rome. Id. 33
5399. Trois têtes d'hommes barbus. Dessin du musée de Turin. Id. 34
5400. Tête d'un vieillard chauve, vu de face. Dessin du musée de Turin. Id. 34
5401. Étude d'un homme drapé, assis, tourné de profil à gauche. Dessin du musée de Turin. Id. 34
5402. Quatre études académiques d'une figure d'homme. Dessin du musée de Turin. Id. 35
5403. Le même dessin. Id. 35
5404. Tête d'un vieillard chauve, vu de face. Dessin du musée de Turin. Id. 35
5405. La Vierge, l'Enfant Jésus, un ange et un saint. Séminaire archiépiscopal, Venise. Id. 36
5406. Croquis d'armes blanches. Dessin du musée de Venise. Id. 36
5407. Masque grotesque, étude d'enfant assis et deux petits bustes de profil. Dessin du musée de Venise. Id. 36
5408. Étude d'enfant assis et deux petits bustes de profil. Dessin du musée de Venise. Id. 37
5409. Le même dessin. Id. 37
5410. Esquisse de la Sainte Famille du musée du Louvre. Dessin du musée de Venise. Id. 37
5411. Études anatomiques d'un buste, d'un cou et d'une jambe gauche. Dessin du musée de Venise. Id. 38
5412. La même étude. Tiré de *Gerli*. Gravure. 38

[Tome 70.]

5413. Deux femmes jouant du tambourin. Dessin du musée de Venise. Photographie. 38

5414. Étude avec mesures d'un profil d'homme et croquis de cavaliers. Dessin du musée de Venise. Id. 39

5415. Le profil d'homme seul. Tiré de *Gerli*. Gravure. 39

5416. Les croquis de cavaliers. Tiré de *Gerli*. Id. 40

5417. Étude et quatre croquis d'une tête de jeune femme, esquisse de Ste-Anne qui se trouve au couvent de San Celso. Tiré de *Gerli*. Id. 40

5418. Le même dessin. Photographie. 41

5419. La Vierge allaitant l'Enfant Jésus (Madonna Litta). Musée de l'Ermitage à St-Pétersbourg. Id. 42

5420. Le même tableau. Id. 43

5421. La Ste Famille. Musée de l'Ermitage à St-Pétersbourg. Id. 44

5422. Le même tableau. Id. 45

5423. Portrait d'une dame. Musée de l'Ermitage à St-Pétersbourg. Id. 45

5424. Le même tableau. Id. 46

5425. La Vierge et l'Enfant Jésus. Tableau attribué à Léonard de Vinci. Musée de Munich. Id. 47

5426. Portrait de Marco-Antonio della Torre. Musée de Buda Pesth. Id. 48

5427. Ste Catherine. Musée de Christiansbourg. Id. 49

5428. Portrait de Lucrezia Crivelli. Galerie d'Augsbourg. Id. 49

5429. Léda, dessin. Tiré d'*Otley*. Galerie de Weimar. Gravure. 50

5430. Le même dessin. Photographie. 50

5431. Tête de jeune homme. Galerie de Weimar. Id. 50

5432. Portrait de vieillard vu de profil. Dessin de la galerie de l'archiduc Charles, Vienne. Id. 51

5433. Étude de la Ste-Famille du Louvre. Dessin de la National Gallery, Londres. Id. 52

5434. Le Christ expliquant les préceptes de la loi aux Pharisiens. Dessin de la National Gallery, Londres. Id. 53

5435. Tête de la Vierge aux rochers. Tableau ayant figuré en 1857 à l'exposition des trésors de l'art à Manchester. Id. 54

5436. La Vierge et l'Enfant. Dessin du British Museum. Id. 55

5437. Étude d'une figure d'homme nu appuyé sur un long bâton. Dessin du British Museum. Id. 56

5438. Tête de vieillard de face. Dessin du British Museum. Id. 56

5439. Tête de vieillard tournée de profil à droite. Dessin du British Museum. Id. 56

5440. Trois croquis d'un enfant jouant avec un chat. Dessin du British Museum. Id. 57

5441. Quatre croquis d'un enfant jouant avec un chat. Dessin du British Museum. Id. 57

[Tome 70].
5442. La Vierge et l'Enfant Jésus jouant avec un chat. Dessin du British Museum. Photographie. 57
5443. La Vierge et l'Enfant Jésus jouant avec un chat. Dessin du British Museum. Id. 57

TOME LXXI.

LÉONARD DE VINCI (1462-1519) (suite).

5444. La Vierge et l'Enfant. Dessin d'Oxford, Christ-Church. Photographie. 1
5445. Portrait de jeune homme. Dessin d'Oxford, Christ-Church. Id. 1
5446. Étude d'une tête de femme. Dessin d'Oxford, Christ-Church. Id. 2
5447. Portrait d'homme coiffé d'une calotte. Dessin d'Oxford, Christ-Church. Id. 2
5448. Tête grotesque de profil. Dessin d'Oxford, Christ-Church. Id. 3
5449. Composition allégorique sur la vérité ? Dessin d'Oxford, Christ-Church. Id. 4
5450. Étude de draperie. Dessin d'Oxford, Christ-Church. Id. 4
5451. Tête de vieillard à longs cheveux, vu de face. Dessin. Château de Windsor. Id. 5
5452. Tête de vieillard ayant les cheveux nattés, dirigée de profil à droite. Dessin. Château de Windsor. Id. 5
5453. Tête d'homme de face fronçant les sourcils et ayant les cheveux crépus. Dessin. Château de Windsor. Id. 5
5454. Buste de jeune femme tournée presque de profil à gauche, la figure seule est modelée. Dessin. Château de Windsor. Id. 6
5455. Buste d'une jeune femme regardant en bas et à gauche. Dessin. Château de Windsor. Id. 6
5456. Profil d'un jeune homme à cheveux crépus, regardant à droite. Dessin. Château de Windsor. Id. 6
5457. Tête de jeune femme tournée de profil à droite et penchée en avant. Dessin. Château de Windsor. Id. 6
5458. Profil d'une jeune femme ayant les cheveux serrés dans une coiffe et regardant à droite. Dessin. Château de Windsor. Id. 7
5459. Tête de jeune homme et trois croquis de campaniles. Dessin. Château de Windsor. Id. 7
5460. Tête de jeune femme vue de face, inclinée à droite. Dessin. Château de Windsor. Id. 7

[Tome 71.]

5461. Tête de jeune femme inclinée et tournée de 3/4 à gauche. Dessin. Château de Windsor. Id. 8
5462. Étude pour la tête de la Ste Anne du musée du Louvre. Dessin. Château de Windsor. Id. 9
5463. Profil d'un homme barbu regardant à droite. Dessin. Château de Windsor. Id. 9
5464. Buste d'un vieillard tourné de profil à droite. Dessin. Château de Windsor. Id. 9
5465. Profil de vieillard ayant les cheveux ramenés en arrière et regardant à droite. Dessin. Château de Windsor. Id. 9
5466. Cinq têtes grotesques. Dessin. Château de Windsor. Id. 10
5467. Huit têtes grotesques. Dessin. Château de Windsor. Id. 10
5468. Quatre têtes grotesques. Dessin. Château de Windsor. Id. 11
5469. Caricature d'une vieille femme. Dessin. Château de Windsor. Id. 11
5470. Deux études de framboisier (deux pièces). Dessin. Château de Windsor. Id. 12
5471. Études de plantes. Dessin. Château de Windsor. Id. 13
5472. Fleurs d'ancolie. Dessin. Château de Windsor. Id. 13
5473. Deux études de fleurs et de feuillages. Dessin. Château de Windsor. Id. 13
5474. Deux études de grappes de fleurs. Dessin. Château de Windsor. Id. 14
5475. Étude d'un rameau de chêne et d'une branche de genêt. Dessin. Château de Windsor. Id. 14
5476. Étude d'une branche de mûrier et d'une branche de sorbier (deux pièces). Dessin. Château de Windsor. Id. 14
5477. Trois études de feuillages (trois pièces). Dessin. Château de Windsor. Id. 15
5478. Quatre masques d'animaux grotesques (deux pièces). Dessin. Château de Windsor. Id. 16
5479. Allégorie (Le loup dans le bateau). Dessin. Château de Windsor. Id. 16
5480. Sept études anatomiques d'une épaule droite. Dessin. Château de Windsor. Id. 17
5481. Six études anatomiques d'une épaule droite. Dessin. Château de Windsor. Id. 17
5482. Étude anatomique d'une jambe gauche. Dessin. Château de Windsor. Id. 18
5483. Trois études anatomiques d'un crâne. Dessin. Château de Windsor. Id. 19
5484. Six études anatomiques de pieds et d'épaules. Dessin. Château de Windsor. Id. 19
5485. Quatre études anatomiques d'un crâne. Dessin. Château de Windsor. Id. 20

[Tome 71.]

5486. Deux paysages (deux pièces). Dessin. Château de Windsor. Photographie. 21

5487. St Jérôme, croquis du même dessin à la bibliothèque Ambroisienne. Dessin. Château de Windsor. Id. 21

5488. Neptune, esquisse. Château de Windsor. Id. 22

5489. Vieillard assis et quatre études de coiffures de femmes. Dessin. Château de Windsor. Id. 22

5490. Études de coiffures de femmes. Dessin. Château de Windsor. Id. 23

5491. Croquis d'un cavalier, d'un fantassin et de deux chariots de guerre. Dessin. Château de Windsor. Id. 23

5492. Onze profils d'hommes et de femmes. Dessin. Château de Windsor. Id. 24

5493. Croquis d'architecture et esquisse pour un David tenant la fronde. Dessin. Château de Windsor. Id. 25

5494. Croquis et profil d'un jeune homme regardant à droite. Dessin. Château de Windsor. Id 25

5495. Onze croquis de têtes. Dessin. Château de Windsor. 26

5496. Trois croquis d'hommes posés sur une espèce de talus. Dessin. Château de Windsor. Id. 26

5497. Vingt et un personnages exécutant divers travaux de terrassement (croquis). Château de Windsor. Id. 26

5498. Croquis pour une Ste-Famille. Études d'enfant jouant avec un chat. Dessin. Château de Windsor. Id. 27

5499. Études de chats. Dessin. Château de Windsor. Id. 27

5500. Croquis de chevaux et études pour un St Georges terrassant le dragon. Dessin. Château de Windsor. Id. 28

5501. Jeune homme debout tenant un javelot. Dessin. Château de Windsor. Id. 29

5502. Un Cavalier tenant un javelot. Dessin. Château de Windsor. Id. 29

5503. Un homme déguenillé ayant des entraves aux pieds et appuyé sur une massue. Dessin. Château de Windsor. Id. 30

5504. Croquis d'un fleuve traversé par un bac. Dessin. Château de Windsor. Id. 30

5505. Vieillard assis, vu de profil et tenant la main droite levée. Dessin. Château de Windsor. Id. 30

5506. Croquis de jeune fille marchant vers la droite. Dessin. Château de Windsor. Id. 30

5507. Deux études d'enfant assis. Dessin. Château de Windsor. Id. 31

5508. Deux études d'une main gauche (deux pièces). Dessin. Château de Windsor. Id. 31

5509. Trois études de mains (deux pièces). Dessin. Château de Windsor. Id. 32

[Tome 71.]

5510. Étude d'arbre. Dessin. Château de Windsor. Photographie. 33
5511. Académie d'un homme vu de dos. Dessin. Château de Windsor. Id. 34
5512. Académie d'un homme vu de face. Dessin. Château de Windsor. Id. 34
5513. Quatre croquis d'après un vieillard, études de cou et d'épaule. Dessin. Château de Windsor. Id. 35
5514. Études de deux profils avec un système de mensuration (deux pièces). Dessin. Château de Windsor. Id. 35
5515. Croquis pour la statue de François Sforza. Dessin. Château de Windsor. Id. 36
5516. Martyre de St Sébastien. Dessin. Château de Windsor. Id. 36
5517. Croquis de chevaux. Dessin. Château de Windsor. Id. 37
5518. Croquis pour la statue de François Sforza. Dessin. Château de Windsor. Id. 37
5519. Profil et face d'une tête de cheval. Dessin. Château de Windsor. Id. 38
5520. Un cavalier et deux chevaux au pas. Dessin. Château de Windsor. Id. 38
5521. Cinq croquis pour la statue de François Sforza. Dessin. Château de Windsor. Id. 38
5522. Un Cavalier, vu de profil et tourné vers la gauche. Dessin. Château de Windsor. Id. 38
5523. Vieillard debout tenant un papier roulé à la main et tourné de profil à droite. Dessin. Château de Windsor. Id. 39
5524. Étude pour un St Jean-Baptiste. Dessin. Château de Windsor. Id. 39
5525. Hommes levant un canon à l'aide d'un treuil. Dessin. Château de Windsor. Id. 39
5526. Croquis d'une jeune femme tenant une palme (?). Dessin. Château de Windsor. Id. 39
5527. Étude d'un poing gauche fermé. Dessin. Château de Windsor. Id. 40
5528. Étude d'une branche de lys. Dessin. Château de Windsor. Id. 40
5529. Portrait de la Joconde. Musée de Madrid. Id. 41
5530. La Vierge, l'Enfant Jésus et Ste Anne. Musée du Louvre. Id. 42
5531. Le même tableau. Id. 43
5532. Deux études de pieds pour le même tableau. Dessins. Château de Windsor (deux pièces). Id. 44
5533. Étude pour la tête de Ste Anne du même tableau. Dessin du musée de Milan. Id. 44
5534. Sept études pour l'Enfant Jésus du même tableau. Dessin du musée de Venise. Id. 45
5535. Le même dessin. Tiré de *Gerli*. Gravure. 46

[Tome 71.]

5536. Cinq études pour la même figure. Dessin de la collection de Mgr. le duc d'Aumale, fac-similé par *A. Leroy*. Gravure. 46
5537. La Vierge aux rochers, gravure par *Boucher-Desnoyers*. Musée du Louvre. Id. 47
5538. Étude pour la tête de l'Enfant Jésus, de la Vierge aux rochers. Dessin du musée du Louvre. Photographie. 48
5539. Tête de l'ange pour la Vierge aux rochers. Dessin de la galerie de Turin. Id. 48
5540. Étude d'enfant et de draperie pour le même tableau. Deux dessins. Château de Windsor. Id. 48
5541. Étude de draperies pour la figure de l'ange, même tableau. Dessin. Château de Windsor. Id. 49
5542. Études de mains pour le même tableau (deux pièces). Dessin. Château de Windsor. Id. 49
5543. La Vierge aux balances. Gravure par *F. Garnier*. Musée du Louvre. Gravure. 50
5544. St Jean-Baptiste. Musée du Louvre. Photographie. 51
5545. Portrait de la Joconde. Musée du Louvre. Id. 52
5546. Le même tableau d'après le dessin d'*A. Millet*. Id. 53
5547. Le même tableau. Tiré de *Rosini*. Gravure. 53
5548. Portrait de la belle Féronnière. Musée du Louvre. Photographie. 54
5549. Le même tableau. Id. 55

TOME LXXII.

LÉONARD DE VINCI (*suite*) & SON ÉCOLE. — BERNARDINO LUINI.

5550. **Léonard de Vinci.** Six profils grotesques. Dessin du musée du Louvre. Photographie. 1
5551. Cinq profils grotesques. Dessin du musée du Louvre. Id. 1
5552. Tête de vieillard ayant de longs cheveux ramenés en arrière, fac-similé par *A. Leroy* d'un dessin du musée du Louvre. Gravure. 1
5553. Tête d'enfant tournée de 3/4 à droite. Dessin du musée du Louvre. Photographie. 2
5554. Profil d'un jeune homme coiffé d'une calotte et regardant à gauche. Dessin du musée du Louvre. Id. 2
5555. Tête de femme vue de face. Dessin du musée du Louvre. Id. 2
5556. Profil d'un jeune homme couronné de chêne et regardant à droite. Dessin du musée du Louvre. Id. 2

[Tome 72.]

5557. Tête de femme de face, et profil tourné vers la gauche. Dessin du musée du Louvre. Photographie. 3

5558. Tête de femme ayant de longs cheveux ébouriffés. Dessin du musée du Louvre. Id. 3

5559. Allégorie sur poison et contre-poison. Dessin du musée du Louvre. Id. 3

5560. Tête de vieillard chauve tournée de 3/4 à gauche. Dessin du musée du Louvre. Id. 3

5561. Tête d'homme qui regarde de 3/4 à gauche en fronçant les sourcils. Dessin du musée du Louvre. Id. 4

5562. Profil de jeune femme d'après un dessin piqué. Dessin du musée du Louvre. Id. 5

5563. Le même dessin. Id. 6

5564. Cinq têtes de vieillards. Dessin du musée du Louvre. Id. 6

5565. Six croquis d'hommes nus ou drapés. Dessin du musée du Louvre. Id. 7

5566. Onze croquis d'hommes nus. Dessin du musée du Louvre. Id. 7

5567. Étude de draperie. Dessin du musée du Louvre. Id. 8

5568. Tête de vieillard (attribuée à Léonard de Vinci). Dessin du musée du Louvre. Id. 9

5569. Un mulet harnaché. Dessin du musée du Louvre. Id. 9

5570. Profil d'un guerrier casqué. Dessin exposé en 1879 à l'École des Beaux-Arts. Id. 10

5571. Dessin ayant servi pour le portrait de femme du musée de l'Ermitage. Dessin exposé en 1879 à l'École des Beaux-Arts. Id. 11

5572. Six croquis de figures nues et drapées. Dessin exposé en 1879 à l'École des Beaux-Arts. Id. 12

5573. Sept croquis de soldats et d'engins de guerre. Dessin exposé en 1879 à l'École des Beaux-Arts. Id. 12

5574. L'Adoration des bergers, esquisse. Dessin exposé en 1879 à l'École des Beaux-Arts. Id. 13

5575. Six croquis d'enfants, études pour la Vierge, l'Enfant Jésus et Ste Anne. Musée du Louvre. Desin exposé en 1879 à l'Ecole des Beaux-Arts. Id. 14

5576. Quatre croquis, en haut un homme souffle dans une trompette à l'oreille d'un autre. Dessin exposé en 1879 à l'École des Beaux-Arts. Id. 14

5577. Le Christ portant sa croix. Dessin. Fac-simile tiré d'*Ottley*. Gravure. 15

5578. Quarante-huit pièces tirées de « dessins de Léonard de Vinci, par *C. G. Girli*. Milan, 1784. » Id. 16-31

5579. **Fra Antonio da Monza** (travaillait vers 1495). La Pentecôte, frontispice pour un Missel. Galerie de l'archiduc Charles à Vienne. Photographie. 32

ÉCOLE MILANAISE. 219

[Tome 72.]

5580. La Pentecôte. Photographie. 32
5581. **Marino d'Alba** (travaillait de 1496 à 1508). St Paul et St Louis évêque de Toulouse. Tiré de *Rosini*. Gravure. 33
5582. **Andrea Solari**, peintre milanais (né vers 1458, † après 1515). La Vierge et l'Enfant Jésus entre St Joseph et un autre saint vieillard. Photographie. 34
5583. La Vierge allaitant l'Enfant Jésus. Musée du Louvre. Id. 35
5584. Le même tableau. Id. 35
5585. Le même tableau. Gravure. 35
5586. Portrait d'homme. Portrait de Charles VIII (?). Musée du Louvre. Photographie. 36
5587. Tête de St Jean-Baptiste. Musée du Louvre. Id. 37
5588. Dessin de la même tête. Musée du Louvre. Id. 38
5589. Le même dessin reproduit par *Alph. Leroy*. Gravure. 38
5590. **Boccaccio Boccaccino** de Crémone (né en 1460, † en 1518 ?). Le Sauveur bénissant. Cathédrale de Crémone. Tiré de *Rosini*. Id. 39
5591. Le Mariage de la Vierge. Tiré de *Rosini*. Id. 39
5592. La Vierge et l'Enfant Jésus entre St Pierre, St Jean l'évangéliste, Ste Catherine et Ste Rose. Académie des Beaux-Arts de Venise. Photographie. 39
5593. Le même tableau. Id. 40
5594. La Mort de la Vierge. Pinacothèque de Ferrare. Id. 40
5595. **Cesare da Sesto** (né vers 1460, † en 1524). La Vierge et l'Enfant Jésus. Musée Brera, Milan. Tiré de *Rosini*. Gravure. 41
5596. Le même tableau. Photographie. 41
5597. La Vierge et l'Enfant Jésus entre un évêque et un donateur « la Vergine della Cintota ». Musée du Vatican. Id. 42
5598. La Vierge allaitant l'Enfant Jésus, tableau exposé au palais Bourbon au profit des Alsaciens-Lorrains. Id. 43
5599. Ste Catherine. Musée Städel, Francfort. Id. 43
5600. Léda. Dessin du musée de Vienne. Id. 44
5601. Quatre croquis dont deux esquisses de « St Georges combattant le dragon ». Dessin du musée de Milan. Id. 45
5602. La Décollation de St Jean-Baptiste. Estampe attribuée à Cesare da Sesto. Photogravure. 46
5603. **Giovanni-Antonio, da Brescia.** La Madone entre Ste Hélène et St Michel. Passavant T. V. p. 208. N° 33. Id. 47
5604. Hercule assommant le serpent de Lerne, gravure. (Passavant T. V. p. 105). Id. 48
5605. **Bernardino Luini**, peintre (né entre 1460 et 1470, travaillait en 1529). St Jean. Bibliothèque Ambroisienne, Milan. Id. 49
5606. La Vierge entourée de Saints. Bibliothèque Ambroisienne, Milan. Id. 50

5607. Le Couronnement d'épines. Tiré de *Rosini*. Bibliothèque Ambroisienne. Gravure. 51
5608. La Vierge, l'Enfant Jésus et St Jean-Baptiste. Tiré de *Rosini*. Bibliothèque Ambroisienne, Milan. Id. 51
5609. La Ste Famille. Tiré de *Rosini*. Bibliothèque Ambroisienne, Milan. Id. 51
5610. Ste Catherine transportée au ciel. Musée Brera, Milan. Photographie. 52
5611. La même fresque. Id. 52

TOME LXXIII.

BERNARDINO LUINI (*suite*) ÉCOLE MILANAISE (1505-1516).

5612. **Bernardino Luini** (1460-1529). La Vierge et l'Enfant Jésus entre St Antoine et Ste Barbe. Musée Brera, Milan. Photographie. 1
5613. Madone. Musée Brera, Milan. Id. 2
5614. La Vierge et le Sauveur, fresque. Id. 3
5615. La Vierge et l'Enfant Jésus. Académie Royale de Milan. Id. 4
5616. Le même tableau. Id. 4
5617. Fresques de Luini à San-Maurizio à Milan, plan. Dessin. 5
5618. Ensemble de ces fresques. Photographie. 6
5619. Jésus détaché de la colonne. Id. 7
5620. La Vierge et l'Enfant Jésus. Collection Cesare Borgia, Milan. Id. 8
5621. L'Adoration des bergers. Collection Passalacqua, Milan. Id. 8
5622. Le Crucifiement, gravé par *Ferreri*. Église des SS. Anges, Lugano. Gravure. 9
5623. La Vierge, l'Enfant Jésus et St Jean. Couvent des Reformati, Lugano. Tiré de *Rosini*. Id. 9
5624. Salomé recevant la tête de St Jean-Baptiste. Galerie des Offices, Florence. Photographie. 10
5625. La Nativité. Fresque à Saronno. Id. 11
5626. Détail de la même fresque, buste de la Vierge. Id. 11
5627. Détail de la même fresque, figure de l'Enfant. Id. 12
5628. Le Mariage de la Vierge. Fresque à Saronno. Id. 12
5629. Détail de la même fresque. Tête de la Vierge. Id. 13
5630. L'Adoration des mages. Fresque à Saronno. Id. 13
5631. Détail de la même fresque. Groupe d'anges. Id. 14
5632. La Purification de la Vierge. Fresque à Saronno. Id. 14

ÉCOLE MILANAISE. 221

[Tome 73.]
5633. Ste Appollonie. Fresque à Saronno. Photographie. 15
5634. Ste Catherine. Fresque à Saronno. Id. 15
5635. La Vierge et l'Enfant Jésus. Chartreuse de Pavie. Id. 16
5636. Le même tableau. Id. 16
5637. La Vierge et l'Enfant Jésus. Musée de Naples. Id. 16
5638. La Nativité. Musée du Louvre. Id. 17
5639. L'Adoration des mages. Musée du Louvre. Id. 17
5640. La Ste Famille. Musée du Louvre. Id. 18
5641. Hérodiade recevant la tête de St Jean-Baptiste. Musée du Louvre. Id. 19
5642. Le Sauveur. Musée du Louvre. Id. 19
5643. Jésus enfant. Collection de Mgr. le duc d'Aumale. Id. 20
5644. Tête de St Jean. Tableau exposé au palais Bourbon au profit des Alsaciens-Lorrains. Id. 20
5645. Tête de femme. Tableau exposé au palais Bourbon au profit des Alsaciens-Lorrains. Collection de Mgr. le duc d'Aumale. Id. 21
5646. Hérodiade portant la tête de St Jean-Baptiste. Id. 22
5647. Hérodiade portant la tête de St Jean-Baptiste. Musée de Vienne. Id. 22
5648. Ste Catherine. Musée de l'Ermitage, St-Pétersbourg. Id. 23
5649. Portrait d'une jeune dame dite la Colombine. Musée de l'Ermitage. Id. 24
5650. Le même portrait. Id. 25
5651. Tête d'homme de profil. Dessin exposé en 1879 à l'École des Beaux-Arts. Id. 26
5652. La Guérison de Tobie. Dessin du musée de Milan. Id. 27
5653. Le même dessin. Id. 28
5654. L'Enfant Jésus. Dessin. Musée de Milan. Id. 28
5655. Tête de Sainte tournée de profil à gauche. Dessin. Musée de Milan. Id. 29
5656. Tête d'Ange tournée de 3/4 à droite. Dessin. Musée de Milan. Id. 29
5657. Étude d'une femme lisant. Dessin de la bibliothèque Ambroisienne, Milan. Id. 30
5658. Un enfant endormi. Dessin du musée de Venise. Id. 31
5659. Étude d'une femme assise. Dessin. Musée de Venise. Id. 31
5660. Deux enfants s'embrassant. Dessin de la collection His de la Salle. Id. 32
5661. Le même dessin. Id. 32
5662. Le même dessin. Fac-simile par *A. Leroy*. Gravure. 33
5663. **Anonyme** de l'École Lombarde. Tête couronnée de lauriers. Dessin. Photographie. 34

[Tome 73.]

5664. **Pedrini (Giovanni)**, élève de Léonard de Vinci. La Madone entre St Michel et St Jérôme. Anciennement galerie Esterhazy, actuellement musée de Buda-Pesth. Photographie. 34

5665. **Bramantino (Bartolommeo Guardi,** dit) peintre et architecte milanais, travaillait en 1529, mort en 1536. Le Christ au tombeau. Tiré de *Rosini*. Gravure. 35

5666. La Vierge et l'Enfant entre Saint Antoine, un autre Saint Religieux et deux donateurs. San-Pietro in Gessate, Milan. Tiré de *Rosini*. Id. 35

5667. L'Ange apparaissant à Zacharie. Dessin du musée de Venise. Photographie. 36

5668. **Borgognogne (Ambrozio Fossano** dit) (travaillait de 1499 à 1535). **Macrino d'Alba** et **Borgognone**, six sujets de sainteté, au milieu, en haut La Résurrection. Chartreuse de Pavie. Id. 37

5669. **Borgognogne.** Saint Sire entouré de quatre Saints. Chartreuse de Pavie. Id. 37

5670. Saint Ambroise entouré de quatre saints. Chartreuse de Pavie. Id. 38

5671. Le Couronnement de la Vierge. Église St-Simplicien à Milan. Tiré de *Rosini*. Gravure. 38

5672. La Vierge et l'Enfant. Collection Isley à Londres. Photographie. 39

5673. La Vierge et l'Enfant. Musée Royal de Berlin. Id. 40

5674. La Prédication de St Augustin (?) Id. 40

5675. **Beltraffio (Giovanni-Antonio)**, peintre milanais né en 1467, † en 1516. La Vierge et l'Enfant. National Gallery, Londres. Id. 41

5676. Portrait de femme. Académie des Beaux-Arts, Milan. Id. 42

5677. Le même portrait. Id. 42

5678. La Vierge et l'Enfant. Galerie Poldi Pezzoli, Milan ?. Id. 43

5679. La Vierge et l'Enfant entourés de quatre saints. Id. 43

5680. Portrait de jeune homme. Collection G. Frizoni, Milan. Id. 44

5681. Portrait d'homme tenant un œillet. Id. 44

5682. Portrait de femme vue de profil. Id. 45

5683. **Girolamo Giovenone** de Vercelli, peintre trav. en 1514 et 1516. La Vierge et l'Enfant entourés de quatre Saints et de deux fidèles. Galerie Lochis à Bergame. Tiré de *Rosini*. Gravure. 46

5684. St Pierre et un fidèle agenouillé. Galerie royale de Turin. Tiré de *Rosini*. Id. 46

5685. Deux enfants agenouillés. Tiré de *Rosini*. Id. 46

5686. **Tommaso Aleni**, peintre crémonais, travaillait vers 1515. La Vierge adorant l'Enfant Jésus entre St Jean-Baptiste et St Antoine. Crémone. Tiré de *Rosini*. Id. 47

5687. **Anonyme** de l'École de Léonard de Vinci. Hérodiade. Musée de Vienne. Photographie. 47

ÉCOLE MILANAISE.

[Tome 73.]

5688. **Lorenzo, di Pavia**. La Famille de la Ste Vierge. Musée du Louvre. Photographie. 48

5689. **Giovanni Francesco Bembo**, trav. vers 1514. La Vierge et l'Enfant Jésus sur un trône entourés de trois saints et d'un fidèle agenouillé. Crémone. Tiré de *Rosini*. Gravure. 48

5690. **Vincenzo Civerchio, de Crema** (travaillait de 1493 à 1539). La Mort de la Vierge. Fresque à San-Pietro in Gessate à Milan. Tiré de *Rosini*. Id. 49

5691. FRESQUES DANS LA CHAPELLE DES PORTINARI ou de St-Pierre martyr à San-Eustorgio de Milan, par **Civerchio**(?). Plan. Dessin. 49

5692. — L'annonciation. Photographie. 50

5693. — L'Assomption. Id. 50

5694. — St Pierre martyr guérit un jeune homme de Narni. Id. 51

5695. — Assassinat de St Pierre martyr. Id. 51

5696. — St Pierre martyr prêchant. Id. 52

5697. — La Madone apparaît à St Pierre martyr pendant qu'il célèbre la messe. Id. 52

5698. — Pendentif à l'angle S. O. de la Chapelle de St-Pierre martyr. Id. 53

5699. — Figures d'anges en terre cuite peinte. Faces Nord et Nord-Est. Id. 53

5700. — Figures d'anges en terre cuite peinte. Faces Est et Sud-Est. Id. 54

5701. — Figures d'anges en terre cuite peinte. Faces Sud et Sud-Ouest. Id. 54

5702. — Figures d'anges en terre cuite peinte. Faces Ouest et Nord-Ouest. Id. 55

TOME LXXIV.

ÉCOLE MILANAISE (1516).

5703. **Pietro Francesco Sacchi, di Pavia** (travaillait de 1512 à 1526). Les quatre docteurs de l'Église. Musée du Louvre. Photographie. 1

5704. **Altobello Mellone** (trav. vers 1518). La Fuite en Égypte. Cathédrale de Crémone. Tiré de *Rosini*. Gravure. 1

5705. **Galeazzo Campi** (trav. de 1516 à 1519). La Vierge, l'Enfant Jésus, St Jean-Baptiste, Ste Claire et St Christophe. Cathédrale de Crémone. Tiré de *Rosini*. Id. 1

[Tome 74.]
5706. **Marco d'Oggione,** peintre milanais (né vers 1480, † 1530). La Ste Famille. Musée du Louvre. Photographie. 2
5707. St Michel archange. Musée Brera, Milan. Tiré de *Rosini*. Gravure. 2
5708. Détail du même tableau. Figure d'un des anges. Photographie. 3
5709. Ste Madeleine. Tableau de la Casa San Quirico, Milan. Id. 4
5710. Ste Madeleine. Galerie d'Augsbourg. Id. 4
5711. **Gaudenzio Ferrari,** peintre milanais (né en 1484, † en 1550). Jésus au milieu des docteurs. Église des PP. Mineurs, Varallo. Tiré de *Rosini*. Gravure. 5
5712. La Cène. Église de la Passion, Milan. Tiré de *Rosini*. Id. 5
5713. **Bernardino Lanini** (travaillait vers 1546). Madone et Saints. Galerie de Turin. Tiré de *Rosini*. Id. 6
5714. **Camillo Boccaccino** (travaillait en 1537, † en 1546). Triomphe du Christ. Tiré de *Rosini*. Id. 6
5715. **Giulio Campi,** peintre crémonais, (né vers 1502, † 1572). La Vierge et l'Enfant entre deux guerriers (1527). Crémone. Tiré de *Rosini*. Id. 7
5716. Le Serpent d'Airain. Dessin du musée de Venise. Photographie. 8
5717. **Bernardino Gatti** dit **il Sojaro** (travaillait vers 1552). La Nativité. Tiré de *Rosini*. Id. 9
5718. **Giov. B. Castillo,** dit le **Bergamasque** (mort en 1570 ou 1579 à 70 ou 80 ans). La Ste Famille. Gênes. Tiré de *Rosini*. Gravure. 9
5719. **Andrea Senimo,** peintre génois, (né en 1510, † en 1578). La Nativité. Genève. Tiré de *Rosini*. Id. 9
5720. **Bernardino Campi,** peintre crémonais, né en 1522, travaillait en 1590. Ste Cécile et Ste Catherine. Crémone. Tiré de *Rosini*. Id. 10
5721. La Nativité. Dessin du musée de Venise. Photographie. 10
5722. **Luca Cambiaso,** peintre génois (né en 1527, † vers 1585). Déposition de croix, Gênes. Tiré de *Rosini*. Gravure. 11
5723. **Giorgio Soleri,** milanais, (travaillait vers 1573). St Laurent devant la Madone. Casale. Tiré de *Rosini*. Id. 11
5724. **Aurelio Luini,** peintre milanais (né en 1530, † en 1593). La Madeleine. Galerie Pitti, Florence. Photographie. 12
5725. Ste Catherine. Galerie Pitti, Florence. Id. 12
5726. **Sophonisba Anguisciola** de Crémone († vers 1620). La Madone, Crémone. Tiré de *Rosini*. Gravure. 13
5727. Quatre portraits de femmes. Tableau en Angleterre. Tiré de *Rosini*. Id. 13
5728. **Giambattista Paggi**, génois, né en 1554, † en 1627. La Transfiguration. St-Marc, Florence. Tiré de *Rosini*. Id. 14

ÉCOLE MILANAISE. 225

[Tome 74.]

5729. **Giambattista Trotti**, dit **Il Malosso** (né en 1555, travaillait en 1607). Ste Marie l'Égyptienne, à Crémone. Tiré de *Rosini*. Gravure. 14

5730. **Aliense (Antonio Vassilachi** dit l') peintre milanais né en 1556, † en 1629. La Reddition de Brescia. Salle de la Boussole. Palais Ducal, Venise. Id. 15

5731. L'Adoration des mages. Salle du Conseil des Dix. Palais Ducal, Venise. Id. 15

5732. **Bernardo Castello**, génois (né en 1557, † en 1629). Le Navire de la fortune conduit les chevaliers à la recherche de Renaud. Tiré de *Rosini*. Id. 16

5733. **Bernardino Strozzi** dit **Il Cappucino** (né en 1581,† en 1644). Le Christ à la monnaie. Galerie de Florence. Tiré de *Rosini*. Id. 16

5734. **Domenico Fiasella**, dit **Il Sarzana** génois (né en 1589, † en 1669). La Ste Trinité et deux saints. Palais public, Gênes. Tiré de *Rosini*. Id. 16

5735. **Daniele Crespi**, peintre milanais (né en 1590 ? † en 1630). La Cène. Musée Brera, Milan. Id. 17

5736. Le Christ descendu de la croix. Musée de Madrid. Photographie. 18

5737. **Giovan-Benedetto Castiglione (Il Grechetto**), né en 1616, † en 1670. La Nativité. San Luca, Gênes. Gravure. 19

5738. **Pellegro Piola**, génois, né en 1617, † en 1640. Ste Famille au palais Brignole, Gênes. Tiré de *Rosini*. Id. 19

5739. **Bartolommeo Biscaïno** (né en 1633, † en 1657). La Femme adultère. Galerie de Dresde. Tiré de *Rosini*. Id. 19

5740. **Giuliano Traballesi** (né vers 1726, † en 1796). Déjopée avec quatre nymphes. Casa Serbelloni, Milan. Tiré de *Rosini*. Id. 19

5741. **Andrea Appiani**, peintre milanais, né en 1754, † en 1818. L'Italie apparaît à Napoléon en Égypte. Musée Brera, Milan. Tiré de *Rosini*. Id. 20

5742. L'Olympe. Musée Brera, Milan. Tiré de *Rosini*. Id. 20

5743. Apothéose de Napoléon. Palais Royal, Milan. Tiré de *Rosini*. Id. 21

5744. **Giuseppe Bossi**, né en 1776 (ou 1777), † en 1816. Épictète. Tiré de *Rosini*. Id. 22

5745. L'École de Pétrarque. Musée Brera. Tiré de *Rosini*. Id. 22

5746. Le Vaisseau de Phaon. Collection Gaetano Melzi, Milan. Tiré de *Rosini*. Id. 22

ÉCOLES ROMAINE, OMBRIENNE ET NAPOLITAINE (1207-1470).

5747. **Anonyme** (1220). La Vierge allaitant l'Enfant Jésus. Entre St Jean et Ste Catherine. Tableau à Palerme. Tiré de *Rosini*. Gravure. 23

5748. **Solserno** (travaillait 1207). Le Christ entre la Vierge et St Jean. Mosaïque du dôme de Spolète. Tiré de *Rosini*. Id. 23

5749. **Anonyme** (1297). La Vierge et l'Enfant entre trois anges. Pérouse, ancien Palais du Peuple. Tiré de *Rosini*. Id. 24

5750. **Anonyme** fin du XIIIe siècle. Une des peintures de la Casa del Beato Egidio, à S. Francesco de Pérouse. Tiré de *Rosini*. Id. 24

5751. **Anonyme** (1320). La Vierge et l'Enfant entre St Pierre martyr et un autre Saint. Fresque à Palerme. Tiré de *Rosini*. Id. 24

5752. **Angeletto, da Gubbio** (1327). Ste Lucie. Tiré de *Rosini*. Id. 24

5753. **Anonyme pérugin** (1333). La Vierge entourée d'anges. Partie centrale d'un tableau à la confrérie de St-Pierre. Pérouse. Tiré de *Rosini*. Id. 24

5754. **Anonyme romain** (XIVe siècle). La Vierge tenant l'Enfant Jésus, dite la « Vergine delle partorienti ». Peinture dans les souterrains de St Pierre de Rome. Tiré de *Rosini*. Id. 24

5755. **Matteo di Cambio** (XIVe siècle). La Vocation de St Mathieu. Miniature aux archives de Pérouse. Tiré de *Rosini*. Id. 25

5756. **Stammatico,** peintre grec travaillait à Subiaco XIVe siècle. Voûtes de la chapelle. — La Vierge entourée d'Anges et de Saints. — L'annonciation aux bergers. — La Nativité et l'Adoration des mages. — La Mort et l'Assomption de la Vierge. — Quatre figures de Saints. Tiré de *Seroux d'Agincourt*. Id. 26

5757. **Pietro Cavallini**, peintre romain, † vers 1364. L'Annonciation, à San-Marco de Florence. Tiré de *Rosini*. Id. 26

5758. Fresques : Huit demi figures d'apôtres et de saints peintes sur une croix conservée dans l'église del Sacro Speco, hospice de l'abbaye de Subiaco. — La Vierge évanouie au pied de la croix, détail d'un crucifiement peint dans l'Église supérieure de St-François-d'Assise. — Quatre anges peints dans le même crucifiement. — L'Annonciation, fresque à Ste-Marie in Transtevere. — Autre Annonciation dans le même lieu. — Les frères de Joseph délibérant sur son sort, fresque à St-Paul hors les murs. — Moïse et Aaron devant le Pharaon, fresque dans le même lieu. — Moïse après avoir tué deux Égyptiens se retire chez son beau-père, fresque dans le même lieu. Tiré de *Seroux d'Agincourt*. Id. 27

5759. Le Crucifiement. Église supérieure de St-François-d'Assise. Tiré de *Rosini*. Gravure. 27

ÉCOLES ROMAINE, OMBRIENNE ET NAPOLITAINE.

[Tome 74.]
5760. Partie supérieure de la même fresque. Tiré d'*Ottley*. Gravure. 28
5761. Partie gauche de la même fresque. Photographie. 29
5762. Partie droite de la même fresque. Id. 29
5763. **Allegretto Nucci, da Fabriano,** peintre romain, travaillait en 1365. La Vierge et l'Enfant entre St Gabriel et St Michel. Rome. Hospice des Camaldules. Tiré de *Seroux d'Agincourt*. Gravure. 30
5764. La Vierge et l'Enfant entre St Julien et St Antoine. Cathédrale de Macerata. Tiré de *Rosini*. Id. 30
5765. **Gentile, da Fabriano,** peintre, né vers 1370, † vers 1450. Tête de Vierge. Musée du Vatican. Tiré de *Rosini*. Id. 31
5766. L'Adoration des mages. Église St-Domenico, Pérouse. Tiré de *Rosini*. Id. 31
5767. Ste Marie-Madeleine, St Nicolas, St Jean-Baptiste et St Georges. Église St-Niccolo, Florence. Tiré de *Rosini*. Id. 32
5768. La Présentation de Jésus au temple (1423). Musée du Louvre. Tiré de *Rosini*. Id. 32
5769. L'Adoration des mages. Académie des Beaux-Arts, Florence. Photographie. 33
5770. Partie gauche du même tableau. Id. 34
5771. La Vierge et l'Enfant, fresque, Cathédrale d'Orvieto. Id. 34
5772. La même fresque. Id. 35
5773. La Vierge et l'Enfant. Musée du Louvre. Id. 35
5774. **Anonyme napolitain,** commencement du XVe siècle. Le martyre de St Nicolas ermite. Galerie royale de Naples. Tiré de *Rosini*. Gravure. 36
5775. **Bartolommeo di Tommaso,** de Foligno (travaillait vers 1430. La Vierge et l'Enfant entourés d'anges. Peinture dans l'Église del Salvatore, Foligno. Tiré de *Rosini*. Id. 36
5776. **Ottaviano di Martis** (travaillait vers 1422). La Vierge et l'Enfant entre des anges et des saints. Fresque à Santa Maria Nuova, Gubbio. Gravure. 36
5777. **Giovanni Boccati, da Camerino,** (travaillait vers 1447). La Vierge et l'Enfant entourés d'anges et des saints Dominique, Ambroise, Jérôme, François, Augustin et Grégoire. Daté de 1447. Pinacothèque de Pérouse. Tiré de *Rosini*. Id. 37
5778. Le même tableau. Photographie. 38
5779. **Fra Carnevale,** peintre ombrien, travaillait en 1451, † de 1484 à 1488. La Vierge et l'Enfant Jésus entourés d'anges et de saints, implorés par un chevalier en armure. Tiré de *Rosini*. Gravure. 39
5780. **Anonyme ombrien** du XVe siècle. La Décollation de St Jean-Baptiste. Dessin du Musée de Florence. Photographie. 39

[Tome 74.]

5781. **Benedetto Bonfigli,** peintre pérugin, né vers 1420, † après 1496. Mort de St Louis, évêque de Toulouse. Fresque au palais public de Pérouse. Tiré de *Rosini*. Gravure. 40

5782. L'Adoration des mages. Tableau du musée de Pérouse. Photographie. 40

5783. Le même tableau. Id. 41

5784. L'Ange de l'Annonciation. Partie d'un triptyque de la Pinacothèque de Pérouse. Id. 42

5785. La Vierge de l'Annonciation. Partie du même triptyque. Id. 42

5786. Le corps du Christ sur les genoux de la Vierge entre St Jérôme et St Léonard. Pinacothèque de Pérouse. Id. 43

5787. Deux anges. Pinacothèque de Pérouse. Id. 43

5788. Deux anges. Pinacothèque de Pérouse. Id. 43

5789. Deux anges, l'un tient les clous de la Passion. Pinacothèque de Pérouse. Id. 44

5790. Deux anges, l'un tient les tenailles et le marteau de la Passion. Pinacothèque de Pérouse. Id. 44

5791. St Bernardin debout devant le Christ au milieu d'un chœur d'anges. Pinacothèque de Pérouse. Id. 45

5792. La Vierge et l'Enfant Jésus sur un trône entre St Thomas d'Aquin, St Jérôme, St François et St Bernardin. Pinacothèque de Pérouse. Id. 46

5793. L'Annonciation avec St Luc au milieu. Pinacothèque de Pérouse. Id. 47

5794. **Pier Antonio Mesastri,** de Foligno (travaillait en 1468). La Vierge et l'Enfant Jésus entre Ste Lucie et une autre Sainte. Foligno. Tiré de *Rosini*. Gravure. 48

5795. **Matteo, da Gualdo** (travaillait vers 1468). La Vierge entourée de quatre anges allaite l'enfant Jésus. Musée de Pérouse. Tiré de *Rosini*. Id. 48

5796. **Lorenzo, da Viterbo** (travaillait vers 1469. Le mariage de la Vierge. Fresque. Viterbe. Tiré de *Rosini*. Id. 49

5797. — La même fresque. Tiré de *Seroux d'Agincourt*. Id. 49

5798. **Niccolo Alunno,** de Foligno (travaillait de 1458 à 1499. La Vierge et l'Enfant Jésus entourés d'Anges. Galerie Brera, Milàn. Id. 50

5799. La Vierge et l'Enfant Jésus entre St François d'Assise et St Sébastien. Pinacothèque de Bologne. Photographie. 51

5800. L'Annonciation, tableau daté de 1466. Pinacothèque de Pérouse. Id. 52

5801. Le Couronnement de la Vierge. Galerie du Vatican. Id. 53

5802. La Vierge et l'Enfant Jésus. Musée de Berlin. Id. 53

TOME LXXV.

ÉCOLES ROMAINE, OMBRIENNE, NAPOLITAINE (suite) (1470-1490).

5803. **Fiorenzo di Lorenzo**, peintre pérugin travaillait de 1472 à 1521. La Vierge et l'Enfant Jésus entre Ste Catherine et St Nicolas. Pérouse. Tiré de *Rosini*. Gravure. 1
5804. L'Adoration des Bergers. Pinacothèque de Pérouse. Photographie. 1
5805. St Pierre et St Paul aux deux côtés d'une niche. Dans le haut la Vierge et l'Enfant Jésus entourés d'Anges et de Séraphins (1487). Pinacothèque de Pérouse. Id. 2
5806. La Vierge et l'Enfant Jésus entre St André, Ste Mustiola, St Pierre et St François d'Assise. Pinacothèque de Pérouse. Id. 3
5807. **Fiorenzo di Lorenzo** ou **Benedetto Bonfigli**. Miracles de St Bernardin. Huit tableaux de la Pinacothèque de Pérouse, l'un d'eux est daté de 1473. Photographies. 4-7
5808. St Bernardin ressuscite une jeune femme, 1473. Tiré de *Rosini*. Gravure. 8
5809. **Bramante** (né en 1444, † en 1514). Intérieur d'une église. D'après la gravure attribué à Bramante. Casa Perego, Milan. Tiré de *Rosini*. Id. 9
5810. **Giovanni Sanzio**, d'Urbin père de Raphaël († en 1494). Figure d'ange que l'on croit être le portrait de Raphaël enfant. Tiré de *Rosini*. Id. 10
5811. La Visitation. Fano. Tiré de *Rosini*. Id. 10
5812. La Vierge, l'Enfant Jésus et le petit St Jean, entre St Jacques le Majeur et un autre Saint. Musée royal de Berlin. Tiré de *Rosini*. Id. 11
5813. La Vierge et l'Enfant Jésus entre St Jean-Baptiste, St François d'Assise, St Sébastien, St Jérôme (?) et une famille de donateurs. Couvent des Franciscains, Urbin. Tiré de *Rosini*. Id. 11
5814. Le même tableau. Photographie. 12
5815. L'Annonciation. Musée Brera, Milan. Id. 13
5816. La Vierge et l'Enfant Jésus entre St Étienne, Ste Scolastique, St Michel et St Jean-Baptiste. Palais communal de Gradara. Id. 14
5817. La Résurrection. Dessin exposé en 1879 à l'École des Beaux-Arts. Id. 15
5818. **Pietro Vannucci** dit le **Pérugin**, peintre, né à Citta del Pieve, en 1446, † en 1524. Portrait du Pérugin. Galerie des Offices, Florence. Id. 16

[Tome 75.]

5819. Fac-simile d'un autographe du Pérugin. Photographie. 17
5820. Tête de Vierge. Tiré de *Rosini*. Gravure. 17
5821. La Vierge et l'Enfant. Tiré de *Rosini*. Id. 17
5822. La mise au tombeau. Galeri Pitti, Florence. Tiré de *Rosini*. Id. 18
5823. Le même tableau. Photographie. 18
5824. Le même tableau. Id. 19
5825. Étude pour la mise au tombeau. Dessin du musée de Florence. Id. 20
5826. Autre étude pour le même tableau. Dessin du musée de Florence. Id. 20
5827. Étude pour le même tableau. Dessin du musée de Florence. Id. 21
5828. La Vierge adorant l'Enfant Jésus. Galerie Pitti, Florence. Id. 21
5829. Le même tableau. Id. 22
5830. L'Assomption de la Vierge (1500). Académie des Beaux-Arts, Florence. Id. 23
5831. Le même tableau. Id. 24
5832. Partie inférieure du même tableau, les quatre Saints. Id. 25
5833. Tête de St Michel. Détail du même tableau. Id. 26
5834. Tête de St Bernard « degli Uberti ». Detail du même tableau. Id. 27
5835. Tête de St Jean Gualbert. Détail du même tableau. Id. 28
5836. Tête de St Benoit. Détail du même tableau. Id. 29
5837. Figure de la Vierge. Détail du même tableau. Id. 30
5838. Deux anges jouant de la viole et de la mandoline. Détail du même tableau. Id. 31
5839. Deux anges jouant de la harpe et de la basse de viole. Détail du même tableau. Id. 31
5840. Le Christ en croix. Fresque au couvent de Ste Marie Madeleine de Pazzi. Florence. Id. 32
5841. Ste Madeleine de Pazzi. Détail du même tableau. Id. 33
5842. Le Christ mort sur les genoux de la Vierge. Académie des Beaux-Arts, Florence. Id. 34
5843. Jésus au Jardin des Oliviers. Académie des Beaux-Arts. Florence. Id. 35
5844. La Vierge et l'Enfant Jésus entre St Jean-Baptiste et St Sébastien. Galerie des Offices. Id. 36
5845. Figure de la Vierge dans le même tableau. Tiré de *Rosini*. Gravure. 37
5846. Étude d'un groupe d'apôtres pour le tableau de l'Assomption qui est à Florence dans l'église de l'Annunziata. Dessin du musée de Florence. Photographie. 37
5847. Ste Catherine. Dessin du musée de Florence. Id. 37

[Tome 75.]

5848. Etude de deux anges. Dessin du musée de Florence. Photographie. 38

5849. Plan du grand autel de l'Église San-Agostino de Pérouse, accompagné d'une note relative aux peintures qui le décoraient. Dessin. 39

5850. Le Calvaire. Aux côtés d'un crucifix en relief sont peintes quatre figures de la Vierge, de Ste Madeleine, de St Jean l'Évangéliste et de St François d'Assise. Au revers est peinte l'Assomption de la Vierge. Tableau d'autel du couvent de St Francisco. Pinacothèque de Pérouse. Photographie. 40

5851. L'Assomption. Revers du tableau d'autel de San Francesco. Pinacothèque de Pérouse. Id. 41

5852. La Nativité. Tableau qui devait faire partie de l' « ancona » du grand autel de San-Agostino de Pérouse. Pinacothèque de Pérouse. Id. 42

5853. Le Baptême du Christ. Tableau qui devait faire partie de l' « ancona » du grand autel de San-Agostino de Pérouse. Pinacothèque de Pérouse. Id. 43

5854. Étude pour le baptême du Christ. Dessin du musée Städel, Francfort. Id. 44

5855. La Pieta. Pinacothèque de Pérouse. Id. 45

5856. L'Adoration des mages. Pinacothèque de Pérouse. Id. 45

5857. La Circoncision. Pinacothèque de Pérouse. Id. 46

5858. La Vierge et l'Enfant Jésus. Pinacothèque de Pérouse. Id. 46

5859. Le même tableau. Id. 47

5860. La Vierge et l'Enfant Jésus entre deux anges, au bas St François et St Bernardin. Pinacothèque de Pérouse. Id. 48

5861. St Jean prêchant entre quatre Saints. Pinacothèque de Pérouse. Id. 49

5862. La Dispute du St Sacrement. Peinture dans l'Église San-Severo. Pérouse. Id. 50

5863. Sala del Cambio à Pérouse, peinte à fresque par le Pérugin en 1500. Plan. Dessin. 51

5864. Étude d'enfants pour l'adoration des mages de la Sala del Cambio. Dessin du musée de Florence. Photographie. 52

5865. Socrate. Étude pour une fresque de la même salle. Dessin du musée de Florence. Id. 52

5866. Étude d'un ange pour le tableau de la Nativité. Fresque de la même salle. Fac-simile par *A. Leroy*. Dessin de la collection His de la Salle. Gravure. 53

TOME LXXVI.

ÉCOLE OMBRIENNE (1490). ŒUVRE DU PÉRUGIN (suite).

5867. Le Baptême du Christ. Prédications du Christ et de St Jean. Fresque à la chapelle Sixtine. Palais du Vatican. Photographie. 1
5868. La même fresque. Id. 2
5869. Jésus-Christ remettant les clefs à St Pierre. Fresque. Palais du Vatican. Tiré de *Fontana*. Gravure. 3
5870. La même fresque. Photographie. 4
5871. La même fresque. Id. 5
5872. Groupe de six apôtres et de deux personnages. Partie gauche de la même fresque. Id. 6
5873. Le Christ remettant les clefs à St Pierre et groupe d'apôtres. Partie centrale de la même fresque. Id. 7
5874. Groupe de quatre apôtres et de sept personnages divers. Partie droite de la même fresque. Id. 8
5875. Tête du Christ. Détail de la même fresque. Id. 9
5876. Tête de St Pierre. Détail de la même fresque. Id. 10
5877. Tête de St Jean. Détail de la même fresque. Id. 11
5878. Tête de l'apôtre St Thomas. Détail de la même fresque. Id. 12
5879. Deux têtes d'assistants à gauche. Détail de la même fresque. Id. 13
5880. Deux têtes d'assistants à droite. Détail de la même fresque. Id. 14
5881. Le Christ entouré de Saints. Médaillon dans la chambre de l'incendie du Bourg au Vatican. Id. 15
5882. La Madone entre quatre Saints. Tableau du musée du Vatican. Id. 16
5883. Le même tableau. Id. 17
5884. La Résurrection. Tableau du musée du Vatican. Id. 18
5885. Le même tableau. Id. 19
5886. Jésus crucifié. Tableau dans l'Église San-Agostino, Rome. Id. 20
5887. La fuite en Égypte. Galerie Corsini, Rome. Id. 21
5888. L'Adoration des mages. Citta del Pieve. Id. 21
5889. Le même tableau. Tiré de *Rosini*. Gravure. 22
5890. La Vierge, l'Enfant Jésus et quatre Saints : St Michel, Ste Catherine, St Jean l'Évangéliste et une autre sainte. Pinacothèque de Bologne. Photographie. 23
5891. Le même tableau. Id. 24

ÉCOLE OMBRIENNE.

[Tome 76.]
5892. La Vierge et l'Enfant Jésus sur un trône entourés de six saints. Sinigaglia. Église Ste-Marie-des-Grâces. Photographie. 24
5893. La Vierge et l'Enfant Jésus entre deux Saintes femmes. Musée de Vienne. Id. 25
5894. La Vierge et l'Enfant Jésus entre quatre Saints. Musée de Vienne. Id. 25
5895. Le Baptême du Christ. Musée de Vienne. Id. 26
5896. Deux anges. Dessin. Musée de Vienne. Id. 26
5897. La Vierge adorant l'Enfant Jésus. Tableau de la galerie Lichtenstein. Vienne. Id. 27
5898. Le Mariage de la Vierge. Dessin de la galerie de l'Archiduc Charles à Vienne. Id. 28
5899. La Vierge et plusieurs Saints. Dessin de la galerie de l'Archiduc Charles à Vienne. Id. 28
5900. La Madone dans une gloire. Au bas le Pape Sixte IV entouré des apôtres. Dessin de la galerie de l'Archiduc Charles à Vienne. Id. 29
5901. La Vierge, l'Enfant Jésus et St Jean enfant. Tableau du musée Städel, Francfort. Id. 29
5902. Étude de deux figures d'apôtres pour la Transfiguration. Dessin du musée de Dresde. Id. 30
5903. St Michel. Partie gauche d'un triptyque. Galerie nationale. Londres. Id. 31
5904. La Vierge adorant l'Enfant Jésus. Partie centrale du même triptyque. Galerie nationale, Londres. Id. 32
5905. L'Ange Raphaël guidant le jeune Tobie. Partie droite du même triptyque. Galerie nationale, Londres. Id. 33
5906. La Vierge, l'Enfant Jésus et St Jean enfant. Galerie nationale Londres. Id. 34
5907. Étude d'une tête de vieillard. Dessin du British Museum. Id. 35
5908. La mise au tombeau. Dessin d'Oxford. Christ-Church. Id. 36
5909. Étude d'archer. Dessin d'Oxford. Christ-Church. Id. 37
5910. Tête de Vierge. Dessin du château de Windsor. Id. 38
5911. Un apôtre endormi. Étude pour la Transfiguration. Dessin du château de Windsor. Id. 38
5912. Deux apôtres endormis. Étude pour la Transfiguration. Dessin du château de Windsor. Id. 39
5913. Le Christ en croix entre la Vierge et St Jean. Collection du prince Galitzin. Tiré de *Rosini*. Gravure. 40
5914. Le Mariage de la Vierge. Tableau du musée de Caen. Photographie. 41
5915. L'Ascension. Tableau du musée de Lyon, lithographié par *A. Collette*. Lithographie. 42

[Tome 76.]

5916. Étude d'une figure d'ange pour le même tableau. Cette étude a servi également pour l'Assomption de l'Académie des Beaux-Arts à Florence. Dessin du British Museum. Photographie. 43

5917. Étude de trois figures d'apôtres. Pour le même tableau. Dessin du musée de Florence. Id. 44

5918. La Vierge et l'Enfant Jésus sur un trône entre deux anges et deux Saintes. Musée du Louvre. Id. 45

5919. Le Baptême du Christ. Dessin. Musée du Louvre. Id. 45

5920. Tête de Vierge. Dessin. Musée du Louvre. Id. 46

5921. La Vierge à genoux. Dessin. Musée du Louvre. Id. 46

5922. La Vierge et l'Enfant Jésus entre St Jérôme et St Pierre. Collection du duc d'Aumale. Id. 47

5923. Le même tableau. Id. 48

5924. Étude d'archer et d'arbalétrier. Dessin exposé en 1879 à l'École des Beaux-Arts. Id. 49

5925. Trois études d'enfants. Dessin exposé en 1879 à l'École des Beaux-Arts. Id. 49

5926. Étude d'une figure de St Jérome. Dessin exposé en 1879 à l'École des Beaux-Arts. Id. 50

5927. Le Père éternel sur des nuées. Dessin exposé en 1879 à l'École des Beaux-Arts. Id. 51

5928. Tête d'homme coiffée d'un turban. Dessin exposé en 1879 à l'École des Beaux-Arts. Id. 51

5929. Étude pour une figure de Pythagore. Dessin. Id. 51

5930. Étude d'une tête d'apôtre, vue de profil. Dessin. Id. 52

5931. Étude de deux figures drapées, dont une de philosophe. Dessin. Id. 52

5932. Tête de jeune homme. Dessin. Id. 53

5933. Têtes de la Vierge et de l'Ange pour une Annonciation qui se trouve à Fano. Tiré de *Rosini*. Gravure. 53

5934. St Sébastien. Tiré de *Cicognara*. Id. 53

5935. **Anonyme** de l'École du Pérugin (après 1491). La Circoncision. Église San-Agostino, Arezzo. Photographie. 54

5936. **Andrea Luigi, d'Assisi** dit l'Ingegno (travaillait de 1484 à 1511). La Vierge et l'Enfant Jésus. Tiré de *Rosini*. Gravure. 55

5937 **Anonyme** de l'École du Pérugin (vers 1491). St Bonaventure (?), Ste Catherine et trois autres saints. Tiré de *Rosini*. Id. 55

TOME LXXVII.

ÉCOLE OMBRIENNE (1490). PINTURICCHIO.

5938. **Bernardino Pinturicchio** de Pérouse, peintre, né en 1454, † en 1513. La Vierge, l'Enfant Jésus, St Jean, enfant, écrivant, et quatre Saints. Spello. Tiré de *Rosini*. Gravure. 1
5939. Fresques dans l'église Santa-Maria-del-Popolo, Rome, exécutées avant 1492. La Madone entre quatre Saints. Tiré de *Fontana*. Id. 2
5940. — La même fresque. Photographie. 3
5941. — L'Assomption de la Vierge. Tiré de *Fontana*. Gravure. 4
5942. — La même fresque. Photographie. 5
5943. — La Visitation et le Christ au tombeau. Tiré de *Fontana*. Gravure. 6
5944. — Le Christ au tombeau. Photographie. 7
5945. — La Naissance de la Vierge et sa présentation au temple. Tiré de *Fontana*. Gravure. 8
5946. — La Vierge entourée d'anges. Mariage de la Vierge. Tiré de *Fontana*. Id. 8
5947. — La Nativité. Tiré de *Fontana*. Id. 9
5948. — Les Vertus théologales et cardinales et une religieuse. Tiré de *Fontana*. Id. 9
5949. — Martyre de Ste Catherine. Martyre de St Paul. St Augustin disputant avec des païens. Martyre de St Pierre. Tiré de *Fontana*. Id. 10
5950. — Le Couronnement de la Vierge. Photographie. 11
5951. Fresques dans la chapelle de l'Ara-Cœli a Rome. Exécutées de 1497 à 1500. Plan. Croquis. 12
5952. — Vue d'ensemble de la chapelle. Tiré de *Fontana*. Gravure. 12
5953. — La même vue. Id. 13
5954. — St Bernardin entre St Louis évêque et St Antoine de Padoue. Photographie. 14
5955. — La même fresque. Gravure. 15
5956. — Funérailles de St Bernardin. Photographie. 16
5957. — La même fresque. Id. 16
5958. — La même fresque. Tiré de *Fontana*. Gravure. 17
5959. — La même fresque. Id. 18
5960. — St Bernardin méditant dans la solitude. Id. 19
5961. — Les quatre évangélistes. Fresques de la voûte. Id. 20
5962. — Le Père Éternel. St Bernardin enseignant. Id. 21

[Tome 77.]

5963. — Prise d'habit de St Bernardin. Vision de St Bernardin. Gravure. 21

5964. FRESQUES EXÉCUTÉES DANS LA « LIBRERIA DEL DUOMO » DE SIENNE, de 1500 à 1508. Plan des fresques. Dessin. 23

5965. — Intérieur de la « Libreria ». Tiré de *Famin et Grandjean de Montigny*. Gravure. 24

5966. — Intérieur de la « Libreria ». D'après le dessin de *Paccard*. Photographie. 24

5967. — Détails d'un chapiteau et d'un pilastre. D'après le dessin de *Paccard*. Id. 25

5968. — Détail de la base d'un pilastre. D'après le dessin de *Paccard*. Id. 25

5969. — Trois détails de la décoration des voûtes. D'après le dessin de *Paccard*. Id. 26

5970. — Trois détails de la décoration des voûtes. D'après le dessin de *Paccard*. Id. 26

5971. — Trois détails de la décoration des voûtes. D'après le dessin de *Paccard*. Id. 26

5972. — Enea Silvio Piccolomini accompagne le cardinal Capranica allant au concile de Bâle. Id. 27

5973. — La même fresque. Id. 28

5974. — Enea Silvio Piccolomini se présente devant le roi d'Ecosse en qualité d'ambassadeur du concile de Bâle. Id. 29

5975. — La même fresque. Id. 30

5976. — Enea Silvio Piccolomini envoyé par l'antipape Félix V à l'empereur Frédéric III, reçoit de la main de cet empereur la couronne de laurier des poètes. Id. 31

5977. — La même fresque. Id. 32

5978. — Enea Silvio Piccolomini envoyé au pape Eugène IV par l'empereur Frédéric. IV. Id. 33

5979. — Mariage de l'empereur Frédéric III et d'Eléonore de Portugal à Sienne devant Enea Silvio Piccolomini. Id. 34

5980. — La même fresque. Id. 35

5981. — Partie inférieure de la même fresque. Tiré de *Rosini*. Gravure. 36

5982. — Enea Silvio Piccolomini reçoit le chapeau de Cardinal des mains de Calixte III. Photographie. 37

5983. — La même fresque. Id. 38

5984. — Enea Silvio Piccolomini, élu pape sous le nom de Pie II. Id. 39

5985. — Pie II préside à Mantoue une assemblée pour la croisade contre les Turcs. Id. 40

5986. — La même fresque. Id. 41

5987. — Pie II prononce la canonisation de Ste Catherine de Sienne. Id. 42

ÉCOLE OMBRIENNE.

[Tome 77.]
5988. — La même fresque. Photographie. 43
5989. — Pie II vient à Ancône pour hâter le départ de la croisade. Id. 44
5990. — La même fresque. Id. 45
5991. La Madone dans une gloire et deux Saints. Tableau dans la « Sala del Consiglio ». Palais neuf du Podesta à San Giminiano. Id. 46
5992. La Vierge et l'Enfant Jésus entre deux anges et un donateur. Duomo de San Severino. Tiré de *Rosini*. Gravure. 47
5993. L'Adoration des Mages. Galerie Pitti, Florence. Photographie. 47
5994. Le Couronnement de la Vierge. Galerie du Vatican, Rome. Id. 48
5995. La Madone. Deux Saints. La Vierge et l'Ange de l'Annonciation. Le Christ dans le tombeau. Tableau d'autel à cinq compartiments. Pinacothèque de Pérouse. Id. 49
5996. La Nativité. Institut des Beaux-Arts de Sienne. Id. 50
5997. La Vierge et l'Enfant Jésus. Musée de Berlin. Id. 51
5998. La Vierge et l'Enfant Jésus. Musée du Louvre. Id. 51
5999. Étude pour une figure de l'Abondance et une autre figure inachevée. Dessin du Musée de Florence. Id. 52
6000. Étude pour une figure de berger. Dessin. Musée de Florence. Id. 52
6001. Figure de femme drapée vue de dos. Étude. Dessin du Musée de Florence. Id. 53
6002. Deux figures dont une de jeune homme nu. Étude. Dessin du musée de Turin. Id. 53
6003. **Melanzio** (travaillait de 1498 à 1515). La Vierge et l'Enfant Jésus. Montefalco. Tiré de *Rosini*. Id. 54
6004. **Giovanni Battista Bertuzzi, de Faënza** (travaillait en 1506). La Vierge, l'Enfant Jésus. St Jean-Baptiste jeune et trois anges. Tableau daté de 1506. Faënza. Tiré de *Rosini*. Gravure. 54
6005. **Giannicola Manni** (travaillait en 1507). Jésus-Christ, la Vierge, St Jean-Baptiste, et quatre anges au-dessus d'un groupe de quatorze Saints et Saintes. Tableau daté de 1507. Pinacothèque de Pérouse. Photographie. 54
6006. **Bernardino, da Perugia** (travaillait de 1502 à 1519). La Vierge et l'Enfant Jésus sur un trône entre St Benoît et St François. Pinacothèque de Pérouse. Id. 55
6007. **Tiberio, d'Assisi** (travaillait de 1510 à 1524). La Vierge et l'Enfant. Montefalco. Tiré de *Rosini*. Gravure. 56
6008. La Ste Famille. Dessin du musée de Venise. Photographie. 56
6009. **Timoteo Viti** (né en 1467, † en 1523). La Vierge entre St Jean-Baptiste et St Sébastien. Tableau du musée Brera. Milan. Id. 57
6010. Le même tableau. Gravure. 58

[Tome 77.]

6011. **Girolamo Genga**, d'Urbin (né en 1476, † en 1551). La Vierge entourée d'Anges, de Saints et de Saintes. Tableau du musée Brera. Milan. Gravure. 58

6012. **Eusebio da San Giorgio**, de Pérouse (né en 1478, † vers 1550). La Vierge et l'Enfant Jésus sur un trône entre deux Saints. Pinacothèque de Pérouse. Photographie. 59

6013. L'Adoration des mages. Église San Pietro. Pérouse. Id. 59

6014. Le même tableau. Id. 60

6015. **Giovanni di Pietro** dit **lo Spagna**, élève du Pérugin (travaillait de 1517 à 1530). La Nativité. Musée du Vatican. Id. 61

6016. Le même tableau. Id. 62

6017. La Ste Famille dans un paysage. Musée de Naples. Id. 63

6018. La Bienheureuse Colombe de Rieti. Pinacothèque de Pérouse. Id. 63

6019. La Vierge et l'Enfant Jésus entre quatre Saints. Pinacothèque de Pérouse. Id. 64

6020. La Vierge et l'Enfant entre quatre Saints. Spolète. Tiré de *Rosini*. Gravure. 65

6021. Le même tableau. Photographie. 65

6022. Le même tableau. Id. 66

6023. Trois figures de Saints. Tableau exposé en 1857 à Manchester. Exposition des Trésors de l'Art. Id. 67

6024. Glorification de la Vierge. Galerie Nationale, Londres. Id. 67

6025. **Domenico di Paris Alfani**, peintre de Pérouse (né après 1478, vivait encore en 1553). La Vierge et l'Enfant Jésus entre deux Saints. Collegio Gregoriano, Pérouse. Tiré de *Rosini*. Gravure. 68

6026. La Vierge et l'Enfant Jésus entourés d'Anges, de trois Saints et d'une Sainte. Pinacothèque de Pérouse. Photographie. 68

6027. Ste Famille, dite « Madonna della Melagrana ». Tableau exécuté d'après un dessin de Raphaël. Id. 69

6028. **Andrea, Sabbatini da Salerno**, né vers 1480, † en 1545. L'Adoration des mages. Musée de Naples. Tiré de *Rosini*. Gravure. 70

6029. **Polydore de Caravage (Polidoro Caldara**, dit) né à Caravage, Lombardie, † en 1543. Sacrifice antique. Rome in via della Maschera d'Oro. Tiré de *Rosini*. Id. 71

6030. Le Culte de Psyché. Université d'Oxford. Tiré de *Rosini*. Id. 71

6031. Triomphateur romain insulté par un homme ivre. Dessin de la collection His de la Salle. Photographie. 72

6032. Figure antique tenant un rameau de laurier. Dessin du musée de Venise. Id. 73

6033. Aiguière décorée de figures de dieux marins. Dessin du musée de Florence. Id. 74

[Tome 77.]
6034. Dessin d'ornement comprenant trois figures mythologiques. Dessin du musée de Florence. Photographie. 75
6035. Six femmes lavant du linge. Dessin du musée de Vienne. Id. 75
6036. L'Enlèvement des Sabines. Dessin du musée de Weimar. Id. 76
6037. Étude pour une partie d'une frise représentant l'histoire de Niobé. Fac-simile tiré d'*Ottley*. Gravure. 76
6038. Étude pour une frise. Bacchanale. Fac-simile tiré d'*Ottley*. Id. 77

TOME LXXVIII.
RAPHAEL SANZIO (1483-1520).

CHAMBRES DU VATICAN.

6039. Plan des chambres. Dessin. 1
6040. CHAMBRE DE LA SEGNATURA. La dispute du St-Sacrement. Ensemble d'après une aquarelle de *Bellay*. Photographie. 2
6041. — La même fresque, par *F. Aquila*. Gravure. 3
6042. — Partie supérieure gauche de la même fresque. Photographie. 4
6043. — Partie supérieure centrale de la même fresque. Id. 5
6044. — Partie supérieure droite de la même fresque. Id. 6
6045. — Partie inférieure gauche de la même fresque. Id. 7
6046. — Partie inférieure centrale de la même fresque. Id. 8
6047. — Partie inférieure droite de la même fresque. Id. 9
6048. — Groupe de neuf personnages tiré de la partie inférieure gauche de la même fresque. Id. 10
6049. — Groupe de six personnages tiré de la partie inférieure gauche de la même fresque. Id. 11
6050. — Groupe de sept personnages tirés de la partie droite de la même fresque. Id. 12
6051. — Esquisse de la partie inférieure gauche de la même fresque. Dessin du château de Windsor. Id. 13
6052. — Le même dessin. Id. 14
6053. — Esquisse de la partie centrale de la même fresque. Dessin du château de Windsor. Id. 15
6054. — Première pensée pour la dispute du St-Sacrement. Dessin d'Oxford. Id. 16
6055. — Esquisse de la figure de St Grégoire le Grand au milieu d'un groupe de docteurs. Dessin du musée du Louvre. Id. 16

[Tome 78.]

6056. — Groupe des docteurs. Dessin du musée de Florence. Phot. 17
6057. — Autre dessin du même groupe. Dessin de la galerie de l'archiduc Charles, Vienne. Id. 17
6058. — Étude de la partie centrale de la même fresque. Collection de Mgr le duc d'Aumale. Dessin exposé en 1879 à l'école des Beaux-Arts. Id. 18
6059. — Le même dessin, fac-simile par *A. Leroy*. Gravure. 18
6060. — Étude pour la même fresque, d'après les figures nues. Musée Städel, Francfort. Photographie. 19
6061. — Le même dessin. Id. 19
6062. — Étude pour la partie supérieure de la même fresque. Dessin de la galerie de l'archiduc Charles, Vienne. Photographie. 20
6063. — Étude d'une tête de vieillard pour la figure du Père Éternel. Dessin du musée du Louvre. Id. 20
6064. — Étude pour la figure du Sauveur. Dessin du musée Wicar, Lille. Fac-simile par *A. Leroy*. Gravure. 21
6065. — Étude pour la figure de Bramante, de la même fresque. Dessin du musée du Louvre. Photographie. 22
6066. — Le même dessin. Id. 23
6067. — Étude de quatre têtes pour la même fresque. Dessin d'Oxford. Id. 23
6068. — Études d'anges pour la même fresque. Dessin d'Oxford. Id. 24
6069. — Croquis à la plume pour la même fresque. Dessin de la galerie de l'Archiduc Charles, Vienne. Id. 24
6070. — Première idée de la figure d'Adam (?). Dessin. 25
6071. — Feuille de croquis, dans le haut trois anges tirés de la même fresque. Id. 25
6072. — Étude pour la dispute du St Sacrement. A côté du dessin se trouve un sonnet de Raphaël. Dessin du musée Fabre à Montpellier. Id. 25
6073. — Figure de la Vierge, empruntée à la même fresque. Tiré de *Rosini*. Gravure. 26
6074. — Figure d'un docteur, empruntée à la même fresque. Tiré de *Rosini*. Id. 26
6075. — Groupe de Pierre Lombard, de St Ambroise et de St Augustin. Tiré de *Rosini*. Id. 26
6076. — Fragment de la partie supérieure centrale de la même fresque, d'après un dessin de *Soumy*. Photographie. 27
6077. — Deux anges et deux figures en buste pour la même fresque. Id. 27
6078. — Le Parnasse. Fresque, ensemble. Id. 28
6079. — La même fresque, par *F. Aquila*. Gravure. 29
6080. — Partie droite de la même fresque. Photographie. 30
6081. — Détail de la figure de Pindare. Id. 31

[Tome 78.]

6082. — Esquisse pour le Parnasse. Étude des figures nues. Dessin d'Oxford. Photographie. 32
6083. — Étude pour le Parnasse : figures de Sapho et d'un poète debout. Dessin du British Museum. Id. 33
6084. — Têtes de Dante, d'Homère et de Virgile. Étude pour le Parnasse. Dessin du château de Windsor. Id. 34
6085. — Le même dessin. Id. 35
6086. — Étude pour la figure de Dante. Dessin de la galerie de l'archiduc Charles, Vienne. Id. 35
6087. — Étude pour la figure de la muse Calliope. Dessin de la galerie de l'archiduc Charles, Vienne. Id. 36
6088. — Trois études de pieds pour la même fresque. Musée Wicar, Lille. Id. 37
6089. — Le même dessin, fac-similé par *A. Leroy*. Gravure. 37
6090. — Étude de draperie et de mains pour la figure d'Horace et d'un autre poète. Dessin du British Museum. Photographie. 38
6091. — Étude pour la figure d'Apollon. Dessin du musée Wicar, Lille. Id. 39
6092. — Le même dessin, fac-similé par *A. Wacquez*. Gravure. 39
6093. — Étude pour la figure de la muse Melpomène. Dessin d'Oxford. Tiré d'*Otley*. Id. 40
6094. — Étude pour la figure de la muse Uranie. Dessin de la galerie de l'archiduc Charles, Vienne. Photographie. 41
6095. — Étude de draperie pour la figure d'Homère, fac-similé par *A. Wacquez*. Dessin du musée Wicar, Lille. Gravure. 41
6096. — Études de pieds et de mains pour le Parnasse. Photographie. 42
6097. — Figure d'Homère, de Dante et de Virgile dans la même fresque. Tiré de *Rosini*. Gravure. 42
6098. — L'École d'Athènes. Ensemble d'après l'aquarelle de *Ch. Bellay*. Photographie. 43
6099. — La même fresque, d'après un dessin. Id. 44
6100. — La même fresque, par *F. Aquila*. Gravure. 45
6101. — Partie gauche de la même fresque. Photographie. 46
6102. — Groupe tiré de la partie gauche de la même fresque. Id. 47
6103. — Autre groupe tiré de la même partie. Id. 48
6104. — Partie droite de la même fresque. Id. 49
6105. — Groupe tiré de la même partie. Id. 50
6106. — Autre groupe tiré de la même partie. Id. 51
6107. — Deux personnages tirés de la même partie. Id. 52
6108. — Quatre têtes tirées de la même partie. Id. 53

TOME LXXIX.

RAPHAEL SANZIO (1483-1520).

CHAMBRES DU VATICAN (*suite*).

6109. Chambre de la Segnatura (*suite*). Carton de l'École d'Athènes. Bibliothèque Ambroisienne, Milan. Photographie. 1
6110. — Le même carton. Id. 2
6111. — Détail du même carton. Groupe d'Archimède. Id. 3
6112. — Partie du même groupe. Id. 4
6113. — Groupe de Pythagore. Id. 5
6114. — Détail du même carton. Platon, Aristote et ses disciples. Id. 6
6115. — Détail du même carton. Figures du duc d'Urbin et d'Anaxagore. Id. 7
6116. — Détail du même carton. Figures d'Épicure et d'Aristippe. Id. 8
6117. — Détail du même carton. Figure de Diogène. Id. 9
6118. — Tête du duc d'Urbin. Détail de l'École d'Athènes. 10
6119. — Tête d'Aristote. Détail de l'École d'Athènes. Id. 10
6120. — Tête de Platon. Détail de l'École d'Athènes. Id. 11
6121. — Têtes de Speusippe et de Ménodore d'Érétria. Détail de l'École d'Athènes. Id. 12
6122. — Têtes de Raphaël et du Pérugin. Id. 13
6123. — Étude de la statue de Minerve. Dessin d'Oxford. Id. 14
6124. — Figure allégorique de la Philosophie. Étude pour la même fresque. Dessin du musée de Florence. Id. 14
6125. — Le même dessin. Id. 15
6126. — La même figure d'après l'estampe de *Marc-Antoine Raimondi*. Id. 15
6127. — Étude pour le bas-relief placé au bas de la statue de Minerve. Dessin d'Oxford. Id. 16
6128. — Le même dessin. Tiré d'*Ottley*. Gravure. 17
6129. — Étude pour la figure de Diogène. Dessin du musée Städel, Francfort. Photographie. 18
6130. — Le même dessin. Tiré d'*Ottley*. Gravure. 18
6131. — Étude d'une figure de jeune homme dans le groupe d'Archimède. Fac-simile par *A. Wacquez*. Dessin du musée Wicar, Lille. Gravure. 19
6132. — Étude pour le groupe d'Archimède. Tiré d'*Ottley*. Dessin d'Oxford. Id. 20

[Tome 79.]

6133. — Étude pour les figures d'Aristippe et d'Épicure. Dessin d'Oxford. Photographie. 21
6134. — Le même dessin. Tiré d'*Ottley*. Gravure. 21
6135. — Étude pour le groupe de Pythagore et d'Anaxagore. Dessin de la galerie de l'archiduc Charles, Vienne. Photographie. 22
6136. — Études d'une figure d'Apollon pour l'École d'Athènes et d'un philosophe tenant un livre. Collection Fedi. Id. 23
6137. — Étude d'un philosophe tenant un livre. Id. 23
6138. — La Tempérance. La Force et la Prudence. Justinien donnant les Pandectes. Grégoire IX donnant les Décrétales. Fresque gravée par *F. Aquila*. 24
6139. — Justinien donnant les Pandectes. Photographie. 25
6140. — Grégoire IX donnant les décrétales. Id. 26
6141. — La Prudence, la Force et la Modération. Id. 27
6142. — La même fresque, d'après le dessin de *Rocchi*. Id. 28
6143. — Voûte de la chambre de la Segnatura. Ensemble par *Aquila*. Gravure. 29
6144. — La même voûte. Photographie. 30
6145. — La même voûte, d'après le dessin de *Denuelle*. Id. 31
6146. — La Théologie. Id. 32
6147. — La même fresque, d'après le dessin de *Rocchi*. Id. 33
6148. — La même fresque, d'après la gravure de *Raphaël Morghen*. Id. 33
6149. — Étude pour un des anges de la même fresque. Dessin du musée Wicar, Lille. Id. 34
6150. — Le même dessin, fac-similé par *A. Leroy*. Gravure. 34
6151. — La Poésie. Photographie. 35
6152. — La même fresque, d'après le dessin de *Rocchi*. Id. 36
6153. — La même fresque, par *Raphaël Morghen*. Gravure. 37
6154. — La même fresque, d'après l'estampe de *Raphaël Morghen*. Photographie. 37
6155. — Étude pour la figure de la Poésie. Dessin du château de Windsor. Id. 38
6156. — Étude pour la même composition d'après l'estampe de *Marc-Antoine Raimondi*. Id. 38
6157. — La Jurisprudence. Id. 39
6158. — La même fresque, d'après le dessin de *Rocchi*. Id. 40
6159. — La même fresque, d'après l'estampe de *Raphaël Morghen*. Id. 40
6160. — La Philosophie. Id. 41
6161. — La même fresque, d'après le dessin de *Rocchi*. Id. 42
6162. — La même fresque, d'après l'estampe de *Raphaël Morghen*. Id. 42
6163. — Adam et Ève. Id. 43
6164. — La même fresque, gravée par *Richomme*. 44

244   COLLECTION ARMAND. — DEUXIÈME PARTIE.

[Tome 79.]

6165. — Études pour la figure d'Adam. Dessin du musée du Louvre. Photographie.   45
6166. — Le même dessin. Id.   46
6167. — Apollon et Marsyas. Id.   47
6168. — L'Astronomie. Id.   48
6169. — Le Jugement de Salomon. Id.   49
6170. — Séleucus s'arrachant un œil, peinture en grisaille. Gravé par *Pietro Santo Bartoli*.   50
6171. — St Pierre présentant deux glaives à Jésus-Christ. Gravé par *Pietro Santo Bartoli*.   50
6172. — Alexandre faisant mettre les œuvres d'Homère dans le tombeau d'Achille. Fac-similé tiré de la galerie *Lawrence*, anciennement collection du roi des Pays-Bas. Lithographie.   50

TOME LXXX.

RAPHAEL SANZIO (1483-1520).

CHAMBRES DU VATICAN (*suite*).

6173. CHAMBRE DE L'HÉLIODORE. Héliodore chassé du Temple. Fresque gravée par *F. Aquila*.   1
6174. — Partie gauche de la même fresque. Photographie.   2
6175. — Partie gauche de la même fresque, détail du groupe du Pape porté sur la Sedia gestatoria. Id.   3
6176. — Le même groupe. Peinture.   4
6177. — Portrait de Marc-Antoine Raimondi, tiré du même groupe, par *Richomme*. Gravure.   5
6178. — Partie droite de la fresque d'Héliodore. Photographie.   6
6179. — Partie droite de la même fresque. Tiré de *Rosini*. Gravure.   7
6180. — Figures des deux anges armés de verges. Photographie.   8
6181. — Détail d'un des anges. Id.   9
6182. — Détail d'un des anges. Id.   10
6183. — Tête d'un des anges, d'après le dessin du musée du Louvre. Id. 11
6184. — Le même dessin, fac-similé par *A. Leroy*. Gravure.   11
6185. — Étude pour la tête d'un des anges. Dessin du musée du Louvre. Photographie.   12
6186. — Autre étude pour la même tête. Dessin du château de Windsor. Id.   12

[Tome 80.]

6187. — Étude pour le groupe du pape porté sur la Sedia gestatoria. Dessin du musée du Louvre. Photographie. 13
6188. — Le même dessin. Id. 14
6189. — Étude d'une femme avec deux enfants pour la même fresque, fac-simile tiré de la collection *Lawrence*. Dessin du musée d'Oxford. Lithographie. 15
6190. — Étude pour une figure de femme, tirée de la même fresque. Dessin du musée d'Oxford. Photographie. 16
6191. — Le même dessin. Tiré d'*Ottley*. Gravure. 17
6192. — La messe de Bolsène, gravée par *F. Aquila*. Id. 18
6193. — La même fresque. Photographie. 19
6194. — Esquisse de la même fresque. Dessin de la galerie de l'archiduc Charles, Vienne. Id. 20
6195. — Première idée de composition pour la même fresque. Dessin d'Oxford. Id. 20
6196. — Sujet tiré de l'Apocalypse, première idée pour le compartiment de la messe de Bolsène. Id. 21
6197. — St Léon rencontre les hordes d'Attila. Fresque, par *Samuel Bernard*. Gravure. 22
6198. — La même fresque. Gravée par *F. Aquila*. Id. 23
6199. — Partie gauche de la même fresque. Photographie. 24
6200. — Partie droite de la même fresque. Id. 25
6201. — Esquisse de la même fresque. Dessin du musée du Louvre. Id. 26
6202. — Le même dessin. Id. 27
6203. — La délivrance de St Pierre. Gravée par *F. Aquila*. 28
6204. — La même fresque. Photographie. 29
6205. — Partie gauche de la même fresque. Id. 30
6206. — Partie centrale de la même fresque. Id. 31
6207. — Partie droite de la même fresque. Id. 32
6208. — Esquisse de la même fresque. Dessin de la galerie de Florence. Id. 33
6209. — Le même dessin. Id. 33
6210. — Le même dessin. Id. 34
6211. — Étude d'un guerrier ayant servi pour la même fresque. Dessin du château de Windsor. Id. 35
6212. — Voûte de la chambre de l'Héliodore. Ensemble par *F. Aquila*. Gravure. 36
6213. — La même voûte. Photographie. 37
6214. — Le songe de Jacob. Id. 38
6215. — Le Buisson ardent. Id. 39
6216. — Étude pour la figure de Moïse de la même fresque. Dessin du musée de Naples. Id. 40

[Tome 80.]

6217. — Étude pour la figure du Père Éternel entouré d'anges, dans la même fresque. Tiré d'*Ottley*. Dessin d'Oxford. Gravure. 41
6218. — Le Sacrifice d'Abraham. Photographie. 42
6219. — Dieu apparaît à Noé. Id. 43
6220. — Esquisse de la même fresque. Dessin de la galerie de Florence. Id. 44
6221. — La même fresque, d'après la gravure de *Marc-Antoine Raimondi*. Id. 45
6222. SOUBASSEMENT ET EMBRASURES DES FENÊTRES. Cariatides du soubassement. La Noblesse, la Religion, la Colonie. Id. 46
6223. — La Loi. la Navigation, la Protection. Id. 47
6224. — La Colonie, la Vendange, la Marine. Id. 48
6225. — Étude pour la figure de la Noblesse. Dessin de la galerie de Turin. Id. 49
6226. — Étude pour la figure du Commerce. Dessin du musée du Louvre. Id. 50
6227. — Le même dessin. Id. 50
6228. — La Noblesse, par *G. Audran*. Gravure. 51
6229. — La Religion, par *G. Audran*. Id. 51
6230. — La Paix, par *G. Audran*. Id. 52
6231. — La Loi, par *G. Audran*. Id. 52
6232. — L'Abondance, par *G. Audran*. Id. 53
6233. — La Vendange (Vignoble), par *G. Audran*. 54
6234. — La Navigation, par *G. Audran*. Id. 54
6235. — La Marine, par *G. Audran*. Id. 54
6236. — Le Commerce, par *G. Audran*. Id. 55
6237. — La Colonie, par *G. Audran*. Id. 55
6238. — La Protection, par *G. Audran*. Id. 56
6239. Quatre termes en deux feuilles. Gravée par *G. Audran*. Id. 56
6240. — Joseph présenté au Pharaon, par *P. Santo Bartoli*. Id. 57
6241. — Moïse recevant les tables de la loi, par *P. Santo Bartoli*. Id. 57
6242. — L'Armée de Pharaon engloutie dans la mer Rouge, par *P. Santo Bartoli*. Id. 57
6243. — L'Annonciation, par *P. Santo Bartoli*. Id. 58
6244. — Le Pape célébrant la messe, par *P. Santo Bartoli*. Id. 58
6245. — Constantin enrichissant l'Église, par *P. Santo Bartoli*. Id. 58

ÉCOLE OMBRIENNE.

TOME LXXXI.
RAPHAEL SANZIO (1483-1520).

CHAMBRES DU VATICAN (*suite*).

6246. Chambre de l'Incendie du Bourg. Le serment de Léon III. Gravée par *F. Aquila*. 1
6247. — La même fresque. Photographie. 2
6248. — Le couronnement de Charlemagne. Gravée par *F. Aquila*. 3
6249. — La même fresque. Photographie. 4
6250. — Un homme portant une table. Étude pour la même fresque. Dessin du musée du Louvre. Id. 5
6251. — Trois chanteurs. Étude pour la même fresque. Dessin de la galerie de l'archiduc Charles, Vienne. Id. 5
6252. — L'Incendie du Bourg. Gravé par *F. Aquila*. 6
6253. — Partie gauche de la même fresque. Photographie. 7
6254. — Partie droite de la même fresque. Id. 8
6255. — Détail d'un groupe dans l'angle de gauche de la même fresque. Id. 9
6256. — Détail d'un groupe du milieu de la même fresque. Id. 10
6257. — Détail d'un groupe de la partie droite. Id. 11
6258. — Détail de deux figures de femmes tirées du même groupe. Id. 12
6259. — Jeune homme portant un vieillard. Étude pour la même fresque. Dessin tiré de la galerie de l'archiduc Charles à Vienne. Id. 13
6260. — Deux femmes et un enfant. Dessin tiré de la galerie de l'archiduc Charles à Vienne. Id. 13
6261. — Jeune homme se laissant tomber d'un mur. Dessin tiré de la galerie de l'archiduc Charles à Vienne. Id. 14
6262. — Femme portant de l'eau. Étude pour la même fresque. Dessin du musée de Florence. Id. 14
6263. — Le même dessin. Id. 15
6264. — Les Sarrasins défaits à Ostie. Gravé par *Aquila*. 16
6265. — Partie gauche de la même fresque. Photographie. 17
6266. — Partie droite de la même fresque. Id. 18
6267. — Un homme terrassant un prisonnier. Étude pour la même fresque. Dessin d'Oxford. Id. 19
6268. — Étude sur le nu, de deux figures d'hommes pour la même fresque. Dessin du musée de Vienne. Id. 20
6269. — Le même dessin. Id. 20

[Tome 81.]

6270. — Étude pour la figure de Lothaire. Figure surmontant un des socles de la chambre de l'Incendie du Bourg. Dessin du musée de Lille. Photographie. 21

6271. — Le même dessin, fac-simile par *A. Wacquez*. Gravure. 22

6272. — La pêche miraculeuse, par *Pietro Santo Bartoli*. Id. 23

6273. — La Vocation de St Pierre, par *Pietro Santo Bartoli*. Id. 23

6274. — Simon le Magicien, par *Pietro Santo Bartoli*. Id. 24

6275. — Rencontre du Christ et de St Pierre aux portes de Rome, par *Pietro Santo Bartoli*. Id. 24

6276. — SALLE DE CONSTANTIN. Harangue de Constantin à ses soldats, par *F. Aquila*. Id. 25

6277. — La même fresque. Photographie. 26

6278. — Le baptême de Constantin. Gravé par *F. Aquila*. 27

6279. — La même fresque. Photographie. 28

6280. — Bataille de Constantin contre Maxence. Partie gauche. Id. 29

6281. — La même fresque. Partie droite. Id. 30

6282. — La même fresque. Partie gauche. Id. 31

6283. — La même fresque. Partie droite. Id. 32

6284. — Esquisse de la même fresque. Dessin du musée du Louvre. Id. 33

6285. — Le même dessin. Id. 33

6286. — Le même dessin en deux feuilles. Id. 34

6287. — Fragment de la Bataille de Constantin. Tiré de *Rosini*. Gravure. 35

6288. — Donation de la ville de Rome au pape par Constantin, par *Aquila*. Id. 36

6289. — Le Pape Clément Ier entre les figures allégoriques de la Bonté et de la Modération. Photographie. 37

6290. Le Pape Sylvestre Ier ou Alexandre Ier entre les figures allégoriques de la Foi et de la Religion. Id. 38

6291. — Le Pape Urbain Ier entre les figures allégoriques de la Justice et de la Charité. Id. 39

6292. — La Charité, figure allégorique. Id. 40

6293. — Étude pour la même figure. Dessin du musée d'Oxford. Id. 41

6294. — Le même dessin. Fac-simile de la galerie *Lawrence*. Lithographie. 42

6295. — Le Pape Damase entre les figures allégoriques de la Prudence et de la Paix. Photographie. 43

TOME LXXXII.

RAPHAEL SANZIO (1483-1520).

LOGES DU VATICAN.

6296.	— Dieu séparant les ténèbres de la lumière. Photographie.	1
6297.	— Dieu séparant les eaux de la terre. Id.	2
6298.	— La Création du soleil et de la lune. Id.	3
6299.	— La Création des animaux. Id.	4
6300.	— La Création de la femme. Id.	5
6301.	— Le Péché originel. Id.	5
6302.	— Adam et Ève chassés du Paradis. Id.	6
6303.	— Les deux premiers nés d'Adam et d'Ève. Id.	7
6304.	— Noé construisant l'arche. Id.	8
6305.	— Le Déluge. Id.	9
6306.	— Noé sortant de l'arche. Id.	10
6307.	— Le Sacrifice de Noé.	11
6308.	— Melchissédec présente à Abraham le pain et le vin. Id.	12
6309.	— La Promesse de Dieu à Abraham. Id.	12
6310.	— Les trois anges apparaissant à Abraham. Id.	13
6311.	— Loth quittant la ville de Sodome. Id.	14
6312.	— La même fresque. Id.	14
6313.	— Esquisse de la même fresque. Dessin. Id.	15
6314.	— Dieu apparaissant à Isaac. Id.	15
6315.	— Isaac et Rebecca surpris par Abimélech. Id.	16
6316.	— Jacob se faisant bénir par Isaac. Id.	17
6317.	— Jacob bénissant Esaü. Id.	18
6318.	— Le Songe de Jacob. Id.	19
6319.	— Jacob se faisant connaître à Rachel. Id.	20
6320.	— Laban amène Rachel à Jacob. Id.	21
6321.	— Jacob partant avec sa famille. Id.	22
6322.	— Le Rêve de Joseph. Id.	23
6323.	— Joseph vendu par ses frères. Id.	23
6324.	— Joseph et la femme de Putiphar. Id.	24
6325.	— Joseph expliquant les songes du Pharaon. Id.	24
6326.	— Moïse sauvé des eaux. Id.	25
6327.	— La même fresque, par *J. C. de Meulemeester*. Gravure.	26
6328.	— Dieu apparaît à Moïse dans un buisson ardent. Photographie.	27

COLLECTION ARMAND. — DEUXIÈME PARTIE.

[Tome 82.]

6329. — Le passage de la mer Rouge. Photographie. 28
6330. — Moïse faisant sortir l'eau du rocher. Id. 29
6331. — La même fresque, par *J. C. de Meulemeester*. Gravure. 30
6332. — Moïse recevant les tables de la loi. Photographie. 31
6333. — Le Veau d'or. Id. 31
6334. — Les Hébreux en adoration sur la porte du tabernacle. Id. 32
6335. — Moïse descendu du Sinaï. Id. 33
6336. — Les Hébreux passant le Jourdain. Id. 34
6337. — La Prise de Jéricho. Id. 35
6338. — Josué arrêtant le soleil. Id. 35

TOME LXXXIII.

RAPHAEL SANZIO (1483-1520).

LOGES DU VATICAN (*suite*).

6339. — Éléazar et Josué partageant les terres des tribus. Photographie. 1
6340. — David oint par Samuel. Id. 2
6341. — David tuant le géant Goliath. Id. 3
6342. — Triomphe de David. Id. 4
6343. — David apercevant Bethsabée. Id. 5
6344. — Salomon oint et déclaré roi. Id. 6
6345. — Le Jugement de Salomon. Id. 7
6346. — La reine de Saba visite Salomon. Id. 7
6347. — Salomon bâtissant le temple. Id. 8
6348. — La Nativité. Id. 9
6349. — L'Adoration des Mages. Id. 10
6350. — Le Baptême du Christ. Id. 11
6351. — La Cène. Id. 12
6352. — Loggie di Raffaele nel Vaticano. Gravé par *J. Volpato* et *J. Ottaviani*, d'après les dessins de *C. Savorelli* et *P. Camporesi* : Rome, Marco Pagliarini, 1782. (Planches 1 à 19). Gravure. 13 à 31

TOME LXXXIV.
RAPHAEL SANZIO (1483-1520).

LOGES DU VATICAN (*suite*).

6353. — Loggie di Raffaele nel Vaticano. Gravé par *J. Volpato* et *J. Ottaviani*, d'après les dessins de *C. Savorelli* et *P. Camporesi*. — Rome, Marco Pagliarini, 1782. (Planches de 20 à 43). Gravures. 1 à 24

SUJETS DE LA BIBLE.

6354. Adam et Ève chassés du Paradis terrestre. Dessin du château de Windsor. Photographie. 25
6355. Sacrifice de Caïn et d'Abel. Id. 26
6356. Le Sacrifice de Noé. Dessin du musée de Weimar. Id. 26
6357. Le même sujet, d'après la gravure de *Marc de Ravenne*. Id. 27
6358. Dieu montre l'arc-en-ciel à Noé. Dessin du musée Städel, Francfort. Id. 27
6359. Abraham se prosterne devant les trois anges. Dessin de la galerie de l'archiduc Charles à Vienne. Id. 28
6360. Loth quittant Sodome. Dessin de la collection Armand. Id. 28
6361. Le même dessin. Id. 29
6362. La même composition. Dessin à la plume. Id. 29
6363. Le Songe de Jacob. Dessin fac-similé dans la galerie Th. Lawrence. Lithographie. 30
6364. Les frères de Joseph le saisissant pour le descendre dans la citerne. Dessin de la galerie de Florence. Photographie. 30
6365. Le même dessin d'après une copie. Id. 31
6366. Joseph vendu par ses frères. Dessin de la collection de M. Armand. Id. 31
6367. Joseph et la femme de Putiphar, d'après la gravure de *Marc-Antoine Raimondi*. Id. 32
6368. La Coupe de Joseph trouvée dans le sac de Benjamin. Dessin du musée du Louvre. Id. 32
6379. Dieu apparaissant à Moïse dans un buisson ardent. Id. 33
6370. Le passage de la mer Rouge. Dessin du musée du Louvre. Id. 33
6371. Le même dessin. Id. 34
6372. Moïse faisant jaillir l'eau du rocher. Dessin du musée de Florence. Id. 34
6373. Moïse recevant les tables de la loi. Dessin du musée du Louvre. Id. 35
6374. L'Adoration du veau d'or. Dessin du musée de Florence. Id. 35

[Tome 84.]

6375. Le même dessin. Dessin du musée de Florence. Photographie. 36
6376. Le même dessin. Id. 36
6377. Les Tribus d'Israël tirant au sort le partage des terres. Dessin du Château de Windsor. Id. 37
6378. David vainqueur de Goliath, d'après la gravure de *Marc-Antoine Raimondi*. Id. 37

TOME LXXXV.

RAPHAEL SANZIO (1483-1520).

SUJETS DE LA BIBLE (*suite*).

6379. Le Créateur. Fresque de la chapelle du couvent de la Magliana près de Rome, attribuée à Raphaël. Photographie. 1
6380. La Création d'Adam et Ève. Dessin d'après Raphaël. Id. 2
6381. Adam et Ève. D'après la gravure de *Marc-Antoine Raimondi*. Id. 2
6382. La même composition. D'après la gravure de *Marc-Antoine Raimondi*. Id. 2
6383. Esquisse à la plume pour la figure d'Adam de la même composition. Id. 3
6384. Le même dessin. Tiré d'*Ottley*. Gravure. 4
6385. Adam et Ève chassés du Paradis. Dessin d'après Raphaël. Photographie. 5
6386. Le Patriarche Jacob. Dessin du musée du Louvre. Id. 5
6387. Samson déchirant la gueule du lion. Dessin à la plume provenant de la collection Borghèse. Fac-simile dans la collection *T. Lawrence*. Dessin d'Oxford. Lithographie. 6
6388. Samson déchirant la gueule d'un lion. Dessin de l'Académie des Beaux-Arts, Venise. Photographie. 6
6389. Vision d'Ezéchiel. Galerie Pitti, Florence. Id. 7
6390. Le même tableau. Id. 8
6391. Le même tableau. Id. 9
6392. Le même tableau, d'après une copie. Id. 10
6393. Le même tableau, d'après la gravure de *Marri*. Id. 10

SUJETS RELATIFS A LA VIE DU CHRIST.

6394. La Naissance du Christ. Tiré d'*Ottley* d'après un dessin de la collection du roi des Pays-Bas. Gravure. 11

[Tome 85.]
6395. L'Adoration des Bergers. Dessin d'Oxford. Tiré d'*Ottley*. Gravure. 12
6396. Le même dessin. Photographie. 13
6397. L'Adoration des Mages. Esquisse pour la prédelle du couronnement de la Vierge. Tableau du Vatican. Dessin du Musée de Copenhague. Id. 13
6398. Le Massacre des Innocents. D'après la gravure de *Marc de Ravenne*. Id. 14
6399. Étude sur le nu pour le même dessin. British Museum. Id. 15
6400. La même étude publiée dans les fac-simile de la collection *T. Lawrence*. Lithographie. 15
6401. Autre esquisse pour la même composition. Dessin du château de Windsor. Photographie. 16
6402. La même esquisse. Id. 16
6403. Études d'une figure de soldat et d'une figure de femme tirées de la même composition. Dessin de la collection de l'Archiduc Charles, Vienne. Id. 17
6404. Étude de deux autres figures pour le même dessin. Dessin de la collection de l'Archiduc Charles. Vienne. Id. 17
6405. La même composition. Dessin à la plume, probablement d'après l'estampe. Photographie. 18
6406. Jésus à table chez Simon le Pharisien. D'après l'Estampe de *Marc-Antoine Raimondi*. Id. 18
6407. L'Entrée de Jésus à Jérusalem (Dessin attribué à Raphaël?). Id. 19
6408. Esquisse pour La Cène. Dessin du musée d'Oxford. Id. 19
6409. Le même dessin, fac-simile de la collection *T. Lawrence*. Lithographie. 20
6410. Esquisse pour La Cène. Dessin de la galerie de l'Archiduc Charles, Vienne. Photographie. 20
6411. La Cène. D'après l'estampe de *Marc-Antoine Raimondi*. Id. 21
6412. La même composition. Tiré de *Rosini*. Gravure. 22
6413. La Cène. Fresque dans le réfectoire du couvent de San Onofrio, à Florence. Photographie. 23
6414. La même fresque, d'après le dessin de *Jesi*. Id. 23
6415. Figure de St Pierre. Étude pour la même fresque. Tiré de *Rosini*. Gravure. 24
6416. Autre étude pour la même figure. Id. 24
6417. Le Sauveur et quatre apôtres. Fragment de la même fresque. Id. 24
6418. Esquisse pour La Cène. Dessin d'après Raphaël. Photographie. 24
6419. Le Sauveur au Jardin des Oliviers. Tableau ayant figuré à l'Exposition des trésors de l'art à Manchester en 1857. Id. 24
6420. Jésus-Christ portant sa croix rencontre sa mère. Tableau connu sous le nom de « Spasimo di Sicilia ». Musée de Madrid. Id. 25
6421. Le même tableau, par *Fernando Selma*. Gravure. 26

[Tome 85.]

6422. Tête du Christ, détail du même tableau. Photographie. 27
6423. Étude du groupe des Maries pour le même tableau. Dessin du musée de Florence. Id. 27
6424. Le même groupe. Id. 28
6425. Études d'une figure de femme et d'un guerrier pour le « Spasimo ». Id. 28
6426. Marie au pied de la croix. Dessin de la galerie de l'Archiduc Charles, Vienne. Id. 28
6427. La Descente de croix, d'après l'estampe de *Marc-Antoine Raimondi*. Id. 29
6428. La Vierge pleurant sur le corps du Christ. Dessin du musée du Louvre. Id. 30
6429. La même composition, d'après la gravure de *Marc-Antoine Raimondi*. Id. 30
6430. La Vierge, les Maries, St Jean, pleurant sur le corps du Christ. Fac-simile du dessin original de la galerie *T. Lawrence*. Lithographie. 31
6431. Jésus-Christ descendu de la croix. Tableau de la galerie Borghèse, Rome. Photographie. 32
6432. Le même tableau. Id. 33
6433. Le même tableau, d'après le dessin de *Rocchi*. Id. 33
6434. Esquisse du même tableau. Dessin de la galerie de Florence. Id. 34
6435. Le même dessin. Id. 34
6436. Esquisse du groupe des Maries. Tiré du même tableau. Dessin exposé en 1879 à l'École des Beaux-Arts. Id. 35
6437. Le même dessin. Tiré des fac-simile de la galerie *T. Lawrence*. Lithographie. 36
6438. Étude d'après le squelette pour le même groupe. Tiré des fac-simile de la galerie *T. Lawrence*. Id. 36
6439. Le Christ mis au tombeau. Esquisse du tableau de la galerie Borghèse. Dessin du British Museum. Photographie. 37
6440. Le même dessin. Id. 37
6441. Étude pour le même tableau. Dessin du musée d'Oxford. Id. 38
6442. Les trois Maries pleurant sur le Christ. Esquisse à la plume. Musée d'Oxford. Id. 38
6443. Groupe d'Apôtres et de Saintes Femmes, pour une mise au tombeau. Dessin exposé en 1879 à l'École des Beaux-Arts. Id. 39
6444. La Vierge et les trois Maries pleurant sur le corps du Christ, avec St Jean et St Joseph d'Arimathie. Dessin du musée du Louvre. Id. 40
6445. Le même dessin. Id. 41
6446. Le même dessin publié dans les fac-simile de la collection *T. Lawrence*. Lithographie. 42
6447. Le même dessin. Fac-simile par *A. Leroy*. Gravure. 43

ÉCOLE OMBRIENNE.

[Tome 85.]

6448. Étude pour une mise au tombeau. Dessin du musée d'Oxford. Tiré d'*Ottley*. Gravure. 44
6449. Étude d'une figure de Christ pour une mise au tombeau. Photographie. 45
6450. Le Christ en croix. Tableau de Raphaël ayant appartenu aux héritiers du cardinal Fesch. Tiré de *Rosini*. Gravure. 46
6451. L'Évanouissement de la Vierge. Dessin de la galerie de Florence. Id. 46
6452. Le même dessin. Photographie. 46
6453. La Foi, l'Espérance et la Charité, figures allégoriques formant la prédelle de la mise au tombeau Borghèse. Actuellement au Musée du Vatican. Id. 47
6454. La Foi, par *Boucher-Desnoyers*. Gravure. 48
6455. L'Espérance, par *Boucher-Desnoyers*. Id. 49
6456. La Charité, par *Boucher-Desnoyers*. Id. 50
6457. La Charité. Tiré d'*Ottley*. Id. 51
6458. Esquisse pour la peinture de la Charité. Dessin de la galerie de l'Archiduc Charles à Vienne. Photographie. 51
6459. Le même dessin. Id. 52
6460. Le même dessin. Id. 52
6461. La mise au tombeau (Attribué à Raphaël?). Gravure. 53
6462. La mise au tombeau (Dessin attribué à Raphaël?). Id. 53
6463. Le Christ assis sur son tombeau. Gradin d'autel provenant de Pérouse. Musée de Berlin. Id. 53
6464. L'Évêque Ercolano, patron de Pérouse. Autre tableau du même gradin. Musée de Berlin. 54
6465. L'Évêque Lodovico, patron de Pérouse. Autre tableau du même gradin. Musée de Berlin. 54
6466. Le Christ debout dans son tombeau. Musée de Berlin. Id. 54
6467. Le Christ aux Limbes (Attribué à Raphaël?). Dessin. Id. 54
6468. La Résurrection (Esquisse de l'École de Raphaël). Fac-simile d'un dessin de la collection *T. Lawrence*. Lithographie. 55
6469. Étude de deux guerriers pour une Résurrection. Dessin d'Oxford. Photographie. 56
6470. Le même dessin. Id. 56

TOME LXXXVI.
RAPHAEL SANZIO (1483-1520).

6471. La Transfiguration, par *Caporali*. Musée du Vatican. Tiré de *Rosini*. Gravure. 1
6472. Le même tableau. Gravé par *Fontana*. Id. 1
6473. Le même tableau. Photographie. 2
6474. Le même tableau. Id. 3
6475. Le même tableau d'après une copie. Id. 4
6476. Partie inférieure gauche du même tableau. Id. 5
6477. Partie inférieure droite du même tableau. Id. 6
6478. Étude avec figures nues, du même tableau. Dessin de la galerie de l'Archiduc Charles, Vienne. Id. 7
6479. Étude de trois figures d'Apôtres pour la Transfiguration. Dessin de la galerie de l'Archiduc Charles, Vienne. Id. 7
6480. Étude de deux Apôtres assis, pour le même tableau. Dessin de la galerie de l'Archiduc Charles, Vienne. Id. 8
6481. Étude de deux figures d'Ap tres pour le même tableau. Musée du Louvre. Id. 9
6482. Le même dessin. Id. 9
6483. Un homme tenant un enfant. Étude pour le même tableau. Dessin de la bibliothèque Ambroisienne, Milan. Id. 10
6484. Tête de femme. Fac-simile d'un dessin de la collection *T. Lawrence*. Lithographie. 11
6485. Étude d'une tête d'Apôtre. Fac-simile d'un dessin de la collection *T. Lawrence*. Id. 11
6486. La même tête. Dessin exposé en 1879 à l'École des Beaux-Arts. Photographie. 12
6487. Tête de St André. Fac-simile d'un dessin de la collection *T. Lawrence*. Lithographie. 12
6488. Esquisse pour (ou d'après) la figure du Christ de la Transfiguration. Dessin du musée Wicar, Lille. Photographie. 13

TAPISSERIES DU VATICAN.

6489. La Pêche miraculeuse. Photographie. 14
6490. La même composition. Tapisserie au château royal de Madrid. Id. 15
6491. Esquisse pour la même composition. Dessin du château de Windsor. Id. 15

ÉCOLE OMBRIENNE.

[Tome 86.]

6492. La Pêche miraculeuse, d'après le carton original de Raphaël à Hampton-Court. Photographie. 16

6493. Autre composition pour le même sujet. Dessin de la galerie de l'Archiduc Charles, Vienne. Id. 16

6494. La Pêche miraculeuse. Première idée de cette composition. Dessin de la galerie de l'Archiduc Charles, Vienne. Photographie. 17

6495. Tête du Sauveur, d'après le carton original. Id. 18

6496. Tête de St Pierre, d'après le carton original. Id. 19

6497. Tête de St André, d'après le carton original. Id. 20

6498. Le Tibre. Le Voyage de Jean de Médicis. Son élection sous le nom de Léon X. Socle de la Tapisserie de la « pêche miraculeuse », par *Pietro Santo-Bartoli*. Gravure. 21

6499. Jésus-Christ remettant les clefs à St Pierre, d'après la tapisserie du Vatican. Photographie. 22

6500. La même composition, d'après une tapisserie du château royal de Madrid. Id. 23

6501. La même composition, d'après le carton original de Hampton-Court. Id. 24

6502. Esquisse de la remise des clefs à St Pierre. Dessin du musée du Louvre Id. 24

6503. Autre esquisse de la même composition. Dessin du château de Windsor. Id. 25

6504. Le même dessin. Id. 26

6505. Le même dessin. Id. 26

6506. Première pensée pour la figure du Christ dans la même composition. Dessin du musée du Louvre. Id. 27

6507. Le même dessin. Id. 27

6508. Figure du Christ, d'après le carton de Hampton-Court. Id. 28

6509. Quatre têtes d'Apôtres, d'après le carton de Hampton-Court. Id. 29

6510. Étude de deux têtes d'Apôtres, tirées du même groupe. Collection de Mgr. le duc d'Aumale. Id. 30

6511. Quatre autres têtes d'Apôtres, d'après le carton de Hampton-Court. Id. 31

6512. Étude de deux têtes d'Apôtres tirées du même groupe. Collection de Mgr. le duc d'Aumale. Id. 32

6513. Deux têtes d'Apôtres, d'après le carton de Hampton-Court. Id. 33

6514. Étude de trois têtes d'Apôtres, parmi lesquelles les deux précédentes. Collection de Mgr. le duc d'Aumale. Id. 34

6515. Le Tremblement de terre, et la Révolte des Florentins. Socle de la tapisserie du Vatican. « La remise des clefs à St Pierre », par *Pietro Santo Bartoli*. Gravure. 35

[Tome 86.]

6516. La Lapidation de St Étienne, d'après la tapisserie du Palais-Royal de Madrid. Photographie. 36

6517. Jean de Médicis, légat pontifical, reçu par les Florentins. Socle de « la Lapidation de St Étienne », par *Pietro Santo Bartoli*, d'après la Tapisserie du Vatican. Gravure. 37

6518. St Étienne en prières. Étude pour la même tapisserie. Dessin du musée d'Oxford. Photographie. 38

6519. Première idée de la Lapidation de St Étienne. Dessin de la galerie de l'Archiduc Charles, Vienne. Id. 38

6520. La Guérison du Paralytique, d'après la tapisserie du Vatican. Id. 39

6521. La même composition, d'après la tapisserie du Palais-Royal de Madrid. Id. 40

6522. La Guérison du Paralytique, d'après le carton original de Hampton-Court. Id. 40

6523. Un Enfant appuyé contre sa mère. Détail du même carton. Id. 41

6524. Deux têtes de femmes et une tête d'homme. Détail du même carton. Id. 42

6525. Jeune femme tenant un enfant. Détail du même carton. Id. 43

6526. Le même détail. Id. 44

6527. Groupe de trois personnages et des deux Apôtres. Détail du même carton. (En deux feuilles). Id. 45-46

6528. Figure du Paralytique. Détail du même carton. Id. 47

6529. Jean de Médicis se rend à Frédéric Gonzaga da Bozzolo. Socle de la tapisserie du Vatican « Guérison du Paralytique ». par *Pietro Santo Bartoli*. Gravure. 48

6530. Jean de Médicis recouvre la liberté. par *Pietro Santo Bartoli*. Id. 48

TOME LXXXVII.

RAPHAEL SANZIO (1483-1520).

TAPISSERIES DU VATICAN (*suite*).

6531. La Mort d'Ananie. Photographie. 1

6532. La même composition, d'après la tapisserie du Palais-Royal de Madrid. Id. 2

6533. La Mort d'Ananie, d'après la gravure de *Marc-Antoine Raimondi*. Id. 3

ÉCOLE OMBRIENNE.

[Tome 87.]

6534. La même composition, d'après le carton original de Hampton-Court. Photographie. 3
6535. Tête d'Ananie. Détail du même carton. Id. 4
6536. Deux têtes d'hommes. Détail du même carton. Id. 5
6537. Groupe de trois personnages. Tiré du même carton. Id. 6
6538. Quatre têtes d'Apôtres. Tiré du même carton. Id. 7
6539. Cinq têtes d'Apôtres. Tiré du même carton. Id. 8
6540. Groupe de trois femmes (en deux feuilles). Tiré du même carton. Id. 9-10
6541. Retour de Jean de Médicis à Florence, socle de la tapisserie de « la mort d'Ananie », par *Pietro Santo Bartoli*. Gravure. 11
6542. Harangue du gonfalonier Ridolfi, par *Pietro Santo Bartoli*. Id. 11
6543. La Mort de Saphire, femme d'Ananie. Dessin de la galerie de l'Archiduc Charles, Vienne. Photographie. 11
6544. La Conversion de St Paul, d'après la tapisserie du Vatican. Id. 12
6545. La Conversion de St Paul, d'après la tapisserie du Palais-Royal de Madrid. Id. 13
6546. Saul persécutant les chrétiens, socle de la tapisserie de « la conversion de St Paul », par *Pietro Santo Bartoli*. Gravure. 14
6547. Elymas frappé de cécité, d'après la tapisserie du Palais-Royal de Madrid. Photographie. 15
6548. Dessin de la même composition. Dessin du château de Windsor. Id. 16
6549. La même composition, d'après le carton original de Hampton-Court. Id. 17
6550. Têtes des deux Apôtres et de deux autres hommes. Détail du même carton. Id. 18
6551. Tête du Proconsul. Détail du même carton. Id. 19
6552. Groupe de six têtes. Détail du même carton. Id. 20
6553. Têtes d'Élymas et de trois autres personnages. Détail du même carton. Id. 21
6554. La même composition. Id. 22
6555. Partie gauche de la même composition. Gravure. 22
6556. St Paul et St Barnabé à Lystres, d'après la tapisserie du Vatican. Photographie. 23
6557. St Paul et St Barnabé à Lystres, d'après la tapisserie du Palais-Royal de Madrid. Id. 24
6558. La même composition, d'après le carton original de Hampton-Court. Id. 24
6559. Les deux enfants près de l'autel. Détail du même carton. Id. 25
6560. Deux têtes d'hommes. Détail du même carton. Id. 26
6561. Tête du Sacrificateur. Détail du même carton. Id. 27

[Tome 87.]

6562. Esquisse de la même composition (d'après Raphaël). Photographie. 28
6563. Sujet des actes des Apôtres St Paul et St Jean. Socle de la tapisserie du « sacrifice de Lystres », par *Pietro Santo Bartoli*. Gravure. 28
6564. La Prédication de St Paul à Athènes. D'après la tapisserie du Vatican. Photographie. 29
6565. La Prédication de St Paul. D'après la tapisserie du Palais Royal. Madrid. Id. 30
6566. La même composition d'après le carton original de Hampton-Court. Id. 31
6567. Esquisse de la même composition. Dessin du musée de Florence. Id. 31
6568. Le même dessin. Id. 32
6569. Le même dessin. Id. 32
6570. La même composition. Dessin du musée du Louvre. Id. 33
6571. Le même dessin. Id. 33
6572. La même composition d'après l'estampe de *Marc-Antoine Raimondi*. Id. 34
6573. Deux têtes d'hommes, détail du carton de Hampton-Court. Id. 35
6574. Sept têtes d'hommes, détail du carton de Hampton-Court. Id. 36
6575. Un auditeur vu à mi-corps, détail du carton de Hampton-Court. Id. 37
6576. Sujets de la vie de St Paul. Socle de la tapisserie du Vatican. « Prédication de St-Paul » par *Pietro Santo Bartoli*. Gravure. 38

TOME LXXXVIII.

RAPHAEL SANZIO (1483-1520).

TAPISSERIES DU VATICAN (*suite*).

6577. Le Couronnement de la Vierge. Esquisse d'une tapisserie pour l'autel de la chapelle Sixtine. Dessin du musée de Milan. Photographie. 1
6578. L'Adoration des mages, par *L. Sommereau*. Gravure. 2
6579. La même composition. Dessin lavé. 3

DESSINS POUR LES TAPISSERIES DITES : ARAZZI DELLA SCUOLA NUOVA.

6580. Le Massacre des innocents (1re partie), d'après le dessin d'*Et. Piale*. Gravure. 4

[Tome 88.]
6581. Le Massacre des innocents (3ᵉ partie). D'après un dessin de la galerie de Turin. Photographie. 5
6582. Le Christ apparaissant à Ste Madeleine, par *Folo* d'après *Et. Piale*. Gravure. 6
6583. Les disciples d'Emmaüs, par *A. Campanella* d'après *Et. Piale*. Id. 7

VIERGES ET SAINTES FAMILLES.

6584. La Madone Solly. Musée de Berlin. Photographie. 8
6585. Le même tableau. Id. 9
6586. La Vierge, l'Enfant Jésus et le petit St Jean. Musée de Berlin. Id. 9
6587. La Vierge et l'Enfant Jésus, dite Madone Staffa, puis Madone Conestabile. Musée de l'Ermitage, St-Pétersbourg. Id. 10
6588. Le même tableau. Gravure. 11
6589. Le même tableau par *David Desvachez*. Id. 11
6590. Esquisse pour le même tableau. Dessin du musée du Louvre. Photographie. 11
6591. Autre esquisse pour le même tableau. Dessin de la collection Madrazzo, Madrid. Id. 11
6592. La Madone du grand duc. Galerie Pitti, Florence. Id. 12
6593. Le même tableau. Id. 13
6594. Le même tableau, d'après une gravure. Id. 14
6595. Esquisse pour le même tableau. Dessin de la galerie de Florence. Id. 14
6596. La Vierge, l'Enfant Jésus, St Jean-Baptiste enfant et un autre Saint enfant. Tableau dit la Madone de la Casa Terranuova. Musée de Berlin. Id. 15
6597. Ste Famille. Dessin de la collection Madrazzo, Madrid. Id. 15
6598. La Vierge et l'Enfant Jésus, petite Madone de Lord Cooper (ayant figuré en 1857 à l'Exposition des Trésors de l'Art. Manchester). Id. 15
6599. Étude pour le même tableau. Dessin de l'Académie des Beaux-Arts, Florence. Id. 16
6600. La Vierge et l'Enfant Jésus sur un trône entourés de Saints. Madone du monastère de St Antoine de Padoue à Pérouse. Tableau appartenant au duc de Ripalda (anciennement collection du roi de Naples). Id. 16
6601. La Vierge tenant sur ses genoux le corps du Christ. Elle est entourée des SS. Jean, Nicodème, Joseph d'Arimathie et de Ste Madeleine. Prédelle du tableau précédent. Id. 17
6602. La Vierge et l'Enfant Jésus entre St Jean Baptiste et St Nicolas de Bari. Madone de la famille Ansidei. Collection du duc de Marlborough. Tiré de *Rosini*. Gravure. 17

COLLECTION ARMAND. — DEUXIÈME PARTIE.

[Tome 88.]

6603. Madone de la famille Ansidei. Photographie. 17
6604. La Vierge au chardonneret. Galerie des offices, Florence. Id. 18
6605. Le même tableau. Id. 19
6606. Le même tableau. Id. 20
6607. Le même tableau. Id. 20
6608. Le même tableau. Id. 21
6609. Le même tableau, d'après un dessin. Id. 22
6610. Le même tableau. Tiré de *Rosini*. Gravure. 22
6611. Détail du même tableau. Tête de la Vierge. Photographie. 23
6612. Esquisse du même tableau. Dessin du musée d'Oxford. Id. 24
6613. Le même dessin publié dans les fac-simile de la galerie Th. Lawrence. Lithographie. 24
6614. La Vierge, l'Enfant Jésus et St Jean, Vierge de la Prairie ou Madone du Belvédère. Musée de Vienne. Photographic. 25
6615. Le même tableau d'après la gravure de *Pietro Anderloni*. Id. 25
6616. Détail du même tableau. Tête de la Vierge. Id. 26
6617. Quatre esquisses pour le même tableau. Dessin de la galerie de l'Archiduc Charles, Vienne. Id. 26
6618. Seize croquis pour le même tableau. Dessin de la galerie de l'archiduc Charles, Vienne. Id. 27
6619. La Vierge et l'Enfant. Madone de la Casa Tempi. Pinacothèque de Munich. Id. 27
6620. Le même tableau. Id. 28
6621. Le même tableau. Id. 29
6622. Étude pour le même tableau. Carton du musée de Montpellier. Id. 30
6623. La Ste Famille au palmier. Tableau de la galerie Bridgewater. Id. 30
6624. Le même tableau. Tiré de *Rosini*. Gravure. 31
6625. Étude de la Vierge et de l'Enfant pour le même tableau. Dessin du musée du Louvre. Photographie. 31
6626. La Ste Famille avec St Joseph imberbe. Musée de l'Ermitage. St-Pétersbourg. Id. 32
6627. Le même tableau. D'après un dessin. Id. 33
6628. La Vierge de la maison d'Orléans. Galerie de Mgr. le Duc d'Aumale. Id. 33
6629. Le même tableau, par *F. Forster*. Gravure. 34
6630. Le même tableau, par *L. Henriquel-Dupont*. Id. 34
6631. Le même tableau, par *C. F. Gaillard*. Id. 35
6632. La Ste Famille avec Ste Élisabeth et St Jean. Ste Famille Canigiani. Galerie Corsini, Florence. Photographie. 35
6633. Le même tableau. Id. 36
6634. Le même tableau. Répétition à la Pinacothèque de Munich. Id. 37

[Tome 88.]

6635. Esquisse sur le nu pour La Sainte Famille Canigiani. Dessin de la collection de Mgr. le duc d'Aumale. Fac-simile par *A. Leroy*. Gravure. 38
6636. Esquisse pour le même tableau. Dessin de la galerie de l'archiduc Charles, Vienne. Photographie. 39
6637. La même esquisse. D'après une copie. Id. 39
6638. La Ste Famille avec l'Enfant Jésus assis, sur un agneau. Musée de Cassel. Id. 39
6639. La même composition. Musée de Madrid. Id. 40
6640. La Vierge avec l'Enfant Jésus endormi. D'après une gravure. Id. 40
6641. La Vierge et l'Enfant Jésus. Madone à l'œillet. Collection Spada, Lucques. Id. 40
6642. La Vierge et l'Enfant Jésus endormi, Esquisse. Dessin de l'Académie des Beaux-Arts. Florence. Id. 41
6643. La Vierge et l'Enfant. Madone Niccolini dite aussi Madone de Lord Cooper, ayant figuré en 1857 à l'exposition des Trésors de l'art. Manchester. Id. 41
6644. Le même tableau, d'après une gravure. Id. 41
6645. La Vierge et l'Enfant, Madone de la maison Colonna. Musée de Berlin. Id. 42
6646. Le même tableau, par *C. L. Masquelier*. Gravure. 43
6647. La Vierge, l'Enfant Jésus et St Jean-Baptiste. La Belle Jardinière (1507). Musée du Louvre. Photographie. 44
6648. Dessin du même tableau, ayant appartenu à M. Timbal. Musée du Louvre. Id. 45
6649. Dessin d'après le même tableau par *T. Viti*. Id. 45
6650. La Vierge et l'Enfant Jésus entourés d'anges et de quatre Saints, dite la Vierge au Baldaquin. Galerie Pitti. Florence. Id. 46
6651. Le même tableau. Id. 47
6652. La Vierge au baldaquin. D'après la gravure d'*A. Viviani*. Id. 48
6653. Deux anges chantant. Détail du même tableau. Id. 49
6654. Le même détail. Id. 50
6655. Tête de religieux. Étude pour le St Bruno de la Vierge au baldaquin. Dessin du musée Wicar, Lille. Fac-simile par *A. Leroy*. Gravure. 51
6656. La Vierge, l'Enfant Jésus et St Jean-Baptiste, Madone Esterhazi. Musée de Pesth. Photographie. 51
6657. Esquisse à la plume du même tableau. Dessin du musée de Florence. Id. 52
6658. La Madone de Lorette, anciennement dans l'apothicairerie du collège romain. Gravure. 52

TOME LXXXIX.

RAPHAEL SANZIO (1488-1520).

VIERGES ET SAINTES FAMILLES (*suite*).

6659. La Madone de Lorette. Répétition du tableau qui était à Santa Maria del Popolo. Collection W. Kennedy Laurie. Florence. Photographie. 1
6660. Esquisse pour la même composition. Dessin du musée de Florence. Id. 2
6661. Esquisses de la figure de l'Enfant dans la même composition. Dessin du musée Wicar. Fac-simile par *A. Leroy*. Gravure. 2
6662. Autres esquisses pour la même figure. Fac-simile par *A. Leroy*. Id. 2
6663. La Vierge de la maison d'Albe. Musée de l'Ermitage. St-Pétersbourg. Photographie. 3
6664. Le même tableau. Id. 4
6665. Le même tableau, par *A. Boucher-Desnoyers*. Gravure. 5
6666. Esquisses pour la Vierge de la maison d'Albe et la Vierge à la chaise. Dessin du musée Wicar, Lille. Photographie. 6
6667. Le même dessin fac-simile par *A. Wacquez*. Gravure. 7
6668. Étude pour la figure de la Vierge dans le même tableau. Dessin du musée Wicar. Photographie. 8
6669. Le même dessin, fac-simile par *A. Wacquez*. Gravure. 8
6670. Carton de la Vierge de la maison d'Albe, conservé dans la sacristie de St-Jean de Latran, Rome. Photographie. 9
6671. Étude de la même composition. Dessin de la galerie de l'archiduc Charles, Vienne. Id. 9
6672. La Vierge, l'Enfant Jésus, St Jean-Baptiste. Madone de la maison Aldobrandini. National Gallery, Londres. Id. 10
6673. Le même tableau. Id. 11
6674. La Vierge au voile. Musée du Louvre. Id. 12
6675. La Madone de Foligno. Musée du Vatican. Id. 13
6676. Le même tableau. Id. 14
6677. Le même tableau, d'après l'aquarelle de *M. Bellay*. Id. 15
6678. Le même tableau, d'après une gravure Id. 16
6679. Le même tableau. Tiré de *Rosini*. Gravure. 16
6680. Groupe de la Vierge et de l'Enfant. Partie supérieure du même tableau. Photographie. 17

[Tome 89.]

6681. Ange tenant un cartouche. Détail de la « Madone Aldobrandini ». Photographie. 18
6682. Madone de la galerie Bridgewater. Collection de lord Ellesmere. Id. 19
6683. Le même tableau, d'après le dessin de *Morelli*. Id. 19
6684. Le même tableau, d'après une gravure. Id. 19
6685. Études de la figure de l'Enfant Jésus couché, pour le même tableau. Dessin du British-Museum. Id. 19
6686. Autres esquisses pour le même tableau. Dessin du musée de Florence. Id. 20
6687. La Vierge tenant l'Enfant Jésus debout, anciennement galerie du duc d'Orléans, actuellement collection de Miss Burdett Coutts; par *J. Bouilliard*. Gravure. 20
6688. Études d'une tête de femme et d'une tête d'enfant pour le même tableau. Dessin du British-Museum. Photographie. 20
6689. Copie du même tableau par *Sasso Ferrato*. Id. 21
6690. La Ste Famille, Ste Élisabeth et St Jean-Baptiste, par *G. Folo*. Musée de Naples. Gravure. 22
6691. Le même tableau. Photographie. 23
6692. Le même tableau. Id. 23
6693. Le même tableau, d'après un dessin. Id. 23
6694. Carton du même tableau. Musée de Naples. Id. 24
6695. Croquis d'après le même tableau. Galerie de Turin. Id. 24
6696. La Vierge au poisson, par *Fern. Selma*. Musée de Madrid. Gravure. 25
6697. Le même tableau. Tiré de *Rosini*. Id. 26
6698. Le même tableau. Photographie. 26
6699. Figures de l'ange et de l'enfant tenant un poisson. Détail du même tableau. Id. 27
6700. Esquisse du même tableau. Dessin du musée de Florence. Id. 28
6701. Le même dessin. Id. 28
6702. La même composition, copie de l'estampe de *Marc-Antoine Raimondi*. Gravure. 29
6703. La même composition. Dessin fait pour la gravure et publié dans les fac-simile de dessins de la collection *T. Lawrence*. Id. 29
6704. La Vierge à la chaise. Galerie Pitti. Photographie. 30
6705. Le même tableau. Id. 31
6706. Le même tableau, par *Boucher-Desnoyers*. Gravure. 32
6707. La Vierge, l'Enfant Jésus, St Jean-Baptiste enfant. « Vierge della Tenda », par *J. C. Thévenin*. Pinacothèque de Munich. Id. 33
6708. Le même tableau. Photographie. 34
6709. Le même tableau. Id. 35

[Tome 89.]

6710. La Vierge aux candélabres. Collection Munro, Londres, par *F. Dien*. Gravure. 35

6711. Sainte famille de l' « Agnus Dei » ou du chêne. D'après le tableau exécuté par *Jules Romain*. Musée royal de Madrid. Photographie. 36

6712. Le même tableau. Id. 37

6713. Sainte famille dite « la Perle ». Musée de Madrid. Id. 38

6714. Le même tableau, par *Fern. Selma*. Gravure. 39

6715. Copie du même tableau par *Jules Romain*. Musée de Naples. Photographie. 40

6716. Étude de la tête de la Vierge, dans la Ste Famille dite la Perle. Dessin du musée Wicar, fac-similé par *A. Leroy*. Gravure. 40

6717. La Sainte Famille dite de François Iᵉʳ. Musée du Louvre. Photographie. 41

6718. Le même tableau, par *G. Edelinck*. Gravure. 42

6719. Le même tableau, par *Richomme*. Id. 43

6720. Étude pour la figure de la Vierge dans le même tableau. Dessin du musée de Florence. Id. 44

6721. Le même dessin. Id. 44

6722. Autre étude pour la même figure. Dessin du musée du Louvre. Id. 44

6723. La même étude. Id. 44

6724. Étude pour la figure de l'Enfant dans le même tableau. Dessin du musée de Florence. Photographie. 45

6725. La même étude. Id. 45

6726. Un ange répandant des fleurs et un vieillard assis. Étude pour le même tableau. Dessin de l'Académie des Beaux-Arts. Venise. Id. 46

6727. La Ste Famille avec St Jean, Ste Anne et Ste Élisabeth. Palais de l'Escurial. Id. 46

6728. La Petite Ste Famille du Louvre ou la Vierge au berceau. Id. 47

6729. Le même tableau, par *Morace*. Gravure. 48

6730. Le même tableau. Photographie. 49

6731. L'Abondance, figure exécutée sur le volet du tableau précédent. Id. 49

6732. La Madone de St Sixte. Musée de Dresde. Id. 50

6733. Le même tableau. Id. 51

6734. Le même tableau, d'après une gravure Id. 52

6735. Figures de la Vierge et de l'Enfant, d'après un dessin. Id. 53

TOME XC.

RAPHAEL SANZIO (1483-1520).

VIERGES ET SAINTES FAMILLES (*suite*).

6736. La Sainte Famille dite « Madone dell' Impannata ». Tableau de la galerie Pitti, Florence, par *Bertonnier*. Gravure. 1
6737. Le même tableau. Photographie. 2
6738. Le même tableau. Id. 3
6739. Le même tableau. Id. 4
6740. Le même tableau. Id. 4
6741. Esquisse pour le même tableau. Dessin du château de Windsor. Id. 5
6742. La même esquisse et une étude de draperie. Dessin du château de Windsor. Id. 5
6743. La Ste Famille et St Jean-Baptiste enfant dite « Madone del Passeggio ». Galerie Bridgewater. Id. 6
6744. La Ste Famille et St Jean-Baptiste enfant dite « la Vierge à la rose ». Musée de Madrid. Id. 6
6745. Répétition du même tableau. Musée de Valladolid. Id. 7
6746. La Vierge au voile (attribué à Raphaël). Collection de la grande duchesse Marie de Russie. Id. 8
6747. Détail du même tableau. Figure de l'Enfant. Id. 9
6748. Détail du même tableau. Figures de la Vierge et de St Joseph. Id. 10
6749. La Vierge, l'Enfant Jésus et St Jean dite « La Madonna del Pozzo », attribué à Raphaël. Galerie des offices, Florence. Id. 11
6750. Le même tableau. Id. 12
6751. Le même tableau. Id. 12
6752. La Ste Famille dite « Madonna della Melagrana ». Tableau de la Pinacothèque de Pérouse, peint par **Domenico di Paris Alfani**, d'après le dessin de Raphaël. Id. 13
6753. Dessin de Raphaël ayant servi pour le tableau précédent. Musée Wicar, Lille. Id. 14
6754. Inscription de la main de Raphaël mise au dos de ce dessin. Id. 15
6755. La Ste Famille et St Jean. Tableau de l'École de Raphaël. Musée de Vienne. Id. 15
6756. La Vierge et l'Enfant Jésus (attribué à Raphaël ?). Collection Boutourlin, Florence. Id. 16
6757. La Vierge et l'Enfant Jésus. Pinacothèque de Pérouse. Id. 16

[Tome 90.]

6758. La Vierge assise sur un trône. D'après l'estampe de *Marc-Antoine Raimondi*. Photographie. 17

6759. La Vierge assise sur des nuées. D'après l'estampe de *Marc-Antoine Raimondi*. Id. 17

6760. La Vierge assise sur des nuées, autre composition. D'après l'estampe de *Marc-Antoine Raimondi*. Id. 17

6761. La même composition. D'après l'estampe de *Marc-Antoine Raimondi*. Id. 17

6762. La Vierge à la longue cuisse. D'après l'estampe de *Marc-Antoine Raimondi*. Id. 18

6763. La Vierge au palmier. D'après l'estampe de *Marc-Antoine Raimondi*. Id. 19

6764. La même composition. D'après l'estampe de *Marc-Antoine Raimondi*. Id. 19

6765. La Vierge au berceau. D'après l'estampe de *Marc-Antoine Raimondi*. Id. 19

6766. Croquis divers de Vierges et d'Enfants, parmi lesquels la Madone de la galerie Bridgewater. Dessin du musée de Florence. Id. 20

6767. La Ste Famille. Esquisse pour la Madone de Lorette. Dessin du musée de Florence. Id. 20

6768. La Vierge à genoux tournée vers un berceau. Dessin du musée de Florence. Id. 20

6769. La Vierge assise tenant l'Enfant Jésus sur ses genoux. Dessin du musée de Florence. Id. 21

6770. Le même dessin. Id. 21

6771. La Vierge assise tenant l'Enfant Jésus. Dessin du musée de Florence ? Id. 21

6772. La Vierge avec l'Enfant Jésus et St Nicolas de Tolentino. Dessin du musée Städel, Francfort. Id. 21

6773. Le même dessin publié dans les fac-simile de la collection Lawrence. Lithographie. 21

6774. La Vierge, l'Enfant Jésus et St Jean. Dessin du château de Windsor. Photographie. 22

6775. La Vierge et l'Enfant Jésus entourés d'anges. Dessin exposé en 1879 à l'École des Beaux-Arts. Id. 22

6776. La même composition d'après une copie. Id. 23

6777. La Sainte Famille. (la Vierge, l'Enfant Jésus, Ste Élisabeth et St Jean). Dessin du château de Windsor. Id. 23

6778. Le même dessin. Id. 24

6779. La Vierge et l'Enfant Jésus. Dessin du musée du Louvre. Id. 24

6780. La Vierge et l'Enfant Jésus. Esquisse. Dessin du musée du Louvre. Id. 25

[Tome 90.]

6781. La Vierge et l'Enfant Jésus. Dessin du musée du Louvre. Photographie. 25

6782. La Vierge, l'Enfant Jésus et le petit St Jean. Esquisse sur le nu. Dessin d'Oxford. Christ-Church. Id. 26

6783. Le même dessin. Id. 26

6784. Portrait d'une jeune femme. Étude pour une tête de Vierge. Dessin du musée Wicar. Lille. Id. 27

6785. Portrait d'une jeune femme en buste. Dessin du musée Wicar. Lille. Id. 27

6786. Autre portrait de jeune femme. Dessin du musée Wicar. Lille Id. 27

6787. Tête de jeune femme de face. Dessin du musée Wicar. Lille Id. 28

6788. La Vierge tenant sur ses genoux l'Enfant Jésus qui soulève son voile. Dessin du musée Wicar. Lille. Id. 28

6789. Croquis d'une Vierge tenant l'Enfant Jésus sur les genoux et étude séparée de la main. Dessin du musée Wicar. Lille. Id. 28

6790. Trois croquis pour la Vierge et l'Enfant. Dessin du musée Wicar. Lille. Id. 28

6791. La Vierge et l'Enfant Jésus entourés d'anges. Croquis. Dessin de la galerie de l'archiduc Charles, Vienne. Id. 29

6792. La Vierge à la grenade. Dessin de la galerie de l'archiduc Charles. Vienne. Id. 29

6793. Figure agenouillée. Peut-être la Vierge devant l'Enfant Jésus. Dessin du recueil dit l'album de Raphaël exposé à l'Académie des Beaux-Arts. Venise. Id. 30

6794. Le même dessin. Id. 30

6795. Croquis d'une Vierge adorant l'Enfant Jésus. Dessin du recueil dit l'album de Raphaël exposé à l'Académie des Beaux-Arts. Venise. Id. 30

6796. La Vierge donnant le sein à l'Enfant Jésus. Dessin du recueil dit l'album de Raphaël, exposé à l'Académie des Beaux-Arts. Venise. Id. 30

6797. La Vierge tenant l'Enfant Jésus qui joue avec une croix. Dessin du musée de Florence. Id. 31

6798. Croquis d'une Vierge tenant l'Enfant Jésus. Dessin du musée de Florence. Id. 31

6799. Tête de Vierge ou de Sainte en prière. Dessin du musée de Florence. Id. 31

6800. La Vierge, l'Enfant Jésus et un ange. Croquis publié dans les fac-similé de la galerie *T. Lawrence*. Lithographie. 32

6801. La Vierge et l'Enfant Jésus, étude à part de l'enfant et croquis de paysages. Dessin du musée d'Oxford. Id. 32

6802. Deux études de paysages du dessin précédent. Id. 33

[Tome 90.]

6803. Tête de Vierge pour une « Mater dolorosa ». Dessin du musée Wicar. Lille. Phothographie. 33

6804. Étude pour une Ste Famille accompagnée d'un ange et d'un petit St Jean. Dessin du musée Wicar, Lille. Id. 33

6805. La Vierge assise tenant l'Enfant Jésus. Dessin du musée de Florence. Id. 33

6806. La Vierge à mi-corps tenant l'Enfant Jésus debout. Dessin du musée de Florence. Id. 34

6807. Le même dessin. Id. 34

6808. Trois études pour une Ste Famille. Dessin du musée de Florence. Id. 34

6809. Deux têtes de Vierges. Dessin du musée de Florence. Id. 34

6810. Deux études de draperie pour une Vierge tenant l'Enfant Jésus sur les genoux. Dessin du musée de Florence. Id. 35

6811. La Vierge, l'Enfant Jésus et St Jean tenant un chien. Dessin du musée de Florence. Id. 35

6812. Deux études pour une Vierge tenant l'Enfant Jésus adoré par St Jean. Dessin du musée de Florence. Id. 35

6813. Étude pour une Ste Famille, l'Enfant Jésus est assis sur la robe de sa mère agenouillée. Dessin de la galerie de l'archiduc Charles. Vienne. Id. 35

6814. Le même dessin. Id. 35

6815. Étude pour une Ste Famille. Dessin de la galerie de l'archiduc Charles, Vienne. Id. 36

6816. Étude pour la Vierge au livre. Dessin de la galerie de l'archiduc Charles, Vienne. Id. 36

6817. La Vierge tenant l'Enfant Jésus sur ses genoux. Dessin de la galerie de l'archiduc Charles, Vienne. Id. 36

6818. Croquis à la plume d'une Madone et deux figures de St Jérôme. Dessin de la galerie de l'archiduc Charles, Vienne. Id. 37

6819. Trois croquis de Madones et un croquis d'Enfant. Dessin de la galerie de l'archiduc Charles, Vienne. Id. 37

6820. Ste Famille. Croquis. Dessin de la galerie de l'archiduc Charles, Vienne. Id. 38

6821. Trois croquis de Madones et croquis d'Enfants. Dessin du British Museum. Id. 38

6822. La Vierge et l'Enfant Jésus. Dessin du musée de Francfort publié dans les fac-simile de la galerie de Lawrence. Lithographie. 38

6823. L'Enfant Jésus bénissant. Dessin provenant du recueil dit l'album de Raphaël. Exposé à l'Académie des Beaux-Arts de Venise. Photographie. 39

6824. L'Enfant Jésus. Étude à l'aquarelle. Exposé à l'Académie des Beaux-Arts de Venise. Id. 39

[Tome 90.]

6825. Croquis d'Enfants. Dessin donné à l'École des Beaux-Arts de Paris, par M. His de la Salle. Photographie. 39
6826. Le même dessin. Id. 40
6827. Le même dessin. Fac-simile typographique. 40
6828. Une étude de draperie et une tête de vieillard sans barbe. Photographie. 41
6829. Tête de Madone. Tiré d'*Ottley*. Dessin du château de Windsor. Gravure. 42
6830. Le même dessin. Photographie. 42
6831. Deux croquis de Vierges. Dessin d'Oxford. Id. 43
6832. Croquis d'architecture, de Vierges et d'Enfants. Parmi eux un enfant assis sur une selle et maintenu par un autre enfant. Id. 43
6833. La Vierge et l'Enfant entre deux anges au-dessus d'un cartouche surmonté d'un chapeau de cardinal. Dans un encadrement. Dessin. Milan. Id. 44
6834. Tête de Vierge. Peinture appartenant à l'abbé Malvezzi. Milan. Id. 45
6835. La Vierge, l'Enfant Jésus et St Jean. Croquis d'après Raphaël. Id. 46

TOME XCI.

RAPHAEL SANZIO (1483-1520)

VIERGES ET SAINTS.

6836. Le Mariage de la Vierge. Musée Brera, Milan. Photographie. 1
6837. Le même tableau. Id. 2
6838. Le même tableau. Id. 3
6839. Le même tableau, d'après l'aquarelle de *M. Bellay*. Id. 4
6840. Le même tableau. Tiré de *Rosini*. Gravure. 5
6841. Détail du même tableau. Groupe de la Vierge, du Grand Prêtre et de St Joseph. Photographie. 6
6842. Détail du même tableau. Groupe de cinq jeunes femmes à gauche. Id. 7
6843. Détail du même tableau. Groupe de cinq jeunes gens à droite. Id. 8
6844. La Visitation. Musée de Madrid. Id. 9
6845. Le même tableau. Gravé par *Et. Boix*. Gravure. 10

[Tome 91.]

6846. Étude pour la tête de Ste Élisabeth dans le tableau de la Visitation. Peinture ayant appartenu à M. Piot. (Actuellement au Musée du Louvre). Photographie. 11

6847. Les Maries sur l'escalier, d'après l'estampe de *Marc-Antoine Raimondi*. Id. 11

6848. Le Couronnement de la Vierge (1503). Galerie du Vatican. Id. 12

6849. Le même tableau. Id. 13

6850. Le même tableau. Id. 14

6851. Le même tableau, d'après une gravure. Id. 14

6852. Le même tableau, par *J.-B. Catti*. Tiré de *Rosini*. Gravure. 15

6853. Première idée pour la partie supérieure du même tableau. Dessin de la galerie Esterhazy, Pesth. Photographie. 16

6854. Étude pour le groupe de la Vierge et du Christ. Dessin du musée Wicar, Lille. Id. 16

6855. Le même dessin, fac-simile par *A. Leroy*. Gravure. 16

6856. Étude d'un ange jouant du violon pour le même tableau. Dessin du musée Wicar, Lille. Photographie. 17

6857. Le même dessin, fac-simile par *A. Leroy*. Gravure. 17

6858. Étude pour la figure de l'ange placé à droite dans le couronnement de la Vierge. Dessin du British Museum. Photographie. 18

6859. Le même dessin. Id. 18

6860. Étude pour la figure de l'apôtre St Thomas dans le même tableau. Dessin du musée Wicar, Lille. Id. 18

6861. Le même dessin, fac-simile par *A. Leroy*. Gravure. 18

6862. Figure d'un ange jouant du tambourin. Tirée du même tableau. D'après un dessin. Photographie. 19

6863. Étude de deux anges jouant l'un du tambourin, l'autre du violon pour le même tableau. Dessin du musée d'Oxford. Id. 19

6864. Tête de l'apôtre St Jacques le Majeur. Étude pour le même tableau. Dessin acheté à la vente du roi des Pays-Bas par M. Leembrugge d'Amsterdam. Tiré d'*Ottley*. Gravure. 20

6865. Deux études de draperies pour la figure de l'apôtre St Jean dans le même tableau. Dessin du musée Wicar, Lille. Fac-simile par *A. Leroy*. Gravure. 20

6866. La Salutation angélique. Un des trois tableaux formant la « prédella » du couronnement de la Vierge (1503). Musée du Vatican. Id. 21

6867. Esquisse de la même composition. Dessin du musée du Louvre. Id. 22

6868. L'Adoration des mages. Autre tableau de la même « prédella ». Photographie. 23

6869. Le même tableau. Répétition. Musée de Christiansbourg. Id. 24

6870. Étude d'un groupe de quatre personnes pour le même tableau. Dessin du musée Wicar, Lille. Fac-simile par *A. Leroy*. Gravure. 24

ÉCOLE OMBRIENNE.

[Tome 91.]
6871. La Présentation au temple. Autre tableau de la même « predella ». Photographie. 25
6872. Le Couronnement de la Vierge, dit la Madone de Monteluce. Tableau par **Raphaël, Jules Romain** et **Francesco Penni**. Musée du Vatican. Id. 26
6873. Le même tableau. Id. 27
6874. Le même tableau. Id. 28
6875. Le même tableau, d'après un dessin. Id. 28
6876. Première idée du même tableau. Dessin du musée du Louvre. Id. 29
6877. St André. Dessin de l'Académie des Beaux-Arts de Venise provenant du recueil dit le Livre de dessins de Raphaël. Id. 30
6878. Ange volant. Dessin de l'Académie des Beaux-Arts de Venise provenant du recueil dit le Livre de dessins de Raphaël. Id. 30
6879. Tête d'apôtre. Dessin de l'Académie des Beaux-Arts de Venise provenant du recueil dit le livre de dessins de Raphaël. Id. 30
6880. Études diverses parmi lesquelles une tête de jeune moine ressemblant au St Benoît, martyr de l'ordre des Camaldules, qui se trouve dans la fresque datée de 1505. Église San Severo, Pérouse. Dessin du musée d'Oxford. Id. 31
6881. Le Mariage de Ste Catherine. Esquisse. Dessin de la galerie de l'archiduc Charles, Vienne. Id. 31
6882. Ste Catherine d'Alexandrie. Tableau de la National Gallery, Londres. Id. 32
6883. Le même tableau. Id. 33
6884. Carton du même tableau. Dessin du musée du Louvre. Id. 34
6885. Le même dessin. Id. 35
6886. Cinq croquis d'anges et une étude de la tête de Ste Catherine. Dessin d'Oxford. Id. 36
6887. Trois croquis. Études pour le même tableau. Revers du dessin précédent. Id. 36
6888. Les deux dessins précédents publiés en une seule feuille dans les fac-simile de la galerie *T. Lawrence*. Lithographie. 37
6889. Ste Cécile entre quatre Saints. Pinacothèque de Bologne. Photographie. 38
6890. Le même tableau. Id. 39
6891. Le même tableau. Id. 39
6892. Le même tableau. Id. 40
6893. Le même tableau, d'après une aquarelle de *M. Bellay*. Id. 41
6894. Le même tableau, gravé par *R. Strange*. Gravure. 42
6895. Les cinq personnages à mi-corps. Détail du même tableau. Photographie. 43

274   COLLECTION ARMAND. — DEUXIÈME PARTIE.

[Tome 91.]

6896. Ste Cécile. Détail du même tableau. Photographie. 44
6897. Buste de Ste Cécile. Détail du même tableau. Id. 45
6898. Têtes de St Augustin et de Ste Marie-Madeleine. Détail du même tableau. Id. 46
6899. Têtes de St Paul et de St Jean l'Évangéliste. Détail du même tableau. Id. 47
6900. Dessin de la même composition ayant servi pour la gravure de Marc-Antoine Raimondi. Collection de M. Dutuit. Id. 48
6901. Le même dessin. Tiré d'*Ottley*. Gravure. 48
6902. La même composition d'après l'estampe de *Marc-Antoine Raimondi*. Photographie. 48
6903. St Étienne agenouillé. Dessin d'Oxford. Tiré d'*Ottley*. Gravure. 49
6904. St Georges combattant le dragon. Musée de l'Ermitage, St-Pétersbourg. Photographie. 49
6905. Dessin du même tableau. Galerie de Florence. Id. 49
6906. St Georges combattant le dragon. Musée du Louvre. Id. 50
6907. Dessin du même tableau. Galerie de Florence. Id. 50
6908. St Jean dans le désert. Galerie des Offices, Florence. Id. 51
6909. Le même tableau d'après la copie du musée de Darmstadt. Id. 52
6910. Étude pour St Jean dans le désert. Dessin du musée de Florence. Id. 53
6911. St Jean dans le désert. Tableau du musée du Louvre. Id. 53
6912. Le même tableau restauré. Id. 54
6913. Étude pour la prédication de St Jean. Gradin de la Madone des Ansidei. Dessin du musée Wicar, Lille. Id. 55
6914. Le même dessin, fac-similé par *A. Wacquez*. Gravure. 55
6915. Étude pour le St Jérôme qui appartenait autrefois à Marco Benavides, jurisconsulte de Padoue. Dessin du British Museum. Photographie. 56
6916. St Luc peignant le portrait de la Vierge. Tableau de l'Académie de St Luc à Rome. Attribué à Raphaël. Id. 57
6917. Le même tableau. Id. 58
6918. Esquisse pour un St Luc. (D'après Raphaël ?). Id. 58
6919. St Martin. Dessin de Raphaël au revers d'un dessin du Pérugin représentant le baptême du Christ dans l'église des Augustins à Pérouse, Musée Städel, Francfort. Id. 59
6920. St Michel terrassant le démon. Musée du Louvre. Id. 60
6921. Carton du même tableau. Autrefois dans la casa Bazzi, à Milan, actuellement en Angleterre. Id. 61
6922. St Michel terrassant le dragon. Musée du Louvre. Id. 61

ÉCOLE OMBRIENNE.

TOME XCII.

RAPHAEL SANZIO (1483-1520).

SAINTS. — HISTOIRE DE PSYCHÉ.

6923. **Raphaël** et le **Pérugin**. Fresque dans l'Église St-Severo à Pérouse. La partie supérieure peinte par Raphaël en 1505 représente le Père Éternel, le St Esprit et Jésus-Christ entouré d'anges au milieu de deux groupes de Saints. La partie inférieure représente six saints peints par le Pérugin en 1521. Photographie. 1
6924. La même fresque. Id. 2
6925. Partie supérieure de la même fresque. Id. 3
6926. Partie supérieure de la même fresque. Tiré de *Rosini*. Gravure. 4
6927. Ste Marguerite. Musée du Louvre. Photographie. 5
6928. Esquisse de la même composition, d'après Raphaël. Id. 6
6929. Le Couronnement de St Nicolas de Tolentino. Dessin. Esquisse d'un tableau d'autel pour l'église de St-Augustin à Citta di Castello. Dessin du musée de Lille. Id. 7
6930. Le même dessin. Id. 7
6931. Revers du même dessin. Une tête de jeune homme, une draperie et trois cygnes. Id. 8
6932. Le même dessin. Id. 8
6933. Dessin d'après l'un des prophètes du Pérugin à San-Pietro de Pérouse, provenant du recueil dit : le Livre de croquis de Raphaël, Académie des Beaux-Arts, Venise. Id. 9
6934. Dessin d'après l'un des prophètes du Pérugin à San-Pietro de Pérouse, provenant du recueil dit le Livre de croquis de Raphaël, Académie des Beaux-Arts, Venise. Id. 9
6935. Deux figures d'enfants. Dessin du musée du Louvre. Id. 9
6936. Figure de Saint assis. Dessin du musée du Louvre. Id. 9
6937. Les cinq saints. Tableau attribué à Raphaël. Pinacothèque de Parme. Id. 10
6938. Le même tableau, par *Richomme* 1819. Gravure. 11
6939. La même composition, d'après l'estampe de *Marc-Antoine Raimondi*. Photographie. 12
6940. La même composition. Dessin du musée du Louvre. Id. 13
6941. Le même dessin. Id. 14
6942. Le même dessin. Id. 15

[Tome 92.]

6943. Étude pour la figure du Christ dans la composition des cinq Saints. Dessin publié dans les fac-similé de la galerie *Lawrence*. Lithographie. 16

6944. Tête d'une Sainte. Dessin de la galerie de l'archiduc Charles, Vienne. Photographie. 16

6945. Figure d'une femme debout. Dessin de la collection His de la Salle. Id. 17

6946. St Sébastien. Dessin du musée Wicar, Lille. Id. 17

6947. Études pour un St Sébastien. Dessin de la galerie de l'archiduc Charles, Vienne. Id. 17

6948. St Sébastien, d'après un tableau du Pérugin. Partie supérieure d'un dessin de l'Académie des Beaux-Arts de Venise, recueil dit : « Le Livre de croquis de Raphaël ». Id. 18

6949. St Sébastien. Partie inférieure. Id. 18

6950. Figure de Sainte en prière. Dessin exposé en 1879 à l'École des Beaux-Arts. Id. 18

6951. Moine tenant un livre ouvert. Dessin exposé en 1879 à l'École des Beaux-Arts. Id. 19

MYTHOLOGIE.

6952. Vénus sortant de l'onde. Dessin de la collection R. Fenton. Photographie. 20

6953. La même composition, par *Marc de Ravenne*. Gravure. 21

6954. Vénus montrant ses blessures à l'amour. Esquisse pour la chambre de bains du cardinal Bibiena. Dessin de la galerie de l'archiduc Charles, Vienne. Photographie. 22

6955. FRESQUES DE LA FARNESINE. Plan. Dessin. 23

6956. — Salle de la Galatée. Vue d'ensemble. Photographie. 24

6957. — Galathée. Fresque. Id. 25

6958. — La même fresque. Id. 26

6959. — La même fresque, d'après une aquarelle de *M. Bellay*. Id. 27

6960. — Amour retenant des dauphins. Détail de la même fresque par *M. Bellay*. Id. 28

6961. — Le même détail. Dessin d'après Raphaël. Id. 28

6962. — Salle de Psyché. Vue d'ensemble. Id. 29

6963. — Vénus montre Psyché à l'amour. Id. 30

6964. — La même fresque. Gravée par *N. Dorigny*. Gravure. 31

6965. — Cupidon et les trois Grâces. Photographie. 32

6966. — La même fresque d'après l'estampe de *Marc-Antoine Raimondi*. Id. 33

6967. — La même fresque gravée par *N. Dorigny*. Gravure. 34

6968. — Vénus demande l'aide de Junon et de Cérès. Photographie. 35

6969. — La même composition d'après l'estampe de *Marc de Ravenne*. Id. 36

ÉCOLE OMBRIENNE. 277

[Tome 92.]

6970. — La même composition. Dessin à la sanguine fait d'après la gravure de *Marc de Ravenne* (?). Photographie. 36
6971. — Vénus remonte au ciel dans un char traîné par des colombes. Id. 37
6972. — Les deux fresques précédentes, par *Dorigny*. Gravure. 38
6973. — Vénus implorant l'assistance de Jupiter. Photographie. 39
6974. — La même fresque, par *N. Dorigny*. Gravure. 40
6975. — Mercure descendant du ciel. Photographie. 41
6976. — La même composition, d'après l'estampe de *Marc-Antoine Raimondi*. Id. 42
6977. — La même fresque, par *N. Dorigny*. Gravure. 43
6978. — Psyché emportée au ciel, par *N. Dorigny*. Gravure. 44
6979. — Psyché emportée au ciel. Photographie. 45
6980. — Psyché présente à Vénus la boîte d'or que lui a donnée Proserpine. Photographie. 46
6981. — Étude pour la même composition. Dessin du musée du Louvre. Id. 47
6982. — Le même dessin. Id. 48
6983. — Jupiter embrassant l'Amour. Id. 49
6984. — La même composition, d'après l'estampe de *Marc-Antoine Raimondi*. Id. 50
6985. — Étude pour la même composition. Dessin du musée du Louvre. Id. 51
6986. — Étude d'une figure de Vertu pour la même composition (?). Dessin du musée du Louvre. Id. 52
6987. — La même composition. Dessin d'après Raphaël. Id. 52
6988. — Les deux fresques précédentes, par *N. Dorigny*. Gravure. 53
6989. — Psyché entraînée au ciel par Mercure. Photographie. 54
6990. — La même fresque, par *N. Dorigny*. Gravure. 55

TOME XCIII.
RAPHAEL SANZIO (1483–1520).

FRESQUES DE LA FARNESINE (*suite*).

6991. — Les pénétrations de la galerie de Psyché à la Farnesine. Suite de 14 pièces. Photographies. 1-7
6992. — Les mêmes compositions, par *G. Audran*. Suite de 14 pièces. Gravures. 8-14

278   COLLECTION ARMAND. — DEUXIÈME PARTIE.

[Tome 93.]

6993. — L'assemblée des dieux. Photographie. 15
6994. — La même fresque, par *N. Dorigny*. Gravure. 16
6995. — Partie gauche de la même fresque. Photographie. 17
6996. — Partie centrale de la même fresque. Id. 18
6997. — Partie droite de la même fresque. Id. 19
6998. — Partie centrale de la même fresque. D'après une copie. Id. 20
6999. — Le Festin des dieux. Id. 21
7000. — La même fresque, par *N. Dorigny*. Gravure. 22
7001. — Partie gauche de la même fresque. Photographie. 23
7002. — Partie centrale de la même fresque. Id. 24
7003. — Partie droite de la même fresque. Id. 25
7004. — Étude pour le groupe des trois Grâces dans la même fresque. Dessin du château de Windsor. Id. 26
7005. — Le même dessin. Id. 26
7006. — Étude pour la figure d'Apollon. Dessin de la galerie de l'archiduc Charles, Vienne. Id. 27
7007. — Le même dessin. Id. 27
7008. — Étude pour le groupe de l'amour et Psyché. Dessin du musée de Turin. Id. 28
7009. — Le même dessin. Id. 28
7010. — Étude pour la figure de Bacchus. Dessin du musée de Milan. Id. 29
7011. — Étude pour trois figures d'heures. Dessin de la collection de Mgr. le duc d'Aumale. Fac-simile par *A. Leroy*. Gravure. 30
7012. — Le même dessin. Photographie. 30
7013. — Étude pour la figure de Vénus. Dessin publié dans les fac-simile de la galerie *Lawrenee*. Lithographie. 31
7014. Léda. Dessin à la plume d'après **Léonard de Vinci**. Château de Windsor. Photographie. 32
7015. Les trois Grâces (1508). Collection de Mgr. le duc d'Aumale. Id. 33
7016. Le même tableau, par *F. Forster*, 1841. Gravure. 33
7017. Étude d'après le groupe antique des trois Grâces. Académie des Beaux-Arts, Venise. Photographie. 34
7018. Apollon et Marsyas. Musée du Louvre. Id. 34
7019. Le même tableau. Id. 35
7020. Étude pour le même tableau. Dessin de l'Académie des Beaux-Arts, Venise. Id. 36
7021. Hercule étouffant Antée. D'après l'estampe de *Marc-Antoine Raimondi*. Id. 37
7022. La Vendange. D'après l'estampe de *Marc-Antoine Raimondi*. Id. 37
7023. Vénus et l'Amour. D'après l'estampe de *Marc-Antoine Raimondi*. Id. 38

[Tome 93.]

7024. Vénus sortie du bain. D'après l'estampe de *Marc-Antoine Raimondi*. Photographie. 38
7025. Apollon. D'après l'estampe de *Marc-Antoine Raimondi*. Id. 38
7026. Pallas. D'après l'estampe de *Marc-Antoine Raimondi*. Id. 38
7027. L'homme portant la base d'une colonne. D'après l'estampe de *Marc-Antoine Raimondi*. Id. 39
7028. La Foi. D'après l'estampe de *Marc-Antoine Raimondi*. Id. 40
7029. La Charité. D'après l'estampe de *Marc-Antoine Raimondi*. Id. 40
7030. La Justice. D'après l'estampe de *Marc-Antoine Raimondi*. Id. 40
7031. La Force. D'après l'estampe de *Marc-Antoine Raimondi*. Id. 40
7032. La Paix. D'après l'estampe de *Marc-Antoine Raimondi*. Id. 40
7033. Une muse. D'après l'estampe de *Marc-Antoine Raimondi*. Id. 40
7034. Un Philosophe et Apollon. Dessin du musée de Lille. Id. 41
7035. Bacchus. Dessin du musée de Florence. Id. 41
7036. La Calomnie d'Apelles. Dessin du musée du Louvre. Id. 42
7037. Le même dessin. Id. 43
7038. Le même dessin. Fac-simile par *A. Leroy*. Gravure. 44
7039. Psyché à genoux implorant les dieux. Dessin de la galerie de l'archiduc Charles, Vienne. Photographie. 45
7040. Junon sur un char attelé de deux paons. Dessin de la galerie de l'archiduc Charles, Vienne. Id. 45
7041. Néréides et Tritons se jouant dans la mer. Dessin d'Oxford. Tiré d'*Ottley*. Gravure. 46
7042. La Vénus de Médicis. Étude à la plume. Dessin du musée de Florence. Photographie. **47**
7043. Le Jugement de Pâris. D'après l'estampe de *Marc-Antoine Raimondi*. Id. 48
7044. Les Vices attaquant la Vertu. Fresque de la galerie Borghèse. Id. 49
7045. La même composition. Dessin du musée de Milan. Id. 50
7046. Mars et Vénus et un Cavalier. D'après Raphaël ? Id. 50
7047. L'Histoire de Psyché. Suite de 32 compositions gravées par le **Maître au dé** et **Agostino Musi**. Gravures. 51 à 58
7048. L'Histoire de Psyché. Suite de 43 pièces d'après les mêmes compositions. Vitraux du château d'Écouen 1541-1542. Id. 59 à 61
7049. Psyché reçoit de Vénus l'ordre d'aller chercher de l'eau dans la grotte gardée par le dragon. D'après l'estampe du *Maître au dé*. Photographie. 62

TOME XCIV.

RAPHAEL SANZIO (1483-1520).

COMPOSITIONS DIVERSES. — PORTRAITS.

7050. Les Prophètes et les Sibylles. Fresque à Santa Maria della Pace. Ensemble des fresques et vue intérieure de l'église (trois pièces). Tiré de *Fontana*. Gravure. 1
7051. Les Sibylles. Fresque. Gravé par *J. Volpato*. Id. 2
7052. La même fresque. Photographie. 3
7053. Partie gauche de la même fresque. Id. 4
7054. Partie centrale de la même fresque. Id. 5
7055. Partie droite de la même fresque. Id. 6
7056. Étude pour une figure d'ange tenant un cartel, tirée de la même fresque. Dessin de la galerie de l'archiduc Charles, Vienne. Id. 7
7057. Le même dessin. Id. 7
7058. Étude pour la Sibylle de Phrygie. Dessin d'Oxford. Id. 8
7059. Le même dessin. Fac-simile des dessins de la collection *Lawrence*. Lithographie. 8
7060. Étude pour la Sibylle Tiburtine. Dessin de la galerie de l'archiduc Charles, Vienne. Photographie. 9
7061. Études pour la figure de l'ange tenant une inscription. Dessin de la galerie de l'archiduc Charles, Vienne. Id. 9
7062. Le même dessin. Id. 10
7063. Répétition du même dessin. Collection de Mgr. le duc d'Aumale. Id. 10
7064. Le même dessin. Fac-simile par *A. Leroy*. Gravure. 11
7065. Études pour la figure du prophète Daniel. Dessin de la galerie de Florence. Photographie. 12
7066. Deux prophètes accompagnés d'anges. Fac-simile d'un dessin de la galerie *Lawrence*. Lithographie. 12
7067. Le Mariage d'Alexandre et de Roxane. Fresque de la galerie Borghèse. Photographie. 13
7068. La même fresque, par *J. Volpato*. Gravure. 14
7069. Étude pour la même fresque. Dessin de la galerie de l'archiduc Charles, Vienne. Photographie. 15
7070. Le même dessin. Id. 15
7071. La même composition. Dessin du musée du Louvre. Id. 16
7072. Esquisse d'une partie de la même composition. Copie de Raphaël. Id. 16

[Tome 94.]

7073. Le lever d'Alexandre et de Roxane ou la fête de Flore, ou Vénus et Adonis. Fresque de la galerie Borghèse, Rome. Photographie.   17
7074. La Peste, dite : il Morbetto, dessin du musée de Florence. Photographie.   18
7075. Le même dessin. Id.   18
7076. Le même dessin, d'après l'estampe de *Marc-Antoine Raimondi*. Id.   19
7077. Cléopâtre, d'après l'estampe de *Marc-Antoine Raimondi*. Id.   20
7078. Didon, d'après l'estampe de *Marc-Antoine Raimondi*. Id.   20
7079. Lucrèce, d'après l'estampe de *Marc-Antoine Raimondi*. Id.   20
7080. La même composition, d'après l'estampe de *Marc-Antoine Raimondi*. Id.   21
7081. Les deux femmes au Zodiaque, d'après l'estampe de *Marc-Antoine Raimondi*. Id.   21
7082. Bacchante et deux faunes. Dessin de la galerie de l'Archiduc Charles. Vienne. Id.   22
7083. Deux figures d'hommes, une femme, un amour et un bouc, dessinés dans le goût de l'antique. Musée du Louvre. Id.   22
7084. Une Femme tenant des serpents et une Vénus victrix. Musée du Louvre. Id.   23
7085. Figure d'un Ministre des sacrifices. Dessin d'après l'antique. Musée Wicar. Lille. Id.   23
7086. Danse de Faunes et de Bacchantes, d'après l'estampe de *Marc-Antoine Raimondi*. Id.   24
7087. La même composition, par *Gérard Audran*. Gravure.   24
7088. Cinq Muses et l'Amour, par *Gérard Audran*. Id.   25
7089. Huit compositions dessinées d'après l'antique, par Raphaël et gravées par *Gérard Audran*. Suite de cinq estampes. Id.   25-27
7090. Carton du « Voyage d'Enea Silvio Piccolomini » l'une des fresques de la « Libreria » du Dôme de Sienne. (Voyez Œuvre de **Pinturicchio** N°s 5964 et suivants). Musée de Florence. Photographie.   28
7091. Le même carton. Id.   29
7092. Étude pour le couronnement du Pape Pie II. Groupe de soldats. Dessin d'Oxford. Id.   30
7093. Le même dessin. Tiré d'*Ottley*. Gravure.   30
7094. Études de cavaliers dont une pour le voyage d'Enea Silvio Piccolomini. Dessin du musée de Florence. Photographie.   31
7095. Entrée à Florence du cardinal Jean de Médicis. Dessin pour le socle de la tapisserie de la Pêche miraculeuse. Galerie de l'Archiduc Charles, Vienne. Id.   31
7096. Les Prêtres, les Diacres et les Ministres de l'Église, par *Pietro-Santo Bartoli*. Gravure.   32

[Tome 94.]
7097. Soldats attaquant une ville. Dessin du musée du Louvre. Photographie. 33
7098. Croquis d'un combat. Dessin attribué à Raphaël. Musée Wicar, Lille. Id. 34
7099. Le même dessin. Lithographie. 35
7100. Un porte étendard. Dessin attribué à Raphaël, provenant du recueil dit : l'Album de Raphaël. Académie des Beaux-Arts, Venise. Photographie. 36
7101. Croquis d'un Combat. Dessin attribué à Raphaël. Académie des Beaux-Arts. Venise. Id. 36
7102. Combat de quatre cavaliers. Dessin attribué à Raphaël. Cabinet des Estampes de Dresde. Id. 37
7103. Mêlée de combattants. Dessin de la galerie de l'Archiduc Charles. Vienne. Id. 37
7104. Un Soldat combattant, d'après Raphaël. Dessin de la galerie de l'Archiduc Charles. Vienne. Id. 38
7105. Groupe de deux guerriers. Dessin du château de Windsor. Id. 39
7106. Le même dessin. Id. 39
7107. Groupe de combattants se disputant un étendard. Dessin d'Oxford. Tiré d'*Ottley*. Gravure. 40
7108. Croquis de Combattants. Photographie. 41
7109. Portrait de Raphaël, par lui-même. Galerie des offices, Florence. Photographie. 42
7110. Le même portrait. Id. 43
7111. Le même portrait. Id. 44
7112. Le même portrait. Id. 45
7113. Le même portrait. Id. 45
7114. Portrait du Pape Jules II. Galerie des offices. Florence. Id. 46
7115. Le même portrait. Id. 47
7116. Carton du portrait de Jules II. Galerie Corsini. Florence. Id. 48
7117. Le même carton. 49
7118. Le même portrait, d'après la copie du palais Pitti. Id. 50
7119. Portrait du Pape Léon X avec les Cardinaux Julien de Médicis et Louis de Rossi. Galerie Pitti. Id. 51
7120. Répétition du même tableau. Musée de Naples. Id. 52
7121. Le même tableau. Id. 52

TOME XCV.

RAPHAEL SANZIO (1483-1520).

Portraits (suite).

7122. Portrait de Julien de Médicis. Collection de la grande-duchesse Marie de Russie. Photographie. 1
7123. Portrait de Balthasar Castiglione. Musée du Louvre. Id. 2
7124. Portrait du Cardinal Francesco Alidosi, désigné communément sous le nom de Bernardo Dovizzi da Bibbiena. Musée de Madrid. Id. 2
7125. Portrait d'Agostino Beazzano. Musée de Madrid. Id. 3
7126. Portrait d'Andrea Navagero. Musée de Madrid. Id. 3
7127. Portraits d'Agostino Beazzano et d'Andrea Navagero, d'après une copie de la galerie Doria. Rome. Id. 3
7128. Portrait de Bindo Altoviti. Musée royal de Munich. Id. 4
7129. Portrait de Tommaso Inghirami, garde de la Bibliothèque du Vatican. Galerie Pitti, Florence. Id. 5
7130. Le même portrait. Id. 6
7131. Portrait d'Angiolo Doni. Galerie Pitti, Florence. Id. 7
7132. Le même portrait. Id. 8
7133. Le même portrait, d'après un dessin. Id. 8
7134. Le même portrait. Tiré de *Rosini*. Gravure. 8
7135. Portrait de Maddalena Doni. Galerie Pitti, Florence. Photographie. 9
7136. Le même portrait. Id. 10
7137. Le même portrait. Id. 10
7138. Le même portrait, d'après une gravure. Id. 10
7139. Le même portrait. Gravure. 10
7140. Étude pour le portrait de Maddalena Doni. Dessin du musée du Louvre. Photographie. 11
7141. Le même dessin. Id. 11
7142. Portraits de deux religieux provenant du couvent de Vallombrosa, près Florence. Don Biagio Milanesi, général de l'ordre de Vallombrosa; et Don Baltazar, moine du couvent de Vallombrosa. Id. 12
7143. Le Violoniste. Palais Sciarra, Rome. Id. 13
7144. Le même portrait, d'après un dessin. Id. 13
7145. Le même portrait, d'après la copie de la galerie Corsini, Florence. Id. 14
7146. Portrait de Raphaël. Musée du Louvre. Id. 15
7147. Portrait de la maîtresse de Raphaël. Galerie Pitti, Florence. Id. 16

[Tome 95.]

7148. Portrait de la Fornarina. Galerie Barberini, Rome. Photographie. 17
7149. Le même portrait. Id. 18
7150. Le même portrait, d'après une copie. Id. 18
7151. Portrait de Jeanne d'Aragon. Musée du Louvre. Id. 19
7152. Portrait de femme dite la Gravida. Galerie Pitti, Florence. Id. 20
7153. Le même portrait. Id. 20
7154. Portrait de la Fornarina. Galerie des offices, Florence. Id. 21
7155. Le même portrait. Id. 22
7156. Le même portrait. Id. 23
7157. Le même portrait. Id. 23
7158. Le même portrait. Tiré de *Rosini*. Gravure. 24
7159. Portrait d'une jeune femme inconnue, dite la mère de Raphaël. Galerie des offices, Florence. Photographie. 25
7160. Le même portrait. Id. 26
7161. Le même portrait. Id. 27
7162. Le même portrait. Tiré de *Rosini*. Gravure. 28

PORTRAITS ATTRIBUÉS A RAPHAEL.

7163. Portrait du Cardinal Bernardo Dovizzi da Bibbiena. Galerie Pitti. Photographie. 28
7164. Portraits de Raphaël et de son maître d'armes. Musée du Louvre. Id. 29
7165. Portrait d'un Vieillard. Musée de l'Ermitage, St-Pétersbourg. Id. 30
7166. Portrait du Cardinal Passerini. Musée de Naples. Id. 30
7167. Portrait connu sous le nom de César Borgia. Galerie Borghèse, Rome. Id. 31
7168. Le même portrait, d'après un dessin. Id. 32
7169. Portrait d'un jeune seigneur (il cavaliere Tebaldeo?). Musée de Naples. Id. 33
7170. Portrait d'un homme que l'on croit être Giovanni Santi. Galerie Lichtenstein, Vienne. Id. 33
7171. Portrait d'un jeune homme, par *E. Rousseaux*. Musée du Louvre. Gravure. 34
7172. Le même portrait, d'après le dessin d'*Aimé Millet*. Photographie. 35
7173. Le même portrait. Id. 36
7174. Portrait d'homme du musée Fabre (Montpellier), par *A. Didier*. Gravure. 37
7175. Le même portrait. Photographie. 37

[Tome 95.]

7176. Portrait d'un enfant que l'on croit être Raphaël. Galerie Borghèse, Rome. Photographie. 37
7177. Portrait d'une Femme assise. Galerie Borghèse, Rome. Id. 38
7178. Portrait de Francesco Maria della Rovère, duc d'Urbin. Tableau de la galerie Esterhazy, actuellement musée de Budapest. Id. 38
7179. Portrait du duc d'Urbin. Galerie Czartoryski. Id. 39
7180. Portrait de Raphaël assis, d'après l'estampe de *Marc-Antoine Raimondi*. Id. 40
7181. Portrait de Raphaël, d'après l'estampe de *Jules Bonasone*. Id. 40
7182. Portrait de Raphaël à 16 ans (?). Dessin du musée d'Oxford. Id. 41
7183. Portrait de jeune homme. Dessin du musée Wicar, Lille. Id. 42
7184. Portrait d'homme, de face. Dessin du musée Wicar, Lille. Id. 42
7185. Portrait d'un vieillard entièrement chauve. Dessin du musée Wicar, Lille. Id. 43
7186. Portrait d'un homme coiffé d'un bonnet. Dessin de la galerie de l'Archiduc Charles, Vienne. Id. 43
7187. Tête de jeune femme. Dessin de la galerie de l'Archiduc Charles, Vienne. Id. 43
7188. Portrait d'une jeune fille à mi-corps. Dessin de la galerie de l'Archiduc Charles, Vienne. Id. 44
7189. Quatre têtes tirées du recueil dit: l'Album de Raphaël. Académie des Beaux-Arts de Venise. Id. 44
7190. Trois têtes de femmes. Académie des Beaux-Arts de Venise. Id. 44
7191. Trois têtes de femmes, de profil. Académie des Beaux-Arts de Venise. Id. 44
7192. Quatre têtes de femmes. Académie des Beaux-Arts de Venise. Id. 45
7193. Portrait de jeune fille en buste. Académie des Beaux-Arts de Venise. Id. 45
7194. Le même dessin. Id. 45
7195. Portrait d'une jeune fille que l'on a cru être la sœur de Raphaël. Dessin publié dans les fac-simile de la collection *Lawrence*. Lithographie. 46
7196. Portrait de Giov. Francesco Penni, il Fattore (?). Dessin publié dans les fac-simile de la collection *Lawrence*. Id. 47
7197. Tête de jeune femme. Étude pour une des muses du Parnasse. Dessin publié dans les fac-simile de la collection *Lawrence*. Id. 48
7198. Tête de jeune homme considérée à tort comme le portrait de Raphaël par lui-même. Anciennement collection du roi des Pays-Bas. Tiré d'*Ottley*. Gravure. 48
7199. Tête de Vierge. Dessin du château de Windsor. Photographie. 49
7200. Portrait de Timoteo Viti. Dessin du British Museum. Id. 50

[Tome 95.]

7201. Portrait de Timoteo Viti. Fac-simile de la collection de *Lawrence*. Lithographie. 51
7202. Tête de jeune fille. Buste en cire attribué à Raphaël. Musée Wicar. Lille. Photographie. 52
7203. La même tête vue de profil. Id. 52
7204. Profil de femme. Dessin du musée de Turin. Id. 52
7205. Deux têtes de femmes. Étude pour le mariage de la Vierge ? Id. 53
7206. Tête de vieille femme, vue de face. Id. 53
7207. Jeune femme en buste, vue de profil, tournée vers la gauche. Id. 54
7208. Jeune femme en buste tournée de profil à gauche. Id. 54
7209. Tête de jeune femme, tournée de profil à droite. Id. 54
7210. Étude pour une Vierge, en prière, tournée de 3/4 à gauche. Id. (Voir une autre épreuve ci-dessus n° 6799). 54

TOME XCVI.

RAPHAEL SANZIO (1483-1520).

7211. Danse d'amours, d'après l'estampe de *Marc-Antoine Raimondi*. Photographie. 1
7212. Femme debout auprès d'un vase. (Dessin attribué à Raphaël). d'après l'estampe gravée par *Augustin Vénitien*. Id. 1
7213. Un Cardinal allant au marché, d'après l'estampe de *Marc-Antoine Raimondi* (École de Raphaël). Id. 1
7214. Groupe de sept amours dont un monté sur un vase. Dessin d'Oxford. Id. 2
7215. Jeux d'enfants et d'amours. Musée du Louvre. Id. 2
7216. Combat d'enfants ; deux sont montés sur des sangliers. Dessin de la collection de Mgr. le duc d'Aumale. Id. 3
7217. Groupe de sept enfants jouant et portant des fruits. Étude de femme tenant un enfant dans ses bras et croquis d'ornements. Dessin de l'Université d'Oxford. Tiré d'*Ottley*. Gravure. 4
7218. Figure d'enfant tenant une guirlande. Fragment de fresque conservé à l'Académie de St-Luc, Rome. Photographie. 5
7219. La même fresque, d'après la copie de *M. Bellay*. Id. 5
7220. Génie volant, répandant des fleurs. Dessin du musée Wicar, Lille. Id. 6
7221. Étude d'une tête de jeune homme et d'une main gauche. Id. 6
7222. Esquisse sur le nu pour un Milon de Crotone. Id. 7

ÉCOLE OMBRIENNE.

[Tome 96.]

7223. Deux jeunes bergers dont l'un tient un agneau. Dessin de la collection de M. le Mis de Chennevières. Photographie. 7

7224. Étude d'homme nu, (peut-être pour un St Paul). Id. 7

7225. Étude d'une figure d'homme assis tenant un livre posé sur le genou gauche. Id. 7

7226. Génie volant tenant un vase enflammé. Dessin du musée du Louvre. Id. 8

7227. Une femme assise sur un globe, auprès d'elle sont deux enfants. Étude pour la fresque des Prophètes et des Sibylles. Dessin du musée du Louvre. Id. 8

7228. Trois figures debout. Étude pour une Médée ? Dessin du musée du Louvre. Id. 9

7229. Un homme nu couché (attribué à Raphaël). Dessin du musée du Louvre. Id. 9

7230. Torse d'un homme assis. Dessin du musée du Louvre. Id. 10

7231. Étude pour la Vierge au chardonneret et détail de la main tenant un livre. Dessin du musée Wicar. Lille. Id. 11

7232. Deux Arquebusiers. Revers du dessin précédent. Id. 11

7233. Homme nu, vu de dos et portant un vase. Dessin du musée Wicar, Lille. Id. 12

7234. Étude d'une figure d'homme nu, de profil. Dessin du musée Wicar. Id. 12

7235. Études de deux figures d'hommes, détails des mains, d'une tête et de deux têtes de lions. Dessin du Musée d'Oxford. Id. 13

7236. Une femme assise et priant. Dessin du recueil dit : l'Album de Raphaël. Académie des Beaux-Arts, Venise. Id. 13

7237. Deux hommes drapés debout, vus de dos, revers du dessin précédent. Académie des Beaux-Arts, Venise. Id. 13

7238. Deux hommes drapés debout, tournés de profil à gauche. Dessin. Académie des Beaux-Arts, Venise. Id. 14

7239. Figure d'un homme jeune, debout, la main gauche sur la poitrine. Étude pour un St Jean. Revers du dessin précédent. Académie des Beaux-Arts, Venise. Id. 14

7240. Figure d'un homme jeune, debout, la main droite sur la poitrine. Dessin. Académie des Beaux-Arts, Venise. Id. 14

7241. Figure d'un homme debout, vu de dos. Dessin. Académie des Beaux-Arts, Venise. Id. 14

7242. Figure d'une femme, debout, étendant la main gauche. Étude pour une sainte. Dessin inachevé. Académie des Beaux-Arts, Venise. Id. 15

7243. Trois figures nues, debout, et un enfant agenouillé. Dessin. Académie des Beaux-Arts, Venise. Id. 15

[Tome 96.]

7244. Homme nu frappant avec une massue la tête d'un taureau. Dessin. Académie des Beaux-Arts, Venise. Photographie. 15
7245. Jeune homme nu, debout, étendant le bras gauche. Dessin. Académie des Beaux-Arts, Venise. Id. 15
7246. Le même dessin, d'après une copie. Id. 16
7247. Un Berger jouant de la cornemuse. Dessin. Académie des Beaux-Arts, Venise. Id. 16
7248. Homme nu, sonnant de la trompette. Dessin. Académie des Beaux-Arts, Venise. Id. 16
7249. Jeune homme nu, marchant, et tenant les bras dans l'attitude d'un joueur d'instrument. Dessin. Académie des Beaux-Arts, Venise. Id. 16
7250. Deux Enfants et deux Amours. Dessin tiré du recueil dit l'Album de Raphaël. Dessin. Académie des Beaux-Arts, Venise. Id. 17
7251. Aristote, demi-figure en buste, d'après une peinture du palais du duc d'Urbin. Dessin. Académie des Beaux-Arts, Venise. Id. 17
7252. Cicéron, d'après une peinture du palais du duc d'Urbin. Dessin. Académie des Beaux-Arts, Venise. Id. 17
7253. Virgile, d'après une peinture du palais du duc d'Urbin. Dessin. Académie des Beaux-Arts, Venise. Id. 18
7254. Ptolémée Alexandre et Boèce, d'après une peinture du palais du duc d'Urbin. Dessin. Académie des Beaux-Arts, Venise. Id. 18
7255. Un Prêtre agenouillé, les mains jointes. Dessin. Académie des Beaux-Arts, Venise. Id. 19
7256. Deux Cavaliers. Dessin attribué à Raphaël. Académie des Beaux-Arts, Venise. Id. 19
7257. Un Enfant nu, debout. Dessin de la galerie de l'Archiduc Charles, Vienne. Id. 19
7258. Torse d'un homme et quatre têtes d'enfants. Dessin. Collection Albertine, Vienne. Id. 19
7259. Homme nu, assis. Dessin du British Museum. Id. 20
7260. Homme nu portant un fardeau. Deux croquis de figures nues. Dessin du British Museum. Id. 21
7261. Homme nu, assis à terre. Dessin du British Museum. Id. 21
7262. Étude d'un homme drapé à l'antique. Dessin du British Museum. Id. 22
7263. Figure de femme et deux musiciens nus. Tiré d'*Ottley*. Université d'Oxford. Gravure. 23
7264. Le même dessin. Photographie. 23
7265. Figure de femme, debout, tournée vers la droite. Tiré d'*Ottley*. Université d'Oxford. Gravure. 24
7266. Le même dessin. Photographie. 24
7267. Saints en prière dans une barque pendant une tempête. Dessin. Université d'Oxford. Id. 25

ÉCOLE OMBRIENNE.

[Tome 96.]

7268. Homme nu vu de dos et marchant. Croquis d'une figure de femme. Dessin à la plume. Londres. Photographie. 25

7269. Trois hommes nus, l'un est agenouillé, les deux autres sont debout. Dessin. Collection de Mgr. le duc d'Aumale. Id. 25

7270. Un homme nu, tenant une épée. Étude pour la bataille de Constantin. Dessin de la collection Gatteaux. Id. 26

7271. Enfant mort porté par un Dauphin. Groupe en marbre du musée de l'Ermitage. Id. 27

7272. Jonas et Élie. Figures en marbre exécutées dans la chapelle Chigi à Santa Maria del Popolo par **Lorenzetto**, d'après les dessins de Raphaël. Tiré d'*Ottley*. Gravure. 27

7273. Nymphes et Tritons. Dessin pour la décoration d'un plat, publié dans les fac-simile de la collection *Lawrence*. Université d'Oxford. Lithographie. 28

7274. La Cassolette, d'après l'estampe de *Marc-Antoine Raimondi*. Photographie. 29

7275. Chapelle Chigi à Santa-Maria del Popolo, construite sur les plans de Raphaël. Plan, coupe et coupole. Tiré de *Fontana* Gravure. 30

7276. Les Mosaïques de la chapelle Chigi. Id. 31

7277. Étude pour la figure du Père Éternel. Fresque de la chapelle Chigi. Dessin d'Oxford. Photographie. 32

7278. Autre étude pour la même figure. Fresque de la chapelle Chigi. Dessin d'Oxford. Id. 32

7279. Un Ange les bras étendus. Étude pour une mosaïque pour la chapelle Chigi. Dessin d'Oxford. Id. 33

7280. Le même dessin. Id. 33

7281. La planète Mars et un Ange. Étude pour la chapelle Chigi. Dessin du musée Wicar. Fac-simile par *A. Leroy*. Gravure. 34

7282. Le même dessin. Photographie. 34

7283. Le Prophète Isaïe. Fresque dans l'église San Agostino. Rome. Tiré de *Rosini*. Gravure. 35

7284. Plan et élévation de la façade d'une église. On croit que ce dessin est celui que fit Raphaël pour l'église S. Lorenzo à Florence. Galerie de l'Archiduc Charles, Vienne. Photographie. 35

7285. La Façade aux cariatides, d'après l'estampe de *Marc-Antoine Raimondi*. Id. 36

7286. Palazzo Uguccioni. Piazza della Signoria à Florence. Id. 36

7287. Décoration de la voûte des Stanze Borgia au Vatican, exécutée sur le dessin de Raphaël, d'après l'aquarelle de M. *Denuelle*. Id. 37

7288. Décoration de la voûte de la villa Madame, exécutée sur le dessin de Raphaël, d'après l'aquarelle de M. *Denuelle*. Id. 37

DESSINS ATTRIBUÉS A RAPHAEL.

7289. Un pied droit. Dessin de la collection Armand. Fac-simile par *A. Leroy*. Gravure. 38

7290. Torse d'un homme tenant les deux mains croisées sur le ventre. Anciennement collection de Triqueti. Photographie. 39

7291. Deux croquis de laveuses au bord du Tibre. Bibliothèque de la Faculté de médecine de Montpellier. Id. 39

7292. Un homme debout, drapé, tenant un livre. Musée de Milan. Id. 40

7293. Un moine debout remettant un enfant à sa mère. Composition de neuf personnages. Dessin de la galerie de Turin. Id. 40

7294. Groupe de trois Anges planant. Id. 40

7295. Un Ange planant. Id. 40

7296. Une femme debout, tenant un livre sous le bras droit, et croquis d'un guerrier, vu de dos. Id. 41

7297. Un homme nu se dirigeant vers la gauche, tenant un bâton sur l'épaule. Id. 41

7298. Étude de personnage drapé, vu de dos. Id. 41

7299. Cinq esquisses de figures nues. Id. 41

7300. Une esquisse de « Psyché présentant l'eau du Styx à Vénus ». Deux mains, un bras, et une tête de femme. Id. 42

TOME XCVII.

ÉCOLES ROMAINE ET NAPOLITAINE (1529-1640).

7301. **Vincenzo Pagani** (Trav. vers 1529). Ste Madeleine et Ste Scholastique, à Monte Rubbiano. Tiré de *Rosini*. Gravure. 1

7302. **Jean d'Udine (Giovanni Ricamatore)**, né à Udine en 1487, † en 1564. Jésus au milieu des docteurs, accompagné des quatre docteurs de l'Église. Académie de Venise. Tiré de *Rosini*. Id. 1

7303. Deux panneaux d'ornements. Dessin de la galerie de Turin. Photographie. 2

7304. **Giovanni Francesco Penni**, dit **Il Fattore**, élève et légataire de Raphaël, né à Florence en 1488 ? † en 1528. La Sainte Famille. Galerie Pitti, Florence. Id. 3

7305. L'Offrande à Apollon. Dessin de la galerie de Florence. Gravure. 3

[Tome 97.]
7306. La Fortune. Dessin exposé en 1879 à l'École des Beaux-Arts. Photographie. 4
7307. **Jules Romain (Giulio Pippi dit)**, né en 1492 ou 1499, † en 1546. Portrait de Jules Romain. Musée des Offices. Id. 5
7308. Le même portrait. Id. 5
7309. Autre portrait du même. Musée du Louvre. Id. 6
7310. Danse d'Apollon et des Muses. Palais Pitti, Florence. Tiré de *Rosini*. Gravure. 6
7311. Le même tableau. Photographie. 7
7312. Le même tableau. Id. 7
7313. Le même tableau. Id. 8
7314. Nymphes et Tritons. Dessin du musée de Florence Id. 9
7315. St Pierre invité à marcher sur les eaux. Mantoue. Tiré de *Rosini*. Gravure. 9
7316. Samson renversant la salle de banquet des Philistins. Mantoue. Tiré de *Rosini*. Id. 10
7317. Apollon et les Muses. Mantoue. Tiré de *Rosini*. Id. 10
7318. L'Amour et Psyché couronnés par un Génie. Salle de Psyché au palais du Té, à Mantoue. Photographie. 11
7319. Mars et Vénus au bain. Salle de Psyché au palais du Té, à Mantoue. Id. 11
7320. Polyphème, Acis et Galatée. Salle de Psyché au palais du Té à Mantoue. Id. 12
7321. Thétis et Vulcain. Sala di Troja. Palais ducal de Mantoue. Id. 12
7322. Le Char d'Apollon. Palais ducal de Mantoue. Id. 13
7323. Martyre de St Étienne. Gênes. Tiré de *Rosini*. Gravure. 14
7324. La Flagellation. Église Ste Praxède, Rome. Tiré de *Rosini*. Id. 15
7325. Vénus sortant du bain. Galerie Borghèse, Rome. Photographie. 16
7326. Panneau d'ornements. Fresque au château St Ange, Rome. Id. 16
7327. Panneau d'ornements. Fresque au château St Ange, Rome. Id. 17
7328. Détail d'un plafond. Fresque au château St Ange. Rome. Id. 17
7329. Étude de trois figures de femmes drapées. Dessin du musée de Milan. Id. 18
7330. La Conversion de St Paul. Dessin du musée de Venise. Id. 19
7331. La Vierge au bassin. Musée de Dresde. Id. 20
7332. Le Temps. Dessin du musée de Weimar. Id. 21
7333. L'Enlèvement de Proserpine. Dessin de la collection His de la Salle. Fac-simile par *A. Leroy*. Gravure. 22
7334. Danse de Nymphes. Dessin du musée du Louvre. Photographie. 23
7335. Dessin d'ornements, comprenant, outre deux sujets allégoriques, les figures de Priape, de Cérès, de Cybèle et de Bacchus. Dessin du musée du Louvre. Id 24

[Tome 97.]

7336. Vénus fournissant des traits à l'Amour. Dessin du musée du Louvre. Photographie. 25

7337. La Charité. Galerie de Londres. Tiré de *Rosini*. Gravure. 26

7338. Deux Amours prenant le lait d'une tigresse. Dessin tiré d'*Ottley*. Id. 26

7339. L'Abondance. Dessin tiré d'*Ottley*. Id. 27

7340. La Mort de Sémélé. Dessin tiré d'*Ottley*. Id. 28

7341. **Perino del Vaga (Bonaccorsi)**, peintre, élève de Raphaël, né en 1499, † en 1547. L'Adoration des Mages, à San Matteo de Pise. Tiré de *Rosini*. Id. 29

7342. Camille et Brennus. Peinture à Gênes. Id. 29

7343. Scène tirée de Roland furieux (?). Dessin du musée de Florence. Photographie. 30

7344. Ciboire. Dessin du musée de Florence. Id. 31

7345. Coffret. Dessin du musée de Florence. Id. 32

7346. Aiguière (cf. Polydore de Caravage, N° 6033). Dessin du musée de Turin. Id. 33

7347. Le triomphe de Bacchus. Dessin du musée du Louvre. Id. 33

7348. Thésée combattant les Amazones. Dessin du musée du Louvre. Id. 34

7349. Lapidation de St Étienne. Dessin de la collection His de la Salle. Id. 35

7350. La Vierge, l'Enfant Jésus et Ste Catherine. Galerie Lichtenstein, Vienne. Id. 36

7351. **Raffaëllino del Colle** (Trav. vers 1547). L'Annonciation. Citta di Castello. Tiré de *Rosini*. Gravure. 37

7352. **Orazio Alfani** (né vers 1510, † en 1583). La Ste Famille. Galerie royale de Florence. Id. 37

7353. **Le Baroche (Federigo Barocci** dit) d'Urbin, peintre, né en 1528, † en 1612. Tête de la « Beata Michelina ». Galerie du Vatican. Id. 37

7354. Portrait du prince Frédéric d'Urbin. Pinacothèque du Palais ducal, Lucques. Photographie. 38

7355. La Miséricorde. Musée de Florence. Tiré de *Rosini*. Gravure. 39

7356. St François en extase. Dessin du British Museum. Photographie. 40

7357. **Taddeo Zuccheri** (né en 1529, † en 1566). L'Olympe. Palais Boccella, Lucques. Tiré de *Rosini*. Gravure. 41

7358. **Raffaëllino, da Reggio** (né en 1550, † en 1578). Hercule tuant Cacus. « Sala Ducale » au Vatican. Tiré de *Rosini*. Id. 41

7359. **Federigo Zucchero** (né vers 1542, † en 1609). Portrait de Federigo Zucchero. Pinacothèque du Palais ducal, Lucques. Photographie. 42

ÉCOLES ROMAINE ET NAPOLITAINE.

[Tome 97.]
7360. Portrait en pied de Don Carlos jeune. Exposition des Trésors de l'Art, Manchester 1857. Photographie. 42
7361. Plafond dans l'appartement de Jules III, d'après l'aquarelle de M. *Denuelle*. Id. 43
7362. Dessin d'un cartouche. Musée de Florence. Id. 43
7363. **Anonyme** de l'École Romaine. Portrait d'un Cardinal. Pinacothèque de Munich. Id. 44
7364. **Caravage (Michel-Ange Amerighi)**, né à Caravaggio, Lombardie (1569, † en 1609). La mise au tombeau. Galerie du Vatican. Id. 45
7365. Le même tableau. Tiré de *Rosini*. Gravure. 45
7366. Joueurs. Galerie Sciarra, Rome. Tiré de *Rosini*. Id. 46
7367. Joueurs de mora. Galerie des Beaux-Arts, Sienne. Photographie. 46
7368. Joueuse de luth. Galerie Lichtenstein, Vienne. Id. 47
7369. **Borgianni** (mort sous Paul V à 38 ans). Groupe de deux femmes et d'un enfant. Dessin du musée de Florence. Id. 48
7370. **Ottavio Leoni** dit il **Padovanino**, peintre, né vers 1574, † en 1628. Portrait d'homme, vu de face. Dessin du musée de Lille. Id. 49
7371. Portrait de Galileo Galilei daté de 1624. Musée du Louvre. Id. 49
7372. **Angelo Carroselli** (né en 1585, † en 1653). Jeune fille et sorcière. Galerie Gerini. Gravure. 50
7373. **Pietre de Cortone (Berettini)**, né en 1596 à Cortone, † à Rome en 1669. La Vierge et l'Enfant Jésus entre quatre saints. Cortone. Tiré de *Rosini*. Id. 50
7374. Plafond du salon d'Apollon. Palais Pitti, Florence. Photographie. 51
7375. Plan du Palais Pitti. Dessin. 52
7376. Plan et détails du salon d'Apollon. Id. 53
7377. Vue du Salon d'Apollon. Photograph 54
7378. La Nativité de la Vierge. Musée du Louvre. Id. 55
7379. **Andrea Vaccaro** (peintre napolitain, né en 1598, † en 1670). La Madeleine, Chartreuse de Naples. Tiré de *Rosini*. Gravure. 55

TOME XCVIII.

ÉCOLES ROMAINE ET NAPOLITAINE (suite) (1640-1803).

7380. **Andrea Sacchi**, peintre romain (né en 1600, † en 1661). St Romuald prêchant. Galerie du Vatican. Tiré de *Rosini*. Gravure. 1
7381. Le même tableau. Photographie. 2

[Tome 98.]

7382. Miracle de St Grégoire. Galerie du Vatican. Photographie. 2
7383. **Antonio Ricci** dit **Barbalunga** (né à Messine en 1600, † en 1649). Ste Agathe. Musée de Madrid. Id. 3
7384. **Sassoferrato (Giov. Batt. Salvi** dit il), né en 1605, † en 1685). La Sainte Famille. Collection Pucci. Tiré de *Rosini*. Gravure. 4
7385. La Vierge du rosaire à Ste Sabine, Rome. Photographie. 4
7386. Le même tableau. Tiré de *Rosini*. Gravure. 4
7387. Portrait de Sixte Quint. Académie de St Luc, Rome. Photographie. 5
7388. La Madone. Musée du Louvre. Id. 5
7389. Tête de Vierge. musée du Louvre. Id. 6
7390. La Vierge tenant l'Enfant Jésus endormi. Musée de Cassel. Id. 6
7391. La Vierge tenant l'Enfant Jésus endormi. Musée de Cassel. Id. 7
7392. St Joseph portant l'Enfant Jésus. Musée de Berlin. Id. 7
7393. **Cerquozzi (Michel Angelo)**, né vers 1602 ou 1610, † en 1660). Une vieille fileuse. Galerie de Florence. Tiré de *Rosini*. Gravure. 8
7394. **Romanelli (Francesco)**, (né à Viterbe en 1610, † en 1662). Vénus et Adonis. Musée du Louvre. Photographie. 8
7395. **Carlo Maratta** (né à Camerano en 1625, † à Rome en 1713). La Ste Famille entourée d'anges. Tiré de *Rosini*. Gravure. 9
7396. Portrait de Faustine Maratta. Galerie Corsini, Rome. Photographie. 9
7397. Portrait de femme. Musée du Louvre. Id. 10
7398. **Giampolo Pannini** (né à Plaisance en 1695, † à Rome en 1768. Paysans dans des ruines. Musée du Louvre. Id. 11
7399. Ruines des environs de Rome. Dessin du musée du Louvre. Id. 11
7400. **Antonio Cavallucci**, da Sermoneta (né vers 1752, † en 1795). sainte Bona recevant l'habit religieux. Cathédrale de Pise. Tiré de *Rosini*. Gravure. 12
7401. **Domenico Corvi**, de Viterbe (né vers 1723, † en 1803). Mort de Ste Ubaldesca. Tiré de *Rosini*. Id. 12

PEINTRES NAPOLITAINS.

7402. Anonyme. Sans date. La Vierge et l'Enfant Jésus sur un trône entre un St Évêque et une Sainte. Mosaïque. Naples. Photographie. 13
7403. **Il Zingaro (Antonio Salario** dit), peintre napolitain, né à Civita dans les Abruzzes vers 1382, † en 1455. FRESQUES DANS LE CLOÎTRE DE SAN SEVERINO, Naples. Plan. Dessin. 14
7404. — St Benoit partant de Norcia. Photographie. 15
7405. — La même fresque. Tiré de *Rosini*. Gravure. 16

ÉCOLES ROMAINE ET NAPOLITAINE. 295

[Tome 98.]
7406. — Détail de la même fresque. Gravure. 16
7407. — Sujet de l'histoire de St Benoit. Photographie. 17
7408. — La même fresque. Id. 17
7409. — Autre sujet de l'histoire de St Benoit. Id. 18
7410. La Vierge, l'Enfant Jésus jouant avec un oiseau et le petit St Jean. Munich. Tiré de *Rosini*. Gravure. 18
7411. **Antonio Crescenzio** (peintre Sicilien, trav. vers 1440). Triomphe de la mort à Palerme. Tiré de *Rosini*. Id. 19
7412. **Anonyme Napolitain** (trav. vers 1450). Portrait d'Alphonse Ier d'Aragon, roi de Naples. Tiré de *Seroux d'Agincourt*. Id. 20
7413. **Anonyme Napolitain** (trav. en 1451?). La Vierge et l'Enfant Jésus entourés d'anges et de saints. Musée de Naples. Photographie. 21
7414. **Anonyme Napolitain XVe siècle**. Glorification de la Vierge. Tableau à six compartiments. Musée de Naples. Id. 21
7415. **Lorenzo et Jacopo di San Severino** (XVe siècle). Le crucifiement. Urbin. Église St Jean. Id. 22
7416. La prédication de St Jean. Urbin, église St Jean. Id. 23
7417. **Antonello, de Messine** (né vers 1444, † en 1493). Le Christ au tombeau. Palais ducal de Venise. Tiré de *Rosini*. Gravure. 24
7418. La Vierge. Seminario Patriarcale, Venise. Photographie. 24
7419. Portrait anonyme. Galerie Rinuccini, Florence. Tiré de *Rosini*. Gravure. 25
7420. Portrait anonyme. Galerie des Offices, Florence. Tiré de *Rosini*. Id. 25
7421. Portrait d'un condottiere. Musée du Louvre. Photographie. 25
7422. Portrait de jeune homme. Appartient à Mme la Ctesse Duchâtel. Id. 25
7423. La Vierge et l'Enfant. Musée de Berlin. Id. 26
7424. Portrait d'homme. Musée de Berlin. Id. 27
7425. Portraits d'homme et de femme. Galerie Lichtenstein, Vienne. Id. 27
7426. Le Calvaire. Musée d'Anvers. Id. 28
7427. **Pietro, de Messine** (XVe siècle). La Vierge et l'Enfant Jésus. Santa Maria Formosa, Venise. Id. 29
7428. **Girolamo Alibrandi** (né vers 1470, † en 1524). La présentation au Temple. Église St Nicolas, Messine. Tiré de *Rosini*. Gravure. 30
7429. **Cola dell'Amatrice** (trav. de 1512 à 1543). La Vierge et l'Enfant Jésus entre trois saints. Galerie Fesch. Tiré de *Rosini*. Id. 31
7430. **Vincenzo Anjemolo**. Le Sauveur entre quatre Saints. Tiré de *Rosini*. Id. 31
7431. **Jacopo Siciliano**, gendre de Spagna, travaillait à Spolète en 1538 et 1541. Le Christ en croix. Fresque à Spolète. Partie gauche. Photographie. 32
7432. La même fresque. Partie droite. Id. 32

[Tome 98.]

7433. Salvo d'Antonio (XVI⁰ siècle) La mort de la Vierge. Messine. Tiré de *Rosini*. Gravure. 33

7434. Scipione Pulzone dit **Scipione Gaetano** (né en 1562, † en 1600). Portrait de Ferdinand I⁰ʳ de Médicis. Palais Pitti. Id. 34

7435. Le même portrait. Photographie. 34

7436. Portrait de Marie de Médicis. Palais Pitti. Id. 34

7437. Portrait d'une Princesse. Palais Pitti. Id. 35

7438. Massimo Stanzioni, peintre napolitain, né en 1585, † en 1656. St Bruno donnant la règle à ses religieux. Chartreuse de Naples. Gravure. 36

7439. Sacrifice à Bacchus. Musée de Madrid. Photographie. 36

7440. Domenico Finoglia († en 1656). Mort de St Martin. Chartreuse de Naples. Tiré de *Rosini*. Gravure. 37

7441. Pacecco de Rosa (Francesco). La Madone. Musée de Naples. Tiré de *Rosini*. Id. 37

7442. Domenico Maroli, de Messine (né en 1612, † en 1676). Animaux représentés sur la « carta del Navegar » de *Boschini*. Id. 37

7443. Nicolo Spadaro (dit **Il Gargiello**). Scène de la vie religieuse. Chartreuse de Naples. Id. 37

7444. Francesco Guarino, de Solofra (né en 1612, † en 1651). Suzanne et les deux vieillards. Musée de Naples. Photographie. 38

7445. Mathias Preti dit **Il Calabrese** (1615, † en 1699). St Jean et le prêtre de Diane. Académie des Beaux-Arts, Florence. Id. 38

7446. Pietro Novelli (dit **Il Monrealese**), peintre Sicilien, vivait en 1660. L'Annonciation. St Martin de Palerme. Tiré de *Rosini*. Gravure. 39

7447. Grandeur de l'Ordre de St Benoît. Composition allégorique. Palerme. Tiré de *Rosini*. Id. 40

7448. Salvator Rosa, peintre napolitain (né en 1615, † en 1675). La Conjuration de Catilina. Palais Martelli, Florence. Tiré de *Rosini*. Id. 41

7449. Une bataille. Palais Pitti. Photographie. 41

7450. Marine. Palais Pitti. Tiré de *Rosini*. Gravure. 42

7451. Personnage dans une forêt. Palais Pitti. Tiré de *Rosini*. Id. 42

7452. Supplice de Régulus. Dessin du musée de Florence. Photographie. 43

7453. Socrate buvant la ciguë. Dessin du musée de Florence. Id. 44

7454. Un homme méditant. Dessin du musée de Florence. Id. 44

7455. Un cavalier combattant deux fantassins. Dessin du musée de Florence. Id. 44

7456. Une bataille. Musée du Louvre. Id. 44

7457. Brigand italien. Musée de l'Ermitage, St-Pétersbourg. Id. 45

7458. Étude d'arbre. Dessin. Tiré d'*Ottley*. Gravure. 46

ÉCOLES ROMAINE ET NAPOLITAINE.

[Tome 98.]
7459. **Luca Giordano**, peintre napolitain, né en 1632, † en 1705. Portrait de Luca Giordano, par lui-même. Galerie de Florence. Gravure. 47
7460. La Fuite en Égypte, gravé par *Joseph del Castillo*. Musée de Madrid. Id. 47
7461. Songe de St Joseph. Musée de Madrid. Lithographie. 48
7462. La Sainte famille. Musée de Madrid. Id. 49
7463. Les Travaux des champs. Palais Riccardi, Florence. Tiré de *Rosini*. Gravure. 50
7464. **Francesco Solimene** (né à Nocera 1657, † à Naples en 1747). Diane découvrant la faute de Calisto. Musée de Florence. Tiré de *Rosini*. Id. 50

TOME XCIX.

PEINTRES VÉNITIENS (1333-1472).

7465. **Paolo Veneto** (1333). Partie supérieure d'un tableau de la mise au tombeau de la Vierge. Vicence. Tiré de *Rosini*. Gravure. 1
7466. **Lorenzo Veneziano** (trav. de 1357 à 1371). L'Annonciation. Tableau à l'Académie des Beaux-Arts de Venise. Tiré de *Rosini*.
7467. **Nicoletto Semitecolo** (trav. de 1351 à 1367). Groupe emprunté à un tableau de la Bibliothèque du Chapitre de Padoue. Tiré de *Rosini*. Id. 1
7468. **Guariento, de Padoue**, Vénitien, trav. vers 1365. La planète Mars. Chœur des Eremitani, Padoue. Tiré de *Rosini*. Id. 1
7469. **Jacopo Avanzi** ou **d'Avanzo** (Peintre Padouan, Véronais, Bolonais). Travaillait en 1367 et 1377 avec **Altichieri da Zevio** de Vérone). LaPiscine probatique. Peinture à Mezzarata près Bologne. Id. Tiré de *Rosini*. 2
7470. Quatre têtes tirées d'une fresque de la chapelle San Felice à San Antonio, Padoue. Lithographie. 3
7471. Deux Anges sonnant de la trompette. Chapelle San Felice à San Antonio, Padoue. Id. 4
7472. Martyre de St Georges. Chapelle Saint-Georges, San Antonio, Padoue. Gravure. 5
7473. Miracle de Ste Lucie. Chapelle Saint-Georges, San Antonio, Padoue. Id. 6
7474. La même fresque. Tiré de *Rosini*. Id. 7
7475. Quatre têtes tirées de la même fresque. Lithographie. 8
7476. La Sainte famille. Détail d'une fresque de la même chapelle. Id. 9

[Tome 99.]

7477. Baptême du roi Sevius. Détail d'une fresque de la même chapelle. Gravure. 10

7478. Le Calvaire. Détail d'une fresque de la même chapelle. Id. 11

7479. La mort de Ste Lucie. Détail d'une fresque de la même chapelle. Tiré de *Rosini*. Id. 12

7480. Trois têtes tirées de la même fresque. Lithographie. 13

7481. **Altichieri, da Zevio**, peintre véronais, travaillait à Padoue en 1377, avec **Jacopo d'Avanzo**. Martyre de St Jacques, Chapelle Saint-Georges à San Antonio, Padoue. Tiré de *Rosini*. Gravure. 14

7482. L'Ensevelissement de St Jacques. Chapelle Saint-Georges à San Antonio, Padoue. Id. 15

7483. Trois têtes tirées des fresques d'Altichieri dans la chapelle San Felice à San Antonio, Padoue. Lithographie. 16

7484. **Antonio Veneziano (Antonio di Francesco** dit), peintre, trav. de 1369 à 1387. FRESQUES AU CAMPO SANTO DE PISE. Plan. Dessin. 17

7485. — Retour de St Ranier à Pise. Par *C. Lasinio*. Gravure. 18

7486. — La même fresque. Photographie. 19

7487. — Détail de la même fresque. Id. 20

7488. — Détail de la même fresque. Id. 20

7489. — Mort de St Ranier et le transport de son corps à la cathédrale de Pise. Par *C. Lasinio*. Gravure. 21

7490. — Le corps de St Ranier transporté à la cathédrale de Pise. Tiré de *Rosini*. Id. 22

7491. — Miracles de St Ranier après sa mort. Par *C. Lasinio*. Id. 23

7492. — St Ranier à table. Détail d'une des fresques. Id. 24

7493. **Nicolo Petri** (trav. à Pise en 1390). Deux têtes. —**Francesco, da Volterra** (trav. au Campo Santo de Pise en 1370). Deux têtes. — **Jacobus Pauli** (trav. à Bologne en 1400). Une tête. Lithographie. 25

7494. **Jacopo, da Verona** (trav. en 1397). L'Adoration des Mages. Tiré de *Rosini*. Gravure. 26

7495. Cinq personnages debout, peinture dans la chapelle Pisani à Padoue. 1397. Tiré de *Rosini*. Id. 26

7496. **Domenico Veneziano** (trav. en 1438, † en 1461). La Vierge et l'Enfant Jésus entre trois saints et une sainte. Galerie des Offices. Tiré de *Rosini*. Gravure. 27

7497. Le même tableau. Photographie. 28

7498. **Francesco Squarcione** (peintre padouan, né en 1394, † en 1474). La Vierge et l'Enfant Jésus. Tableau chez les Lazzara à Padoue. Tiré de *Rosini*. Gravure. 29

7499. St Jérôme. Tableau chez les Lazzara à Padoue. Tiré de *Rosini*. Id. 29

ÉCOLE VÉNITIENNE.   299

[Tome 99.]

7500. **Giovanni, d'Alemania** (trav. à Venise avec Antonio da Murano de 1440 à 1446). — **Antonio Vivarini, da Murano.** — **Bartolommeo Vivarini, da Murano.** Frère du précédent, travaillait avec son frère en 1450 et 1451. L'Ange de l'Annonciation. Académie des Beaux-Arts, Venise. Photographie. 30

7501. La Vierge de l'Annonciation. Académie des Beaux-Arts, Venise. Id. 30

7502. **Ant. et Bart. Vivarini, da Murano.** Le couronnement de la Vierge. Académie des Beaux-Arts de Venise. Id. 31

7503. La Vierge et l'Enfant Jésus entourés de huit saints. Pinacothèque de Bologne. Tiré de *Rosini*. Gravure. 32

7504. Le même tableau. Photographie. 33

7505. **Vittore Pisanello**, Véronais, peintre et médailleur (trav. en 1444, † en 1451). La Madone. Musée Civique, Vérone. Id. 34

7506. Ste Catherine. Musée Civique, Vérone. Id. 35

7507. Monument Brenzoni. San Fermo de Vérone. Id. 36

7508. St Antoine et St Georges. National Gallery, Londres. Id. 37

7509. Deux figures d'Apôtres et groupe de quatre soldats. Dessin. Id. 38

7510. Profil de femme et étude d'un homme et d'un enfant nus. Dessin. Id. 38

7511. Trois figures en costume du XVe siècle, vues de dos. Dessin Id. 39

7512. Étude d'une figure de Saint et d'un cavalier. Dessin. Id. 39

7513. Étude de deux cavaliers pour le revers de la médaille de Jean-François de Gonzague, marquis de Mantoue. Dessin d'Oxford. Id 40

7514. Étude d'un cavalier et d'un homme vu de dos (Jean VII, Paléologue). Dessin du musée du Louvre. Id. 40

7515. Profil du Christ pour un médaillon. Dessin du musée du Louvre. Id. 40

7516. Emblème représentant un peigne démêlant deux nattes de cheveux. Dessin du musée du Louvre. Id. 40

7517. Cavaliers en marche. Dessin du musée du Louvre. Id. 41

7518. Profil d'un Évêque mitré. Dessin du musée du Louvre. Id. 42

7519. Profil d'homme tourné vers la droite. Portrait d'Alphonse Ier roi de Naples. Dessin du musée du Louvre. Id. 42

7520. Profil d'homme tourné vers la gauche. Portrait de Philippe-Marie Visconti, duc de Milan. Dessin du musée du Louvre. Id. 43

7521. Autre profil de Philippe-Marie Visconti, duc de Milan. Dessin du musée du Louvre. Id. 43

7522. Trois hommes en costume du XVe siècle. Dessin du British Museum. Id. 44

7523. Trois études de Saints et six études d'oiseaux. Dessin exposé en 1879 à l'École des Beaux-Arts. Id. 44

[Tome 99.]

7524. Un homme et une femme en costume du XVe siècle. Dessin exposé en 1879 à l'École des Beaux-Arts. Id.   45

7525. Trois femmes en costume du XVe siècle. Dessin exposé en 1879 à l'École des Beaux-Arts. Id.   45

7526. Deux femmes et trois hommes en costume du XVe siècle. Id.   46

7527. **Jacopo Bellini** (peintre vénitien, né en 1400, † en 1464. Le Calvaire. Fresque à la cathédrale de Vérone. Tiré de *Rosini*. Gravure.   47

7528. Le Christ au tombeau pleuré par les Saintes Femmes. Tableau à Venise. Id.   47

7529. La Madone. Id.   47

7530. Tête de femme attribuée à Jac. Bellini? Dessin de la collection His de la Salle (voir N° 7595). Photographie.   48

7531. **Quirino, da Murano** (trav. vers 1460). La Vierge et l'Enfant, tableau de l'Académie des Beaux-Arts, Venise. Id.   49

7532. **Gentile Bellini** (né à Venise en 1426, † en 1507). Portraits de Gentile et de Giovanni Bellini. Musée du Louvre. Id.   50

7533. La Prédication de St Marc à Alexandrie. Musée Bréra. Milan. Id. 51

7534. Le même tableau. Id.   52

7535. Détail du même tableau. Tiré de *Rosini*. Gravure.   53

7536. Procession sur la place St Marc à Venise, 1491. Académie des Beaux-Arts, Venise. Photographie.   54

7537. Détail du même tableau. Id.   54

7538. Détail du même tableau. Id.   55

7539. Le Miracle de la Sainte Croix tombée dans le canal. Académie des Beaux-Arts, Venise. Id.   56

7540. Le même tableau. Id.   56

7541. Détail du même tableau. Id.   57

7542. Portrait du doge Francesco Foscari. Tableau du musée Correr, Venise. Id.   58

7543. Procession dans Venise. Dessin. Id.   59

7544. Procession d'Orientaux. Dessin du musée du Louvre. Id.   59

7545. Femme orientale assise. Dessin du British Museum. Id.   60

7546. Oriental assis. Dessin du British Museum. Id.   60

7547. **Gentile Bellini?** Son portrait par lui-même, d'après une sculpture. Id.   60

TOME C.

ÉCOLE VÉNITIENNE (1472-1486).

7548. **Giovanni Bellini** (né à Venise en 1427, † en 1516). Portrait de Giovanni Bellini par lui-même. Musée des Offices. Photographie. 1
7549. Autre portrait du même, par *C. F. Gaillard*. Gravure. 1
7550. Le Christ mort soutenu par la Vierge et les Apôtres. Musée des Offices. Tiré de *Rosini*. Id. 2
7551. Le même tableau. Photographie. 3
7552. Le Christ mort soutenu par trois anges. Pinacothèque de Rimini. Id. 4
7553. La Vierge et l'Enfant. Galerie Borghèse, Rome. Tiré de *Rosini*. Gravure. 5
7554. Bacchanale, dans un paysage peint par Titien. Collection du duc de Northumberland, anciennement Galerie Camuccini, Rome. Tiré de *Rosini*. Id. 5
7555. Le même tableau. Id. 6
7556. Portrait du doge Giovanni Mocenigo, né en 1408, † en 1485. Galerie du Vatican. Photographie. 6
7557. Le Christ au tombeau soutenu par la Vierge et St Jean. Palais ducal de Venise. Gravure. 7
7558. La Vierge et l'Enfant Jésus entre Ste Madeleine et Ste Catherine. Académie des Beaux-Arts, Venise. Photographie. 7
7559. Le même tableau. Id. 8
7560. La Vierge et l'Enfant Jésus entre St Pierre et St Georges. Académie des Beaux-Arts, Venise. Id. 8
7561. Le même tableau. Id. 9
7562. La Vierge et l'Enfant Jésus bénissant. Académie des Beaux-Arts, Venise. Id. 9
7563. Le même tableau. Id. 10
7564. La Vierge, l'Enfant Jésus et six chérubins. Académie des Beaux-Arts, Venise. Id. 11
7565. Le même tableau. Id. 12
7566. La Vierge et l'Enfant Jésus, 1487. Académie des Beaux-Arts, Venise. Id. 12
7567. Le même tableau. Id. 13
7568. Le même tableau. Id. 13
7569. Portrait du doge Giovanni Mocenigo, né en 1408, élu en 1478, † en 1485. Musée Correr, Venise. Id. 14

[Tome 100.]

7570. La Transfiguration. Musée de Naples. Photographie. 15
7571. Le même tableau. Id. 15
7572. Le Christ au tombeau entre la Vierge et St Jean. Musée Brera, Milan. Id. 16
7573. La Vierge et l'Enfant Jésus. Musée du Louvre. Id. 17
7574. La Madone entre deux Saintes. Musée de Madrid. Id. 18
7575. La Ste Famille et St Pierre. Collection de Mme la Comtesse Duchâtel. Id. 18
7576. Femme nue se peignant. Musée du Belvedère, Vienne. Id. 19
7577. Portrait de Catarina Cornaro. Musée de Buda-Pesth. Id. 19
7578. Le Christ bénissant. Musée de Dresde. Id. 20
7579. Portrait du doge Léonardo Loredano. Musée de Dresde. Id. 21
7580. La Vierge et l'Enfant Jésus (attribué à **Giov. Bellini**). Collection Frizzoni. Id. 22
7581. Le Christ remettant les clefs à St Pierre (attribué à **Giov. Bellini**). Musée de Madrid. Id. 22
7582. La Vierge et St Jean pleurant sur le Christ mort (attribué à **Giov. Bellini**). Musée de Berlin. Id. 23
7583. Portrait de jeune homme. Dessin du musée de Florence. Id. 23
7584. Le même portrait. Id. 23
7585. La Madone sur un trône entourée de quatre Saints. Dessin du musée de Florence. Id. 24
7586. La Vierge et l'Enfant Jésus. Dessin. Id. 24
7587. St Jean-Baptiste et un Saint Evêque. Dessin du British Museum. Id. 25
7588. Composition de six figures. Dessin d'Oxford. Christ-Church. Id. 26
7589. Portrait d'homme de profil. Dessin d'Oxford. Christ-Church. Id. 26
7590. La Madone. Dessin du musée de Vienne. Id. 27
7591. La Vierge sur un trône entre deux Saints. Dessin du musée de Dresde. Id. 27
7592. Portrait d'homme de profil. Dessin exposé en 1879 à l'École des Beaux-Arts. Id. 28
7593. La Vierge et l'Enfant entre St Jean-Baptiste et un autre Saint. Dessin exposé en 1879 à l'École des Beaux-Arts. Id. 29
7594. Le Sauveur. Dessin exposé en 1879 à l'École des Beaux-Arts. Id. 30
7595. Tête de femme. Dessin. Le même dessin est attribué plus haut à G. Bellini. Collection His de La Salle. (Voir plus haut n° 7530). Id. 31
7596. **Bartolommeo Vivarini**, travaillait de 1450 à 1498. La Vierge entre quatre Saints. Musée de Naples. Tiré de *Rosini*. Gravure. 32

ÉCOLE VÉNITIENNE.

[Tome 100.]

7597. **Anonyme Vénitien** (1475 ?). La Vierge et les Saintes Femmes au pied de la croix. Fresque à San Fermo Maggiore, Vérone. Gravure. 32
7598. **Andrea Mantegna**, né en 1431 † en 1506. Buste en bronze de Mantegna dans l'église St-André à Mantoue. Photographie. 33
7599. Fresques dans la chapelle des Eremitani, a Padoue. Plan. Dessin. 34
7600. — St Jacques baptisant un Sarrazin. Photographie. 35
7601. — St Jacques devant le Juge. Id. 35
7602. — St Jacques conduit au supplice. Id. 36
7603. — Martyre de St Jacques. Id. 36
7604. — Martyre de St Christophe. Id. 37
7605. — Martyre de St Christophe. Id. 37
7606. L'Adoration des Mages. Partie centrale d'un triptyque au musée des Offices, Florence. Id. 38
7607. La Circoncision. Panneau du même triptyque. Id. 39
7608. Le même sujet. Id. 40
7609. L'Ascension. Panneau du même triptyque. Id. 41
7610. Fresques a l'Archivio Nazionale a Mantoue. Décoration de la voûte. Id. 42
7611. — Cartouche soutenu par des amours, renfermant une inscription relative aux fresques de l'Archivio Nazionale, exécutées en 1474 pour Louis III de Gonzague. Id. 43
7612. — Louis III de Gonzague et sa famille. Id. 43
7613. — Louis III de Gonzague rencontre à Rome son fils fait cardinal. Partie gauche. Id. 44
7614. — La Même fresque. Partie droite. Id. 44
7615. Ste Euphémie. Peinture sur bois. Tiré de *Seroux d'Agincourt*. Gravure. 45
7616. Judith retournant à Béthulie. Tiré de *Seroux d'Agincourt*. Id. 46
7617. Le Christ pleuré par les anges. Musée de Christiansbourg. Photographie. 47
7618. St Sébastien. Musée de Vienne. Id. 47
7619. Le Triomphe de Jules César (en huit feuilles). Musée de Vienne. Id. 48
7620. Le Christ mort. La Vierge. St Jean. Une Sainte. Un pélican nourrissant ses petits. Cinq médaillons dessinés par Mantegna. Institut Städel, Francfort. Id. 49
7621. La Vierge et l'Enfant. La bordure est ornée de figures d'anges tenant les instruments de la Passion. Musée de Berlin. Id. 50
7622. Le Christ pleuré par les anges. Musée de Berlin. Id. 51
7623. Le même tableau. Id. 52
7624. Le même tableau. Id. 52

[Tome 100.]

7625. Portrait du cardinal Mezzarota. Musée de Berlin. Photographie. 53
7626. La Vierge et l'Enfant sur un trône entre St Jean-Baptiste et Ste Madeleine. National Gallery, Londres. Id. 54
7627. Le même tableau. Id. 55
7628. Groupe des prisonniers du Triomphe de César. National Gallery, Londres. Tiré de *Rosini*. Gravure. 56

TOME CI.

ANDREA MANTEGNA (suite) (1431-1506).

7629. **Andrea Mantegna**. La Vierge de la Victoire. Musée du Louvre. Tiré de *Rosini*. Gravure. 1
7630. Le même tableau. Photographie. 2
7631. Le Christ entre les deux larrons. Musée du Louvre. Id. 3
7632. Le Parnasse. Musée du Louvre. Id. 4
7633. Mars et Vénus. Détail du même tableau. Id. 5
7634. Portrait de Frédéric de Montefeltro duc d'Urbin. Collection du prince de Palestrina à Rome. Tiré des Costumes de *Bonnard*. Gravure. 6
7635. La Circoncision. Anc. collection du roi de Sardaigne. Tiré de *Rosini*. Id. 7
7636. Madone sur un trône, entourée d'anges chantant et jouant de la mandoline. Partie centrale d'un tableau de l'église de San Zenone, Vérone. Photographie. 8
7637. Partie latérale droite du même tableau. Id. 8
7638. Partie latérale gauche du même tableau. Id. 9
7639. St Georges. Académie des Beaux-Arts de Venise. Id. 9
7640. Le même tableau. Id. 10
9641. La Vierge aux rochers. Galerie des Offices, Florence. Id. 10
7642. Le même tableau. Id. 11
7643. Portrait d'Isabelle d'Este, femme de Jean François II de Gonzague. Galerie des Offices, Florence. Id. 11
7644. Le même tableau. Id. 12
7645. Pieta. Galerie du Vatican. Id. 13
7646. Un Saint écrivant. Musée Brera, Milan. id. 13
7647. La Madone glorieuse. Tableau au Palais Trivulce à Milan. Id. 14
7648. Le même tableau. Id. 15
7649. L'Enfant Jésus bénissant. Id. 15
7650. Ecce homo. Id. 16

[Tome 101].

ÉCOLE VÉNITIENNE.

DESSINS.

7651. La Vierge adorant l'Enfant Jésus. Galerie de Florence. Id. 16
7652. Hercule et Antée. Galerie de Florence. Id. 17
7653. Jeune homme accoudé sur un rinceau d'ornements. Galerie de Florence. Id. 17
7654. Fragment du triomphe de César. Dessin du musée de Milan. Id. 18
7655. Une femme couronnant un terme. Dessin du musée de Turin. Id. 19
7656. La Présentation de Jésus au temple. Dessin du musée de Turin.
7657. Un sacrifice antique. Id. 28
7658. Deux hommes nus et une femme jouant de la flûte. Dessin du musée de Vienne. Id. 21
7659. La Tête de St Jean (attribué à Mantegna ?). Dessin de la galerie Albertine. Vienne. Id. 21
7660. Judith donnant la tête d'Holopherne à sa servante. Dessin du musée du Louvre. Id. 22
7661. Judith remettant la tête d'Holopherne à sa servante. Dessin du musée du Louvre. Id. 22
7662. Le même dessin, fac-simile par *A. Leroy*. Gravure. 23
7663. Le même dessin d'après une copie. Photographie. 24
7664. La Descente aux Limbes. Dessin de la collection His de la Salle, donné à l'École des Beaux-Arts de Paris. Id. 25
7665. Le même dessin. Id. 26
7666. Monument à la mémoire de Virgile. Dessin de la collection His de la Salle. Id. 27
7667. Le même dessin. Id. 28
7668. Le même dessin, fac-simile par *Gaucherel*. Gravure. 20
7669. Le Jugement de Salomon, grisaille. Musée du Louvre. Photographie. 29
7670. Le Massacre des Innocents. Dessin de la collection His de la Salle. Id. 30
7671. Hercule tuant un serpent. Dessin exposé en 1879 à l'École des Beaux-Arts. Id. 31
7672. Fragment du triomphe de César. Dessin exposé en 1879 à l'École des Beaux-Arts. Id. 32
7673. Le Triomphe de César. Étude. Dessin exposé en 1879 à l'École des Beaux-Arts Id. 32
7674. Étude pour la figure de Judith remettant la tête d'Holopherne à sa servante. Dessin exposé en 1879 à l'École des Beaux-Arts. Id. 33
7675. Hercule entre le Vice et la Vertu. Dessin du British Museum. Id. 34

[Tome 101.]

7676. La Sottise conduite par le Vice et l'Ignorance. Dessin du British Museum. Photographie. 35
7677. Le Christ sur son tombeau. Dessin du British Museum. Id. 36
7678. Le même dessin. Tiré d'*Ottley*. Gravure. 36
7679. Tritons et chevaux marins. Dessin fac-simile par *Th. Vivarès*. Id. 37
7680. La Vierge et l'Enfant. Dessin du British Museum. Photographie. 37
7681. Le Calvaire. Dessin du British Museum. Id. 38
7682. Hercule terrassant le lion de Némée. Dessin d'Oxford, Christ-Church. Id. 39
7683. Étude d'un homme assis. (École de Mantegna). Dessin d'Oxford, Christ-Church. Id. 40
7684. Étude pour un St Jean-Baptiste (École de Mantegna). Dessin d'Oxford, Christ-Church. Id. 41
7685. Composition allégorique, avec figure de la Victoire. (École de Mantegna). Dessin d'Oxford, Christ-Church. Id. 42
7686. Dessin d'après l'antique. (École de Mantegna ?). Oxford. Christ-Church. Id. 43
7687. Triton et Nymphe. (École de Mantegna ?). Dessin d'Oxford, Christ-Church. Id. 43
7688. La Mise au tombeau. Dessin d'Oxford, Christ-Church. Id. 44
7689. Sacrifice antique (École de Mantegna ? D'après l'estampe de **Girol. Mocetto**. B. 7. Passavant. V. p. 138. N° 15. Dessin d'Oxford, Christ-Church. Id. 45
7690. Etude d'un groupe d'hommes drapés. Dessin d'Oxford, Christ-Church. Id. 46
7691. Hercule étouffant Antée. Dessin d'Oxford, Christ-Church. Id. 47
7692. Un guerrier assis. Dessin d'Oxford, Christ-Church. Id. 48
7693. Bacchanale. D'après l'estampe de *Mantegna*. Id. 49
7694. La Bacchanale à la cuve. D'après l'estampe de *Mantegna*. Id. 49
7695. La même estampe. Photogravure. 50
7696. La mise au tombeau. D'après l'estampe de *Mantegna*. Id. 51
7697. La Descente aux Limbes. D'après l'estampe de *Mantegna*. Id. 52
7698. Jésus-Christ ressuscité entre St André et St Longin. D'après l'estampe de *Mantegna*. Id. 53
7699. Soldats portant des trophées. D'après l'estampe de *Mantegna*. Id. 54
7700. La Vierge et l'Enfant Jésus, dans un cadre renfermant seize sujets de la vie de la Vierge. Photographie d'après des planches gravées et argentées, conservées dans le Palais Pitti à Florence et attribuées sans raison à Mantegne. Ces planches, gravées au XVIIe siècle, sont de l'école flamande. Id. 55

TOME CII.

PEINTRES VÉNITIENS, 1480-1519.

7701. **Carlo Crivelli**, peintre vénitien, travaillait de 1468 à 1491. La Vierge et l'Enfant Jésus entre St Pierre, St Dominique, St Pierre martyr et San Geminiano (1482). Tableau du musée Brera, Milan. Photographie. 1
7702. Le même tableau. Id. 2
7703. Le même tableau, partie centrale. Id. 3
7704. La Vierge et l'Enfant Jésus sur un trône. Tableau du musée Brera, Milan. Id. 3
7705. La mise au tombeau. Tableau de la galerie du Vatican. Id. 4
7706. Le Christ au tombeau, pleuré par la Vierge, St Jean et Ste Madeleine, tableau ayant figuré à l'Exposition des Trésors de l'art, Manchester 1857. Id. 4
7707. La Vierge et l'Enfant Jésus sur un trône, entourés de sept Saints, anciennement collection Dudley. Tiré de *Rosini*. Gravure. 5
7708. Le Bienheureux Ferretti. National Gallery, Londres. Photographie. 5
7709. Tableau d'autel : la Vierge et l'Enfant Jésus entourés de douze Saints (1476). National Gallery, Londres. Id. 6
7710. Partie centrale du même tableau, la Vierge et l'Enfant. Id. 7
7711. Partie centrale du même tableau. Tiré de *Seroux d'Agincourt*. Gravure. 8
7712. **Zenale**, travaillait vers 1481. L'Évangéliste St Marc entouré de fidèles agenouillés. Dessin exposé en 1879 à l'École des Beaux-Arts. Photographie. 9
7713. **Marco Zoppo** (travaillait de 1468 à 1498). La Madone et l'Enfant Jésus entourés de Saints. Bologne, Collegio di Spagna. Id. 10
7714. La Madone tenant l'Enfant Jésus sur ses genoux. Tiré de *Rosini*. Gravure. 11
7715. **Francesco Monsignori** (travaillait de 1484 à 1488). Le martyre d'un saint Évêque. Tableau de Vérone. Tiré de *Rosini*. Id. 11
7716. **Alvise Vivarini** (travaillait de 1476 à 1503). La Vierge et l'Enfant. Tableau de la galerie Manfrin. Photographie. 12
7717. La Madone sur un trône entre St Bernardin, St François et d'autres saints religieux (1480). Académie des Beaux-Arts de Venise. Id. 12
7718. Le même tableau. Id. 13
7719. Le même tableau. Id. 13

[Tome 102.]

7720. La Madone sur un trône entre six Saints et Saintes. Musée de Berlin. Photographie. 14

7721. **Liberale, de Vérone** (né en 1451, † en 1536). Parabole des ouvriers de la vigne. Miniature d'un livre de chœur à Sienne. Gravure. 15

7722. **Giovanni Mansueti** (travaillait en 1494 et en 1500). St Sébastien entre St Georges, Saint Libéral, St François d'Assise et St Roch. Académie des Beaux-Arts, Venise. Photographie. 15

7723. **Marco Marziale** (travaillait en 1488 et 1506). Les pèlerins d'Emmaüs (1506). Académie des Beaux-Arts, Venise. Id. 16

7724. **Cima da Conegliano**, peintre, élève de Giov. Bellini (travaillait de 1489 à 1517). La Vierge et l'Enfant Jésus entre six Saints et Saintes. Galerie de Parme. Tiré de *Rosini*. Gravure. 17

7725. St Jean-Baptiste prêchant entre quatre Saints. Académie des Beaux-Arts de Venise. Photographie. 17

7726. Le Christ portant sa croix, attibué à Cima de Conegliano, tableau ayant figuré à l'exposition des Trésors de l'art à Manchester, 1857. Id. 18

7727. Ste Catherine. Tableau ayant figuré à l'exposition des Trésors de l'Art à Manchester 1857. Id. 18

7728. Le Mariage de Ste Catherine. Tableau ayant figuré à l'exposition des Trésors de l'Art à Manchester 1857. Id. 19

7729. St Pierre sur un trône entre St Jean-Baptiste et St Paul. Musée Brera, Milan. Id. 19

7730. Le Christ descendu de la croix. Académie des Beaux-Arts de Venise. Id. 20

7731. Le même tableau. Id. 20

7732. La Madone avec l'Enfant Jésus entre St Jean-Baptiste et St Paul apôtre. Académie des Beaux-Arts, Venise. 21

7733. Le même tableau. Id. 21

7734. Le Christ entre l'apôtre St Thomas et St Magne. Académie des Beaux-Arts, Venise. Id. 22

7735. Le même tableau. Id. 22

7736. La Vierge et l'Enfant Jésus entre St Sébastien, St Georges, St Nicolas, Ste Catherine, Ste Lucie et un autre saint. Académie des Beaux-Arts, Venise. Id. 23

7737. Le même tableau. Id. 23

7738. Le même tableau. Id. 24

7739. La Vierge tenant l'Enfant Jésus. Académie des Beaux-Arts, Bologne. Id. 25

7740. La Vierge et l'Enfant Jésus entre St Pierre et une Sainte tenant un enfant. Galerie des Offices, Florence. 26

ÉCOLE VÉNITIENNE. 309

[Tome 102.]

7741. La Vierge et l'Enfant Jésus entre St Jean et Ste Madeleine. Musée du Louvre. Photographie. 27
7742. La Vierge et l'Enfant Jésus. National Gallery, Londres. Id. 28
7743. La Vierge et l'Enfant Jésus. Musée Städel, Francfort. Id. 28
7744. **Francesco Marchesi, da Cottignola** ou **Niccolo Rondinelli**, travaillait vers 1500. La Vierge et l'Enfant Jésus entre quatre Saints et Saintes. Académie des Beaux-Arts, Ravenne. Id. 29
7745. **Bonsignore** (né en 1455, † en 1519). L'Olympe ? Dessin du musée de Vienne. Id. 30
7746. **Mocetto (Girolamo)** mentionné de 1484 à 1513. Judith, d'après l'estampe originale. (B. 1.). Photogravure. 31
7747. La Vierge sur un trône. D'après l'estampe originale. (B. 4.). Id. 32
7748 Bacchus. D'après l'estampe originale. (B. 6.). Id. 33
7749. **Benedetto Montagna** (travaillait de 1500 à 1533). L'Enlèvement d'Europe. D'après l'estampe originale. (B. 23). Id. 34
7750. L'homme à la flèche. D'après l'estampe originale. (B. 33.). Id. 35
7751. **Andrea Cordegliaghi** (travaillait vers 1510). La Vierge tenant l'Enfant Jésus sur ses genoux; St Jean-Baptiste et Ste Catherine. Académie des Beaux-Arts, Venise. Photographie. 36
7752. Le même tableau. Id. 36
7753. Le même tableau. Id. 37
7754. **Filippo, Veneto** (travaillait vers 1500). La Vierge tenant l'Enfant Jésus adoré par un Saint. Tiré de *Rosini*. Gravure. 37
7755. **Niccolo Giolfino** (travaillait de 1486 à 1518). L'Astronomie. Fresque. Photographie. 38
7756. **Anonyme** de la fin du XVe siècle. Portrait d'homme. Id. 38
7757. **Vittore Camelio** (1504). Profil d'homme regardant à gauche. Dessin exposé en 1879 à l'École des Beaux-Arts. Id. 39
7758. Autre profil d'homme dirigé dans le même sens. Dessin exposé en 1879 à l'École des Beaux-Arts. Id. 39
7759. **Bartolommeo Montagna**, (travaillait vers 1499, mort après 1523). La Vierge et l'Enfant Jésus entre quatre Saints et trois anges jouant de la musique. Musée Brera, Milan. Id. 40
7760. Le même tableau. Id. 41
7761. Les trois anges jouant de la musique. Détail du même tableau. Id. 42
7762. La Vierge et l'Enfant Jésus sur un trône entre deux Saints et trois anges jouant de la musique. Chartreuse de Pavie. Id. 43
7763. St Sébastien. Dessin du musée de Florence. Id. 44
7764. St Ambroise. Dessin du musée de Florence. Id. 44

[Tome 102.]

7765. **Vittore Carpaccio** (travaillait de 1490 à 1519). Sujets de l'histoire de Ste Ursule à l'Académie des Beaux-Arts de Venise. Le prince d'Angleterre prend congé de son père et rencontre Ste Ursule (1495). Photographie. 45
7766. — Le même tableau. Id. 45
7767. — Détail du même tableau, le prince d'Angleterre prend congé de son père. Id. 46
7768. — Détail du même tableau. Rencontre de Ste Ursule et de son futur époux. Id. 46
7769. — Détail du même tableau. Groupe des seigneurs anglais. Id. 47
7770. — Les ambassadeurs du roi d'Angleterre introduits auprès du roi Maure. Id. 48
7771. — Le même tableau. Id. 48
7772. — Partie gauche du même tableau. Groupe de seigneurs. Id. 49
7773. — Partie centrale du même tableau. Id. 50
7774. — Partie droite du même tableau. Le roi Maure se consultant avec la princesse Ursule, sa fille. Id. 51
7775. — Le roi Maure congédie les ambassadeurs du roi d'Angleterre. Id. 52
7776. — Le même tableau. Id. 52
7777. — Les Ambassadeurs rapportant au roi d'Angleterre la réponse du roi Maure. Id. 53
7778. — Le même tableau. Id. 53
7779. — Détail du même tableau. Id. 54
7780. — Ste Ursule accompagnée de son mari et des vierges est reçue à la porte de Rome par le pape Cyriaque. Id. 55
7781. — Le même tableau. Id. 55
7782. — Ste Ursule avec les vierges arrive à Cologne. Id. 56
7783. — Le même tableau. Id. 56
7784. — Groupe de guerriers, détail du même tableau. Id. 57
7785. — Ste Ursule dans sa gloire, entourée des Vierges et du Pape Cyriaque (1491). Id. 58
7786. Les 10,000 martyrs crucifiés sur le mont Ararat (1515). Id. 59
7787. Le même tableau. Id. 59
7788. Le Patriarche de Grado délivre un possédé au moyen d'une relique de la vraie croix. Tableau de l'Académie des Beaux-Arts Venise. Id. 60
7789. Détail du même tableau. Groupe de Seigneurs. Id. 61
7790. Détail du même tableau. Le bord du canal. Id. 62
7791. La Présentation de Jésus au temple (1510). Tableau de l'Académie des Beaux-Arts, Venise. Id. 63
7792. Le même tableau. Id. 63

[Tome 102.]

7793. Un Ange jouant de la mandoline, détail du même tableau. Photographie. 64
7794. Rencontre de Ste Anne et de St Joachim, en présence de St Louis roi de France et de Ste Ursule (1515). Tableau de l'Académie des Beaux-Arts, Venise. Id. 65
7795. Le même tableau. Id. 66
7796. Le même tableau. Id. 66
7797. La Vierge, l'Enfant Jésus et St Jean-Baptiste. Musée Städel, Francfort. Id. 67
7798. La Mort de la Vierge. Pinacothèque de Ferrare. Id. 68
7799. La Présentation de la Vierge au temple. Dessin du musée de Florence. Id. 69
7800. St Georges tuant le dragon. Dessin du musée de Florence. Id. 70
7801. Deux personnages en costume du XVe siècle, tenant des palmes. Dessin du musée de Florence. Id. 71
7802. La Purification. Tableau du musée Brera, Milan. Tiré de *Rosini*. Gravure. 71

TOME CIII.

ÉCOLE VÉNITIENNE (1486-1522). — TIZIANO VECELLI.

7803. **Pier Francesco Bissolo**, peintre, mentionné de 1492 à 1530. Le Christ mort soutenu par deux anges. Académie des Beaux-Arts, Venise. Photographie. 1
7804. La Vierge présentant l'Enfant Jésus à St Siméon en présence de deux Saints, d'une Sainte et d'un donateur. Académie des Beaux-Arts, Venise. Id. 1
7805. L'Annonciation. Académie des Beaux-Arts, Venise. Id. 2
7806. La Madone, l'Enfant Jésus et St Pierre martyr. Musée Correr, Venise. Id. 2
7807. **Vincenzio Catena**, de Trévise, peintre (mentionné en 1495, † en 1531). Ste Christine. Académie des Beaux-Arts Venise. Tiré de *Rosini*. Gravure. 3
7808. La Vierge et l'Enfant-Jésus entre St Jean-Baptiste et St Jérôme. Académie des Beaux-Arts. Venise. Photographie. 4
7809. Le même tableau. Id. 4
7810. La Vierge et l'Enfant Jésus à qui un Saint présente un doge agenouillé. Palais Ducal de Venise. Id. 5
7811. Portrait de Raymond Fugger. Musée de Berlin. Id. 6

[Tome 103.]

7812. **Martino, da Udina**, dit aussi **Pellegrino da San Daniello** (travaillait de 1497 à 1529). La Madone sur un trône entre St Georges, St Roch et un donateur. Académie des Beaux-Arts, Venise. Photographie. 7

7813. La Vierge et l'Enfant Jésus entre St-Sébastien, St Pierre, St Roch et un autre Saint. Académie des Beaux-Arts, Venise. Id. 7

7814. **Giovanni-Francesco Caroto**, peintre véronais, né en 1470, † en 1546. La Résurrection de Lazare (1531). Gravure. 8

7815. La Naissance de la Vierge. Villa Frizzoni près du lac de Côme. Photographie. 8

7816. **Marco Basaiti** (travaillait de 1510 à 1520). St Sébastien. Église Santa Maria della Salute, Venise. Id. 9

7817. Le même tableau. Id. 9

7818. Le Christ au jardin des Oliviers. Académie des Beaux-Arts, Venise. Id. 10

7819. Une allégorie sacrée. Galerie des Offices, Florence. Id. 10

7820. La Vierge et l'Enfant Jésus. National Gallery, Londres. Id. 11

7821. La Vocation des fils de Zébédée. Musée de Vienne. Id. 11

7822. Détail du même tableau. Gravure. 12

7823. **Andrea Previtali**, peintre bolonais, élève de Giov. Bellini (travaillait de 1506 à 1528). La Madone entre St Sébastien et St Dominique. Galerie Lochis, Bergame. Tiré de *Rosini*. Id. 12

7824. **Giovanni, da Udine ?** (vers 1517). La Vierge, l'Enfant Jésus, St Joseph et deux Saintes. Académie des Beaux-Arts, Venise. Id. 13

7825. **Girolamo dai Libri**, peintre Véronais, né en 1474, † en 1556. La Nativité. Vérone. Gravure. 13

7826. La Madone sur un trône, à droite St Joseph, à gauche l'ange Raphaël et Tobie (1530). Musée de Vérone. Photographie. 14

7827. **Bassano** († en 1530). La Madone entre St Pierre et St Paul. Bassano. Tiré de *Rosini*. Gravure. 15

7828. La Résurrection de Lazare. Académie des Beaux-Arts, Venise. Photographie. 15

7829. **Francesco Vecelli**, frère du Titien, né en 1475, † en 1560. La Résurrection. Palais ducal de Venise. Gravure. 16

7830. **Tiziano Vecelli**, de Cadore, né en 1477, † en 1576. Portrait du Titien. Galerie des Offices, Florence. Photographie. 17

7831. Vénus couchée. Galerie des Offices, Florence. Id. 18

7832. Le même tableau. Id. 19

7833. Le même tableau. Id. 20

7834. Le même tableau. Id. 21

7835. Vénus couchée entourée de trois amours endormis. Dessin exposé en 1879 à l'École des Beaux-Arts. Id. 21

ÉCOLE VÉNITIENNE.

[Tome 103.]

7836. Vénus couchée ayant à côté d'elle un homme jouant de l'orgue. Musée de Madrid. Photographie. 22
7837. Vénus dite « dell' Amorino ». Galerie des Offices, Florence. Id. 22
7838. Le même tableau. Id. 23
7839. Danaé et l'Amour. Musée de Naples. Id. 23
7840. Danaé. Musée de Madrid. Id. 24
7841. Danaé. Musée de Vienne. Id. 24
7842. Vénus couchée. Académie des Beaux-Arts, Venise. Id. 25
7843. Jupiter et Antiope. Musée du Louvre. Id. 26
7844. Jupiter et Antiope. Musée du Louvre. Id. 27
7845. Bacchanale. Musée de Madrid. Id. 27
7846. Vénus et une Bacchante. Pinacothèque de Munich. Id. 28
7847. Diane et Calisto. Musée de Madrid. Id. 29
7848. Diane et Actéon. Musée de Madrid. Id. 29
7849. Offrande à la fécondité. Musée de Madrid. Id. 30
7850. Vénus et Adonis. Musée de Madrid. Id. 30
7851. Diane découvrant la grossesse de Calisto. Galerie du Belvédère, Vienne. Id. 31
7852. Bacchanale. Gallerie Pitti, Florence. Id. 31
7853. Cléopâtre. Galerie de Cassel. Id. 32
7854. Caricature d'un groupe de Laocoon fait par *Baccio Bandinelli*. Gravure. 32
7855. L'Amour sacré et l'Amour profane. Galerie Borghèse, Rome. Photographie. 33
7856. Le même tableau. Id. 34
7857. Le même tableau, d'après le dessin de *Rocchi*. Id. 34
7858. L'Amour sacré, détail du même tableau. Id. 35
7859. L'Amour profane, détail du même tableau. Id. 36
7860. La toilette de Vénus. Musée de l'Ermitage, St-Pétersbourg. Id. 37
7861. Le même tableau. Id. 38
7862. La toilette de Vénus. Musée d'Augsbourg. Id. 38
7863. Le Jugement de Pâris. Dessin du musée du Louvre. Id. 39
7864. Omnia Vanitas. Académie de St-Luc, Rome. Id. 40
7865. Enfant jouant du tambourin. Galerie de Belvédère, Vienne. Id. 41
7866. Le Sommeil, par *Romanet*. Gravure. 42
7867. Le Sacrifice d'Abraham, par *Valentin Lefebvre*. Id. 43
7868. Samson livré aux Philistins par Dalila. D'après la gravure en bois de *Boldrini*. Photographie. 44
7869. L'Adoration des bergers. D'après la gravure en bois de *Boldrini*. Id. 44
7870. La Présentation de la Vierge au temple. Musée de Venise. Id. 45
7871. Le même tableau. Id. 46

[Tome 103.]

7872. Le même tableau. Photographie. 47
7873. Le même tableau. Tiré de *Rosini*. Gravure. 47
7874. Figure de la Vierge, détail du même tableau. Photographie. 48
7875. Figure du grand prêtre et de trois lévites, détail du même tableau. Id. 49
7876. Vieille femme assise près d'un panier d'œufs, detail du même tableau. Id. 50
7877. Six personnages vus à mi-corps, détail du même tableau. Id. 51
7878. Huit personnages vus à mi-corps, détail du même tableau. Id. 51
7879. Dix personnages vus à mi-corps, détail du même tableau. Id. 52

TOME CIV.

ÉCOLE VÉNITIENNE (1522.) — TIZIANO VECELLI (*suite*).

7880. L'Annonciation. Scuola di San Rocco, Venise. Photographie. 1
7881. La Vierge et l'Enfant Jésus entre deux anges jouant de la musique. Galerie des Offices, Florence. Id. 2
7882. Le même tableau. Tiré de *Rosini*. Gravure. 2
7883. La Vierge, l'Enfant Jésus et St Jean. Galerie des Offices, Florence. Photographie. 2
7884. Le même tableau. Id. 3
7885. Le même tableau. Id. 4
7886. La Ste Famille et St Jean enfant. Galerie des Offices, Florence. Id. 5
7887. Le même tableau. Id. 6
7888. La Vierge tenant l'Enfant Jésus. Galerie des Offices, Florence. Id. 7
7889. Le même tableau. Id. 8
7890. La Vierge tenant l'Enfant Jésus, St Jean et St Agnès. Musée du Louvre. Id. 9
7891. La Ste Famille et trois saints. Musée du Louvre. Id. 9
7892. La Vierge au lapin blanc. Musée du Louvre. Id. 10
7893. Le Christ à la monnaie. Académie de St-Luc, Rome. Id. 11
7894. Le même tableau. Id. 12
7895. La Femme adultère. Galerie Corsini, Rome. Id. 12
7896. La Femme adultère. Londres. Tiré de *Rosini*. Gravure. 13
7897. Ecce homo (1543). Galerie du Belvédère, Vienne. Photographie. 13
7898. Le Couronnement d'épines. Musée du Louvre. Tiré de *Rosini*. Gravure. 14

[Tome 104.]

ÉCOLE VÉNITIENNE.

7899. Le même tableau. Photographie. 15
7900. La mise au tombeau. Galerie du Belvédère, Vienne. Id. 16
7901. La mise au tombeau. Musée du Louvre. Id. 17
7902. La Vierge de douleurs. Musée de Madrid. Id. 18
7903. La Vierge de douleurs. Musée de Madrid. Id. 18
7904. L'Assomption. Tableau de l'Académie des Beaux-Arts, Venise. Id. 19
7905. Le même tableau. Id. 19
7906. Le même tableau. Id. 20
7907. Partie supérieure du même tableau. Id. 20
7908. Partie supérieure du même tableau. Id. 21
7909. Partie supérieure du même tableau. Gravure. 21
7910. Groupe d'anges de la partie supérieure gauche du même tableau. Photographie. 22
7911. Groupe d'anges de la partie supérieure droite du même tableau. Id. 23
7912. Deux anges planant, détail du même tableau. Id. 24
7913. Groupe des apôtres, esquisse pour la partie inférieure du même tableau. Dessin du musée du Louvre. Fac simile par A. *Leroy*. Gravure. 25
7914. La Sainte Famille et trois Saints (Répétition du N° 7891). Musée de Vienne. Photographie. 26
7915. La Ste Famille et St Zacharie. Musée de Vienne. Id. 26
7916. La Vierge, l'Enfant Jésus, St Jean et Ste Catherine. Galerie Lichtenstein, Vienne. Id. 27
7917. La Vierge, l'Enfant Jésus, deux Saints et une Sainte. Galerie de Dresde. Id. 28
7918. La Ste Famille accompagnée de trois personnages que l'on croit être Alphonse Ier d'Este, duc de Ferrare, Lucrèce Borgia et leur fils. Galerie de Dresde. Photographie. 29
7919. La Vierge et l'Enfant Jésus entre St Christophe et un saint Évêque, Collection Cavriani, Mantoue. Tiré de *Rosini*. Gravure. 30
7920. St Jean-Baptiste dans le désert. Académie des Beaux-Arts, Venise. Photographie. 31
7921. Le même tableau. Id. 31
7922. Salomé portant la tête de St Jean. Musée de Madrid. Id. 32
7923. Ste Madeleine. Musée de l'Ermitage St-Pétersbourg. Id. 32
7924. Ste Madeleine. Musée d'Augsbourg. Id. 33
7925. Ste Madeleine. Galerie Pitti, Florence. Id. 33
7926. Le même tableau. Id. 34
7927. Le même tableau. Id. 35
7928. Le même tableau. Id. 36

316   COLLECTION ARMAND. — DEUXIÈME PARTIE.
[Tome 104.]

7929. Le même tableau. Photographie. 37
7930. Le même tableau. Id. 38
7931. La Madone glorieuse et plusieurs Saints. Galerie du Vatican. Id. 39
7932. Esquisse du même tableau. Dessin du musée de Florence. Id. 39
7933. La même composition. Dessin. Id. 40
7934. Partie inférieure de la même composition. Dessin. Id. 40
7935. St Sébastien. Galerie Lichtenstein, Vienne. Id. 41
7936. St François ressuscitant un enfant. Scuola del Santo, Padoue. Tiré de *Rosini*. Gravure. 41
7937. Le Meurtre de St Pierre martyr. Église San Giovanni et Paolo, Venise. Photographie. 42
7938. La Pentecôte. Dessin du musée de Florence. Id. 43
7939. Le même dessin (?) Id. 44
7940. Le Repos en Égypte. Dessin du British Museum. Id. 44
7941. St Jérôme. Dessin du British Museum. Id. 45
7942. Étude d'une tête de vieillard. Dessin du musée du Louvre. Id. 46
7943. La Madone dans une gloire au-dessus de quatre Saints et de deux enfants. Dessin du musée de Florence. Id. 47
7944. Un Évêque assis. Dessin du musée de Florence. Id. 48
7945. Un Vieillard assis. Dessin du musée de Florence. Id. 48
7946. La Vierge, l'Enfant Jésus et deux anges, fresque au palais ducal de Venise. Tiré de *Zanotto*. Gravure. 49
7947. St Christophe, fresque au palais ducal de Venise. Tiré de *Zanotto*. Id. 49
7948. La Gloria (Charles-Quint et sa famille montant au ciel). Musée de Madrid. Photographie. 50
7949. Ste Madeleine, attribuée au **Titien**. Id. 51

TOME CV.

ÉCOLE VÉNITIENNE (1522). — TIZIANO VECELLI (*suite*).

7950. Portrait de la maîtresse du **Titien**. Musée du Louvre. Photographie. 1
7951. Portrait d'une femme dite la Flore. Galerie des Offices, Florence. Id. 2
7952. Le même portrait. Id. 3
7953. Le même portrait. Id. 4
7954. Le même portrait. Id. 5
7955. Le même portrait. Id. 5

ÉCOLE VÉNITIENNE. 317

[Tome 105.]

7956. Le même portrait, d'après une copie. Photographie. 5
7957. Portrait d'une jeune femme tenant un éventail. Galerie de Cassel. Id. 6
7958. Répétition du même portrait. Galerie de Dresde. Id. 7
7959. Portrait du duc d'Urbin Francesco Maria della Rovère. Galerie des Offices, Florence. Id. 8
7960. Portrait d'Eléonore de Gonzague, duchesse d'Urbin, femme de Francesco Maria della Rovère. Galerie des Offices, Florence. Id. 9
7961. Le même portrait. Id. 10
7962. Le même portrait. Id. 10
7963. Portrait d'une femme dite « la Bella di Tiziano ». Galerie Pitti, Florence. Id. 11
7964. Le même portrait. Id. 12
7965. Le même portrait. Id. 13
7966. Le même portrait. Tiré de *Rosini*. Gravure. 14
7967. Portrait de Catarina Cornaro reine de Chypre. Galerie des Offices, Florence. Photographie. 15
7968. Le même portrait. Id. 16
7969. Portrait de femme dite « la Bella del Tiziano ». Tableau de la galerie Sciarra, Rome. Id. 17
7970. Le même tableau, d'après une gravure. Id. 17
7971. Portrait de Lavinia, fille de Titien. Musée de Berlin. Id. 18
7972. Portrait de Charles-Quint à la bataille de Muhlberg (1547). Musée de Madrid. Id. 19
7973. Portrait de Philippe II. Musée de Madrid. Id. 20
7974. Portrait de François Ier. Musée du Louvre. Id. 21
7975. Portrait de Charles-Quint caressant un chien. Musée de Madrid. Id. 22
7976. Le même portrait, par *Selma* en 1778. Gravure. 22
7977. La Victoire de Lépante (Oct. 1571). Allégorie. Musée de Madrid. Photographie. 23
7978. Portrait du Pape Paul III. Musée de Turin. Id. 24
7979. Répétition du même tableau. Musée des Studi, Naples. Id. 24
7980. Portrait du Pape Paul III. Musée de Vienne. Id. 25
7981. Portrait de don Alphonse d'Avalos, marquis du Guast. Galerie de Cassel. Id. 26
7982. Portrait de Jean de Médicis. Galerie des Offices, Florence. Id. 27
7983. Le même portrait. Gravure. 28
7984. Portrait du prélat Beccadelli. Galerie des Offices, Florence. Photographie. 29
7985. Portrait du sculpteur Sansovino. Galerie des Offices, Florence. Id. 30
7986. Portrait de Costanza Bentivoglio. Galerie Pitti, Florence. Id. 30

[Tome 105.]

7987. Portrait d'un inconnu. Galerie Pitti, Florence. Photographie. 31
7988. Portrait de la fille de Robert Strozzi. Casa Strozzi, Florence. Gravure. 32
7989. Portrait de l'antiquaire Giacomo Strada. Galerie de Vienne. Photographie. 32
7990. Portrait de Jean Frédéric, électeur de Saxe. Id. 33
7991. Portrait d'Isabelle d'Este, femme de François de Gonzague, marquis de Mantoue. Musée de Vienne. Id. 33
7992. Le même portrait gravé par *Suyderhoef*. Gravure. 34
7993. Portrait d'Alphonse dAvalos, marquis du Guast, avec sa maitresse et trois figures allégoriques. Musée du Louvre. Photographie. 35
7994. Portrait du médecin du Titien surnommé « il Parma ». Musée de Vienne. Id. 36
7995. Portrait d'un homme tenant à la main une statuette. Musée de Vienne. Id. 36
7996. Portrait de l'historien Benedetto Varchi. Galerie du Belvédère, Vienne. Id. 37
7997. Portrait du cardinal Farnèse. Galerie Borghèse, Rome. Id. 37
7998. Portrait de Thomas Morus, par *Fr. Muntaner* 1797. Musée de Madrid. Gravure. 38
7999. Portrait d'un Asiatique. Gravé par *Manuel Esquivel* sous la direction de *F. Muntaner*. Musée de Madrid. Id. 39
8000. Portrait d'un inconnu tenant la main droite sur la hanche. Galerie de Darmstadt. Photographie. 40
8001. Portrait d'un jeune jésuite martyr. Musée de Vienne. Id. 41
8002. Portrait de jeune femme ayant la poitrine à moitié nue. Musée de Vienne. Id. 41
8003. Portrait d'une jeune Vénitienne. Musée de Vienne. Id. 42
8004. Portraits allégoriques d'une jeune femme et de son amant. Musée de Vienne. Id. 42
8005. Autres portraits allégoriques. Musée de Vienne. Id. 43
8006. Portrait d'une femme tenant une croix. Musée de Cassel. Id. 43
8007. Portrait d'une jeune femme dite « la maîtresse du Titien ». Musée de l'Ermitage, St-Pétersbourg. Id. 44
8008. Jeune fille faisant de la dentelle. Tableau ayant figuré à l'exposition des trésors de l'art. Manchester 1857. Id. 44
8009. Portrait de l'Arétin, d'après l'estampe de *Marc-Antoine Raimondi*. Id. 44
8010. Allégorie sur la Foi, avec le portrait du doge Antonio Grimani. Salle « delle quattro porte », Palais ducal de Venise. Gravure. Tiré de *Zanotto*. 45
8011. Tarquin et Lucrèce. Dessin de la collection His de la Salle donné à l'École des Beaux-Arts. Photographie. 46

ÉCOLE VÉNITIENNE. 319

[Tome 105.]
8012. Le même dessin. Photographie. 46
8013. Un Vénitien tuant sa femme, groupe tiré d'une fresque du Titien à la Scuola del Santo Padoue vers 1510. Tiré des costumes historiques par *Chevignard* et *G. Duplessis*. Gravure. 47
8014. Croquis pour une fresque de la Scuola di Santo Antonio à Padoue. Musée Städel, Francfort. Photographie. 48
8015. Un paysage. Dessin du musée de Florence. Id. 49
8016. Tête de Vitellius. Dessin du musée de Florence. Id. 49
8017. St Jean-Baptiste caressant un agneau dans un paysage. Dessin. Id. 50
8018. Un amour et trois femmes nues se baignant. Dessin. Id. 50
8019. Étude d'un homme à demi nu couché. Dessin. Id. 50
8020. Étude d'un religieux agenouillé. Dessin. Id. 51
8021. Portrait de Clément Marot (?). Collection Buzareingues. Id. 51
8022. **Giorgione** (Giorgio Barbarelli dit : il) (né en 1478, † en 1511) Moïse enfant soumis à l'épreuve de l'or et du feu. Galerie des Offices. Id. 52
8023. Le bas de la même composition. Tiré de *Rosini*. Gravure. 53
8024. Moïse sauvé des eaux. Palais Pitti, Florence. Tiré de *Rosini*. Id. 53
8025. La Ste Famille avec plusieurs Saints et un donateur. Musée du Louvre. Photographie. 54
8026. Concert champêtre. Musée du Louvre. Id. 55
8027. La Vierge, l'Enfant Jésus, Ste Brigitte et Ulfus son mari. Musée de Madrid. Id. 56
8028. Un concert. Galerie Pitti, Florence. Id. 56
8029. Le même tableau. Id. 57
8030. Le même tableau. Tiré de *Rosini*. Gravure. 57
8031. Portrait dit de Gattamelata. Galerie des Offices, Florence. Tiré de *Rosini*. Id. 58
8032. Le même portrait. Photographie. 58
8033. Le même portrait. Id. 59
8034. Portrait d'un chevalier de Malte. Galerie des Offices, Florence. Id. 60
8035. Le même portrait. Id. 61
8036. Un homme et une femme en buste. Galerie de Dresde. Id. 62
8037. Portrait d'une femme inconnue. Galerie Pitti, Florence. Id. 63
8038. Nymphe poursuivie par un satyre. Galerie Pitti, Florence. Id. 63
8039. St Jean-Baptiste. Galerie Pitti, Florence. Id. 64
8040. La Visitation (attribué à **Giorgione** ?) Galerie Corsini, Rome. Id. 64
8041. Un concert. Tableau ayant figuré à l'exposition des Trésors de l'art. Manchester 1857. Waagen l'attribue à **Palma Vecchio**. Id. 65

[Tome 105.]

8042. Groupe d'hommes et de femmes chantant. Dessin de la galerie de Florence. Photographie. 65
8043. Groupe de femmes lisant ou chantant. Dessin de la galerie de Florence. Id. 66
8044. Une tête de femme et deux têtes d'hommes. Dessin de la galerie de Florence. Id. 66
8045. Lucrèce. Dessin de la galerie de Florence. Id. 67
8046. St Jean-Baptiste. Dessin de la galerie de Florence. Id. 67
8047. Un triomphe. Dessin de la galerie de Turin. Id. 68
8048. Un mariage. Dessin du musée de Venise. Id. 69
8049. Paysage avec deux figures. Dessin d'Oxford, Christ-Church. Id. 70
8050. Paysage avec trois figures. Dessin d'Oxford, Christ-Church. Id. 71
8051. Un homme tenant un violoncelle et une femme tenant une flûte dans un paysage. Id. 72
8052. Portrait d'homme, dessin exposé en 1879 à l'Ecole des Beaux-Arts. Id. 72
8053. La Sibylle de Cumes. Gravure. 72

TOME CVI.

ÉCOLE VÉNITIENNE (1523-1549).

Palma Vecchio (Jacopo) de Serinalta en Bergamasque, peintre, né en 1480, † en 1528.

8054. La Ste Famille, St Jean-Baptiste et Ste Madeleine. Galerie des Offices, Florence. Gravure. 1
8055. Le même tableau. Tiré de *Rosini*. Id. 1
8056. Le même tableau. Photographie. 2
8057. La Sainte Famille, Ste Elisabeth et St Jean-Baptiste. Gallerie Pitti. Id. 2
8058. St Pierre en chaire entre six Saints et Saintes. Académie des Beaux-Arts, Venise. Id. 3
8059. Le même tableau. Id. 4
8060. L'Assomption de la Vierge. Venise. Id. 5
8061. Ste Barbe. Eglise de Santa Maria Formosa, Venise. Id. 6
8062. Détail du même tableau, partie supérieure. Id. 6
8063. La Vierge tenant l'Enfant Jésus adoré par St Jean-Baptiste, par St Jérôme et deux fidèles. Musée de Naples. Id. 7

ÉCOLE VÉNITIENNE. 321

[Tome 106].
8064. St Jean-Baptiste. Musée de Vienne. Photographie. 7
8065. La Vierge tenant l'Enfant Jésus adoré par St Jean-Baptiste, par St Célestin et deux Saintes. Musée de Vienne. Id. 8
8066. La Vierge, l'Enfant Jésus, St Jean-Baptiste et Ste Catherine. Musée de Dresde, Id. 9
8067. Vénus couchée. Musée de Dresde. Id. 10
8068. Les trois sœurs. Musée de Dresde. Id. 11
8069. Lucrèce. Musée de Vienne. Id. 12
8070. Violante. Musée de Vienne. Id. 12
8071. Portrait d'une jeune Vénitienne. Musée de Vienne. Id. 13
8072. Portrait d'une jeune Vénitienne de face. Musée de Vienne. Id. 13
8073. Portrait d'une Vénitienne. Musée de Vienne. Id. 14
8074. Portrait d'une jeune fille en buste. Musée de Vienne. Id. 14
8075. Portrait de la fille du peintre. Musée de Berlin. Id. 15
8076. Le même portrait. Id. 16
8077. Portrait de femme. Galerie Lichtenstein, Vienne. Id. 17
8078. Portrait de femme. Musée de Buda-Pesth. Id. 17
8079. La Vierge et l'Enfant Jésus entre St Pierre, St Jérôme et un donateur. Tableau de la collection F. Reiset. Id. 18
8080. La Vierge tenant l'Enfant Jésus. Dessin exposé en 1879 à l'Ecole des Beaux-Arts. Id. 18
8081. **Marco d'Oggione** (travaillait vers 1525). Quatre esquisses pour l'Adoration des Mages, la Circoncision, Jésus au milieu des docteurs. Dessin exposé en 1879 à l'Ecole des Beaux-Arts. Id. 19
8082. **Campagnola (Giulio)** né vers 1481. St Jean-Baptiste d'après une estampe, décrite par Bartsch (Le peintre-graveur) sous le n° 3. Photogravure. 20
8083. Ganymède, d'après une estampe décrite par Bartsch (Le peintre-graveur) sous le n° 5. Id. 21
8084. Le jeune berger, d'après une estampe décrite par Bartsch (Le peintre-graveur) sous le n° 8. Id. 21
8085. Le Concert, d'après une estampe, décrite par Bartsch (Le peintre-graveur) sous le n° 9. Id. 22
8086. **Giovanni Busi,** de Bergame (travaillait vers 1519). Portraits de sept personnages de la famille Albani. Gravure. 23
8087. **Lorenzo Lotto,** de Bergame (né vers 1480, † après 1554). Portraits d'un homme et d'une femme tenant deux enfants qui jouent avec des cerises. Le tableau est en Angleterre. Tiré de *Rosini*. Gravure. 23
8088. **Marcello Fogolino,** de Vicence. (Mentionné en 1523 et 1533). Moines au chœur. Tiré de *Rosini*. Id. 24
8089. **Pordenone** (né en 1483, † en 1539). Le Christ mort. Sala degli stucchi. Palais ducal de Venise. Tiré de *Zanotto*. Id. 25

[Tome 106.]

8090. Ste Catherine disputant avec les docteurs d'Alexandrie. Sta-Maria di Campagna. Plaisance. Tiré de *Rosini*. Gravure.   26

8091. La Ste Famille, Ste Catherine et Ste Madeleine. Palais Pitti. Tiré de *Rosini*. Id.   27

8092. San Lorenzo Giustiniani, St Jean-Baptiste, St François d'Assise et St Augustin. Tableau de l'Académie des Beaux-Arts, Venise. Photographie. Id.   27

8093. Le même tableau. Id.   28

8094. La Vierge, l'Enfant Jésus et quatre saints. Tableau de l'Académie des Beaux-Arts. Venise. Id.   29

8095. Judith tenant la tête d'Holopherne. Galerie des Offices. Florence. Id.   30

8096. Le même tableau. Id.   30

8097. Portrait d'homme. Galerie des Offices. Florence. Gravure.   31

8098. Portrait de femme. Galerie de Dresde. Photographie.   32

8099. Portrait de femme. Musée de Madrid. Id.   33

8100. Vénus allaitant l'Amour. Collection de Buzareingues. Id.   33

8101. St Pierre martyr. Dessin de la galerie de Florence. Id.   34

8102. Enfants jouant et dansant. Dessin de la galerie de Florence. Id.   35

8103. Femme nue vue de dos. Dessin du musée de Vienne. Id.   35

8104. La présentation au temple. Dessin du musée de Venise. Id.   36

8105. **Sébastien del Piombo (Luciani, dit)** (né en 1485, † en 1547). La consécration de St Jean Chrysostôme. Eglise Saint Jean Chrysostôme. Venise. Gravure.   37

8106. Le Christ portant sa croix. Tiré de *Rosini*. Id.   37

8107. La résurrection de Lazare. National Gallery. Londres. Tiré de *Rosini*. Id.   38

8108. Le Christ portant sa croix. Galerie Corsini. Florence. Photographie.   39

8109. La Vierge et l'Enfant Jésus endormi. Musée de Naples. Id.   39

8110. Le même tableau. Id.   39

8111. La Visitation. Musée du Louvre. Id.   40

8112. Le Martyre de Ste Agathe (1520). Galerie Pitti. Tiré de *Rosini*. Gravure.   41

8113. Le même tableau. Photographie.   41

8114. La naissance de la Vierge, d'après un dessin de *Raphaël*. Chapelle Chigi à Sta Maria del Popolo. Rome. Tiré de *Fontana*. Gravure.   42

8115. Portrait de Giov. Batt. Savelli (?). Musée de Florence. Tiré de *Rosini*. Id.   43

8116. Le même portrait (d'après un dessin). Photographie.   43

8117. Portrait de femme. Musée Städel. Francfort. Id.   44

8118. Portrait d'homme. Collection Rothan. Paris. Id.   45

[Tome 106.]

8119. La Visitation. Dessin du musée du Louvre. Photographie. 46
8120. La Vierge tenant l'Enfant Jésus. Dessin exposé en 1879 à l'École des Beaux-Arts. Id. 47
8121. La Vierge tenant l'Enfant Jésus. Dessin du musée de Florence. Id. 48
8122. **Fra Marco Pensaben,** dominicain à Venise (né vers 1485, † en 1530). La madone, deux saints et un donateur. Galerie Lochis à Bergame. Tiré de *Rosini*. Gravure. 49
8123. La madone sur un trône, au milieu de six saints. San Domenico de Trévise. Tiré de *Rosini*. Id. 50
8124. **Anonyme 1532.** La madone et St Léonard, tableau dans l'Eglise S. Pietro. Mantoue. Photographie. 51
8125. **Lorenzo Leombruno** (né vers 1489, mentionné jusqu'en 1526). Apollon et Marsyas. Mantoue. Tiré de *Rosini*. Gravure. 52
8126. **Girolamo Savoldo,** de Brescia (trav. vers 1540). La Transfiguration. Galerie de Florence. Id. 52
8127. **Girolamo Santa-Croce** (travaillait de 1520 à 1549). La Vierge et l'Enfant Jésus entre deux saints. Musée Brera. Milan. Id. 52
8128. **Girolamo Romanino** (né vers 1490 ? † en 1566). Le mariage de la Vierge. Eglise San Giovanni Evangelista. Brescia. Tiré de *Rosini*. Id. 52
8129. **Paolo Cavazzola (Morando)** (né en 1491, † en 1522). St Thomas touchant les plaies du Christ. Collection communale de Vérone. Id. 52
8130. **Brusasorci (Domenico Riccio, dit le)** (né en 1494, † en 1567). Fragment du triomphe de Charles-Quint. Vérone. Tiré de *Rosini*. Id. 52
8131. **Il Moretto, di Brescia. (Alessandro Bonvicino,** dit), travaillait vers 1524, † en 1560. Le Christ devant Pilate. Cathédrale de Crémone. Tiré de *Rosini*. Id. 53
8132. La Vierge tenant l'Enfant Jésus. Collection G. Frizzoni. Milan. Photographie. 54
8133. La Vierge et l'Enfant Jésus entre St François et St Barthélemy. Galerie du Vatican. Photographie. 54
8134. Le couronnement de la Vierge. Église des SS. Nazaire et Celse. Brescia. Id. 55
8135. La Vierge avec l'Enfant Jésus. Ste Elisabeth et St Jean apparaissant à deux moines vêtus de blanc et agenouillés (1541). Musée de Berlin. Id. 56
8136. La Vierge et l'Enfant Jésus entourés des quatre Pères de l'Eglise. Musée Städel. Francfort. Id. 57
8137. Ste Justine (les deux personnages représentés seraient suivant Litta

[Tome 106.]

le duc de Ferrare, Alphonse Ier (1476, † 1534) et sa maîtresse Laura di Dianti morte en 1573). Musée de Vienne. Photographie. 58

8318. Détail du même tableau, tête de Ste Justine. Id. 59
8139. Judith. Musée de l'Ermitage. St-Pétersbourg. Id. 59
8140. La Foi, figure allégorique. Musée de l'Ermitage. Id. 60
8141. St Pierre et Simon le magicien. Brescia. Id. 61
8142. Chute de Simon le magicien. Brescia. Id. 61
8143. Jésus chez Simon le Pharisien, partie gauche. Id. 62
8144. Partie centrale du même tableau. Id. 63
8145. Partie droite du même tableau. Id. 64
8146. Portrait d'homme tenant des gants. Galerie Pitti. Florence. Id. 65
8147. Portrait d'homme jouant de la mandoline. Galerie Pitti. Florence. Tiré de *Rosini*. Gravure. 65
8148. Vénus et Adonis. Tiré de *Rosini*. Id. 66
8149. La Vierge dans les nuées. Dessin du musée de Venise. Photographie. 66

TOME CVII.

ÉCOLE VÉNITIENNE (1550-1567).

8150. **Pennacchi (Girolamo da Trevigi di Pier Maria)**, peintre et architecte (né en 1497? † en 1544). Miracle de St Antoine. Eglise San Petronio. Bologne. Tiré de *Rosini*. Gravure. 1
8151. **Campagnola (Dominique)**, (vivait en 1544). Un moine causant avec une femme dans un paysage. Dessin du Musée de Vienne. Photographie. 1
8152. **Don Giulio Clovio, de Croatie**, miniaturiste (né en 1498, † en 1578). Pétrarque méditant. Manuscrit de la Bibliothèque Trivulce. Gravure. 2
8153. Jupiter enlevant Ganymède. Manuscrit de la Hof-bibliothek. Vienne. Photographie. 2
8154. Le Christ descendu de la croix. Galerie Pitti. Florence. Tiré de *Rosini*. Gravure. 3
8155. Jules II remettant le bâton de commandement au duc d'Urbin. Miniature de la Bibliothèque du Vatican. Tiré de *Rosini*. Id. 4
8156. **Bonifazio, Veneziano,** peintre (né à Venise vers 1500, † en 1562). L'adoration des Mages. Académie des Beaux-Arts. Venise. Tiré de *Rosini*. Id. 5

[Tome 107,]
8157. L'adoration des Mages. Sala degli stucchi. Palais ducal de Venise. Tiré de *Zanotto*. Gravure. 5
8158. La Cène. Galerie des Offices. Florence. Photographie. 6
8159. St Sébastien et un saint prêtre. Académie des Beaux-Arts. Venise. Id. 7
8160. Le mauvais riche attablé avec des courtisanes. Académie des Beaux-Arts. Venise. Id. 8
8161. Le même tableau. Id. 8
8162. La Vierge, l'Enfant Jésus, St Jean enfant et quatre saints et saintes. Académie des Beaux-Arts. Venise. Id. 9
8163. La Vierge avec l'Enfant Jésus, entre St Marc et Ste Ursule. Musée du Belvédère. Vienne. Id. 9
8164. Deux pages du songe de Poliphile imprimé par les Alde. Venise 1545. Id. 10
8165. **Callisto Piazza** (mentionné de 1524 à 1556). La Vierge et l'Enfant Jésus entre St Jean-Baptiste et St Jérôme. Musée Brera. Milan. Tiré de *Rosini*. Gravure. 10
8166. **Pâris Bordone**, peintre (né à Trévise en 1500, † en 1570 à Venise). La Sybille annonçant à Auguste la naissance du Christ. Galerie Pitti. Florence. Tiré de *Rosini*. Id. 11
8167. Le Pêcheur remettant au doge l'anneau de St Marc. Académie des Beaux-Arts. Venise. Tiré de *Rosini*. Id. 11
8168. Le même tableau. Photographie. 12
8169. Le même tableau. Id. 12
8170. Portrait d'un homme en costume vénitien. Galerie Corsini. Florence. Id. 13
8171. Vénus et Adonis. Musée du Belvédère. Vienne. Id. 13
8172. Portrait d'une jeune femme ayant les seins nus. Musée du Belvédère. Vienne. Id. 14
8173. Portrait d'une jeune femme. Musée du Belvédère. Vienne. Id. 14
8174. Portrait de femme ayant figuré en 1857 à l'exposition des Beaux-Arts de Manchester. Id. 15
8175. Vertumne et Pomone. Musée du Louvre. Id. 16
8176. Portrait d'une dame de la maison des Brignole. National Gallery. Londres. Id. 16
8177. Portrait de la « Violante ». Pinacothèque de Munich. Id. 17
8178. Le même portrait. Id. 17
8179. Portrait d'une dame avec son enfant. Musée de l'Ermitage St-Pétersbourg. Id. 18
8180. **Battista Franco,** dit **Il Semolei** (né en 1498 ou en 1510, † en 1561). Le Baptême du Christ, tableau ayant figuré en 1857 à l'exposition des Trésors de l'Art. Manchester. Id. 19

[Tome 107.]

8181. Giambattista Ponchino, dit **Bozzato de Castelfranco** (né vers 1500, † en 1570). Mercure et la Paix. Salle du Conseil des Dix. Palais ducal de Venise. Tiré de *Zanotto*. Gravure. 20

8182. Jacopo da Ponte, dit **Il Bassano,** peintre (né en 1510, † en 1592). La Nativité. Bassano. Tiré de *Rosini*. Gravure. 21

8183. Jacob retournant en Chanaan. Salle dell' Anti-Collegio. Palais ducal de Venise. Tiré de *Zanotto*. Id. 21

8184. Tintoret (Jacopo Robusti dit le), né en 1512, † en 1594. Portrait du Tintoret par lui-même. Musée du Louvre. Photographie. 22

8185. Un Estropié, à Fano. Gravure. 22

8186. Le doge Nicolo da Ponte présente à Venise le Sénat et les offrandes des cités soumises. Sala del maggior Consiglio. Palais ducal de Venise. Tiré de *Zanotto*. Id. 23

8187. Le même tableau. Photographie. 24

8188. Le mariage mystique de Ste Catherine, avec le portrait du doge Francesco Donato agenouillé, et entouré de trois saints. Sala del Collegio. Palais ducal de Venise. Tiré de *Zanotto*. Gravure. 25

8189. Le doge Luigi Mocenigo adorant le Rédempteur. Palais ducal de Venise. Sala del Collegio. Tiré de *Zanotto*. Id. 25

8190. Le doge Andrea Gritti, entouré de saints et agenouillé aux pieds de la madone. Sala del Collegio. Tiré de *Zanotto*. Palais ducal de Venise. Id. 26

8191. Le doge Nicolo da Ponte, entouré de saints et agenouillé aux pieds de la madone. Sala del Collegio. Tiré de *Zanotto*. Palais ducal de Venise. Id. 26

8192. Le siège de Zara. Sala dello Scrutinio. Palais ducal de Venise. Id. Tiré de *Zanotto*. 27

8193. Le doge Girolamo Prioli recevant des mains de la Justice la balance et le glaive. Fresque en haut de la Scala d'Oro. Palais ducal de Venise. Tiré de *Zanotto*. Id. 27

8194. St Georges et St Louis évêque. Nell' Anticapella. Palais ducal de Venise. Tiré de *Zanotto*. Id. 28

8195. St André et St Jérôme. Nell' Anticapella. Palais ducal de Venise. Tiré de *Zanotto*. Id. 28

8196. La Forge de Vulcain. Sala dell' Anti-Collegio. Palais ducal de Venise. Tiré de *Zanotto*. Id. 29

8197. Minerve chassant Mars pour conserver la paix et l'abondance. Sala dell' Anti-Collegio. Palais ducal de Venise. Tiré de *Zanotto*. Id. 29

8198. Bacchus et Ariane (d'après un dessin). Palais ducal de Venise. Photographie. 30

8199. Le même tableau. Sala dell' Anti-Collegio. Palais ducal de Venise. Tiré de *Zanotto*. Gravure. 31

ÉCOLE VÉNITIENNE. 327

[Tome 107].

8200. Les trois Grâces. Sala dell' Anti-Collegio. Palais ducal de Venise. Tiré de *Zanotto*. Gravure. 31
8201. Le même tableau. Photographie. 32
8202. Portrait de Henri III, roi de France, Stanza degli stucchi. Palais ducal de Venise. Tiré de *Zanotto*. Gravure. 32
8203. Le Paradis, ébauche du tableau peint dans la « Sala del maggior consilio » au palais ducal de Venise. Musée de Madrid. Photographie. 33
8204. La même ébauche, partie gauche. Id. 33
8205. La même ébauche, partie droite. 34
8206. Le Miracle de St Marc. Académie des Beaux-Arts. Venise. Tiré de *Rosini*. Gravure. 35
8207. La présentation de la Vierge au temple. Venise. Photographie. 36
8208. Le même tableau. Id. 36
8209. La crucifixion, partie centrale d'un tableau peint en 1556. Scuola di S. Rocco. Venise. Id. 37
8210. Portraits de deux sénateurs. Musée de Venise. Id. 38
8211. La Cène. Cathédrale de Lucques. Id. 39
8212. Portrait d'homme. Pinacothèque du Palais ducal de Lucques. Id. 40
8213. Portrait de Jacopo Sansovino. Galerie des Offices. Florence. 41
8214. Vénus, l'Amour et Vulcain. Galerie Pitti. Florence. Id. 42
8215. Portrait de femme. Musée de Madrid. Id. 42
8216. Jésus chez Marthe et Marie. Musée d'Augsbourg. Id. 43
8217. Portrait d'un sénateur vénitien. Musée de Vienne. Id. 44
8218. Portrait d'un procurateur de St Marc. Musée de Vienne. Photographie. 44
8219. Portrait de l'amiral Sébastien Veniero. Musée de Vienne. Id. 45
8220. Portrait d'un homme en armure. Musée de Vienne. Id. 45
8221. Portrait du doge Niccolo da Ponte. Galerie du Belvédère. Vienne. Id. 46
8222. La Cène. Dessin du musée de Florence. Id. 46
8223. Le miracle de St Marc, esquisse du tableau de l'Académie des Beaux-Arts de Venise. Dessin du musée de Florence. Id. 47
8224. Etude pour la même composition. Dessin de l'Académie des Beaux-Arts. Venise. Id. 47
8225. Etude pour la même composition. Dessin du musée de Venise. 48
8226. Le massacre des innocents. Dessin du musée de Vienne. 48
8227. **Marco Venusti**, peintre Mantouan, mort sous le pontificat de Grégoire XIII. (1572-1585). L'Annonciation, d'après un dessin de *Michel-Ange*. St Jean de Latran. Gravure. Rome. Tiré de *Fontana*. 49
8228. **Polidoro Veneziano** († en 1565). La Vierge, l'Enfant Jésus et un ange. Académie des Beaux-Arts, Venise. Photographie. 50

328 COLLECTION ARMAND. — DEUXIÈME PARTIE.

[Tome 107.]

8229. Le même tableau. Photographie. 50
8230. **Giuseppe della Porta** (dit Salviati) (né vers 1520, † en 1570). La sainte famille. Stanza degli stucchi. Palais ducal de Venise. Tiré de *Zanotto*. Gravure. 51

TOME CVIII.

ÉCOLE VÉNITIENNE (1567-1575). — PAUL VERONÈSE.

8231. **Giov. Battista Morone** (travaillait de 1553 à 1578). Portrait d'homme. Galerie des Offices. Florence. Photographie. 1
8232. Portrait d'Antonio Pantera. Galerie des Offices. Florence. Id. 2
8233. Le même portrait. Id. 3
8234. Portrait de femme. Galerie Pitti. Id. 3
8235. Portrait d'un inconnu. Galerie Pitti. Tiré de *Rosini*. Gravure. 3
8236. La Vierge, l'Enfant Jésus, Ste Catherine, St François et un donateur. Musée Brera. Milan. Photographie. 4
8237. Le même tableau. Tiré de *Rosini*. Gravure. 4
8238. Portrait d'un frère lai dominicain. Musée Städel. Francfort. Photographie. 5
8239. La flagellation. Dessin. Id. 5
8240. **Andrea Schiavone** (né en 1522, † en 1582). Samson. Galerie Pitti. Florence. Tiré de *Rosini*. Gravure. 6
8241. **Battista del Moro** (travaillait vers 1568). St Eustache. Anciennement collection Rosini. Tiré de *Rosini*. Gravure. 6
8242. **Paolo Farinati, de Vérone** (né en 1524, † en 1506). La Madone apparaissant à St Paul et à St Antoine. Tiré de *Rosini*. Id. 6
8243. **Luca Cambiaso** (né en 1527, † vers 1585). Groupe de cavaliers. Dessin du musée de Florence. Photographie. 7
8244. **Paul Véronèse (Paolo Cagliari)**, peintre, né à Vérone en 1530 † en 1588. Portrait de Paul Véronèse par lui-même. Galerie des Offices. Florence. Id. 8
8245. Portrait de la femme de Paul Véronèse. Galerie Pitti. Florence. Id. 9
8246. Moïse sauvé des eaux. Musée de Madrid. Id. 9
8247. Moïse sauvé des eaux, par *B. L. Henriquez*. Tableau du musée de Madrid. Gravure. 10
8248. Moïse sauvé des eaux. Galerie royale de Dresde. Photographie. 11
8249. Suzanne et les deux vieillards. Musée de Madrid. Id. 12
8250. La reine de Saba. Musée de Turin. Id. 12

[Tome 108.]

8251. L'adoration des mages. Dessin du musée de Turin. Photographie. 13
8252. Le repos en Egypte. Dessin du British Museum. Id. 14
8253. Les noces de Cana. Musée du Louvre. Id. 15
8254. Les noces de Cana. Galerie de Dresde. Id. 16
8255. Le repas chez Lévi (1572). Académie des Beaux-Arts, Venise. Id. 17
8256. Le même tableau. Id. 17
8257. Détail du même tableau, partie inférieure gauche. Id. 18
8258. Détail du même tableau, partie gauche. 18
8259. Détail du même tableau, partie centrale. 19
8260. Détail du même tableau. Sept personnages de la partie droite. Id. 19
8261. Détail du même tableau, huit personnages de la partie droite. Id. 20
8262. Détail du même tableau, partie inférieure droite. Id. 20
8263. Autre repas chez Lévi. Académie des Beaux-Arts, Venise. Tiré de *Rosini*. Gravure. 21
8264. Le repas chez Simon le pharisien. Musée de Turin. Photographie. 22
8265. Le même tableau. Id. 22
8266. Esquisse du même tableau. Dessin du musée de Florence. Id. 23
8267. Le Christ tombant sous le poids de sa croix. Musée du Louvre. Id. 24
8268. Le Christ descendu de la croix. Musée de l'Ermitage. St-Pétersbourg. 24
8269. Les pèlerins d'Emmaüs. Musée du Louvre. Id. 25
8270. Le même tableau. Id. 26
8271. Les pèlerins d'Emmaüs. Galerie royale de Dresde. Id. 27
8272. La Vierge et l'Enfant Jésus entourés de saints. Dessin du musée du Louvre. Fac-simile par *A. Leroy*. Gravure. 28
8273. La Vierge et l'Enfant Jésus, Ste Catherine, Ste Barbe et deux religieuses. Musée du Belvédère. Vienne. Photographie. 29
8274. La Vierge et l'Enfant Jésus, St Joseph, St Jean, St Justine, St François et St Jérôme. Académie des Beaux-Arts. Venise. Photographie. 30
8275. Le même tableau. Id. 31
8276. Le même tableau. Id. 31
8277. Détail du même tableau, figures de la Vierge, de l'Enfant Jésus et de St Joseph. Id. 32
8278. Détail du même tableau, St Jean, St François et Ste Justine. Id. 33
8279. Détail du même tableau. St Jean et St Jérôme. Id. 34
8280. Le mariage mystique de Ste Catherine. Galerie Lichtenstein. Vienne. Id. 35

[Tome 108.]

8281. Le mariage mystique de Ste Catherine. Galerie Lichtenstein. Vienne. Photographie. 35
8282. Ste Justine exhortée à sacrifier aux idoles. Académie des Beaux-Arts. Venise. Id. 36
8283. La Vierge et l'Enfant Jésus, Ste Catherine, St Benoît et St Georges. Musée du Louvre. Id. 37
8284. Le mariage mystique de Ste Catherine. Galerie Lichtenstein. Vienne. Id. 37
8285. St Corneille pape, entre St Cyprien et St Antoine abbé. Musée Brera. Milan. Id. 38
8286. Le mariage mystique de Ste Catherine. Musée de Venise. Id. 39
8287. Le martyre de Ste Justine. Galerie des Offices. Florence. Id. 40
8288. Tête de nègre, étude pour le tableau de Ste Justine qui est à Padoue. Dessin du musée du Louvre. Fac-simile par *A. Leroy*. Gravure. 40
8289. La femme adultère. Tableau à Brescia. D'après un dessin. Photographie. 41
8290. La Religion, figure allégorique. Dessin du musée de Vienne. Id. 42
8291. L'enlèvement d'Europe. Sala dell' Anti-Collegio. Palais ducal de Venise. Tiré de *Zanotto*. Gravure. 43
8292. Le même tableau. Photographie. 43
8293. L'enlèvement d'Europe. Galerie Nationale. Londres. Tiré de *Rosini*. Gravure. 44
8294. Jupiter foudroyant les géants. Musée du Louvre. Photographie. 44
8295. Vénus et Adonis. Musée de Madrid. Id. 45
8296. Nymphe poursuivie par un satyre, dessin de la collection His de la Salle, donné par lui à l'Ecole des Beaux-Arts de Paris. Id. 46
8297. Le même dessin. Fac-simile par *A. Leroy*. Gravure. 47
8298. Vénus, l'Amour et un satyre. Galerie Borghèse. Rome. Photographie. 48
8299. Satyres écorchés par des nymphes. Dessin du musée de Dresde. Id. 49

TOME CIX.

ÉCOLE VÉNITIENNE (1575-1775). — PAUL VÉRONÈSE (*suite*).

8300. La gloire de Venise. Plafond de la Sala del Maggior Consilio. Palais ducal de Venise. Photographie. 1
8301. Le même plafond. Id. 1

[Tome 109.]

8302. Le triomphe de Mardochée. Académie des Beaux-Arts. Venise. Id. 2

8303. Le même plafond. Id. 2

8304. Sébastien Veniero, vainqueur à Lépante, Agostino Barbarigo tué dans cette bataille accompagnés de la Foi, de Venise et de Ste Justine sont reçus par le Christ dans sa gloire. Sala del Collegio. Palais ducal de Venise. Tiré de *Zanotto*. Id. 3

8305. Le même tableau. Tiré de *Zanotto*. Gravure. 3

8306. Retour du doge Andrea Contarini après le défaite des Génois à Chioggia. Sala del Maggior consilio. Palais ducal de Venise. Tiré de *Zanotto*. Id. 4

8307. La Foi dans une gloire. Soffite de la Sala del Collegio. Palais ducal de Venise. Tiré de *Zanotto*. Id. 5

308. Venise siégeant sur le monde. Palais ducal de Venise. Tiré de *Zanotto*. Id. 5

8309. Mars et Neptune. Palais ducal de Venise. Tiré de *Zanotto*. Id. 6

8310. La défense de Scutari par Ant. Loredano. Soffite de la Sala del Maggior Consiglio. Palais ducal de Venise. Tiré de *Zanotto*. Gravure. 6

8311. Un oriental et une jeune femme. Soffite de la « Sala del Consiglio de Dieci ». Palais ducal de Venise. Tiré de *Zanotto*. Id. 7

8312. La même composition. Photographie. 7

8313. La Modération. Soffite de la « Sala del Collegio ». Palais ducal de Venise. Id. 8

8314. La Modération, la Récompense, la Dialectique, la Simplicité. Soffite de la « Sala del Collegio ». Palais ducal de Venise. Tiré de *Zanotto*. Gravure. 8

8315. La Fidélité, la Félicité, la Mansuétude, la Vigilance. Soffite de la « Sala del Collegio ». Palais ducal de Venise. Id. 9

8316. L'Adoration des mages. Soffite de la « Nuova sala del Bibliotecario ». Palais ducal de Venise. Id. 9

8317. Départ pour la guerre Sainte. Eglise St-Sébastien. Venise. Photographie. 10

8318. Alexandre et la famille de Darius. Galerie de Cassel. Id. 11

8319. Répétition de la même composition. Galerie Lichtenstein, Vienne. Id. 11

8320. La même composition. Tiré de *Rosini*. Gravure. 12

8321. Portrait d'une dame vénitienne et de son enfant. Musée du Louvre. Photographie. 12

8322. Portrait de Catherine Cornaro, reine de Chypre. Musée de Vienne. Id. 13

8323. Portrait de Marc-Antonio Barbaro. Musée de Vienne. Id. 13

8324. Judith. Musée de Vienne. Id. 13

[Tome 109.]

8325. Portrait de femme. Pinacothèque de Munich. Photographie. 15
8326. Un pape et deux personnages debout, dessin exposé en 1879 à l'Ecole des Beaux-Arts. Id. 16
8327. Le Christ mort, dessin exposé en 1879 à l'Ecole des Beaux-Arts. Id. 16
8328. **Giovanni Battista Zelotti** († à 60 ans vers 1592). Venise entre Mars et Neptune. Soffite de « la Sala del consiglio de Dieci ». Palais ducal de Venise. Tiré de *Zanotto*. Gravure. 17
8329. **Andrea Vicentino,** né en 1540, † en 1614. Entrée de Henri III à Venise. « Sala delle quattro porte ». Palais ducal de Venise. Tiré de *Zanotto*. Id. 18
8330. La Victoire de Lépante. Palais ducal de Venise. Id. Tiré de *Zanotto*. Id. 19
8331. **Pietro Rosa,** de Brescia (mort jeune vers 1576 ou 1577). Le martyre de Ste Barbe aux « Grazie » de Brescia. Tiré de *Rosini*. Id. 19
8332. **Lattanzio Gambara,** de Brescia (mort à 32 ans en 1573 ou 1574). La mise au tombeau. Galerie royale de Florence. Tiré de *Rosini*. Id. 20
8333. **Palma, Giovanne (Jacopo)**, né en 1544, † 1628. Persée et Andromède. Galerie de Cassel. Photographie. 21
8334. Vénus et l'Amour. Galerie de Cassel. Id. 21
8335. Ste Catherine. Galerie de Florence. Tiré de *Rosini*. Gravure. 22
8336. La prière des doges Lorenzo et Girolamo Prioli. Tableau dans la « Sala dei Pregadi ». Palais ducal de Venise. Photographie. 22
8337. Le Jugement dernier. « Sala del Scrutino ». Palais ducal de Venise. Tiré de *Zanotto*. Gravure. 23
8338. La Sainte famille. Dessin. Photographie. 23
8339. **Marco Vecelli** (neveu du Titien, né en 1545, † 1611). St-Laurent Justinien créé 1er Patriarche de Venise. Tableau dans l'ancienne « Sala dei Pregadi ». Palais ducal de Venise. Gravure. Tiré de *Zanotto*. 24
8340. La paix de Bologne conclue en 1529 entre le pape Clément VII et l'empereur Charles V. « Sala del Consiglio de Dieci ». Palais ducal de Venise. Tiré de *Zanotto*. Id. 25
8341. Victoire remportée par les Vénitiens sur Roger de Sicile en 1148. « Sala del Scrutinio ». Palais ducal de Venise. Tiré de *Zanotto*. Id. 26
8342. Le doge Léonardo Donato adorant l'Enfant Jésus tenu par sa mère assise entre St Marc et un ange. « Sala della Bussola ». Tiré de *Zanotto*. Palais ducal de Venise. Id. 26
8343. **Francesco da Ponte** dit **il Bassano,** fils de Jacopo, né en 1548, † en 1591. Victoire des Vénitiens sur Hercule Ier, duc de Ferrare. Soffite de « la Sala del Maggior Consiglio ». Palais ducal de Venise. Tiré de *Zanotto*. Id. 27

[Tome 109.]

8344. Les disciples d'Emmaüs. Galerie de Florence. Gravure. 27
8345. **Giovanni Contarini** (né en 1549, † en 1605), Vénus et l'Amour, étude d'après le *Titien*. Académie des Beaux-Arts de Venise. Photographie. 28
8346. Reprise de Vérone. Sala delle quattro porte. Palais ducal de Venise. Tiré de *Zanotto*. Gravure. 29
8347. Le doge Marino Grimani priant aux pieds de la Madone entourée d'anges et de saints. Palais ducal de Venise. Tiré de *Zanotto*. Id. 30
8348. **Leandro da Ponte, il Bassano**, fils de Jacopo, peintre, né en 1558, † en 1623. La Résurrection de Lazare. Académie des Beaux-Arts, Venise. Photographie. 31
8349. Portraits de quatre personnages agenouillés. Galerie communale de Bassano. Tiré de *Rosini*. Gravure. 31
8350. La Famille de Jacopo Bassano. Galerie royale de Florence. Tiré de *Rosini*. Id. 32
8351. Le Repas d'Antoine et de Cléopâtre. Musée de Stockholm. Photographie. 32
8352. **Enea Salmeggio, dit il Talpino**, mort en 1626. La Vierge et l'Enfant Jésus apparaissant à St Roch, St François et St Sébastien. Musée Brera, Milan. Tiré de *Rosini*. Gravure. 33
8353. **Carlo Cagliari, fils de Paul Véronèse**, né en 1570, † en 1596. Vénus et Adonis. Musée de Darmstadt. Photographie. 34
8354. **Gabriele Cagliari,** (né en 1568, † en 1631). Les ambassadeurs persans offrant au doge Marino Grimani des étoffes précieuses au nom de leur souverain. Sala delle quattro porte. Palais ducal de Venise. Tiré de *Zanotto*. Gravure. 34
8355. **Carlo et Gabriele Cagliari**. Les ambassadeurs de Nüremberg recevant les lois de Venise. Salla delle quattro porte. Palais ducal Venise. Tiré da *Zanotto*. Id. 35
8356. **Tommaso Dolabella**, de Bellune, travaillait vers 1620. Le doge Pasquale Cigogna adorant l'Eucharistie. Plafond de la Sala dei Pregadi. Palais ducal de Venise. Tiré de *Zanotto*. Id. 36
8357. **Alessandro Turchi, dit « l'Orbetto »**, né en 1582, † en 1648. L'Enlèvement d'Europe. Galerie du prince de Canino. Tiré de *Rosini*. Id. 37
8358. **Filippo Zanimberti**, né en 1585, † en 1636. La justice découvrant la vérité. Sala del Consiglio della querantia civil nova. Palais ducal de Venise. Tiré de *Zanotto*. Id. 37
8359. **Tiberio Tinelli**, peintre, né en 1586, † en 1638. Portrait d'homme. Galerie Pitti. Photographie. 38
8360. La Madone dans une gloire au-dessus de trois notaires et de trois avocats. Stanza della Avogaria. Palais ducal de Venise. Tiré de *Zanotto*. Gravure. 38

[Tome 109.]

8361. **Alessandro Varotari** dit il **Padovanino**, né en 1590, † en 1650. Un Saint diacre recouvre la vue par l'intercession de la Vierge. Académie des Beaux-Arts de Venise. Photographie. 39

8362. Vénus et l'Amour. Galerie du prince de Canino. Tiré de *Rosini*. Gravure. 39

8363. **Giambattista Lorenzetti**, travaillait en 1641. La gloire pose la couronne ducale sur un plan de Venise. Sala della querantia civil nova. Palais ducal de Venise. Tiré de *Zanotto*. Id. 40

8364. **Pietro Liberi**, padouan, né en 1605, † en 1687. Son portrait par lui-même. Galerie de Florence. Tiré de *Rosini*. Id. 40

8365. **Pietro Bellotti** (né en 1625, † en 1700). Son portrait par lui-même. Galerie de Florence. Tiré de *Rosini*. Id. 40

8366. **Jacopo Ligozzi**, véronais, né en 1627. St Martin et le pauvre. Couvent d'Ognisanti, Florence. Tiré de *Rosini*. Id. 40

8367. **S. Bombelli**, né à Udine en 1635, vivait encore en 1716. Portrait du duc François V, de Médicis. Musée de Vienne. Photographie. 41

8368. **Andrea Celesti**, peintre Vénitien, né en 1637, † en 1700. Châtiment des Hébreux par ordre de Moïse. Sala del Consiglio della Quarantia civil Vecchia. Palais ducal de Venise. Tiré de *Zanotto*. Gravure. 42

8369. La Destruction du veau d'or. Palais ducal de Venise. Tiré de *Zanotto*. Id. 42

8370. **Gregorio Lazzarini**, né en 1655, † en 1730. Le doge Morosini présente à Venise la Morée soumise par lui. Peinture faisant partie de la porte triomphale érigée en 1694 dans la Sala del Scrutinio. Palais ducal de Venise. Photographie. 43

8371. La Paix couronnant la défense. Palais ducal de Venise. Id. 43

8372. Le même tableau. Tiré de *Rosini*. Gravure. 44

8373. **Francesco Trevisani**, né en 1656, † en 1746. La naissance de Vénus. Musée de Cassel. Photographie. 45

8374. Vénus et Adonis. Musée de Cassel. Id. 45

8375. La Madone. Galerie de Florence. Tiré de *Rosini*. Gravure. 45

8376. **Rosalba Carriera**, née en 1675, † en 1757. Jeune fille tenant une couronne de lauriers. Pastel du musée du Louvre. Photographie. 46

8377. **Pellegrini** (né à Venise en 1675, † en 1741). Trois figures allégoriques. Musée du Louvre. Id. 46

8378. **Piazzetta** (né en 1683, † en 1754). Trois personnages en buste. Galerie Giustiniani. Tiré de *Rosini*. Gravure. 47

8379. **Giovan Battista Tiepolo**, peintre vénitien (né vers 1693, † en 1769 ou 1770). Le festin de Cléopâtre, fresque au palais Labia. Venise. Photographie. 48

8380. L'Embarquement de Cléopâtre, fresque au palais Labia, Venise. Id. 48

[Tome 109.]

8381. Plafond, fresque au palais Labia, Venise. Id. 49
8382. St Joseph, l'Enfant Jésus et quatre Saints. Id. 50
8383. Ste Claire et trois Saints. Id. 50
8384. **Canaletti** (Antonio Canale dit) peintre et graveur vénitien, né en 1697, † en 1768). Vue de la place St Marc. British Museum. Tiré de *Rosini*. Gravure. 51
8385. Vue de l'Eglise Madonna della Salute à Venise. Musée du Louvre. Photographie. 51
8386. Vue de Northumberland-House. Tableau ayant figuré à l'exposition des Trésors de l'Art à Manchester 1857. Id. 52
8387. Vue de Venise. Dessin du British Museum. Id. 53
8388. Neuf vues de Venise. Dessins de Windsor. Id. 54 à 60
8389. **Francesco Rusca** (né en 1701, † en 1769). Portrait de Lady Mary Wortley Montagu (1739). Tableau ayant figuré à l'exposition des Trésors de l'Art à Manchester 1857. Id. 61
8390. **Pietro Longhi**, peintre vénitien (né en 1702, vivait encore en 1762). I Burattini. Tableau peint en 1757. Musée Correr, Venise. Id. 62
8391. **Guardi** (né en 1712, † en 1793). Procession devant l'Eglise St-Zacharie, Venise. Musée du Louvre. Id. 62
8392. **Giambattista Cignaroli** (né en 1706, † en 1772. La mort de Rachel. Académie des Beaux-Arts, Venise. 63
8393. **Bernardo Belloto** (né vers 1724, † en 1780. Vue de Venise. Galerie de Darmstadt. Id. 63
8394. Anonyme de l'Ecole Vénitienne XVIII° siècle. Portrait d'homme. Pinacothèque de Munich. Id. 64

TOME CX.

ÉCOLE BOLONAISE 1332 A 1519.

8395. **Gelasio di Niccolo** (Attribué à). La Vierge et l'Enfant. Tableau de la galerie Costabili de Ferrare. Tiré de *Rosini*. Gravure. 1
8396. **Franco Bolognese** (travaillait en 1313). La Vierge et l'Enfant. Galerie Ercolani. Tiré de *Rosini*. Bologne. Id. 1
8397. **Bertolino, da Piacenza**. La Vierge entre quatre Saints et un Evêque agenouillé, fresque dans la cathédrale de Plaisance. Tiré de *Rosini*, Id. 1

[Tome 110.]

8398. **Vitale, de Bologne** (travaillait de 1320 à 1345). La Vierge et l'Enfant Jésus entre deux anges et un donateur (1320), fresque. Pinacothèque de Bologne. Tiré de *Rosini*. Id.   2

8399. La même fresque. Photographie.   3

8400. La Vierge, l'Enfant Jésus entre quatre Saintes. Peinture à Santa Maria de Denti hors la porte St-Mammolo, Bologne. Tiré de *Seroux d'Agincourt*. Gravure.   4

8401. **Thomas, de Modène**, travaillait en 1352. La Vierge et l'Enfant Jésus entre deux Saints. Musée de Vienne. Photographie.   5

8402. **Barnabé, de Modène**, travaillait en 1374. La Vierge et l'Enfant. Musée Städel, Francfort. Id.   5

8403. **Thomas, de Modène**: La Vierge et l'Enfant Jésus entre deux Saints, trois cardinaux écrivant (1452). **Barnabé de Modène**: La Vierge et l'Enfant Jésus, le Calvaire, le Père éternel tenant le corps du Christ, le couronnement de la Vierge, détails de ces diverses compositions, le tout sur une même feuille. Tiré de *Seroux d'Agincourt*. Gravure.   6

8404. **Andrea, de Bologne**, travaillait en 1368. Ste Catherine, fragment d'une peinture à 14 compartiments existant à Fermo. Tiré de *Rosini*. Id.   7

8405. **Simone, de Bologne**, (travaillait en 1373 et 1377). Le Couronnement de la Vierge. Tiré de *Rosini*. Id.   7

8406. **Christoforo, de Bologne**, (travaillait en 1380). La Vierge de Bon Secours, détails des têtes de la Vierge et de l'Enfant. Tiré de *Seroux d'Agincourt*. Id.   7

8407. **Dalmasio Lippo**, né vers 1376, † après 1410. La Vierge allaitant l'Enfant Jésus. Bologne. Tiré de *Rosini*. Id.   7

8408. **Michele di Matteo**, (trav. vers 1447). Tableau d'autel à 10 compartiments représentant en haut le Calvaire entre les quatre évangélistes, en bas la Madone entre quatre Saintes. La prédelle renferme cinq sujets de l'histoire de Ste Hélène. Académie des Beaux-Arts, Venise. Photographie.   8

8409. La Vierge et l'Enfant entre quatre anges, détail du tableau précédent. Id.   8

8410. Sujet de l'histoire de Ste Hélène, détail du tableau précédent. Id.   9

8411. **Anonyme du XVe siècle**. L'histoire des rois mages, fresque dans la basilique St-Petronio, Bologne. Id.   10

8412. **Cosimo Tura**, surnommé **Cosmi**, né vers 1406, vivait encore en 1480. La Vierge et l'Enfant Jésus. Galerie Costabili. Tiré de *Rosini*. Gravure.   11

8413. **Cristoforo Ortali**, (travaillait en 1456). La Prédication de St Bernardin de Sienne, fresque dans l'Eglise St-François, Bologne. Tiré de *Seroux d'Agincourt*. Id.   11

ÉCOLE BOLONAISE.   337

[Tome 110].
8414. **Francesco Cossa**, travaillait à Ferrare en 1456 et à Bologne en 1474. La Vierge et l'Enfant Jésus entre deux Saints assis. Pinacothèque de Bologne. Photographie.   12
8415. **Galasso Galassi**, de Ferrare, né vers 1438 ? † en 1488 ? La Madone entre St Jean-Baptiste et St Jérôme. Galerie Costabile, Ferrare. Tiré de *Rosini*. Gravure.   13
8416. **Stefano, de Ferrare**, † en 1500. Les Pélerins d'Emmaüs. Tiré de *Rosini*. Id.   13

FRESQUES DU PALAIS SCHIFANOJA A FERRARE, ATTRIBUÉES
A Cosimo Tura.

8417. — 1° Mars. — Triomphe de Minerve. Le signe du Bélier. Scène de la vie du duc Borso d'Este. Photographie.   14
8418. — Scène de la vie du duc Borso d'Este, tirée de la fresque précédente. Tiré de *Rosini*. Gravure.   15
8419. — 2° Avril. — Triomphe de Vénus. Le Signe du taureau. Scène de la vie du duc Borso d'Este. Photographie.   16
8420. — 3° Mai. — Triomphe d'Apollon. Le Signe des gémeaux. Travaux des champs. Id.   17
8421. — 4° Juin. — Triomphe de Mercure. Le Signe du cancer. Scène de la vie du duc Borso d'Este. Id.   18
8422. — 5° Juillet. — Triomphe de Jupiter. Le Signe du Lion. Scène de la vie du duc Borso d'Este. Id.   19
8423. 6° — Août. — Triomphe de Cérès. Le Signe de la Vierge. Scène de la vie du duc Borso d'Este. Id.   20
8424. — 7° Septembre. — Triomphe de Vulcain. Le Signe de la balance. Scène du duc la vie de Borso d'Este. Id.   21
8425. **Melozzo da Forli**, né en 1438, † en 1494. Le Christ dans une gloire. Voûte de l'Eglise des SS. Apôtres, Rome. Tiré *d'Ottley*. Gravure. 22
8426. La même fresque, et détails d'autres fresques du même auteur. Tiré de *Seroux d'Agincourt* Id.   23
8427. Deux anges jouant de la musique. Tiré de *Rosini*. Id.   23
8428. Un Foulon. Tiré de *Rosini*. Id.   24
8429. Le Pape Sixte IV donnant audience à Platina et lui confiant la garde de la bibliothèque du Vatican en présence des cardinaux Pietro Riario et Giuliano della Rovere et de leurs frères Girolamo Riario et Giovanni della Rovere, tous quatre neveux du pape (après 1475). Musée du Vatican. Tiré de *Rosini*. Id.   24
8430. La même fresque. Photographie.   25
8431. Partie inférieure de la même fresque. Id.   26
8432. Preuve d'un miracle de St Jacques le mineur. Eglise de San Biagio, Forli. Id.   27

[Tome 110.]

8433. St Antoine, abbé, entre St Jean-Baptiste et St Sébastien. Pinacothèque de Forli. Photographie. 28

8434. **Anonyme Ferrarais** travaillait de 1472 à 1495. Portrait de Balthazar d'Este. Tableau de la galerie Costabile, Ferrare. Tiré de *Rosini*. Gravure. 29

8435. **Francesco Bianchi** dit-il **Frari**, né en 1447, † 1510. La Madone entre deux anges, St. Georges et un St. Evêque. Musée du Louvre. Photographie. 29

8436. **Francesco Francia** (Francesco Raibolini dit) né en 1450, † en 1517. La Présentation au temple. Palais communal de Cesena. Id. 30

8437. Le même tableau. Tiré de *Rosini*. Gravure. 31

8438. La Madone. Galerie Mansi. Lucques. Photographie. 32

8439. Le Couronnement de la Vierge. Eglise San Frediano, Lucques. Id. 33

8440. L'Annonciation. Pinacothèque de Bologne. Tiré de *Rosini*. Grav. 34

8441. Le même tableau. Photographie. 34

8442. Le même tableau. Id. 36

8443. Le même tableau, d'après un dessin. Id. 37

8444. Figure de la Vierge, détail du même tableau. Id. 37

8445. La Madone entre six Saints. Musée de Bologne. Id. 38

8446. Le même tableau. Id. 38

8447. Le même tableau. Id. 39

8448. La Vierge et l'Enfant, détail du même tableau. Tiré de *Rosini*. Gravure. 40

8449. La Madone entre St Etienne, St Jean-Baptiste, St Georges et St Augustin. Musée de Bologne. Photographie. 40

8450. Le même tableau. Id. 41

8451. Le même tableau. Id. 42

8452. La Sainte famille. Musée du Louvre. Id. 43

8453. L'Enfant Jésus adoré par la Vierge, deux anges et cinq personnages, tableau exécuté en 1499 par ordre d'Antonio Galeazzo Bentivoglio qui y est représenté à gauche entre St Joseph et St François; à droite se tiennent St Augustin et un personnage inconnu. Pinacothèque de Bologne. Id. 43

8454. Le même tableau. Id. 43

8455. Le même tableau. Id. 44

8456. La Vierge et l'Enfant Jésus entre St Paul et St François. Pinacothèque de Bologne. Id. 45

8457. La Vierge et l'Enfant Jésus entourés de quatre anges et de Saint Jean l'Evangéliste, St Sébastien, St Augustin et St Georges. Bologne, Eglise de St-Jacques-le-Majeur. Id. 46

8458. La Vierge et l'Enfant trônant au-dessus de quatre Saints, tableau

ÉCOLE BOLONAISE. 339

[Tome 110]

d'autel renfermant aussi la figure de l'homme de douleurs, et le Christ descendu de la croix. Bologne. Église San Martino Maggiore. Photographie. 47

8459. Les fiançailles de Ste Cécile et de Valérien, fresque. Bologne. Eglise Ste-Cécile. Id. 48

8460. La même fresque. Tiré de *Rosini*. Gravure. 49

8461. Funérailles de Ste Cécile. Bologne. Église Ste-Cécile. Photographie. 49

8462. La Vierge et l'Enfant entre St Benoit, Ste Justine, Ste Scolastique et St Placide. Id. 50

8463. Le Christ descendu de la croix. Id. 51

8464. Le Christ en croix. Musée du Louvre. Id. 52

8465. Pieta. National Gallery, Londres. Id. 52

8466. St Etienne. Galerie Borghèse, Rome. Id. 53

8467. St Jean-Baptiste et St Etienne. Musée de Madrid. Id. 53

8468. St Antoine de Padoue. Galerie Borghèse, Rome. Id. 53

8469. La Sainte Famille, tableau ayant figuré en 1857, à l'Exposition des Trésors de l'Art, Manchester. Id. 54

8470. La Vierge et l'Enfant Jésus. Tableau attribué (par Waagen) à *Spagna*, Manchester. Id. 54

8471. La Vierge et l'Enfant Jésus. Galerie Lichtenstein. Vienne. Id. 54

8472. La Vierge et l'Enfant Jésus. Galerie de l'Ermitage. St-Pétersbourg. Id. 55

8473. La Vierge et l'Enfant Jésus tenant un oiseau et bénissant. Galerie Borghèse. Rome. Id. 55

8474. Le même tableau. Id. 55

8475. La Vierge et l'Enfant Jésus. Galerie Corsini. Rome. Id. 56

8476. Le même tableau. Id. 57

8477. Le Christ descendu de la croix. Musée de Turin. Id. 57

8478. La Vierge, l'Enfant Jésus et St Jean-Baptiste. Musée de Naples. Id. 58

8479. La Vierge, l'Enfant Jésus et St Jean-Baptiste. Académie de Parme. Id. 58

8480. La Sainte Famille et St Jean-Baptiste. Galerie Barberini, Rome. Id. 59

8481. Le même tableau. Id. 60

8482. La Ste Famille et une Sainte. Galerie Borghèse, Rome. Id. 61

8483. Le même tableau. Id. 61

8484. La Ste Famille. Tableau attribué à *Fr. Francia*. Galerie Corsini, Rome. Id. 62

8485. La Vierge, l'Enfant Jésus et St Jérôme. Galerie du Vatican. Id. 62

8486. La Ste Famille, Ste Catherine et St François d'Assise. Bologne. Id. 63

8487. La Vierge, l'Enfant Jésus et Ste Lucie. Photographie. 36

8488. La Vierge et l'Enfant Jésus sur un trône entre St François, Ste Catherine, au bas St Jean-Baptiste enfant. Galerie du Belvédère, Vienne. Id. 64

8489. La Vierge, l'Enfant Jésus et St Jean-Baptiste enfant. Musée de Berlin. Id. 64

8490. La Vierge et l'Enfant Jésus entre St François d'Assise et St Antoine de Padoue. Académie des Beaux-Arts, Florence. Id. 65

8491. Portrait d'Evangelista Scappi. Tribune de la galerie des Offices, Florence. Id. 65

8492. L'Annonciation et St Albert le Grand. Collection F. Reiset, actuellement chez Mgr le duc d'Aumale. Photographie. 66

8493. Le Couronnement de la Vierge. Ferrare. Id. 67

8494. La Vierge et l'Enfant Jésus. Dessin du British Museum. Id. 68

8495. Tête de femme. Dessin du British Museum. Id. 68

8496. La Ste Famille et trois autres personnages. Dessin du musée de Florence. Id. 69

8497. Un triomphe après la victoire. (Dessin attribué à *Francia*), gravé par *Marc-Antoine Raimondi*). Musée du Louvre. Id. 70

8498. Le Jugement de Pâris. Dessin attribué à *Francia*. Musée de Vienne. Id. 71

TOME CXI.

ÉCOLES BOLONAISE ET FERRARAISE (1495-1525).

8499. **Anonyme** de l'École de **Francia**. La Vierge et l'Enfant Jésus entre St François et St Petrone. Galerie Martelli. Photographie. 1

8500. **Miniaturiste Ferrarais** de la fin du XVe siècle. Six sujets relatifs à la création entourés d'ornements. Bibliothèque du duc de Modène. Tiré de *Rosini*. Gravure. 2

8501. Miniature tirée « dell' officiuolo di Renata » et représentant des scènes de la vie de St Paul. Bibliothèque du duc de Modène. Tiré de *Rosini*. Id. 2

8502. **Luca-Antonio Buscati** (travaillait vers 1500). La Descente de croix. Galerie Ercolani. Bologne. Tiré de *Rosini*. Id. 3

8503. **Pellegrino**, de Modène (**Munari**, (dit) mentionné en 1483, † en 1523. La Nativité. Galerie d'Este. Tiré de *Rosini*. Id. 4

8504. **Annibal Costa** travaillait en 1503. La Vierge et l'Enfant Jésus entre St François et St Antoine de Padoue. Tiré de *Rosini*. Id. 5

ÉCOLES BOLONAISE ET FERRARAISE. 341

[Tome 111].

8505. **Ercole Grandi**, peintre ferrarais, né vers 1460, † en 1531. La Vierge et l'Enfant Jésus entre deux Saints. Galerie Costabili. Ferrare. Tiré de *Rosini*. Gravure. 5
8506. St Georges. Galerie Corsini. Rome. Photographie. 6
8507. **Lorenzo Costa**, ferrarais, né en 1460, † en 1537. La Vierge dans le ciel entre le Christ et le Père Éternel, au-dessus d'un groupe de Saints. Bologne, Église San Giovanni in Monte. Id. 7
8508. Portraits de treize personnages de la famille Bentivoglio (1488). Musée de Bologne. Tiré de *Rosini*. Gravure. 8
8509. St Pétrone entre deux Saints religieux. Musée de Bologne. Photographie. 9
8510. Le même tableau. Id. 10
8511. Ste Cécile distribuant ses richesses aux pauvres. Fresque dans l'Église Ste-Cécile. Bologne. Id. 11
8512. Valérien instruit dans la religion chrétienne par le pape St Urbain. Fresque dans l'Église Ste-Cécile. Bologne. Id. 12
8513. La même fresque. Id. 13
8514. La Cour d'Isabelle d'Este, marquise de Mantoue. Musée du Louvre. Id. 14
8515. Le même tableau. Tiré de *Rosini*. Gravure. 15
8516. **Domenico Panetti**, Ferrarais, né en 1460, † en 1511 ou 1512. La Visitation. Galerie de Florence. Tiré de *Rosini*. Id. 15
8517. **Marco Palmezzani** ou **Palmeggiani**, de Forli, né vers 1456, mort après 1537. L'Annonciation. Pinacothèque de Forli. Photographie. 16
8518. L'Immaculée Conception, San Mercuriale et San Barbaziano. Église San Mercuriale. Forli. Id. 17
8519. La Communion des Apôtres. Pinacothèque de Forli. Id. 18
8520. Le même tableau. Tiré de *Rosini*. Gravure. 19
8521. La Vierge et l'Enfant Jésus sur un trône entre St Jacques et l'Archange Raphaël. Pinacothèque de Faenza. Photographie. 20
8522. Jésus crucifié. Galerie des Offices, Florence. Id. 21
8523. **Girolamo Nardini**, travaillait vers 1510. La Vierge et l'Enfant Jésus. Église San-Francisco de Gubbio. Tiré de *Rosini*. Gravure. 22
8524. **Nicolo Rosex** dit **Nicoletto da Modena** (travaillait entre 1506 et 1512). Panneau d'ornements. Dessin exposé à l'École des Beaux-Arts en 1879. Photographie. 22
8525. L'Enlèvement d'Europe. D'après l'estampe originale (B. 51). Photogravure. 23
8526. **Lodovico Mazzolini**, peintre ferrarais, travaillait de 1511 à 1523. Jésus et la femme adultère. Galerie Pitti, Florence. Tiré de *Rosini*. Gravure. 24

[Tome 111].

8527. Le même tableau. Photographie. 24
8528. Ecce homo. Tableau exposé au Palais Bourbon, au profit des Alsaciens-Lorrains. Id. 25
8529. **Francesco da Cotignola (Zaganelli)** travaillait vers 1518. La Vierge et l'Enfant Jésus entre St Jean-Baptiste et St Sébastien. Collection de Mgr. le Duc d'Aumale. Id. 25
8530. **Amico Aspertini**, peintre bolonais, né vers 1474, † en 1552. La mise au tombeau. Fresque dans la Chapelle Guinigi à San Frediano. Lucques. Id. 26
8531. St Augustin donnant la règle à ses moines. Fresque dans la Chapelle Guinigi à San Frediano, Lucques. Id. 26
8532. Le Baptême de St Augustin. Fresque dans la Chapelle Guinigi à San Frediano, Lucques. Id. 27
8533. Détail de la même fresque. Tiré de *Rosini*. Gravure. 28
8534. La Nativité et l'adoration des Bergers. Fresque dans la Chapelle Guinigi à San Frediano. Lucques. Photographie. 29
8535. Le miracle de la déviation du fleuve Serchio. Fresque dans la Chapelle Guinigi, à San Frediano de Lucques. Id. 30
8536. L'Arrivée du « Volto Santo » à Lucques. Fresque dans la Chapelle Guinigi, à San Frediano de Lucques. Id. 31
8537. Martyre des SS. Tiburce et Valérien. Bologne. Id. 32

Marc-Antoine Raimondi, né vers 1480, † après 1534.

8538. Adam et Ève. D'après l'estampe originale. Bartsch. 1. H. Delaborde 1. Photogravure. 33
8539. Adam et Ève chassés du Paradis. D'après l'estampe originale. B. 2. H. D. 2. Id. 34
8540. Joseph et la femme de Putiphar. D'après l'estampe originale. B. 9. H. D. 4. Id. 35
8541. Le Massacre des Innocents. D'après la copie de *Marco Dente*. B. 20. Id. 36
8542. Jésus à table chez le Pharisien. D'après l'estampe originale. B. 23. H. D. 16. Id. 37
8543. La Descente de croix. D'après l'estampe originale. B. 32. H. D. 18. Id. 38
8544. La Vierge pleurant le corps mort de Jésus-Christ. D'après l'estampe originale. B. 35. H. D. 20. Id. 39
8545. Les Maries pleurant le corps mort de Jésus-Christ. D'après l'estampe originale. B. 37. H. D. 19. Id. 40
8546. Jésus enseignant à l'entrée du temple. D'après l'estampe originale. B. 45. H. D. 15. Id. 41

[Tome 111].

8547. St Paul prêchant à Athènes. D'après l'estampe originale. B. 44. H. D. 84. Photogravure. 42
8548. La Vierge assise sur les nues. D'après l'estampe originale. B. 47. H. D. 9. Id. 43
8549. La Vierge assise sur les nues. D'après l'estampe originale. B. 52. H. D. 10. Id. 44
8550. La Vierge à la longue cuisse. D'après l'estampe originale. 45 H. D. 12. Id. B. 57.
8551. La Ste Famille. D'après l'estampe originale. B. 60. H. D. 3 (douteux). Id. 46
8552. La Vierge au palmier. D'après l'estampe originale. B. 62. H. D. 13. Id. 47
8553. La Vierge au berceau. D'après l'estampe originale. B. 63. H. D. 11. Id. 48
8554. Les cinq saints. D'après l'estampe originale. B. 113. H. D. 22. Id. 49
8555. Ste Cécile. D'après l'estampe originale. B. 116. H. D. 92. Id. 50
8556. Un homme fouettant la fortune. D'après l'estampe originale. B. 178. H. D. 52. Id. 51
8557. Didon. D'après l'estampe originale. B. 187. H. D. 187. Id. 51
8558. Lucrèce. D'après l'estampe originale. B. 192. H. D. 188. Id. 52
8559. Cléopâtre. D'après l'estampe originale. B. 199. H. D. 126. Id. 52
8560. Danse d'amours, d'après l'estampe originale. B. 271. H. D. (supprimée). 25. Id. 53
8561. Deux faunes portant un enfant, d'après l'estampe originale. B. 230. H. D. 144. Id. 53
8562. L'homme portant la base d'une colonne, d'après l'estampe originale. B. 276. H. D. (supprimé) 32. Id. 54
8563. Jeune femme arrosant une plante, d'après l'estampe originale. B. 383. H. D. 179. Id. 54
8564. Vénus apparaissant à Énée, d'après l'estampe originale. B. 288. H. D. 120. Id. 55
8565. Vénus sortie du bain, d'après l'estampe originale. B. 297. H. D. 115. Id. 55
8566. La Vendange, d'après l'estampe originale. B. 306. H. D. 106, Id. 56
8567. Vénus et l'amour, d'après l'estampe originale. B. 311. H. D. 116. Id. 57
8568. Mars, Vénus et l'Amour, d'après l'estampe originale. B. 345. H. D. 119. Id. 58
8569. Amadée, d'après l'estampe originale. B. 355. H. D. 211. Id. 59
8570. L'homme et la femme aux boules, d'après l'estampe originale. B. 377. H. D. (douteux) 40. Id. 60

[Tome 111.]
8571. La Philosophie, d'après l'estampe originale. B. 381. H. D. 154. Photogravure. 61
8572. La Poésie, d'après l'estampe originale. B. 382. H. D. 155. Id. 61
8573. La Paix, d'après l'estampe originale. B. 393. H. D. 157. Id. 62
8574. Les deux femmes au Zodiaque, d'après l'estampe originale. B. 397. H. D. 177. Id. 63
8575. Les trois docteurs, d'après l'estampe originale. B. 404. H. D. 212. Id. 64
8576. L'homme examinant la blessure de son pied, d'après l'estampe originale. B. 465. H. D. (douteux) 44. Id. 64
8577. Les Chanteurs, d'après l'estampe originale. B. 468. H. D. 201. Id. 65
8578. Les Grimpeurs, d'après l'estampe originale. B. 487. H. D. 196. Id. 66
8579. La Cassolette, d'après l'estampe originale. B. 489. H. D. 213. Id. 67
8580. Portrait de Raphaël, d'après l'estampe originale. B. 496. H. D. 233. Id. 68
8581. Portrait de l'Arétin, d'après l'estampe originale. B. 513. H. D. 234. Id. 68

TOME CXII.

ÉCOLES BOLONAISE ET FERRARAISE (1520-1533).

8582. **Anonyme ferrarais** (travaillait vers 1520). Le Christ en croix. Miniature d'un manuscrit portant le nom et les armes d'Alphonse Ier, duc de Ferrare (1505-1534). Bibliothèque de Modène. Tiré de *Rosini*. Gravure. 1

8583. **Dosso Dossi,** peintre ferrarais, né vers 1479, † en 1542. La Vierge et l'Enfant Jésus sur un trône entouré de Saints. Pinacothèque de Ferrare. Tiré de *Rosini*. Id. 2

8584. Le même tableau. Id. Photographie. 3

8585. Le même tableau dans un encadrement renfermant cinq sujets : la Résurrection et quatre Saints. Id. 4

8586. **Cotignola (Girolamo da**), travaillait vers 1518. La Nativité. Musée Brera. Milan. Id. 5

8587. La Vierge et l'Enfant Jésus, St Jean-Baptiste enfant et deux Saints religieux. Pinacothèque de Bologne. Tiré de *Rosini*. Gravure. 6

8588. Le Père Éternel entouré d'anges, au-dessus d'un groupe formé de la Vierge et de cinq Saints. Pinacothèque de Forli. Photographie. 7

8589. **Giambattista Benvenuto, dit Il Ortolano,** peintre ferrarais, travaillait vers 1525. Le Christ au jardin des Oliviers. Galerie de Santa Agata. Bologne. Tiré de *Rosini*. Gravure. 8

ÉCOLES BOLONAISE ET FERRARAISE.

[Tome 112.]
8590. **Garofolo (Benvenuto Tisio, di Il)**, né à Garofolo dans le Ferrarais en 1481, † en 1559. L'ancien et le nouveau testament. Fresque. Pinacothèque de Ferrare. Photographie. 9
8591. L'Adoration des Mages. Pinacothèque de Ferrare. Id. 10
8592. L'Adoration des Mages. Pinacothèque de Ferrare. Id. 11
8593. L'Invention de la Ste Croix. Pinacothèque de Ferrare. Id. 12
8594. La Résurection de Lazare. Pinacothèque de Ferrare. Tiré de *Rosini*. Gravure. 13
8595. Portrait de femme dite la Zingarella. Galerie Pitti, Florence. Photographie. 14
8596. La Vision de St-Augustin. Galerie nationale de Londres. Tiré de *Rosini*. Gravure. 14
8597. La Vierge et l'Enfant Jésus endormi. Musée du Louvre. Photographie. 15
8598. La Circoncision. Musée du Louvre. Id. 15
8599. La Ste Famille. Musée Städel, Francfort. Id. 16
8600. La Ste Famille. Galerie Lichtenstein, Vienne. Id. 16
8601. Ste Marguerite. Galerie de Christiansbourg. Id. 17
8602. L'Incrédulité de St Thomas. Dessin du British Museum. Id. 17
8603. Portrait de Garofolo par lui-même. Dessin de la galerie de Florence. Id. 18
8604. **Bagnacavallo (Bartolommeo Ramenghi,** dit), né à Bagnacavallo près de Bologne 1484, † en 1542. La Sainte Famille. Fresque à Bologne. Tiré de *Rosini*. Gravure. 19
8605. La Vierge et l'Enfant entourés de quatre Saints et d'une Sainte. Pinacothèque de Bologne. Tiré de *Rosini*. Id. 19
8606. La Circoncision. Musée du Louvre. Photographie. 20
8607. St Jean, St Roch, St Augustin et St-Luc. Dessin du musée de Florence. Id. 20
8608. La Ste Famille. Dessin du musée de Vienne. Id. 21
8609. **Gaudenzio Ferrari** (travaillait vers 1529). Tête de jeune homme. Dessin d'Oxford, Christ-Church. Id. 22
8610. **Innocenzo, da Imola (Francucci)**, travaillait de 1517 à 1549. La Vierge et l'Enfant Jésus entourés de quatre anges. Pinacothèque de Bologne. Tiré de *Rosini*. Gravure. 23
8611. La Vierge, l'Enfant Jésus, Ste Élisabeth, St Jean-Baptiste et deux donateurs. Pinacothèque de Bologne. Tiré de *Rosini*. Id. 23
8612. Le mariage mystique de Ste Catherine. St-Jacques le Majeur, Bologne. Tiré de *Rosini*. Id. 23
8613. Le même tableau. Photographie. 24
8614. **Jacopo Francia,** fils de **Francesco,** peintre Bolonais, † en 1557. La Ste Famille. Pinacothèque de Bologne. Tiré de *Rosini*. Gravure. 25

[Tome 112].

8615. La Ste Famille avec Ste Catherine. Académie des Beaux-Arts, Venise. Photographie. 25
8616. Le même tableau. Id. 26
8617. Portrait d'homme. Galerie Pitti, Florence. Id. 27
8618. **Michel Angelo Anselmi** (né en 1491, † en 1554), peintre parmesan. Le Christ montant au calvaire. Académie de Parme. Tiré de *Rosini*. Gravure. 27
8619. **Giacoponi, da Faënza**, travaillait vers 1532. Dessin d'une aiguière. Musée de Florence. Photographie. 28
8620. **Le Corrège (Antonio Allegri** dit), né à Correggio en 1494, † en 1534. Peintures à fresque exécutées en 1519 dans le monastère de St-Paul, à Parme. Tiré de *Seroux d'Agincourt*. Gravure. 29
8621. Diane, peinture dans la chambre de l'abbesse. Photographie. 30
8622. La même peinture et le fond de la chambre. (D'après une gravure). Id. 30
8623. La même peinture et deux sujets d'amours faisant partie de la même décoration. Tiré de *Rosini*. Gravure. 31
8624. Huit sujets d'amours faisant partie de la même décoration. Photographie. 32
8625. Huit sujets d'amours faisant partie de la même décoration. Id. 33
8626. Seize sujets d'amours et la chambre de l'abbesse. D'après des estampes gravées sous la direction de *Toschi*. Id. 34
8627. Études pour cinq sujets d'amours exécutés au couvent de San-Paolo. Dessin du musée de Weimar. Id. 35
8628. Mercure instruisant Cupidon. National Gallery, Londres. Id. 36
8629. Le même tableau. Tiré de *Rosini*. Gravure. 36
8630. L'Enlèvement de Ganymède. Galerie du Belvédère, Vienne. Photographie. 37
8631. Ganymède dans le ciel. Plafond au château de Novellara. Tiré de *Rosini*. Gravure. 37
8632. Vénus et l'Amour. Galerie Lichtenstein, Vienne. Photographie. 38
8633. Jupiter et Antiope. Musée du Louvre. Id. 38
8634. Le même tableau. Id. 39
8635. Première idée du sommeil d'Antiope. Dessin du musée du Louvre. Id. 40
8636. Apollon et Marsyas. Musée de l'Ermitage. St-Pétersbourg. Id. 40
8637. Io et Jupiter. Musée de Berlin. Id. 41
8638. Le même tableau. Id. 42
8639. Répétition du même tableau. Musée de Vienne. Id. 42
8640. Léda. Musée de Berlin. Id. 43
8641. Le même tableau. Id. 44
8642. Danaé. Galerie Borghèse, Rome. Id. 45

[Tome 112].
8643. Le même tableau. Photographie. 46
8644. Le même tableau d'après un dessin. Id. 47
8645. Deux amours. Détail du même tableau. Id. 48
8646. L'amour se façonnant un arc. Musée de Dresde. Id. 49
8647. Quatre amours jouant avec les armes de Persée. Tiré d'*Ottley*. Gravure. 50
8648. La Vierge adorant l'Enfant Jésus. Galerie des Offices, Florence. Tiré de *Rosini*. Id. 50
8649. Le même tableau. Id. Photographie. 51
8650. Le même tableau. Id. 52
8651. Le même tableau. Id. 53
8652. La Vierge, l'Enfant Jésus et le petit St Jean. Musée de l'Ermitage à St-Pétersbourg. Id. 53
8653. Le même tableau. Id. 54
8654. Répétition du même tableau. Musée de Buda-Pesth. Id. 55
8655. La Sainte Famille. National Gallery, Londres. Id. 55
8656. La Sainte Famille. Musée royal de Madrid. Id. 55
8657. L'Adoration des Bergers, dite la Nuit du Corrège. Galerie de Dresde. Tiré de *Rosini*. Gravure. 56
8658. Le même tableau. Galerie de Dresde. Photographie. 57
8659. La Madone du Rosaire. Galerie de Dresde. Id. 58
8660. Le même tableau d'après une estampe. Id. 59
8661. Le même tableau. Tiré de *Rosini*. Gravure. 59
8662. Le mariage mystique de Ste Catherine. Musée du Louvre. Photographie. 60
8663. Le même tableau. Id. 61
8664. Le même tableau, par *Picart*. Gravure. 62
8665. La Madone de San Geminiano. Galerie de Dresde. Photographie. 63
8666. La Madone de St François. Galerie de Dresde. Id. 64
8667. La Madone, St Jérôme et Ste Madeleine, par *Strange*. 1771. Musée de Parme. Gravure. 65
8668. Le même tableau. Photographie. 66
8669. Le même tableau. Id. 66
8670. Le même tableau. Id. 67
8671. Le même tableau. Id. 68
8672. Le Repos en Égypte. Galerie des Offices, Florence. Photographie. 69
8673. Le Repos en Égypte. Musée de Parme. Id. 70
8674. Le même tableau. Tiré de *Rosini*. Gravure. 71
8675. Le même tableau. Photographie. 71
8676. Le Christ couronnant la Vierge, fresque à la Bibliothèque de Parme. Id. 71
8677. Le Christ descendu de la croix. Musée de Parme. Id. 72

348   COLLECTION ARMAND. — DEUXIÈME PARTIE.

[Tome 112.]

8678. Répétition du même tableau. Musée de Madrid. Photographie   72
8679. Le Christ apparaissant à la Madeleine. Musée de Madrid. Id.   73
8680. Le Saint Suaire. Musée de Berlin. Id.   73
8681. Tête du Christ couronnée d'épines. Musée de Vienne. Id.   74
8682. Tête de St Sébastien. Musée de Vienne. Id.   74
8683. Le Christ sur les nuages. Musée du Vatican. Id.   75
8684. L'Ecce Homo. National Gallery. Londres. Id.   76
8685. Le même tableau. Id.   77
8686. Le même tableau. Tiré de *Rosini*. Gravure.   78
8687. La Vierge et l'Enfant. Madonna della Scala. Musée de Parme. Photographie.   78
8688. Le même tableau. Id.   79
8689. Martyre de St Placide et de Ste Flavie. Musée de Parme. Id.   80
8690. St Jean l'Évangéliste, à San Giovanni. Parme. Tiré de *Rosini*. Gravure.   81
8691. St Pierre et St Paul, à San Giovanni. Parme. Tiré de *Rosini*. Id. 81
8692. La Madeleine. Galerie de Dresde. Photographie.   82
8693. La Vierge, l'Enfant Jésus, la Madeleine et un ange. Dessin d'Oxford. Id.   83
8694. Portrait d'homme en buste. Musée de l'Ermitage, St-Pétersbourg. Id.   83
8695. Portrait d'un Grec. Pinacothèque de Parme. Id.   83
8696. Portrait du médecin du Corrège. Musée de Dresde. Id.   84
8697. L'amour lisant. Pinacothèque de Munich. Id.   85
8698. La Vierge, l'Enfant Jésus, St Jean enfant. attribué au *Corrège* Tiré de *Rosini*. Gravure.   86

TOME CXIII.

ÉCOLES BOLONAISE ET FERRARAISE (1539-1605).

Antonio Allegri dit le corrège (*suite*).

8699. L'Assomption de la Vierge. Musée de l'Ermitage, St-Pétersbourg. Photographie.   1
8700. Tête d'enfant. Galerie Pitti. Id.   1
8701. La Charité. Dessin du musée du Louvre. Id.   2
8702. La Vierge assise. Dessin du musée du Louvre. Id.   2
8703. Tête de Madone, étude pour une Assomption. Académie des Beaux-Arts. Florence. Id.   3
8704. Quatre figures de Saints. Dessin du musée de Florence. Id.   3

[Tome 113.]

8705. Le Christ mort porté par les anges. Dessin du musée de Florence. Photographie. 3

8706. La Madone et l'Enfant Jésus sur les nuages, entourés de six saints. Dessin du musée de Florence. Id. 3

8707. La Madone et l'Enfant Jésus entourés d'anges. Dessin du musée de Florence. Id. 4

8708. Tête d'ange. Dessin du musée de Turin. Id. 4

8709. Deux Chérubins. Dessin du musée de Vienne. Id. 5

8710. Tête d'ange. Dessin du musée de Vienne. Id. 6

8711. Étude d'un homme nu assis. Dessin du musée de Vienne. Id. 6

8712. Une Sainte martyre couronnée par la Vierge et les anges. Dessin du British Museum. Id. 7

8713. Étude de deux enfants nus pour la « Madonna di San Giorgio ». Dessin de la galerie de Dresde. Tiré d'*Ottley*. Gravure. 7

8714. Deux anges. Dessin exposé à l'École des Beaux-Arts en 1879. Photographie. 8

8715. Quatre têtes d'anges. Dessin exposé à l'École des Beaux-Arts en 1879. Id. 8

8716. Tête d'ange. Dessin du musée du Louvre. Id. 9

8717. Étude d'une figure soutenue par un ange. Dessin du musée du Louvre. Id. 9

8718. Tête d'ange. Dessin du musée du Louvre. Fac-simile par *A. Leroy*. Gravure. 10

8719. Étude d'une figure de femme nue entourée de quatre amours. Dessin du musée du Louvre. Fac-simile par *A. Leroy*. Id. 11

8720. Tête d'ange. Dessin de la collection de M. His de la Salle, donné par lui à l'École des Beaux-Arts de Paris. Photgraphie. 12

8721. Étude d'une figure d'homme couché. Dessin du musée de Weimar. Id. 12

8722. Adam et Ève chassés du Paradis, attribué au *Corrège*. Collection de Buzareingues. Id. 13

8723. Le mariage mystique de Ste Catherine, attribué au *Corrège*. Dessin de la galerie de Turin. Id. 13

8724. Trois figures d'apôtres soutenues par des anges sur des nuages. Dessin. Id. 14

8725. Deux figures d'apôtres, dessin attribué au *Corrège* Id. 14

8726. **Francesco Rondani**, peintre parmesan, travaillait vers 1540, † avant 1548. St Pierre et St Jean guérissant un estropié. Fresque à San Giovanni de Parme. Tiré de *Rosini*. Gravure. 14

8727. **Girolamo da Carpi**, de Ferrare, peintre, né en 1501, † en 1556 ou 1568. L'Adoration des mages, à San Martino. Bologne. Tiré de *Rosini*. Id. 15

350   COLLECTION ARMAND. — DEUXIÈME PARTIE.

[Tome 113.]

8728. Une femme à demi nue et un homme conduisant un cheval, d'après l'antique. Dessin du musée de Florence. Photographie.   15
8729. **Le Parmesan** (**Francesco Mazzuoli** dit), né à Parme en 1504, ╁ en 1540. Portrait du Parmesan par lui-même. Galerie des Offices, Florence. Id.   16
8730. Autre portrait du Parmesan par lui-même. Dessin du musée de Vienne. Id.   16
8731. La Ste Famille. Musée de Madrid. Id.   17
8732. La Ste Famille, Ste Élisabeth et St Jean-Baptiste. Musée du Louvre. Id.   17
8733. La Ste Famille. Galerie des Offices, Florence. Id.   18
8734. La Madone. Musée d'Augsbourg. Id.   18
8735. La Madone. Galerie Royale, Florence. Tiré de *Rosini*. Gravure.   19
8736. Le mariage mystique de Ste Catherine. Pinacothèque de Parme. Photographie.   19
8737. Le même tableau. Id.   19
8738. Le même tableau. Id.   20
8739. La Madone, Ste Marguerite et plusieurs Saints. Église Ste-Marguerite à Bologne. Tiré de *Rosini*. Gravure.   20
8740. La Vierge, l'Enfant Jésus, St Jean et St Jérôme endormi. National Gallery, Londres. Tiré de *Rosini*. Id.   20
8741. L'Amour se façonnant un arc (Voyez plus haut. N° 8646). Musée de Vienne. Tiré de *Rosini*. Id.   21
8742. Le même tableau. Photographie.   21
8743. Lucrèce. Musée de Naples. Id.   22
8744. Portrait d'homme de la famille Baglioni. Musée de Vienne. Id.   22
8745. La Poésie. Dessin du musée du Louvre. Id.   23
8746. Deux figures de femmes portant des urnes sur la tête. Dessin du musée du Louvre. Id.   23
8747. Une Néréide donnant à boire à des dieux marins. Dessin du musée de Florence. Id.   24
8748. La Vierge, l'Enfant Jésus, Ste Anne, St Jean-Baptiste, St Pierre, St Paul et St François. Dessin du musée de Florence. Id.   24
8749. Quatre figures dans le goût de l'antique. Dessin du musée de Florence. Id.   25
8750. Vénus au bain. Dessin du musée de Florence. Id.   25
8751. Nymphes au bain. Dessin du musée de Florence. Id.   26
8752. La Vierge, l'Enfant Jésus et St Jean. Dessin du musée de Florence. Id.   27
8753. Deux têtes d'hommes. Dessin du musée de Florence. Id.   27
8754. Quatre têtes d'enfants. Dessin du musée de Florence. Id.   27
8755. Deux amours et une jeune fille jouant du violon. Dessin du musée de Florence. Id.   27

[Tome 113.]

8756. La Vierge entre St Roch et St Sébastien. Dessin du musée de Florence. Photographie. 28
8757. Le Parmesan et sa maîtresse. Dessin. Tiré d'*Ottley*. Gravure. 29
8758. Une cariatide. Dessin du musée de Vienne. Photographie. 30
8759. Une femme portant un vase sur la tête. Dessin du musée de Vienne. Id. 30
8760. Une servante. Dessin du musée de Vienne. Id. 30
8761. Vénus et trois amours. Dessin du musée de Vienne. Id. 31
8762. Étude d'une figure de femme tenant un livre. Id. 31
8763. Homme tenant un étendard. Dessin du British Museum. Id. 32
8764. Une femme assise à coté de deux amours, et croquis de cinq amours. Dessins de la galerie *Th. Lawrence*. Lithographie. 33
8765. Étude d'enfant pour une madone. Photographie. 33
8766. **Anonyme de l'École de Parme.** La Madone et deux Saints. Musée de Florence. Id. 34
8767. **Le Primatice (Francesco Primaticcio** dit), peintre et architecte bolonais, né en 1504, † en 1570. Portrait du Primatice par lui-même. Par *Tourny*. Gravure. 35
8768. Diane. Château de Fontainebleau. Photographie. 36
8769. Le Concert. Musée du Louvre. Id. 37
8770. Quatre divinités mythologiques. Château de Fontainebleau. Tiré de *Rosini*. Gravure. 37
8771. Plusieurs nymphes couchées ou assises, l'une d'elles semble retenir un jeune garçon dans ses bras. Dessin du musée du Louvre. Photographie. 38
8772. Figure allégorique assise sur un siège élevé, tenant des rames et portant une étoile sur le front. Dessin du musée du Louvre. Id. 38
8773. Deux hommes couchés à terre, l'un d'eux tient un gouvernail. Dessin du musée du Louvre. 39
8774. Cupidon, couché près d'un génie endormi, à gauche une figure dans l'attitude de la douleur. Dessin du musée du Louvre. Id. 39
8775. L'Enlèvement d'Europe. Dessin de la collection His de la Salle. Id. 40
8776. Apollon et Marsyas. Dessin du musée de Vienne. Id. 41
8777. Jupiter élevé par les Corybantes. Dessin du musée de Vienne. Id. 42
8778. Ulysse et les Sirènes. Dessin du musée de Vienne. Id. 43
8779. Ulysse aux enfers. Dessin du musée de Vienne. Id. 43
8780. Vénus endormie et deux amours. Dessin du musée de Vienne. Id. 44
8781. Mars et Vénus. Dessin du musée de Vienne. Id. 44
8782. Vulcain surprenant Mars et Vénus. Dessin du musée de Vienne. Id. 45

[Tome 113.]

8783. L'Olympe. Dessin du musée de Vienne. Photographie. 45
8784. Un jeune homme portant des raisins. Dessin exposé en 1879, à l'École des Beaux-Arts. Id. 46
8785. Les deux femmes romaines, d'après l'estampe originale. Photogravure. 46
8786. **Girolamo Mazzuola,** peintre parmesan, mort entre 1568 et 1573. La Madone entourée d'un ange et de trois saints. Académie des Beaux-Arts, Parme. Tiré de *Rosini*. Gravure. 47
8787. **Anonyme** de l'École du Corrège (1550 ?) La Vierge et l'Enfant. Ancienne collection *Rosini*. Tiré de *Rosini*. Id. 47
8788. **Lucas Longhi,** de Ravenne, peintre, né en 1507, † en 1580. L'Adoration des Bergers. Académie des Beaux-Arts, Ravenne. Tiré de *Rosini*. Id. 47
8789. **Lelio Orsi,** da Novellara, peintre, né en 1511, † en 1587. L'Adoration des Bergers. Galerie Pitti, Florence. Tiré de *Rosini*. Id. 48
8790. La Vierge et l'Enfant Jésus. Galerie de Darmstadt. Photographie. 48
8791. **Niccolo dell'Abbate,** peintre modénais, né en 1512, † en 1571. Vénus et Neptune, fresque à Modène. Tiré de *Rosini*. Gravure. 49
8792. Un Concert. Plafond au chateau de Fontainebleau. Tiré de *Rosini*. Id. 49
8793. Cérès. Galerie ...... Florence. Photographie. 50
8794. Le Parnasse, agrandissement photographique d'une gravure d'*Et. Delaune*, Id. 50
8795. Le Parnasse. Dessin de la collection Armand. Id. 51
8796. **Prospero Fontana,** peintre bolonais, né en 1512, † en 1597. La mise au tombeau. Académie des Beaux-Arts. Bologne. Tiré de *Rosini*. Gravure. 52
8797. **Lorenzo Sabatini** ou **Sabadini,** peintre bolonais, mort en 1577. L'Assomption de la Vierge. Pinacothèque de Bologne. Tiré de *Rosini*. Id. 52
8798. **Eneas Vico,** dessinateur et graveur, né en 1520 à Parme, mort vers 1570. Dessin d'un coffret. Galerie de Florence. Photographie. 53
8799. Portrait de Charles-Quint. D'après l'estampe de *Nic. della Casa*. Id. 53
8800. Modèle de flambeau, reproduit par *Baldus*. D'après l'estampe originale. Photogravure. 54
8801. Modèle de flambeau, reproduit par *Baldus*. D'après l'estampe originale. Id. 54
8802. Panneau d'ornements, reproduit par *Baldus*. D'après l'estampe originale. Id. 54
8803. Panneau d'ornements, reproduit par *Baldus*. D'après l'estampe originale. Id. 54

[Tome 113.]

8804. **Pellegrino Tibaldi**, de Bologne, né en 1532, † en 1592. Ulysse recevant d'Éole l'outre des vents. Institut de Bologne. Tiré de *Rosini*. Gravure. 55

8805. Le mariage mystique de Ste Catherine. Tiré de *Rosini*. Id. 55

8806. **Orazio Samacchini**, peintre Bolonais, né en 1532, † en 1577. Le Couronnement de la Vierge. Académie des Beaux-Arts, Bologne. Gravure. 56

8807. **Bartolommeo Passarotti** (travaillait vers 1578). Trois figures d'apôtres. Dessin. Tiré d'*Ottley*. Id. 57

8808. **Ippolito Scartella**, dit il **Scartellino**, peintre Ferrarais, né en 1551, † en 1621. Le jugement de Pâris. Galerie de Florence. Tiré de *Rosini*. Id. 58

8809. **Lavinia Fontana**, Bolonaise, née en 1552, † en 1614. Son portrait par elle-même. Musée de Florence. Tiré de *Rosini*. Id. 58

8810. **Cremonini**, peintre, né à Cento, † en 1610. Dessin d'une frise. Musée de Florence. Photographie. 58

8811. **Bartolommeo Cesi**, peintre Bolonais, né en 1557, † 1629. St Jean l'Évangéliste. Galerie Santa Agata, Bologne. Tiré de *Rosini*. Gravure. 59

8812. **Les Carrache**, peintres Bolonais. **Louis Carrache**, né en 1555, † en 1619. Suzanne et les deux vieillards. National Gallery Londres. Tiré de *Rosini*. Id. 60

8813. La Vocation de St Mathieu. Pinacothèque de Bologne. Tiré de *Rosini*, Id. 60

8814. La guérison de l'aveugle. National Gallery, Londres. Tiré de *Rosini*. Id. 61

8815. La Vierge et l'Enfant. Dessin. Tiré d'*Ottley*. Id. 62

8816. La Sainte famille. Dessin. Tiré d'*Ottley*. Id. 63

8817. **Augustin Carrache**, né en 1558, † en 1601. La navigation d'Énée. Dans le « palais du jardin » de Parme. Tiré de *Rosini*. Id. 64

8818. La communion de St Jérôme. Pinacothèque de Bologne. Tiré de *Rosini*. Id. 64

8819. Paysage avec figures. Galerie Pitti, Florence. Tiré de *Rosini*. Id. 65

8820. L'amour vainqueur de Pan. Tableau ayant figuré en 1857 à l'exposition des Trésors de l'Art à Manchester. Photographie. 65

8821. La Vierge et l'Enfant Jésus. Dessin du musée de Venise. Id. 65

8822. Portrait du **Titien**. D'après l'estampe originale (B. 154). Photogravure. 66

Annibal Carrache (né en 1560, † en 1609).

8823. La galerie de Carrache au palais Farnèse, Rome. Suite de six pièces d'après les gravures de *Volpato*. Photographies. 67-70

TOME CXIV.

ÉCOLE BOLONAISE (1665-1850).

Annibal Carrache (1550, † 1609) *suite*.

8824. La galerie de Carrache au palais Farnèse, suite de 21 pièces publiées par *T. Cuccioni*, Rome 1861. Photographies. 1-22
8825. Persée et la tête de Méduse. Fresque au palais Farnèse. Rome. Tiré de *Rosini*. Gravure. 23
8826. Pieta. Musée du Belvédère, Vienne. Photographie. 24
8827. Les trois Maries. Tableau exposé en 1857, à l'exposition des trésors de l'art, Manchester. Id. 24
8828. La Madeleine soutenue par deux anges. Musée de Madrid. Par *A. Blanco*. Lithographie. 25
8829. La déposition de croix. Tiré de *Rosini*. Gravure. 26
8830. Miracle de San Diego. Académie d'Espagne, Rome. Tiré de *Rosini*. Id. 26
8831. Le Génie de la gloire. Galerie de Dresde. Photographie. 27
8832. Diane. Galerie Lichtenstein, Vienne. Id. 28
8833. Portrait de Domenico Zampieri. Galerie de Darmstadt. 29
8834. Le broyeur de couleurs d'Annibal Carrache et un singe. Galerie de Florence. Tiré de *Rosini*. Gravure. 29
8835. Nymphe, Satyre et jeune garçon. Tribune des Offices, Florence. Tiré de *Rosini*. Id. 30
8836. Le même tableau, d'après une copie. Photographie. 30
8837. Esquisse du même tableau. Dessin du musée de Florence. Id. 30
8838. Étude de femme vue de dos. Tiré d'*Ottley*. Gravure. 31
8839. Une feuille de caricatures et une étude de torse. Tiré d'*Ottley*. Id. 31
8840. Nymphe et Satyre. Dessin du musée de Vienne. Photographie. 32
8841. Le Triomphe de Bacchus. Étude pour la fresque du palais Farnèse. Dessin du musée de Florence. Id. 32
8842. Le même dessin. Id. 33
8843. L'Espion. Tiré de *Rosini*. Gravure. 34
8844. Le Christ de Caprarola. D'après l'estampe originale (B. 4). Photogravure. 34
8845. **Pietro Facini**, peintre bolonais, mort en 1602. La Vierge et l'Enfant Jésus entourés de Saints. Pinacothèque de Bologne. Tiré de *Rosini*. Gravure. 35
8846. **Francesco Brizio**, peintre Bolonais, né en 1564, † en 1613.

ÉCOLES BOLONAISE ET FERRARAISE. 355
[Tome 114.]
Ste Cécile. Dans le cloître San Michele in Bosco. Pinacothèque de Bologne. Tiré de *Rosini*. Gravure. 35
8847. **Lucio Massari**, peintre Bolonais, né en 1569, † en 1633. Les religieuses sortant du tombeau. Pinacothèque de Bologne. Tiré de *Rosini*. Id. 35
8848. **Guido Reni** (né en 1575, † en 1642). Portrait de Guido Reni par lui-même. Galerie des Offices, Florence. Photographie. 36
8849. Eliézer et Rebecca. Galerie Pitti, Florence. Tiré de *Rosini*. Gravure. 36
8850. Le massacre des innocents. Pinacothèque de Bologne. Tiré de *Rosini*. Id. 37
8851. La Nativité. Galerie Lichtenstein, Vienne. Photographie. 38
8852. La Présentation au temple. Musée de Vienne. Id. 38
8853. L'Assomption de la Vierge. Tableau ayant figuré à l'exposition des Trésors de l'art à Manchester en 1857. Id. 39
8854. La Charité. Tableau ayant figuré à l'exposition des Trésors de l'art à Manchester en 1857. Id. 39
8855. Le Sommeil de l'Enfant Jésus. Tableau ayant figuré à l'exposition des Trésors de l'Art à Manchester en 1857. Id. 40
8856. Vénus et l'Amour. Tableau ayant figuré à l'exposition des Trésors de l'Art à Manchester en 1857. Id. 40
8857. Mater dolorosa. Galerie de Cassel. Id. 41
8858. L'Immaculée conception, à Faënza. Tiré de *Rosini*. Gravure. 42
8859. Le Sommeil de l'Enfant Jésus. Église San Bartolommeo, Bologne. Tiré de *Rosini*. Id. 42
8860. St Michel terrassant le démon. Église di Capuccini, Rome. Photographie. 43
8861. Le même tableau. Id. 44
8862. Le même tableau. Id. 44
8863. La Madeleine. Galerie Sciarra, Rome. Id. 45
8864. La Vierge à la chaise. Musée de Madrid. Id. 45
8865. La Madeleine. Musée de Madrid. Id. 46
8866. St Sébastien. Musée de Madrid. Id. 46
8867. L'Aurore. Plafond au palais Rospigliosi, Rome. Id. 47
8868. Le même plafond. Id. 48
8869. Partie gauche du même plafond. Id. 49
8870. Partie droite du même plafond. Id. 50
8871. Partie gauche du même plafond. Id. 51
8872. Partie droite du même plafond. Id. 52
8873. Bacchus et Ariane. Galerie du Capitole. Tiré de *Rosini*. Gravure. 53
8874. L'Amour. Académie de St-Luc à Rome. Photographie. 53
8875. La Fortune. Académie de St-Luc à Rome. Id. 54

[Tome 114].

8876. Jeune femme tenant une rose. Musée de Madrid. Photographie. 54
8877. Cléopâtre. Musée de Madrid. Id. 55
8878. Cléopâtre. Musée de Cassel. Id. 55
8879. **Léonello Spada**, peintre Bolonais, né en 1576, † en 1622. Un ange apparaît à St Jérome. Parme. Tiré de *Rosini*. Gravure. 56
8880. **Giacomo Cavedone**, de Sassuolo, peintre, né en 1577, † en 1660. Tableau dit de Sant Alo. Pinacothèque de Bologne. Tiré de *Rosini*. Id. 56
8881. **Alessandro Tiarini**, peintre Bolonais, né en 1577, † en 1668. Mariage de Ste Catherine. Pinacothèque de Bologne. Tiré de *Rosini*. Id. 56
8882. **L'Albane (Francesco Albani** dit), né à Bologne en 1578, † en 1660. Le Baptême du Christ. Pinacothèque de Bologne. Tiré de *Rosini*. Id. 57
8883. Le Christ enfant entouré des instruments de la Passion. Musée de Florence. Tiré de *Rosini*. Id. 57
8884. L'Air. Musée de Turin. Photographie. 58
8885. Le Feu. Musée de Turin. Id. 58
8886. La Terre. Musée de Turin. Id. 58
8887. L'Eau. Musée de Turin. Id. 58
8888. Le Jugement de Pâris. Musée royal de Madrid. Id. 59
8889. La Toilette de Vénus. Musée royal de Madrid. Id. 59
8890. Danse d'amours. Musée Brera, Milan. Tiré de *Rosini*. Gravure. 60
8891. **Baldassare Aloisi**, dit **Galanino**, peintre Bolonais, né en 1578, † en 1638. St Valérien, mari de Ste Cécile, se fait indiquer le chemin pour retrouver le pape St Urbain. Tiré de *Rosini*. Id. 61
8892. **Lorenzo Garbieri**, peintre Bolonais, né vers 1579 ou 1581, † en 1654. St Benoit s'acheminant vers le désert. Peinture dans le cloître de St-Michel in Bosco. Tiré de *Rosini*. Id. 61
8893. **Bartolommeo Schidone**, de Modène, peintre, mort jeune en 1615. St Jean-Baptiste. Galerie de Darmstadt. Photographie. 62
8894. Ste Madeleine. Tableau en Angleterre. Tiré de *Rosini*. Gravure. 63
8895. La Charité. Musée de Naples. Tiré de *Rosini*. Id. 63
8896. Les sept notes de musique personnifiées. Peinture à Modène. Tiré de *Rosini* Id. 63
8897. **Giovanni Lanfranco**, peintre Parmesan, né en 1581, † en 1647. La Vierge glorieuse intercédant pour le salut d'une âme. Musée Bourbon, Naples. Tiré de *Rosini*. Id. 64
8898. **Dominiquin (Domenico Zampieri**, dit le), né en 1581, † en 1641. Portrait du Dominiquin par lui même. Galerie des Offices, Florence. Photographie. 65
8899. L'Assomption de la Vierge. Santa Maria in Trastevere, Rome. Tiré de *Fontana*. Gravure. 65

[Tome 114.]
8900. Guérison du Démoniaque, à Grotta Ferrata. Tiré de *Rosini*. Grav. 66
8901. La Communion de St Jérôme. Musée du Vatican. Tiré de *Fontana*. Id. 66
8902. Le même tableau. Photographie. 67
8903. Le même tableau. Id. 68
8904. Le Martyre de Ste Agnès. Pinacothèque de Bologne. Tiré de *Rosini*. Gravure. 69
8905. Le même tableau. Photographie. 70
8906. Le même tableau. Id. 71
8907. Le Martyre de St Sébastien. Santa Maria degli Angeli, Rome. Tiré de *Fontana*. Gravure. 72
8908. Ste Madeleine emportée au ciel. Musée de l'Ermitage, St-Pétersbourg. Photographie. 73
8909. Ste Cécile. Musée du Louvre. Id. 73
8910. St Jérôme. Musée de Berlin. Id. 74
8911. David jouant de la harpe. Musée du Louvre. Id. 74
8912. Ste Madeleine. Galerie Pitti, Florence. Id. 75
8913. St Pierre martyr. Pinacothèque de Bologne. Id. 75
8914. L'Enfant Jésus avec les instruments de la Passion. Tableau exposé en 1857 à l'Exposition des Trésors de l'Art à Manchester. Id. 76
8915. St Jean l'Évangéliste. Tableau exposé en 1857 à l'Exposition des Trésors de l'Art à Manchester. Id. 76
8916. Une Sibylle. Galerie Lichtenstein, Vienne. Id. 76
8917. L'Amour. Musée de l'Ermitage, St-Pétersbourg. Id. 77
8918. L'Ange gardien. Tableau attribué au *Dominiquin*. Id. 77
8919. Le Martyre de St Pierre. Dessin du musée de Vienne. Id. 78
8920. La Consécration de St Jérôme enfant. Dessin du musée de Dresde. Id. 79
8921. La Vierge entourée de Saints. Dessin. Id. 79
8922. Figure de jeune fille agenouillée. Dessin. Id. 80
8923. Moïse faisant sortir l'eau du rocher. Dessin. Id. 80
8924. **Francesco Gessi**, peintre Bolonais, né en 1588, † en 1649. St Bonaventure ressuscitant un enfant. Pinacothèque de Bologne. Tiré de *Rosini*. Gravure. 81
8925. **Le Guerchin (Francesco Barbieri** dit), peintre, né à Cento en 1590, † en 1666. Le Renvoi d'Agar. Musée Brera, Milan. Tiré de *Rosini*. Id. 81
8926. Jésus et la Samaritaine. Tiré de *Rosini*. Id. 81
8927. Le Martyre de Ste Pétronille. Galerie du Capitole. Tiré de *Rosini*. Id. 82
8928. La Madeleine. Tableau du Vatican. Photographie. 83
8929. La Madeleine. Musée de Naples. Id. 83

[Tome 114.]

8930. L'Enfant prodigue. Musée de Turin. Photographie. 84
8931. La Sibylle de Samos. Tribune de la galerie des Offices. Florence. Id 84
8932. Alexandre et la famille de Darius. Dessin du musée de Vienne. Id. 85
8933. Diane et Actéon. Dessin du musée de Vienne. Id. 86
8934. **Anonyme Bolonais** 1640. La Ste Famille et un donateur. Collection *Rosini*. Tiré de *Rosini*. Gravure. 87
8935. **Guido Cagnacci**, né en 1601, † en 1681. Lucrèce, Académie de St-Luc, Rome. Photographie. 88
8936. **Anonyme Bolonais**, XVIIe siècle. La Ste Famille. Galerie Lichtenstein, Vienne. Id. 89
8937. **Giovanni Andrea Sirani**, peintre Bolonais, né en 1610, † en 1670. La Présentation au temple. Pinacothèque de Bologne. Tiré de *Rosini*. Gravure. 89
8938. **Gaspare Landi**, né à Plaisance en 1756, † à Rome en 1830. Les Maries au tombeau. Palais Pitti. Tiré de *Rosini*. Id. 89
8939. **Simone Pesaro (Simone Cantarini** dit), né en 1618, † en 1648. La Madone dans une gloire, au-dessus d'une Sainte et de deux Saints. Pinacothèque de Bologne. Tiré de *Rosini*. Id. 90
8940. **Carlo Cignani**, peintre Bolonais, né en 1628, † en 1719. La Madone et l'Enfant Jésus. Galerie de Florence. Tiré de *Rosini*. Id. 91
8941. **Lorenzo Pasinelli**, peintre Bolonais, né en 1629, † en 1700. La femme de Pompée s'évanouissant à la vue du vêtement sanglant de son mari. Pinacothèque de Bologne. Tiré de *Rosini*. Id. 91
8942. **Élisabeth Sirani**, né à Bologne, en 1638, † en 1665. St Antoine aux pieds de l'Enfant Jésus. Pinacothèque de Bologne. Tiré de *Rosini*. Id. 91
8943. **Giuseppe Maria Crespi**, dit lo **Spagnolo**, peintre Bolonais né en 1665, † en 1747. La Sainte famille. En Angleterre. Tiré de *Rosini*. Id 91
8944. **Paolo Mercuri**, graveur, né à Parme en 1808, † mai 1884. Portrait de Christophe Colomb. Id. 92
8945. Trois vases et une statuette antiques. Tiré des « antiques de la galerie Pourtalès ». Id. 93
8946. Deux vases et deux statuettes antiques. Tiré des « antiques de la galerie Pourtalès ». Id. 93

ÉCOLE ESPAGNOLE 1483-1644.

8947. **Rinçon**, travaillait vers 1483. Ecce homo. Peinture sur bois. Musée de Madrid. Photographie. 1

8948. **Miguel Zitoz**, travaillait vers 1490. Portraits des rois catholiques Ferdinand et Isabelle, entourés de deux saints, du prince don Juan, de la princesse Isabelle et de l'inquisiteur Torquemada, aux pieds de la Vierge assise sur un trône et tenant l'Enfant Jésus. Musée de Madrid. Id. 1

8949. **Anonyme** 1490? Portrait de Ferdinand le Catholique. Musée de Madrid. Id. 2

8950. **Anonyme** 1490? Portrait d'Isabelle la Catholique. Musée de Madrid. Id. 2

8951. **Blas del Prado** (né à Tolède en 1497, † en 1557). La Sainte Famille, St Jean l'Évangéliste, St Ildefonse et un donateur, Alphonse de Villegas. Musée de Madrid. Id. 3

8952. **Luis de Morales**, né au commencement du XVI° siècle, † en 1586. Notre Dame de douleurs. Par *F. Taylor*. Musée de Madrid. Lithographie. 4

8953. La Vierge tenant dans ses bras le corps de Jésus mort. Galerie du palais de San Telmo à Séville. Photographie. 5

8954. Ecce homo. Cathédrale de Séville. Id. 6

8955. **Juan de Juanes**, étudia en Italie, né en 1523, † en 1579. Le Sauveur. Musée de Madrid. Id. 7

8956. La Cène. Musée de Madrid. Id. 7

8957. St Étienne annonçant l'Évangile. Musée de Madrid. Id. 8

8958. La Prédication de St Étienne. Musée de Madrid. Id. 8

8959. St Étienne conduit au supplice. Musée de Madrid. Id. 9

8960. Martyre de St Étienne. Musée de Madrid. Id. 9

8961. Ensevelissement de St Étienne. Musée de Madrid. Id. 10

8962. Melchisédec, roi de Salem. Musée de Madrid. Id. 11

8963. Le grand-prêtre Aaron. Musée de Madrid. Id. 11

8964. **J. F. Navarrete** travaillait vers 1571. Le Baptême du Christ. Musée de Madrid. Id. 12

8965. Le même tableau. Par *R. Amerigo*. Musée de Madrid. Lithographie. 13

8966. **Sanchez Coello**, mort en 1590. Portrait du prince Don Carlos, fils de Philippe II. Musée de Madrid. Photographie. 14

8967. Portrait de l'Infante Isabelle-Claire-Eugénie, archiduchesse d'Autriche, fille de Philippe II. Musée de Madrid. Id. 14

[Tome 115.]

8968. Autre portrait de la même. Musée de Madrid. Photographie. 15
8969. **Domenico Teoscopoli,** surnommé **Il Greco,** peintre, né en 1548, † en 1625. Le Christ mort dans les bras du Père Éternel, entouré d'anges. Musée de Madrid. Id. 16
8970. Portrait de Don Rodrigo Vasquez, président de Castille. Musée de Madrid. Id. 17
8971. Portrait de la fille de Teoscopoli. Tableau ayant figuré en 1857 à l'exposition des Trésors de l'Art, Manchester. Id. 18
8972. **Juan Pantoja de la Cruz,** né en 1551, † en 1610. Portrait de l'Empereur Charles Quint. Musée de Madrid. Id. 18
8973. Portrait de Philippe II. Musée de Madrid. Id. 19
8974. Portrait de Marie de Portugal, première femme de Philippe II. Musée de Madrid. Id. 19
8975. Portrait d'Isabelle de Valois, troisième femme de Philippe II. Musée de Madrid. Id. 19
8976. **Eugenio Caxes,** né en 1577, † en 1642. Débarquement des anglais à Cadix en 1625. Par *Decraene.* Musée de Madrid. Lithographie. 20
8977. **Jose de Ribera,** dit l'**Espagnolet,** né près de Valence en 1588, † en 1656. St Pierre trouvant dans la bouche d'un poisson, la pièce de monnaie du tribut. Galerie Corsini, Florence. Photographie. 21
8978. Ste Marie l'Égyptienne. Galerie de Dresde. Id. 22
8979. Diogène. Galerie de Dresde. Id. 23
8980. L'Adoration des Bergers. Musée du Louvre. Id. 24
8981. La Mise au tombeau. Musée du Louvre. Id. 25
8982. La Vierge de douleurs. Musée de Cassel. Id. 26
8983. Isaac bénissant Jacob. Musée de Madrid. Id. 27
8984. L'Échelle de Jacob. Musée de Madrid. Id. 27
8985. La Ste Trinité. Musée de Madrid. Id. 28
8986. Le Martyre de St Barthélemy. Musée de Madrid. Id. 29
8987. St Barthélemy. Musée de Madrid. Id. 29
8988. Ste Madeleine enlevée au ciel. Académie de St-Ferdinand, Madrid. Id. 30
8989. Le Martyre de St Laurent. Galerie du Vatican. Id. 30
8990. Combat de deux amazones. Musée de Madrid. Id. 31
8991. Scène de la vie de St Grégoire le Grand. Par *Blas Ametller.* Musée de Madrid. Gravure. 32
8992. St Jacques le Majeur. Par *F. Taylor.* Musée de Madrid. Lithographie. 33
8993. St Pierre. Par *F. Taylor.* Musée de Madrid. Id. 34
8994. Une femme assise. Par *A. G. Villamil.* Musée de Madrid. Id. 35
8995. Le Pied-bot. Musée du Louvre. Photographie. 36

[Tome 115.]

8996. La Déposition de croix. Chartreuse de Naples. Tiré de *Rosini*. Gravure. 37

8997. Jésus au milieu des docteurs. Musée de Vienne. Tiré de *Rosini*. Id. 37

8998. **Ribalta (Francesco)**, né en 1597, † en 1628. Le Christ mort soutenu par deux anges. Par *G. Sensi*. Musée de Madrid. Lithographie. 38

8999. **Orrente**, né à Murcie vers la fin du XVIe siècle, mort à Tolède en 1644. L'Adoration des Bergers. Par *C. Legrand*. Musée de Madrid. Id. 39

9000. **Zurbaran (Francesco)**, né à Fuente de Cantos, en 1598, † à Madrid en 1662. St Thomas d'Aquin. Musée de Séville. Photographie. 40

9001. Le même tableau. Id. 41

9002. Le même tableau, d'après une copie. Id. 42

9003. Un Moine de la Merci. Tableau de l'Académie St-Ferdinand, Madrid. Id. 43

9004. St François d'Assise. Galerie du Palais San-Telmo, Séville. Id. 44

9005. Le corps de St François mort. Musée de Madrid. Id. 45

9006. Figure allégorique dite la Bergère. Par *Bart. Vazquez*. Musée de Madrid. Gravure. 45

9007. St Pierre Nolasque. Par *Le Grand*. Musée de Madrid. Lithographie. 46

9008. Vision de St Pierre Nolasque. Par *Le Grand*. Musée de Madrid. Id. 47

9009. St Hugo au réfectoire entouré de Chartreux. St Pierre Mongol. St Bruno et le Pape. Tableau du musée de Séville. Photographie. 48

9010. La Vierge de Las Cuevas protégeant les Chartreux. Le Couronnement de St Joseph. Le Père Éternel. Tableaux du musée de Séville. Id. 48

9011. **Don Diego Velasquez de Silva**, né à Séville en 1599, † à Madrid en 1660. La Forge de Vulcain. Musée de Madrid. Id. 49

9012. Bacchus. Musée de Naples. Id. 50

9013. Le même tableau. Id. 50

9014. Mars. Musée de Madrid. Id. 51

9015. L'Adoration des Mages. Musée de Madrid. Id. 52

9016. Le Couronnement de la Vierge. Musée de Madrid. 53

9017. Le même tableau. Par *Massard*. Gravure. 54

9018. Le Christ en croix. Par *F. Taylor*. Musée de Madrid. Lithographie. 55

9019. St Antoine et St Paul, premiers Ermites. Musée de Madrid. Photographie. 56

[Tome 115.]

9020. Portrait équestre de Philippe III, roi d'Espagne. Musée de Madrid. Photographie. 57
9021. Portrait équestre de Marguerite d'Autriche, femme de Philippe III. Musée de Madrid. Id. 58
9022. Portrait de l'infant don Carlos, second fils de Philippe III. Musée de Madrid. Id. 59
9023. Portrait de don Fernand d'Autriche, fils de Philippe III. Musée de Madrid. Id. 60
9024. Répétition du même portrait, ayant figuré à l'exposition des Trésors de l'Art, Manchester 1857. Id. 60
9025. Portrait de Dona Maria, fille de Philippe III, reine de Hongrie. Musée de Madrid. Id. 61
9026. Portrait de Philippe IV, jeune. Musée de Madrid. Id. 62
9027. Autre portrait de Philippe IV, jeune. Musée de Madrid. Id. 62
9028. Portrait de Philippe IV, répétition du précédent. Musée du Louvre. Id. 63
9029. Portrait de Philippe IV, en buste. Musée de l'Ermitage, St-Pétersbourg. Id. 63
9030. Portrait de Philippe IV, en armure. Musée de Madrid. Id. 64
9031. Portrait équestre de Philippe IV. Musée de Madrid. Photographie. 65
9032. Portrait de Philippe IV, en prières. Musée de Madrid. Id. 66
9033. Portrait de Philippe IV, à mi jambe. Collection de Mme Lyne Stephens, exposé au Palais Bourbon en 1874. Id. 67
9034. Portrait de dona Isabel de Bourbon, première femme de Philippe IV. Musée de Madrid. Id. 68
9035. Portrait de dona Maria-Anna d'Autriche, seconde femme de Philippe IV. Musée de Madrid. Id. 69
9036. Autre portrait de la même. Musée de Madrid. Id. 70
9037. Portrait de dona Maria-Anna d'Autriche, en prières. Musée de Madrid. Id. 71
9038. Portrait de dona Maria-Anna d'Autriche, en buste, tableau ayant figuré en 1857, à l'exposition des Beaux-Arts de Manchester. Id. 71

TOME CXVI.

ÉCOLE ESPAGNOLE (1644-1683).

Don Diego Velasquez de Silva. 1599, † 1660 *(Suite).*

9039. Portrait de l'infant don Carlos Balthazar, fils de Philippe IV. Musée d'Amsterdam. Photographie.

ÉCOLE ESPAGNOLE.

[Tome 116.]
9040. Portrait du même, en pied. Musée de Madrid. Photographie 1
9041. Autre portrait du même. Musée de Madrid. Id. 2
9042. Portrait équestre du même. Musée de Madrid. Id. 3
9043. Portrait de l'infant don Carlos Balthazar, en buste, ayant figuré à l'Exposition des Trésors de l'Art, Manchester 1857. Id. 3
9044. Portrait de l'Infante Dona Maria d'Autriche, fille de Philippe IV. Musée de Madrid. Id. 4
9045. Portrait de l'Infante Marie Thérèse. Musée du Louvre. Id. 5
9046. Portrait de l'Infante Marguerite-Thérèse. Musée de Vienne. Id. 6
9047. Portrait de l'Infante Marguerite-Thérèse entourée de ses filles d'honneur, tableau dit : « las Meninas ». Musée de Madrid. Id. 7
9048. Le même tableau. Par *P. Audouin*. Gravure. 8
9049. Portrait d'homme, dit le général Borro. Musée de Berlin. Photographie. 9
9050. Portrait en buste d'un vieillard. Galerie de Dresde. Id. 10
9051. Portrait d'homme. Galerie de Dresde. Id. 11
9052. La Famille de Vélasquez. Musée de Vienne. Id. 12
9053. Portrait du comte duc d'Olivarès. Musée de Madrid. Id. 13
9054. Esquisse du portrait précédent. Dessin du musée de Florence. Id. 14
9055. Portrait du pape Innocent X. Musée de l'Ermitage. St-Pétersbourg. Id. 15
9056. Portrait du cardinal Gaspard Borgia. Musée Städel, Francfort. Id. 15
9057. Le Gouverneur de Bréda remettant les clefs de la ville au marquis de Spinola, général des troupes espagnoles, tableau dit : « las Lanzas ». Musée de Madrid. Id. 16
9058. Portrait de don Pedro de Altamira. Musée du Louvre. Id. 17
9059. Portrait du marquis de Pescara. Musée de Madrid. Id. 18
9060. Portrait d'un homme de guerre. Musée de Madrid. Id. 19
9061. Portrait d'Alonso Cano. Musée de Madrid. Id. 20
9062. Portrait d'un acteur. Musée de Madrid. Id. 20
9063. Portrait d'un nain barbu. Musée de Madrid. Id. 21
9064. Portrait d'un idiot : « El bobo de Coria ». Musée de Madrid. Id. 21
9065. Portrait du nain : « El primo ». Musée de Madrid. Id. 22
9066. Portrait d'un nain aveugle : « El Nino de Vallegas ». Musée de Madrid. Id. 22
9067. Portrait d'un nain auprès d'un chien. Musée de Madrid. Id. 23
9068. Esope. Musée de Madrid. Id. 24
9069. Ménippe. Musée de Madrid. Id. 24
9070. Portrait d'une jeune fille inconnue, en buste. Musée de Madrid. Id. 25
9071. Portrait d'une jeune fille tenant un éventail. Musée de Madrid. Id. 25

[Tome 116.]

9072. Portrait de Barberousse. Musée de Madrid. Photographie. 26
9073. Portrait d'un idiot. Musée de Vienne. Id. 27
9074. Les Gentilshommes. Tableau du musée du Louvre. Id. 28
9075. Intérieur de cuisine. Collection de Buzareingues. Id. 28
9076. Portrait de Carlo Alagredi (?) Pinacothèque du palais Ducal, Lucques. Id. 29
9077. Portrait de la femme de Velasquez. Par *H. Blanco*. Musée de Madrid. Lithographie. 30
9078. Les Fileuses. par *Francisco Muntaner*. Musée de Madrid. Gravure. 31
9079. Le même tableau. Photographie. 32
9080. L'Aguador de Séville, par *Ametller*. Collection du duc de Wellington. Gravure. 33
9081. Une fontaine aux îles d'Aranjuez. Par *Pic de Léopol*. Musée de Madrid. Lithographie. 34
9082. Une promenade. Par *Pic de Léopol*. Musée de Madrid. Id. 35
9083. Un berger dans des ruines. Par *Asselineau*. Musée de Madrid. Id. 36
9084. Un homme en chemise, vu de dos, et peignant. Dessin exposé en 1879 à l'École des Beaux-Arts. Photographie. 37
9085. **Alonso Cano**, peintre, né à Grenade en 1601, † en 1667. La Vierge et l'Enfant Jésus. Musée de Madrid. Id. 38
9086. Le Christ mort soutenu par un ange. Musée de Madrid. Id. 38
9087. St Joseph tenant l'Enfant Jésus. Par *L. Noseret*. Gravure. 39
9088. St Jean l'Évangéliste. Par *A. Guerrero*. Musée de Madrid. Lithographie. 40
9089. Portraits de deux rois Goths. Musée de Madrid. Photographie. 41
9090. **Feliz Castello**, peintre, né à Madrid en 1602, † en 1656. Combat entre Espagnols et Hollandais. Par *J. Jollivet*. Musée de Madrid. Lithographie. 42
9091. **Anonyme XVIIe siècle**. Portrait de Christophe Colomb. Musée de Marine, Madrid. Photographie. 43
9092. **Juan de Pareja**, peintre, né à Séville en 1606, † à Madrid en 1670. La Vocation de St Matthieu. Musée de Madrid. Id. 44
9093. Portrait de Philippe IV. Musée de Madrid. Id. 45
9094. **Francisco Rizi**, né en 1608, † en 1685. Un Autodafé. Musée de Madrid. Id. 46
9095. **Juan de Toledo**, né en 1611, † en 1665. Combat entre Mores et Espagnols. Par *V. Camaron*. Musée de Madrid. Lithographie. 47
9096. **José Léonardo**, peintre, né à Calatayud, en 1616, † en 1656. Reddition de Bréda au marquis de Spinola. Par *J. Jollivet*. Musée de Madrid. Id. 48
9097. Le Duc de Feria secourant une place. Par *J. Jollivet*. Musée de Madrid. Id. 49

ÉCOLE ESPAGNOLE.

[Tome 116.]

9098. **Juan Carreño** (né en 1614, † en 1685). Portrait de Marie-Anne d'Autriche, seconde femme de Philippe IV. Musée de Madrid. Photographie. 50
9099. Portrait du roi Charles II. Musée de Madrid. Id. 51
9100. Autre portrait du même. Musée de Madrid. Id. 52
9101. **Antonio Arias,** peintre, né à Madrid, † en 1684. Jésus et les Pharisiens. Par *G. Sensi*. Musée de Madrid. Lithographie. 53
9102. **Bartolomé-Esteban Murillo**, né à Séville en 1618, † en 1682. Portrait de Murillo par lui-même. Musée de Madrid. Photographie. 54
9103. Moïse frappant le rocher. Séville, hôpital de la Caridad. Id. 55
9104. Le même tableau. Id. 55
9105. Le même tableau, d'après une copie. Id. 55
9106. Éliézer et Rébecca. Musée de Madrid. Id. 56
9107. La Naissance de la Vierge. Musée du Louvre. Id. 57
9108. Ste Anne et la Vierge. Musée de Madrid. Id. 57
9109. L'Annonciation. Musée de Madrid. Id. 58
9110. L'Annonciation. Musée de Madrid. Id. 58
9111. L'Annonciation. Musée de Séville. Id. 59
9112. L'Adoration des bergers. Musée de Madrid. Id. 59
9113. La Nativité. Musée de Séville. Id. 60
9114. La Vierge et l'Enfant Jésus. Galerie de Dresde. Id. 61
9115. La Vierge et l'Enfant Jésus, dite la Vierge de Belem. Musée de Séville. Id. 62
9116. La Vierge et l'Enfant Jésus, dite la Servilleta. Musée de Séville. Id. 62
9117. La Vierge et l'Enfant Jésus, dite la Vierge de Rocamador. Musée de Séville. Id. 63
9118. La Vierge, l'Enfant Jésus, Ste Élisabeth et St Jean enfant. Musée du Louvre. Id. 64
9119. La Vierge et l'Enfant Jésus. Musée du Louvre. Id. 65
9120. La Vierge et l'Enfant Jésus, tableau provenant de la Chapelle du marquis Santiago et ayant figuré à l'Exposition des Trésors de l'Art, Manchester, 1857. Id. 65
9121. La Vierge du Rosaire. Musée de Madrid. Id. 66
9122. La Ste Famille et St Jean-Baptiste. Par *A. L. Romanet* 1797. Musée de Madrid. Gravure. 67
9123. La Ste Famille au petit chien. Musée de Madrid. Photographie. 68

ÉCOLE ESPAGNOLE, 1663-1800.

Bartolome Esteban Murillo 1618-1682 (*Suite*).

9124. St Jean-Baptiste et un agneau. Musée de l'Ermitage, St-Pétersbourg. Photographie. 1
9125. L'Enfant Jésus près d'un agneau. Musée de Madrid. Id. 1
9126. La Vierge et l'Enfant Jésus. Dessin attribué à Murillo. Musée de Vienne. Id. 2
9127. La Vierge, l'Enfant Jésus et St Jean-Baptiste. Dessin attribué à Murillo. Musée de Vienne. Id. 2
9128. St Jean-Baptiste. Musée de Séville. Id. 3
9129. Le Bon Pasteur, tableau ayant figuré à l'Exposition des Trésors de l'Art, Manchester, 1857. Id. 3
9130. St Jean-Baptiste. Musée de Séville. Id. 4
9131. St Jean-Baptiste. Musée de Madrid. Id. 5
9132. L'Enfant Jésus et St Jean-Baptiste. Musée de Madrid. Id. 5
9133. La Multiplication des pains. Hôpital de la Caridad, Séville. Id. 6
9134. Le même tableau. Id. 6
9135. Tête de Christ. Musée de Madrid. 7
9136. Ecce Homo. Tableau ayant figuré à l'Exposition des Trésors de l'Art, Manchester 1857. Id. 7
9137. Tête du Sauveur. Tableau ayant figuré à l'Exposition des Trésors de l'Art, Manchester 1857. Id. 7
9138. Le corps du Christ descendu de la croix et pleuré par la Vierge. Musée de Séville. Id. 8
9139. La Vierge de douleurs. Musée de Madrid. Id. 8
9140. La Vierge et l'Enfant Jésus. Collection de Buzareingues. Id. 9
9141. L'Immaculée Conception, avec deux donateurs. Musée du Louvre. Id. 10
9142. L'Immaculée Conception. Musée du Louvre. Id. 10
9143. Le même tableau. Id. 11
9144. Le même tableau. Id. 12
9145. L'Immaculée Conception, à mi-corps. Musée de Madrid. Id. 12
9146. L'Immaculée Conception, dite Vierge du Père Éternel. Musée de Séville. Id. 13
9147. L'Immaculée Conception. Musée de Madrid. Id. 13
9148. L'Immaculée Conception. Par *Domingo Martinez* 1855. Musée de Madrid. Gravure. 14

[Tome 117.]
9149. Le même tableau. Photographie. 14
9150. L'Immaculée Conception. Musée de Séville. Id. 15
9151. L'Immaculée Conception dite Prima Obra. Musée de Séville. Id. 15
9152. L'Immaculée Conception. Musée de Séville. Id. 15
9153. L'Ange gardien. Galerie de Darmstadt. Id. 16
9154. Le Martyre de St André. Musée de Madrid. Id. 17
9155. La Vierge de la Flèche. Musée de Séville. Id. 17
9156. St Antoine de Padoue. Musée de Berlin. Id. 18
9157. Le même tableau. Id. 19
9158. St Antoine de Padoue. Musée de Séville. Id. 20
9159. St Antoine de Padoue. Musée de Séville. Id. 20
9160. St Antoine de Padoue, d'après une copie. Cathédrale de Séville. Id. 21
9161. Vision de St Augustin. Musée de Madrid. Id. 22
9162. St Augustin. Musée de Séville. Id. 23
9163. St Augustin. Musée de Séville. Id. 23
9164. La Vierge et l'Enfant Jésus apparaissant à St Bernard. Musée de Madrid. Id. 24
9165. Le Mariage mystique de Ste Catherine. Musée du Vatican. Id. 25
9166. St Bonaventure et St Léandre. Musée de Séville. Id. 25
9167. Le même tableau, d'après une copie. Id. 26
9168. Le Miracle de San Diego. Musée du Louvre. Id. 26
9169. Ste Élisabeth de Hongrie soignant les teigneux, tableau de l'Académie de St-Ferdinand à Madrid. Id. 27
9170. Le même tableau. Par *Decraene*. Lithographie. 28
9171. St Félix de Cantalice. Musée de Séville. Photographie. 29
9172. St Félix de Cantalice. Musée de Séville. Id. 29
9173. St Ferdinand roi d'Espagne. Musée de Madrid. Id. 29
9174. Vision de St François, tableau dit « la Porciuncula. » Musée de Madrid. Id. 30
9175. Vision de St François. Musée de Séville. Id. 30
9176. St François de Paule. Musée de Madrid. Id. 31
9177. St François de Paule. Par *J.-B. Ugalde*. Musée de Madrid. Lithographie. 31
9178. La Vierge apparaissant à Ildefonse. Musée de Madrid. Photographie. 32
9179. L'Apôtre St Jacques. Musée de Madrid. Id. 33
9180. Le même tableau. Par *V. Camaron*. Lithographie. 33
9181. Ste Justine et Ste Rufine. Musée de Séville. Photographie. 34
9182. St Joseph et l'Enfant Jésus. Musée provincial de Séville. Id. 35
9183. Ste Madeleine. Musée de Berlin. Id. 36
9184. Ste Madeleine. Par *H. Blanco*. Musée de Madrid. Lithographie. 37

[Tome 117.]

9185. Ste Madeleine. Musée de Madrid. Photographie. 38
9186. La Conversion de St Paul. Musée de Madrid. Id. 83
9187. St Pierre Nolasque, tableau dit : « la Virgen de la Merced ». Musée de Séville. Id. 39
9188. Ste Rose de Lima. Par *Blas Ameller*. Musée de Madrid. Id. 40
9189. Ste Rose de Lima. Dessin du musée de Turin. Id. 41
9190. St Thomas de Villeneuve, faisant l'aumône. Musée de Séville. Id. 41
9191. Portrait d'homme de la galerie Lacaze. Musée du Louvre. Id. 42
9192. Vision du patricien romain Lateranus. Académie de St-Ferdinand, Madrid. Id. 43
9193. Le Patricien racontant sa vision au pape. Académie de St-Ferdinand, Madrid. Id. 43
9194. Portrait d'un chartreux. Galerie de Darmstadt. Id. 44
9195. Une Bohémienne. Musée de Madrid. Id. 44
9196. Portraits de deux enfants dont l'un joue de la mandoline. Musée de Cassel. Id. 45
9197. La Charité Romaine. Par *Thomas Lopez Enguidanos* 1809. Grav. 46
9198. La Vendangeuse. Par *J.-Ant. Salvador Carmona*. Musée de Madrid. Id. 47
9199. Le Buveur. Par *J.-Ant. Salvador Carmona*. Musée de Madrid. Id. 47
9200. Une Fileuse. Par *H. Blanco*. Musée de Madrid. Lithographie. 48
9201. **Anonyme**, élève de Murillo. Une Cuisine. Par *Legrand*. Musée de Madrid. Id. 49
9202. **Claudio Coello**, né à Madrid, mort en 1693. Portrait de Charles II roi d'Espagne. Par *F. L. Noseret*. Sacristie de St-Laurent de l'Escurial. Gravure. 50
9203. La Ste Famille entourée d'anges, de Chérubins et de Saint-François, Saint-Michel et Saint-Antoine de Padoue. Musée de Madrid. Photographie. 51
9204. La Sainte Famille entourée d'anges et de Saints parmi lesquels St Louis roi de France et Ste Élisabeth. Musée de Madrid. Par *J. A. Lopez*. Lithographie. 52
9205. **Juan Antonio Escalante**, né à Cordoue en 1630, † en 1670. L'Enfant Jésus et St Jean. Par *Legrand*. Musée de Madrid. Id. 53
9206. **J. B. del Mazo**, né en 1630, † en 1687. Vue de Saragosse, les figures ont été peintes par *Velasquez*. Musée de Madrid. Photographie. 54
9207. **Villavicencio**, né en 1635, † en 1700. Enfants jouant aux dés. Par *Legrand*. Musée de Madrid. Lithographie. 55

[Tome 117.]

9208. **Antonilez**, né à Séville en 1639, † en 1676. Ste Madeleine enlevée au ciel. Musée de Madrid. Photographie. 56
9209. **Mateo Cerezo**, né à Burgos en 1635, † en 1685. L'Assomption de la Vierge. Par *L. Canon*. Musée de Madrid. Lithographie 57
9210. Les Disciples d'Emmaüs. Par *Joseph del Castillo* 1778. Gravure. 58

TOME CXVIII.

ÉCOLE ESPAGNOLE 1800-1874.

9211. **Goya y Lucientes (Don Francisco)**, né à Fuendetodos (Aragon), en 1746, † à Bordeaux en 1828, Portrait de Goya par lui-même. Académie de St-Ferdinand, Madrid. Photographie. 1
9212. Portraits du roi d'Espagne Charles IV, de Louise-Marie-Thérèse de Parme sa femme, et des infants et infantes Ferdinand VII, Charles Marie-Isidore, François de Paule-Antoine-Marie, Charlotte-Joachime, Marie-Louise-Joséphine, Marie-Isabelle. Musée de Madrid. Id. 2
9213. Portrait équestre de Charles IV. Musée de Madrid. Id. 3
9214. Portrait équestre de Marie-Louise de Parme, femme de Charles IV. Musée de Madrid. Id. 3
9215. Portrait de Charles IV, en buste. Galerie du palais San-Telmo, Séville. Id. 4
9216. Portrait de la reine Marie-Louise de Parme. Galerie du palais San-Telmo, Séville. Id. 4
9217. Portrait du prince des Asturies, depuis Ferdinand VII. Galerie du Palais San-Telmo, Séville. Id. 5
9218. Portrait de la Tirana, célèbre actrice. Tableau de l'Académie St-Ferdinand. Madrid. Id. 6
9219. Los Majos. Palais San-Telmo, Séville. Id. 7
9220. Portrait de F. Guillemardet ambassadeur de la République Française à Madrid 1798. Musée du Louvre. Id. 7
9221. La Maja nue. Académie St-Ferdinand, Madrid. Id. 8
9222. Les désastres de la guerre, suite de 80 pièces, gravées par Goya. Édition de la Société de St-Ferdinand, 1863. Gravures. 9-30
9223. La Tauromachie, suite de trentre-trois pièces, gravées par Goya. Id. 31-47
9224. Un Taureau aux prises avec des chiens. Id. 48
9225. Les Proverbes, suite de 18 pièces. Édition de la Société de St-Ferdinand. 1864. Id. 49-58

[Tome 118.]

9226. Portrait équestre de Philippe IV. D'après *Velasquez*. Par *F. Goya*. 1778. Gravure. 59

9227. Portrait de Gusman, comte-duc d'Olivarès. D'après *Velasquez*. Par *F. Goya*. 1778. Id. 60

9228. Portrait équestre de Philippe III. D'après *Velasquez*. Par *F. Goya*. 1778. Id. 61

9229. Portrait équestre de Marguerite d'Autriche, femme de Philippe III. D'après *Velasquez*. Par *F. Goya*. 1778. Id. 62

9230. Portrait équestre d'Isabelle de Bourbon, femme de Philippe IV. D'après *Velasquez*. Par *F. Goya*. 1778. Id. 63

9231. Portrait équestre de Balthazar-Carlos, fils de Philippe IV. D'après *Velasquez*. Par *F. Goya*. 1778. Id. 64

9232. Le Garrot. Gravure par *F. Goya*. Id. 65

9233. Portrait d'un nain barbu. D'après *Velasquez*. Par *F. Goya*. 1778. Id. 66

9234. Portrait d'un nain assis et lisant. D'après *Velasquez*. Par *F. Goya*. 1778. Id. 66

9235. Ménippe. D'après *Velasquez*. Par *F. Goya*. Id. 67

9236. Ésope. D'après *Velasquez*. Par *F. Goya*. Id. 67

9237. Barberousse. D'après *Velasquez*. Par *F. Goya*. Id. 68

9238. Portrait d'un infant d'Espagne. D'après *Velasquez*. Par *F. Goya*. Id. 68

9239. Quatre combats de taureaux. Lithographies. 69-72

9240. **J. Galvez,** peintre, travaillait à Rome en 1820. Portrait de Ferdinand VII, roi d'Espagne. Par *R. Estève*. Id. 73

9241. **Don Antonio Carnicero,** peintre, né à Salam en 1748, † en 1814. Portrait de Charles IV. Par *F. Selma*. Id. 73

9242. **Anonyme Espagnol** XVIIe siècle. St Joseph et l'Enfant Jésus. Musée de Berlin. Photographie. 74

9243. **Fortuny (Mariano).** Un rémouleur arabe. Tableau exposé en 1874 au Palais-Bourbon au profit des Alsaciens-Lorrains. Id. 74

TROISIÈME PARTIE.

ÉCOLE FRANÇAISE.

TOME CXIX.
ÉCOLE FRANÇAISE (1410-1639).

9244. **Anonyme** (travaillait en 1410). La Descente de Croix, peinture provenant de l'abbaye de St-Germain des Prés. D'après *Alex. Lenoir*. Tiré de la *Statistique monumentale de Paris*. Chromolithographie. 1
9245. **Anonyme** XVe siècle. Portrait de Jean-sans-Peur, duc de Bourgogne (1371, † 1419). Dessin. Photographie. 2
9246. **René d'Anjou**, comte de Provence (né en 1409, † en 1480) ou **Nicolas Froment**. Triptyque de la Cathédrale d'Aix, dit du buisson ardent ; le volet de gauche renferme le portrait de René d'Anjou, accompagné de Ste Madeleine et de ses patrons St Antoine et St Maurice. Le volet de droite renferme le portrait de la reine Jeanne de Laval, accompagnée de Ste Catherine, de St Jean l'Évangéliste et de St Nicolas. A l'extérieur des volets : l'Ange de l'Annonciation à gauche, et la Vierge de l'Annonciation à droite. Tiré de *Seroux d'Agincourt*. Gravure. 3
9247. Partie centrale du même triptyque. Photographie. 4
9248. Partie gauche du même triptyque. Id. 5
9249. Partie droite du même triptyque. Id. 5
9250. L'Ange de l'Annonciation. Tiré du même triptyque. Id. 6
9251. La Vierge de l'Annonciation. Tiré du même triptyque. Id. 6
9252. **Jean Fouquet** (né à Tours vers 1415, travaillait encore en 1475). La Madone sous les traits d'Agnès Sorel. Moitié d'un diptyque fait par ordre d'*Étienne Chevalier* († en 1474), pour l'Église Notre-Dame de Melun. L'autre moitié se trouve à Francfort dans la collection Brentano-Laroche. Musée d'Anvers. Id. 7
9253. Miniature représentant la Vierge et l'Enfant Jésus dans un jardin où sont trois femmes et six enfants. Tiré des heures d'*Étienne Chevalier*. Bibliothèque Nationale. Paris. Id. 7

[Tome 119.]

9254. **Bourdichon (Jean)**, né vers 1457, † vers 1520. Anne de Bretagne accompagnée de trois Saintes, miniature formant le frontispice des heures d'*Anne de Bretagne*. Bibliothèque nationale. Paris. Photographie. 8

9255. **Guillaume Marcilla**, peintre verrier, né dans le diocèse de Verdun en 1475, † à Arezzo en 1537. La vie de la Vierge. Douze compositions en deux verrières, à Santa Maria del Popolo, Rome. Tiré de *Fontana*. Gravure. 9

9256. **Corneille, de Lyon**, † à 51 ans en 1544. Portrait de Vasco de Gama à l'Académie royale de Lisbonne. Photographie. 10

9257. **Jean Cousin**, né près de Sens en 1500, † vers 1589. La Gloire. Dessin du musée du Louvre. Id. 11

9258. **François Clouet**, dit **Janet**, nommé peintre ordinaire du roi en 1541, † en 1572. Portrait de Henri II, enfant. Collection de Mgr le duc d'Aumale. Id. 12

9259. Portrait de Charles IX. Collection de Mgr le duc d'Aumale. Id. 12

9260. Portrait d'Elisabeth d'Autriche, femme de Charles IX. Collection de Mgr le duc d'Aumale. Id. 13

9261. Portrait d'Hercule-François, duc d'Alençon, puis d'Anjou. Collection de Mgr le duc d'Aumale. Id. 13

9262. Portrait en pied de Henri II. Tiré d'*Alex. Lenoir*. Collection de Mgr le duc d'Aumale. Gravure. 14

9263. Portrait équestre de Henri II. Tiré d'*Alex. Lenoir*. Collection de Mgr le duc d'Aumale. Id. 14

9264. Portrait en buste de Henri II. Galerie Pitti, Florence. Photographie. 15

9265. Portrait de Charles de Valois, duc d'Orléans, fils de François Ier. Galerie des Offices, Florence. Id. 15

9266. Portrait équestre de François Ier. Galerie des Offices, Florence. Id. 16

9267. Portrait de Claude-Catherine de Clermont, duchesse de Retz. Collection du prince Czartoriski. Id. 17

9268. Portrait de Marguerite de Valois. Collection de Mgr le duc d'Aumale. Id. 17

9269. Portrait du duc d'Alençon enfant. Dessin exposé en 1879 à l'École des Beaux-Arts. Id. 18

9270. Portrait de Mme d'Assigny. Id. 18

9271. Portrait d'une femme en buste, regardant à gauche, portant une coiffe ornée de perles et de pierres précieuses et un collier. Id. 19

9272. Les trois Grâces. Tableau exposé en 1874 au Palais-Bourbon au profit des Alsaciens-Lorrains. Id. 19

[Tome 119.]

9273. **Duvet (Jean)**, né en 1485, † après 1561. Jean Duvet composant des dessins pour l'Apocalypse. D'après l'estampe originale (R. D. 27). Photogravure. 20

9274. **Étienne Delaune**, orfèvre et graveur, né à Orléans en 1520, travaillait encore en 1590. Les Sciences et les Arts. Dessin exposé en 1879 à l'École des Beaux-Arts. Photographie. 21

9275. Un miroir renfermant le sujet d'Eson et Médée, 1561. D'après l'estampe originale. Robert Dumesnil N° 314. Photogravure. 21

9276. Un miroir renfermant le sujet de la mort de Julie, 1561. D'après l'estampe originale. Robert Dumesnil N° 315. Id. 21

9277. Un miroir rond. D'après l'estampe originale N° 316. Id. 22

9278. Un miroir rond. D'après l'estampe originale N° 317. Id. 22

9279. Un miroir ovale. D'après l'estampe originale N° 318. Id. 22

9280. Un miroir ovale. D'après l'estampe originale N° 319. Id. 22

9281. Un miroir carré. D'après l'estampe originale N° 320. Id. 23

9282. Un miroir octogone. D'après l'estampe originale N° 321. Id. 23

9283. **Jacques Androuet Ducerceau**, dessinateur et graveur, né à Orléans de 1510 à 1520, † à Turin en 1592. Titre et suite de huit planches d'arabesques. D'après les estampes originales. Id. 24-26

9284. Suite de quatre cheminées. D'après les estampes originales. Id. 27

9285. Dix clefs en deux feuilles. D'après les estampes originales. Id. 28

9286. Douze entrées de serrure. D'après les estampes originales. Id. 28

9287. Deux aiguières. D'après les estampes originales. Id. 29

9288. **René Boyvin**, graveur, né à Angers 1530, † à Rome 1598. Deux aiguières sur une même feuille. D'après l'estampe originale. Robert Dumesnil 171. Id. 30

9289. Deux salières. R. D. 173. Id. 30

9290. Corbeille de table. R. D. 176. Id. 31

9291. Une aiguière. Id. 31

9292. **Pierre Woeiriot**, de Bouzey, orfèvre et graveur sur cuivre et sur bois, né à Damblain (Vosges), en 1532, † après 1596. Trois gardes d'épées. D'après les estampes originales. Robert Dumesnil 374, 377, 378. Id. 32

9293. **Anonyme**, école de **Clouet**. Portrait du sieur de Ravel. Dessin de la collection His de la Salle. Photographie. 33

9294. **Ambroise Dubois**, né à Anvers en 1543, † à Fontainebleau 1615. La Galerie de la Reine, dite de Diane, au palais de Fontainebleau. D'après les dessins de *Percier* et *Baltard* Gravure. 34-41

9295. Plan et élévations latérales de la même galerie. Calques. 42-46

9296. **Daniel Dumonstier**, né en 1574, † en 1646. Portrait d'homme. Dessin du musée Städel, Francfort. Photographie. 47

[Tome 119.]

9297. Portrait de J. Aug. de Thou, baron de Meslay. Collection Eud. Marcille. Photographie. 47

9298. **Anonyme** 1590. La procession de la Ligue. Id. 48

9299. **Lagneau**, travaillait vers 1605. Portrait dit de Henri IV. Musée du Louvre. Id. 48

9300. **Quesnel (Nicolas)**. Portrait de François de l'Aubespine, marquis d'Hauterive et de Châteauneuf, gouverneur de Bréda (1586 ?, † 1670). Collection de Mgr le duc d'Aumale. Id. 49

9301. **Finsonius (Louis)**, né à Bruges 1580, vivait à Arles, mort en 1632. Portrait de la mère du peintre. Appartenant à M. le marquis de Chennevières. Id. 49

9302. **Simon Vouet**, peintre, né à Paris en 1590, † en 1649. La Présentation au Temple. Musée du Louvre. Id. 50

9303. La Fortune. Collection de Buzareingues. Id. 50

9304. **Jacques Callot**, (né en 1592, † en 1635). Portrait de Claude Deruet. D'après l'estampe originale (Meaume 505). Photogravure. 51

9305. Portrait de Dieudonné Charles Delorme. D'après l'estampe originale (M. 506). Id. 52

9306. Le Parterre de Nancy (moitié de gauche de l'estampe originale. (M. 622). Gravure. 53

9307. La Noblesse française, suite de douze pièces, copies d'après la suite originale (M. 673-684). Id. 54

9308. Le Supplice de la roue. Dessin du British Museum. Photographie. 55

9309. Vue d'un port. Dessin du British Museum. Id. 55

9310. Une rue de village. Dessin du British Museum. Id. 56

9311. Troupe de gens sur un embarcadère. Dessin du musée de Vienne. Id. 56

9312. La Foire de l'Impruneta. Tableau d'après *Callot*. Musée de Venise. Id. 57

9313. Une vue de Paris prise du dessous du Pont-Neuf? Musée de Venise. Id. 57

TOME CXX.

ÉCOLE FRANÇAISE (1640). — CLAUDE GELLÉE, DIT LE LORRAIN. — NICOLAS POUSSIN.

9314. **Claude Gellée** dit **Le Lorrain**, né en Lorraine en 1600, † à Rome en 1682. Vue d'un port de mer. Musée du Louvre. Photographie. 1

ÉCOLE FRANÇAISE. 375

[Tome 120.]
9315. Le débarquement de Cléopâtre à Tarse. Musée du Louvre. Photographie. 1
9316. David sacré roi par Samuel. Musée du Louvre. Id. 2
9317. Un paysage avec figures de *Filippo Lauri*. Musée de Naples. Id. 2
9318. Un paysage avec Tobie et l'Ange. British Museum. Id. 3
9319. Le Midi. Musée de l'Ermitage, St-Pétersbourg. Id. 4
9320. Étude de Chêne. Dessin du musée du Louvre. Id. 5
9321. Sacrifice antique. Dessin du musée du Louvre. Id. 5
9322. Le Bouvier. Dessin exposé en 1879 à l'École des Beaux-Arts. Id. 6
9323. Deux voyageurs passant près d'un bouquet d'arbres. Dessin exposé en 1879 à l'École des Beaux-Arts. Id. 6
9324. Un lever de soleil. Dessin exposé en 1879 à l'École des Beaux-Arts. Id. 7
9325. Une troupe de gens dans un paysage où se trouve une tour ruinée. Dessin exposé en 1879 à l'École des Beaux-Arts. Id. 7
9326. Un paysage dont la gauche est occupée par un temple en ruines. Dessin de la collection His de la Salle. Id. 8
9327. Lever de soleil au bord de la mer. Dessin de la collection Desperet. Fac-similé par *A. Leroy*. Gravure. 8
9328. Un troupeau au bord d'une rivière. Dessin du musée de Vienne. Photographie. 9
9329. Ruines au bord de l'eau. Dessin du musée de Vienne. Id. 9
9330. Deux chasseurs dans une forêt. Dessin du British Museum. Id. 10
9331. Le Baptême de l'ennuque. Dessin du British Museum. Id. 10
9332. Étude d'arbres faite à la Vigna Madama. Dessin du British Museum. Id. 11
9333. Étude d'arbre. Dessin du British Museum. Id. 11
9334. Groupe de pins au bord de l'eau. Dessin du British Museum. Id. 12
9335. Jésus tenté dans le désert. Dessin du British Museum. Id. 13
9336. Un berger assis. Dessin du British Museum. Id. 13
9337. Étude d'un ciel nuageux. Dessin du British Museum. Id. 14
9338. Deux personnages entre deux bouquets d'arbres. Dessin du British Museum. Id. 14
9339. Deux voyageurs près d'un bois. Dessin du British Museum. Id. 14
9340. Une ville entourée de murailles. Dessin du British Museum. Id. 15
9341. Un cavalier et cinq personnages à pied au bord d'une rivière. Dessin du British Museum. Id. 15
9342. Deux vaches. Dessin du British Museum. Id. 15
9343. Deux femmes au bord de la mer ; dans le fond trois bateaux. Dessin du British Museum. Id. 16

[Tome 120.]

9344. Un paysage où se voient trois personnages. A gauche est un temple antique en ruines. Dessin du British Museum. Photographie. 16

9345. Une femme agenouillée panse la jambe d'un berger assis. Dessin du British Museum. Id. 16

9346. Le Débarquement d'Énée, 1677. Dessin du château de Windsor. Id. 17

9347. Danse de paysans près d'un bouquet de vieux arbres. Dessin du château de Windsor. Id. 18

9348. Un berger près d'un bois. Dessin du château de Windsor. Id. 19

9349. Trois croquis, sur l'un d'eux un sculpteur monté sur un échafaudage. Dessin du château de Windsor. Id. 20

9350. Un berger poussant devant lui un troupeau composé de trois vaches et d'une chèvre. Dessin. Fac-simile. Tiré d'*Ottley*. Gravure 21

9351. Un groupe d'arbres. Dessin. Fac-simile. Tiré d'*Ottley*. Id. 22

9352. Un paysage. Au milieu se voit une rivière sur laquelle est dans le fond un pont de neuf arches. Au premier plan un pont d'une seule arche. Photographie. 23

9353. Le Départ pour les champs. D'après l'estampe originale. Robert-Dumesnil, 16. Photogravure. 24

9354. Le Troupeau en marche par un temps orageux. D'après l'estampe originale. R. D. 18. Id. 24

9355. La Danse au bord de l'eau. D'après l'estampe originale. R. D. T. XI. Id. 25

9356. Le Campo Vaccino. D'après l'estampe originale. R. D. 23. Id. 25

9357. La Tempête. D'après l'estampe originale. R. D. 5. Id. 26

9358. Le Bouvier. D'après l'estampe originale. R. D. 8. Id. 26

9359. Le Lever de soleil. D'après l'estampe originale. R. D. 15. Id. 27

9360. Berger et Bergère conversant. D'après l'estampe originale. R. D. 21. Id. 27

9361. Mercure et Argus. R. D. 17. Id. 28

9362. Les feux d'artifice, Neptune. R. D. 28. Id. 28

9363. Les feux d'artifice. La statue du roi des Romains. R. D. 38. Id. 29

9364. Le Port de mer à la grosse tour. R. D. 13. Gravure. 29

9365. Le Dessinateur. R. D. 9. Id. 29

9366. **Poussin (Nicolas)**, né aux Andelys 1594, † à Rome en 1665. Jacob demande à Laban sa fille Rachel. Tiré de *Landon*. Id. 30

9367. Éliézer et Rébecca. Musée du Louvre. Photographie. 30

9368. Moïse sauvé des eaux. Par *Jeaurat*. Gravure. 31

9369. La même composition. Par *B. Audran*. Id. 31

9370. Moïse sauvé des eaux. Par *B. Audran*. Id. 32

9371. Moïse sauvé des eaux. Musée du Louvre. Photographie. 32

ÉCOLE FRANÇAISE.

[Tome 120.]
9372. Moïse défendant les filles de Jéthro. Tiré de *Landon*. Gravure. 33
9373. Le même sujet. Dessin du musée du Louvre. Photographie. 34
9374. Le Buisson ardent. Tiré de *Landon*. Gravure. 34
9375. Les Israélites adorant le veau d'or. Par *Surugue*. Id. 35
9376. La Manne. Par *B. Audran*. Id. 36
9377. Le Frappement du rocher. Tiré de *Landon*. Id. 37
9378. David vainqueur de Goliath, couronné par la Victoire. Musée de Madrid. Photographie 38
9379. Le Jugement de Salomon. Par *G. Chasteau*. Gravure. 39
9380. Le même tableau. Par *J. Dughet*. Id. 40
9381. Le même tableau. Par *Quécerdo* et *Villerey*. Id. 41
9382. Le Jugement de Salomon, esquisse. Dessin du musée du Louvre. Photographie. 41
9383. Autre esquisse de la même composition. Dessin du musée du Louvre. Id. 42
9384. Le Jugement de Salomon, autre composition. Dessin du musée de Turin. Id. 43
9385. L'Adoration des Bergers. Tiré de *Landon*. Gravure. 44
9386. Figures de St Joseph et de la Vierge adorant l'Enfant Jésus. Tirées de la même composition. Par *Pierre del Pô*. Id. 44
9387. L'Adoration des Mages. Tiré de *Landon*. Id. 45
9388. La Ste Famille et St Jean. Tiré de *Landon*. Id. 45
9389. La Ste Famille, St Jean et Ste Elisabeth. Tiré de *Landon*. Id. 45
9390. La Vierge, l'Enfant Jésus et St Joseph. Tiré de *Landon*. Id. 45
9391. La Vierge, l'Enfant Jésus et St Joseph. Tiré de *Landon*. Id. 45
9392. La Ste Famille, St Jean et Ste Élisabeth. Musée du Louvre. Photographie. 46
9393. La Ste Famille. Dessin du musée du Louvre. Id. 47
9394. La Ste Famille, St Jean et Ste Élisabeth. Dessin du musée du Louvre. Id. 47
9395. La Ste Famille, St Jean et Ste Élisabeth. Tableau de la collection de Mgr le duc d'Aumale. Id. 48
9396. Le Baptême du Christ. Par *Pierre del Pô*. Gravure. 49
9397. Jésus et la femme adultère. Musée du Louvre. Photographie. 50
9398. La même composition. Par *Q. Fonbonne*, 1709. Gravure. 50
9399. Jésus guérit deux aveugles auprès de Jéricho. Musée du Louvre. Photographie. 51
9400. La même composition. Par *L. Audran*. Gravure. 51
9401. Le Crucifiement. Tiré de *Landon*. Id. 52
9402. La Descente de croix. Par *F. Chauveau*, 1667. Id. 52
9403. L'Assomption de la Vierge. Musée du Louvre. Photographie. 53
9404. Dessin pour la même composition. Musée du Louvre. Id. 54

[Tome 120.]
9405. La Prédication de St Jean-Baptiste. Tiré de *Rosini*. Gravure. 55
9406. St Jean baptisant les Juifs. Par *Jeaurat*, 1709. Id. 55
9407. St Jean l'Évangéliste à Pathmos. Par *L. de Châtillon*. Id. 56
9408. St Pierre et St Jean guérissant un estropié. Par *B. Picart*. Id. 57
9409. Le Martyre de St Érasme. Musée du Vatican. Photographie. 58
9410. La même composition. Tiré de *Fontana*. Gravure. 58
9411. La même composition. Par *G. M. Mitelli*. Id. 59
9412. St Paul transporté au ciel. Par *Pesne*. Id. 60
9413. La même estampe. Photographie. 61
9414. St Mathieu. Tiré de *Landon*. Gravure. 61
9415. Les sept Sacrements. Le Baptême. Par *J. Pesne*. Id. 62
9416. Esquisse de la même composition. Dessin du musée du Louvre. Photographie. 63
9417. Autre esquisse de la même composition. Dessin du musée du Louvre. Id. 63
9418. Autre esquisse de la même composition. Dessin du musée de Vienne. Id. 64
9419. La Confirmation. Par *J. Pesne*. Gravure. 65
9420. La même composition. Tiré de *Rosini*. Id. 66
9421. Esquisse de la même composition. Dessin du musée du Louvre. Photographie. 67
9422. Autre esquisse de la même composition. Dessin du musée du Louvre. Id. 67
9423. L'Eucharistie. Par *J. Pesne*. Gravure. 68
9424. Esquisse de la même composition. Dessin du musée du Louvre. Photographie. 69
9425. La Pénitence. Par *J. Pesne*. Gravure. 70
9426. L'Ordre. Par *J. Pesne*. Id. 71
9427. La même estampe. Photographie. 72
9428. La même composition. Gravure. 72
9429. Esquisse de la même composition. Dessin du musée du Louvre. Photographie. 73
9430. Autre esquisse de la même composition. Id. 73
9431. Le Mariage. Par *J. Pesne*. Gravure. 74
9432. L'Extrême-Onction. Par *J. Pesne*. Id. 75
9433. Esquisse de la même composition. Dessin du musée du Louvre. Photographie. 76
9434. Le même dessin. Fac-similé par *A. Leroy*. Gravure. 77
9435. La Confirmation. Par *van Somers*. Id. 78
9436. L'Ordre. Par *van Somers*. Id. 79
9437. La Pénitence. Par *Giacomo Rossi*. Id. 80
9438. Le Mariage. Id. 80
9439. L'Extrême-Onction. Id. 81

TOME CXXI.

ÉCOLE FRANÇAISE (1640-1675). — EUSTACHE LE SUEUR.

Nicolas Poussin (suite).

9440. Le Testament d'Eudamidas. Par *J. Pesne*. Gravure. 1
9441. La même composition. Par *de Marcenay*. Id. 2
9442. La mort de Germanicus. Par *J. Coelemans*. Id. 3
9443. Pyrrhus transporté dans la ville de Mégare. Id. 3
9444. Le Triomphe de la Vérité. Musée du Louvre. Photographie. 4
9445. Le même tableau. Par *B. Picart*. Gravure. 5
9446. L'Enlèvement des Sabines. Musée du Louvre. Photographie. 5
9447. Le même tableau. Tiré de *Rosini*. Gravure. 6
9448. Le Parnasse. Musée de Madrid. Photographie. 6
9449. L'empire de Flore. Musée de Dresde. Id. 7
9450. Le Triomphe d'Amphitrite. Musée de l'Ermitage, St-Pétersbourg. Id. 8
9451. Un berger et deux femmes dans des ruines. Tableau exposé en 1874 au profit des Alsaciens-Lorrains. Id. 9
9452. Narcisse. Musée du Louvre. Id. 9
9453. Léda. Tableau de la collection de Mgr le duc d'Aumale. Id. 10
9454. Ulysse découvre Achille parmi les filles de Lycomède. Gravure. 10
9455. Le même sujet, autre composition. Tiré de *Landon*. Id. 11
9456. L'Image de la vie humaine. Par *B. Picart*. Id. 11
9457. Bacchanale. Publié par *Van Merle*. Id. 12
9458. Vénus endormie. Par *Daullé*, 1760. Id. 13
9459. Hercule entre le vice et la vertu. Tiré de *Landon*. Id. 14
9460. Vénus et Adonis. Tiré de *Landon*. Id. 14
9461. Éducation de Bacchus. Tiré de *Landon*. Id. 14
9462. Sacrifice près d'un mausolée. Tiré de *Landon*. Id. 15
9463. Jeux d'amours et de néréides. Tiré de *Landon*. Id. 15
9464. Philémon meurt de rire en voyant un âne manger des figues. Tiré de *Landon*. Id. 16
9465. Paysage. Tiré de *Landon*. Id. 16
9466. Paysage. Tiré de *Landon*. Id. 16
9467. Jeux d'amours. Par le capitaine *Baillie*. Id. 17
9468. Le même tableau. Publié par *P. Mariette*. Robert Dumesnil VI p. 202. Id. 17
9469. Les travaux d'Hercule, titre. Par *J. Pesne*. Id. 18

[Tome 121.]

9470. Vénus et Adonis. Dessin du musée du Louvre. Gravure. 19
9471. Hérodiade. Dessin de la collection His de la Salle. Photographie. 20
9472. Acis et Galatée. Dessin de la collection His de la Salle. Fac-simile par *Rosotte*. Gravure. 20
9473. Renaud abandonnant Armide. Dessin de la collection His de la Salle. Fac-simile par *A. Leroy*. Id. 21
9474. Combat de deux amours montés sur des chèvres. Dessin de la collection His de la Salle. Photographie. 22
9475. Le même dessin. Id. 22
9476. Nymphes passant un fleuve. Dessin de la galerie de Turin. Id. 22
9477. L'Assomption de la Vierge. Dessin de la galerie de Turin. Id. 23
9478. L'Adoration des Mages. Dessin exposé en 1879 à l'École des Beaux-Arts. Id. 23
9479. Épisode du massacre des Innocents. Dessin du musée de Florence. Id. 24
9480. Le Passage de la mer Rouge. Dessin du musée de Vienne. Photographie. 24
9481. Un satyre et une nymphe montés sur un bouc. Dessin du musée de Vienne. Id. 25
9482. Troupe d'amours dans un bois. Dessin du musée de Vienne. Id. 25
9483. Un paysage. Dessin du musée de Vienne. Id. 26
9484. Mort d'Hippolyte. Dessin. Fac-simile. Tiré d'*Otley*. Gravure. 27
9485. Mars et Vénus et cinq amours. Dessin. Fac-simile. Tiré d'*Otley*. Id. 27
9486. **Valentin (Moyse)**, né en 1600, † en 1632. Martyre des SS. Processus et Martinien. Galerie du Vatican. Photographie. 28
9487. **Jacques Stella**, né à Lyon en 1596, † en 1657. Portrait de Stella par lui-même. D'après un dessin de *Soumy*. Musée de Lyon. Id. 28
9488. **Morin (Jean)**, † en 1666. Portrait du cardinal Bentivoglio. D'après *Van Dyck*. D'après l'estampe originale. R. D. 43. Photogravure. 29
9489. **Lenain,** † en 1648. Repas de mendiants. Galerie Lacaze, musée du Louvre. Photographie. 30
9490. **Coffier (Jacques)** 1650. Portrait d'un jeune homme. Dessin du British Museum. Id. 30
9491. **La Hyre (Laurent de)**, né à Paris en 1605, † en 1656. La Vierge et l'Enfant Jésus, 1642. Musée du Louvre. Id. 31
9492. **Mignard (Pierre)**, né à Troyes en 1610, † en 1695. Portrait de P. Mignard par lui-même. Musée du Louvre. Id. 32
9493. La Vierge et l'Enfant Jésus. Musée du Louvre. Id. 33
9494. Portrait de Marie Mancini. Musée de Berlin. Id. 33

ÉCOLE FRANÇAISE. 381

[Tome 121.]

9495. Portrait de Madame de Sévigné. Collection de M. le Comte de Luçay. Id. Photographie. 34
9496. Portrait d'Anne d'Autriche, reine de France. Collection de M. Lebrun-Dalbane, à Troyes. Id. 35
9497. Portrait de J.-B. Poquelin de Molière. Collection de Mgr le duc d'Aumale. Id. 35
9498. Portrait de Molière. Foyer de la Comédie-Française. Id. 36
9499. **Elle** ou **El (Ferdinand-Louis)**, né en 1612, † en 1689. Portrait de Nicolas Fouquet. Collection de M. le baron Seillière, Paris. Id. 36
9500. **Gaspard Dughet**, dit **Guaspre Poussin**, né à Rome en 1613, † en 1675. Paysage. Galerie Pitti. Tiré de *Rosini*. Gravure. 37
9501. Le même tableau. Photographie. 37
9502. Paysage à la plume de la collection Cavaceppi. Rome. Fac-simile. Tiré d'*Otley*. Gravure. 38
9503. L'Histoire d'Élie. Fresques à San Martino ai Monti. Suite de dix-huit sujets en six feuilles. Id. 39-41
9504. **Eustache Le Sueur** (né à Paris en 1617, † en 1655). Jésus-Christ portant sa croix. Musée du Louvre. Photographie. 42
9505. Le même tableau. Id. 43
9506. La Descente de croix. Musée du Louvre. Id. 43
9507. La Prédication de St Paul à Éphèse. Musée du Louvre. Id. 44
9508. La Prédication de St Paul à Éphèse. Collection de Buzarcingues. Id. 44
9509. St Gervais et St Protais refusant de sacrifier aux idoles. Musée du Louvre. Id. 45
9510. Calliope. Musée du Louvre. Id. 45
9511. Terpsichore. Musée du Louvre. Id. 46
9512. Uranie. Musée du Louvre. Id. 46
9513. Prédication de Raymond Diocrès. Dessin. Musée du Louvre. Id. 47
9514. Mort de Raymond Diocrès. Dessin. Musée du Louvre. Id. 47
9515. Raymond Diocrès répondant, pendant l'office des morts. Dessin. Musée du Louvre. Id. 48
9516. Étude de quatre figures à mi-corps, pour une composition d'Esther devant Assuérus. Dessin. Musée du Louvre. Id. 49
9517. Le Parnasse. Composition pour le plafond de l'appartement des bains de la reine. Dessin. Musée du Louvre. Id. 50
9518. Étude d'un ange volant, pour la composition de l'Apparition des anges à St Bruno. Dessin. Musée du Louvre. Id. 51
9519. Étude d'une femme agenouillée, pour Moïse sauvé des eaux. Dessin. Musée du Louvre. Id. 51

9520. Étude d'un diacre portant une croix. Dessin. Musée de Vienne. Photographie. 52
9521. Un ange soutenant un homme mort. Dessin. Musée de Vienne. Id. 53
9522. Étude d'une femme portant un vase sur la tête. Dessin. Musée de Vienne. Id. 54
9523. Plan de l'ancienne Chartreuse de Paris, soutenu par deux anges. Id. 54
9524. **Charles Le Brun**, né à Paris en 1619, † en 1690. La famille de Darius aux pieds d'Alexandre. Par *J. Audran*. Gravure. 55
9525. La Bataille d'Arbelles. Par *J. Audran*. Id. 56
9526. Bataille du Granique. Par *J. Audran*. Id. 57
9527. Alexandre vainqueur de Porus. Par *J. Audran*. Id. 58
9528. Entrée de Louis XIV et de Marie-Thérèse à Douai, juillet 1667. Dessin. Musée du Louvre. Photographie. 59
9529. Étude de deux femmes dans l'attitude de la supplication. Dessin. Musée de Weimar. Id. 60
9530. Un Amour vu de dos. Étude pour la galerie de Versailles. Dessin. Musée de Dresde. Photographie. 61
9531. Les Danaïdes. Dessin. Musée Städel, Francfort. Id. 61
9532. Le Mariage de Louis XIV et de Marie-Thérèse d'Autriche. Composition exécutée en tapisserie et gravée par *Jeaurat*, 1731. Gravure. 62
9533. La Descente de croix. Collection de Buzareingues. Photographie. 63
9534. **Jacques Courtois**, dit le Bourguignon, né en 1621, † en 1676. Une bataille. Palais Pitti, Florence. Tiré de *Rosini*. Gravure. 64
9535. Esquisse d'une bataille. Dessin. Musée du Louvre. Photographie. 64
9536. **Israël Silvestre**, dessinateur et graveur, né à Nancy en 1621, † à Paris en 1691. La Sainte Chapelle et la Chambre des Comptes à Paris. Gravure. 65
9537. Entrée du château de St-Germain en Laye. Id. 65
9538. Vue du château de Tanlay. Id. 65
9539. Vue du château de Madrid, près Paris. Id. 65
9540. **Jean Pesne**, graveur, né à Rouen en 1623, † à Paris en 1700. Portrait de Nicolas Poussin, d'après lui-même. Reproduction de l'estampe originale. R. D. 5. Photogravure. 66

TOME CXXII.

ÉCOLE FRANÇAISE (1675-1740).

9541. **Robert Nanteuil**, peintre-graveur, né à Reims en 1630 ? † à Paris en 1678. Portrait de Nanteuil par lui-même. Galerie des Offices, Florence. Photographie. 1

[Tome 122.]

9542. Portrait de Madame de Sévigné. Collection de Mme la comtesse de Laubespin. Photographie. 2
9543. Portrait d'homme. Galerie de Florence. Id. 2
9544. Portrait de Jean Chapelain, 1655. Gravure. 3
9545. Portrait de Nicolas Barillon de Morangis, 1661. Id. 4
9546. Portrait de Claude Regnauldin, 1658. Id. 5
9547. Portrait de Loménie de Brienne, 1660. Id. 6
9548. Portrait de J.-F. Sarrasin. Id. 7
9549. Portrait de Mich. Le Masle, prieur des Roches. Id. 7
9550. Portrait d'Anne d'Autriche. Id. 8
9551. Portrait d'homme exposé en 1874, au Palais-Bourbon au profit des Alsaciens-Lorrains. Photographie. 9
9552. **Lefèbvre (Claude)**, né en 1633, † en 1675. Portraits d'un maître et de son élève. Musée du Louvre. Photographie. 10
9553. Portrait de François Henri de Montmorency, duc de Luxembourg. Collection de M. Opigez à Paris. Id. 10
9554. **Jouvenet (Jean)**, né à Rouen en 1644, † en 1717. Le Crucifiement de St Pierre. Dessin. Musée du Louvre. Id. 11
9555. **Tournières (Robert)** né en 1668, † en 1752 Portrait de Louis-Alexandre de Bourbon, comte de Toulouse. Collection de Mgr le duc d'Aumale. Id. 12
9556. **Largillière (Nicolas de)**, peintre, né à Paris en 1656, † en 1746. Portrait de Charles Lebrun. Musée du Louvre. Id. 13
9557. Le Prévôt des marchands et les échevins de la ville de Paris. Musée du Louvre. Collection Lacaze. Id. 13
9558. Portrait de N. de Largillière, de sa femme et de sa fille. Musée du Louvre. Collection Lacaze. Id. 14
9559. Portrait de N. de Largillière. Musée de Montpellier. Id. 14
9560. Portrait de N. de Largillière. Exposé en 1874 au Palais-Bourbon. Id. 15
9561. **Rigaud (Hyacinthe)**, peintre, né à Perpignan 1659, † à Paris en 1743. Portrait de Philippe V, roi d'Espagne. Musée du Louvre. Id. 16
9562. Portrait de Martin Van den Bogaert (Martin Desjardins). Musée du Louvre. Id. 16
9563. Portrait de deux femmes et d'un homme inconnus. Musée du Louvre. Id. 17
9564. Portrait du Cardinal de Polignac. Musée du Louvre, collection Lacaze. Id. 17
9565. Portrait de J. P. F. de Créqui, duc de Lesdiguières, enfant. Musée du Louvre, collection Lacaze. Id. 18
9566. Le même portrait. Id. 18

9567. Portrait d'un magistrat. Galerie du Belvédère, Vienne. Photographie. 19
9568. Portrait du prince Wenceslas de Lichtenstein. Galerie Lichtenstein. Vienne. Id. 19
9569. Portrait de Louis XIV. Musée royal de Madrid. Id. 20
9570. Portrait du chancelier Louis Phélypeaux, comte de Pontchartrain. Dessin. Musée Städel, Francfort. Id. 21
9571. Portrait du sculpteur Nicolas Coustou. Dessin. Musée Städel, Francfort. Id. 22
9572. Étude d'une main gauche. Dessin. Fac-simile par *A. Leroy*. Gravure. 23
9573. Portrait de Bossuet. Par *G. Edelinck*. Id. 24
9574. Portrait de Nicolas de Launay. Par *François Chereau*. 1719. Id. 25
9575. Portrait de Marie Serre, mère d'Hyacinthe Rigaud. Par *P. Drevet*. Id. 62
9576. Portrait de Samuel Bernard. Par *P. Drevet*, 1729. Gravure. 27
9577. Portrait de Louis XIV. Par *P. Drevet*. Id. 28
9578. Portrait de René Pucelle. Par *P. Drevet*, Id. 29
9579. **Coypel (Antoine)**, né à Paris en 1661, † en 1722. Portrait de Paul Tallemant. Par *Edelinck*. Id. 30
9580. **Desportes (François)**, né en Champagne en 1661, † à Paris en 1743. Portrait de Desportes en chasseur. Musée du Louvre. Photographie. 31
9581. Un chasseur assis. Dessin. Musée du Louvre. Id. 31
9582. Bonne, Nonne et Ponne, chiennes de la meute de Louis XIV. Musée du Louvre. Id. 32
9583. **Pesne (Antoine)**, né en 1683, † en 1757. Portrait de Frédéric le Grand. Musée de Berlin. Id. 33
9584. **De Troy (Jean-François)**, né en 1679, † en 1752. La Toilette d'Esther. Musée du Louvre. Id. 33
9585. **Watteau (Antoine)**, né à Valenciennes en 1684, † à Nogent-sur-Marne en 1721. Gilles. Musée du Louvre. Collection La Caze. Id. 34
9586. Le Jugement de Pâris. Musée du Louvre. Id. 35
9587. Le Faux pas. Musée du Louvre. Id. 35
9588. L'Escamoteur. Musée du Louvre. Id. 36
9589. L'Embarquement pour Cythère. Musée du Louvre. Id. 36
9590. La Gamme d'amour. Tableau exposé en 1874 au Palais-Bourbon, au profit des Alsaciens-Lorrains. Id. 37
9591. L'Embarquement pour Cythère, tableau exposé à Berlin en 1883. Détail de gauche. Id. 38
9592. Amusement champêtre. Tableau exposé à Berlin en 1883. Id. 39
9593. Six têtes coiffées de bonnets de mezzetin. Dessin. Musée du Louvre. Id. 40

[Tome 122.]
9594. Huit croquis, dont cinq d'après une petite fille. Dessin. Musée du Louvre. Photographie. 40
9595. Huit têtes, dont trois têtes de négrillons. Dessin. Musée du Louvre. Id. 41
9596. Étude d'une femme nue, en buste, tenant le bras droit levé. Dessin. Musée du Louvre. Id. 41
9597. Deux études d'un homme debout, vêtu d'un manteau court. Dessin. Musée du Louvre. Id. 42
9598. Études de deux hommes debout, d'un homme agenouillé et de deux mains appuyées sur un bâton. Dessin. Musée du Louvre. Id. 42
9599. Études d'un homme debout, d'un homme agenouillé et d'un homme assis à terre et vu de dos. Dessin. Musée du Louvre. Id. 43
9600. Femme assise vue de profil. Dessin. Musée du Louvre. Id. 43
9601. Trois études d'une femme assise et faisant de la musique. Dessin de la collection His de la Salle, reproduit par *G. Bellenger*. Lithographie. 44
9602. Une femme nue se baignant. Dessin. Musée de Vienne. Photographie. 44
9603. Deux études de femme. Dessin. Musée de Vienne. Id. 45
9604. Un homme assis tenant un violon. Dessin. Musée Städel, Francfort. Id. 45
9605. Femme nue prête à recevoir un clystère. Dessin. Musée du Louvre. Id. 46
9606. Une femme debout vue de dos. Dessin. Musée du Louvre. Id. 46
9607. Neuf têtes d'hommes et de femmes. Dessin exposé en 1879 à l'École des Beaux-Arts. Id. 47
9608. Quatre têtes de femmes. Dessin exposé en 1879 à l'École des Beaux-Arts. Id. 48
9609. Deux études d'une femme assise. Dessin exposé en 1879 à l'École des Beaux-Arts. Id. 49
9610. Un homme vu jusqu'à mi-jambes maintient un bâton entre son bras gauche et sa poitrine. Dessin exposé en 1879 à l'École des Beaux-Arts. Id. 50
9611. Femme se dirigeant vers la gauche. Dessin de la collection His de la Salle. Id. 50
9612. Le même dessin. Fac-simile par *P. Chenay*. Gravure. 51
9613. Une femme assise auprès d'un homme qui joue de la flûte. Dessin exposé en 1879 à l'École des Beaux-Arts. Photographie. 52
9614. Quatre études pour « l'Indifférent ». Dessin de la collection de Goncourt. Id. 53

[Tome 122.]

9615. **Nattier (Jean-Marc)**, né en 1685, † en 1766. La Madeleine. Musée du Louvre. Photographie.   54

9616. Portrait de femme, dite Mme de Pompadour. Musée de Limoges. Id.   54

9617. **Oudry (Jean-Baptiste)**, peintre et graveur, né à Paris en 1686, † à Beauvais en 1755. Blanche, chienne de la meute de Louis XV. Musée du Louvre. Id.   55

9618. La Chasse aux loups. Musée du Louvre. Id.   55

9619. Un jardin à Arcueil, 1744. Dessin du musée du Louvre. Id.   56

9620. Un jardin. Dessin du musée du Louvre. Id.   57

9621. **Lemoyne (François)**, né en 1688. † en 1737. Hercule et Omphale. Musée du Louvre. Id.   58

9622. **Lancret (Nicolas)**, né en 1690, † en 1743. Portrait de Lancret par lui-même. Appartient à M. J. B. Chazaud, à Paris. Id.   59

9623. La Comédie italienne. Musée du Louvre. Id.   60

9624. La Cage. Musée du Louvre. Id.   61

9625. Le Bal. Tableau exposé à l'Académie des Beaux-Arts de Berlin en 1883. Id.   62

9626. Le jeune oiseleur. Tableau exposé à l'Académie des Beaux-Arts de Berlin en 1883. Id.   63

9627. Une femme assise et une femme debout. Dessin de la collection de Goncourt. Id.   64

9628. Deux études de religieuse. Dessin du musée du Louvre. Id.   64

9629. Cinq croquis d'après l'Embarquement pour Cythère, de Watteau. Dessin du musée de Dresde. Id.   65

9630. **Portail (Jacques-André)**, né vers la fin du XVIIe siècle, mort à Versailles en 1759. Deux négrillons. Dessin de la collection de Goncourt. Id.   66

9631. Un homme debout, appuyé sur la chaise d'un autre homme jouant de la flûte. Dessin de la collection de Goncourt. Id.   66

TOME CXXIII

ÉCOLE FRANÇAISE (1740-1795).

9632. **Tocqué (Louis)**, né en 1696, † en 1772. Portrait de Marie Leczinska. Musée du Louvre. Photographie.   1

9633. **Pater (Jean-Baptiste-Joseph)**, né à Valenciennes en 1696, † à Paris en 1736. La Bonne aventure. Tableau exposé au Palais-Bourbon en 1874, au profit des Alsaciens-Lorrains. Id.   2

[Tome 123.]

9634. Fête champêtre. Tableau exposé au Palais-Bourbon en 1874, au profit des Alsaciens-Lorrains. Photographie. 2

9635. Le Colin-Maillard. Tableau exposé à l'Académie des Beaux-Arts de Berlin en 1883. Id. 3

9636. Une Baigneuse. Dessin du musée du Louvre. Id. 4

9637. Étude de deux femmes et d'un homme assis. Dessin de la collection de Goncourt. Id. 4

9638. **Drevet (Pierre-Imbert)**, graveur, né à Paris en 1697, † en 1739. Portrait de Marcellin Rolin. D'après *Du Fourneau*. Gravure. 5

9639. Portrait de Dom Denys de Ste Marthe. D'après *Cazes*. Id. 6

9640. **Jeaurat (Edme)**, né en 1699, † en 1789. Un homme et une femme dansant. Dessin de la collection de Goncourt. Photographie. 7

9641. **Chardin (Jean-Baptiste-Siméon)**, né à Paris en 1699, † en 1779. Portrait de Chardin par lui-même, 1775. Pastel du musée du Louvre. Id. 8

9642. Le Benedicite. Musée du Louvre. Id. 8

9643. Le Château de cartes. Musée du Louvre. Id. 9

9644. Portrait de Marie-Thérèse Rodet, dame Geoffrin. Musée de Montpellier. Id. 9

9645. **Gravelot (Hubert)**, né à Paris en 1699, † en 1773. Fête champêtre. Dessin de la collection de Goncourt. Id. 10

9646. **Subleyras (Pierre)**, né en 1699, † en 1749. St Benoit ressuscitant un enfant. Tiré de *Rosini*. Gravure. 10

9647. Le Martyre de St Hippolyte. Musée du Louvre. Photographie. 11

9648. **Natoire (Charles-Joseph)**, né en 1700, † en 1777. Cérès. Dessin de la collection de Goncourt. Id. 11

9649. **Boucher (François)**, né à Paris en 1704, † en 1770. Les trois Grâces. Musée du Louvre. Id. 12

9650. Vénus commandant à Vulcain des armes pour Enée. Musée du Louvre. Id. 12

9651. Diane sortant du bain. Musée du Louvre. Id. 13

9652. Sujet pastoral. Musée du Louvre. Id. 13

9653. Sujet pastoral. Musée du Louvre. Id. 14

9654. Sujet pastoral. Musée du Louvre. Id. 14

9655. Mars et Vénus. Dessin du musée du Louvre. Id. 15

9656. Une tête d'homme criant. Dessin du British Museum. Id. 15

9657. Une femme debout vue de profil. Dessin du musée Städel, Francfort. Id. 16

9658. Une femme tenant un éventail, vue de dos. Dessin du musée Städel, Francfort. Id. 17

9659. **Latour (Maurice-Quentin de)**, né en 1704, † en 1788. Portrait de Latour par lui-même. Musée Latour, St-Quentin. Id. 18

[Tome 123.]

9660. Portrait de Louis-Joseph-Xavier de France, duc de Bourgogne. Musée Latour, St-Quentin. Photographie. 18
9661. Portrait de Voltaire, appartenant à M. Ch. Moisson, à Paris. Id. 19
9662. **Vanloo (Carle)**, né à Nice en 1705, † en 1765. Portrait de Marie Leczinska. Musée du Louvre. Id. 20
9663. Une halte de chasse. Musée du Louvre. Id. 20
9664. Le même tableau. Id. 21
9665. **Drevet (Claude)**, né à Lyon en 1710, † vers 1770. Portrait de Jean-Victor Besenval, baron de Brunstadt. D'après *Juste-Aurèle Meissonnier*. Gravure. 22
9666. **Carmontelle** travaillait de 1760 à 1790. Un homme vu de profil. Dessin de la collection de Goncourt. Photographie. 23
9667. **Emleolt?** Portrait d'un jeune prince. British Museum. Id. 23
9668. **Roslin (Alexandre)**, né en 1718, † en 1793. Offrande à l'Amour. Musée du Louvre. Id. 24
9669. **Gabriel de St-Aubin**, né à Paris en 1721, † en 1786. Un bal populaire. Dessin de la collection de Goncourt. Id. 25
9670. **Greuze (Jean-Baptiste)**, né à Tournus en 1725, † à Paris en 1805. Portrait du libraire Babuti, beau-frère de Greuze. Collection de Mme Lyne Stephens. Id. 26
9671. Portrait de Greuze par lui-même. Musée du Louvre. Id. 27
6672. La cruche cassée. Musée du Louvre. Id. 28
9673. L'Accordée de village. Musée du Louvre. Id. 29
9674. La Malédiction paternelle. Musée du Louvre. Id. 29
9675. Le fils puni. Musée du Louvre. Id. 30
9676. Le même tableau. Id. 31
9677. Tête de jeune femme. National Gallery, Londres. Id. 32
9678. Jeune fille tenant une colombe. Tableau ayant figuré à l'exposition des Trésors de l'Art, Manchester 1857. Id. 32
9679. Portrait de Voltaire. Exposé au Palais-Bourbon en 1874, au profit des Alsaciens-Lorrains. (Attribué à Greuze). Id. 33
9680. Portrait d'un homme debout appuyé sur une canne. Dessin du musée du Louvre. Id. 34
9681. **Duplessis (Joseph-Siffred)**, né en 1725, † en 1802. Portrait de femme exposé au Palais-Bourbon en 1874 au profit des Alsaciens-Lorrains. Id. 35
9682. Portrait de Christophe Gluck. Collection de Madame Erard. Id. 36
9683. Anonyme. Portrait de femme. Musée du Louvre. Collection Lacaze. Id. 37

[Tome 123.]
9684. **Drouais (François-Hubert)**, né en 1727, † en 1775. Portrait de Marie-François, duc d'Harcourt. A M. le duc d'Harcourt, à Paris. Photographie. 37
9685. Portrait de Mme de Pompadour. Collection de Mme Heine, Paris. Id. 38
9686. Portrait de Benoît-Antoine Turgot. A Mme la Marquise Turgot, à Paris. Id. 39
9687. **Fragonard (Jean-Honoré)**, né à Grasse en 1732, † en 1806. L'heure du berger. Musée du Louvre. Collection Lacaze. Id. 40
9688. Deux femmes assises. Dessin. Musée du Louvre. Id. 41
9689. La Clochette. Dessin de la collection de Goncourt. Id. 42
9690. Portrait d'une femme assise. Dessin de la collection de Goncourt. Id. 42
9691. **Boissieu (Jean-Jacques de)**, né à Lyon en 1736, † en 1810. Tête de vieillard. Dessin du musée du Louvre. Id. 43
9692. Tête de vieillard. Dessin du musée Städel, Francfort. Id. 43
9693. **St Aubin (Augustin de)**, né en 1736, † en 1807. Une femme debout. Dessin de la collection de Goncourt. Id. 44
9694. **Lagrenée (Jean-Jacques)**, né à Paris en 1740, † en 1821. La Mélancolie. Musée du Louvre. Id. 44
9695. **Moreau le jeune (Jean-Michel)**, né à Paris en 1741, † en 1814. Le dîner royal. Fête donnée à Louveciennes, le 27 décembre 1771. Dessin du musée du Louvre. Id. 45
9696. Portrait d'une femme assise. Dessin de la collection de Goncourt. Id. 46
9697. Un homme embrassant une jeune femme. Tableau exposé en 1874 au Palais-Bourbon, au profit des Alsaciens-Lorrains. (Pour l'Émile de Rousseau). Id. 47
9698. Un homme assis à un clavecin baise la main d'une femme. Tableau exposé en 1874 au Palais-Bourbon, au profit des Alsaciens-Lorrains (Pour l'Émile de Rousseau). Id. 47
9699. Suite de 12 pièces pour servir à l'histoire des mœurs et du costume en France. Gravures. 48-49
9700. **Callet (Ant.-François)**, né en 1741, † en 1823. Le Triomphe de Flore. Musée du Louvre. Photographie. 50
9701. **Frédou (Martial)**, Portrait de Louis XVI (1788). Dessin du musée du Louvre. Id. 51
9702. **Cadès (Joseph)**, né à Rome de parents français en 1752, † en 1801. St-Marc, Cathédrale d'Urbin. Tiré de Rosini. Gravure. 51

TOME CXXIV.

ÉCOLE FRANÇAISE (1795 - 1803). — J. L. DAVID. — PRUDHON.

9703. **David (Jacques-Louis)**, né à Paris, 1748, † à Bruxelles en 1825. Portrait de David par lui-même. Musée du Louvre. Photographie. 1
9704. Bélisaire. Musée du Louvre. Id. 1
9705. Les amours de Pâris et d'Hélène. Musée du Louvre. Id. 2
9706. Portrait du pape Pie VII. Musée du Louvre. Id. 3
9707. Portrait de Madame Récamier. Musée du Louvre. Id. 4
9708. Combat des Romains et des Sabins. Dessin du musée du Louvre. Id. 5
9709. Portrait de la marquise d'Orvilliers. Tableau exposé en 1874 au Palais-Bourbon, au profit des Alsaciens-Lorrains. Collection de M. le comte de Turenne. Id. 6
9710. Portrait de la comtesse de Sorcy. Exposé au Palais-Bourbon en 1874. Collection de Mme la baronne de Villequier. Id. 7
9711. Portrait de David jeune. Exposé au Palais-Bourbon en 1874. Id. 8
9712. Portrait de Bonaparte, 1er Consul. Exposé au Palais-Bourbon en 1874. Id. 9
9713. Portrait de Napoléon Ier (1803). Exposé au Palais-Bourbon en 1874. Id. 10
9714. Portrait d'homme. Dessin de la collection de Goncourt. Id. 11
9715. Portrait de Louise-Marie-Adélaïde de Penthièvre, duchesse douairière d'Orléans. Par *Léopold Robert*. Gravure. 12
9716. **Vestier (Antoine)**, né en 1740, † en 1824. Portrait d'une femme et de deux enfants. Exposé au Palais-Bourbon en 1874. Photographie. 13
9717. **Regnault (Jean-Baptiste)**, né en 1754, † en 1829. Les trois Grâces. Musée du Louvre. Collection Lacaze. Id. 14
9718. **Vigée le Brun (Élisabeth-Louise)**, né à Paris en 1755, † en 1842. Portrait de Mme Vigée le Brun par elle-même. Galerie des Offices, Florence. Id. 15
9719. Portraits de Mme Vigée le Brun et de sa fille. Musée du Louvre. Id. 15
9720. Portraits de Mme Vigée le Brun et de sa fille. Musée du Louvre. Id. 16

[Tome 124.]

9721. Portrait de Mme Vigée le Brun. Académie de St-Luc, Rome. Photographie. 16
9722. Portrait de Mme Vigée le Brun. Collection de M. le comte de Greffulhe. Id. 17
9723. Portrait de femme tenant un manchon. Musée du Louvre. Id. 18
9724. Portrait de Marie-Antoinette. Collection du prince de Béarn. Id. 18
9725. Portrait de Marie-Antoinette. Collection de M. le marquis de Biencourt. Id. 19
9726. Portrait du maréchal de Ségur. Exposé au Palais-Bourbon en 1874, au profit des Alsaciens-Lorrains. Id. 20
9727. Portrait de Mme Vigée Le Brun. Dessin. Musée du Louvre. Id. 20
9728. **Prud'hon (Pierre-Paul)**, né à Cluny en 1758, † à Paris en 1823. Le Christ en croix. Musée du Louvre. Id. 21
9729. L'Assomption de la Vierge. Musée du Louvre. Id. 22
9730. Esquisse du même tableau. Dessin. Musée du Louvre. Id. 23
9731. Allégorie sur la justice. Dessin. Musée du Louvre. Id. 24
9732. La même composition. Dessin du musée du Louvre. Id. 25
9733. Portrait de Mme Jarre. Dessin du musée du Louvre. Id. 26
9734. Portrait de Mlle Mayer, fac-simile par *Ach. Sirouy* Lithographie. 27
9735. Une baigneuse. Dessin de la collection His de la Salle, fac-simile par *G. Bellenger* (avant la lettre). Id. 28
9736. Une baigneuse, avec la lettre. Id. 28
9737. Fac-simile d'un dessin d'adresse, avant la lettre. Id. 29
9738. Le même, avec la lettre. Id. 29
9739. Fac-simile de l'adresse de Mme Merlen, avant la lettre. Id. 30
9740. Le même, avec la lettre. Id. 30
9741. Daphnis et Chloé. Dessin de la collection His de la Salle. Id. 30
9742. Tête de jeune femme. Dessin de la collection His de la Salle. Id. 31
9743. Jeune femme embrassant une colombe. Lithographie de *Prud'hon*. Au verso se trouve le portrait d'un officier en buste, de profil à droite. Id. 32
9744. Un enfant monté sur un chien. Portrait de M. de Gouvion-St-Cyr. Lithographie de *Prud'hon*. Id. 33
9745. Le Char de Vénus. Dessin du musée du Louvre. Photographie. 33
9746. Diane et Endymion. Tableau de la collection Marcille, par *Ach. Sirouy*. Épreuve avant la lettre. Lithographie. 34
9747. L'Enlèvement de Psyché. Par *H. C. Müller*. Épreuve avant la lettre. Gravure. 35
9748. L'âme. Par *Didier*. Id. 36
9749. Esquisse de la même composition. Photographie. 37
9750. L'Assomption. Dessin du musée du Louvre. Id. 37

[Tome 124.]

9751. Le Premier Baiser de l'amour et un homme agenouillé aux pieds d'une femme. Dessins du musée du Louvre. Photographie. 38

9752. Le Génie conduit l'Art à l'Immortalité. Dessin de la collection de M. Marcille. Id. 39

9753. Le même dessin. Id. 40

9754. Joseph et la femme de Putiphar. Dessin de la collection de M. Marcille. Id. 41

9755. Médaillon de l'impératrice Marie-Louise. Dessin de la collection de M. Marcille. Id. 42

9756. Portrait du Comte de Sommariva. Dessin de la collection de M. Marcille. Id. 42

9757. Daphnis et Chloé. Dessin de la collection de M. Marcille. Id. 43

9758. Daphnis et Chloé. Dessin de la collection de M. Marcille. Id. 43

9759. Pyrrhus et Andromaque. Dessin de la collection de M. Marcille. Id. 44

9760. Portrait de M. de Mesmay. Dessin de la collection de M. Marcille. Id. 45

9761. Une Famille malheureuse. Dessin de la collection de M. Marcille. Id. 46

9762. Les Vendanges. Dessin de la collection de M. Marcille. Id. 46

9763. Une femme nue vue de profil. Dessin de la collection de M. Marcille. Id. 47

9764. Étude pour la Vengeance poursuivant le Crime. Dessin de la collection de M. Bonnat. Id. 48

9765. Danseuse jouant du triangle. Id. 49

9766. Danseuse jouant du tambourin. Id. 49

9767. Danseuse jouant des cymbales. Id. 50

9768. Portrait de Marie-Louise. Dessin de la collection de Mgr. le duc d'Aumale. Id. 51

9769. La Sagesse. Dessin de la collection de Mgr. le duc d'Aumale. Id. 52

9770. Les Arts et la Richesse. Dessin de la collection de Mgr. le duc d'Aumale. Id. 52

9771. L'Innocence et l'Amour. Dessin de la collection de Mgr. le duc d'Aumale. Id. 53

9772. Le Printemps et l'Été. Dessin de la collection de Mgr. le duc d'Aumale. Id. 54

9773. L'Automne et l'Hiver. Dessin de la collection de Mgr. le duc d'Aumale. Id. 54

9774. L'Enlèvement de Flore par Zéphyre. Id. 55

9775. Le cruel rit des pleurs qu'il fait verser. Id. 56

9776. Daphnis et Chloé. Id. 56

9777. L'Assomption. Id. 57

9778. Portrait anonyme. Peinture attribuée à Prudhon appartenant à M. Truchy. Id. 58

TOME CXXV.

ÉCOLE FRANÇAISE (1810-1825).

9779. **Guérin (Jean)**, né à Strasbourg en 1760, † en 1836. Portrait de Mozart. Exposé au Palais-Bourbon en 1874, au profit des Alsaciens-Lorrains. Photographie. 1

9780. **Romany** (Mme Adèle), née de Romance, travaillait de 1793 à 1833. Portrait de Gaetano-Apollino-Baldassare Vestri, dit Vestris. Appartient à M. Alex. Dumas. Id. 2

9781. **Fabre (François-Xavier)**, né à Montpellier en 1766, † en 1837. Portrait de Vittore Alfieri. Musée des Offices, Florence. Id. 3

9782. Portrait de la comtesse d'Albany. Musée des Offices, Florence. Id. 4

9783. **Mayer** (Mlle), née en 1778, † en 1821. La Famille conduite par l'Amour. Musée du Louvre. Id. 5

9784. **Girodet-Trioson (Anne-Louis)**, né à Montargis en 1767, † à Paris en 1824. L'Ensevelissement d'Atala. Musée du Louvre. Id. 6

9785. Endymion. Musée du Louvre. Id. 6

9786. Pygmalion (1820). Dessin. Par *J. Bein* (1824). Gravure. 7

9787. Byron méditant sur les ruines d'Athènes. Dessin. Par *H.-C. Müller*. Id. 7

9788. Un Turc blessé. Dessin du musée du Louvre. Photographie. 8

9789. **Isabey (Jean-Baptiste)**, né en 1767, † en 1855. L'Empereur Napoléon en grand costume. Gravé par *Alex. Tardieu*, dans un encadrement dessiné par *Percier* et gravé par *Malbeste* et *Dupréel*. Gravure. 9

9790. Portrait d'André-Ernest-Modeste Grétry. Appartenant à M. Edmond Taigny, à Paris. Photographie. 10

9791. **Gérard (François, baron)**, né à Rome en 1770, † à Paris en 1837. Portrait de Mme Récamier. Collection de la préfecture de la Seine. Id. 11

9792. Le même, portrait d'après un dessin légué par Mme Récamier au musée de Lyon. Id. 12

9793. Portrait d'Ant. Canova. Musée du Louvre. Id. 13

9794. Daphnis et Chloé. Musée du Louvre. Id. 13

9795. Portrait de Mlle Mars. Exposé au Palais-Bourbon en 1874 au profit des Alsaciens-Lorrains. Id. 14

[Tome 125.]

9796. Portrait de Mlle Georges Weymer. Exposé au Palais-Bourbon en 1874 au profit des Alsaciens-Lorrains. Photographie. 14

9797. Portrait désigné à tort comme étant celui de Mlle Duchesnois et représentant plutôt (selon M. Mahérault) Clotilde, danseuse de l'Opéra. Exposé au Palais-Bourbon en 1874 au profit des Alsaciens-Lorrains. Id. 15

9798. Portrait de Mme Regnault de St-Jean-d'Angely. Exposé au Palais-Bourbon en 1874 au profit des Alsaciens-Lorrains (actuellement au musée du Louvre). Id. 16

9799. Portrait de Mme Regnault de Saint-Jean-d'Angely. Dessin. Musée du Louvre. Id. 17

9700. Un enfant debout près d'un chien. Dessin. Musée du Louvre. Id. 17

9801. Portrait de Joachim Murat, roi de Naples. Musée de Châlons-sur-Saône. Id. 18

9802. **Gros (Antoine-Jean, baron)**, né en 1771, † en 1835. Les Pestiférés de Jaffa. Musée du Louvre. Id. 19

9803. Portrait de François, baron Gérard, à 20 ans. Exposé en 1878 au Palais du Trocadéro. Id. 20

9804. Portrait de Napoléon Bonaparte, général en chef de l'armée d'Italie. Dessin. Appartenant à M. G. Delestre à Paris. Id. 20

9805. **Guérin (Pierre)**, né en 1774, † en 1833. Sujet tiré de Daphnis et Chloé. Dessin du musée du Louvre. Id. 21

9806. **Granet (François-Marius)**, né à Aix en 1775, † en 1849. Vue de la Cascade de la villa Belvédère à Frascati. Dessin du musée du Louvre. Id. 22

9807. Intérieur de l'église des Capucins de la place Barberini à Rome. Dessin du musée du Louvre. Photographie. 23

9808. Intérieur d'un cloître. Dessin du musée du Louvre Id. 23

9809. **Drolling (Michel Martin)** né en 1786, † en 1851. Portrait de J. N. Huyot, architecte. Par *Aug. Blanchard*. Gravure. 24

9810. **Géricault (Jean-Louis-André-Théodore)**, né à Rouen en 1791, † à Paris en 1824. Portrait de Géricault, par lui-même. Appartenant à M. Alex. Dumas. Photographie. 25

9811. Portrait de Géricault, par *Léon Cogniet*. Lithographie. 26

9812. Portrait de Géricault couché. Id. 26

9813. Le radeau de la Méduse. Musée du Louvre. Photographie. 27

9814. Portrait d'un carabinier. Musée du Louvre. Id. 28

9815. Les courses d'Epsom. Musée du Louvre. Id. 28

9816. Portrait équestre d'une dame (Miss Clarke), montée sur un cheval pie. Exposé au Palais-Bourbon en 1874, au profit des Alsaciens-Lorrains. Id. 29

[Tome 125]

9817. Athlète luttant contre une lionne. Dessin de la collection de M. Eudoxe Marcille. Photographie. 30
9818. La marche de Silène. Dessin de la collection de M. Eudoxe Marcille. Id. 30
9819. Le même dessin. Par *Bellenger*. Lithographie. 31
9820. Course de chevaux libres. Dessin de la collection de M. Eudoxe Marcille. Photographie. 32
9821. Le marché aux bœufs. Dessin de la collection de M. Eudoxe Marcille. Id. 33
9822. Un lion mordant la gorge d'un cheval. Dessin du musée du Louvre. Id 34
9823. Deux chevaux de trait. Dessin du musée du Louvre. Id. 34
9824. Un carabinier à cheval. Dessin de la collection His de la Salle. Id. 35
9825. Deux chevaux à la promenade. Dessin de la collection His de la Salle. Id. 36
9826. Course de chevaux libres. Dessin de la collection His de la Salle. Id. 36
9827. Suite de six dessins de Géricault. Fac-simile par *A. Colin* (1866) Lithographies. 37 à 44
9828. **Robert (Léopold)**, né à la Chaux-de-Fonds en 1794, † à Venise en 1835. La mort du premier-né. Tableau exposé en 1874 au Palais-Bourbon, au profit des Alsaciens-Lorrains. Photographie. 45
9829. Retour du pèlerinage de la Madone de l'Arc. Musée du Louvre. Id. 46
9830. Le même tableau. Id. 46
9831. Les Moissonneurs des Marais Pontins. Musée du Louvre. Id. 47
9832. Le même tableau. Par *Mercuri*. Épreuve avant la lettre. Gravure. 47
9833. La même estampe. Épreuve avec la lettre. Id. 48
9834. La Veuve. Collection Marcotte. Photographie. 49
9835. Les Pêcheurs de l'Adriatique. Musée de Neufchâtel. Id. 50
9836. **Corot (Jean-Baptiste)**, né en 1796, † en 1875. La danse des Nymphes. Id. 51
9837. **Scheffer (Ary)**, né en 1795, † en 1858. Marguerite à la fontaine. Par *L. Flameng*. Gravure. 52
9838. **Delaroche (Paul)**, né à Paris en 1797, † en 1856. Portrait de Mme Delaroche et de son fils (1845). Eau-forte de *Paul Delaroche*. Id. 53
9839. L'Assassinat du duc de Guise. Collection de Mgr le duc d'Aumale. Photographie. 54
9840. Le Supplice de Jane Gray. Par *Mercuri*. Gravure. 55
9841. Les Enfants d'Édouard. Musée du Louvre. Photographie. 56
9842. **Delacroix (Eugène)**, né à Charenton en 1798, † en 1863. Portrait de Delacroix par lui-même. Musée du Louvre. Id. 57

[Tome 125].

9843. La Barque de Dante. Musée du Louvre. Photographie. 58
9844. La Barque du Don Juan. Musée du Louvre. Id. 59
9845. L'Éducation d'Achille. Id. 60
9846. Marino Faliero. Id. 60
9847. Femmes d'Alger. Musée du Louvre. Id. 61
9848. Noce juive à Alger. Musée du Louvre. Id. 62
9849. Un tigre couché. Lithographie. 63
9850. Un lion couché. Id. 64
9851. **Lami (Eugène)**, né en 1797, † en 1891. Portrait d'Alfred de Musset. Dessin. Photographie. 65

TOME CXXVI.

ÉCOLE FRANÇAISE (1825).

Ingres (Jean-Auguste-Dominique), né en 1780, † en 1867.

9852. Portrait d'Ingres par lui-même. Photographie. 1
9853. Portrait d'Ingres par lui-même à 24 ans. Collection de Mgr le duc d'Aumale. Id. 2
9854. Portrait d'Ingres par lui-même à l'âge de 77 ans. Galerie des Offices, Florence. Id. 3
9855. Le même portrait. Id. 4
9856. Antiochus renvoie à Scipion l'Africain, son fils fait prisonnier sur mer (1800). Anciennement collection Gatteaux. Id. 5
9857. Achille retiré dans sa tente reçoit les envoyés d'Agamemnon. 1er Grand-Prix de Rome 1801. Tiré de *Reveil*. Lithographie. 6
9858. Philémon et Baucis (1800-1806). Le dessin original appartient à l'Académie de la ville du Puy. Tiré de *Reveil*. Id. 6
9859. La même composition. Photographie. 6
9860. Vénus blessée par Diomède. Esquisse peinte, appartenant à M. Asseline (1800-1806). Tiré de *Reveil*. Lithographie. 7
9861. Portrait de Napoléon Ier Empereur (1806). Hôtel des Invalides. Tiré de *Reveil*. Id. 7
9862. Étude pour le même portrait. Anciennement collection Gatteaux. Photographie. 7
9863. Napoléon au pont de Kehl (1805-1806). Tiré de *Reveil*. Lithographie. 8
9864. Tête de baigneuse. Par *R. Balze*. Id. 9
9865. Œdipe et le Sphinx (1808). Musée du Louvre. Photographie. 10

[Tome 126.]

9866. Le même tableau. Par *Sudre* (1853). Lithographie. 11
9867. Le même tableau. Tiré de *Réveil*. Id. 12
9868. Étude d'un homme effrayé et fuyant. Pour le même tableau. Photographie. 12
9869. Baigneuse. Ancienne collection Valpinçon. Musée du Louvre. Id. 13
9870. Variante du même tableau. Tiré de *Réveil*. Lithographie. 13
9871. Jupiter et Thétis. Tableau du musée d'Aix. Id. 13
9872. Raphaël et la Fornarina (1814). Par *C. S. Pradier*. Gravure. 14
9873. Dessin de la même composition. Photographie. 15
9874. Romulus vainqueur d'Acron (1808). École des Beaux-Arts. Tiré de *Réveil*. Lithographie. 15
9875. Dessin pour la même composition. Collection de M. E. Galichon. Photographie. 16
9876. Autre dessin pour la même composition. Id. 17
9877. Esquisse pour la même composition. Id. 17
9878. Études de têtes et de mains pour la même composition. Id. 18
9879. Études de jambes pour la même composition. Id. 19
9880. Deux académies d'hommes nus et neuf études de bras pour la même composition. Id. 19
9881. Études de deux têtes, de jambes et de bras pour la même composition. Id. 20
9882. Étude d'une figure nue couchée pour la même composition. Id. 20
9883. Huit études de nu pour la même composition. Id. 21
9884. Deux études d'une figure d'homme nu penché en avant pour la même composition. Id. 21
9885. Étude d'une figure de jeune homme debout pour la même composition. Id. 22
9886. Trois études d'une figure nue couchée pour la même composition. Id. 23
9887. Étude d'une figure nue debout tournée de profil à gauche, pour la même composition. Id. 24
9888. Figure d'un jeune homme nu vu presque de dos, pour la même composition. Id. 24
9889. Le songe d'Ossian. Peinture pour le plafond de la chambre à coucher de Napoléon Ier, au palais de Monte-Cavallo à Rome. Tiré de *Réveil*. Lithographie. 25
9890. Étude de deux figures pour la même composition. Photographie. 25
9891. Esquisse de la même composition. Id. 26
9892. *Tu Marcellus eris*, 1812. Par *C. S. Pradier*, 1832. Gravure. 27
9893. Le même tableau. Tiré de *Réveil*. Lithographie. 28
9894. Étude pour la figure de Virgile. Photographie. 28
9895. Alexandre et Parménion. Id. 29
9896. Françoise de Rimini. Collection de Mgr le duc d'Aumale. Id. 29

[Tome 126.]

9897. Le même tableau. Tiré de *Réveil*. Lithographie. 30
9898. La même composition. Par *Didier*. D'après le dessin faisant partie de la collection de M. Eugène Lecomte. Gravure. 30
9899. Variante de la même composition (1816). Dessin fait pour M. Artaud secrétaire d'ambassade. Photographie. 31
9900. La Chapelle Sixtine. Collection de M. Marcotte d'Argenteuil. Tiré de *Réveil*. Lithographie. 31
9901. Le même tableau. Par *Sudre*. Id. 32
9902. L'Arétin chez le Tintoret. Collection Marcotte Genlis. Tiré de *Réveil*. Id. 33
9903. L'Arétin. Collection Marcotte Genlis. Tiré de *Réveil*. Id. 33
9904. Raphaël et le cardinal Bibiena. Tableau commandé par la reine Caroline, épouse de Murat. Tiré de *Réveil*. Id. 34
9905. La même composition. Dessin. Photographie. 34
9906. Don Pedro de Tolède baisant l'épée de Henri IV. Tableau appartenant à M. Demier, Montauban. Tiré de *Réveil*. Lithographie. 34
9907. L'odalisque de la galerie Pourtalès (1813). Appartient à Mme la princesse de Sagan. Photographie. 35
9908. Le même tableau. Tiré de *Réveil*. Lithographie. 36
9909. Le même tableau. Calque pour la lithographie de *Sudre*, retouché par *Ingres*. Calque. 36
9910. Tête de l'odalisque. Par *Sudre*. 1827. Lithographie. 37
9911. Deux études de nu pour le même tableau. Photographie. 38
9912. Philippe V et le maréchal de Berwick. Collection de M. le duc de Fitz-James. Photographie. 39
9913. Le même tableau. Tiré de *Réveil*. Lithographie. 40
9914. Le duc d'Albe à Ste-Gudule. Tableau commandé par la maison d'Albe, commencé à Rome (1806-1820), inachevé en 1851. Tiré de *Réveil*. Id. 40
9915. Henri IV et ses enfants. Tiré de *Réveil*. Id. 40
9916. Étude pour la figure d'Henri IV. Photographie. 41
9917. Mort de Léonard de Vinci. Tiré de *Réveil*. Lithographie. 42
9918. Étude de la même composition. Dessin. Photographie. 42
9919. Roger et Angélique (1819). Musée du Louvre. Id. 43
9920. Le même tableau. Par *Sudre*, 1839. Lithographie. 44
9921. Angélique. Collection de M. Gonzalès de Candamo. Photographie. 45
9922. Le même tableau. Lithographie. 46
9923. Projet pour le tombeau de Lady Bedford. Tiré de *Réveil*. Id. 47
9924. Le même dessin. Photographie. 47
9925. Jésus donnant les clefs à saint Pierre. Anciennement musée du Luxembourg. Id. 48
9926. Le même tableau. Par *C. S. Pradier*. Gravure. 49

[Tome 126.]
9927. Étude pour le même tableau. Tête de l'apôtre qui se trouve à la droite du Christ. Photographie. 50
9928. Esquisse du même tableau. Dessin. Id. 51
9929. La même composition, au trait. Tiré de *Réveil*. Lithographie. 51

TOME CXXVII.
J. A. D. INGRES (1780-1867) (suite).

9930. Le Pape à la Chapelle Sixtine (1820-1824). Variante du tableau cité sous le N° 9900. Collection de M. Hauguet. Actuellement au musée du Louvre. Tiré de *Réveil*. Lithographie. 1
9931. Entrée de Charles V à Paris (1820-1824). Ancienne collection du marquis de Pastoret. Tiré de *Réveil*. Id. 1
9932. Le vœu de Louis XIII. Le tableau est à Montauban. Par *Calamatta*. Gravure. 2
9933. Épreuve avec la lettre de la même gravure. Id. 3
9934. Le même tableau. Tiré de *Réveil*. Lithographie. 4
9935. Étude pour un des Anges du Vœu de Louis XIII. Photographie. 4
9936. Étude de l'enfant Jésus. Pour le même tableau. Id. 5
9937. Frontispice du sacre de Charles X. Tiré de *Réveil*. Lithographie. 6
9938. Deux études de figures pour le frontispice du sacre de Charles X. Photographie. 7
9939. Quatre études de figures pour la même composition. Id. 7
9940. L'Architecture, la Peinture et la Sculpture. Dessin pour la médaille d'émulation de l'École des Beaux-Arts, gravée par *M. Gatteaux*. Tiré de *Réveil*. Lithographie. 8
9941. Étude pour le même dessin. Photographie. 8
9942. L'Histoire et la Poésie s'appuyant sur la Grammaire. Projet de médaille. Tiré de *Réveil*. Lithographie. 9
9943. Figures décoratives dans les voussures du plafond d'Homère. Tiré de *Réveil*. Id. 9
9944. L'Apothéose d'Homère. Tiré de *Réveil*. Id. 10
9945. Le même tableau. Photographie. 11
9946. Le même tableau. Id. 12
9947. Dessin de la même composition, très augmentée. Id. 13
9948. Calque au trait des têtes de tous les personnages figurant dans cette composition. Id. 14

[Tome 127.]

9949. Lettre de J. A. D. Ingres autorisant M. Marville, photographe, à disposer en faveur de M. Armand, d'une épreuve de l'apothéose d'Homère. 14

9950. Première étude pour la figure de l'Odyssée dans l'apothéose d'Homère. Id. 15

9951. Le même dessin. Id. 16

9952. Étude pour la figure de l'Iliade. Id. 17

9953. Le même dessin. Id. 17

9954. Étude pour la figure d'Alexandre. Id. 18

9955. Le martyre de saint Symphorien. Cathédrale d'Autun. Tiré de *Réveil*. Lithographie. 19

9956. Dessin de la même composition. Appartient à M. Isaac Pereire. Photographie. 19

9957. Le même dessin. Id. 20

9958. Études de draperies pour la figure de saint Symphorien. Id. 21

9959. Étude pour la figure du licteur, entourée de seize études de détails. Appartenant à M. le Comte Henri Delaborde. Id. 22

9960. Étude pour le personnage qui retient la mère de saint Symphorien. Id. 23

9961. Tête d'étude pour le licteur qui précède saint Symphorien. Id. 23

9962. Études pour la figure du licteur. Id. 24

9963. Don Pedro de Tolède baise l'épée de Henri IV (1824-1834). Appartenait à M. Sanson Davillier. Tiré de *Réveil*. Lithographie. 25

9964. Stratonice. Collection de Mgr le duc d'Aumale. Photographie. 26

9965. Stratonice. Id. 27

9966. Le même tableau. Par *L. Flameng*. Gravure. 28

9967. La même composition en sens inverse. Photographie. 29

9968. Étude pour la figure de Séleucus pour le même tableau. Id. 30

9969. Étude pour la figure d'Antiochus, pour le même tableau. Id. 30

9970. Étude d'une femme assise, pour le même tableau. Id. 31

9971. Autre composition sur le même sujet. Id. 31

9972. La Vierge à l'hostie (1834). Tableau appartenant à S. M. l'Empereur de Russie. Tiré de *Réveil*. Lithographie. 32

9973. Étude pour la figure de la Vierge. Par *Sudre* (1841). Id. 33

9974. Étude de draperie pour la même figure. Photographie. 34

9975. Étude pour la même figure. Id. 35

9976. Autre étude pour la même figure. Id. 35

9977. L'Odalisque de la collection Marcotte. Odalisque à l'esclave. Id. 36

9978. Le même tableau. Id. 37

9979. L'âge d'or. Décoration du château de Dampierre. Id. 38

9980. La même composition. Id. 39

9981. Étude pour la figure d'Astrée dans la même composition. Id. 40

[Tome 127]

9982. Autre étude pour la figure d'Astrée. Photographie. 40
9983. Six études pour l'Age d'or. Id. 41
9984. Les mêmes études. Id. 42
9985. Etude de femme pour l'Age d'or. Id. 43
9986. Etude d'homme couché pour l'Age d'or. Id. 44
9987. Etude et croquis d'une femme assise pour l'Age d'or. Id. 44
9988. Etude d'un groupe composé d'un homme, d'une femme et de deux enfants, pour l'Age d'or. Id. 45
9989. Etude pour une figure de l'Age d'or et étude de jambes. Id. 46
9990. Etude pour une figure de l'Age d'or. Jeune homme tenant une coupe. Id. 47
9991. La maison de Raphaël, à Urbin (1839). Croquis. Id. 47
9992. Jeanne d'Arc (1841-1851). Musée du Louvre. Id. 48
9993. Le même tableau. Tiré de *Réveil*. Lithographie. 48
9994. Etudes d'armures (pour l'entrée de Charles VII?) Photographies. 49
9995. Raphaël et la Fornarina (après 1851). Tiré de *Réveil*. Lithographie. 49
9996. Etude pour la figure de la Fornarina. Photographie. 50

TOME CXXVIII.

ÉCOLE FRANÇAISE. — J. A. D. INGRES (1780-1867) (suite).

9997. Vénus Anadyomène (terminée en 1848). Collection de Mgr le duc d'Aumale. Tiré de *Réveil*. Lithographie. 1
9998. Le même tableau. Photographie. 2
9999. Jésus au milieu des docteurs. Musée de Montauban. Id. 3
10000. Etude pour la figure de la Vierge dans le tableau de Jésus au milieu des docteurs. Id. 4
10001. L'apothéose de Napoléon (1853). Par *A. Salmon*. Gravure. 5
10002. La même composition. Dessin exposé en 1874 au Palais-Bourbon, au profit des Alsaciens-Lorrains. Photographie. 6
10003. Etude pour la figure de l'Anarchie, dans l'apothéose de Napoléon. Id. 7
10004. Etude pour les pendentifs de l'apothéose de Napoléon. La ville de Rome. Id. 7
10005. Etude pour la figure de la ville du Caire dans la même composition. Id. 8

COLLECTION ARMAND. — TROISIÈME PARTIE.

[Tome 128.]

10006. La naissance d'une muse. Photographie. 8
10007. Homère. Id. 9
10008. Ste-Germaine de Pibrac. Église d'un faubourg de Montauban. Id. 9
10009. Le bain turc. Appartient au prince Napoléon. Id. 10
10010. Diplôme de l'Exposition universelle de 1855. Par *Calamatta*. Gravure. 11
10011. La source, 1856. Musée du Louvre. Photographie. 12
10012. Le même tableau. Id. 13
10013. La Vierge et l'enfant Jésus entourés d'anges. Appartient à M. Lescau. Id. 14
10014. Vitraux de la chapelle St-Ferdinand. St-Philippe, par *P. Sudre* Lithographie. 15
10015. Étude pour la même figure. Photographie 16
10016. Autre étude pour la même figure. Id. 16
10017. Sainte Amélie. Par *Sudre*. Lithographie. 17
10018. Étude pour la même figure. Photographie. 18
10019. Saint Ferdinand. Par *Sudre*. Lithographie. 19
10020. Étude pour la même figure. Photographie. 20
10021. Sainte Hélène. Par *Sudre*. Lithographie. 21
10022. Étude pour la même figure. Photographie. 22
10023. Études de tête et de mains pour la même figure. Id. 22
10024. Saint Louis, roi de France. Par *Sudre*. Lithographie 23
10025. Étude pour la même figure. Photographie. 24
10026. Saint Robert. Par *Sudre*. Lithographie. 25
10027. Étude pour la même figure. Photographie. 26
10028. L'Archange St-Raphaël. Par *Sudre*. Lithographie. 27
10029. Étude pour la même figure. Photographie. 28
10030. Autre étude pour la même figure. Id. 29
10031. Autre étude pour la même figure. Id. 29
10032. Saint François d'Assise. Par *Sudre*. Lithographie. 30
10033. Étude pour la même figure. Photographie. 31
10034. Autre étude pour la même figure. Id. 32
10035. Saint Henri, empereur. Par *Sudre*. Lithographie. 33
10036. Étude pour la même figure. Photographie. 34
10037. Saint Antoine de Padoue. Par *Sudre*. Lithographie. 35
10038. Étude pour la même figure. Photographie. 36
10039. Sainte Rosalie. Par *Sudre*. Lithographie. 37
10040. Étude pour la même figure. Photographie. 38
10041. Saint Charles Borromée. Par *Sudre*. Lithographie. 39
10042. Étude pour la même figure. Photographie. 40
10043. Saint Clément d'Alexandrie. Par *Sudre*. Lithographie. 41
10044. Étude pour la même figure. Photographie. 42

ÉCOLE FRANÇAISE. 403

[Tome 128.]
10045. Sainte Adélaïde. Par *Sudre*. Lithographie. 43
10046. Étude pour la même figure. Photographie. 44
10047. La Foi. Par *Sudre*. Lithographie. 45
10048. Étude pour la même figure. Photographie. 46
10049. La même étude. Id. 47
10050. L'Espérance. Par *Sudre*. Lithographie. 48
10051. Étude pour la même figure. Fac-simile par M. *Feart*. Gravure. 49
10052. Autre étude pour la même figure. Photographie. 49
10053. La Charité. Par *Sudre*. Lithographie. 50
10054. Étude pour la même figure. Photographie. 51
10055. Autre étude pour la même figure. Id. 51

TOME CXXIX.

ÉCOLE FRANÇAISE. — J. A. D. INGRES (1780-1867) *(suite)*.

10056. Saint Remi. Étude pour un vitrail de la chapelle de Dreux. Photographie. 1
10057. Sainte Isabelle. Étude pour un vitrail de la chapelle de Dreux. Id. 1
10058. Autre étude pour la même figure. Id. 2
10059. Saint Germain. Étude pour un vitrail de la chapelle de Dreux. Id. 3
10060. Sainte Bathilde. Étude pour un vitrail de la chapelle de Dreux. Id. 4
10061. Sainte Clotilde. Étude pour un vitrail de la chapelle de Dreux. Id. 5
10062. Sainte Geneviève. Étude pour un vitrail de la chapelle de Dreux. Id. 6
10063. Saint Denis. Étude pour un vitrail de la chapelle de Dreux. Id. 7
10064. La Semaine, suite de sept dessins faits à Rome en 1813, gravés par *W. Haussoulier* en 1869. Gravures. 8-9
10065. Étude de torse et de bras. Photographie. 10
10066. Étude d'un homme nu, de profil, tourné vers la droite, tenant la tête levée. Id. 11
10067. Étude d'une figure destinée au tableau : Jésus parmi les docteurs. Id. 11
10068. Deux études de mains. Id. 12
10069. Étude d'un homme assis. Id. 12
10070. Études de deux femmes nues couchées. Id. 13

[Tome 129.]

10071. Étude de deux figures de femmes l'une assise, l'autre étendue sur le ventre; projet pour l'Age d'or; étude non utilisée. Photographie. 13
10072. Deux études de bras et de torses vus de profil. Id. 14
10073. Une femme nue, debout, tournée vers la droite. Étude pour l'Age d'or. Id. 15
10074. Un jeune homme assis, tourné vers la gauche. Étude pour l'Age d'or. Id. 16
10075. Femme nue tournée de profil à gauche. Étude pour le Bain turc. Id. 17
10076. Un homme tenant un enfant devant lui. Étude pour l'Age d'or. Id. 17
10077. Un homme étendu sur le ventre et regardant à gauche. Étude pour l'Age d'or. Id. 18
10078. Une femme nue couchée, et trois études de bras. Id. 19
10079. Le même dessin. Id. 20
10080. Tête de femme penchée en avant. Id. 21
10081. Étude de chien et deux études d'aigles. Id. 22
10082. Trois études de chevaux. Id. 23
10083. Figure de femme vue de dos. Id. 24
10084. Groupe de trois figures pour l'Age d'or. Id. 24
10085. Deux études pour l'Age d'or. Id. 25
10086. Étude de jeune homme assis, tourné vers la gauche, le bras droit étendu. Id. 26
10087. Portrait de Mme la comtesse d'Agoult et de sa fille Mme la comtesse de Charnacé. D'après un dessin, 1849. Fac-simile par *A. Salmon*. Gravure. 27
10088. Portrait de P. M. F. Baillot, 1829. Tiré de *Réveil*. Lithographie. 28
10089. Portrait de V. Baltard, 1837. Photographie. 28
10090. Portrait de L. Bartolini (1805). Par *Potrelle*. Gravure. 29
10091. Portrait de L. Bartolini (1820). Par *de Fournier*, 1836. Id. 29
10092. Portrait de L. F. Bertin, 1832. Tiré de *Réveil*. Lithographie. 30
10093. Le même portrait. Photographie. 30
10094. Première idée pour le même portrait. Dessin. Id. 31
10095. Portrait du comte L. de Bombelles, 1822. Par *de Fournier*, 1830. Gravure. 32
10096. Portrait de Mlle Boimard. Dessin du musée du Louvre. Fac-simile par *Calamatta* (1831). Id. 33
10097. Portrait de L. Calamatta, 1828. Par *Desvachez*. Id. 34
10098. Portrait de Caristie, 1819. Dessin. Photographie. 34
10099. Portrait de Charles X. Tableau appartenant à M. de Fresne. Tiré de *Réveil*. Lithographie. 35
10100. Portrait de Chatillon (André-Martin), architecte, grand prix en 1809. Dessin appartenant à Mme de Valpinçon. Photographie. 35

ÉCOLE FRANÇAISE. 405

[Tome 129.]
10101. Portrait de Cherubini, 1842. Par *Sudre*, 1843. Musée du Louvre. Lithographie. 36
10102. Le même portrait. Photographie. 37
10103. Le même portrait. Id. 38
10104. Portrait de M. Cortot, 1818. Dessin. Id. 39
10105. Portrait de David d'Angers, 1815. Dessin. Fac-simile par *E. Marc*. Lithographie. 39
10106. Portrait de M. Delorme. Dessin. Fac-simile par *J. M. Saint-Ève*, 1851. Gravure. 40
10107. Portrait de Mme Devauçay (1807). Collection de Mgr le duc d'Aumale. Tiré de *Réveil*. Lithographie. 41
10108. Le même portrait. Par L. *Flameng*. Gravure. 41
10109. Le même portrait. Photographie. 42
10110. Portrait du général Dulong. Dessin. Fac-simile par Mme *A. Varcollier*. Lithographie. 43
10111. Portrait de M. Dumont (1830). Dessin. Par *E. Leroux*, 1838. Gravure. 44
10112. Portrait de Ch. Mercier-Dupaty (1810). Dessin. Par *Dejuinne*. Lithographie. 44
10113. Autre épreuve du même portrait. 45
10114. Portrait d'Hippolyte Flandrin, 1855. Photographie. 46
10115. Portrait de Mme H. Flandrin, née Ancelot, 1850. Id. 47
10116. Portrait du comte de Forbin, 1812. Dessin. Par *Marius Reinaud*. Gravure. 48
10117. Portraits des membres de la famille Forestier (1800-1806). Musée du Louvre. Tiré de *Réveil*. Lithographie. 48
10118. Le même dessin. Photographie. 49
10119. Portrait de Mme Forgeot. Tiré de *Réveil*. Lithographie. 49
10120. Portraits des membres de la famille Gatteaux. Tiré de *Réveil*. Id. 50
10121. Le même dessin. Photographie. 50
10122. Portrait de N. M. Gatteaux, 1828. Dessin. Fac-simile par *Dien*. Gravure. 51
10123. Portrait de Mme Gatteaux, 1825. Dessin. Fac simile par *Dien*. Id. 52
10124. Portrait de M. Ed. Gatteaux, 1834. Dessin. Fac-simile par *Dien*. Id. 53
10125. Autre portrait du même. Tiré de *Réveil*. Lithographie. 53

TOME CXXX.

ÉCOLE FRANÇAISE (1825-1850). — J. A. D. INGRES (1780-1867) (suite).

10126. Portrait de M. Gilibert, de Montauban. Tiré de *Réveil*. Lithographie. 1
10127. Portrait de Granet. Tiré de *Réveil*. Id. 1
10128. Portrait de Mme la Comtesse d'Haussonville. Tiré de *Réveil*. Id. 1
10129. Le même portrait. Photographie. 2
10130. Portrait de M. Haudebourt. Dessin. Id. 3
10131. Portrait de Mme Haudebourt-Lescot, 1814. Dessin. Collection de M. Alb. Goupil. Photogravure. 4
10132. Portrait de Mme la baronne d'Herville, 1834. Dessin. Par *L. Noel*. 1854. Lithographie. 5
10133. Portrait de M. Hittorf, 1829. Tiré de *Reveil*. Id. 6
10134. Portrait de M. Ingres père. Tiré de *Réveil*. Id. 6
10135. Portrait de Mme Ingres mère. Dessin du musée de Montauban. Id. 6
10136. Le même dessin. Photographie. 7
10137. Portrait d'Ingres à 24 ans. Tiré de *Réveil*. Lithographie. 8
10138. Étude pour la tête du portrait précédent. Photographie. 8
10139. Portrait d'Ingres par lui-même, 1839. Dessin. Fac-simile par *L. Calamatta* (1839). Gravure. 9
10140. Portrait d'Ingres, par *Morse*. Id. 10
10141. Portrait de Magdalena Chapelle, première femme de M. Ingres. Dessin du musée de Montauban. Tiré de *Réveil*. Lithographie. 10
10142. Le même dessin. Photographie. 11
10143. Portrait de Delphine Ramel, seconde femme de M. Ingres. Id. 11
10144. Portrait de M. Labrouste, 1852. Dessin. Fac-simile par *Dien*. Gravure. 12
10145. Portrait de La Fontaine. Lithographie. Tiré de *Réveil*. 12
10146. Le même portrait. Par *Dien*, pour le *Plutarque Français*. Gravure. 13
10147. Portrait de Monseigneur de Latil. Tiré de *Réveil*. Lithographie. 13
10148. Portrait de Mme Lavergne. Photographie. 14
10149. La famille Lazzerini. Photographie. 15
10150. Portrait de M. Lazzerini, 1822. Dessin. Par *de Fournier*, 1829. Gravure. 15
10151. Portrait de M. Leblanc. Tiré de *Réveil*. Lithographie. 16
10152. Portrait de Mme Leblanc. Tiré de *Reveil* Id. 16
10153. Portrait d'Ach. Leclère et Provost, 1812. Dessin. Fac-simile par *Mme Girard*. Gravure. 16

[Tome 130.]

ÉCOLE FRANÇAISE.   407

10154. Portrait d'Ach. Leclère. Copie d'un dessin d'Ingres. Dessin.   17
10155. Portrait d'Henry Lehmann, 1850. Dessin. Fac-similé par *Dien*. Gravure.   17
10156. Portrait de J. B. Lepère. 1831. Dessin. Par *Galimard*, 1845. Lithographie.   18
10157. Portrait d'Eust. Lesueur. Tiré de *Réveil*. Id.   18
10158. Le même portrait. Par *Laugier*, pour le *Plutarque Français*. Gravure.   19
10159. Portrait de M. Alb. Maginel. Tiré de *Réveil*. Lithographie.   19
10160. Portrait de M. Mallet, 1809. Par *Boucheron*. Gravure.   20
10161. Portrait de M. Marcotte d'Argenteuil. Tiré de *Réveil*. Lithographie.   20
10162. Portrait de Mme Duclos-Marcotte, 1828. Dessin. Fac-similé par *L. Calamatta*. Gravure.   21
10163. Portrait de M. Marcotte-Genlis, 1852. Dessin. Fac-similé par *L. Calamatta*. Id.   22
10164. Portrait de Mathieu Martin. Musée du Louvre. Dessin. Fac-similé par *L. Calamatta*. Id.   23
10165. Portrait du docteur L. Martinet. Dessin, Fac-similé par *L. Calamatta*. Lithographie.   24
10166. Portrait de Math. L. Comte Molé. Par *Calamatta*. Gravure.   25
10167. Portrait de Molière. Tiré de *Réveil*. Lithographie.   26
10168. Portrait de Napoléon-Bonaparte, 1er Consul. Tiré de *Réveil*. Id. 26
10169. Portrait du comte de Nieuwerkerke, 1856. Dessin. Fac-similé par *Dien*. Gravure.   27
10170. Portrait de M. de Norvins, 1811. Dessin. Par *Muret*. Lithographie.   28
10171. Portrait du duc d'Orléans. Tiré de *Réveil*. Id.   28
10172. Le même portrait. Par *Calamatta*. Gravure.   29
10173. Étude pour le même portrait. Photographie.   30
10174. Portrait de Paganini, 1818. Dessin. Fac-similé par *Calamatta*. Gravure.   31
10175. Portrait du Marquis de Pastoret. Tiré de *Réveil*. Lithographie. 31
10176. Portrait de Nicolas Poussin. Par *H. Laurent* pour le *Plutarque français* Gravure.   32
10177. Portrait de Mgr Gabriel Cortois de Pressigny, archevêque de Besançon. Eau-forte par *Ingres*. Gravure.   32
10178. Portrait de Racine. Tiré de *Réveil*. Lithographie.   33
10179. Portrait de M. Rivière. Musée du Louvre. Photographie.   33
10180. Portrait de Mme Rivière. Musée du Louvre. Id.   34
10181. Portrait d'une jeune fille. Id.   35
10182. Portrait de Mme la baronne James de Rothschild. Tiré de *Réveil*. Lithographie.   36

[Tome 130.]

10183. Le même portrait. Photographie. 36
10184. Étude pour le même portrait. Id. 37
10185. Autre étude pour le même portrait. Id. 38
10186. Portrait de Mlle Taurel. Dessin. Fac-simile par *Dien*. Gravure. 39
10187. Étude pour le portrait de la princesse de Broglie. Photographie. 39
10188. Portrait d'un Suisse. Par *Atala Varcollier*, 1825. Lithographie. 40
10189. Portrait d'une jeune femme travaillant. Photographie. 41
10190. Portrait d'une femme tenant une ombrelle, dessin, 1823. Photogravure. 41
10191. Portrait de femme. Par *de Fournier*. (Épreuve non terminée). Gravure. 42
10192. Quatre seigneurs bourguignons, cul-de-lampe pour le volume de la Franche-Comté. Tiré du *Voyage pittoresque dans l'ancienne France*, par le *Baron Taylor*. Lithographie. 43
10193. **Gavarni (Paul-Chevalier, dit)**, né à Paris en 1801, † 1866. Portrait d'Eug. Delacroix (appartenant à M. Léon Riesener, à Paris). Photographie. 44
10194. Toqués, Toqués. Catalogue Mahérault et Bocher, N° 2029. Lithographie. 45
10195. Mon journal. Catalogue Mahérault et Bocher, N° 2030. Id. 45
10196. Le cineraria candidissima. Catalogue Mahérault et Bocher, N° 2031. Id. 45
10197. Le portrait de la prima donna. Catalogue Mahérault et Bocher, N° 2032. Id. 45
10198. L'affût. Catalogue Mahérault et Bocher, N° 2033. Id. 46
10199. Le Baromètre. Catalogue Mahérault et Bocher, N° 2034. Id. 46
10200. La Pêche à la ligne. Catalogue Mahérault et Bocher, N° 2035. Id. 46
10201. L'Edition princeps. Catalogue Mahérault et Bocher, N° 2036. Id. 46
10202. La Voisine. Catalogue Mahérault et Bocher, N° 2037. Id. 47
10203. Avant la lettre. Catalogue Mahérault et Bocher, N° 2038. Id. 47
10204. Les Boules. Catalogue Mahérault et Bocher, N° 2039. Id. 47
10205. La Réussite. Catalogue Mahérault et Bocher, N° 2040. Id. 47
10206. Inspecteur privé des travaux publics. Catalogue Mahérault et Bocher, N° 2041. Id. 48
10207. Le tour. Catalogue Mahérault et Bocher, N° 2042. Id. 48
10208. Les échecs. Catalogue Mahérault et Bocher, N° 2043. Id. 48
10209. L'or. Catalogue Mahérault et Bocher, N° 2044. Id. 48
10210. La goutte. Catalogue Mahérault et Bocher, N° 2045. Id. 49
10211. Le locatis. Catalogue Mahérault et Bocher, N° 2046. Id. 49
10212. Le billard. Catalogue Mahérault et Bocher, N° 2047. Id. 49
10213. **Decamps (Alexandre-Gabriel)**, né en 1803, † en 1860. Corps de garde turc. Tableau exposé au Palais-Bourbon en 1874. Photographie. 50

[Tome 130.]
10214. Chevaux de trait. Musée du Louvre. Photographie. 51
10215. Le porte-étendard. Collection de Mgr le duc d'Aumale. Id. 52
10216. Les sonneurs. Collection de M. le baron de la Tournelle. Id. 53
10217. Enfants effrayés par une chienne. Catalogue Moreau. N° 32. Lithographie. 54
10218. Le Chenil. Catalogue Moreau. N° 33. Id. 54
10219. Le chameau. Catalogue Moreau. N° 35. Id. 55
10220. **Raffet (Denis-Marie-Auguste)**, né en 1804, † en 1860. Le combat d'Oued Alleg. Id. 56
10221. **Jadin (Gustave)**, né en 1805, mort en 1882. Le lancé du sanglier. Par *L. Henriquel-Dupont*, 1841. Gravure. 57
10222. **Brascassat (Jacques-Raymond)**, né en 1825, mort à Paris en 1867. Vaches au pâturage. Musée du Louvre. Photographie. 58

TOME CXXXI.

ÉCOLE FRANÇAISE (1850-1865).

10223. **Gleyre** (Charles), né en 1807, † en 1874. Les illusions perdues. Musée du Louvre. Photographie. 1
10224. Panthée poursuivi par les Ménades. Id. 2
10225. La charmeuse. Id. 3
10226. Étude pour le même tableau. Id. 4
10227. Idylle. Id. 5
10228. Étude pour le même tableau. Id. 6
10229. Femme nue couchée. Id. 7
10230. Phryné devant l'Aréopage. Esquisse. Id. 8
10231. L'appel de la gloire. Esquisse. Id. 9
10232. Une glaneuse. Id. 10
10233. La création. Esquisse. Id. 11
10234. **Chenavard (Paul)**, né en 1808. Divina tragædia. Musée du Luxembourg. Id. 12
10235. **Duval (Amaury)**, né en 1808, † 1885. Jeune fille. Par *Léopold Flameng*. Gravure. 13
10236. **Flandrin (Hippolyte)**, né en 1809, † en 1864. Portrait d'Hippolyte Flandrin par lui-même. Musée des Offices, Florence. Photographie. 14
10237. Pastorale. Tableau exposé au Palais-Bourbon en 1874. Id. 15
10238. Portrait de jeune fille. Musée du Louvre. Id. 16

[Tome 131.]

10239. **Lemud (A. de)**, né vers 1810, † en 1887. Maître Wolframb. Lithographie. 17

10240. Hélène Adelsfreit. Id. 18

10241. **Marilhat (Prosper)**, né en Auvergne en 1811, † en 1847. Vue du Caire. Tableau exposé en 1874 au profit des Alsaciens-Lorrains, au Palais-Bourbon. Photographie. 19

10242. **Rousseau (Théodore)**, né en 1812, † 1867. Bouquet d'arbres au bord de l'eau. Id. 20

10243. Après la pluie. Appartient à M. de Candamo. Id. 21

10244. **Lehmann (Henri)**, né à Kiel en 1814, † à Paris en 1882. Portrait de Lehmann par lui-même. Musée des Offices, Florence. Id. 22

10245. Portrait de Mgr Darboy. Par *G. Bertinot*. Gravure. 23

10246. **Troyon (Constant)**, né à Sèvres en 1813, † en 1865. Rivage de la mer, près de la Touques. Collection de Mme Donon. Photographie. 24

10247. Gardeuse de dindons. Tableau exposé au Palais-Bourbon au profit des Alsaciens-Lorrains en 1874. Id. 25

10248. **Meissonier (Jean-Louis-Ernest)**, né à Lyon en 1813, † en 1891. Dragon sous Louis XV. Collection de Mgr le duc d'Aumale. Id. 26

10249. Bataille de Solférino. Musée du Luxembourg. Id. 27

10250. **Diéterle (Jules Pierre Michel)**, né en 1811. Vase d'ornement (1852). Dessin. 28

10251. **Méryon (Charles)**, né en 1821, † en 1868. Eaux-fortes sur Paris. Suite de dix-sept pièces. 29 à 37

10252. **Hébert (Ernest)**, né en 1817. La Vierge de la délivrance. Photographie. 38

10253. Filles de Capri. Musée du luxembourg. Id. 39

10254. **Denuelle (Dominique-Alexandre)**, né à Paris en 1818, † 1879. Décoration d'un plafond pour l'hôtel de ville de Lyon. Id. 40

10255. Décoration d'un panneau. Id. 40

10256. **Gendron (E.-A.)**, né en 1818, † 1881 Nymphes endormies. Décoration de l'hôtel de M. Isaac Pereire. Id. 41

10257. Les Océanides. Décoration de l'hôtel de M. Isaac Pereire. Id. 41

10258. Le sommeil et la veille, par *Klagmann fils*. Décoration de l'hôtel de M. Isaac Pereire. Dessin. 42

10259. Un plafond, par *Klagmann fils*. Dans un salon de l'hôtel de M. Isaac Pereire. Id. 43

10260. Le même plafond. Photographie. 44

10261. Deux médaillons décorant le même salon. Id. 45

10262. **Lecointe (Charles-Joseph)**, né en 1824. Le figuier maudit. Par *Soulange-Teissier*. Lithographie. 46

ÉCOLE FRANÇAISE.

[Tome 131.]
10263. **Jalabert** (Charles-François), né en 1819. Le crépuscule. Plafond de l'hôtel de M. Émile Pereire. Photographie. 47
10264. Le repos. Voussure d'un plafond chez M. Émile Pereire. Id. 48
10265. La musique. Voussure d'un plafond chez M. Émile Pereire. Id. 48
10266. La lecture. Voussure d'un plafond chez M. Émile Pereire. Id. 48
10267. **Fromentin (Eugène)**, né en 1820, † en 1876. La chasse au faucon en Algérie. Musée du Louvre. Id. 49
10268. **Benouville (Léon)**, né en 1821, † en 1859. Saint François d'Assise. Musée du Louvre. Id. 50
10269. **Hamon** (Jean-Louis), né en 1821, † en 1874. Portrait de Hamon par lui-même. Galerie des Offices, Florence. Id. 51

TOME CXXXII.

ALEXANDRE CABANEL (1823-1889).

10270. Portrait d'Alex. Cabanel, d'après le médaillon d'*Eug. Guillaume*. Photographie. 1
10271. Portrait d'Alex. Cabanel enfant. Id. 1
10272. Portrait d'A. Cabanel par lui-même, Par *G. Bellenger*. Lithographie. 2
10273. Portrait d'A. Cabanel. Photographie. 3
10274. Portrait d'A. Cabanel. par lui-même. Id. 4
10275. Portrait d'homme. Id. 4
10276. Les Mois. D'après les peintures exécutées à l'Hôtel de Ville de Paris et incendiées en mai 1871. Suite de douze pièces. Par *Ach. Jacquet*. Gravure. 5 à 16
10277. Velléda (1852). Photographie. 17
10278. Aglaé (1857). Id. 18
10279. Le même tableau. Par *G. Biot*. Gravure. 19
10280. La chute des feuilles. Décoration de l'Hôtel de Ville, exécutée entre 1852 et 1853. Photographie. 20
10281. Michel-Ange Buonarotti dans son atelier, 1857. Id. 20
10282. Portrait de M. Albert, 1857. Id. 21
10283. Plafond exécuté chez M. Isaac Pereire, entre 1857 et 1858. Id. 22
10284. L'Éloquence. Médaillon exécuté chez M. Isaac Pereire. Id. 23
10285. La Poésie. Médaillon exécuté chez M. Isaac Pereire. Id. 23
10286. La Musique. Médaillon exécuté chez M. Isaac Pereire. Id. 24
10287. La Danse. Médaillon exécuté chez M. Isaac Pereire. Id. 24

[Tome 132.]

10288. Portrait de Mme Isaac Pereire. Photographie. 25
10289. Portrait d'une dame assise, vue de face, tenant un éventail de la main droite. Id 26
10290. La veuve de l'organiste, 1859. Id. 27
10291. Portrait de M. A. Armand. 1859. Id. 28
10292. Le même portrait. Id. 28
10293. Le même portrait. Par *Charles Bellay*. Gravure. 29
10294. Faune et Nymphe. Musée du Luxembourg. Photographie. 30
10295. Portrait de M. Rouher. Id. 31
10296. Marie-Madeleine (1860). Id. 32
10297. Poète Florentin. Id. 33
10298. Le même tableau. Par *A. Huot*. Gravure. 34
10299. La naissance de Vénus. Peinture à l'Hôtel Say. Photographie. 35
10300. Héro. Peinture à l'Hôtel Say. Id. 36
10301. L'Amour et Psyché. Peinture à l'Hôtel Say. Id. 37
10302. Portrait de M. H. Pereire. Id. 38
10303. Portrait de Mlle J. Pereire. Id. 38
10304. Portrait de Mlle H. Pereire. Id. 38
10305. Panneau décoratif en forme de tympan. Id. 39
10306. Les Saisons. Cartons pour quatre décorations de plafond. Id. 40-43
10307. Une Florentine. Id. 44
10308. Le Matin et le Soir, panneaux exécutés dans le grand salon de l'hôtel Pereire. Id. 45
10309. Les mêmes panneaux. Id. 46
10310. Deux panneaux. Id. 47
10311. Deux panneaux. Id. 48

TOME CXXXIII.

ALEXANDRE CABANEL (1823-1889) (suite).

10312. La naissance de Vénus. Musée du Luxembourg. Par *Léopold Flameng*. Gravure. 1
10313. Le même tableau. Par *A. François*. Id. 2
10314. Portrait de M. Hippolyte Le Bas (1864). Dessin. Par *Deveaux*. Id. 3
10315. La mort de Moïse. Photographie. 4
10316. Saint Louis. Musée du Luxembourg. Id. 5
10317. Portrait de Napoléon III (1865). Id. 6

[Tome 133.]

10318.	Portrait de Mme la comtesse Étienne de Ganay (1865). Photographie.	7
10319.	Portrait de M. M... (1867). Id.	8
10320.	Portrait de Mme M... (1867). Id.	9
10321.	Portrait de Mlle Pellechet (1865). Id.	10
10322.	Portrait de Mme ... (1867). Id.	11
10323.	Portrait d'une jeune femme en buste, tenant une mandoline (1868). Id.	12
10324.	Adam et Ève. Musée de Berlin. Id.	13
10325.	Velléda (1868). Id.	14
10326.	Mignon (1868). Id.	15
10327.	Portrait de Mme Seillière (1869). Id.	16
10328.	Portrait d'une dame et de deux enfants en costume du XVIe siècle. Id.	17
10329.	Portrait de Mme de Vallombreuse. Id.	18
10330.	Françoise de Rimini (1870). Musée du Luxembourg. Id.	19
10331.	Le même tableau. Id.	20
10332.	Le triomphe de Flore. Plafond (1872). Id.	21
10333.	Étude de jeune femme pleurant. Id.	22
10334.	Un jeune Florentin. Id.	23
10335.	Fiammetta. Id.	24
10336.	Marguerite (1872). Id.	25
10337.	Saint Jean-Baptiste (1872). Id.	26
10338.	Dante et Béatrice. Id.	27
10339.	Vénus. Id.	27
10340.	Flore. Id.	27
10341.	Ariane (1874). Id.	28
10342.	Écho (1874). Id.	29
10343.	Un ange tenant la couronne d'épines. Id.	30
10344.	Vénus (1875). Id.	31
10345.	Thamar et Absalon. Musée du Luxembourg. Id.	32
10346.	La Sulamite (1875). Id.	33
10347.	Phèdre (1875). Id.	34
10348.	Pénélope (1875). Id.	35
10349.	Marie-Madeleine (1875). Id.	36
10350.	Phèdre. Id.	36
10351.	Le même tableau. Id.	37
10352.	Pia de' Tolomei (1876). Id.	38
10353.	Lucrèce et Sextus Tarquin (1877). Id.	39
10354.	Fiammetta (1876). Id.	40
10355.	Héro (1874?) Id.	41

10356. Peintures murales du Panthéon : Éducation de saint Louis. Les grandes œuvres de saint Louis. Saint Louis prisonnier en Palestine. Saint Louis transporte la couronne d'épines de Vincennes à Paris. Gravure. 42
10357. L'Éducation de saint Louis. Par *Ach. Jacquet*. Id. 43

TOME CXXXIV.

ALEXANDRE CABANEL (1823-1889)*(suite)*.

10358. Portrait de M. Armand (1878). Dessin. Photographie. 1
10359. Ginevra dei Amièri (1878). Id. 2
10360. Dalilah. Id. 3
10361. La fille de Jephté (1879). Id. 4
10362. Portia (1881). Id. 5
10363. Le message (1881). Id. 6
10364. Page porte-épée (1881). Id. 7
10365. Le printemps. Par *Ach. Jacquet*. Gravure. 8
10366. Pandore. Par *Ach. Jacquet*. Id. 9
10367. Patricienne de Venise (1881) Photographie. 10
10368. Le même tableau. Id. 11
10369. Le messager (1883). Par *G. Lévy*. Gravure. 12
10370. Diane, 1882. Photographie. 14
10371. Portrait de M. Armand (1883). Musée du Luxembourg Id. 13
10372. Tobie et Sara en prières (1883). Id. 15
10373. Ophélie. Par *A. Jacquet*. Gravure. 16
10374. Éliézer et Rébecca (1883). Par *Ach. Jacquet*. Id. 17
10375. Le même tableau. Photographie. 18
10376. Jeunes maraudeurs des Ardennes. Id. 18
10377. Rébecca (1883). Id. 19
10378. Le Titan, composition pour les œuvres de Victor Hugo. Id. 20
10379. La fille de Jephté (1885). Id. 21
10380. Le même tableau. Photogravure. 22
10381. Ruth (1886). Photographie. 23
10382. Cléopâtre essayant des poisons (1887). Id. 24
10383. Le même tableau. Photogravure. 25
10384. Portrait d'A. Cabanel par lui-même (1885). Photographie. 26
10385. Portrait de Mme Hungerford. Id. 27
10386. Portrait de Mme Couwes (1882). Id. 28

[Tome 134.]

10387. Portrait de Mlle Piganeau. (1885). Photographie. 29
10388. Portrait de Mme Garrett (1885). Id. 30
10389. Portrait de Mme Bradley-Martin (1886). Id. 31
10390. Portrait de Mlle Williams (1885.) Id. 32
10391. Portrait de Mme la duchesse de Luynes et de ses deux enfants (1873). Id. 33
10392. Portrait de Mme Ogdale. (1863). Id. 34
10393. Le même portrait. Photogravure. 35
10394. Portrait de M. Armand, de profil, 1880. Par *Ch. Bellay*. Gravure. 36
10395. **Picou (Eugène)**, né en 1824. Plafond peint dans l'appartement de M. Isaac Pereire. Par *Klagmann* fils. Dessin. 37
10396. Peintures dans la voussure d'un petit salon de l'appartement de M. Isaac Pereire. Deux médaillons dessinés par *Klagmann* fils. Id. 38
10397. Quatre sujets d'amours dans des médaillons en forme de coquilles. Deux médaillons dessinés par *Klagmann* fils. Id. 38-39
10398. Plafond de la salle à manger de l'appartement de M. Isaac Pereire. Photographie. 40
10399. **Gérôme (Jean-Léon)**, né à Vesoul en 1824. Étude pour la figure de César dans le tableau : La mort de César. Id. 41
10400. Le combat de coqs. Musée du Luxembourg. Id. 42
10401. Pollice verso. Photogravure. 43

TOME CXXXV.

ÉCOLE FRANÇAISE (1865-1880).

10402. **Bouguereau (William)**, né en 1825. Le jour et la nuit. Plafond d'un salon du rez-de-chaussée de l'hôtel Pereire. Photographie. 1
10403. Plafond du grand salon du rez-de-chaussée de l'hôtel Pereire. Id. 2
10404. Deux amours montés sur des monstres marins. Peintures dans l'appartement de M. Émile Pereire. Id. 3
10405. Endymion. Peinture dans le petit salon de M. Ém. Pereire. Id. 4
10406. Amphitrite (1858). Peinture dans le petit salon de M. Ém. Pereire. Id. 4
10407. Les Saisons. Suite de quatre médaillons peints dans l'hôtel Pereire. Id. 5-6
10408. Les Saisons. Suite de quatre panneaux peints dans l'hôtel Pereire. Id. 7-8

[Tome 135.]

10409. Une famille de mendiants (1868). Photographie. 9
10410. **Baudry (Paul)**, né en 1828, † en 1887. La Fortune. Musée du Luxembourg. Id. 10
10411. Diplôme de l'Exposition de 1878. Photogravure. 11
10412. **Moreau (Gustave)**. né en 1826. Orphée. Musée du Luxembourg. Photographie. 12
10413. **Bellay (Ch.)**, né en 1830. Euterpe, d'après P. Baudry. Gravure. 13
10414. Portrait de M. Ern. Hébert (1884). Id. 14
10415. Profil de femme. Id. 15
10416. Tête de femme vue de face. 1864. Id. 16
10417. Un amour tenant un dauphin, fragment du triomphe de Galatée, d'après *Raphaël* (1861). Id. 17
10418. Deux têtes d'anges, fragment de la madone de St-Sixte. Id. 17
10419. Ange tenant l'Évangile de saint Jean (1861). Tiré de la Dispute du St-Sacrement de Raphaël. Id. 18
10420. Ange tenant l'Évangile de saint Mathieu (1861). Tiré de la Dispute du St-Sacrement de Raphaël. Id. 18
10421. Portrait de M. L. Henriquel-Dupont (1869). Id. 19
10422. Portrait de M. V. Schnetz (1866). Id. 19
10423. Portrait de M. Armand, d'après *Cabanel*. Id. 20
10424. Portrait de Paul Baudry d'après lui-même. Id. 20
10425. Portrait de M. A. Cochin (1871). Id. 21
10426. Portrait de M. Thiers, d'après *P. Delaroche*. Id. 22
10427. Portrait de M. de Lacaze-Duthiers (1886). Id. 23
10428. Portrait de M. Eug. Ginain (1887). Id. 24
10429. Portrait de M. Thirion (1887). Id. 24
10430. Étude de jeune fille. Capri (1870). Id. 25
10431. La Charité, d'après *P. Dubois*. Id. 26
10432. La Dispute du St-Sacrement, d'après *Raphaël*. Photographie. 27
10433. Partie centrale supérieure du même tableau. Id. 28
10434. Groupe de docteurs à gauche du même tableau. Id. 29
10435. Autre groupe à gauche du même tableau. Id. 30
10436. Groupe de docteurs à droite du même tableau. Id. 31
10437. Le jugement de Salomon, d'après une peinture de *Raphaël* au Vatican. Id. 32
10438. L'École d'Athènes, d'après *Raphaël*. Id. 33
10439. La Transfiguration, d'après *Raphaël*. Id. 34
10440. La Vierge de Foligno, d'après *Raphaël*. Id. 35
10441. La madone de St-Sixte, d'après *Raphaël*. Id. 36
10442. Ste Cécile et quatre saints, d'après *Raphaël*. Id. 37
10443. Galatée, d'après *Raphaël*. Id. 38

ÉCOLE FRANÇAISE.

[Tome 135.]
10444. Le mariage de la Vierge, d'après *Raphaël*. Photographie. 39
10445. La barque des damnés, d'après *Michel Ange*, fragment du Jugement dernier. Id. 40
10446. La Cène, d'après *Léonard de Vinci*. Id. 40
10447. Tête de chérubin. Id. 41
10448. **Delaunay (Élie)**, né en 1830 † 1891 La peste. Musée du Luxembourg. Id. 42
10449. Le même tableau. Id. 43
10450. Hercule et Nessus. Musée du Luxembourg. Id. 44
10451. **Lefèbvre (Jules)**, né en 1834. Femme couchée (1868). Id. 45
10452. **Bonnat (Léon)**, né en 1833. Portrait de Mlles Edwine, Emma et Julie Dreyfus (1874). Id. 46
10453. **Rousseaux (Émile)**, né en 1832, † en 1874. Martyre chrétienne, d'après *P. Delaroche*. Gravure. 47

TOME CXXXVI.
ÉCOLE FRANÇAISE (1880-1890).

10454. **Huot (A.-J.)** né à Paris en 1839, † 1883. Pascuccia. Photographie. 1
10455. Poète Florentin, d'après *Cabanel*. Gravure. 2
10456. Le violoniste, d'après *Raphaël* (1518). Id. 3
10457. Ste Anne, d'après *Léonard de Vinci*. Épreuve de la planche non terminée, l'Enfant et les deux têtes sont au trait. Id. 4
10458. Épreuve de la même planche, avant que les têtes soient achevées. Id. 4
10459. Vue de Florence. Dessin. 5
10460. Croquis sur la route de Viterbo à Toscanella. Id. 5
10461. Figure du prophète Élie, dans la Transfiguration de *Raphaël*. Aquarelle. 6
10462. Portrait d'homme d'après *Ang. Bronzino*. Musée de Florence. Id. 7
10463. Judith, d'après une peinture de *Michel-Ange* dans la Chapelle Sixtine. Id. 8
10464. La Poésie, d'après *Raphaël* Id. 9
10465. La Religion, d'après *Raphaël* Id. 10
10466. Vue de la Villa Pamphili. Dessin. 11
10467. Cinq croquis faits en Italie. Aquarelles. 11

[Tome 136]

10468. Ornements placés dans la cathédrale d'Orvieto, au dessous du Jugement dernier de *Luca Signorelli*. Aquarelles. 12
10469. Un génie tenant un cartouche (1855). Gravure. 12
10470. **Levasseur (Jules-Gabriel)**, né en 1823. Portrait de Mme Massart (1879). Id. 13
10471. **Lerat** (né en 1849, † 1893). Portrait de M. Pierre Bourlier, baron d'Ailly (1879). Id. 14
10472. **Sylvestre (Joseph-Noël)**, né en 1847. Néron et Locuste essayant des poisons (1876). Musée du Luxembourg. Photographie. 15
10473. **Gaillard (Claude-Ferdinand)**, né en 1834, † en 1888. Œdipe et le Sphinx, d'après *Ingres*. Gravure. 16
10474. **Achard (Jean-Alexis)**, né en 1807 † 1884. Suite de huit paysages. Gravure. 17-20

PORTRAITS GRAVÉS SOUS LA DIRECTION DE **M. Henriquel-Dupont**,
POUR L'HISTOIRE DE LA MAISON DE CONDÉ PAR Mgr LE DUC D'AUMALE

10475. Louis 1er de Bourbon, prince de Condé, par **J. François**, d'après un dessin de *Janet Clouet*. Id. 21
10476. Henri 1er de Bourbon, prince de Condé, par **Danguin**, d'après un dessin du XVIe Siècle. Id. 22
10477. Henri II de Bourbon, prince de Condé, par **Fleischmann** d'après un dessin d'*Ottavio Leoni* fait en 1623. Id. 23
10478. Louis II de Bourbon, prince de Condé, par **A. François**, d'après un portrait de *Stella*. Id. 24

SUITE DE PORTRAITS GRAVÉS SOUS LA DIRECTION DE **M. Henriquel Dupont** POUR L'HISTOIRE DE LOUIS XVII, PAR M. DE BEAUCHESNE.

10479. Portrait de Louis XVI, par **Levasseur** d'après le portrait de *J. S. Duplessis*, appartenant à M. le marquis de Biencourt. Id. 25
10480. Portrait de Marie-Antoinette, par **Danguin** d'après le portrait de *Mme Lebrun*, appartenant à M. le marquis de Biencourt. Id. 26
10481. Portrait de Madame Élisabeth de France, par **E. Rousseaux** d'après *Cardon*. Id. 27
10482. Portrait de Mme de Lamballe, par **Fleischmann**, d'après le portrait de *Hickel* appartenant à M. le marquis de Biencourt. Id. 28
10483. Portrait de Louis XVII, par **Danguin** d'après le portrait de *Kucharsky* appartenant à Mme la duchesse des Cars. Gravure. 29
10484. Portrait de Marie-Charlotte, duchesse d'Angoulême, par **Fleischmann** d'après une miniature appartenant à M. le Comte de Blacas. Id. 30

[Tome 136.]
10485. **Mazerolle (Alexis-Joseph)**, né en 1826. Plafond de la Comédie Française; croquis. Photogravure. 31
10486. **Duez (Ernest-Ange)**, né en 1843. Épisode de la Vie de St Cuthbert. Croquis d'après le tableau du musée du Luxembourg. Id. 32
10487. **Jacquet (Achille)**, né en 1846. Les Mois, suite de douze planches gravées d'après les peintures murales d'*A. Cabanel* à l'Hôtel de Ville de Paris. Cinquante-trois épreuves de ces planches en différents états. Gravures. 33 à 59

FIN DU PREMIER VOLUME.

LILLE. IMP. L. DANEL.

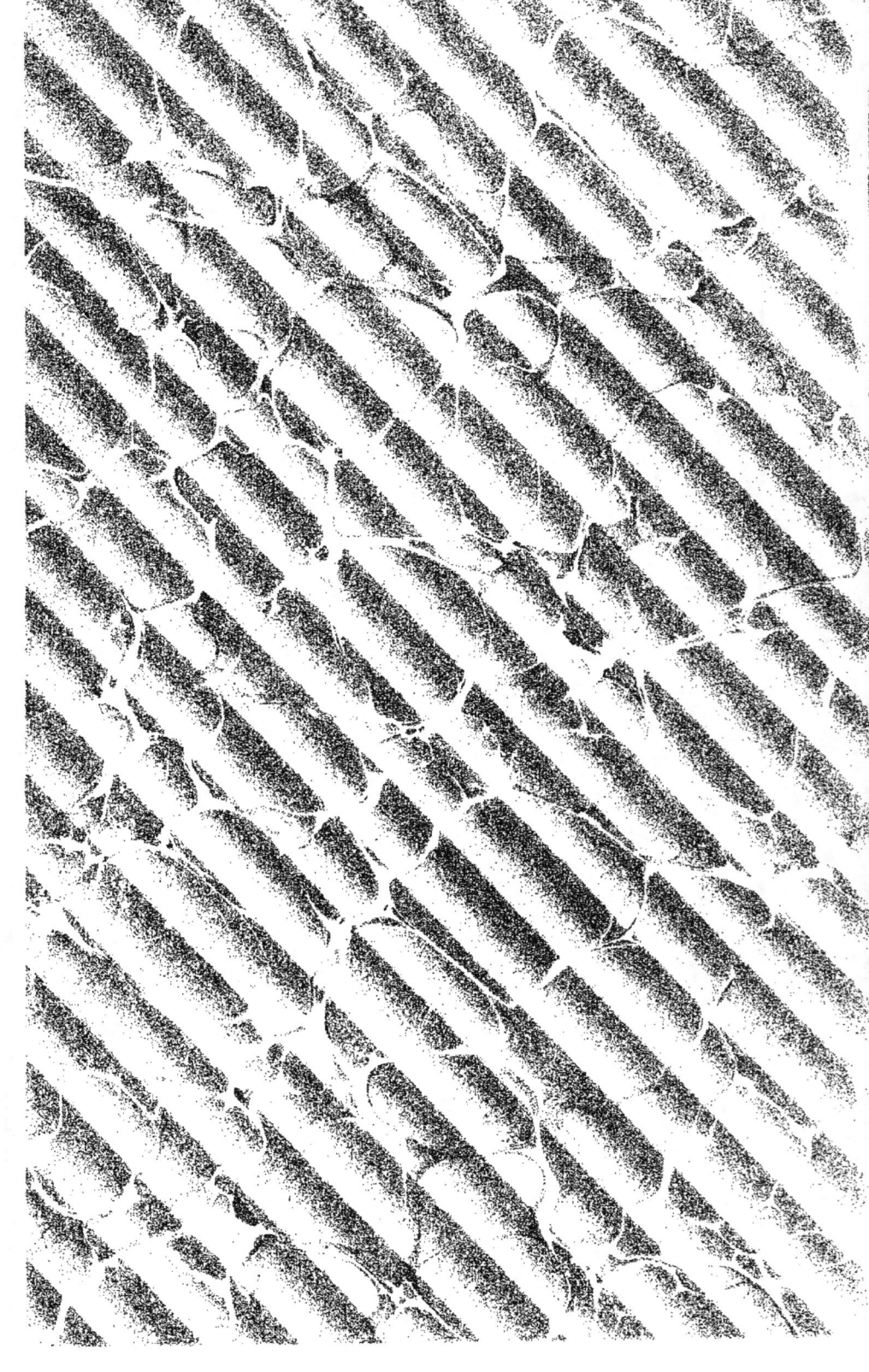

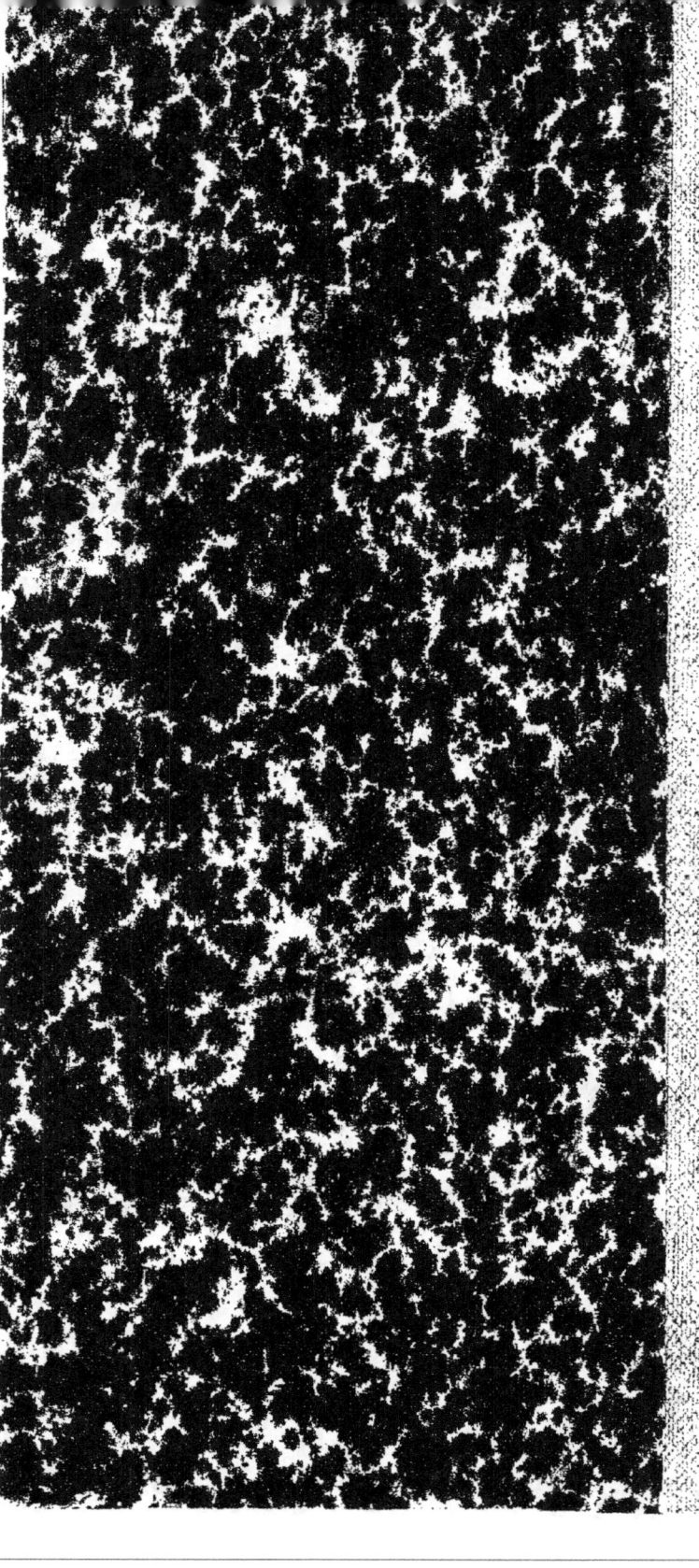